Das Recht auf Auskunft und Gehör in politischen Parteien

Verfassungs- und Verwaltungsrecht unter dem Grundgesetz

Herausgegeben von
Paul Kirchhof, Edzard Schmidt-Jortzig, Rainer Wahl

Band 33

PETER LANG
Frankfurt am Main · Berlin · Bern · Bruxelles · New York · Oxford · Wien

Gero von Daniels

Das Recht auf Auskunft und Gehör in politischen Parteien

Ein Beitrag zur innerparteilichen Demokratie

PETER LANG
Internationaler Verlag der Wissenschaften

Bibliografische Information der Deutschen Nationalbibliothek
Die Deutsche Nationalbibliothek verzeichnet diese Publikation in der Deutschen Nationalbibliografie; detaillierte bibliografische Daten sind im Internet über <http://www.d-nb.de> abrufbar.

Zugl.: Kiel, Univ., Diss., 2006

D 8
ISSN 0175-1425
ISBN 978-3-631-55440-1

www.peterlang.de

„Der Bestand der Demokratie im Staat hängt ab von der Pflege der Demokratie in den Parteien. Nur wenn den plebiszitären Kräften innerhalb der Verbände und Parteien ausreichend Spielraum gewährt wird, kann eine Repräsentativverfassung sich entfalten."

Ernst Fraenkel *

* *Ernst Fraenkel*, Die repräsentative und die plebiszitäre Komponente im demokratischen Verfassungsstaat, in: *ders.*, Deutschland und die westlichen Demokratien, 6. Auflage, Stuttgart u.a. 1974, S. 113 [151].

Vorwort

Die vorliegende Arbeit wurde im Wintersemester 2005/2006 von der Rechtswissenschaftlichen Fakultät der Christian-Albrechts-Universität zu Kiel als Dissertation angenommen. Danach veröffentlichte Rechtsprechung und Literatur konnte nur vereinzelt berücksichtigt werden.

Mein herzlicher Dank gilt vor allem meinem Doktorvater, Herrn Prof. Dr. Edzard Schmidt-Jortzig, für die fürsorgliche Betreuung der Arbeit. Herrn Prof. Dr. Joachim Jickeli danke ich für die zügige Zweitbegutachtung.

Die Beschäftigung mit dem Thema der Arbeit geht auf eine Anregung von Herrn Professor em. Dr. Dr. h.c. Ingo von Münch zurück, dem ich dafür ebenfalls herzlich danke.

Für die Aufnahme der Arbeit in die Schriftenreihe „Verfassungs- und Verwaltungsrecht unter dem Grundgesetz" sage ich deren Herausgebern Dank.

Schließlich gilt mein Dank zahlreichen weiteren Personen, die das Entstehen der Arbeit mit Rat und Tat gefördert haben. Namentlich genannt seien hier statt vieler Herr Rechtsanwalt Dr. Wolf-Friedrich Spieth, der mir in der Praxisgruppe Öffentliches Wirtschaftsrecht (EPR) der Kanzlei FRESHFIELDS BRUCKHAUS DERINGER die nötige Freiheit und Unterstützung gewährte, um die Arbeit berufsbegleitend fertigstellen zu können, Herr Dr. Gerald Miersch, LL.M. (Cambridge), der das Korrekturlesen der Arbeit übernahm, sowie Frau Petra Haase, die sie schließlich geduldig formatierte.

Ich widme die Arbeit meinen Eltern in Liebe und Dankbarkeit.

Berlin, Februar 2007 Gero von Daniels

Inhaltsübersicht

Inhaltsverzeichnis

Abkürzungsverzeichnis

a.A.	anderer Ansicht
aaO	am angegebenen Ort
Abs.	Absatz
AcP	Archiv für civilistische Praxis (Zeitschrift)
a.E.	am Ende
a.F.	alte Fassung
AfP	Archiv für Presserecht (Zeitschrift)
AG	Aktiengesellschaft
a.M.	am Main
Anm.	Anmerkung
AK-GG	Alternativkommentare zum Grundgesetz
AktG	Aktiengesetz
AktG-K	Kommentar zum Aktiengesetz
Anm. (d. Verf.)	Anmerkung (des Verfassers)
AöR	Archiv für Öffentliches Recht (Zeitschrift)
APuZ	Aus Politik und Zeitgeschichte
ARSP	Archiv für Rechts- und Sozialphilosophie (Zeitschrift)
Art.	Artikel
Aufl.	Auflage
BAG(E)	Bundesarbeitsgericht (Entscheidungen des BAG – amtliche Sammlung)
BayOLG	Bayerisches Oberstes Landesgericht (Entscheidungen des BayOLG amtliche Sammlung)
BayVBl.	Bayerische Verwaltungsblätter (Zeitschrift)
BayVerfGHE	Entscheidungen des Bayerischen Verfassungsgerichtshofs – amtliche Sammlung
BB	Betriebsberater
Bd.	Band
ber.	berichtigt
BGB	Bügerliches Gesetzbuch
BGB-K	Kommentar zum BGB
BGBl.	Bundesgesetzblatt
BGH(Z)	Bundesgerichtshof (Entscheidungen des BGH – amtliche Sammlung)
BPartG	Bundesparteigericht
BT	Bundestag
BWahlG	Bundeswahlgesetz
BWahlO	Bundeswahlordnung
BVerfG(E)	Bundesverfassungsgericht (Entscheidungen des BVerfG – amtliche Sammlung)
BVerwG(E)	Bundesverwaltunsgericht (Entscheidungen des BVerwG – amtliche Sammlung)
bzw.	beziehungsweise
CDU	Christlich Demokratische Union
CDU-BPartG	Bundesparteigericht der CDU
CR	Computer und Recht (Zeitschrift)
DB	Der Betrieb (Zeitschrift)
d.h.	das heißt
DJZ	Deutsche Juristen-Zeitung (Zeitschrift)

DÖV	Die öffentliche Verwaltung (Zeitschrift)
Drucks.	Drucksache
DRZ	Deutsche Rechts-Zeitschrift
DRiZ	Deutsche Richterzeitung (Zeitschrift)
DVBl.	Deutsches Verwaltungsblatt (Zeitschrift)
Einf.	Einführung
EuWahlG	Europawahlgesetz
e.V.	eingetragener Verein
f.	folgende
ff.	fortfolgende (Seiten etc.)
Fn.	Fußnote
FPD	Freie Demokratische Partei
FS	Festschrift
GenG	Genossenschaftsgesetz
GenG-K	Kommentar zum Genossenschaftsgesetz
GG	Grundgesetz
GG-K	Kommentar zum Grundgesetz
GeschOBT	Geschäftsordnung des Bundestages
GmbH	Gesellschaft mit beschränkter Haftung
GRUR	Gewerblicher Rechtsschutz und Urheberrecht (Zeitschrift)
GVBl.	Gesetz- und Verordnungsblatt
GLKrWahlG	Gemeinde- und Landreiswahlgesetz
GroßK-	Großkommentar zum
HbgBüWahlWG	Hamburger Bürgerschaftswahlgesetz
HbgBezWahlG	Hamburger Bezirkswahlgesetz
HbgVerfG	Hamburger Verfassungsgericht
Hdb	Handbuch
HdbStR	Handbuch des Staatsrechts
h.M.	herrschende Meinung
Hrsg.	Herausgeber /herausgegeben
Hs.	Halbsatz
i.d.F.	in der Fassung
insb.	insbesondere
i.S.d.	im Sinne des (der)
JA	Juristische Arbeitsblätter
JfP	Jahrbuch für Politik
Jg.	Jahrgang
Jura	Juristische Ausbildung (Zeitschrift)
JuS	Juristische Schulung (Zeitschrift)
JW	Juristische Wochenschrift (Zeitschrift)
JZ	Juristenzeitung (Zeitschrift)
K	Kommentar
Kap.	Kapitel
KG	Kammergericht / Kommanditgesellschaft
KöKo	Kölner Kommentar
KWahlG	Kommunalwahlgesetz

LG	Landgericht
LAG	Landesarbeitsgericht
LM	Nachschlagewerk des Bundesgerichtshofs in Zivilsachen, herausgegeben von Lindenmaier und Möhring
LWahlG	Landeswahlgesetz
LZ	Leipziger Zeitschrift für Deutsches Recht
NRWMeldeG	Meldegesetz für das Land Nordrhein-Westfalen
m.w.N.	mit weiteren Nachweisen
MüKo	Münchner Kommentar
MV	Mecklenburg-Vorpommern
NJW	Neue Juristische Wochenzeitschrift
NJW-RR	NJW-Rechtsprechungsreport (Zeitschrift)
Nr.	Nummer
NStZ	Neue Zeitschrift für Strafrecht (Zeitschrift)
NW	Nordrhein-Westfalen
NVwZ	Neue Zeitschrift für Verwaltungsrecht
NVwZ-RR	NVwZ-Rechtsprechungsreport
OLG	Oberlandesgericht
OVG	Oberverwaltungsgericht
PartG	Parteiengesetz
PDS	Partei des Demokratischen Sozialismus
PVS	Politische Vierteljahreszeitschrift
RDV	Recht der Datenverarbeitung
RPfleger	Der deutsche Rechtspfleger
RG	Reichsgericht
Rn.	Randnummer
S.	Satz, Seite (n), siehe
SGV NW	Sammlung des fortlaufend bereinigten Gesetz- und Verordnungsblattes für das Land Nordrhein-Westfalen
SPD	Sozialdemokratische Partei Deutschlands
SRP	Sozialistische Reichspartei
u.a.	unter anderem
usw.	und so weiter
VersR	Versicherungsrecht (Zeitschrift)
VerwArch	Verwaltungsarchiv (Zeitschrift)
vgl.	Vergleiche
Vorb.	Vorbemerkung
VVDStRL	Veröffentlichungen der Vereinigungen der Deutschen Staatsrechtslehrer
VwVfG	Verwaltungsverfahrensgesetz
wistra	Zeitschrift für Wirtschaft, Steuer, Strafrecht
WM	Wertpapiermitteilungen (Zeitschrift)
z.B.	zum Beispiel
Ziff.	Ziffer

ZIP	Zeitschrift für Wirtschaftsrecht und Insolvenzpraxis
zit.	zitiert
ZRP	Zeitschrift für Recht und Politik
ZParl.	Zeitschrift für Parlamentsfragen
ZPO	Zivilprozeßordnung

Einleitung

§ 1 Einführung in die Problematik

I. Problemgestaltungen in der Praxis – dargestellt anhand von Beispielsfällen aus der Geschichte der Hamburger CDU

1. Beispielsfall 1

Am 4. Mai 1993 verkündete das Hamburger Verfassungsgericht ein in der Geschichte der Bundesrepublik Deutschland bislang einzigartiges Urteil[1]: wegen des Vorgehens einer politischen Partei bei der Aufstellung ihrer Kandidaten erklärte es eine Landtagswahl, nämlich die Wahl zur Hamburgischen Bürgerschaft vom 2. Juni 1991, für ungültig.

Anlaß für dieses Urteils war eine Wahlbeschwerde einiger damaliger, innerparteilich opponierender Mitglieder der Hamburger CDU, unter ihnen der spätere Gründer der STATT Partei[2], *Markus Wegner*[3]. Ihre Wahlbeschwerde betraf unter anderem den Ablauf der Mitgliederversammlung der Hamburger CDU vom 2. Oktober 1990[4]:

Zentraler Tagesordnungspunkt dieser Versammlung war die Wahl von 246 Vertretern, die ihrerseits in einer späteren Versammlung die Kandidaten der Hamburger CDU für die Bürgerschaftswahl wählten. Zur Wahl der Vertreter legte der CDU-Landesvorstand der Mitgliederversammlung als Wahlvorschlag einen Stimmzettel vor, auf dem 246 wahlberechtigte Mitglieder der Partei aufgeführt waren. Vor Beginn der Wahl stellte einer der späteren Beschwerdeführer den Geschäftsordnungsantrag, zu dem entsprechenden Tagesordnungspunkt Wortmeldungen zuzulassen. Der Antrag wurde jedoch auf Vorschlag des Landesvorsitzenden von der Mitgliederversammlung mit überwältigender Mehrheit abgelehnt. Daraufhin beantragte eine andere Beschwerdeführerin zur Geschäftsordnung, die vom

---

[1] HbgVerfG, NVwZ 1993, 1083 ff. = DVBl. 1993, 1070 ff. Unter verschiedenen Gesichtspunkten dazu *Arndt*, NVwZ 1993, 1066 f.; *Feist/Hoffmann*, ZParl 25 (1994), 217 ff.; *Ipsen*, ZParl 25 (1994), 235 ff.; *Karpen*, DVBl. 1993, 1077 ff.; *Kuhl/Unruh*, DVBl. 1994, 1391 ff.; *Mager*, DÖV 1995, 9 ff.

[2] Zur Gründung, Entwicklung und zu den Zielen der STATT Partei siehe *Decker*, ZParl 27 (1996), 229 ff.; *ders.*, JfP 4 (1994), 249 ff.; *Gluchowski/Hoffmann*, Aufstieg und schneller Fall einer Protestpartei, 1994; *Wegner*, Für eine offene Demokratie, S.59 ff.

[3] Vgl. zur Person *Markus Wegner* und zu seinen politischen Ideen die Beschreibungen von *W. Hagenow*, Robin Hood der Elbchaussee: Markus Wegner, Überraschungsgewinner der Wahlen, präsentiert seine STATT Partei als nette Alternative für bürgerliche Protestwähler, in: DIE WOCHE vom 23. September 1993, S. 8; *Kastner*, Markus Wegner: der Neue erlernt das Geschäft; der Gründer der STATT Partei über erste politische Erfahrungen, in: Hamburger Abendblatt vom 29./30. Januar 1994, S. 3; *Kaunz*, Streitbar: Markus Wegner, in: Frankfurter Allgemeine Zeitung vom 6. Mai 1993, S. 14.

[4] Siehe zum Ganzen die Sachverhaltswiedergabe in NVwZ 1993, 1083 f.

Landesvorstand vorgeschlagenen Kandidaten für die Vertreterversammlung mögen sich vorstellen. Dieser Antrag wurde – als „lächerlich“[5] – ebenfalls mit großer Mehrheit abgelehnt, da die Vorstellung von 246 Kandidaten zu viel Zeit kosten würde. Anschließend wurden alle 246 vom Landesvorstand vorgeschlagenen Parteimitglieder zu Vertretern gewählt.

Entsprechend den Rügen der Beschwerdeführer erkannte das Hamburger Verfassungsgericht in der Ablehnung der Anträge auf Zulassung von Redebeiträgen und Vorstellung der Kandidaten sowohl einen „schweren“ Verstoß gegen den Grundsatz innerparteilicher Demokratie gemäß Art. 21 Abs. 1 S. 3 GG als auch die Verletzung allgemeiner Wahlrechtsgrundsätze gemäß Art. 38 GG[6]. Zur Begründung führt es aus, nach diesen Verfassungsgrundsätzen komme es bei der parteiinternen Aufstellung von Wahlbewerbern für Volksvertretungen nicht auf den Willen des Parteivorstands, sondern auf den Willen der Parteimitglieder an[7]. Dieser Wille könne nur durch ein Verfahren ermittelt werden, „das die Rechte der Mitglieder auf Information, Meinungsäußerung und Mitwirkung bei Vorschlag und Wahl“ berücksichtige[8]. Hingegen sei in der Mitgliederversammlung der Hamburger CDU vom 2. Oktober 1990 trotz des darauf gerichteten Begehrens einiger Parteimitglieder weder eine Vorstellung der vom Parteivorstand vorgeschlagenen Kandidaten noch sonst eine Diskussion zugelassen worden, die eine erfolgreiche Gegenkandidatur habe vorbereiten können. Deshalb seien die mit den Wahlvorschlägen des Parteivorstands nicht einverstandenen Mitglieder in ihren Rechten nachhaltig verletzt worden[9]. Folglich habe im Sinne des Demokratieprinzips überhaupt keine Wahl der Vertreterversammlung stattgefunden, so daß diese mangels Legitimation später auch keine gültige Aufstellung der Kandidaten für die Bürgerschaftswahl habe vornehmen können[10].

Nach Auffassung des Hamburger Verfassungsgerichts wirkten sich festgestellten Mängel bei der Wahlbewerberaufstellung auch „mit an Sicherheit grenzender Wahrscheinlichkeit“ auf die Zusammensetzung der Bürgerschaft aus, so daß die für eine erfolgreiche Wahlbeschwerde erforderliche Mandatsrelevanz[11] zu bejahen

---

5 Zitiert nach *Stubbe-da Luz*, Parteiendiktatur, S. 209.

6 HbgVerfG, NVwZ 1993, 1083 [1085, unter B.I.2.3].

7 HbgVerfG, NVwZ 1993, 1083 [1085, unter B.I.2.3.1].

8 HbgVerfG, NVwZ 1993, 1083 [1086, unter B.I.2.3.3].

9 HbgVerfG, NVwZ 1993, 1083 [1086, unter B.I.2.3.2].

10 HbgVerfG, NVwZ 1993, 1083 [1086, unter B.I.2.3.2, sowie 1087, unter B.I.2.4.5]. Daneben begründete das Verfassungsgericht sein Urteil noch mit zwei weiteren Mängeln im Wahlbewerberaufstellungsverfahren, nämlich zum einen mit der optischen Gestaltung des der Mitgliederversammlung vorgelegten Stimmzettels [siehe dazu aaO, 1085 f., unter B.I.2.3.1] sowie zum anderen mit den für die Vertreterversammlung geltenden - inzwischen geänderten - Satzungsbestimmungen der Hamburger CDU über die Beschränkung von Gegenvorschlägen zu den Vorschlägen der Wahlausschüsse der Partei [aaO, 1086 f., unter B.I.2.4.2].

11 Siehe dazu *Schreiber*, HdbWahlRBT, § 49 Rn. 11, insbesondere zu Fn. 48.

gewesen sei[12]. Dies ergebe sich aus einem „zur Überzeugung des Gerichts feststehenden Erfahrungssatz der politischen Praxis des Inhaltes, daß es bei Kandidatenaufstellungen innerhalb demokratischer Parteien regelmäßig zur Veränderung der Vorschläge des Vorstandes oder des satzungsgemäß dazu berufenen Organs kommt, wenn eine große Zahl von Kandidaten gewählt werden soll, diese Vorschläge in der Wahlversammlung offen diskutiert und Gegenkandidaten mit entsprechender Begründung zur Wahl gestellt werden können". Hätte diese Möglichkeit bei der Kandidatenaufstellung bestanden, wäre die Kandidatenliste mit „hoher Wahrscheinlichkeit" beschlossen worden, was wiederum – ein im übrigen gleiches Ergebnis bei den Bürgerschaftswahlen unterstellt – zu einer teilweise anderen personellen Zusammensetzung der CDU-Fraktion in der Bürgerschaft und damit dieser selbst geführt hätte[13].

2. Beispielsfall 2

Nach dem spektakulären[14] Urteil des Hamburger Verfassungsgerichts wurde mit erhöhter Spannung einer noch ausstehenden Entscheidung des Bundesverfassungsgerichts über die Gültigkeit der Bundestagswahl vom 2. Dezember 1990 in den Hamburger Wahlkreisen entgegengesehen. Denn auch schon gegen die Bundestagswahl in diesen Wahlkreisen[15] hatten einige Mitglieder der Hamburger CDU, darunter wiederum *Markus Wegner*, Einspruch eingelegt. Insofern beanstandeten sie insbesondere den Ablauf der Wahl in der Wahlkreismitgliederversammlung vom 13. September 1990 im Bundestagswahlkreis 13 (Hamburg-Altona), mit der der CDU-Wahlkreisbewerber nominiert wurde.

Zur Wiederwahl stellte sich hier der damalige Landesvorsitzende der Hamburger CDU, *Jürgen Echternach*, seit 1980 Mitglied des Deutschen Bundestages. Gegen ihn kandidierte als bis dahin innerparteilich weithin unbekanntes Parteimitglied *Markus Wegner*. Als *Wegner* vor Eintritt in den Wahlgang darum bat, sich und seine politischen Ziele den Versammlungsteilnehmern vorstellen zu dürfen, wurde ihm dies vom Versammlungsleiter mit der Begründung verwehrt, er – *Wegner* – könne sich zwar zur Wahl stellen, habe aber kein Rederecht. Hingegen sprach sich die Ver-

---

12 HbgVerfG, NVwZ 1993, 1083 [1088, unter B.III]; beachte jedoch die insoweit abweichende Auffassung der Verfassungsrichter *Dau* und *Toboll*, NVwZ 1993, 1090 ff.

13 HbgVerfG, NVwZ 1993, 1083 [1088, unter B.III.2.1]. Kritisch zu den Folgerungen des Verfassungsgerichts aus den festgestellten Wahlrechts- und Demokratieverstößen *Arndt*, NVwZ 1993, 1066 f.; *Karpen*, DVBl. 1993, 1077 [1079]: „Ausführungen des Gerichts sind hochspekulativ".

14 Zum Presseecho vgl. zum Beispiel Frankfurter Allgemeine Zeitung vom 5. Mai 1993, S. 1 und 2; Frankfurter Rundschau vom 5. Mai 1993, S. 1 und 3; Süddeutsche Zeitung vom 5. Mai 1993, S. 1 und 4; Hamburger Abendblatt, 5. Mai 1993, S. 1, 2, 11, 12 und 13.

15 Die Beschränkung der Wahlanfechtung auf bestimmte Wahlkreise entsprach dem im Rahmen einer Wahlprüfung geltenden Auswirkungsgrundsatz, wonach eine Wahl nur insoweit für ungültig erklärt wird, wie der Wirkungsbereich eines Wahlfehlers reicht, vgl. dazu *Boettcher*, in: Boettcher/Högner, BWahlG/O-K, § 49 BWahlG Rn. 13. Wirkt sich ein Fehler bloß in einem Wahlkreis aus, wird die Wahl folglich nur in diesem Wahlkreis für ungültig erklärt.

sammlung in einer anschließenden Abstimmung über die Frage seines Rederechts mehrheitlich dafür aus, *Wegner* eine Vorstellung zur Person – nicht indes auch hinsichtlich seiner politischen Ziele – zu gestatten, woraufhin ihm hierzu das Wort erteilt wurde. Zu Beginn seiner Ausführungen erklärte *Wegner*, er gehe davon aus, für seine Vorstellung etwa zehn Minuten Zeit zu haben. Daraufhin wurde er vom Versammlungsleiter mit dem Hinweis unterbrochen, ihm stünden lediglich drei Minuten zur Verfügung. Auf Intervention eines Versammlungsteilnehmers wurde nun auch über die Redezeitbeschränkung abgestimmt, wobei eine Mehrheit von 60 zu 40 diesmal der entsprechenden Anordnung des Versammlungsleiters zustimmte. Bei der anschließenden Wahl entfielen von 220 gültigen Stimmen auf *Echtnerach* 159, auf *Wegner* 57 Stimmen. Bei der Bundestagswahl am 2. Dezember 1990 gewann den Wahlkreis 13 allerdings die von der SPD nominierte Kandidatin[16].

In seiner Entscheidung vom 20. Oktober 1993 gab das Bundesverfassungsgericht den Beschwerdeführern insoweit Recht, als es in der *Wegner* auferlegten Redezeitbeschränkung einen „Verstoß gegen fundamentale Verfahrensgrundsätze einer demokratischen Wahl" erkannte[17]. Die Wahl des CDU-Wahlkreiskandidaten habe unmittelbare Auswirkungen auf das passive Wahlrecht von *Wegner* gehabt und zugleich auf das aktive Wahlrecht aller im entsprechenden Wahlkreis zum Bundestag Wahlberechtigten eingewirkt, weil sie den Bewerber der CDU für die Erststimme bestimmt habe. Voraussetzung einer Kandidatenwahl, die mit dieser Bedeutung in den eigentlichen Wahlgang hineinwirke, sei, daß sich eine Auswahl unter mehreren Wahlbewerbern an den Kriterien der Persönlichkeit und des politischen Programms des Kandidaten orientieren könne: „Nur wenn sich die Stimmberechtigten hierüber hinreichend zu unterrichten vermögen, ist die Offenheit einer Alternative hergestellt, die unverzichtbares Merkmal einer Wahl ist". Aus diesem Grund sei es regelmäßig notwendig, daß die Kandidaten sich persönlich in gebotener Zusammenfassung vorstellen und programmatische Aussagen machen können. Mit diesen Mindestanforderungen an ein demokratisches Wahlverfahren sei die *Wegner* auferlegte Redezeitbeschränkung nicht vereinbar gewesen[18].

Anders als das Hamburger Verfassungsgericht in dem oben[19] angeführten ersten Beispielsfall verneinte das Bundesverfassungsgericht allerdings die Mandatsrelevanz des festgestellten Wahlfehlers und wies die Wahlprüfungsbeschwerde deshalb als unbegründet zurück. Die Mandatsrelevanz hätte nur dann bejaht werden können, wenn der Kandidat bei einer erweiterten Vorstellungsmöglichkeit nicht nur

16 Vgl. zum Sachverhalt BVerfGE 89, 243 [246 f., 260, 261]; CDU-BPartG, NVwZ 1993, 1126 f.
17 BVerfGE 89, 243 [259].
18 BVerfGE 89, 243 [259 f.]. Bereits vor der Entscheidung des Bundesverfassungsgerichts hatte das CDU-Bundesparteigericht festgestellt, daß die *Markus Wegner* auferlegte Redezeitbeschränkung gegen das Gebot der demokratischen Willensbildung und des Minderheitenschutzes verstoßen habe, so daß die anschließende Kandidatenwahl „rechtswidrig" gewesen sei, vgl. CDU-BPartG, NVwZ 1993, 1126 f. Der Entscheidung des Parteigerichts kam allerdings nur innerparteiliche Wirkung zu.
19 Siehe oben § 1 I 1.

von der Wahlkreismitgliederversammlung nominiert worden wäre, sondern dann auch noch bei der Bundestagswahl mehr Stimmen als die Wahlkreiskandidatin der SPD erzielt hätte. Indes habe es schon an der ersten Voraussetzung gefehlt. Daraus, daß die Mitgliederversammlung ihm zwar eine Vorstellungsmöglichkeit zubilligte, anschließend jedoch in einer zweiten Abstimmung seine Redezeit mit einer Stimmenmehrheit von 60 zu 40 auf nur drei Minuten begrenzte, sei vielmehr deutlich geworden, daß die überwiegende Mehrheit der Teilnehmer entschlossen war, *Echternach* zum Kandidaten zu bestimmen, ohne daß es dieser Mehrheit darauf ankam, ob dessen Gegenkandidat über ein überzeugungskräftigeres Programm verfügte[20].

3. Beispielsfall 3

Bereits ein Jahr vor der Entscheidung des Bundesverfassungsgerichts hatten einige der innerparteilich opponierenden Mitglieder der Hamburger CDU, zu denen abermals *Wegner* gehörte, das Bundesparteigericht der CDU in Bonn mit dem Antrag angerufen, den CDU-Landesverband Hamburg zu verpflichten, ihnen Einsichtnahme in dessen Mitgliederliste zu gewähren. Ihr Begehren begründeten sie dabei wie folgt: Zu Mitgliederversammlungen erschienen in der Regel allenfalls 20 Prozent der Parteimitglieder, während die übrigen aus den verschiedensten Gründen, insbesondere aber auch deshalb den Versammlungen fernblieben, weil sie sich im Kreise derer, die vor Ort das Sagen haben, nicht wohl fühlten. Mit jenen Parteimitgliedern könne eine Kontaktaufnahme folglich nur außerhalb der Mitgliederversammlungen erfolgen. Dies sei ihnen, den Antragstellern, jedoch nicht möglich, weil ihnen die Parteiführung die Mitgliederlisten samt der darin verzeichneten Mitgliederadressen vorenthalte. Wegen des innerparteilichen Demokratiegebotes gemäß Art. 21 Abs. 1 S. 3 GG bräuchten sie sich zur Kommunikation mit anderen Parteimitgliedern nicht auf die Mitgliederversammlungen verweisen lassen. Vielmehr setze eine innerparteilich demokratische Willensbildung voraus, daß jedes Parteimitglied auch außerhalb von Mitgliederversammlungen mit anderen Parteimitgliedern in Verbindung treten und diskutieren könne, beispielsweise um diese aufzufordern, an bestimmten Versammlungen teilzunehmen und dort bestimmte Positionen zu vertreten[21].

Mit Beschluß vom 7. September 1992 wies das CDU-Bundesparteigericht den Antrag auf Einsichtnahme in die Mitgliederlisten zurück; der Hamburger Politologe *Winfried Steffani*, der ebenfalls zu den Antragstellern gehörte, wertete die Entscheidung als „Absage an das innerparteiliche Demokratiegebot" und trat daraufhin aus der CDU aus, ein Schritt, der in den Medien bundesweit Beachtung fand[22].

---

[20] BVerfGE 89, 243 [261]. Kritisch zu dieser Argumentation *Ipsen*, ZParl 25 (1994), 235 [240]; *Lang*, Subjektiver Rechtsschutz im Wahlprüfungsverfahren, S. 99.

[21] Vgl. zum Ganzen *Huber*, Innerparteiliche Reformen, B.III 2.5; *Steffani*, Merkur 1993, 586 ff., insb. 593 ff.; *ders.*, Gewaltenteilung und Parteien im Wandel, S. 260 ff.; *Stubbe-da Luz*, Parteiendiktatur, S.154 ff.; *Wegner*, Für eine offene Demokratie, S. 33 ff.

[22] Vgl. etwa Frankfurter Allgemeine Zeitung vom 9. September 1992, S. 4.

Indes argumentierte das Bundesparteigericht, die begehrte Einsichtnahme ließe sich weder auf eine gesetzliche noch eine satzungsrechtliche Grundlage stützen. Im übrigen stünden dem Antrag datenschutzgesetzliche Gesichtspunkte entgegen. Dabei könne dahinstehen, ob das Bundesdatenschutzgesetz auf politische Parteien überhaupt anwendbar sei und seine Bestimmungen eine Offenlegung ihrer Mitgliederlisten verbiete. Denn gegen eine Weitergabe der begehrten Mitgliederdaten spreche jedenfalls das Recht der Parteimitglieder auf informationelle Selbstbestimmung stützen. Dieses Recht gewährleiste dem einzelnen Parteimitglied die Befugnis, grundsätzlich selbst über die Preisgabe und Verwendung seiner persönlichen Daten zu bestimmen. Zu den geschützten Daten gehöre auch die Parteimitgliedschaft. Somit könne das einzelne Parteimitglied selbst bestimmen, inwieweit seine Mitgliedschaft anderen bekanntgegeben werden dürfe. Wenn ein „stilles Mitglied" keine Parteiveranstaltungen besuchen und innerparteilich nicht in Erscheinung treten wolle, müsse dies akzeptiert werden[23].

II. Mitgliedschaftliches Informations- und Meinungskundgabeverlangen als typischer Konfliktstoff in politischen Parteien und anderen Personenzusammenschlüssen

Die vorstehend beschriebenen Fälle dokumentieren, daß das Verlangen von Parteimitgliedern, sich in ihrer Partei zu informieren und/oder zu Wort zu kommen, erhebliche Probleme bereiten kann. Daß diese zur Ungültigkeit einer ganzen Parlamentswahl führen, ist freilich die Ausnahme, keine Ausnahme sind jedoch die Probleme selbst.

So wäre es denn auch falsch, aus den dargestellten Fällen den Schluß zu ziehen, Probleme der in Rede stehenden Art träten lediglich in der CDU auf oder gar bloß in der Hamburger CDU. Wenn zur Veranschaulichung der Problematik zunächst gleichwohl nur Begebenheiten aus der Geschichte der Hamburger CDU beschrieben wurden, dann deshalb, weil dort die damit zusammenhängenden Streitigkeiten zeitweilig ein ungewöhnliches Ausmaß angenommen hatten und sich insofern als Beispiele besonders gut eignen. Indes war und ist mitgliedschaftliches Informations- und Meinungskundgabeverlangen auch in anderen Parteiverbänden immer wieder Gegenstand von Auseinandersetzungen[24]. Allein werden diese Auseinandersetzungen dort selten so erbittert geführt wie seinerzeit in der Hamburger CDU und zeitigen deshalb meist keine oder zumindest keine solch spektakulären Weiterungen. Nur selten nämlich lassen sich Parteimitglieder, denen in ihrer Partei die Möglichkeit zur Information bzw. Meinungskundgabe ganz oder zum Teil verweigert wird, herausfordern, mit der Ausdauer eines *Markus Wegner* zu streiten, was *Trutz Graf Kerssenbrock* mit den Worten würdigt[25]: „Unbestreitbar waren Wegners Energie, sein Mut, seine geistige Unabhängigkeit Voraussetzung für den Urteils-

---

23 CDU-BPartG, NVwZ 1993, 1127 f.

24 Vgl. *Stubbe-da Luz*, Parteiendiktatur, S.156, 203 f.; *Wegner*, Für eine offene Demokratie, S. 57.

25 *Graf Kerssenbrock*, Strohfeuer in der Nachbarschaft: Markus Wegner: Von einem der auszog, das Fürchten zu lehren, in: Frankfurter Allgemeine Zeitung vom 5. Dezember 1994, S. 15.

spruch des Hamburgischen Verfassungsgericht, der Chance zu substantiellen Verbesserungen der Demokratie in den politischen Parteien eröffnet hat. Es bedurfte schon eines Mannes wie Wegner, der sich für den juristischen Grabenkampf, welcher angesichts der völlig verfilzten und verkrusteten Strukturen der Hamburger Union geführt werden mußte, nicht zu schade war."

Die eingangs angeführten Fälle verdeutlichen nur einige Aspekte der im folgenden zu untersuchenden Problematik. Gleichwohl lassen sie bereits ihre Brisanz erkennen: Für die Teilhabe an der innerparteilichen Willensbildung ist die Möglichkeit der Parteimitglieder, sich in ihrer Partei zu informieren und ihre Meinung zu äußern, von entscheidender Bedeutung. Inwieweit diese Möglichkeit besteht, hängt aber weitgehend von der Parteiführung ab. Dabei ist die Parteiführung naturgemäß bestrebt, die innerparteiliche Willensbildung in ihrem Sinne zu beeinflussen, insbesondere wenn es um ihre eigene Wahl oder die von ihnen favorisierten Personen geht. Dementsprechend steht die Parteiführung dem Verlangen der Parteimitglieder nach innerparteilicher Information und Meinungskundgabe regelmäßig um so abgeneigter gegenüber, desto mehr damit eine Gefährdung ihrer personellen und sachlichen Positionen verbunden ist. Hinzu kommt, daß die Parteiführung besorgt ist, die Verbandsgeschäfte möglichst zügig zu erledigen. Fragen und Wortbeiträge der Parteimitglieder kosten aber Zeit.

Derartige Interessengegensätze bestehen natürlich nicht nur in politischen Parteien, sondern ebenso in anderen Personenzusammenschlüssen. So verwundert es nicht, daß auch dort entsprechende Konflikte entstehen, wenn Mitglieder sich intern informieren und ihre Meinung kundtun wollen.

Dies läßt sich in den vergangenen Jahren vor allem bei Hauptversammlungen von Aktiengesellschaften beobachten. Grund dafür ist, daß Aktionäre auf Hauptversammlungen oft in weit größerem Umfang und wesentlich kritischer Fragen stellen und ihre Meinung kundtun als Parteimitglieder auf Parteiversammlungen[26]. So kommt es auf Hauptversammlungen immer wieder vor, daß einzelne Aktionäre bis zu 100 Fragen stellen[27], deren Beantwortung eine Unzahl von Einzelangaben erforderlich machen[28], während Redebeiträge der Aktionäre bisweilen den Charakter gesellschaftspolitischer Grundsatzerklärungen annehmen[29]. Obwohl die durchschnittliche Dauer von Hauptversammlungen in der Vergangenheit kontinuierlich zugenommen hat[30], passiert es wegen dieses Aktionärsverhaltens immer wieder, daß andere Aktionäre um ihre Chance gebracht werden, sich ebenfalls zu äußern

---

[26] Vgl. dazu insbesondere *K.-P. Martens*, Leitfaden für die Leitung der Hauptversammlung einer Aktiengesellschaft, S. 9 ff.; *Quack*, AG 1985, 145; *Trouet*, NJW 1986, 1302.

[27] Vgl. *Steiner*, Die Hauptversammlung der Aktiengesellschaft, § 11 Rn. 49; *Trouet*, NJW 1986, 1302 [1306].

[28] Im Fall, der der Entscheidung des OLG Fankfurt a.M., WM 1983, 1071 f., zugrundeliegt, waren es 25.000 Einzelangaben.

[29] Vgl. *Quack*, AG 1985, 145; *Trouet*, NJW 1986, 1302.

[30] *K.-P. Martens*, Leitfaden für die Leitung der Hauptversammlung einer Aktiengesellschaft, S. 14.

und Fragen zu stellen[31]. Angesichts dieser Umstände beklagte der Aufsichtsratsvorsitzende der Deutschen Bank AG, *Rolf Breuer* unlängst, die sogenannte[32] Aktionärsdemokratie sei zu einer „Diktatur der Minderheiten" verkommen, und sprach sich für eine Begrenzung der Diskussionen auf Hauptversammlungen aus[33]. Dabei ist der Blick auf die Praxis von Aktionärsversammlungen für die vorliegende Untersuchung von weitreichender Bedeutung, weil viele der dort in den vergangenen Jahren aufgetretenen Probleme zwar bei Parteiversammlungen derzeit noch nicht festzustellen sind, sich hier aber jederzeit genauso ergeben können. Zugleich sind für viele dieser Probleme im Aktienrecht bereits Lösungen entwickelt worden, die – wie sich im Verlauf der vorliegenden Untersuchung zeigen wird – auch bei Parteiversammlungen praktikabel sind.

Daß Konflikte, wie sie hier am Beispiel der Hamburger CDU geschildert wurden, keineswegs nur in politischen Parteien auftreten, sondern selbst den kirchlichen Frieden stören können, zeigt ferner folgender Fall auf[34]: Im April 1994 wurde in der Presse[35] berichtet, die Nordelbische Evangelisch-Lutherische Kirche (NEK) habe in einem vertraulichen Brief an die Präsidentin des Schleswig-Holsteinischen Landtages sowie an die Vorsitzenden der Fraktionen des Landtages die Einstellung des parlamentarischen Untersuchungsausschuß zur Aufklärung der sogenannten Schubladen-Affäre[36] gefordert. In dem Brief, der – wiewohl vertraulich – in der Presse auszugsweise abgedruckt war, wurde die Forderung nach Einstellung des Untersuchungsausschusses unter anderem mit „einer wachsenden Fragwürdigkeit" von „Methode und Ergebnis" des Untersuchungsausschusses begründet[37]. Das wiederum wurde in der Presse angesichts des seinerzeit bevorstehenden Wahlkampfs dahingehend kommentiert, der Brief lese „sich streckenweise wie eine Pressemitteilung der SPD"[38]. Aus diesem Grund wandte sich der Hamburger Staatsrechtler *Ingo von Münch* an die NEK und bat sie als deren Mitglied, ihm den Inhalt des Briefes vollständig zugänglich zu machen. Die NEK lehnte dies indes mit der Begründung ab, ihre Kontaktaufnahme mit der Landtagspräsidentin und den Fraktionsvorsitzenden sei unter „seelsorgerischen Gesichtspunkten" im Hinblick auf „Möglichkeiten der Versöhnung" erfolgt und nur durch eine bedauerliche Indiskretion bekannt geworden. In seiner daraufhin beim Kirchengericht der NEK eingereichten Klage auf Informationserteilung hielt *von Münch* dagegen, er bezweifele, daß es bei der in Rede stehenden Aktion wirklich um „Seelsorge" gegangen

---

31 Vgl. *Steiner*, Die Hauptversammlung der Aktiengesellschaft, § 11 Rn. 49; *Quack*, AG 1985, 145.

32 Kritisch dazu *K.-P. Martens*, Leitfaden für die Leitung der Hauptversammlung einer Aktiengesellschaft, S. 1.

33 Börsen-Zeitung vom 23.09.2003, S. B 3.

34 Siehe zum Sachverhalt auch NVwZ 1998, 886.

35 Vgl. Hamburger-Abendblatt vom 23./24. April 1994, S. 2.

36 Gegenstand der Schubladen-Affäre waren Zahlungen des vormaligen SPD-Chefs in Schleswig Holstein, *Günther Jansen*, an *Reiner Pfeiffer*, den ehemaligen Referenten des unter mysteriösen Umständen verstorbenen CDU-Ministerpräsidenten des Landes, *Uwe Barschel*, vgl. dazu www.geschichte.schleswig-holstein.de/vonabisz/schubladenaffaere.htm.

37 So der Bericht im Hamburger Abendblatt vom 23./24. April 1994, S. 2.

38 So *Kluth*, in: Hamburger Abendblatt vom 23./24. April 1994, S. 2.

sei. Vielmehr habe man offenbar parteipolitisch motivierten Einfluß zu nehmen versucht. Um dies feststellen zu können, müsse er Einsicht in den vollständigen Brief nehmen können. Das Kirchengericht der NEK wies die Klage jedoch mangels subjektiven Rechts als unzulässig ab und das Verfassungs- und Verwaltungsgericht der Vereinigten Evangelisch-Lutherischen Kirche Deutschlands die gegen dieses Urteil eingelegte Revision mit derselben Begründung zurück; für den geltend gemachten Informationsanspruch stehe dem Kläger keine Rechtsgrundlage zur Verfügung[39].

Vor dem Hintergrund erstaunt es nicht, daß *von Münch* sein Befremden über das Verhalten seiner Kirche mit derselben Formulierung zum Ausdruck brachte wie – wegen der ihm vorenthaltenen Mitgliederliste[40] – *Steffani* in Bezug auf seine Partei, nämlich indem beide jeweils von Methoden eines „Geheimbunds“[41] sprachen.

III. Das Defizit an mitgliedschaftlichen Informations- und Meinungskundgabemöglichkeiten in politischen Parteien als eine Ursache der sogenannten Parteienverdrossenheit

Anfang der 90er Jahre des vergangenen Jahrhunderts begann man in der Bundesrepublik eine zunehmende „Parteienverdrossenheit“ der Bevölkerung zu registrieren[42]. Einen Höhepunkt erlebte die dazu stattfindende öffentliche Diskussion[43], als im Jahr 1992 der damalige Bundespräsident *Richard von Weizsäcker* in einem Interview die politischen Parteien für Fehlentwicklungen der bundesrepublikanischen Demokratie verantwortlich machte[44]. So monierte er unter anderem, die politischen Parteien hätten sich zu einem ungeschriebenen Verfassungsorgan entwickelt, das auf die anderen fünf einen immer weitergehenden, zum Teil völlig beherrschenden Einfluß habe[45]. Überdies gehe ihr tatsächlicher Einfluß entgegen den Vorstellungen der Verfassung weit über die Mitwirkung bei der politischen Willensbildung hinaus, indem sie auf das gesamte gesellschaftliche Leben Einfluß nähmen und mittlerweile die ganze Struktur der Gesellschaft bis tief hinein in das ganz unpolitische Vereinsleben durchzögen[46]. Kurz zuvor schon hatte der Staatsrechtler *Hans Herbert von Arnim* speziell das selbstherrliche Finanzgebaren der poli-

---

[39] Vgl. Verfassungs- und Verwaltungsgericht der Vereinigten Evangelisch-Lutherischen Kirche, NVwZ 1998, 886 ff.

[40] Siehe dazu den oben unter § 1 I 3 wiedergegebenen Fall.

[41] *von Münch*, zitiert nach Frankfurter Allgemeine Zeitung vom 30. August 1994, S. 5, bzw. *Steffani*, Merkur 1993, 586 [595].

[42] Siehe dazu *von Arnim*, APuZ 1993, B 11, 14 ff.; *Ehrhart/Sandschneider*, ZParl 25 (1994), 441 ff.; *Gaiser/Gille/Krüger/de Rijke*, APuZ 2000, B 19-20, 12 ff.; *Rattinger*, APuZ 1993, B 11, 24 ff.; *Rieger*, ZParl 25 (1994), 459 ff.; *Stöss*, APuZ 1990, B 21, 15 ff.

[43] Zusammenfassend dazu *Immerfall*, ZParl 25 (1994), 310 ff.

[44] *von Weizsäcker* im Gespräch mit *Gunter Hofmann* und *Werner A. Perger*, S.135 ff.

[45] *von Weizsäcker* im Gespräch mit *Gunter Hofmann* und *Werner A. Perger*, S. 140.

[46] *von Weizsäcker* im Gespräch mit *Gunter Hofmann* und *Werner A. Perger*, S. 146 f.

tischen Parteien und ihrer Abgeordneten angeprangert[47], was den Eindruck vieler Bürger bestärkte, die Parteien hätten sich den „Staat zur Beute“[48] gemacht.

Nachdem die Unzufriedenheit der Bevölkerung mit den Parteien in den Folgejahren etwas nachzulassen schien[49], erhielt sie in den Wochen um den Jahrtausendwechsel neuen Auftrieb, als bekannt wurde, daß die CDU unter maßgeblicher Beteiligung des damaligen Bundeskanzlers *Helmut Kohl* jahrelang gegen Bestimmungen des Parteiengesetzes zum Umgang mit Parteispenden verstoßen hatte[50], und daß in Nordrhein-Westphalen führende SPD-Politiker einschließlich des späteren Bundespräsidenten *Johannes Rau* auf Kosten der Landesbank deren Privatflugzeuge nutzten[51]. Nicht zuletzt wegen solcher Vorfälle ist bis heute in der Bevölkerung eine zunehmende Abneigung gegenüber Politikern und den politischen Parteien zu verzeichnen[52].

Dabei rückte durch das eingangs[53] behandelte Urteil des Hamburger Verfassungsgericht eine weitere Ursache der Parteienverdrossenheit ins Rampenlicht, die, wiewohl schon früher erkannt und angesprochen[54], in der öffentlichen Diskussion bis dahin relativ wenig Beachtung fand. So speist sich die Unzufriedenheit mit den politischen Parteien nicht zuletzt aus Enttäuschung über die in den Parteien herrschenden Zustände, welche die seiterzeit FDP-Politikerin und spätere Bundespräsidentschaftskandidatin ihrer Partei, *Hildegard Hamm-Brücher*, zu der Äußerung verleiteten: „Die innere Verfassung der politischen Parteien ist verrottet“[55].

Bemängelt wird insofern insbesondere die geringe Beteiligungsmöglichkeit der Parteimitglieder an der innerparteilichen Willensbildung und die damit einherge-

---

47 *von Arnim*, Die Partei, der Abgeordnete und das Geld, 1991.

48 *von Weizsäcker*, Wird unsere Parteiendemokratie überleben?, in: *ders.*, Die deutsche Geschichte geht weiter, S. 155.

49 *Immerfall*, APuZ 1998, B 1-2, 3, bemerkte hierzu: „An die Stelle des Ärgers der Bürger mit den Parteien - was zeigt, daß einem noch etwas am Herzen liegt - tritt schleichend Schlimmeres: Gleichgültigkeit“.

50 Siehe zu dieser sogenannten „Parteispendenaffäre“ DER SPIEGEL vom 29. November 1999, S. 22 ff.; 6. Dezember 1999, S. 22 ff.; 13. Dezember 1999, S. 28 ff.; 20. Dezember 1999, S. 22 ff.; 27. Dezember 1999, S. 26 ff.; 3. Januar 2000, S. 25 ff.; 10. Januar 2000, S. 26 ff.; 17. Januar 2000, S. 22 ff.; 24. Januar 2000, S. 22; 31. Januar 2000, S. 22 ff.; 7. Febraur 2000, S. 22 ff.; 14. Febraur 2000, S. 22 ff.

51 Siehe zu dieser sogenannten „Flugaffäre“ DER SPIEGEL vom 13. Dezember 1999, S. 22 ff.; 20. Dezember 1999, S. 32 ff.; 27. Dezember 1999, S. 44 ff.; 10. Januar 2000, S. 18; 17. Januar 2000, S. 86 ff.; 24. Januar 2000, S. 75 ff.; 31. Januar 2000, S. 68 ff.; 7. Februar 2000, S. 68 ff.; 21. Februar 2000, S. 38.

52 Differenziert auf der Basis empirischer Untersuchungen *Arzheimer*, Politikverdrossenheit, S. 259 ff., 293 ff.

53 Siehe oben § 1 I 1.

54 So etwa von *Graf Kerssenbrock*, ZRP 1989, 337; Vierhaus, ZRP 1991, 468 [475].

55 Zitiert nach *Gaumitz*, Das Parlament vom 10. Mai 1991, S. 14.

hende Machtfülle der Parteiführung[56]. Der Parteienkritiker *Stubbe-da Luz* bemerkt hierzu sarkastisch: „Die Parteifunktionäre haben die alten Mächte in der Herrschaft abgelöst. Nunmehr hüten sie – wie wohl alle Machthaber in der Menschheitsgeschichte – eifersüchtig ihre Vorrechte. Den normalen Mitgliedern ist eine bloß dienende Funktion zugewiesen. (...) Die Ohnmacht der normalen Parteimitglieder gegenüber den Funktionären ist kaum geringer als unser aller Ohnmacht. Immerhin: Ganz überflüssig sind die Mitglieder nicht. Aus ihnen suchen die Funktionäre sich ihre Getreuen zusammen, ihre 'Hausmacht', sowie die Funktionäre von morgen. Die Mitglieder sind eingeladen, auf Geheiß der Funktionäre ihre Hände zu heben, um deren Entscheidung einen demokratischen Anstrich zu verleihen. Die Bonzen brauchen für ihre Wahl eine Basis. Diese Basis wird von den Mitgliedern gespielt. Wer nicht mitspielt, wird schnell ausgegrenzt. Die Spielregeln werden von den Funktionären bestimmt"[57].

In der Tat erleben viele Parteimitglieder den Ablauf der innerparteilichen Willensbildung als Auskungeln von Entscheidungen in kleinen informellen Zirkeln um die Parteiführung, die ihnen allenfalls noch zur Akklamation vorgelegt werden. Weder erhalten Parteimitglieder ausreichend Gelegenheit, sich im Vorfeld der Parteientscheidungen zu informieren, noch dazu ihre Meinung kundzutun[58]. Das Postulat des Parteiengesetzes, wonach die politischen Parteien „die aktive Teilnahme der Bürger am politischen Leben fördern" und „zur Übernahme öffentlicher Verantwortung gefähigte Bürger heranbilden" sollen (§ 1 Abs.2 PartG), wird daher von vielen Parteimitgliedern als Hohn empfunden; die Folge reicht von Frustation und mehrheitlicher Inaktivität[59] bis hin zu Parteiaustritten[60].

Angesichts dieses Befunds sind die Forderungen nach mehr Transparenz und Offenheit in politischen Parteien zur Stärkung der Partizipationschancen der Par-

---

56 Vgl. *Graf Kerssenbrock*, ZRP 1989, 337 ff.; *Vierhaus*, ZRP 1991, 468 [475]; *Schachtschneider*, Res publica res populi, 10. Teil, 4. Kap., S. 1108, insb. S. 1113: „Das Ergebnis ist die allgemeine Parteienverdrossenheit"; *Stubbe-da Luz*, Parteiendiktatur, S. 100 ff.; *Stubbe-da Luz/ Wegner*, ZParl 1993, 189 [200]; *Wegner*, Für eine offene Demokratie, S. 140 ff. Zu den jüngsten Versuchen der Parteien, der durch enttäuschte Partizipationsbereitschaft verursachten Parteienverdrossenheit entgegenzuwirken, siehe *Kießling*, APuZ 2001, B 10, 29 ff.

57 *Stubbe-da Luz*, Parteiendiktatur, S. 100 f.

58 Vgl. *Schreiber*, HdbWahlRBT, § 21 Rn. 2, in bezug auf die innerparteiliche Kandidatenaufstellung.

59 Siehe dazu *Becker*, ZParl 27 (1996), 712 [714]; *Greven*, Parteimitglieder, S. 39; Kießling, APuZ 2001, B 10, 29 [31]; *Seifert*, Die politischen Parteien im Recht der Bundesrepublik Deutschland, S. 26 Fn. 26; *Zeuner*, Innerparteiliche Demokratie, S. 71.

60 Vgl. *Graf Kerssenbrock*, ZRP 1989, 337; *Reichel*, Das demokratische Offenheitsprinzip und seine Anwendung im Recht der politischen Parteien, S. 15. So mußten die großen Parteien in den vergangenen Jahren einen zum Teil drastischen Rückgang ihrer Mitgliederzahlen hinnehmen, siehe dazu *Niedermayer*, ZParl 2001, 434 ff. Siehe zu aktuellen Zahlen in Die Welt vom 02. Februar 2005, S. 4, sowie unter www.polwiss.fu-berlin.de/osz/dokumente/PDF/mitglied.pdf.

teimitglieder verständlich[61]. Dabei muß man sich darüber im klaren sein, daß eine solche Demokratisierung der politischen Parteien bei deren Führungen auf wenig Gegenliebe stößt, zumal diese, wie *Michael Thomas Greven*[62] in einer empirischen Studie festgestellt hat, den Einfluß der Parteimitglieder ohnehin als hoch empfinden. Statt dessen muß die Demokratisierung von den Parteimitgliedern im politischen Alltag immer wieder neu eingefordert werden[63]. Voraussetzung dafür ist aber, daß die Parteimitglieder ihre rechtlichen Möglichkeiten der innerparteilichen Information und Meinungskundgabe kennen. Diese rechtlichen Möglichkeiten aufzuzeigen, ist das Anliegen der vorliegenden Untersuchung.

61 Vgl. zu diesen Forderungen statt vieler *Reichel*, Das demokratische Offenheitsprinzip und seine Anwendung im Recht der politischen Parteien, S. 15, 102; *Stubbe-da Luz/Wegner*, ZParl 1993, 189 [200].

62 *Greven*, Parteimitglieder, S. 42 ff.

63 So auch *Vierhaus*, ZRP 1991, 468 [475].

§ 2 Bestimmung des Untersuchungsgegenstandes

Als „Recht auf Auskunft und Gehör“ hat das Bundesparteigericht der CDU in einer Entscheidung die Befugnis des Parteimitglieds bezeichnet, in Mitgliederversammlungen mündlich Fragen zu stellen und seine Meinung zu äußern[1]. Wegen ihrer Griffigkeit soll die Formulierung „Recht auf Auskunft und Gehör“ auch als Titel für die vorliegende Untersuchung dienen. Wenn hier sonach von *einem* oder *dem* Recht auf Auskunft und Gehör gesprochen wird, ist jedoch zunächst klarzustellen, daß dabei kein einheitliches Recht in Rede steht. Statt dessen soll ermittelt werden, inwieweit in politischen Parteien zum einen ein Recht auf Auskunft sowie zum anderen – gegebenenfalls unabhängig davon – ein Recht auf Gehör besteht. Zudem ist der Untersuchungsgegenstand nicht auf das mündliche Frage- und Rederecht in Mitgliederversammlungen beschränkt. Vielmehr wird den Begriffen „Recht auf Auskunft“ und „Recht auf Gehör“ hier gemäß den nachfolgenden Definitionen eine umfassendere Bedeutung beigemessen:

I. Definition der Begriffe „Recht auf Auskunft“ und „Recht auf Gehör“

1. Recht auf Auskunft

So sollen unter der Bezeichnung „Recht auf Auskunft“ bzw. „Auskunftsrecht“ im folgenden alle rechtlichen Möglichkeiten von Parteimitgliedern untersucht werden, innerparteilich an Informationen zu gelangen, die ihnen nicht ohne weiteres zugänglich sind, die also nicht ihnen ohnehin offenstehenden Quellen wie etwa Mitgliederzeitschriften entnommen werden können.

Demzufolge wird der Begriff des Auskunftsrechts hier im weiten Sinne, synonym mit dem im Verbandsrecht gebräuchlichen[2] Begriff des Informationsrechts verwandt. Insofern ist die Untersuchung der Informationsmöglichkeiten weder auf eine bestimmte Form (Auskunft) noch auf einen bestimmten Ort (in Mitgliederversammlungen) begrenzt, sondern behandelt insbesondere auch die Einsichtnahme in Unterlagen[3] außerhalb von Mitgliederversammlungen. Dabei geht es jeweils nicht um das Recht der Information anhand offenstehender Informationsquellen (z.B. Mitgliederzeitschriften), sondern um einen Anspruch auf Vermittlung von Informationen, die solchen Quellen nicht zu entnehmen sind.

---

[1] Vgl. CDU-BPartG, NVwZ 1982, 159 f.

[2] Vgl. zum Beispiel *K. Schmidt*, Informationsrechte in Gesellschaften und Verbänden, 1984; *Wohlleben*, Informationsrechte des Gesellschafters, 1989.

[3] Von der Auskunft unterscheidet sich die Einsichtnahme vor allem dadurch, daß der Informationssuchende hier selbst Zugriff auf die Informationsquelle erhält, der die gewünschte Information zu entnehmen ist, vgl. *Wohlleben*, Informationsrechte des Gesellschafters, S. 123 f. In der Praxis sind beide Informationsformen freilich mitunter schwerlich abgrenzbar, vgl. *K. Schmidt*, in: Scholz (Hrsg.), GmbHG-K II, § 51a Rn. 21 a.E.: „Man kann etwa bei der Übersendung von Kopien, je nachdem, wie vollständig sie sind, zweifeln, ob dies Auskunftserteilung oder Einsichtgewährung ist“.

Darüber hinaus soll auch untersucht werden, ob unter Umständen Nichtmitgliedern ein solches Informationsrecht zusteht.

2. Recht auf Gehör

Derweil steht der Begriff „Recht auf Gehör" im folgenden für rechtliche Möglichkeiten der Meinungskundgabe von Parteimitgliedern sowie Nichtmitgliedern dergestalt, daß davon in der Partei Kenntnis genommen werden kann. Folglich ist mit dem Recht auf Gehör nicht das bloße Recht gemeint, überhaupt eine Meinung zu äußern. Statt dessen geht es gewissermaßen um das Recht auf Beschreitung eines Erfolgwegs, der die Aussicht dafür bietet, daß die geäußerte Meinung innerparteilich wahrgenommen wird[4], mithin in diesem Sinne um den Anspruch auf eine innerparteiliche Meinungskundgabegelegenheit.

Eine solche Meinungskundgabegelegenheit besteht vor allem in Form der Rede auf einer Parteiversammlungen. Ebensowenig wie die Untersuchung des Auskunftsrechts ist jedoch auch die des Rechts auf Gehör auf eine bestimmte Form oder einen bestimmten Ort der Meinungskundgabegelegenheit beschränkt, so daß im folgenden auch eruiert werden soll, inwieweit in politischen Parteien ein Anspruch besteht, eine Meinung in anderer, insbesondere schriftlicher Form[5] außerhalb von Parteiversammlungen zur Geltung zu bringen, so zum Beispiel durch Veröffentlichung eines Artikels in einer Mitgliederzeitschrift oder auf der Homepage der Partei.

Nicht untersucht werden in diesem Zusammenhang hingegen das Antragsrecht, das Stimmrecht sowie der Anspruch auf *rechtliches* Gehör in politischen Parteien[6], da es sich hierbei um Sonderformen der innerparteilichen Meinungskundgabe handelt, die eigenen Regeln folgen und deshalb einer gesonderten Betrachtung bedürfen.

II. Recht auf Auskunft und Gehör als Individualrecht

Der Wunsch nach innerparteilicher Information und Meinungskundgabe kann ebenso von einzelnen Parteimitglied ausgehen wie von einer Minderheit, einer

---

4 Hingegen geht es nicht um ein Recht auf „*An*hörung" im Sinne eines Anspruchs, daß die Äußerung auch zur Kenntnis genommen wird, wie ihn etwa § 28 VwVfG im Verhältnis Bürger-Verwaltung vor dem Erlaß eines Verwaltungsakts regelt, vgl. dazu *Wolff/Bachof/Stober*, Verwaltungsrecht II, § 60 II 2, Rn. 72.

5 Die Meinungskundgabe in schriftlicher Form geht zwar über den eigentlichen Wortsinn des Begriffs „Gehör" (sich hören lassen) hinaus, doch wird er auch in anderem Zusammenhang entsprechend weit verwandt, so etwa in Art. 103 Abs. 2 GG, der Regelung des Anspruchs auf „rechtliches Gehör", vgl. *Pieroth*, in: Jarass/Pieroth, GG-K, Art. 103 Rn. 19 m.w.N.

6 Zum innerparteilichen Anspruch auf rechtliches Gehör siehe die Regelung in § 14 Abs. 4 PartG sowie *Heimann*, Die Schiedsgerichtsbarkeit der politischen Parteien in der Bundesrepublik Deutschland, S. 232 ff.; *Risse*, Der Parteiausschluß, S. 180 f.; *Seifert*, Die politischen Parteien im Recht der Bundesrepublik Deutschland, S. 255.

Mehrheit oder gar der Gesamtheit der Parteimitglieder. Die letzten beiden Konstellation führen in der Praxis regelmäßig zu keinen Problemen. Denn die Parteiführung wird sich, schon um nicht Gefahr zu laufen, abgesetzt zu werden, einem solchen Verlangen regelmäßig beugen[7]. Konfliktträchtig sind hingegen die Fälle, in denen einzelne Parteimitglieder oder eine Minderheit derselben innerparteilich Auskunft und Gehör verlangen. Das haben die eingangs[8] dargestellten Beispielsfälle gezeigt. Vor diesem Hintergrund soll im Rahmen der vorliegenden Untersuchung geklärt werden, ob und inwiefern ein Recht auf Auskunft und Gehör in politischen Parteien als Individualrecht besteht, also als ein Recht, das unabhängig von dem Willen Dritter geltend gemacht werden kann. Sofern ein solches Individualrecht besteht, kann es dann auch von den einzelnen, zusammen eine Minderheit bildenden Berechtigten geltend gemacht werden.

---

[7] Vgl. Recht *Grunewald*, ZIP 1989, 962, in bezug auf das Auskunftsrecht in bürgerlichrechtlichen Vereinen. Eine Besonderheit stellt insofern der Fall dar, als im Dezember 1999 der seinerzeitige Ehrenvorsitzende der CDU und frühere Bundeskanzler *Helmut Kohl* zugab, persönlich etwa zwei Millionen Mark an Spendengeldern für die CDU entgegengenommen zu haben, jedoch trotz der auf dem Willen der Mitgliedermehrheit beruhenden Aufforderung der Partei unter Berufung auf sein den Spendern gegebenes Ehrenwort die Auskunft über deren Namen verweigerte, vgl. dazu DER SPIEGEL vom 27. Dezember 1999, S. 26 ff. Auf Druck der Partei mußte *Helmut Kohl* daraufhin allerdings seinen Ehrenvorsitz abgeben.

[8] Siehe oben § 1 I.

§ 3 Gang der Untersuchung

Im ersten Teil der Untersuchung werden die Rechtsquellen der inneren Parteienordnung bestimmt, aus denen sich ein Recht auf Auskunft und Gehör von Mitgliedern und Nichtmitgliedern in politischen Parteien ergeben kann (§ 6). Dazu ist zuvor zu klären, ob die politischen Parteien der Verfassung nach dem staatlichen oder dem gesellschaftlichen Bereich zuzuordnen sind, weil davon abhängt, inwieweit öffentliches oder privates Recht Anwendung findet (§ 5). Die Frage der verfassungsrechtlichen Stellung der Parteien läßt sich wiederum nur in Kenntnis ihrer verfassungsrechtlichen Aufgabe beantworten (§ 4).

Vor dem Hintergrund der im ersten Teil gewonenen Erkenntnisse sollen im zweiten Teil der Untersuchung zunächst die Rechtsgrundlagen des Rechts auf Auskunft und Gehör festgestellt werden (§ 7). Anschließend werden die Voraussetzungen des Rechts herausgearbeitet (§ 8), sein Inhalt bestimmt (§ 9) sowie seine Schranken untersucht (§ 10).

Abgerundet werden soll die Untersuchung im dritten Teil mit einem kurzen Blick auf die Rechtsfolgen der Verletzung des Rechts auf Auskunft und Gehör (§ 11) sowie Rechtsschutzmöglichkeiten (§ 12).

Erster Teil

Grundlagen der Untersuchung

§ 4 Verfassungsrechtliche Aufgabe der politischen Parteien

Über die Aufgabe der politischen Parteien heißt es in Art. 21 Abs. 1 S. 1 GG schlicht: Sie wirken bei der politischen Willensbildung des Volkes mit. Was das bedeutet, ist nicht schon aus sich heraus verständlich. Vielmehr erschließt sich der Gehalt der Formulierung des Art. 21 Abs. 1 S. 1 GG erst im Sachzusammenhang der demokratischen Ordnung des Grundgesetzes:

Als Grundbedingung demokratischer Herrschaft legt Art. 20 Abs. 2 S. 1 GG fest, daß alle Staatsgewalt vom Volk ausgeht. Damit ist jedoch keine andauernde personelle Identität von Innehabung und Ausübung der Staatsgewalt gemeint. Nach Art. 20 Abs. 2 S. 2 GG bleibt das Volk bei der Ausübung der Staatsgewalt vielmehr auf die Wahl von Repräsentanten beschränkt, während alle übrigen Personal- und Sachentscheidungen mit Ausnahme der Neugliederung der Länder[1] besonderen Staatsorganen anvertraut sind, die ihre Legitimation freilich direkt oder indirekt aus der Wahl beziehen müssen. Die grundgesetzliche Demokratie ist somit weitgehend repräsentativ[2]. Sie erweist sich größtenteils nicht als Herrschaft *des* Volkes, sondern als Herrschaft *für* das Volk[3].

Dieses Demokratiekonzept birgt die Gefahr, daß sich die Repräsentanten bei der ihnen zugewiesenen Ausübung der Staatsgewalt von dem Willen des Volkes abkoppeln und in der Folge nicht mehr Herrschaft *für* das Volk, sondern Herrschaft *über* das Volk ausüben. Um dies zu verhindern, statuiert das Grundgesetz eine Reihe von Vorkehrungen, die eine dauerhafte Bindung der Staatsorgane an den Willen ihres Mandanten gewährleisten sollen. An dieser Stelle kommen die politischen Parteien ins Spiel.

I. Bei öffentlichen Wahlen

Die in der grundgesetzlichen Demokratie entscheidende „Rückkoppelung"[4] zwischen den Staatsorganen und dem Volk erfolgt durch öffentliche Wahlen. Durch sie äußert das Volk seinen Willen über die Zusammensetzung des Parlaments als dem zentralen legitimationsspendenen Staatsorgan, von wo aus sich der Legitimationsstrom dann in vielfältiger Weise verzweigt[5].

---

1 Siehe dazu Art. 29 und 118 GG.
2 *Grimm*, in: Benda/Maihofer/Vogel (Hrsg.), HdbVerfR, § 14 Rn. 6.
3 Vgl. *Hesse*, VVDStRL 17 (1959), 11 [19 f.].
4 BVerfGE 85, 264 [284].
5 *Grimm*, in: Benda/Maihofer/Vogel (Hrsg.), HdbVerfR, § 14 Rn. 13.

Ohne das Tätigwerden der politischen Parteien blieben die Wahlen jedoch weitgehend formale Legitimationsakte. Der Wille des Volkes ist nämlich so vielfältig, wie die Ansichten, Wünsche und Bestrebungen der einzelnen, ihm angehörenden Menschen[6]. Bei Wahlen besteht indes nur die Möglichkeit der Meinungskundgabe in Form von einfachen Ja-Nein-Entscheidungen über Personen oder Personengruppen und die von ihnen vertretenen Programme[7]. Damit der Wähler sich hierbei mit bestimmten Personen und Programmen identifizieren kann, ist es notwendig, daß seine Meinung bereits bei der Auswahl der Personen sowie bei der Formulierung der Programme zu Berücksichtigung findet[8]. Diese Aufgabe übernehmen die politischen Parteien, indem sie zunächst alle in der Gesellschaft vorhandenen Meinungen und Interessen erforschen, zusammenfassen, in sich ausgleichen, zu politischen Zielen verdichten und sodann das Führungspersonal auslesen, das die Programmziele nach außen vertritt. Zu Gute kommen ihnen dabei die Integrations-, Selektions- und Reduktionsleistungen anderer Institutionen, insbesondere der Interessenverbände. Anders als diese können die politischen Parteien ihre Ziele aber auch in wählbare Alternativen verwandeln, da sie berechtigt sind, die von ihnen zur Durchsetzung der Ziele ausersehenen Personen bei Wahlen als Kandidaten bzw. als sogenannte Partei- oder Wahlbewerber aufzustellen[9].

Zur politischen Willensbildung, an der die politischen Parteien mitwirken, gehört somit auf jeden Fall die in Art. 20 Abs. 2 S. 2 GG genannte Ausübung der beim Volk liegenden Staatsgewalt bei Wahlen, zumal „da sie als echte Willensbildung im traditionellen rechtlichen (körperschaftlichen) Sinne den Kern des Begriffs der politischen Willensbildung ausmacht“[10]. Erst infolge der Vorarbeiten der politischen Parteien erfüllen Wahlen ihren Sinn erfüllen. Wie die Wahlen selbst sind insofern auch die politischen Parteien „demokratienotwendig“[41]. Dabei ist die Teilnahme an Wahlen für politische Parteien ein wesentliches Charakteristikum, so daß sie Eingang in die Definition des Parteibegriffs in § 2 Abs. 1 S. 1 PartG gefunden hat, wonach nur solche Vereinigungen als politische Parteien anzusehen sind,

---

6 Vgl. *Häberle*, JuS 1967, 64 [67]; *Hesse*, in: VVDStRL 17 (1959), S. 11 [17 f.]; *Schmidt-Jortzig*, DVBl. 1983, 773 [775].

7 *Grimm*, in: Benda/Maihofer/Vogel (Hrsg.), HdbVerfR, § 14 Rn. 13.

8 Vgl. *Wolfrum*, Die innerparteiliche demokratische Ordnung nach dem Parteiengesetz, S. 28.

9 Siehe zum Ganzen *Grimm*, in: Benda/Maihofer/Vogel (Hrsg.), HdbVerfR, § 14 Rn. 13; *Hesse*, VVDStRL 17 (1959), 11 [21, 23]; *Seifert*, Die politischen Parteien im Recht der Bundesrepublik Deutschalnd, S. 85 f.

10 *Seifert*, Die politischen Parteien im Recht der Bundesrepublik Deutschland, S. 86. Vgl. ferner BVerfGE 8, 51 [63]; 12, 276 [280]; 20, 56 [113]; 24, 260 [264]; 85, 264 [284]; *Maunz*, in: Maunz/Dürig, GG-K II (Stand: Okt. 1996), Art. 21 Rn. 13; *Kunig*, in: von Münch/Kunig (Hrsg.), GG-K II, Art. 21 Rn. 39; *Pieroth*, in: Jarass/Pieroth, GG-K, Art. 21 Rn. 11; *Preuß*, in: AK-GG I (2. Aufl.), Art. 21 Abs. 1, 3 Rn. 26; *Wolfrum*, Die innerparteiliche demokratische Ordnung nach dem Parteiengesetz, S. 57 f.

11 *Grimm*, in: Benda/Maihofer/Vogel (Hrsg.), HdbVerfR, § 14 Rn. 13. Die Verfassungsordnung der Bundesrepublik wird daher zutreffend auch als „Parteiendemokratie“ bezeichnet, vgl. etwa *Haungs*, Parteiendemokratie in der Bundesrepublik Deutschland, 1981; *Ipsen*, in: Sachs (Hrsg.), GG-K, Art. 21 Rn. 14; *Seifert*, Die politischen Parteien im Recht der Bundesrepublik Deutschland, S. 63.

die „an der Vertretung des Volkes im Deutschen Bundestag oder einem Landtag mitwirken wollen" und dazu bei der Wahl der Volksvertretungen eigene Kandidaten und Programme präsentieren.

II. Außerhalb von öffentlichen Wahlen

Namentlich das Bundesverfassungsgericht hat allerdings die Tätigkeit der Parteien bei Wahlen durch Formulierungen, sie seien „vor allem"[12] und „vornehmlich Wahlvorbereitungsorganisationen"[13], anfangs derart in den Vordergrund gerückt, daß dadurch der Blick auf ihre weiteren, ebenfalls in Art. 21 Abs. 1 S. 1 GG verankerten, „prä- und postelektorischen"[14] Aufgaben verstellt zu werden drohte[15].

1. Fortlaufende Erforschung und Mitgestaltung des Volkswillens

So findet die politische Willensbildung des Volkes, an der die politischen Parteien mitwirken, zwar in besonders prägnanter Form, jedoch keineswegs ausschließlich bei Wahlen statt. Vielmehr vollzieht sie sich in einem permanenten Prozeß, in dem die Wahlen lediglich periodische Höhepunkte bilden und dezisiv vollenden, was sich in den Jahren zuvor angebahnt hat[16]. Ebenso wie sich die Volkswillensbildung in einem fortwährenden Prozeß vollzieht, ist aber auch die Mitwirkung der Parteien daran eine dauernde. Sie streng in Wahlvorbereitung und sonstige Tätigkeit zu unterteilen, so wie es das Bundesverfassungsgericht im Parteienfinanzierungsurteil vom 19. Juli 1966 tat[17], ist praktisch nicht möglich[18]. Im Parteienfinanzierungsurteil vom 9. April 1992 hat das Bundesverfassungsgericht denn auch eingeräumt, die Wahlvorbereitung bilde „lediglich einen allenfalls in organisatorischer Hinsicht selbständigen Teil ihrer Aufgabe; sachlich-inhaltlich fügt sich die Beteiligung an Wahlen in die ständige Wirksamkeit der Parteien bruchlos ein"[19].

Soweit die politischen Parteien außerhalb von öffentlichen Wahlen an der politischen Willensbildung des Volkes teilnehmen, wirken sie gewissermaßen in einem „Raum der Vorformung des politischen Willens"[20]. Dabei ist ihre Tätigkeit hier nicht bloß eine passiv rezeptive, sondern auch eine aktiv gestaltende, da sie auf den

---

12 BVerfGE 8, 51 [63].

13 BVerfGE 20, 56 [113].

14 *Seifert*, Die politischen Parteien im Recht der Bundesrepublik Deutschland, S. 89.

15 Inzwischen hat das Bundesverfassungsgericht allerdings klargestellt: „Die Parteien sind indes nicht bloße Wahlvorbereitungsorganisationen, und nicht nur in dieser Funktion sind sie für die demokratische Ordnung unerläßlich", vgl. BVerfGE 85, 264 [284].

16 Vgl. *Kunig*, in: Isensee/Kirchhof (Hrsg.), HdbStR II (2. Aufl.), § 33 Rn. 48; *Grimm*, in: Benda/Maihofer/Vogel (Hrsg.), HdbVerfR, § 14 Rn. 15; *Seifert*, Die politischen Parteien im Recht der Bundesrepublik Deutschland, S. 87.

17 Vgl. BVerfGE 20, 56 [114].

18 So schon *Häberle*, JuS 1967, 64 [67]; prononciert auch *Tsatsos/Schmidt/Steffen*, ZRP 1993, 95 f.

19 BVerfGE 85, 264 [286].

20 *Scheuner*, Zeitschrift für evangelische Ethik 1 (1957), 30 [34 ff.]; ähnlich BVerfGE 8, 104 [113]; 20, 56 [98]; *Streinz*, in: von Mangoldt/Klein/Starck (Hrsg.), GG-K II, Art. 21 Abs. 1 Rn. 81.

politischen Willensbildungsprozeß des Volkes auch durch eigenständige politische Impulse einwirken[21]. Die Parteien sind hier somit nicht bloß Faktoren einer formalen Willensvereinheitlichung, sondern überdies Faktoren der materiellen Willensbildung[22].

2. Dem Volkswillen entsprechende Beeinflussung der Staatswillensbildung

Indem Art. 21 Abs. 1 S. 1 GG von von einem *Mit*wirken der Parteien an der politischen Willensbildung spricht, wird klargestellt, daß ihnen dabei kein Monopol zukommt[23]. Vielmehr haben sie sich den „Raum der Vorformung des politischen Willens" mit anderen Institutionen wie etwa Gewerkschaften oder Arbeitgeberverbänden zu teilen. Andererseits wird mit Art. 21 Abs. 1 S. 1 GG deutlich, daß die politischen Parteien eine Sonderrolle spielen, weil die Mitwirkung an der politischen Willensbildung nur ihnen eigens verfassungsrechtlich zugesichert ist.

Fraglich ist, ob sich ihre Sonderrolle darin erschöpft, daß sie, wie erwähnt, im Gegensatz zu den anderen Interessengruppen berechtigt sind, bei öffentlichen Wahlen eigene Kandidaten aufzustellen. Zumindest was die Praxis anbelangt, muß dies verneint werden. Denn in Wirklichkeit nehmen die politischen Parteien in erheblichem Maße Einfluß auf die Parlamente und Regierungen und damit auf die Staatswillensbildung. So sind die Partei- und Fraktionsführungen personell meist weitgehend identisch[24]. Zugleich stellen die politischen Parteien das Personal für Regierungsämter, vereinbaren in Koalitionsabsprachen Pläne für Gesetzgebung und Regierung, begleiten die gesamte Tätigkeit der Staatsorgane und Ämter mit Anregungen und Kritik, drängen sie zu bestimmten Entscheidungen oder hindern sie daran[25].

Indes scheint die Beeinflussung der Staatswillensbildung durch die politischen Parteien auf den ersten Blick mit Art. 21 Abs. 1 S. 1 GG schwerlich vereinbar, ist darin doch explizit nur von der Mitwirkung an der Willensbildung „des Volkes", nicht hingegen auch von der des Staates die Rede. Die Willensbildung des Volkes hat aber mit der Vergabe der Mandate nach den Wahlen insofern ihren Abschluß gefunden, als alles, was daraufhin in den Parlamenten und Regierungen geschieht,

---

[21] *Grimm*, in: Benda/Maihofer/Vogel (Hrsg.), HdbVerfR, § 14 Rn. 16; *König*, Die Verfassungsbindung der politischen Parteien, S. 33.

[22] *Wolfrum*, Die innerparteiliche demokratische Ordnung nach dem Parteiengesetz, S. 53.

[23] Vgl. BVerfGE 2, 1 [10]; 20, 56 [114]; 41, 399 [415 f.]; 69, 92 [107]; *Grimm*, in: Benda/Maihofer/Vogel (Hrsg.), HdbVerfR, § 14 Rn. 15; *Kunig*, in: Isensee/Kirchhof (Hrsg.), HdbStR II (2. Aufl.), § 33 Rn. 17; *ders.*, in: von Münch/Kunig (Hrsg.), GG-K II, Art. 21 Rn. 38 f.

[24] Siehe dazu *Hübner*, Partizipation im Parteienstaat, S.64 ff. Vor diesem Hintergrund werden die Fraktionen bisweilen sogar als „parlamentarische Erscheinungsform der Partei" bezeichnet, vgl. *Kunig*, in: Isensee/Kirchhof (Hrsg.), HdbStR II (2. Aufl.), § 33 Rn. 55.

[25] *Henke*, in: Dolzer/Vogel/Graßhof (Hrsg.), BoKo-GG IV, Art. 21 Rn. 71. Vgl. zum tatsächlichen Verhältnis von Parteien, Fraktionen und Parlament auch den Bericht der Parteienrechtskommission, S. 68 f.

nicht mehr Bildung, sondern Folge des in den Wahlen geäußerten Volkswillens ist, mithin nicht mehr Willensbildung des Volkes, sondern Willensbildung des Staates ist[26]. Insbesondere stößt die Einwirkung der politischen Parteien auf die Parlamente wegen des durch Art. 38 Abs. 1 S. 2 GG gewährleisteten freien Mandats auf Bedenken. Denn danach sind die Abgeordneten Vertreter des ganzen Volkes (nicht einer Partei), weisungsfrei (auch gegenüber einer Partei) und nur ihrem Gewissen unterworfen (nicht denjenigen, die über das Gewissen der Partei wachen)[27].

Infolgedessen hat *Reichel* unlängst – im mutigen Widerspruch zur einhelligen Gegenansicht der Rechtsprechung[28] und Literatur[29] – die Einflußnahme der Parteien auf die Staatswillensbildung rundweg für verfassungswidrig erklärt[30]. Gegen sie spreche nicht nur der Wortlaut des Art. 21 Abs. 1 S. 1 GG, sondern auch die historische und systematische Auslegung jener Verfassungsnorm, und zwar deshalb, weil sie keine Anhaltspunkte dafür biete, daß jene Parteienaktivität beabsichtigt sei[31]. Dabei macht *Reichel* der herrschenden Meinung zum Vorwurf, vor der Macht des Faktischen kapituliert zu haben und Art. 38 Abs. 1 S. 2 GG gegen Art. 21 Abs. 1 S. 1 GG auszuspielen: „Erst die Entwicklung der Bundesrepublik zum Parteienstaat und damit der Angriff der Parteien auf die Parlamentsrechte der Abgeordneten macht es für viele Staatsrechtler notwendig, im Wege der praktischen Konkordanz einen Ausgleich zwischen beiden Prinzipien zu suchen, der freilich in der Regel zu Lasten des freien Mandats geht. Wird hingegen für eine Erfüllung des Satzes ‚Die Parteien wirken bei der politischen Willensbildung des Volkes mit' gesorgt, dann gibt es auch keinen Konflikt mit Art. 38 Abs. 1 S. 2 GG."[32]

Bei genauerer Verfassungsanalyse zeigt sich jedoch, daß die Beeinflussung der Staatswillensbildung durch die Parteien durchaus verfassungsgewollt ist.

So wird in einem Beschluß des Unterausschusses I des vom 10. bis 23. August 1948 tagenden Verfassungskonvents auf Herrenchiemsee, auf dem die Mindestanforderungen an ein Parteienrecht und somit für den späteren Art. 21 GG festgelegt

---

26 Vgl. *Seifert*, Die politischen Parteien im Recht der politischen Parteien, S. 76.

27 *Kunig*, in: Isensee/Kirchhof (Hrsg.), HdbStR II (2. Aufl.), § 33 Rn. 56.

28 BVerfGE 3, 19 [26]; 5, 85 [134]; 14, 121 [133]; 20, 56 [101]; 52, 63 [82 f.]; 73, 1 [33]; 85, 264 [285].

29 Vgl. etwa *Grimm*, in: Benda/Maihofer/Vogel (Hrsg.), HdbVerfR, § 14 Rn. 14; *Henke*, Das Recht der politischen Parteien, S. 40; *Hesse*, Grundzüge des Verfassungsrechts der Bundesrepublik Deutschland, Rn. 169; *König*, Die Verfassungsbindung der politischen Parteien, S. 33 f.; *Maunz*, in: Maunz/Dürig, GG-K II (Stand: Okt. 1996), Art. 21 Rn. 14, 36; *Maurer*, JuS 1991, 881; *Kunig*, in: von Münch/Kunig (Hrsg.), GG-K II, Art. 21 Rn. 39 ff.; *Pieroth*, in: Jarass/Pieroth, GG-K, Art. 21 Rn. 1, 11; *Sasse*, JZ 1961, 719 [723]; *Scheuner*, DÖV 1958, 641 [644]; *Seifert*, Die politischen Parteien im Recht der Bundesrepublik Deutschland, S. 87 ff.; *Tsatsos/Morlok*, Parteienrecht, S. 19; *Wolfrum*, Die innerparteilich demokratische Ordnung nach dem Parteiengesetz, S. 46 ff.

30 *Reichel*, Das demokratische Offenheitsprinzip und seine Anwendung im Recht der politischen Parteien, S. 23 ff.

31 *ders.*, aaO, S. 24 f., 27 f.

32 *ders.*, aaO, S.28 f.

wurden, zum Ausdruck gebracht, „eine demokratische Staatspraxis ist ohne ein gut funktionierendes Parteiwesen unmöglich“[33]. Zugleich bestand im Unterausschuß „Einverständnis darüber, daß das Grundgesetz nicht an der Wirklichkeit der politischen Parteien vorbeigehen dürfe“; sie seien „entscheidende Elemente allen staatlichen Lebens“[34]. Dabei sind diese Aussagen vor dem Hintergrund zu sehen, daß die politischen Parteien schon seit den Zeiten der konstitutionellen Monarchie auf die Parlamente und Regierungen Einfluß nehmen, dieser Tatbestand mithin seitdem zu den „Selbstverständlichkeiten der parlamentarischen Demokratie“[35] gehört. Daraus ist zu schließen, daß der Grundgesetzgeber die Beeinflussung der Staatswillensbildung durch die Parteien bei ihrer Aufgabenbestimmung in Art. 21 Abs. 1 S. 1 GG berücksichtigt hat[36].

Diese Sichtweise wird durch die systematischen Auslegung des Art. 21 Abs. 1 S. 1 GG bestätigt, den der Grundgesetzgeber unmittelbar hinter Art. 20 GG platzierte, der die Ausübung von Staatsgewalt regelt. Wenngleich zwischen beide Verfassungsnormen im Jahre 1994 auf systematisch unglückliche Weise Art. 20a GG über den Schutz der natürlichen Lebensgrundlagen geschoben wurde, bleibt doch erkennbar, daß Art. 21 Abs. 1 S. 1 GG als „Ausführungsvorschrift“ zu Art. 20 GG gedacht ist, die dazu beitragen soll, daß sich die Ausübung der Staatsgewalt durch das Volk tatsächlich realisiert[37]. Insofern irrt *Reichel*, wenn er behauptet, der Grundgesetzgeber habe den Standort des Art. 21 GG mehr oder weniger willkürlich gewählt, „weil sich keine Verbindung zu anderen Artikeln aufdrängte“[38].

Tatsächlich erweist sich die Beeinflussung der Staatswillensbildung im grundgesetzlichen Konzept der repräsentativen Demokratie neben den Wahlen selbst als weiterer wichtiger Mechanismus der Rückkoppelung des Staates an das Volk. Denn indem die politischen Parteien den Willen des Volkes ohne Unterlaß erforschen, in konkrete politische Aussagen formulieren und sodann in deren Sinne auf die Entscheidungen von Parlament und Regierung Einfluß nehmen, verschaffen sie dem Volk die Möglichkeit, auch außerhalb von Wahlen die Richtung des Staatshandelns zu bestimmen[39]. Als „Mittler“[40] zwischen Volk und Staat machen die politischen Parteien den Staat somit dauerhaft „zum Staat des Volkes“[41].

Sieht man sonach die Einflußnahme der politischen Parteien auf die Staatswillensbildung, insbesondere auf die Parlamente als von Art. 21 Abs. 1 S. 1 GG ge-

---

33 Protokolle der Sitzungen der Unterausschüsse, Unterausschuß I, S. 180.
34 Protokolle der Sitzungen der Unterausschüsse, Unterausschuß I, S. 217.
35 *Seifert*, Die politischen Parteien im Recht der politischen Parteien, S. 88.
36 Bericht der Parteienrechtskommission, S. 128 f.; *Seifert*, Die politischen Parteien im Recht der politischen Parteien, S. 88, 91.
37 *Kunig*, in: Isensee/Kirchhof (Hrsg.), HdbStR II (2. Aufl.), § 33 Rn. 48.
38 *Reichel*, Das demokratische Offenheitsprinzip und seine Anwendung im Recht der politischen Parteien, S. 27.
39 Vgl. BVerfGE 20, 56 [99].
40 BVerfGE 20, 56 [101].
41 *Grimm*, in: Benda/Maihofer/Vogel (Hrsg.), HdbVerfR, § 14 Rn. 14.

deckt an, resultiert daraus freilich ein gewisses „Spannungsverhältnis“[42] zu dem durch Art. 38 Abs. 1 S. 2 GG gewährleisteten freien Mandat der Abgeordneten. Das Bundesverfassungsgericht hat dieses Spannungsverhältnis zu entschärfen versucht, indem es Art. 38 GG als „einen Satz aus dem gesicherten ideologischen Bestand des Verfassungsrechts der liberalen Demokratie“ abtat und dem Verfassungsgeber zugleich unterstellte, er habe ihn „als herkömmlich und daher unbedenklich übernommen, ohne daß ihm dabei die prinzipielle Unvereinbarkeit mit Art. 21 GG voll deutlich geworden wäre“[43]. Diese Sichtweise wird der Bedeutung des Art. 38 Abs. 1 S. 2 GG jedoch nicht gerecht. Vielmehr werden dem Einfluß der Parteien auf die Staatswillensbildung in den Parlamenten durch das freie Mandat unmißverständlich Grenzen gesetzt. Ob zur Beschreibung dieser Rechtslage die Formulierung taugt, die Parteien „nehmen“ an der Willensbildung des Volkes „teil“, auf die Bildung des Staatswillens „wirken sie“ nur „ein“[44], sei dahingestellt[45]. Klar ist jedenfalls, daß Art. 38 Abs. 1 S. 2 GG den Parteien einen direkten Durchgriff auf die ihr angehörenden Mandatsträger versagt. Nicht die Parteien als solche, sondern die ihnen verbundenen Abgeordneten und ihr Zusammenschluß, die Fraktionen, sind in den Parlamenten vertreten, und nur sie sind zur *un*mittelbaren Teilnahme an der dort stattfindenden Staatswillensbildung befugt[46].

3. Abstimmung von Staats- und Volkswillensbildung

Die vorstehend aufgezeigte Mittlerrolle der politischen Parteien zwischen Volk und Staat wird oftmals allein unter dem Blickwinkel der Kanalisierung des Volkswillens in den Bereich der institutionalisierten Staatlichkeit zu sehen. Dies spiegelt sich etwa in der Metapher des Bundesverfassungsgerichts wieder, die Parteien seien „Sprachrohre“[47] des Volkes, mithin Instrumente, deren sich das Volk bedient, um seinen Willen in Richtung Staat hinüberzurufen – ein Vergleich, der schon deshalb hinkt, weil die Parteien den Volkswillen ja nicht nur verstärken und übermitteln, sondern auch mitgestalten[48]. Die Betrachtungsweise kommt aber ebenso in der in diesem Zusammenhang aufgestellten These des Gerichts zum Ausdruck, in der Demokratie müsse sich die Willensbildung „von unten nach oben“, also „vom Volk zu den Staatsorganen, nicht umgekehrt von den Staatsorganen zum Volk hin, vollziehen“[49].

---

[42] BVerfGE 2, 1 [72]. Kritisch *Klein*, in: Maunz/Dürig, GG-K III, Art. 21 Rn. 200.
[43] BVerfGE 2, 1 [72].
[44] So *Henke*, in: Dolzer/Vogel/Graßhof (Hrsg.), BoKo-GG IV, Art. 21 Rn. 71 (S.64).
[45] Zweifel sind insofern angebracht, als man auch im Einwirken eine Form des Mitwirkens sehen kann, vgl. *Hesse*, Grundzüge des Verfassungsrechts der Bundesrepublik Deutschland, Rn. 599: Das freie Mandat schließt die „Mitwirkung“ der Parteien bei der politischen Willensbildung im Parlament nicht aus.
[46] *Grimm*, in: Benda/Maihofer/Vogel (Hrsg.), HdbVerfR, § 14 Rn. 26; *Seifert*, Die politischen Parteien im Recht der Bundesrepublik Deutschland, S. 91 f.
[47] BVerfGE 1, 208 [224]; 20, 56 [101].
[48] So die berechtigte Kritik von *Grimm*, in: Benda/Maihofer/Vogel (Hrsg.), HdbVerfR, § 14 Rn. 16.
[49] BVerfGE 20, 56 [99].

Der dadurch suggerierte einbahnige Verlauf der unter Beteiligung der Parteien stattfindenen Willensbildung steht allerdings in augenfälligem Kontrast zur politischen Wirklichkeit. So ist es vor allem das Verdienst der Politikwissenschaft[50], darauf aufmerksam gemacht zu haben, daß sich die Parteien mitnichten damit begnügen, Willensbildung vom Volk in Richtung Staat zu betreiben. Vielmehr übernehmen sie in der Praxis mit mindestens ebenso starkem Engagement die Legitimationsbeschaffung für die von ihnen beeinflußten Entscheidungen in den Parlamenten und Regierungen, indem sie bei den Bürgern um „generalisierte Unterstützung" dieser Entscheidungen werben[51]. Insofern verläuft der Willensbildungsprozeß aber nicht vom Volk über die Parteien zu den Staatsorganen, sondern in der entgegengesetzten Richtung von den Staatsorganen über die Parteien zum Volk, und zwar ebenso wie in umgekehrter Richtung pausenlos[52].

Bei der Evaluation dieses Befunds ist die Politikwissenschaft allerdings gespalten. Während einige Autoren die „Sicherung der Massenloyalität"[53] durch die Parteien hinsichtlich der Stabilität und Regierungsfähigkeit des demokratischen Systems für unerläßlich und systemkonform halten[54], sehen andere darin einen Mißstand, sei es doch Aufgabe der Parteien, die Partizipation des Volkes an staatlichen Entscheidungen zu ermöglichen, nicht aber die Festigung staatlicher Herrschaftsgewalt zu sichern[55].

Eine verfassungsrechtliche Beurteilung des Befunds zeigt indes, daß die legitimationsbeschaffende Tätigkeit der Parteien ebenfalls in Art. 21 GG veranlagt ist. So ist durch Art. 21 Abs. 1 S. 1 GG die Mitwirkung an der politischen Willensbildung des Volkes einschließlich der Beeinflussung der Staatswillensbildung – im Plural – den „Parteien" zugesichert und dieses „Mehrparteienprinzip" zusätzlich durch die in Art. 21 Abs. 1 S. 2 GG garantierte Gründungsfreiheit der Parteien abgesichert[56]. Ein System, in dem mehrere Parteien konkurrieren[57], bringt es aber zwangsläufig mit sich, daß jede Partei versucht, die Volkswillensbildung dahingehend zu formen, daß ihr Handeln im Bereich der institutionalisierten Staatlichkeit bei den Bürgern mehrheitliche Unterstützung erfährt, um so zu verhindern, daß

---

50 Vgl. dazu insbesondere *Greven*, Parteien und politische Herrschaft, S.132 ff.; *Lehmbruch*, Parteienwettbewerb im Bundesstaat, S. 39 ff.

51 *Lehmbruch*, Parteienwettbewerb im Bundesstaat, S. 39 f.

52 *Grimm*, in: Benda/Maihofer/Vogel (Hrsg.), HdbVerfR, § 14 Rn. 17.

53 *Lehmbruch*, Parteienwettbewerb im Bundesstaat, S. 40.

54 In diesem Sinne etwa *Hennis*, Die mißverstandene Demokratie, S. 89 ff.; *ders.*, Parteienstruktur und Regierbarkeit, S. 150; *Luhmann*, Legitimation durch Verfahren, S. 151 ff.; *ders.*, ARSP, Beiheft 15 (1981), 65 ff.

55 Vgl. für diese Richtung zum Beispiel *Greven*, Parteien und politische Herrschaft, S. 148 ff.; *Haungs*, Parteiendemokratie in der Bundesrepublik Deutschland, S. 27; *Streeck/Streeck*, Parteiensystem und Status quo, S. 9.

56 Vgl. *Kunig*, in: von Münch/Kunig (Hrsg.), GG-K II, Art. 21 Rn. 33.

57 Diesen Zusammenhang zwischen dem Mehrparteiensystem und dem politischen Wettberwerb der Parteien jüngst nochmals betonend BVerfG, NVwZ 2004, 1473 [1474, 1475].

rivalisierende Parteien mit alternativen Handlungsvorschlägen erstarken und an Einfluß auf die Staatwillensbildung gewinnen[58].

Darin ist nicht etwa eine Schwäche des Systems zu sehen. Vielmehr wird damit dem Umstand Rechnung getragen, daß in der repräsentativen Demokratie viele, insbesondere akut entscheidungsbedürftige Probleme von den Staatsorganen einer Regelung zugeführt werden müssen, bevor hierzu ein definierbarer Volkswille entstehen konnte. Damit nun aber nicht nur bei öffentlichen Wahlen, sondern zu jeder Zeit der Demokratiegedanke verwirklicht und Staatsgewalt im Sinne einer vom Volk gewollten Herrschaft ausgeübt wird, ist es erforderlich, daß das Volk über die von den Staatsorganen eigenständig getroffenen Maßnahmen ständig informiert wird, sich auf der Informationsgrundlage eine eigene Meinung bilden und diese den Staatsorganen dann auch jederzeit mitteilen kann, auf daß sie bei dem weiteren Handeln der Staatsorgane Berücksichtigung findet.

Diese Kommunikation ermöglichen in der demokratischen Ordnung des Grundgesetzes zum einen die Medien, indem sie dem Volk Informationen über die Arbeit der Staatsorgane beschaffen und umgekehrt die sich dazu im Volk bildenden Meinungen aufspüren und kenntlich machen[59]. Neben den Medien fällt diese Aufgabe aber auch den politischen Parteien zu[60]. Ihre besondere Rolle besteht dabei darin, daß sie über die Hintergründe der von ihnen beeinflußten Entscheidungen und initiierten Vorhaben authentisch unterrichten und darüber mit den Bürgern unmittelbar diskutieren können[61]. Vor allem aber haben sie die Möglichkeit, das sich im Zuge der mit den Bürgern geführten Diskussion herausbildende Willensbildungsprodukt mittels ihrer Abgeordneten und Regierungsmitglieder in die weitere Staatswillensbildung einfließen zu lassen, mit dem Ergebnis, daß Staats- und Volkswillensbildung aufeinander abgestimmt werden.

Festzuhalten ist sonach, daß die demokratische Willensbildung ihrer grundgesetzlichen Anlage nach keineswegs einspurig von „unten nach oben" in dem Sinne verläuft, daß Impulse nur vom Volk ausgehen, von den Parteien aufgegriffen und schließlich von den Parlamenten und Regierungen in politische Entscheidungen umgesetzt werden. Vielmehr vollzieht sie sich ebenso in umgekehrter Richtung[62].

---

58 *Grimm*, in: Benda/Maihofer/Vogel (Hrsg.), HdbVerfR, § 14 Rn. 17.

59 Siehe dazu BVerfGE 20, 162 [174 f.].

60 Vgl. *Abendroth*, PVS 5 (1964), 308 [315 f.]; *Tsatsos/Morlok*, Parteienrecht, S. 19; *Wolfrum*, Die innerparteilich demokratische Ordnung nach dem Parteiengesetz, S. 49 ff.

61 *Wolfrum*, Die innerparteiliche demokratische Ordnung nach dem Parteiengesetz, S. 51.

62 Ebenso *Häberle*, JuS 1967, 64 [66]; *Morlok*, in: Dreier (Hrsg.), GG-K II, Art. 21 Rn. 23; *von Simson*, VVDStRL 29 (1971), 3 [33 f.], *Trautmann*, Innerparteiliche Demokratie im Parteienstaat, S. 44 f. Das anerkennt auch das Bundesverfassungsgericht, indem es feststellt: „Willensbildung des Volkes und Willensbildung in den Staatsorganen vollziehen sich in vielfältiger und tagtäglicher Wechselwirkung. Politisches Programm und Verhalten der Staatsorgane wirken unablässig auf die Willensbildung des Volkes ein und sind selbst Gegenstand der Meinungsbildung des Volkes", BVerfGE 44, 125 [139 f.]; 73, 40 [85]; 85, 264 [285]; 91, 262 [268].

Von daher läßt sie sich denn auch treffender als „Willensbildungskreislauf"[63] begreifen, als ein maßgeblich durch die politischen Parteien betriebener zirkulärer Prozeß ständiger politischer Kommunikation zwischen Volk und Staatsorganen, Resultante aus beidem, dem gesellschaftlichen input einerseits und dem staatlichen output andererseits[64].

Bei alledem darf freilich die demokratische Kernidee nicht aus dem Blick geraten: So sehr die Willensbildung im grundgesetzlichen Demokratiesystem durch die Parteien vermittelter staatlicher Einflußnahme ausgesetzt ist, liegt die Letztentscheidungskompetenz in allen politischen Angelegenheiten doch unveränderlich beim Volk. Denn das Volk ist es, welches bei den Wahlen das Steuer des Gemeinwesens selbst in die Hand nehmen und so seinen Kurs souverän bestimmen kann.

---

63 *Piepenstock*, PVS 12 (1971), 252 [254 f.]; ähnlich *Luhmann*, ARSP, Beiheft 15 (1981), 65 [72]. Kritisch zu diesem Bild *Trautmann*, Innerparteiliche Demokratie im Parteienstaat, S. 44 f., für den es immer noch zu sehr „Vorstellungen sich wiederholender Regelmäßigkeit verhaftet (ist), als daß es der Komplexität jenes Vorgangs gerecht würde".

64 *Grimm*, in: Benda/Maihofer/Vogel (Hrsg.), HdbVerfR, § 14 Rn. 17.

§ 5 Verfassungsrechtliche Stellung der politischen Parteien

Die vorstehend beschriebene Mittlerrolle der politischen Parteien zwischen Volk und Staat wirft die Frage auf, ob sie in der demokratischen Ordnung des Grundgesetzes dem gesellschaftlichen oder staatlichen Bereich zuzuordnen sind, problematisch. Zwar sind sie ihrer Herkunft nach gesellschaftliche Gebilde[1], doch scheint ihr Einfluß im Staatsbereich doch eher für ihre dortige Verortung zu sprechen.

Insofern hilft es, zunächst die historische Entwicklung des Verhältnisses von Staat und Parteien zu erinnern, die *Triepel* in seiner Rektoratsrede vom 3. August 1927 wie folgt umschrieb[2]: „Geschichtlich gesehen, hat sich das Verhalten des Staats gegenüber den Parteien in einer vierfachen Stufenfolge bewegt. Wir können von einem Stadium der Ignorierung sprechen. An dieses schließt sich die Periode der Anerkennung und Legalisierung und als letzte würde die Ära der verfassungsrechtlichen Inkorporation folgen, die uns freilich noch in Existenz und Eigenschaft problematisch ist".

Mit der Verfassungsnorm des Art. 21 GG wurde zweifelsohne die vierte der *Triepelschen* Entwicklungsstufen erklommen wurde[3]. In Anbetracht der politischen Wirklichkeit[4] stellt sich heutzutage allein die Frage gehen, ob diese Stufe zugleich die „Etatisierung"[5] der Parteien bedeutet, ob also die Bundesrepublik der Verfassung nach als ein Parteienstaat im Sinne einer Staatsordnung zu sehen ist, in der die Parteien Bestandteil des Staates sind[6].

Die Frage nach der Zuordnung der politischen Parteien zum Bereich des Staates oder der Gesellschaft macht freilich nur Sinn, wenn sich die Unterscheidung jener Bereiche nicht bloß als Relikt überholter Verfassungstheorien erweist, sondern auch noch unter den Bedingungen des Grundgesetzes Gültigkeit hat. Dies gilt es deshalb vorweg zu klären.

---

1 Siehe dazu *Seifert*, Die politischen Parteien im Recht der Bundesrepublik Deutschland, S. 77.

2 *Triepel*, Die Staatsverfassung und die politischen Parteien, S. 12.

3 Siehe nur *Kunig*, in: Isensee/Kirchhof (Hrsg.), HdbStR II (2. Aufl.), § 33 Rn. 82; *von Münch*, in: von Münch/Kunig (Hrsg.), GG-K II (3. Auflage), Art. 21 Rn. 1.

4 Vgl. dazu oben § 1 III. sowie § 4 II 2.

5 Siehe zu diesem Begriff *Vierhaus*, ZRP 1991, 468 m.w.N.

6 Vgl. zur Terminologie *Ipsen*, in: Sachs (Hrsg.), GG-K, Art. 21 Rn. 14; *Stolleis*, VVDStRL 44 (1986), 7 [9].

I. Unterscheidung von Staat und Gesellschaft

Die Frage der Unterscheidung von Staat und Gesellschaft wurde in der Rechtswissenschaft[7] wie auch in der Politikwissenschaft[8] besonders lebhaft in den 60er und 70er Jahren diskutiert, wird jedoch auch noch heute nicht einheitlich beantwortet.

In der Rechtswissenschaft wurde die Möglichkeit der Unterscheidung vor allem von *Ehmke*[9] in Zweifel gezogen. Die „Grundschwierigkeit" der „begrifflichen Trennung" von Staat und Gesellschaft bestehe darin, daß beiden Bereichen derselbe menschliche Verband zugrunde liegt. Sie führe daher zu dem paradoxen Ergebnis, daß bei einer Intervention des Staates in die Gesellschaft die den Verband bildenden Personen in sich selbst intervenieren. Diese Schwierigkeit werde auch durch die Bildung eines engeren Staatsbegriffs, der nur den „staatlichen Apparat" innerhalb des Verbands umfaßt, nicht gelöst, da etwa die „Staats"-Angehörigkeit oder „Staats-„Verfassung nicht auf einen entsprechenden Apparat, sondern auf den einheitlichen Verband bezogen seien. So müsse akzeptiert werden, daß mit dem Denken in den traditionellen Kategorien „Staat" und „Gesellschaft" die modernen Probleme der „Staats- und Verfassungstheorie" gedanklich nicht zu bewältigen seien.

Die Thesen von *Ehmke* haben gerade auch im parteienrechtlichen Schrifttum Anhänger gefunden[10]. Diese bringen zudem vor, die Überwindung des „Dualismus" von Staat und Gesellschaft komme insbesondere in der verfassungsrechtlichen Aufgabe der politischen Parteien zum Ausdruck, zwischen dem Staatsorganwillen und den Willensbildungen in den verschiedenen Bereichen der „Gesamtgesellschaft" Homogenität herzustellen[11].

---

[7] Vgl. insbesondere *Böckenförde*, Die Bedeutung der Unterscheidung von Staat und Gesellschaft im demokratischen Sozialstaat der Gegenwart, in: Festgabe für *Hefermehl*, S. 11 ff.; *Ehmke*, Wirtschaft und Verfassung, S. 5 f.; *ders.*, „Staat" und „Gesellschaft" als verfassungstheoretisches Problem, in: Festgabe für Rudolf Smend, S. 23 [24 f.]; *Forsthoff*, Der Staat der Industriegesellschaft, S. 21 ff.; *Henke*, Das Recht der politischen Parteien, S. 1 ff.; *Hesse*, DÖV 1975, 437 ff.; *Isensee*, Subsidiaritätsprinzip und Verfassungsrecht, S. 149 ff.; *Klein*, APuZ 1974, B 50, 3 [8 f.]; *Lipphardt*, Die Gleichheit der politischen Parteien vor der öffentlichen Gewalt, S. 551 ff.

[8] Vgl. etwa *Abendroth*, Zum Begriff des demokratischen und sozialen Rechtsstaates im Grundgesetz, in: *Forsthoff* (Hrsg.), Rechtsstaatlichkeit und Sozialstaatlichkeit, S. 114 [126 f.]; *Bracher*, PVS 1968, 2 [19 ff.]; *von der Gablentz*, PVS 1961, 2 ff.; *von Krockow*, PVS 1965, 118 [127 f.]; *Mühleisen*, Theoretische Ansätze der Parteienforschung, in: *Jäger* (Hrsg.), Partei und System, S. 9 [13 ff.].

[9] *Ehmke*, Wirtschaft und Verfassung, S. 5 f.; *ders.*, „Staat" und „Gesellschaft" als verfassungstheoretisches Problem, in: Festgabe für Rudolf Smend, S. 23 [24 f.].

[10] Vgl. *Hasenritter*, Parteiordnungsverfahren, S. 6 ff.; *Lipphardt*, Die Gleichheit der politischen Parteien vor der öffentlichen Gewalt, S. 551 ff.; *Tsatsos/Morlok*, Parteienrecht, S. 24 ff., insb. S. 32 f.; *Tsatsos*, Ein Recht auf innerparteiliche Opposition, in: Festschrift für Mosler, S. 1017; *Tsatsos/Schmidt/Steffen*, ZRP 1993, 95 f.

[11] *Tsatsos/Morlok*, Parteienrecht, S. 32 f.; der Sache nach ebenso *Hasenritter*, Parteiordnungsverfahren, S. 6 ff.

Diese Auffassung geht indes in doppelter Hinsicht fehl. Zum einen unterstellt sie, die Unterscheidung von Staat und Gesellschaft betreffe die Unterscheidung von zwei Verbänden und der ihnen angehörenden Personen. Tatsächlich aber basiert die Unterscheidung, wie *Böckenförde*[12] herausgearbeitet hat, auf der Vorstellung des Staates als „organisierte Wirkeinheit", die dadurch ent- und besteht, „daß einzelmenschliches Wirken durch leitende Organe zusammengefaßt, einheitlich gelenkt bzw. ausgerichtet und aktualisiert wird". Die „menschlichen Personen", die „Träger" des Staates sind, kommen dabei aus der Gesellschaft und gehören ihr auch dann weiterhin an, wenn sie staatliche Aufgaben wahrnehmen. Somit betrifft die Unterscheidung von Staat und Gesellschaft die Funktionen und Rollen von Personen in verschiedenen Wirkbereichen[13].

Zum anderen ist es nicht richtig, die Unterscheidung von Staat und Gesellschaft mit einem Dualismus beider Bereiche gleichzusetzen, wie er bis in das 19. Jahrhundert hinein festzustellen war. Unzweifelhaft fungiert der Staat heute nicht mehr isoliert von der Gesellschaft, sondern ist mit ihr durch mannigfache verfahrensmäßig und institutionell ausgeformte Wechselbeziehungen verbunden[14]. Zwischen Zonen unbezweifelbarer Staatlichkeit und Reservate ebenso unbezweifelbarer Privatheit hat sich ein breiter und noch wachsender Bereich geschoben, der weder exklusiv dem Staat noch exklusiv der Gesellschaft zugeordnet werden kann[15]. Geradezu ein „Paradebeispiel" für die fließenden Übergänge sind dabei in der Tat die politischen Parteien[16].

Gleichwohl ist die Unterscheidung von Staat und Gesellschaft in der demokratischen Ordnung des Grundgesetzes nicht nur im beschriebenen organisatorisch-funktionalen Sinne möglich, sondern zur Bewahrung grundrechtlich garantierter Individualfreiheit geradezu unerläßlich. Indem nämlich das Grundgesetz die Demokratie als rechtsstaatliche und freiheitliche konstituiert (Art. 20 Abs. 2 und 28 GG), die Verbindlichkeit der Grundrechte für den Gesetzgeber anordnet (Art. 1 Abs. 3 GG) und sie in ihrem Kerngehalt für unantastbar erklärt (Art. 19 Abs. 2, 79 Abs. 3 GG), verbürgt es eine Freiheitssicherung in doppelter Richtung, die eine Aufrechterhaltung der Unterscheidung von Staat und Gesellschaft bedingt. So gewährleistet es dadurch einerseits die individiuelle Freiheit der Mitwirkung am staatlichen Entscheidungsprozeß, macht also Staatsgewalt demokratisch. Auf der ande-

---

12 *Böckenförde*, Die Bedeutung der Unterscheidung von Staat und Gesellschaft im demokratischen Sozialstaat der Gegenwart, in: Festgabe für *Hefermehl*, S.11 [16].

13 Im Ergebnis ebenso *von Arnim*, Staatslehre der Bundesrepublik Deutschland, S.173 f.; *Grimm*, in: Benda/Maihofer/Vogel (Hrsg.), HdbVerfR, § 14 Rn. 20; *Hesse*, DÖV 1975, 437 [439]; *Rupp*, in: Isensee/Kirchhof (Hrsg.), HdbStR II, § 31 Rn. 25.

14 *Böckenförde*, Die Bedeutung der Unterscheidung von Staat und Gesellschaft im demokratischen Sozialstaat der Gegenwart, in: Festgabe für *Hefermehl*, S.11 [16 f.]; *Rupp*, in: Isensee/Kirchhof (Hrsg.), HdbStR II, § 31 Rn. 26.

15 *Grimm*, in: Benda/Maihofer/Vogel (Hrsg.), HdbVerfR, § 14 Rn. 21.

16 *von Münch*, in: von Münch/Kunig (Hrsg.), GG-K II (3. Aufl.), Art. 21 Rn. 25; der Sache nach ebenso *Stolleis*, VVDStRL 44 (1986), 7 [11].

ren Seite wird die Staatsgewalt auf bestimmte Entscheidungsfelder reduziert, um die individuelle Freiheit vor beliebigen Zugriffen des Staates zu bewahren[17].

Ohne die Unterschied zwischen Staat und Gesellschaft gäbe es aber weder Staat noch Gesellschaft, sondern nur etwas Drittes, das deren Funktionen vereint[18]. Die Folge davon wäre, daß jeder einzelne Sachwalter einer öffentlichen Ordnung würde, die sämtliche Lebensbereiche durchdringt, in der gewissermaßen alle über alles zu beschließen berechtigt wären. Damit verbliebe dem einzelnen zwar weiterhin die demokratische Mitwirkungsfreiheit. Die zweite der vorstehend genannten Freiheitsdimensionen, also die Freiheit des einzelnen gegenüber dem demokratischen Prozeß, ginge indes unweigerlich verloren; dieser wäre einem allzuständigen Kollektiv ohne Rückzugsmöglichkeit auf einen Privatbereich ausgeliefert. Solche Verhältnisse, die man mit *Böckenförde*[19] „totale Demokratie" nennen mag, hat der Grundgesetzgeber aber erkennbar nicht gewollt.

Nach allem ist die Unterscheidung von Staat und Gesellschaft auch und gerade unter dem Grundgesetz beizubehalten. Die Frage nach dem Standort der politischen Parteien in diesem Koordinatensystem ist somit nach wie vor berechtigt.

II. Standort der politischen Parteien

Die heute seitens des Bundesverfassungsgerichts sowie der Mehrzahl der Autoren in der rechtswissenschaftlichen Literatur vertretene Ansicht zur verfassungsrechtlichen Stellung der politischen Parteien ist vor dem Hintergrund eines Meinungsbildungsprozesses zu sehen, der maßgeblich durch die verschiedenen Theorien von *Leibholz* und *Hesse* geprägt wurde.

1. *Leibholzsche* Parteienstaatslehre

Nach der von *Leibholz* in verschiedenen Abhandlungen ausgearbeiteten Lehre vom Parteienstaat[20] sind die politischen Parteien durch Art. 21 GG zu „Elementen des staatlichen Bereichs und der staatlichen Willensbildung gemacht worden"[21], ist

[17] *Böckenförde*, Die Bedeutung der Unterscheidung von Staat und Gesellschaft im demokratischen Sozialstaat der Gegenwart, in: Festgabe für *Hefermehl*, S.11 [20 f.]; *Karpen*, JA 1986, 299 [305 f.]; *König*, Die Verfassungsbindung der politischen Parteien, S. 20.

[18] *Grimm*, in: Benda/Maihofer/Vogel (Hrsg.), HdbVerfR, § 14 Rn. 21.

[19] *Böckenförde*, Die Bedeutung der Unterscheidung von Staat und Gesellschaft im demokratischen Sozialstaat der Gegenwart, in: Festgabe für *Hefermehl*, S. 11 [21].

[20] *Leibholz*, DVBl. 1950, 194 ff.; *ders.*, Verhandlungen des 38. Deutschen Juristentages in Frankfurt am Main 1950, Teil C, S. 2 ff.; *ders.*, DVBl. 1951, 1 ff.; *ders.*, Der Strukturwandel der modernen Demokratie, 1952; *ders.*, Strukturprobleme der modernen Demokratie, S. 71 ff.; *ders.*, Die Repräsentation in der Demokratie, S. 224 ff. Detailliert zur Entwicklung der Lehre *Lipphardt*, Die Gleichheit der politischen Parteien vor der öffentlichen Gewalt, S. 530 ff.; *Wiegandt*, Norm und Wirklichkeit, S. 150 ff.

[21] *Leibholz*, DVBl. 1950, 194 [195].

also die oben[22] aufgeworfene Frage ihrer verfassungsrechtlichen „Etatisierung" in der Tat zu bejahen und somit die Bundesrepublik im formaltypischen Sinne ein Parteienstaat.

Ausgangspunkt dieser Doktrin ist die Annahme, daß in der grundgesetzlichen Demokratie das Volk als politisch eigenständige, von den Parteien unterscheidbare Größe nicht mehr in Erscheinung tritt. *Leibholz* zufolge ist das Volk nämlich „politisch ohnmächtig und hilflos" und wird erst durch die Parteien in die Lage versetzt, auf das staatliche Geschehen Einfluß zu nehmen[23]. Daraus folge, daß „in dieser Form der Demokratie die Parteien das Volk ‚sind'"[24]. Zugleich könne unter den Bedingungen des Grundgesetzes auch nicht mehr zwischen den politischen Parteien und dem Staat unterschieden werden: „Wie in der plebiszitären Demokratie der Wille der Mehrheit der Aktivbürgerschaft mit dem jeweiligen Gesamtwillen des Volkes identifiziert wird, wird in einer funktionierenden parteienstaatlichen Demokratie der Wille der jeweiligen Parteienmehrheit in Regierung und Parlament mit der 'volonté générale' identifiziert". Insofern seien die Parlamente heutzutage bloß noch eine Stätte, „an der sich gebundene Parteibeauftragte treffen, um anderweitig (in Ausschüssen oder Parteikonferenzen) bereits getroffene Entscheidungen registrieren zu lassen". Alles in allem habe sich das Herrschaftssystem durch die Parteien so in „eine rationalisierte Form der plebiszitären Demokratie oder – wenn man will – ein Surrogat der direkten Demokratie im modernen Flächenstaat" verwandelt[25].

2. *Hesses* Lehre vom Status der Freiheit und Öffentlichkeit der politischen Parteien

Im Gegensatz zu *Leibholz* sieht *Hesse* Art. 21 GG gerade als Beleg für den außerstaatlichen Standort der politischen Parteien. So müsse ihre verfassungsrechtliche Stellung eine solche sein, die ihnen die optimale Erfüllung ihrer in Art. 21 Abs. 1 S. 1 GG zugewiesenen Aufgabe ermögliche, Träger und Mittler des in der Demokratie vorausgesetzten freien und offenen Willensbildungsprozeß zu sein. Dies aber bedinge einen „Status der Freiheit" der Parteien, der insbesondere durch das Verbot ihrer staatlich-institutionellen Verfestigung gekennzeichnet sei[26]. Zur Begründung führt *Hesse* aus: „Denn freie Willensbildung und Einfügung der Parteien in die organisierte Staatlichkeit sind miteinander unvereinbar. Zum Wesen einer staatlichen Einrichtung gehören Bindung und Begrenzung: sie hat fest umrissene Zuständigkeiten in einem geregelten Verfahren und im Zusammenspiel mit ande-

---

22 Siehe § 5.

23 *Leibholz*, DVBl. 1950, 194 [196].

24 *Leibholz*, Verhandlungen des 38. Deutschen Juristentages in Frankfurt am Main 1950, Teil C, S. 10.

25 *Leibholz*, Strukturwandel der modernen Demokratie, S. 17.

26 *Hesse*, VVDStRL 17 (1959), 11 [27 f., 33]; *ders.*, Grundzüge des Verfassungsrechts der Bundesrepublik Deutschland, Rn.172 ff. Daneben beinhalte der „Status der Freiheit" auch ein Gebot der Freiheit der politischen Parteien nach außen sowie nach innen, siehe dazu *ders.*, VVDStRL 17 (1959), 11 [28 f., 29 ff.].

ren staatlichen Einrichtungen wahrzunehmen (...). Was hier in seiner rationalisierenden und beschränkenden Wirkung Grundbedingung staatlichen Verfassungslebens ist, wäre auf die Parteien übertragen die Aufhebung ihrer verfassungsmäßig vorausgesetzten Eigenart. Die spontane Bildung von politischen Meinungen und Anschauungen und deren Fortentwicklung, das freie Fluktuieren der politischen Kräfte, die Wirksamkeit politischer Führer, die Dynamik des politischen Lebens, dessen Träger die Parteien sind, gehören einem anderen Bereich an; sie sind dem Wesen der staatlichen Einrichtung durchaus entgegengesetzt und lassen sich nicht in ein rationales, planmäßig ablaufendes System bringen. Deshalb würde eine Einfügung in die organisierte Staatlichkeit den Parteien ihre Substanz nehmen"[27].

Andererseits hält es *Hesse* wegen der Aufgabe der politischen Parteien innerhalb des Verfassungslebens für inadäquat, ihnen wie anderen nichtstaatlichen Vereinigungen schlicht einen privatrechtlichen Status zuzuweisen. Vielmehr sei den Parteien ein besonderer „Status der Öffentlichkeit" eigen[28]. Dabei setze die Zugehörigkeit zum Bereich des Öffentlichen voraus, „daß der Träger der Öffentlichkeit an den Legitimitätsprinzipien der Gesamtordnung teilhat, daß sein Wirken sich nicht nur an die Allgemeinheit wendet, sondern daß er der Allgemeinheit auch Einsicht in die Vorgänge gewährt, welche dieses Wirken hervorbringen, daß er vor allem in Wahrnehmung einer aufgegebenen Verantwortung und in realisierbarer Verantwortlichkeit tätig wird."[29] Diese Voraussetzungen träfen auf die Parteien zu. Ihnen komme als in die Verfassung inkorporierte Elemente „Öffentlichkeitscharakter zu, weil und soweit sie an der Legitimität der Gesamtordnung teilhaben, weshalb die Parteien, die nicht auf dem Boden jener Grundlagen stehen, nach Art. 21 Abs. 2 GG verboten werden können. Das Wirken der Parteien hat Öffentlichkeitscharakter, weil es sich in Wahrnehmung eines verfassungsmäßigen Auftrages an die Allgemeinheit wendet, und weil sie verfassungsmäßig verpflichtet sind, der Allgemeinheit Einsicht in die Kräfte und Vorgänge zu geben, welche dieses Wirken hervorbringen – hier liegt der verfassungsrechtliche Sinn der durch Art. 21 Abs. 1 S. 4 GG begründeten Pflicht zur finanziellen Rechenschaftslegung. Die Stellung der Parteien ist eine öffentliche, weil sie eine verfassungsmäßig aufgegebene Verantwortung für das Ganze wahrzunehmen haben und ihre Verantwortlichkeit bei den Wahlen realisiert werden kann. (...) Die politischen Parteien haben also von Verfassungs wegen einen voll ausgeprägten öffentlichen Status. Das bedeutet, daß ihre Rechtsstellung insgesamt, nicht nur in Teilen, eine solche des öffentlichen Rechts ist."[30]

---

27 *Hesse*, VVDStRL 17 (1959), 11 [34].
28 *Hesse*, VVDStRL 17 (1959), 11 [39]; *ders.*, Grundzüge des Verfassungsrechts der Bundesrepublik Deutschland, Rn. 172, 177.
29 *Hesse*, VVDStRL 17 (1959), 11 [43].
30 *Hesse*, VVDStRL 17 (1959), 11 [44].

3. Rechtsprechung des Bundesverfassungsgerichts

Die Rechtsprechung des Bundesverfassungsgerichts zur verfassungsrechtlichen Stellung der politischen Parteien stand anfangs im Zeichen der *Leibholzschen* Parteienstaatsdoktrin, schwenkte jedoch schon bald auf die Linie der Lehre *Hesses* vom Status der Freiheit der Parteien um.

Gelegenheit, zur verfassungsrechtlichen Stellung der Parteien Stellung zu nehmen, bot sich dem Bundesverfassungsgericht erstmals in seinem Wahlrechtsurteil vom 5. April 1952, in dessen Rahmen es darüber zu befinden hatte, ob politische Parteien in einem Organstreit gemäß Art. 93 Abs. 1 S. 1 GG parteifähig sind. Unter richterlicher Mitwirkung von *Leibholz* bejahte der Zweite Senat die Frage und argumentierte, durch Art. 21 GG sei „der moderne demokratische Parteienstaat legalisiert; die Parteien sind in die Verfassung eingebaut. (...) Sie sind zu integrierenden Bestandteilen des Verfassungsaufbaus und des verfassungsrechtlich geordneten politischen Lebens geworden. Sie stehen daher nicht wie andere soziale Gebilde nur in einer verfassungsmäßig gesicherten Position dem Staat gegenüber." Zwar seien sie keine formierten obersten Staatsorgane in dem Sinne, wie es Landtag und Landesregierung sind, was jedoch nicht ausschließe, daß „die Wählergruppen, die den Wahlvorschlag machen, und insoweit auch die durch sie repräsentierten Parteien Staatsorgane sind, 'Kreationsorgane' im Sinne Georg Jellineks[31]"[32].

Die Verwendung des Begriffs „Staatsorgane" zur Kennzeichnung der rechtlichen Stellung der politischen Parteien gab das Bundesverfassungsgericht allerdings bereits in einer Plenarentscheidung vom 20. Juli 1954 zugunsten des Begriffs „Verfassungsorgane" auf[33]. Die damit vorsichtig eingeleitete Abwendung von der Parteienstaatslehre *Leibholz'* setzte sich sodann im Volksbefragungsurteil vom 30. Juli 1958 fort, worin das Gericht zwischen der Volkswillensbildung einerseits und der Staatswillensbildung andererseits differenziert und dabei die politische Willensbildung des Volkes im Sinne des Art. 21 Abs. 1 GG der Staatswillensbildung gemäß Art. 20 Abs. 2 GG gegenüberstellt[34].

Zum unverkennbaren Bruch mit der *Leibholzschen* Parteienstaatsdoktrin kam es schließlich im Parteienfinanzierungsurteil vom 19. Juli 1966, an dem *Leibholz* wegen Befangenheit nicht mitwirken durfte[35]. Mit nunmehr deutlicher Anlehnung an die Theorie *Hesses* vom Status der Freiheit der Parteien führt das Bundesverfassungsgericht darin aus: „Das Verfassungsgebot der grundsätzlich staatsfreien und offenen Meinungs- und Willensbildung vom Volk zu den Staatsorganen wehrt (...) jede

---

31 Vgl. dazu *Jellinek*, Allgemeine Staatslehre, S. 545 f.

32 BVerfGE 1, 208 [225] unter Bezugnahme auf *Radbruch*, in: Anschütz/Thoma (Hrsg.) HdbDtStR I, § 25 III.1 (S. 290).

33 BVerfGE 4, 27 [30]. Diesbezüglich kritisiert *Hesse*, VVDStRL 17 (1959), 11 [40], der Begriff Verfassungsorgane sei sinnwidrig, „weil die Verfassung keine Organe haben kann".

34 BVerfGE 8, 104 [113].

35 Vgl. dazu *Zwirner*, AöR 93 (1968), 81 [84 ff., 132 ff.].

staatlich-institutionelle Verfestigung der Parteien ab und verbietet ihre Einfügung in den Bereich der organisierten Staatlichkeit". Art. 21 GG gewährleiste den Parteien „Freiheit vom Staat", sie seien „frei gebildete, im gesellschaftlich-politischen Bereich wurzelnde Gruppen"[36]. Diese Beschreibung der verfassungsrechtlichen Stellung der Parteien ist seitdem ständige Rechtsprechung des Bundesverfassungsgerichts[37].

4. Herrschende Meinung und Stellungnahme

Vor allem in der älteren Literatur finden sich neben den Theorien von *Leibholz* und *Hesse* noch zahlreiche andere Ansätze, die politischen Parteien unmittelbar in die institutionalisierte Staatlichkeit einzufügen respektive ihnen einen öffentlich-rechtlichen Status zuzuweisen. So nennt sie *Giese* ganz unumwunden „Staatsorgane der Bundesrepublik"[38], *Wössner* „staatliche Repräsentationsorgane [39], *Kaiser* „staatliche Magistraturen"[40] *Leisner* etwas zurückhaltender „ ‚staatsorganähnliche' Gebilde"[41]. Derweil werden sie von *Bachhof* als „teilrechtsfähige Verbände des öffentlichen Rechts"[42] eingestuft und von *Hasenritter* als „quasi öffentliche Gewalt"[43]. Bemerkenswert ist schließlich noch die Konstruktion *Mengers*, bei dem die Parteien im Hinblick auf ihre „Erfüllung von Aufgaben auf dem Gebiete des materiellen Verfassungsrechts" als „mit verfassungsrechtlichen Zuständigkeiten Beliehene" und insofern gleichfalls als „Institutionen des öffentlichen Rechts" erscheinen[44].

Inzwischen hat sich jedoch die der heutigen Rechtsprechung des Bundesverfassungsgerichts entsprechende Ansicht durchgesetzt, wonach die politischen Parteien frei aus dem Volk heraus gebildete, in der Gesellschaft verwurzelte Vereinigungen außerhalb der organisierten Staatlichkeit sind, die grundsätzlich nach privatem

---

36 BVerfGE 20, 56 [101 f.].

37 Vgl. BVerfGE 52, 63 [85]; 73, 40 [85]; 85; 264 [287]; beachte ferner die begriffliche Distanzierung von der *Leibholzschen* Parteienstaatsdoktrin in BVerfGE 44, 125 [142 ff.], wo herausgearbeitet wird, daß der Staat ungeachtet seiner parteipolitischen Besetzung der Staat des ganzen Volkes bleiben müsse und deshalb eine „Identifizierung" [a.a.O., 144] des Staates mit den politischen Parteien verfassungsrechtlich unzulässig sei. Indes bleibt *Rotmann* in seinem Sondervotum zu diesem Urteil [siehe dazu a.a.O., 181 ff.] weiter der Identitätslehre *Leibholz'* verhaftet.

38 *Giese*, AöR 80 (1955/56), 377 [378], kurz darauf jedoch relativierend [379]: „Ihre organschaftliche Qualität ist jedenfalls dann zu bejahen, wenn es sich um Parlamentswahlen handelt".

39 *Wössner*, Die ordnungspolitische Bedeutung des Verbandswesens, S. 78.

40 *Kaiser*, Die Repräsentation organisierter Interessen, S. 234.

41 *Leisner*, Grundrechte und Privatrecht, S. 381.

42 *Bachhof*, AöR 83 (1958), 208 [274 Fn. 88].

43 *Hasenritter*, Parteiordnungsverfahren, S. 25 f.

44 *Menger*, AöR 78 (1952/53), 149 [161 f.]; ihm folgend *von der Heydte*, in: Neumann/Nipperdey/Scheuner (Hrsg.), Die Grundrechte II, S.457 [469 N.49]; *Wolff*, in: Wolff/Bachof/Stober, Verwaltungsrecht II, § 84 II 2 b); wohl auch *Badura*, in: Isensee/Kirchhof (Hrsg.), HdbStR II, § 25 Rn. 4 a.E.; zunächst zustimmend *Seifert*, DÖV 1956, 1 [2 f.], anders jedoch später *ders.*, Die politischen Parteien im Recht der Bundesrepublik Deutschland, S. 80: die Parteien sind „keine Körperschaften des öffentlichen Rechts oder ähnliche Bestandteile der Staatsorganisation und auch kein drittes Aliud".

Recht leben und wie alle anderen privaten Rechtsträger öffentlichem Recht nur in ihren Beziehungen zum Staat und sonstigen Erscheinungsformen der öffentlichen Gewalt unterliegen[45]/[46]. Der Parteiengesetzgeber ging ebenfalls von einer solchen verfassungsrechtlichen Stellung der politischen Parteien aus. So heißt es in der Begründung zum Entwurf eines Parteiengesetzes von 1959, dieser belasse „die Parteien in ihrer herkömmlichen und bewährten Rechtsstellung als freie gesellschaftliche Organisationen“[47], und weiter: „Nur als staatsfreie unabhängige Organisationen mit freiem gesellschaftlichem Grundcharakter können die politischen Parteien die ihnen in einem demokratischen Staate wesensmäßig eigenen Aufgaben erfüllen. Diese Unabhängigkeit und Freiheit der Willensbildung ist ihnen im Rahmen unseres Rechtssystems am besten durch die Rechtsformen des bürgerlichen Rechts gewährleistet“[48]. Im Parteiengesetz selbst hat sich die damit zum Ausdruck kommende Sichtweise dann in den §§ 11 Abs. 3 S. 2 und 37 mit ihrer Bezugnahme auf das BGB niedergeschlagen.

Aus den im folgenden genannten Gründen geht auch die vorliegende Untersuchung von einer eindeutigen Verortung im gesellschaftlichen Bereich aus:

---

45 *Grimm*, in: Benda/Maihofer/Vogel (Hrsg.), HdbVerfR, § 14 Rn. 24 ff.; *Henke*, Das Recht der politischen Parteien, S. 1 ff.; *ders.*, in: Dolzer/Vogel/Graßhof (Hrsg.), BoKo-GG, Art. 21 Rn. 65 ff., insb. 67 und 71; *Ipsen*, in: Sachs (Hrsg.), GG-K, Art. 21 Rn. 9 ff.; *König*, Die Verfassungsbindung der politischen Parteien, S. 23 ff.; *Kunig*, in: Isensee/Kirchhof (Hrsg.), HdbStR II (2. Aufl.), § 33 Rn. 81 ff.; *ders.*, in: von Münch/Kunig (Hrsg.), GG-K II, Art. 21 Rn. 29 f.; *Martens*, Öffentlich als Rechtsbegriff, S. 152 ff.; *Maurer*, JuS 1991, 881 [882, 887 f.]; *Sannwald*, in: Schmidt-Bleibtreu, GG-K, Art. 21 Rn. 33; *Schreiber*, HdbWahlRBT, § 18 Rn. 4 (konkret S. 349 ff.); *Seifert*, Die politischen Parteien im Recht der Bundesrepublik Deutschland, S. 77 ff.
Wenn indes heute namentlich *Klein*, in: Maunz/Dürig, GG-K III, Art. 21 Rn. 316 ff., *Morlok*, in: Dreier (Hrsg.), GG-K II, Art. 21 Rn. 105 ff., *Reichel*, Das demokratische Offenheitsprinzip und seine Anwendung im Recht der politischen Parteien, S. 41 ff., sowie *Streinz*, in: von Mangoldt/Klein/Starck (Hrsg.), GG-K II, Art. 21 Abs. 3 Rn. 176 ff., von einem Status der Öffentlichkeit der Parteien sprechen und dabei auf die Theorie *Hesses* rekurrieren, ist dies insofern irreführend, als sie der Theorie *Hesses* nicht in der entscheidenden Konsequenz folgen, daß die Parteien nach öffentlichem Recht leben. Statt dessen konstatiert *Klein*, a.a.O. Rn. 317: „Sie leben zwar auch, aber keineswegs ausschließlich nach öffentlichem Recht“. Und *Morlok*, a.a.O., Rn. 64, erläutert: „Die Parteien sind derzeit in ihrer Stammorganisation als Vereine bürgerlichen Rechts organisiert. Die Anwendung des Vereinsrechts ist mit dem speziellen Freiheitsstatus abzustimmen“; im Ergebnis ebenso , *Streinz*, a.a.O., Rn. 157 ff. Derweil führt *Reichel*, a.a.O., S. 44 f., aus: „Der Begriff Status der Öffentlichkeit ist lediglich ein Oberbegriff für die im einzelnen zu bestimmenden Rechte und Pflichten aller Teilnehmer am Willensbildungsprozeß. Aus ihm kann (...) nicht ein Recht hergeleitet werden, sondern er ist ein Sammelbegriff für alle aus der Verfassung abgeleiteten Rechte und Pflichten. Der Begriff Status der Öffentlichkeit bietet sich deshalb an, weil es sich um Rechte und Pflichten handelt, die sich aus der Teilnahme am öffentlichen Diskurs und damit im Vorfeld des Zustandekommens der allgemeinen Gesetze ergeben“.

46 Diese Beziehungen sind freilich vergleichsweise umfangreich, weil dazu auch ihre staatszugewandten Aufgaben wie die Beteiligung an Wahlen sowie Einflußnahme auf Parlamente und Regierungen gehören, vgl. *Seifert*, Die politischen Parteien im Recht der Bundesrepublik Deutschland, S. 80.

47 BT-Drucks. III/1509, S. 11, unter A.IV.1.

48 BT-Drucks. III/1509, S.14, zu § 3 Abs.1.

Die der *Leibholzschen* Parteienstaatslehre zugrundeliegende doppelte Gleichsetzung von Volk und Parteien sowie Parteien und Staat ist einesteils in tatsächlicher und anderenteils in verfassungsrechtlicher Hinsicht verfehlt. Insbesondere läuft sie auf eine Preisgabe der – zur Bewahrung individueller Freiheit bereits als unabdingbar erkannten[49] – Unterscheidung von Staat und Gesellschaft hinaus, was im System *Leibholz'*, in dem Parteien und Staat eben dasselbe sind, die fatale Konsequenz zeitigt, daß sich der einzelne rückhaltlos dem alles durchdringenden Einfluß der Parteien ausgesetzt sieht.

Was die von *Leibholz* behauptete Identität des Volks und der Parteien anbelangt, läßt diese sich freilich nicht schon mit dem Hinweis widerlegen, daß in Wirklichkeit überhaupt nur ein Bruchteil[50] der Bevölkerung der Bundesrepublik in Parteien organisiert ist[51]. *Leibholz* versteht Identität nämlich nicht rein empirisch, sondern auch im Sinne eines „vergeistigten Begriffs", „bei dem nach einem bestimmt gearteten Transsubstantionsprozeß auch in Wirklichkeit nicht Gleiches miteinander für identisch erklärt wird"[52], mithin als gedankliche Konstruktion, die er in bezug auf das Verhältnis des Volkes zu den Parteien für gerechtfertigt hält, da seiner Einschätzung nach das Volk außerhalb der Parteien politisch handlungsunfähig ist. Doch handelt es sich genau dabei um einen Trugschluß. Zwar hat sich im Rahmen der Behandlung der verfassungsrechtlichen Aufgabe der politischen Parteien gezeigt, daß das Volk bei der Bildung und Artikulation seines politischen Willens hilfsbedürftig ist. Hilfsbedürftigkeit schließt aber Handlungsfähigkeit nicht aus. Das wird schon daraus ersichtlich, daß das Volk im demokratischen Fundamentalakt der Wahl nicht durch die Parteien, sondern über die Parteien entscheidet[53]. Aber auch außerhalb von Wahlen ist das Volk nicht bloß mit Hilfe der Parteien politisch aktionsfähig. Abgesehen davon, daß es hier auch von den anderen im „Raum der Vorformung des politischen Willens" agierenden Institutionen unterstützt wird[54], wird besonders in Ausnahmesituationen wie bei von Einzelpersonen initiierten Spontanversammlungen[55] deutlich, daß es auch gänzlich außerhalb verfestigter Organisationsformen zu politischem Handeln in der Lage ist. Die Annahme *Leibholz'* von der politischen Ohnmacht des Volkes hat sich denn auch noch nicht einmal für einen Parteienstaat mit einer tatsächlich erstrebten Einheit zwischen Volk, Parteien und Staat als wahr erwiesen. So hätte sie praktisch nicht glücklicher

---

[49] Siehe dazu oben § 5 I.

[50] Vgl. dazu *Reichel*, Das demokratische Offenheitsprinzip und seine Anwendung im Recht der politischen Parteien, S. 99 f.

[51] In diese Richtung zielt jedoch die Kritik von *Grimm*, in: Benda/Maihofer/Vogel (Hrsg.), HdbVerfR, § 14 Rn. 26.

[52] *Leibholz*, Die Repräsentation in der Demokratie, S. 28.

[53] So zu Recht *Grimm*, in: Benda/Maihofer/Vogel (Hrsg.), HdbVerfR, § 14 Rn. 26.

[54] Siehe dazu oben § 4 I sowie § 4 II 2.

[55] Zweifelsohne werden Versammlungen heute in aller Regel von Parteien, Gewerkschaften, Bürgerinitiativen (siehe dazu *Schmidt-Jortzig*, APuZ 1979, B 38-79, S. 3) oder anderen Verbänden organisiert. Doch gibt es auch immer wieder Beispiele für Versammlungen ohne eine solche Hilfestellung, etwa wenn sich Bürger unmittelbar nach Bekanntwerden eines Attentats oder terroristischen Anschlags zu Mahnwachen und Protestkundgebungen zusammenfinden.

widerlegt werden können als durch hunderttausende Bürger der ehemaligen DDR, die sich im Herbst 1989 auf den Straßen versammelten und mit dem Skandieren der Parolen „*Wir* sind das Volk" und wenig später „Wir sind *ein* Volk" ihren eigenständigen, dem der Einheitsparteien bzw. des Staates sogar gegensätzlichen politischen Willen zur Geltung brachten.

Anders als die These *Leibholz'* von der Identität des Volks und der Parteien scheint indes seine These von der Identität der Parteien und des Staats durch die heutige politische Wirklichkeit[56] Bestätigung zu finden. Insofern ist jedoch zwischen den Auswüchsen der politischen Wirklichkeit und dem vom Verfassungsgeber Gewollten zu unterscheiden. Fokussiert man letzteres, führt dies zur Erkenntnis, daß die politischen Parteien unbedingt außerhalb der verfaßten Staatlichkeit stehende Organisationen zu sein haben.

Gegen eine Integration der politischen Parteien in den Staatsorganismus sprechen zunächst die Aussagen des Art. 21 Abs. 1 und 2 GG. So können die Parteien die ihnen gemäß Satz 1 des Art. 21 Abs. 1 GG zugewiesene Aufgabe, dem Volk permanenten Einfluß auf die Staatswillensbildung zu verschaffen, nur als staatsautonome Handlungseinheiten erfüllen. Ihre Verstaatlichung würde dagegen, wie *Hesse* zur Begründung seiner Theorie vom Status der Freiheit der Parteien überzeugend dargelegt hat[57], den Fluß der politischen Willensbildung vom Volk zum Staat, der ohnehin stärker gefährdet ist als der in umgekehrter Richtung[58], zum versiegen bringen, würde mithin bedeuten, daß die Parteien nur noch als „vom Staat her in die Gesellschaft hineinorganisierte Auffang- und Kristallisationseinrichtungen zur Gestaltung des Volkswillens"[59] fungieren. Zugleich würde das Wesen der Parteien grundlegend verfremdet, was schon *Carl Schmitt* mit den Worten lehrte: „So wenig wie die öffentliche Meinung sich in eine behördliche Zuständigkeit verwandeln läßt, kann eine Partei sich in eine Behörde verwandeln, ohne ihren Parteicharakter zu verlieren, weil nämlich auch das Volk selbst sich nicht in eine Behörde verwandeln läßt, ohne aufzuhören, Volk zu sein"[60]. Gerade darin, den traditionellen Parteicharakter zu bewahren, liegt auch die Bedeutung des Satz 2 des Art. 21 Abs.1 GG[61]. Denn die dadurch garantierte Gründungsfreiheit läßt keinen anderen Schluß zu, als daß die Parteien „vom Grundgesetz auf freier Mitgliedschaft beruhende Vereinigungen des gesellschaftlichen Raumes, als politische Vereine auf der Basis des privaten Rechts gedacht sind, zu denen sich bestimmte, durch gemeinsames Wollen verbundene Teile des Volkes organisieren, um politisch wirksam handeln

---

56 Siehe dazu oben § 1 III, § 4 II 2.

57 Siehe oben § 5 II 2.

58 Vgl. *Grimm*, in: Benda/Maihofer/Vogel (Hrsg.), HdbVerfR, § 14 Rn. 17; *Seifert*, Die politischen Parteien im Recht der Bundesrepublik Deutschland, S. 79.

59 *Seifert*, Die politischen Parteien im Recht der Bundesrepublik Deutschland, S. 78.

60 *C. Schmitt*, Verfassungslehre, S. 247.

61 So auch *Hesse*, VVDStRL 17 (1959), 11 [27 ff.]; *König*, Die Verfassungsbindung der politischen Parteien, S. 23; *Martens*, Öffentlich als Rechtsbegriff, S. 156; *Seifert*, Die politischen Parteien im Recht der Bundesrepublik Deutschland, S. 78.

zu können“[62], so wie es ihrer Herkunft entspricht[63]. Verfassungsrechtliche Absicherung erfährt diese Sichtweise der verfassungsrechtlichen Stellung der politischen Parteien zudem durch Satz 3 des Art. 21 Abs. 1 GG, der die Parteien hinsichtlich der Organisierung ihrer Willensbildung dem Demokratiegebot verpflichtet. Wären die Parteien Staatsgebilde, käme jener Regelung nämlich keine eigenständige Bedeutung zu, da sie so bereits dem Demokratieprinzip des Art. 20 Abs. 1 und 2 GG verpflichtet wären[64]. Und schließlich ergäbe bei einer Verortung der Parteien innerhalb der organisierten Staatlichkeit auch das nach Absatz 2 des Art. 21 GG mögliche Parteienverbot keinen Sinn, verböte der Staat dann doch einen Teil seiner selbst[65].

Ein unüberwindbares normatives Hindernis für die Inkorporation der politischen Parteien in den Bereich der institutionalisierten Staatlichkeit stellt neben den Regelungen des Art. 21 GG aber auch die Gewährleistung des freien Mandats durch Art. 38 Abs. 1 S. 2 GG dar. So schwierig sich angesichts der verbreiteten Personalunion von Abgeordneten- und Parteiämtern die Unterscheidung zwischen den Parteien und dem Staatsorgan Parlament praktisch gestaltet[66], setzt Art. 38 Abs. 1 S. 2 GG die Differenzierung voraus. Wegen Art. 38 Abs. 1 S. 2 GG sind die politischen Parteien von der Organqualität des Parlaments, der Amtseigenschaft der Abgeordneten verfassungsrechtlich abgekoppelt[67]. Insofern dringen sie zwar bis an die Schwelle des Parlaments vor, senden auch ihr Personal und ihren politischen Willen hinüber und in sie hinein, betreten es aber rechtlich nicht[68]. Vielmehr gründen sie mit ihren Wurzeln untrennbar in der Gesellschaft und ragen in den Bereich der institutionalisierten Staatlichkeit nur mit ihren Wipfeln hinein[69]. Den Bemühungen *Leibholz'*, die Bedeutung des Art. 38 Abs. 1 S. 2 GG dahingehend zu relativieren, bloß „die äußersten Konsequenzen des Parteienstaates abzuwenden“[70], muß indes entgegengehalten werden, daß es gerade jene äußersten Konsequenzen sind, die den Parteienstaat, wie er ihn beschreibt, ausmachen[71].

Demzufolge sind politische Parteien weder Staatsorgane noch staatliche Körperschaften des öffentlichen Rechts oder in sonstiger Form der Staatsorganisation zugehörig. Ebensowenig läßt sich ihr Status mit der Konstruktion einer „Beleihung mit verfassungsrechtlichen Zuständigkeiten“ erfassen. Wie *Scheuner*[72] zu Recht mo-

---

62 *Seifert*, Die politischen Parteien im Recht der Bundesrepublik Deutschland, S. 78.
63 Vgl. BVerfGE 20, 56 [107]: „Art. 21 hat aber an der überkommenen Struktur der Parteien als frei konkurrierender und aus eigener Kraft wirkender Gruppen nichts ändern wollen“.
64 *König*, Die Verfassungsbindung der politischen Parteien, S. 23.
65 *Seifert*, Die politischen Parteien im Recht der Bundesrepublik Deutschland, S. 83.
66 Vgl. zur personellen Verflechtung oben § 4 II 2.
67 *von Münch*, in: von Münch/Kunig (Hrsg.), GG-K II (3. Aufl.), Art. 21 Rn. 40.
68 Vgl. *Henke*, in: Dolzer/Vogel/Graßhof (Hrsg.), BoKo-GG IV, Art. 21 Rn. 71.
69 Vgl. zu diesem Bild *Stolleis*, VVDStRL 44 (1986), 7 [11].
70 *Leibholz*, Verhandlungen des 38. Deutschen Juristentages in Frankfurt am Main 1950, Teil C, S. 18.
71 Vgl. *Grimm*, in: Benda/Maihofer/Vogel (Hrsg.), HdbVerfR, § 14 Rn. 26.
72 *Scheuner*, DÖV 1958, 641 [642].

niert, krankt diese Schöpfung ebenfalls daran, „daß die Parteien gerade nicht dem Bereich der verfaßten Institutionen des Staates mit ‚Zuständigkeiten' angehören, daß eine Beleihung nur in der ausführenden Staatstätigkeit vorkommen kann, nicht aber bei der Formung der Staatsrichtung". So können die Parteien noch nicht einmal außerstaatliche Körperschaften des öffentlichen Rechts, wie etwa die Kirchen[73], sein. Denn wie staatliche sind auch außerstaatliche öffentliche Körperschaften durch eine institutionelle Verfestigung gekennzeichnet, die dem Wesen der Parteien zuwiderläuft[74].

Nach allem mag es noch angehen, die den politischen Parteien verfassungsrechtlich zukommende *Aufgabe* im Hinblick auf ihre Staatsbezogenheit als „öffentliche" zu bezeichnen[75]. An dem traditionellen[76] Wesen der politischen Parteien als staatsfreie, in der Gesellschaft wurzelnde Vereinigungen des Privatrechts ändert das jedoch nichts, insbesondere kommt ihnen kein „als juristisch relevante Qualifizierung verstandener öffentlich-rechtlicher Status zu"[77]. Wenn hingegen *Hesse* den Parteien einen solchen Status zuspricht[78], muß man sich darüber im Klaren sein, daß er dem Begriff des Öffentlichen dabei eine an die Thesen von *Smend*[79] angelehnte Bedeutung zumißt, die dem geltenden Recht fremd und daher zur Erfassung des Rechtsstatus der politischen Parteien ungeeignet ist[80].

---

73 Zum Status der Kirchen siehe *Hemmrich*, in: von Münch/Kunig (Hrsg.), GG-K III, Art. 140 Rn. 21 ff.

74 *Hesse*, VVDStRL 17 (1959), 11 [35 f. Fn. 66].

75 In diesem Sinne etwa § 1 Abs. 1 S. 2 PartG; BVerfGE 52, 63 [85]; kritisch dazu *Seifert*, Die politischen Parteien im Recht der Bundesrepublik Deutschland, S. 97.

76 Zu dieser Tradition vgl. Bericht der Parteienrechtskommission, S. 154 f.

77 *Martens*, Öffentlich als Rechtsbegriff, S. 155.

78 Siehe dazu oben § 5 II 2.

79 *Smend*, Zum Problem des Öffentlichen und der Öffentlichkeit, in: Gedächtnisschrift für Jellinek, S. 11 ff.

80 So auch *Henke*, Das Recht der politischen Parteien, S. 55; *Martens*, Öffentlich als Rechtsbegriff, S. 155; *Obermayer*, AöR 84 (1959), 94 [104]; *Lengers*, Rechtsprobleme bei Parteiausschlüssen, S. 28; *Seifert*, Die politischen Parteien im Recht der Bundesrepublik Deutschland, S. 56.

§ 6 Rechtsquellen der inneren Parteienordnung und ihr Verhältnis zueinander

Vor dem Hintergrund der gewonnenen Erkenntnisse zur verfassungsrechtlichen Aufgabe und Stellung der politischen Parteien sollen im folgenden die Rechtsquellen ihrer inneren Ordnung.

I. Rechtsquellen der inneren Parteienordnung

Als Rechtsquellen der inneren Parteienordnung werden hier Regelungswerke mit abstrakt-generellen Aussagen über die das Parteibinnenleben bestimmenden Grundentscheidungen verstanden. Dabei heißt abstrakt-generell, daß die Regelungen eine unbestimmte Zahl von Fällen und eine unbestimmte Zahl von Personen betreffen, bzw. umgekehrt, daß sie sich nicht konkret-individuell auf einen Einzelfall und einen individuell bestimmten oder bestimmbaren Personenkreis beziehen[1]. Derweil sind zu den das Parteibinnenleben bestimmenden Grundentscheidungen insbesondere Bestimmungen über die Mitgliedschaft und Organisierung der Parteiwillensbildung zu zählen[2]. Demzufolge gehört auch das hier interessierende Recht auf Auskunft und Gehör von Mitgliedern bzw. Nichtmitgliedern zu einer solchen Grundentscheidung.

Zu unterscheiden sind die Rechtsquellen der inneren Parteienordnung danach, ob aus ihnen für das Binnenleben aller Parteien oder nur einer bestimmten Partei unmittelbar gültiges Recht entspringt. Dementsprechend werden sie nachfolgend allgemeine bzw. parteispezifische Rechtsquellen der inneren Parteienordnung genannt.

1. Allgemeine Rechtsquellen

a) Grundgesetz

Allgemeine Rechtsquelle der inneren Parteienordnung ist vor allem das Grundgesetz. Maßgebend sind insofern das innerparteiliche Demokratiegebot sowie die Wahlrechtsgrundsätze.

aa) Das innerparteiliche Demokratiegebot

In Art. 21 Abs. 1 S. 3 spricht das Grundgesetz die innere Parteienordnung ausdrücklich an und bestimmt, daß sie demokratischen Grundsätzen entsprechen muß.

---

[1] Vgl. zur entsprechenden Definition des Merkmals abstrakt-generell im Verwaltungsrecht im Zusammenhang mit der Abgrenzung zwischen einer Rechtsnorm und einem Verwaltungsakt *Maurer*, Allgemeines Verwaltungsrecht, § 9 Rn. 14 ff.

[2] Vgl. *Seifert*, Die politischen Parteien im Recht der Bundesrepublik Deutschland, S. 181.

In den ersten Jahren nach Inkrafttreten des Grundgesetzes wurde bezweifelt, ob es sich bei diesem Verfassungsgebot tatsächlich um unmittelbar geltendes Recht handelt oder ob es erst und nur insoweit vollziehbar ist, sofern es der Parteiengesetzgeber in Erfüllung seines Regelungsauftrages nach Art. 21 Abs. 3 GG konkretisiert. Die Frage ist im Rahmen der vorliegenden Untersuchung entscheidungsbedürftig, weil sich letzterenfalls derjenige, der in einer Partei Auskunft und Gehör begehrt, von vornherein nicht direkt auf Art. 21 Abs. 1 S. 3 GG berufen könnte[3].

Anlaß, an ihrer unmittelbaren Geltung zu zweifeln, gibt die Norm des Art. 21 Abs. 1 S. 3 GG deshalb, weil es ihr möglicherweise an der dazu erforderlichen Bestimmtheit fehlt. In diese Richtung argumentierte namentlich *Forsthoff*[4], indem er sie als „derart neu und in ihrem Vollzuge in solchem Maße unübersehbar" beschrieb, „daß sie nicht als unmittelbar geltender Bestandteil des Verfassungsrechts anerkannt werden" könne[5]. Das Bundesverfassungsgericht stellte dann in seinem SRP-Urteil vom 23. Oktober 1952 zwar fest, Art. 21 GG sei „mit Ausnahme des Abs. 1 S. 4 unmittelbar anwendbares Recht, obwohl Abs. 3 eine nähere Regelung durch Bundesgesetze vorsieht", fügte jedoch relativierend hinzu, Satz 3 des Art. 21 Abs. 1 GG gelte „jedenfalls insoweit" unmittelbar, „als er es verbietet, daß eine Partei sich in grundsätzlicher Abweichung von demokratischen Prinzipien organisiert"[6]. Derweil wird die unmittelbare Geltung des Art. 21 Abs. 1 S. 3 GG heute von der herrschenden Meinung zu Recht ausnahmslos bejaht[7].

Für die unmittelbare Geltung der Norm spricht zum einen die Entstehungsgeschichte des Art. 21 Abs. 1 GG. Denn in der Fassung, die der ersten Lesung des Hauptausschusses des Parlamentarischen Rates zugrunde lag, lautet diese Norm (damals Art. 21 a Abs. 1) noch: „Die Mitwirkung der Parteien bei der politischen Willensbildung des Volkes und die innere Ordnung der Parteien sind durch Bundesgesetz zu regeln"[8]. Indes regelt Art. 21 Abs. 1 S. 1 und 3 GG diese Angelegenheiten nunmehr selbst, während dem Gesetzgeber mit Art. 21 Abs. 3 GG bloß die Bestimmung des „Näheren" dazu verbleibt. Zum anderen können, wie sich an späterer Stelle zeigen wird[9], aus in Art. 21 Abs. 1 S. 3 GG verwendeten Begriff der innerparteilichen Demokratie – über das Verbot einer eindeutigen Ablehnung de-

---

[3] Vgl. *Lengers*, Rechtsprobleme bei Parteiausschlüssen, S. 67.

[4] *Forsthoff*, DRZ 1950, 313 [316].

[5] Im Ergebnis ebenso *Leibholz*, Verhandlungen des 38. Deutschen Juristentages in Frankfurt am Main 1950, Teil C, S. 22 ff.; *Wernicke*, in: Dolzer/Vogel (Hrsg.), BoKo-GG, Art. 21 (Erstbearbeitung) Anm. II 1 e) und f).

[6] BVerfGE 2, 1 [13 f.].

[7] Vgl. statt vieler *Henke*, Das Recht der politischen Parteien, S. 52 f.; *ders.*, in: Dolzer/Vogel/Graßhof (Hrsg.), BoKo-GG IV, Art. 21 Rn. 255; *König*, Die Verfassungsbindung der politischen Parteien, S. 39 f.; *Maurer*, JuS 1991, S. 881 [882], *Tsatsos/Morlok*, Parteienrecht, S. 42 f.; *Wolfrum*, Die innerparteiliche demokratische Ordnung nach dem Parteiengesetz, S. 80. Wie BVerfGE 2, 1 [13 f.], indes noch *Streinz*, in: von Mangoldt/Klein/Starck (Hrsg.), GG-K II, Art. 21 Abs. 1 Rn. 148.

[8] Vgl. Parlamentarischer Rat, Grundgesetz für die Bundesrepublik Deutschland, S. 47.

[9] Vgl. dazu unten § 7 II 4 a) (c).

mokratischer Grundsätze im parteiinternen Bereich hinaus viele weitere – Konsequenzen gezogen werden können, die auch ohne ein Parteiengesetz anwendbar sind[10].

bb) Wahlrechtsgrundsätze

(1) Geltung bei der innerparteilichen Wahlbewerberaufstellung

Als wesentliche Aufgabe der politischen Parteien wurde weiter oben[11] ihre Teilnahme an öffentlichen Wahlen ausgemacht. Kernstück dieser Tätigkeit der Parteien ist die durch innerparteiliche Wahlen erfolgende Nominierung von Personen, welche sich bei den öffentlichen Wahlen um ein Mandat bewerben (Wahlbewerberaufstellung). Während die Wahlbewerberaufstellung in den U.S.A. weitgehend ein der eigentlichen Wahl vorgeschaltetes staatliches Verfahren („Primary Elections", „Vorwahlen") ist, an dem nicht nur die eigentlichen Parteimitglieder, sondern auch die deklarierten Parteianhänger („closed primaries") und vielfach sogar nicht an Parteien gebundene Wähler teilnehmen („open primaries")[12], ist sie in der deutschen Rechtsordnung alleinige Sache der Parteimitglieder[13]. Als „reine Parteiwillensbildung"[14] ist sie damit eine Angelegenheit der inneren Ordnung der Parteien und unterliegt deshalb zunächst einmal dem Verfassungsgebot des Art. 21 Abs. 1 S. 3 GG[15].

Auch wenn es sich um einen rein innerparteilichen Vorgang handelt, hat die Wahlbewerberaufstellung der Parteien allerdings nicht bloß innerparteilich, sondern auch und gerade im staatlichen Bereich erhebliche Konsequenzen, ist sie doch für die darauffolgende öffentliche Wahl von (vor-)entscheidender Bedeutung. Denn im Zuge der innerparteilichen Wahlbewerberaufstellung wird bereits weitgehend entschieden, welche Personen das Volk in den Volksvertretungen repräsentieren, so daß man bei einem Vergleich mit dem Wahlsystem der U.S.A. gewissermaßen von „Partei-Vorwahlen" oder „party primaries" sprechen kann. Der Grund dafür ist, daß Aussicht auf Erfolg bei den öffentlichen Wahlen regelmäßig nur solche Bewerber haben, die im Wahlkampf von einer Partei, deren Organisations-

---

10 Vgl. *Maunz*, in: Maunz/Dürig, GG-K II (Stand: Okt. 1996), Art. 21 Rn. 54, 55.

11 Siehe oben § 4 I.

12 Siehe dazu insbesondere *Cohen*, JÖR NF 18 (1969), 491 ff.; *Henkel*, Die Auswahl der Parlamentsbewerber, S. 43; *Magiera*, JÖR NF 22 (1971), 621 [657 m.w.N.].

13 *Henke*, in: Dolzer/Vogel/Graßhof (Hrsg.), BoKo-GG IV, Art. 21 Rn. 208; *Schreiber*, HdbWahlRBT, § 21 Rn. 4 und 6; *Seifert*, Die politischen Parteien im Recht der Bundesrepublik Deutschland, S. 370; *Tsatos/Morlok*, Parteienrecht, S. 120. Vgl. dazu eingehend noch unten § 8 II 4 b) bb).

14 *Seifert*, Die politischen Parteien im Recht der Bundesrepublik Deutschland, S. 370.

15 *Nass*, Die verfassungsrechtlichen Wahlrechtsgrundsätze bei der Aufstellung von Parteikandidaten für Bundestagswahlen, in: Festschrift für Weber, S. 311 [314]; *Seifert*, Die politischen Parteien im Recht der Bundesrepublik Deutschland, S. 369; *Stern*, Staatsrecht der Bundesrepublik Deutschland I, § 13 III 6, S. 448.

kraft, deren Mitglieder und deren Sachleistung unterstützt werden[16]. Infolgedessen hat sich zumindest bei Landtags-, Bundestags- und Europawahlen faktisch ein Parteimonopol für die Erlangung eines Sitzes in den Volksvertretungen herausgebildet[17].

Um demokratische Legitimität zu vermitteln, müssen die öffentlichen Wahlen allgemein, unmittelbar, frei, gleich und geheim sein, so wie dies für Landtags-, Kreis- und Kommunalwahlen in Art. 28 Abs. 1 S. 2 GG und für die Wahlen zum Deutschen Bundestag in Art. 38 Abs. 1 S. 1 GG verfassungsrechtlich ausdrücklich festgelegt ist. Wie daraus erkennbar wird, handelt es sich bei diesen Wahlrechtsgrundsätzen um eine Ausprägung des Demokratiegebots der Art. 20 Abs. 1 und 28 Abs. 1 S. 1 GG. Gemäß Art. 23 Abs. 1 S. 1 GG ist das Demokratiegebot auch bei den Wahlen zum Europapalament zu beachten, so daß die Wahlrechtsgrundsätze gleichfalls bei Europawahlen gelten.

Allerdings wäre mit allgemeinen, unmittelbaren, freien, gleichen und geheimen öffentlichen Wahlen nicht viel gewonnen, wenn die durch die politischen Parteien präsentierte personale Grundlage der öffentlichen Wahlen in einem undemokratischen Verfahren gebildet würde[18]. So besteht denn auch Einigkeit, daß den genannten Wahlrechtsgrundsätzen, jedenfalls denjenigen der Allgemeinheit, Freiheit und Gleichheit der Wahl[19], bereits bei der innerparteilichen Wahlbewerberaufstellung Rechnung getragen werden muß[20]. Daraus folgt, daß auch sie die innere Parteienordnung bestimmen.

---

16 *Tsatos/Morlok*, Parteienrecht, S. 116.

17 Während in den ersten Bundestag noch drei parteilose Abgeordnete gewählt wurden, haben seitdem nur noch Kandidaten von politischen Parteien ein Bundestagsmandat erlangt, vgl. *Schreiber*, HdbWahlRBT, § 21 Rn. 1 a.E. Und auch den kommunalen Volksvertretungen gehören kaum noch parteiunabhängige Mitglieder an, vgl. *Stern*, Staatsrecht der Bundesrepublik Deutschland I, § 16 III 6, S. 448.

18 Vgl. *Tsatsos/Morlok*, Parteienrecht, S. 117; *Trautmann*, Innerparteiliche Demokratie im Parteienstaat, S. 280; *Wolfrum*, Die innerparteilich demokratische Ordnung nach dem Parteiengesetz, S. 180.

19 Mit dieser Einschränkung BVerfGE 89, 243 [251]; HbgVerfG, NVwZ 1993, 1083 [1084]; *von Münch*, in: von Münch/Kunig (Hrsg.), GG-K II (3. Aufl.), Art. 38 Rn. 5. Einschränkend nur in bezug auf den Grundsatz der Unmittelbarkeit der Wahl, nicht aber dem der Geheimheit der Wahl *Henke*, Das Recht der politischen Parteien, S. 212 f. bzw. 211.

20 *Harms*, Die Gesetzgebungszuständigkeit des Bundes aus Art. 21 Abs. 3 GG in Abgrenzung zum Zuständigkeitsbereich der Länder, S.172 ff.; *König*, Die Verfassungsbindung der politischen Parteien, S. 80 ff.; *Achterberg/Schulte*, in: von Mangoldt/Klein/Achterberg/ Schulte, GG-K II, Art. 38 Rn. 121; *Morlok*, in: Dreier (Hrsg.), GG-K II, Art. 21 Rn. 131; *Nass*, Die verfassungsrechtlichen Wahlrechtsgrundsätze bei der Aufstellung von Parteikandidaten für Bundestagswahlen, S. 11 [316]; *Oebbecke*, JZ 1988, 176 [179]; *Pieroth*, in: Jarass/Pieroth, GG-K, Art. 21 Rn. 23; *Schreiber*, HdbWahlRBT, § 21 Rn. 4; *Seifert*, Die politischen Parteien im Recht der Bundesrepublik Deutschland, S. 364.

Fraglich ist indes, in welcher Weise die Wahlrechtsgrundsätze auf die innerparteiliche Wahlbewerberaufstellung Anwendung finden. *Schreiber*[21] konstatierte in der fünften Auflage seines Handbuchs des Wahlrechts zum Deutschen Bundestag unter Berufung auf *Leibholz/Rinck/Hesselberger*[22] und die dort zitierte Rechtsprechung des Bundesverfassungsgerichts[23]: „Die Wahlrechtsgrundsätze des Art. 38 Abs. 1 S. 1 GG, insbesondere die Allgemeinheit, Freiheit und Gleichheit der Wahl, finden zwar unmittelbare Anwendung nur bei staatlichen Wahlen. Sie strahlen jedoch auf die innerparteiliche Wahlbewerberaufstellung aus"; sie gelten „insoweit als ungeschriebenes Verfassungsrecht"[24]. Von diesen Ausführungen offensichtlich inspiriert, ließ sich das *Hamburger Verfassungsgericht* in seiner Wahlprüfungsentscheidung vom 4. Mai 1993 mit demselben Verweis auf *Leibholz/Rinck/Hesselberger*[25] zu der Aussage verleiten: „Die Grundsätze der Allgemeinheit, Freiheit und Gleichheit der Wahl gelten – insoweit als ungeschriebenes Verfassungsrecht – auch für sonstige politische Abstimmungen, insbesondere auch für Wahlvorbereitungen und das Wahlvorschlagsrecht der Parteien"[26]. Und mit Verweis auf jene Gerichtsentscheidung kommentierte anschließend auch *von Münch*: „Einige der Wahlrechtsgrundsätze des Art. 38 Abs. 1 S. 1 – nämlich die Grundsätze der Allgemeinheit, Freiheit und Gleichheit der Wahl – gelten als ungeschriebenes Verfassungsrecht über den Anwendungsbereich der Parlamentswahlen hinaus. Beispiele hierfür sind die Geltung dieser Wahlrechtsgrundsätze bei innerparteilichen Wahlen (...)"[27].

Diesen Aussagen liegt jedoch ein Fehlschluß zugrunde. Wörtlich heißt es bei *Leibholz/Rinck/Hesselberger*: „Als ungeschriebenes Verfassungsrecht gelten die (...) Stimmrechtsgrundsätze auch für sonstige politische Abstimmungen und Volksentscheide"[28]. Die bei *Leibholz/Rinck/Hesselberger* aufgeführten Entscheidungen des Bundesverfassungsgerichts, die diese oder eine ähnliche Formulierung enthalten, betreffen allerdings nicht die innerparteiliche Wahlbewerberaufstellung, sondern die Wahl einer Richtervertretung[29], Personalvertretung[30], der deutschen Abgeordneten des Europäischen Parlaments[31] und eben Volksentscheide[32]. Insoweit können die in den Art. 28 Abs. 1 S. 2 und 38 Abs. 1 S. 1 GG ausdrücklich für Kommunal-, Landtags- und Bundestagswahlen normierten Wahlrechtsgrundsätze in der Tat nicht als „geschriebenes Verfassungsrecht", mithin unmittelbar zur Anwen-

21 *Schreiber*, HdbWahlRBT (5.Auflage), § 21 Rn. 4.
22 *Leibholz/Rinck/Hesselberger*, GG-K, Art. 38 Rn. 2.
23 BVerfGE 13, 54 [91 f.]; 28, 220 [224]; 41, 1 [12]; 49, 15 [19]; 51, 222 [234 f.]; 60, 163 [167].
24 In den Folgeauflagen finden sich die gleichen Formulierungen, wobei jedoch nicht mehr ausdrücklich auf die Kommentierung von *Leibholz/Rinck/Hesselberger* Bezug genommen wird, vgl. zur aktuellen Auflage *Schreiber*, HdbWahlRBT, § 21 Rn. 4 (S. 397).
25 *Leibholz/Rinck/Hesselberger*, GG-K, Art. 38 Rn. 2.
26 HmbVerfG, NVwZ 1993, 1083 [1084 unter I.1].
27 *von Münch*, in: von Münch/Kunig (Hrsg.), GG-K II (3. Aufl.), Art. 38 Rn. 5.
28 *Leibholz/Rinck/Hesselberger*, GG-K, Art. 38 Rn. 2.
29 So in BVerfGE 41, 1 [12].
30 Siehe BVerfGE 60, 162 [167].
31 BVerfGE 51, 222 [234 f.].
32 Siehe BVerfGE 13, 54 [91 f.]; 28, 220 [224]; 49, 15 [19].

dung kommen. Indes gilt es zu erkennen, daß mit Wahl im Sinne dieser Verfassungsnormen nicht nur die Stimmabgabe der wahlberechtigten Bürger, sondern der gesamte Wahlvorgang gemeint ist, einschließlich der Phase der Wahlvorbereitung, wobei „die Aufstellung der Wahlkreis- und Listenkandidaten durch die Parteien (...) ein wesentlicher Bereich der Wahlvorbereitung" ist[33]. Daraus folgt, daß sich der Anwendungsbereich der Art. 28 Abs. 1 S. 2 und Art. 38 Abs. 1 S. 1 GG auch auf die innerparteiliche Wahlbewerberaufstellung bei Landtags-, Kreis- und Kommunal- bzw. bei Bundestagswahlen erstreckt. Hier kommen die Wahlrechtsgrundsätze also als geschriebenes Verfassungsrecht unmittelbar zur Anwendung[34]. Als bloß ungeschriebenes Verfassungsrecht gelten sie im Zusammenhang mit der innerparteilichen Wahlbewerberaufstellung allein bei den Wahlen der deutschen Abgeordneten des Europäischen Parlaments[35], weil sie für diese Wahlen im Grundgesetz nicht ausdrücklich geregelt sind.

Wenn indes die Geltung der Wahlrechtsgrundsätze für die innerparteiliche Wahlbewerberaufstellung zum Teil nur für die Grundsätze der Allgemeinheit, Freiheit und Gleichheit, nicht aber auch für die Geheimheit und Unmittelbarkeit der Wahl bejaht wird[36], dann wohl deshalb, weil in bestimmten Konstellationen ein praktisches Bedürfnis besteht, daß Wahlvorschläge von Parteien von sie unterstützenden Wahlberechtigten handschriftlich unterzeichnet werden müssen[37] und Wahlbewerber der Parteien anstatt durch alle Parteimitglieder direkt durch eine von diesen gewählte Vertreterversammlung nominiert werden[38]. Insofern ist jedoch in Bedacht zu nehmen, daß die Wahlrechtsgrundsätze in den verschiedenen Stadien der Wahl unterschiedliche Bedeutung haben[39] und überdies niemals in dem

---

33 BVerfGE 89, 243 [251] unter Bezugnahme auf 41, 399 [417]; 47, 253 [282]. Ebenso *König*, Die Verfassungsbindung der politischen Parteien, S. 81 f.; *Maunz*, in: Maunz/Dürig, GG-K II, Art. 38 Rn. 38; *Nass*, Die verfassungsrechtlichen Wahlrechtsgrundsätze bei der Aufstellung von Parteikandidaten für Bundestagswahlen, S. 316; *Pieroth*, in: Jarass/Pieroth, GG-K, Art. 38 Rn. 2; *Schneider*, in: AK-GG II, Art. 38 Rn. 60; *Stern*, Staatsrecht der Bundesrepublik Deutschland I, § 10 II 3 b), S. 304 f.; *Schreiber*, HdbWahlRBT, § 1 Rn. 4 (S. 86).

34 Im Ergebnis (unmittelbare Geltung) ebenso *König*, Die Verfassungsbindung der politischen Parteien, S. 80 f.; *Kuhl/Unruh*, DVBl. 1994, 1391 [1394]; *Nass*, Die verfassungsrechtlichen Wahlrechtsgrundsätze bei der Aufstellung von Parteikandidaten für Bundestagswahlen, S. 311 ff., insbesondere S. 322. Im Widerspruch zu seiner oben erwähnten Feststellung, der Grundsatz der Freiheit der Wahl komme als „ungeschriebenes Verfassungsrecht" zur Anwendung, kommentierte allerdings auch *von Münch*, in: von Münch/Kunig (Hrsg.), GG-K II (3. Aufl.), Art. 38 Rn. 43: „Die Freiheit der Wahl gilt auch unmittelbar für die Kandidatenaufstellung".

35 Auch bei den Wahlen der deutschen Abgeordneten des Europäischen Parlament beziehen sich die Wahlrechtsgrundsätze auf alle Phasen der Wahl einschließlich der innerparteilichen Wahlbewerberaufstellung, vgl. *Grabitz/T. Meyer*, EuropaWahlG-K, § 1 Rn. 11.

36 BVerfGE 89, 243 [251]; HbgVerfG, NVwZ 1993, 1083 [1084]; *von Münch*, in: von Münch/Kunig (Hrsg.), GG-K II (3. Aufl.), Art. 38 Rn. 5; *Henke*, Das Recht der politischen Parteien, S. 212 f. bzw. 211; jeweils ohne Begründung für die Einschränkung.

37 Siehe z.B. für Bundestagswahlen § 20 Abs. 2 und 3 BWahlG; dazu unter dem Gesichtspunkt der Geheimheit der Wahl *Schreiber*, HdbWahlRBT, § 1 Rn. 25.

38 Für Bundestagswahlen § 21 Abs. 3 S. 1 BWahlG. Näheres dazu unten unter § 8 III 1 b) bb).

39 Vgl. *Henke*, Das Recht der politischen Parteien, S. 207; *Schreiber*, HdbWahlRBT, § 1 Rn. 4 (S. 86).

Sinne absolut gelten, daß sie keinerlei Einschränkungen dulden. Vielmehr „bringt es schon die Natur der Sache mit sich, daß nicht jeder dieser Grundsätze in voller Reinheit verwirklicht werden kann“[40]. Überdies können sich aus der Verfassung selbst oder aus dem Wahlsystem insgesamt gewisse Modifizierungen ergeben[41]. Somit sind auch bei der innerparteilichen Wahlbewerberaufstellung gewisse Einschränkungen und Durchbrechungen der Wahlrechtsgrundsätze zulässig, sofern sie auf sachlichen Erwägungen beruhen[42]. An der grundsätzlichen Geltung – sämtlicher – Wahlrechtsgrundsätze bei diesem Vorgang ändert das aber nichts.

(2) Geltung bei sonstigen innerparteilichen Wahlen

Obwohl innerparteiliche Wahlen für Parteiämter keinen Bezug zu öffentlichen Wahlen aufweisen, muß den genannten Wahlrechtsgrundsätzen auch hier Rechnung getragen werden. Insofern sind die Wahlrechtsgrundsätze allerdings keine Ausprägung des Demokratiegebots der Art. 20 Abs. 1 und 28 Abs. 1 S. 1 GG bzw. Art. 23 Abs. 1 S. 1 GG, sondern des innerparteilichen Demokratiegebots des Art. 21 Abs. 1 S. 3 GG. Das wird die inhaltliche Analyse des innerparteilichen Demokratiegebots ergeben, die an späterer Stelle erfolgt[43].

b) Einfache Gesetze

Auf einfachgesetzlicher Ebene finden sich mehrere Rechtsquellen der inneren Parteienordnung, nämlich erstens das Parteiengesetz, zweitens die Wahlgesetze des Bundes und der Länder sowie drittens das Vereinsrecht des BGB[44].

aa) Parteiengesetz

Das innerparteiliche Demokratiegebot des Art. 21 Abs. 1 S. 3 GG ist zwar bestimmt genug, um als unmittelbar geltendes Recht qualifiziert werden zu können[45], doch harrt es aus Gründen der Rechtssicherheit[46] der gesetzlichen Konkretisierung. Den Auftrag hierzu hat der Verfassungsgeber mit Art. 21 Abs. 3 GG dem Bundesgesetzgeber erteilt. Mit dem Gesetz über die politischen Parteien vom 24.

---

[40] BVerfGE 3, 19 [24].

[41] Vgl. *Maunz*, in: Maunz/Dürig, GG-K II, Art. 38 Rn. 35; *Schneider*, in AK-GG II, Art. 38 Rn. 60.

[42] *Harms*, Die Gesetzgebungszuständigkeit des Bundes aus Art. 21 Abs. 3 GG in Abgrenzung zum Zuständigkeitsbereich der Länder, S. 174f., 177; *König*, Die Verfassungsbindung der politischen Parteien, S. 81; *Maunz*, in: Maunz/Dürig, GG-K III, Art. 38 Rn. 38; *Nass*, Die verfassungsrechtlichen Wahlrechtsgrundsätze bei der Aufstellung von Parteikandidaten für Bundestagswahlen, S. 320 ff.

[43] Siehe dazu unten § 7 II 4 b).

[44] Vgl. *Reichert*, Hdb Vereins- und Verbandsrechts, Rn. 2881. Indes unterschlägt *Seifert*, Die politischen Parteien im Recht der Bundesrepublik Deutschland, S. 179, die Wahlgesetze.

[45] Siehe oben § 6 I 1 a) aa).

[46] Siehe zur Bedeutung des Gebots der Rechtssicherheit *Sachs*, in: Sachs (Hrsg.), GG-K, Art. 20 Rn. 122 ff., insbesondere 126 ff.

Juli 1967 (Parteiengesetz) ist der Bundesgesetzgeber dem Auftrag nachgekommen. So werden im Zweiten Abschnitt des Parteiengesetzes insbesondere Regelungen über Satzung und Programm der Parteien, ihre Gliederung und Organe, die Willensbildung in den Organen sowie über die Rechte der Parteimitglieder getroffen. Über die „Aufstellung von Wahlbewerbern" enthält das Parteiengesetz derweil einen gesonderten, Dritten Abschnitt. Dieser besteht allerdings nur aus einer einzigen Vorschrift, nämlich § 17. Darin wird für die innerparteiliche Wahlbewerberaufstellung die Geheimheit der Wahl vorgeschrieben, die Regelung der Materie im übrigen jedoch den Wahlgesetzen sowie den Parteisatzungen überlassen.

bb) Wahlgesetze

Detailliertere gesetzliche Regelungen über die Wahlbewerberaufstellung der Parteien finden sich dementsprechend in den Wahlgesetzen des Bundes, also im Bundes- und Europawahlgesetz[47], sowie in den Wahlgesetzen der Länder, mithin in den Landes[48]- und Kommunalwahlgesetzen[49]. Problematisch ist jedoch, inwiefern für solche wahlgesetzlichen Regelungen überhaupt eine Gesetzgebungskompetenz besteht.

In der Literatur wird zum Teil der Standpunkt vertreten, die innerparteiliche Wahlbewerberaufstellung gehöre zwar „dem Sachzusammenhang nach" zum Wahlrecht, „rechtssystematisch" hingegen zum Parteienrecht[50]. Zur Begründung heißt es, dieser Vorgang sei keine amtliche Wahlvorbereitung, sondern stehe als private Wahlvorbereitung außerhalb des dem Wahlrecht zugehörigen, staatlich geregelten Wahlverfahrens. Unterstelle man ihn dem Wahlrecht, würde er nämlich in

---

47 § 21, 27 Abs. 5 BWahlG, § 10 EuWahlG.

48 Baden-Württemberg: § 24 LWahlG; Bayern: Art. 30, 31 LWahlG; Berlin: § 12 LWahlG; Brandenburg: § 25 LWahlG; Bremen: § 19 WahlG; Hamburg: § 24 WahlG; Hessen: § 24 LtWahlG; Mecklenburg-Vorpommern: § 21 LWahlG; Niedersachsen: § 18 LWahlG; Nordrhein-Westfalen: § 18 LtWahlG; Rheinland-Pfalz: § 37 LWahlG; Saarland: § 17 LtWahlG; Sachsen: § 21 LWahlG; Sachsen-Anhalt: § 19 LWahlG; Schleswig-Holstein: § 23 LWahlG; Thüringen: § 23 LWahlG.

49 Baden-Württemberg: § 9 KWahlG; Bayern: Art. 29 GLKrWahlG; Berlin: § 12 i.V.m. § 25 LWahlG; Brandenburg: § 33 KWahlG; Bremen: § 42 i.V.m. § 19 WahlG; Hamburg: § 25 WahlGBezV; Hessen: § 12 KWahlG; Mecklenburg-Vorpommern: § 23 KWahlG; Niedersachsen: § 24 KWahlG; Nordrhein-Westfalen: § 17 KWahlG; Rheinland-Pfalz: § 17 KWahlG; Saarland: § 24a KWahlG; Sachsen: § 7 KWahlG; Sachsen-Anhalt: § 24 KWahlG; Schleswig-Holstein: § 20 Abs. 3 GKrWahlG; Thüringen: § 15 KWahlG.

50 So ausdrücklich *Henke*, Das Recht der politischen Parteien, S.193; *Schreiber*, HdbWahlRBT, § 21 Rn. 4 (S. 397); *Seidel*, Direkte Demokratie in der innerparteilichen Willensbildung, S. 192. Der Sache ebenso *Maunz*, in: Maunz/Dürig, GG-K II (Stand: Okt. 1996), Art. 21 Rn. 74; *Peters*, Zur Kandidatenaufstellung für freie demokratische Wahlen, in: Festschrift für Nawiasky, S. 341 [343]; wohl auch *Seifert*, Die politischen Parteien im Recht der Bundesrepublik Deutschland, S. 60: „...gehört die Bewerberaufstellung schwerpunktmäßig zum Parteienrecht.", sowie dort zu Fußnote Fn. 24: „Jedenfalls ist die Bewerberaufstellung Parteienrecht, solange sie nicht Teil des staatlichen Wahlverfahrens ist."; zunächst zurückhaltend *Wolfrum*, Die innerparteilich demokratische Ordnung nach dem Parteiengesetz, S. 180 („eher" zum Parteienrecht), entschieden dann aber *ders.*, ZParl 6 (1975), 323 [328].

den Bereich der institutionalisierten Staatlichkeit einbezogen und so der Sphäre freier Willensbildung entrückt. Das aber sei mit der verfassungsrechtlichen Funktion und Stellung der politischen Parteien unvereinbar. Als Materie des Parteienrechts obliege die Regelung der innerparteilichen Wahlbewerberaufstellung deshalb dem Parteiengesetzgeber gemäß Art. 21 Abs. 1 S. 3 GG. Gleichwohl stünden diesbezügliche wahlgesetzliche Bestimmungen dazu nicht in Wiederspruch. Sie seien nämlich dahingehend zu verstehen, daß sie „das Nähere" im Sinne des Art. 21 Abs. 1 S. 3 GG regeln[51]. Daß sie in den Wahlgesetzen enthalten seien, ändere daran nichts, weil dies für die rechtssystematische Einordnung ihrer Materie unerheblich sei[52].

Die Vertreter dieser Ansicht geraten jedoch bei der Verweisung des § 17 PartG auf die in den Landeswahlgesetzen befindlichen Bestimmungen zur innerparteilichen Wahlbewerberaufstellung in die Bredouille. Denn nach Art. 21 Abs. 3 GG hat die Regelung des Parteienrechts in Bundesgesetzen zu erfolgen, so daß für landesgesetzliche Regelungen dieser Materie kein Raum mehr bleibt. Dementsprechend wären die landeswahlgesetzlichen Vorschriften über die innerparteiliche Wahlbewerberaufstellung verfassungswidrig.

Um diesem Ergebnis zu entgehen, versuchen jene Autoren einen Befreiungsschlag, indem sie Art. 21 Abs. 3 GG, soweit er sich auf die Normierung der Wahlbewerberaufstellung bezieht, nicht als ausschließliche Bundesgesetzgebungskompetenz, sondern als konkurrierende Gesetzgebungskompetenz interpretieren[53]. So

---

[51] So *Henke*, Das Recht der politischen Parteien, S. 193 f. (anders jedoch später *ders.*, in: Dolzer/Vogel/Graßhof (Hrsg.), BoKo-GG IV, Art. 21 Rn. 207). Der Sache nach ebenso *Maunz*, in: Maunz/Dürig, GG-K II (Stand: Okt. 1996), Art. 21 Rn. 74: „Das BWahlG ist insofern ein Bundesgesetz im Sinne des Art. 21 Abs. 3"; *Peters*, Zur Kandidatenaufstellung für freie demokratische Wahlen, S. 343: „Um dem Grundgesetz Rechnung zu tragen, das in Art. 21 Abs. 1 S. 3 nur Parteien mit demokratischer innerer Ordnung zuläßt, kümmert sich das Wahlgesetz darum, daß die Parteien ihre wichtigste staatsrechtliche Aufgabe nach demokratischen Grundsätzen durchführen"; *Schreiber*, HdbWahlRBT, § 21 Rn. 1 (S. 393): „Aus dem Grundsatz der innerparteilichen Demokratie (Art. 21 Abs. 1 S. 3 GG) folgt, daß die Aufstellung von Kandidaten für BT-Wahlen sich nach bestimmten *Mindestregeln einer demokratischen Wahl* vollziehen muß. § 21 BWahlG normiert diesen ‚*Kernbestand an Verfahrensgrundsätzen*'"; *Seifert*, Die politischen Parteien im Recht der Bundesrepublik Deutschland, S. 57: „...parteienrechtliche Vorschriften der Wahlgesetze...". Auch die Kommentierung von *Ipsen*, in: Sachs (Hrsg.), GG-K, Art. 21 Rn. 61 ff., deutet auf dieses Verständnis der wahlgesetzlichen Bestimmungen hin, da er unter der Überschrift „Ausformung des Demokratiegebotes durch einfaches Gesetz" auch die „Bestimmungen des Bundeswahlgesetzes über die Aufstellung von Parteibewerbern" aufführt.

[52] *Henke*, Das Recht der politischen Parteien, S. 193; *Wolfrum*, Die innerparteilich demokratische Ordnung nach dem Parteiengesetz, S. 180 f.

[53] *Henke*, Das Recht der politischen Parteien, S.197 f.; *ders.*, in: Dolzer/Vogel/Graßhof (Hrsg.), BoKo-GG IV, Art. 21 Rn. 378; *Preuß*, in: AK-GG I (2. Aufl.), Art. 21 Abs. 1, 3 Rn. 80; *Seifert*, Die politischen Parteien im Recht der Bundesrepublik Deutschland, S. 59 f.; *Wolfrum*, Die innerparteilich demokratische Ordnung nach dem Parteiengesetz, S. 181. Noch anders ist der - unbestimmte und damit unpraktikable - Ansatz im Bericht der Parteienrechtskommission, S. 121, 171 f., wo in der Gesetzgebungskompetenz aus Art. 21 Abs. 3 GG eine „gewisse Ähnlichkeit mit einer Rahmenzuständigkeit" des Bundes gesehen wird.

habe der Bund nur bezüglich der in Abs. 1 und 2 des Art. 21 GG genannten Materien eine ausschließliche Gesetzgebungskompetenz, nicht aber hinsichtlich der „Gesetzgebung in weiteren Bereichen, die die Parteien nicht speziell, sondern primär ein anderes Gebiet und nur in ihm auch die Parteien betrifft"[54]. Was Landtags- und Kommunalwahlen angehe, stehe die Zuständigkeit zur gesetzlichen Regelung der innerparteilichen Wahlbewerberaufstellung deshalb neben dem Bund auch den Ländern zu, dies allerdings nur solange und soweit der Bundesgesetzgeber auf diesem Gebiet untätig bleibt[55].

Diese Auffassung vermag nicht zu überzeugen. Die Interpretation des Art. 21 Abs. 3 GG als einesteils ausschließliche, anderenteils konkurrierende Gesetzgebungskompetenz des Bundes ist mit dem grundgesetzlichen Kompetenzverteilungssystem nicht vereinbar. Deutlich wird dies angesichts Art. 70 Abs. 2 GG, der bestimmt, daß sich die „Abgrenzung der Gesetzgebungszuständigkeit zwischen Bund und Ländern nach den Vorschriften des Grundgesetzes über die ausschließliche und die konkurrierende Gesetzgebung" bemißt. Dabei bezieht sich Art. 70 Abs. 2 GG mit „den Vorschriften über die ausschließliche und die konkurrierende Gesetzgebung" nicht bloß auf die Zuständigkeitskataloge der Art. 73 bis 75 GG, sondern auch auf weitere Gesetzgebungskompetenzen des Grundgesetzes, so unter anderem auf Art. 21 Abs. 3 GG[56]. Wenn aber Art. 70 Abs. 2 GG als Gesetzgebungszuständigkeiten einerseits die ausschließliche und andererseits die konkurrierende nennt, ist daraus zu schließen, daß die Regelungskompetenz nach Art. 21 Abs. 3 GG entweder jedoch einen oder der anderen Zuständigkeitsart zuzuordnen ist, nicht aber beiden gleichzeitig und nebeneinander angehören kann[57]/[58]. Nur bei dieser Sichtweise macht denn auch eine einheitliche Regelungsbefugnis wie die des Art. 21 Abs. 3 GG überhaupt Sinn[59]. Die von der Gegenansicht vorgenommene Differenzierung zwischen den in Art. 21 Abs. 1 und 2 GG genannten Materien, für die gemäß Art. 21 Abs. 3 GG eine ausschließliche Gesetzgebungskompetenz des Bundes bestehen soll, und der Wahlbewerberaufstellung der Parteien, für die Art. 21 Abs. 3 GG nur eine konkurrierende Gesetzgebungskompetenz begründe,

---

54 *Henke*, in: Dolzer/Vogel/Graßhof (Hrsg.), BoKo-GG IV, Art. 21 Rn. 378.

55 *Seifert*, Die politischen Parteien im Recht der Bundesrepublik Deutschland, S.60; *Wolfrum*, ZParl 6 (1975), 323 [329].

56 Vgl. *Kunig*, in: von Münch/Kunig (Hrsg.), GG-K III, Art. 70 Rn. 29 und 18.

57 *Harms*, Die Gesetzgebungszuständigkeit des Bundes aus Art. 21 Abs. 3 GG in Abgrenzung zum Zuständigkeitsbereich der Länder, S. 78.

58 Die Frage, ob Art. 70 Abs. 2 GG eine abschließende Aufzählung der grundgesetzlichen Zuständigkeitsarten enthält (Bejahend: BVerfGE 1, 14 [35]; *Bothe*, in: AK-GG II, Art. 70 Rn. 4ff.; *Kunig*, in: von Münch/Kunig (Hrsg.), GG-K III, Art. 70 Rn. 29. Verneinend: *Degenhart*, in: Sachs (Hrsg.), GG-K, Art. 70 Rn. 9; *Maunz*, in: Maunz/Dürig, GG-K IV, Art. 70 Rn. 40; *Pieroth*, in: Jarass/Pieroth, GG-K, Art. 70 Rn. 10; *Stern*, Staatsrecht II, § 37 II 3 c (S. 592), kann hier dahingestellt bleiben, da das Parteienrecht jedenfalls nicht zu den Materien der Rahmengesetzgebung (Art. 75 GG) oder Grundsatzgesetzgebung (Art. 109 Abs. 3 GG) gehört, die nach der letztgenannten Ansicht als selbständige Kompetenzformen zu verstehen sind.

59 Vgl. *Harms*, Die Gesetzgebungszuständigkeit des Bundes aus Art. 21 Abs. 3 GG in Abgrenzung zum Zuständigkeitsbereich der Länder, S. 79.

ist hingegen schon deshalb unplausibel, weil es sich gerade auch bei der innerparteilichen Wahlbewerberaufstellung um eine von Art. 21 Abs. 1 GG erfaßte Angelegenheit handelt, auf die sich der Regelungsauftrag des Art. 21 Abs. 3 GG bezieht, nämlich um eine solche der in Art. 21 Abs. 1 S. 3 GG angesprochenen inneren Parteienordnung[60]. Demnach ist auch diese Materie vom Regelungsauftrag des Art. 21 Abs. 3 GG umfaßt. Daraus, daß sie gemäß dieser Verfassungsnorm in „Bundesgesetzen" zu regeln ist, folgt unmißverständlich, daß auch insoweit eine ausschließliche Bundesgesetzgebungskompetenz besteht[61].

Trotzdem sind die landeswahlgesetzlichen Regelungen zur innerparteilichen Wahlbewerberaufstellung unter dem Gesichtspunkt der Gesetzgebungskompetenz nicht zu beanstanden. Entgegen der kritisierten Auffassung gehört die innerparteiliche Wahlbewerberaufstellung nämlich nicht bloß zum Parteienrecht, sondern auch – und zwar nicht nur dem Sachzusammenhang nach, sondern ebenso in „rechtssystematischer" Hinsicht – zum Wahlrecht[62].

Das Argument, durch die Wahlrechtszuordnung werde ein parteiinterner Vorgang in den Bereich des Staatlich-Institutionellen einbezogen und der Sphäre freier Willensbildung entrückt, überzeugt nicht. Denn zum einen bedeutet staatliche Regelung nicht per se Verstaatlichung[63], zum anderen stellen die wahlgesetzlichen Regelungen der Kandidatenaufstellung keine Beeinträchtigung der freien Willensbetätigung dar, sondern dienen gerade ihrem Schutz[64]. Gehört aber der Vorgang der innerparteilichen Wahlbewerberaufstellung auch zum Wahlrecht, so folgt daraus, daß diesbezüglich nicht nur eine Parteiengesetzgebungskompetenz besteht, sondern daneben auch eine Wahlgesetzgebungskompetenz. Diese ist allerdings keine ausschließliche Gesetzgebungskompetenz des Bundes. Vielmehr steht sie dem Bund gemäß Art. 38 Abs. 3 GG nur im Zusammenhang mit Bundestagswahlen

---

60 Siehe oben § 6 I 1 a) bb) (1).

61 Vgl. *Stern*, Staatsrecht II, § 37 II 3 c (S. 592): Soweit in Kompetenznormen des Grundgesetzes schlicht von „Bundesgesetzen" die Rede ist, handelt es sich um eine ausschließliche Zuständigkeit des Bundes. Dementsprechend in bezug auf Art. 21 Abs. 1 S. 3 GG *Hesse*, Grundzüge des Verfassungsrechts der Bundesrepublik Deutschland, Rn. 243; *Kratzer*, DVBl.1952, 431; *Kunig*, in: von Münch/Kunig, GGK III, Art. 70 Rn. 18; *ders.*, in: von Münch/Kunig (Hrsg.), GG-K II, Art. 21 Rn. 91; *Mussgnug*, NJW 1966, 1686 [1687]. Im Ergebnis ebenso *Harms*, Die Gesetzgebungszuständigkeit des Bundes aus Art. 21 Abs. 3 GG, S. 86ff.; *Köttgen*, DVBl. 1958, 593 [595]; *Menzel*, DÖV 1966, 585 [600]; *Pieroth*, in: Jarass/Pieroth, GG-K, Art. 21 Rn. 2; *Randelzhofer*, JZ 1969, 533 [539].

62 So explizit *Kuhl/Unruh*, DVBl. 1994, 1391 [1394]; *Mager*, DÖV 1995, 9 [13f.]; im Ergebnis ebenso *Hahn*, Innerparteiliche Demokratie, S. 96, der jedoch ergänzt, die Regelung der parteiinternen Willensbildung sei demgegenüber Parteienrecht, worin freilich ein Widerspruch liegt, da doch auch die innerparteiliche Wahlbewerberaufstellung innere Parteiwillensbildung ist (siehe dazu oben § 6 I 1 a) bb) (1)).

63 Anderenfalls wären jegliche gesetzliche Reglementierung der innerparteilichen Wahlbewerberaufstellung unzulässig, also auch eine auf Art. 21 Abs. 3 GG gestützte, worauf *Harms*, Die Gesetzgebungszuständigkeit des Bundes aus Art. 21 Abs. 3 GG in Abgrenzung zum Zuständigkeitsbereich der Länder, S. 173 zu Recht hinweist.

64 *Mager*, DÖV 1995, 9 [13].

sowie derzeit auch noch im Zusammenhang mit den Wahlen der deutschen Abgeordneten zum Europäischen Parlament zu[65], im Zusammenhang mit den Landtags-, Kreis- und Kommunalwahlen dagegen gemäß Art. 28 Abs. 1 S. 2 GG sowie den entsprechenden Bestimmungen der Landesverfassungen den Ländern[66].

Bei vollständiger Beleuchtung der Materie der innerparteilichen Wahlbewerberaufstellung zeigt sich also, daß sich diese „im Schnittpunkt von Wahlrecht und Parteienrecht“[67] befindet, in dem verschiedenartige Gesetzgebungskompetenzen bestehen. Für die Frage, wer in solchen Fällen zur Gesetzgebung befugt ist, kommt es nach richtiger Ansicht auf den Schwerpunkt des zu regelnden Gegenstandes im Sinne seines stärkeren Sachzusammenhangs an: Liegt der Schwerpunkt in einem Bereich, für den die Länder die Gesetzgebungsbefugnis haben, so bleibt es bei dieser Zuständigkeit[68]. Was konkret den Vorgang der innerparteilichen Wahlbewerberaufstellung anbelangt, so muß dieser angesichts seiner (vor-)entscheidenden Bedeutung für den Ausgang der öffentlichen Wahlen schwerpunktmäßig dem Wahlrecht zugeordnet werden[69]. Daraus folgt, daß dem Bund eine Regelung der innerparteilichen Wahlbewerberaufstellung als Parteiengesetzgeber versagt ist, wiewohl der Vorgang eine Materie des Art. 21 Abs. 1 GG ist, auf die sich der Regelungsauftrag des Art. 21 Abs. 3 GG bezieht. Statt dessen ist der Bund insofern nur als Wahlgesetzgeber und daher nur im Zusammenhang mit den Bundestags sowie Europaparlamentswahlen befugt. Die Normierung der innerparteilichen Wahlbewerberaufstellung bei Landtags- und Kommunalwahlen ist dagegen Sache der Länder[70].

---

65 Der am 20. September 1976 von den Europäischen Gemeinschaften beschlossene „Akt zur Einführung allgemeiner unmittelbarer Wahlen der Abgeordneten der Versammlung“ (BGBl. 1977 II S. 734) regelt in Art. 7 Abs. 2, daß sich das Verfahren bei den Wahlen zum Europäischen Parlament bis zum Inkrafttreten eines europaweit einheitlichen Wahlverfahrens und vorbehaltlich der sonstigen Vorschriften dieses Aktes in jedem Mitgliedsland nach den innerstaatlichen Vorschriften bestimmt. In der Bundesrepublik richtet sich das Wahlverfahren demzufolge nach dem Europawahlgesetz. Dieses konkretisiert die auch für die Wahlen der deutschen Abgeordneten des Europäischen Parlaments geltenden Wahlrechtsgrundsätze (dazu oben § 6 I 1 a) bb) (1)) und regelt dabei unter anderem die Wahlkandidatenaufstellung durch Parteien (§ 10 EuWG), vgl. *Grabitz/T. Meyer*, EuWG-K, § 1 Rn. 4 ff.

66 Vgl. *Henke*, in: Dolzer/Vogel/Graßhof (Hrsg.), BoKo-GG IV, Art. 21 Rn. 207.

67 So treffend *Tsatsos/Morlok*, Parteienrecht, S.117. Ähnlich, wenngleich weniger genau, ist hingegen die Formulierung „Nahtstelle zwischen Parteien- und Wahlrecht“, die in der BVerfGE 89, 243 [253] sowie von *Schreiber*, § 21 Rn. 4 (S. 397), verwendet wird.

68 *Klein*, in: Maunz/Dürig, GG-K III, Art. 21 Rn. 141 a.E.; *Kunig*, in: von Münch/Kunig (Hrsg.), GG-K II, Art. 21 Rn. 98; *Pieroth*, in: Jarass/Pieroth, GG-K, Art. 21 Rn. 2; Vgl. ferner *Maurer*, JuS 1991, 881 [882]; *Morlok*, in: Dreier (Hrsg.), GG-K II, Art. 21 Rn. 155.

69 So dezidiert *Mager*, DÖV 1995, 9 [13]; ebenso *Maurer*, JuS 1991, 881 [882], sowie *Schreiber*, HdbWahlRBT, § 21 Rn. 4 (S. 397), der jedoch gleichzeitig mit den hier kritisierten Konsequenzen daran festhält, daß die innerparteiliche Wahlbewerberaufstellung „rechtssystematisch“ Parteienrecht ist.

70 Eine grundsätzliche Übereinstimmung zwischen den bundes- und landeswahlgesetzlichen Regelungen der innerparteilichen Wahlbewerberaufstellung ist gleichwohl gewährleistet, da auch die Länder an die grundgesetzlichen Vorgaben gebunden sind, vgl. *Maurer*, JuS 1991, 881 [882].

Infolgedessen ist die in § 17 S. 1 PartG getroffene Regelung, „die Aufstellung von Bewerbern für Wahlen zu Volksvertretungen muß in geheimer Abstimmung erfolgen", teilweise verfassungswidrig, da dem Bund für Regelungen im Zusammenhang mit Wahlen in den Ländern die Gesetzgebungskompetenz fehlt.

cc) Vereinsrecht des BGB

Gemäß den obigen Feststellungen zur verfassungsrechtlichen Stellung der politischen Parteien, sind diese in der Gesellschaft wurzelnde Vereinigungen, die sich auf der Basis des privaten Rechts bilden und grundsätzlich nach privatem Recht leben[71]. Insofern ist im Zusammenhang mit ihrer inneren Ordnung auch das Privatrecht relevant. Welche privatrechtlichen Normen dabei konkret in Betracht kommen, richtet sich nach der Rechtsform der Parteien.

In der Bundesrepublik Deutschland sind politische Parteien traditionell[72] als nichtrechtsfähige, mitunter auch als rechtsfähige[73] Vereine des bürgerlichen Rechts organisiert[74]. Insofern unterliegen sie bei der Organisierung ihrer inneren Willensbildung auch dem Vereinsrechts des BGB einschließlich der in Rechtsprechung und Wissenschaft hierzu entwickelten Rechtsgrundsätze[75]. Im Rahmen der vorliegenden Untersuchung ist es allerdings mit dem Verweis auf die Praxis nicht getan. Vielmehr gilt es herauszufinden, ob sich die politischen Parteien auch in anderen Rechtsformen organisieren können, mit der Folge, daß sie dann an das für diese geltende Privatrecht gebunden sind. Denn das hier in Frage stehende individuelle Informationsrecht hat für verschiedene Rechtsformen von privaten Vereinigungen unterschiedliche gesetzliche Ausgestaltung erfahren[76], aber auch das gesetzlich ungeregelte Recht auf Gehör ist nicht bei allen Vereinigungsformen identisch[77].

---

71 Siehe oben § 5 II 4.

72 Vgl. *Maurer*, JuS 1991, 881 [887]; *Seifert*, Die politischen Parteien im Recht der Bundesrepublik Deutschland, S.11; *Stöber*, HdbVereinsrecht, Rn. 10.

73 So etwa die F.D.P. (siehe § 29 Abs. 1 F.D.P-Bundessatzung; unzutreffend daher *Maurer*, JuS 91, 881 [887], sowie *Reichert*, HdbVereins- und Verbandsrechts, Rn. 2436 [nach Reicherts Ansicht sind alle größeren Parteien außer der CSU nichtrechtsfähige Vereine], denen zufolge die FDP ein nichtrechtsfähiger Verein sein soll) und die CSU (vgl. § 2 S. 1 CSU-Bundessatzung).

74 Zum Teil bestehen auch Unterschiede zwischen dem Bundesverband und den Landesverbänden derselben Partei, vgl. *Mauersberger*, Die Freiheit der Parteien, S. 14; *Maurer*, JuS 1991, 881 [887].

75 Dieser Zusatz ist für die Frage nach dem innerparteilichen Recht auf Auskunft und Gehör von erheblicher Bedeutung, wie sich bei der späteren Erörterung seiner Rechtsgrundlagen erweisen wird, siehe dazu unten § 7 II 3.

76 Siehe dazu unten § 7 II 3 a) bb) (1) und (2).

77 Siehe dazu unten § 7 II 3 b) aa).

(1) Rechtsform der politischen Parteien

Ein Aspekt der in Art. 21 Abs. 1 S. 2 GG verankerten Parteienfreiheit ist die sogenannte Organisationsfreiheit[78]. Danach sind die politischen Parteien berechtigt, Art und Umfang ihrer Organisation selbst zu bestimmen, wozu insbesondere das Recht der freien Wahl ihrer Rechtsform gehört[79]. Dieses Recht kann jedoch nur soweit reichen, wie die Rechtsform mit dem in der Verfassung veranlagten Wesen der Parteien vereinbar ist[80]. Zu prüfen ist daher, welche Rechtsformen für politische Parteien unter diesem Gesichtspunkt in Frage kommen.

In § 2 Abs. 1 S. 1 PartG hat der Parteiengesetzgeber den Begriff der Partei im Sinne des Art. 21 GG verfassungskonform[81] positiv[82] definiert. Danach sind Parteien „Vereinigungen von Bürgern, die dauernd oder für längere Zeit für den Bereich des Bundes oder eines Landes auf die politische Willensbildung Einfluß nehmen und an der Vertretung des Volkes im Deutschen Bundestag oder einem Landtag mitwirken wollen, wenn sie nach dem Gesamtbild der politischen Verhältnisse, insbesondere nach Umfang und Festigkeit ihrer Organisation, nach der Zahl ihrer Mitglieder und nach ihrem Hervortreten in der Öffentlichkeit eine ausreichende Gewähr für die Ernsthaftigkeit dieser Zielsetzung bieten".

Wenn in § 2 Abs. 1 S. 1 PartG von „Vereinigungen" die Rede ist, so wird damit auf einen in Art. 9 Abs. 2 GG verwendeten Verfassungsbegriff rekurriert[83]. Als Vereinigungen sind demgemäß – unabhängig von ihrer Rechtsform – alle freiwilligen Zusammenschlüsse von Personen anzusehen, die für eine gewisse Dauer zu einem gemeinsamen Zweck angelegt und einer organisierten Willensbildung unterworfen sind[84].

---

78 Vgl. *Maurer*, JuS 1991, 881 [885]; *Seifert*, Die politischen Parteien im Recht der Bundesrepublik Deutschland, S.116 f.

79 *Pieroth*, in: Jarass/Pieroth, GG-K, Art. 21 Rn. 15; *Seifert*, Die politischen Parteien im Recht der Bundesrepublik Deutschland, S. 117; *Tsatsos/Morlok*, Parteienrecht, S. 76.

80 Vgl. *Seifert*, Die politischen Parteien im Recht der Bundesrepublik Deutschland, S. 111, 117.

81 Vgl. BVerfGE 24, 260 [263 ff.]; 47, 198 [222 f.]; 74, 44 [50]; 79, 379 [384 f.]; 89, 266 [269 ff.]; 89, 291 [306 ff.]; 91, 261 [266 ff.]; 91, 276 [284 ff.].

82 Demgegenüber sind in Abs. 2 und 3 des § 2 PartG Fälle genannt, in denen eine Vereinigung keine politische Partei im Sinne des Art. 21 GG ist bzw. ihren Status als solche verliert.

83 *Pieroth*, in: Jarass/Pieroth, GG-K, Art. 21 Rn. 5; *Kunig*, in: Isensee/Kirchhof (Hrsg.), HdbStR II (2. Aufl.), § 33 Rn. 6; *Wietschel*, Der Parteibegriff, S. 146.

84 So sinngemäß die Legaldefinition in § 2 Abs. 1 VereinsG, die sich nach allgemeiner Auffassung mit dem Begriff der Vereinigung des Art. 9 GG deckt, siehe etwa *von Mutius*, Jura 1984, 193; *Rinken*, in: AK-GG I, Art. 9 Abs. 1 Rn. 46; *Scholz*, in: Maunz/Dürig, GG-K I, Art. 9 Rn. 57. Obwohl demnach Parteien Vereinigungen im Sinne des Vereinsgesetzes sind, ist dieses auf sie nicht anwendbar, da es sie in § 2 Abs. 2 Nr. 1 aus seinem Geltungsbereich ausdrücklich ausschließt. Der Grund dafür ist, daß das Vereinsgesetz ausschließlich das Vereinsverbot zum Gegenstand hat und Art. 21 Abs. 2 GG dessen Anwendung gegenüber politischen Parteien verbietet, vgl. *Henke*, Das Recht der politischen Parteien, S. 55.

Mangels eines Zusammenschlusses von Personen keine Vereinigungen sind Stiftungen. Sie weisen lediglich Organe und eine zweckgebundene Vermögensausstattung auf[85]. Diese Rechtsform scheidet für Parteien demzufolge von vorneherein aus.

Indes umfaßt der Begriff der Vereinigung sowohl die Organisationsformen der Personengesellschaften, zu denen die Gesellschaft bürgerlichen Rechts, die offene Handelsgesellschaft, die Kommanditgesellschaft, die stille Gesellschaft, die Partenreederei, die Freiberufliche Partnerschaft und die Europäische Wirtschaftliche Interessenvereinigung gehören, als auch die der Körperschaften, zu denen Vereine, Kapitalgesellschaften[86] und Genossenschaften zählen, im einzelnen also der rechtsfähige und nichtrechtsfähige Verein des bürgerlichen Rechts, die Aktiengesellschaft und die Kommanditgesellschaft auf Aktien, die Gesellschaft mit beschränkter Haftung, die Genossenschaft sowie der Versicherungsverein auf Gegenseitigkeit[87].

Was die Personengesellschaften anbelangt, kommt für politische Parteien von vornherein nur deren Grundform, nämlich die Gesellschaft bürgerlichen Rechts in Betracht, da der Zweck der offenen Handelsgesellschaft, Kommanditgesellschaft, stillen Gesellschaft und Partenreederei definitionsgemäß[88] direkt oder indirekt auf den Betrieb eines Handelsgewerbes, der der Europäischen Wirtschaftlichen Interessenvereinigung auf die Erleichterung der wirtschaftlichen Tätigkeit ihrer Mitglieder gerichtet ist[89]. Eine Vereinigung, die in diesem Sinne wirtschaftliche Ziele verfolgt, ist jedoch keine politische Partei, da deren Zielsetzung nach Art. 21 Abs. 1 S. 1 GG die Mitwirkung an der politischen Willensbildung des Volkes sein muß[90]. Demgegenüber kann eine Gesellschaft bürgerlichen Rechts zu jedem erlaubten Zweck und somit auch zur Verfolgung politischer Ziele gebildet werden[91]. Allerdings zeichnet sich das Wesen der Gesellschaften bürgerlichen Rechts dadurch aus, daß sie in ihrem Bestand von der fortgesetzten Zugehörigkeit ihrer Mitglieder abhängig sind und die Mitglieder für sie alle gemeinsam nach dem Ein-

---

85 Vgl. *Heinrichs*, in: Palandt, BGB-K, Einf. vor § 21 Rn. 4.

86 Daß Kapitalgesellschaften unter den Vereinigungsbegriff des Art. 9 GG fallen, wird allerdings im Hinblick darauf, daß bei ihnen das personale Element häufig bis zur Bedeutungslosigkeit zurücktritt, bestritten, so insbesondere von *Stein*, Staatsrecht, § 40 II 1 a), S. 320. Die ganz herrschende Meinung bejaht dies jedoch, vgl. *Höfling*, in: Sachs (Hrsg.), GG-K, Art. 9 Rn. 11 f.; *Jarass*, in: Jarass/Pieroth, GG-K, Art. 9 Rn. 4; *Löwer*, in: von Münch/Kunig (Hrsg.), GG-K I, Art. 9 Rn. 31; *von Mutius*, Jura 1984, 193 [194]; *Scholz*, in: Maunz/Dürig, GG-K I, Art. 9 Rn. 60. In BVerfGE 50, 290 [355 f.] wurde die Frage ausdrücklich offen gelassen.

87 Vgl. zu dieser Übersicht *K. Schmidt*, Gesellschaftsrecht, § 3 I 2 a), S. 46.

88 Siehe § 105 Abs. 1 HGB; § 161 HGB; § 230 Abs. 1 HGB; § 489 HGB.

89 Vgl. Art. 3 Abs. 1 der Verordnung über die Schaffung einer Europäischen Wirtschaftlichen Interessenvereinigung, Abl. Nr. L 199 vom 31.7.1985, S. 1.

90 Vgl. *Henke*, in: Dolzer/Vogel/Graßhof (Hrsg.), BoKo-GG IV, Art. 21 Rn. 25; *Kunig*, in: von Münch/Kunig (Hrsg.), GG-K II, Art. 21 Rn. 15. Das bedeutet jedoch nicht, daß den politischen Parteien jegliche wirtschaftliche Tätigkeit versagt ist. Allerdings darf sie nur Nebenzweck sein. Zur Verfolgung eines solchen Nebenzwecks können die Parteien auch Handelsgesellschaften gründen, die dann jedoch selbst keine Parteien sind.

91 Vgl. § 705 BGB; *Kübler*, Gesellschaftsrecht, § 6 I 1c), S. 42.

stimmigkeitsprinzip handeln[92]. Derweil sind politische Parteien, weil ihr politischer Einfluß mit der Zahl ihrer Mitglieder zunimmt, auf einen möglichst großen und – damit einhergehend – ständig wechselnden Mitgliederbestand hin angelegt. Zugleich müssen sie nach der zitierten Parteibegriffsdefinition „dauernd oder für längere Zeit" auf die politische Willensbildung Einfluß nehmen wollen und dabei nach „Umfang und Festigkeit ihrer Organisation" eine ausreichende Gewähr für die Ernsthaftigkeit dieser Zielsetzung bieten. In der potentiell unbeständigen und individualistisch geprägten Organisationsform der Gesellschaft bürgerlichen Rechts wären sie dazu jedoch schwerlich imstande[93].

Daraus folgt, daß dem Wesen der Parteien nur solche Vereinigungsformen entsprechen, die vom Mitgliederwechsel unabhängig sind, für die das Mehrheitsprinzip gilt und die nach außen nicht durch alle Mitglieder gemeinsam, sondern durch besondere Organe vertreten werden, mithin nur solche mit körperschaftlichem Charakter[94]. Doch auch von den körperschaftlichen Organisationsformen kommen für politische Parteien nicht alle in Frage. Die der Genossenschaft scheidet bereits deshalb aus, weil Genossenschaften nach der Legaldefinition des § 1 GenG nicht zu politischen Zwecken, sondern allein zur Förderung des Erwerbes oder der Wirtschaft ihrer Mitglieder mittels eines gemeinschaftlichen Geschäftsbetriebes gebildet werden können. Demgegenüber stehen die Kapitalgesellschaften zwar zum Teil auch ideellen und damit auch politischen Zwecken offen[95]. Doch ist ihr Wesen dadurch gekennzeichnet, daß bei ihnen die Mitgliedschaft auf die Kapitalbeteiligung zugeschnitten ist, was bedeutet, daß der Kapitalanteil der einzelnen Mitglieder den Maßstab für den Umfang ihrer Individualrechte bildet[96]. Auf die politischen Parteien übertragen würde dieses Prinzip jedoch dem innerparteilichen Demokratiegebot des Art. 21 Abs. 1 S. 3 GG zuwiderlaufen. Denn, wie an späterer Stelle noch näher erläutert wird[97], entspricht der Demokratiebegriff des Art. 21 Abs. 1 S. 3 GG im wesentlichen dem des Art. 20 Abs. 1 GG, wo er zur Beschreibung eines Wesensmerkmals der staatlichen Ordnung der Bundesrepublik Deutschland dient. Im demokratischen Staat gilt aber das Prinzip der politischen Gleichheit der Bürger, wonach ihnen grundsätzlich die gleichen politischen Mit-

---

[92] *Kübler*, Gesellschaftsrecht, § 3 I, S. 21.

[93] Ebenso *Henke*, in: Dolzer/Vogel/Graßhof (Hrsg.), BoKo-GG IV, Art. 21 Rn. 17; *Maurer*, JuS 1991, 881 [883]; *Seifert*, Die politischen Parteien im Recht der Bundesrepublik Deutschland, S. 160 f.; *Wietschel*, Der Parteibegriff, S. 146 f.

[94] *Seifert*, Die politischen Parteien im Recht der Bundesrepublik Deutschland, S. 160 sowie S. 179. Zu den Merkmalen einer Körperschaft im Einzelnen vgl. *Kübler*, Gesellschaftsrecht, § 3 II, S. 22 f.

[95] Gemäß § 1 GmbH können Gesellschaften mit beschränkter Haftung „zu jedem gesetzlich zulässigen Zweck" errichtet werden. Und auch der Gegenstand einer Aktiengesellschaft muß, wie sich aus § 3 AktG ergibt, nicht unbedingt im Betrieb eines Handelsgewerbes bestehen.

[96] *Wiedemann*, Die Übertragung und Vererbung von Mitgliedschaftsrechten bei Handelsgesellschaften, S. 308.

[97] Siehe dazu unten § 7 II 4 a).

wirkungsrechte zustehen[98], insofern also insbesondere nicht nach ihrer finanziellen Leistungskraft differenziert werden darf. Dementsprechend verbietet es sich für die dem Demokratieprinzip verpflichteten Parteien, den Umfang der Mitwirkungsrechte ihrer Mitglieder wie in Kapitalgesellschaften von der individuellen Kapitalbeteiligung abhängig zu machen[99]. Abgesehen davon wäre eine kapitalabhängige Ausgestaltung der Mitwirkungsrechte der Parteimitglieder im Zusammenhang mit innerparteilichen Wahlen auch nicht mit dem Grundsatz der Gleichheit der Wahl vereinbar[100].

Praktisch bleibt den politischen Parteien folglich nur die Rechtsform des bürgerlich-rechtlichen Vereins, der sich als ein auf Dauer angelegter Zusammenschluß von Personen zur Verwirklichung eines gemeinsamen Zwecks mit körperschaftlicher Verfassung definiert[101] und damit in jeder Hinsicht dem Wesen der politischen Parteien entspricht[102].

(2) Grundsätzliche Geltung der §§ 21 ff. BGB auch für Parteien in der Rechtsform des nichtrechtsfähigen Vereins

Können sich politische Parteien sonach nur als bürgerlich-rechtliche Vereine organisieren, bleibt ihnen immerhin noch die Wahl zwischen der Rechtsform des eingetragenen und damit rechtsfähigen Vereins (vgl. § 21 BGB) und des nicht eingetragenen und damit nichtrechtsfähigen Vereins (vgl. § 54 BGB). Entscheiden sie sich für die Rechtsform des eingetragenen Vereins, unterliegen sie grundsätzlich den Regeln der §§ 21 ff. BGB. Wählen sie hingegen die des nichtrechtsfähigen Vereins, kommen gemäß § 54 S. 1 BGB an sich die Vorschriften über die Gesellschaft bürgerlichen Rechts zur Anwendung. Diese Vorschriften werden jedoch weder der körperschaftlichen Struktur der nichtrechtsfähigen Vereine im allgemeinen[103] noch der der politischen Parteien im besonderen[104] gerecht.

---

98 *Kirchhof*, in: Isensee/Kirchhof (Hrsg.), HdbStR V, § 124 Rn. 184 ff.; *Sachs*, in: Sachs (Hrsg.), GG-K, Art. 20 Rn. 19.

99 Vgl. *Seifert*, Die politischen Parteien im Recht der Bundesrepublik Deutschland, S. 179.

100 Vgl. *Seifert*, Die politischen Parteien im Recht der Bundesrepublik Deutschland, S. 179 Fn. 3. Zur Geltung der Wahlrechtsgrundsätze bei innerparteilichen Wahlen siehe oben § 6 I 1 a) bb).

101 Vgl. *Heinrichs*, in: Palandt, BGB-K, Einf. vor § 21 Rn. 13; *Reuter*, in: MüKo-BGB I, §§ 21, 22 Rn. 1.

102 Ganz herrschende Ansicht, vgl. zum Beispiel *Heinrichs*, in: Palandt, BGB-K, Einf. v. § 21 Rn. 16; *Henke*, in: Dolzer/Vogel/Graßhof (Hrsg.), BoKo-GG IV, Art. 21 Rn. 17, 219, 257; *Maurer*, JuS 1991, 881 [883]; *Reichert*, HdbVereins- und Verbandsrechts, Rn. 2436, 2875; *Schreiber*, HdbWahlRBT, § 18 Rn. 4 (konkret S. 350); *Seifert*, Die politischen Parteien im Recht der Bundesrepublik Deutschland, S. 179; *Stöber*, HdbVereinsrecht, Rn. 10; *Stoklossa*, Der Zugang zu den politischen Parteien im Spannungsfeld zwischen Vereinsautonomie und Parteienstaat, S. 84; *Wietschel*, Der Parteibegriff, S. 146 f. A.A. soweit ersichtlich nur *Hesse*, VVDStRL 17 (1959), 11 [45], dem zufolge die Parteien einen öffentlich-rechtlichen Status haben, vgl. dazu oben § 5 II 2.

103 Vgl. BGHZ 50, 325 [328].

104 Vgl. *Maurer*, JuS 1991, 881 [883].

Das in der Regelung des § 54 S. 1 BGB liegende Problem wurde von den Verfassern des BGB keineswegs übersehen, sondern – im Gegenteil – bewußt geschaffen. So wollten sie durch die Erschwerung der Existenzbedingungen des nichtrechtfähigen Vereins namentlich die politischen Parteien und Gewerkschaften dazu anhalten, den Status eines rechtsfähigen Vereins anzuerstreben und sich hierzu ins Vereinsregister eintragen zu lassen. Denn nach § 61 Abs.2 BGB a.F. war die Eintragung sozialpolitischer und religiöser Vereine von einer vorgängigen Erlaubnis abhängig, und gemäß §§ 72 und 79 BGB a.F. waren alle Vereine verpflichtet, eine komplette Mitgliederliste einzureichen, was zusammen die seinerzeit erwünschte strikte behördliche Kontrolle solcher Vereinigungen ermöglichte[105].

Allerdings haben sich die Erwartungen des Gesetzgebers, so auf die politische Wirklichkeit Einfluß nehmen zu können, nicht erfüllt[106]. Vor allem die Gewerkschaften, aber auch die Mehrzahl der politischen Parteien waren nämlich von Anfang an nicht bereit, sich den Risiken des staatlichen Genehmigungsverfahrens und der Preisgabe ihrer Mitglieder auszusetzen. Statt dessen nahmen sie lieber die lästigen Konsequenzen des § 54 BGB in Kauf[107].

Inzwischen hat sich das Problem jedoch erledigt, da Rechtsprechung und Rechtswissenschaft schon bald dazu übergingen, entgegen § 54 S. 1 BGB das Vereinsrecht der §§ 21 ff. BGB auch auf nichtrechtsfähige Vereine anzuwenden. Diese Lösung hat sich zu dem heute allgemein anerkannten Grundsatz verfestigt, daß auf nichtrechtsfähige Vereine die für den rechtsfähigen Verein geltenden Vorschriften Anwendung finden, soweit sie nicht gerade die Rechtsfähigkeit voraussetzen[108]. Das gilt – abgesehen von den sich aus den §§ 3 und 37 PartG ergebenden Besonderheiten – prinzipiell auch für die in der Rechtsform des nichteingetragenen Vereins organisierten politischen Parteien[109]. Die danach verbleibenden Unterschiede[110] spielen für die vorliegende Untersuchung keine Rolle.

---

105 Siehe dazu *Heinrichs*, in: Palandt, BGB-K, § 54 Rn. 1; *Kübler*, Gesellschaftsrecht, § 11 I 1 a), S. 127 f.

106 Vgl. BGHZ 42, 210 [216].

107 Vgl. *Kübler*, Gesellschaftsrecht, § 11 I 1 b), S. 128; *Maurer*, JuS 1991, 881 [883]; *Tsatsos/Morlok*, Parteienrecht, S. 77.

108 BGHZ 50, 325 [328 f.]; OLG Frankfurt a.M., ZIP 1985, 213 [215]; *Heinrichs*, in: Palandt, BGB-K, § 54 Rn. 1; *Reichert*, HdbVereins- und Verbandsrechts, Rn. 2440 und 2473; *Seifert*, Die politischen Parteien im Recht der Bundesrepublik Deutschland, S. 180; *Stöber*, HdbVereinsrecht, Rn. 1233; *Reuter*, in: MüKo-BGB I, § 54 Rn. 4.

109 *Maurer*, JuS 1991, 881 [883]; *Seifert*, Die politischen Parteien im Recht der Bundesrepublik Deutschland, S. 180.

110 Siehe dazu in bezug auf politische Parteien *Seifert*, Die politischen Parteien im Recht der Bundesrepublik Deutschland, S. 180 f.

2. Parteispezifische Rechtsquellen

Parteispezifische Rechtsquellen der inneren Ordnung der politischen Parteien bilden ihre Satzungen[111]. Die darin enthaltenen Regelungen sind rechtsqualitativ von den Regelungen in den Nebenordnungen der Parteien zu unterscheiden.

a) Satzungen

Kernstück der allgemein für Vereinigungen durch Art. 9 Abs. 1 GG sowie speziell für politische Parteien durch Art. 21 Abs. 1 S. 2 GG garantierten Organisationsfreiheit[112] ist deren Recht, ihre jeweilige Verfassung, das heißt die das Vereins- bzw. Parteileben bestimmenden Grundentscheidungen[113], durch Satzung frei zu gestalten[114]. Dementsprechend bestimmt § 25 BGB für Vereine bürgerlichen Rechts und damit auch für die in dieser Rechtsform organisierten politischen Parteien, daß ihre Verfassung – vorbehaltlich gesetzlicher Vorschriften – durch ihre Satzung bestimmt wird. Daß es sich somit bei Parteisatzungen um Vereinssatzungen im Sinne des § 25 BGB handelt[115], wird denn auch nur von *Hesse* verneint[116], da dies mit seiner Sichtweise, wonach die politischen Parteien nicht nach privatem, sondern nach öffentlichem Recht leben[117], nicht vereinbar ist.

Bei den in den Satzungen enthaltenen Regelungen zu Grundentscheidungen des Vereins wie den hier relevanten Individualrechten von Mitgliedern und Nichtmitgliedern handelt es sich um materielles Satzungsrecht im engeren Sinne. Daneben können in die Satzungen aber auch nicht grundlegende Regelungen des Innenverhältnisses (materielles Satzungsrecht im weiteren Sinne) aufgenommen werden sowie rechtsbekundende Regelungen, die nur deklaratorisch wirken (formelles Satzungsrecht), und individualrechtliche Abreden („unechtes" Satzungsrecht)[118].

---

[111] Zur Bedeutung der Bezeichnung „parteispezifische Rechtsquellen der inneren Parteienordnung" siehe oben § 6 I.

[112] Siehe dazu oben § 6 I 1 b) cc) (1).

[113] Zu dieser Definition des Begriffs Vereins- bzw. Parteiverfassung vgl. BGHZ 47, 172 [177]; *Heinrichs*, in: Palandt, BGB-K, § 25 Rn. 1; *Hadding*, in: Soergel, BGB-K I, § 25 Rn. 1; *Sauter/Schweyer*, Der eingetragene Verein, Rn. 32; *Seifert*, Die politischen Parteien im Recht der Bundesrepublik Deutschland, S. 181.

[114] Vgl. einerseits *Löwer*, in: von Münch/Kunig (Hrsg.), GG-K I, Art. 9 Rn. 35 (Stichwort: „Innere Ordnung"- S. 360); *Reichert*, HdbVereins- und Verbandsrechts, Rn. 265, 287 f.; andererseits *von Münch*, in: von Münch/Kunig (Hrsg.), GG-K II (3. Aufl.), Art. 21 Rn. 53 (Stichwort „Satzungsautonomie"- S. 30); *Seifert*, Die politischen Parteien im Recht der Bundesrepublik Deutschland, S. 115 f.

[115] *Henke*, Das Recht der politischen Parteien, S. 60; *Luthmann*, DVBl. 1962, 166; *Maurer*, JuS 1991, 881 [883]; *Maunz*, in: Maunz/Dürig, GG-K II (Stand: Okt. 1996), Art. 21 Rn. 59; *Seifert*, Die politischen Parteien im Recht der Bundesrepublik Deutschland, S. 182.

[116] Vgl. *Hesse*, in: VVDStRL 17 (1959), 11 [45], wo er Parteisatzungen in einem Atemzug mit „Parteivereinbarungen" (Koalitionsvereinbarungen) nennt, die er dem „öffentlichen Rechtsbereich" zuordnet.

[117] Siehe ausführlich dazu oben § 5 II 2.

[118] Siehe zum Ganzen *Hadding*, in: Soergel, BGB-K I, § 25 Rn. 10 a, 22.

Die Satzungen derjenigen Vereine, die rechtsfähig und hierzu im Vereinsregister eingetragen sein wollen, müssen den in den §§ 57 und 58 BGB aufgezählten Mindestanforderungen genügen. Da diese Vorschriften mit der Rechtsfähigkeit zusammenhängen, finden sie auf nichtrechtsfähige Vereine gemäß dem oben[119] Gesagten keine Anwendung[120]. Für die in jener Rechtsform organisierten politischen Parteien ergeben sich daraus jedoch gegenüber Parteien in der Rechtsform des eingetragenen Vereins keine Erleichterungen. Denn in § 6 PartG werden an die Satzungen der politischen Parteien unabhängig von deren Rechtsform über die in §§ 57 und 58 BGB genannten hinaus gehende Anforderungen gestellt[121]. So müssen insbesondere alle Parteien eine schriftlich niedergelegte Satzung haben, § 6 Abs. 1 S. 1 PartG[122]. Für die vorliegende Untersuchung ist das deshalb von Bedeutung, weil infolgedessen Observanz (Gewohnheitsrecht) als Rechtsquelle der inneren Parteienordnung nicht in Betracht kommt[123].

b) Abgrenzung der Satzungen von Nebenordnungen

Abstrakt-generelle Regelungen ihres Innenverhältnisses können politische Parteien ebenso wie andere bürgerlich-rechtliche Vereine außer in Satzungen auch in Nebenordnungen vornehmen[124]. Charakteristisch für Nebenordnungen ist, daß ihre Bestimmungen der Ausfüllung, Erläuterung und Durchführung der in der Satzung geregelten Grundentscheidungen dienen[125]. Insofern enthalten sie satzungsnachrangiges Recht[126]. Dabei bieten sie den praktischen Vorteil, daß sie die Satzungen von detaillierten (insbesondere technischen) Regelungen entlasten[127] und zugleich schnell und einfach erlassen und abgeändert werden können, da sie nicht dafür bei Satzungen zu beachtenden Vorschriften unterliegen[128].

---

119 Siehe oben § 6 I 1 b) cc) (2).

120 Vgl. *Henke*, Das Recht der politischen Parteien, S. 61.

121 Eingehend dazu *Henke*, Das Recht der politischen Parteien, S. 60 ff.

122 Nach dem Vereinsrecht des BGB wäre dies für die in Rechtsform des nichtrechtsfähigen Vereins organisierten Parteien an sich nicht erforderlich, vgl. *Stöber*, HdbVereinsrecht, Rn. 1241.

123 *Seifert*, Die politischen Parteien im Recht der Bundesrepublik Deutschland, S. 182; verfehlt *Reichert*, HdbVereins- und Verbandsrechts, Rn. 2881, der dort Vereinsherkommen als „Bestandteil der inneren Verfassungsordnung einer Partei" aufführt. Richtig ist hingegen seine Feststellung, daß auch in einer Partei Verbandsherkommen bestehen und für die Auslegeung der Parteisatzung verbindlich sei kann, aaO, Rn. 2900.

124 Vgl. *Seifert*, Die politischen Parteien im Recht der Bundesrepublik Deutschland, S. 181, bzw. *Reichert*, HdbVereins- und Verbandsrechts, Rn. 289. Allgemein zu Nebenordnungen, die auch Vereinsordnungen genannt werden, *Kirberger*, Die Nebenordnungen im Vereins- und Verbandsrecht, 1981; *Kohler*, Mitgliedschaftliche Regelungen in Vereinsordnungen, 1992.

125 Vgl. *Hadding*, in: Soergel, BGB-K I, § 25 Rn. 8; *Heinrichs*, in: Palandt, BGB-K, § 25 Rn. 6.

126 *Reichert*, HdbVereins- und Verbandsrechts, Rn. 310; *Sauter/Schweyer*, Der eingetragene Verein, Rn. 151.

127 *Hadding*, in: Soergel, BGB-K I, § 25 Rn. 7; *Kohler*, Mitgliedschaftliche Regelungen in Vereinsordnungen, S. 27 f.

128 *Heinrichs*, in: Palandt, BGB-K, § 25 Rn. 6; *Kohler*, Mitgliedschaftliche Regelungen in Vereinsordnungen, S. 28 f.; *Sauter/Schweyer*, Der eingetragene Verein, Rn. 154.

Derweil wird in der vereinsrechtlichen Literatur die Auffassung vertreten, in den Nebenordnungen könnten auch Regelungen getroffen werden, die die Vereinsverfassung berühren, mithin materielles Satzungsrecht im engeren Sinne beinhalten, und zwar dann, wenn entweder die Nebenordnungen insgesamt zu Satzungsbestandteilen erklärt werden[129] oder die entsprechenden Regelungen den gesetzlichen Anforderungen über Zustandekommen, Änderungen und vereinsregisterrechtliche Eintragung von Satzungsrecht genügen[130]. Speziell im Parteienrecht wird diese Ansicht von *Seifert*[131] geteilt. Wäre sie richtig, hieße das, daß die Grundentscheidungen im Zusammenhang mit dem hier interessierenden Recht von Mitgliedern und Nichtmitglieder auf Auskunft und Gehör auch in Nebenordnungen der Parteien geregelt sein könnten.

Die Auffassung ist jedoch abzulehnen. Gegen sie spricht schon der Wortlaut des § 25 BGB, wonach die Verfassung eines Vereins im Rahmen der Gesetze durch seine Satzung, nicht aber (auch) durch Nebenordnungen bestimmt wird[132]. Dem kann auch nicht entgegengehalten werden, es mache keinen Unterschied, ob verfassungsrelevante Regelungen in der formell als Satzung bezeichneten Urkunde oder in einer Nebenordnung aufgenommen werden, sofern sie nur den für materielles Satzungsrecht im engeren Sinne geltenden Vorschriften entsprechen[133]. Denn durch eine räumliche Trennung der Regelungen von der Satzung würde die ihr – unter anderem – zukommende Informationsaufgabe[134] unterlaufen, die darin besteht, daß Mitglieder und außenstehende Dritter durch einen Blick in die entsprechenden Urkunde die rechtliche Grundordnung des Vereins ersehen können sollen[135]. Dabei wird die Informationsaufgabe bei politischen Parteien mit der Forderung des § 6 Abs. 1 PartG nach einer schriftlichen Satzung bekräftigt, eine Forderung, die hier insofern einen besonderen Stellenwert einnimmt, als sie insbesondere auf die Nachprüfbarkeit des Bestehens und der Einhaltung einer innerparteilich demokratischen Ordnung im Sinne des Art. 21 Abs. 1 S. 3 GG zielt[136]. Sonach sind Regelungen der Grundentscheidungen des Vereins- bzw. Parteilebens nur wirksam, wenn sie in der Satzung vorgenommen werden[137].

---

129 Vgl. *Reichert*, HdbVereins- und Verbandsrechts, Rn. 310 f.

130 So *Hadding*, in: Soergel, BGB-K I, § 25 Rn. 4, 8, 10 a.

131 *Seifert*, Die politischen Parteien im Recht der Bundesrepublik Deutschland, S. 181.

132 In diesem Sinne auch *Kohler*, Mitgliedschaftliche Regelungen in Vereinsordnungen, S. 71 f.

133 So aber der Sache nach *Hadding*, in: Soergel, BGB-K I, § 25 Rn. 4, 10 a; *Stöber*, HdbVereinsrecht, Rn. 33, 657.

134 Siehe dazu in bezug auf bürgerlich-rechtliche Vereine BGHZ 105, 306 [314 f.]; *Kohler*, Mitgliedschaftliche Regelungen in Vereinsordnungen, S. 75 ff.; in bezug auf politische Parteien *Henke*, Das Recht der politischen Parteien, S. 60.

135 Vgl. *Kohler*, Mitgliedschaftliche Regelungen in Vereinsordnungen, S. 70.

136 Vgl. dazu die Begründung zum Regierungsentwurf, BT-Drucks. III/1509, S. 19, zu § 10 Abs. 1, dem Vorläufer des heutigen § 6 Abs. 1 PartG, sowie *Henke*, Das Recht der politischen Parteien, S. 60.

137 So auch die herrschende Meinung, vgl. nur BGHZ 47, 172 [177 f.]; 88, 314 [316]; 105, 306 [313 ff.]; *Heinrichs*, in: Palandt, BGB-K, § 25 Rn. 2, 6; *Kohler*, Mitgliedschaftliche Regelungen in Vereinsordnungen, S. 72; *Sauter/Schweyer*, Der eingetragene Verein, Rn. 34, 151.

Als eine Erscheinungsform[138] von Nebenordnungen sind im Rahmen der vorliegenden Untersuchungen vor allem Geschäftsordnungen bedeutsam. In ihnen wird das Verfahren (der förmliche Geschäftsgang) geregelt, nach dem Verbandsorgane wie die Mitgliederversammlung die ihnen zugewiesenen Aufgaben zu erledigen haben[139]. Zu klären ist hierbei, inwiefern durch sie in Rechte von Mitgliedern und Nichtmitgliedern eingegriffen werden darf. Denn es gibt Stimmen, denen zufolge Geschäftsordnungsbestimmungen Mitgliedschaftsrechte lediglich konkretisieren, nicht aber einschränken dürfen[140]. Das würde dann unter Umständen auch für Rechte von Nichtmitgliedern in Vereinen bzw. Parteien gelten.

Auf den ersten Blick scheint der Standpunkt, daß Geschäfstordnungsbestimmungen nicht zu einer Einschränkung von Mitgliedschaftsrechten führen dürfen, nur dem vorstehend Gesagten Rechnung zu tragen, wonach Grundentscheidungen, zu denen eben auch Mitgliedschaftsrechte gehören, in der Satzung geregelt werden müssen. Doch gilt es zu erkennen, daß viele Verfahrensbestimmungen unweigerlich eine gewisse Einschränkung von Mitgliedschaftsrechten nach sich ziehen. So geht etwa mit der Verfahrensregel, daß das Wort in einer Mitgliederversammlung erst nach der Worterteilung seitens des Versammlungsleiters ergriffen werden und dann inhaltlich nur zu dem gerade aufgerufenen Tagesordnungspunkt gesprochen werden darf[141], eine Beschränkung des Rederechts des Mitglieds einher[142]. Gleichwohl sind solche Regelungen auch im Rahmen von Geschäftsordnungen zulässig. Das erhellt angesichts der Argumentation des Bundesverfassungsgerichts in einer Entscheidung, in der es um die vergleichbare Problematik ging, inwiefern sich Geschäftsordnungsregelungen des Bundestages auf die Rechte der Bundestagsabgeordneten auswirken dürfen[143]. Dazu führte das Gericht aus, daß die den Abgeordneten aus ihrem verfassungsrechtlichen Status zufließenden Rechte durch die Geschäftsordnung zwar nicht begründet und entzogen werden, darin jedoch „grundlegende Bedingungen für die geordnete Wahrnehmung dieser Rechte, die nur als Mitgliedschaftsrechte bestehen und verwirklicht werden können und daher einander zugeordnet und aufeinander abgestimmt werden müssen“, festgelegt „und insofern auch eingeschränkt“ werden dürften[144].

Dementsprechend ist in Vereinen bzw. Parteien als ihre Verfassung betreffende, in der Satzung zu regelnde Grundentscheidung das „Ob“ der Rechte von Mitgliedern und Nichtmitgliedern anzusehen, nicht aber auch das „Wie“ ihrer Realisierung. Das „Wie“ kann vielmehr, selbst wenn es eine Beschränkung der Individual-

---

138 Zu verschiedenen Varianten von Nebenordnungen vgl. *Sauter/Schweyer*, Der eingetragene Verein, Rn. 151, sowie speziell in bezug auf politische Parteien *Seifert*, Die politischen Parteien im Recht der Bundesrepublik Deutschland, S. 181.

139 Vgl. *Stöber*, HdbVereinsrecht, Rn. 659.

140 In diesem Sinne etwa *Reichert*, HdbVereins- und Verbandsrechts, Rn. 338; *Stöber*, HdbVereinsrecht, Rn. 659.

141 Siehe dazu untern § 10 I 1 a) aa) (3) (b) und (e).

142 Vgl. zu weiteren Beispielen *Lukes*, NJW 1972, 121 [123 f.].

143 BVerfGE 80, 188 ff.

144 BVerfGE 80, 188 [219].

rechte bewirkt, auch in den Geschäftsordnungen geregelt werden. Nur diese Lösung wird denn auch den Bedürfnissen der Praxis gerecht. Könnten lediglich Verfahrensregelungen ohne solche Konsequenzen in den Geschäftsordnungen vorgenommen werden, ließen sich die Satzungen nämlich kaum von umfangreichen Detailbestimmungen entlasten und würde zudem die zusammengehörende Materie der Versammlungsordnung zerrissen[145].

II. Verhältnis der Rechtsquellen der inneren Parteienordnung zueinander

Da, wie vorstehend aufgezeigt, verschiedenartige Rechtsquellen der inneren Parteienordnung bestehen, stellt sich Frage nach ihrem Verhältnis zueinander.

Ranghöchste Rechtsquelle der inneren Parteienordnung ist das Grundgesetz. Relevant sind insofern das innerparteiliche Demokratiegebot sowie die Wahlrechtsgrundsätze. Kommt es bei diesen Verfassungsaussagen zu inhaltlichen Überschneidungen kommt, gehen die Wahlrechtsgrundsätze dem innerparteilichen Demokratiegebot als spezielleres Recht vor.

Eine Stufe unter dem Grundgesetz stehen die einfachgesetzlichen Rechtsquellen der inneren Parteienordnung. Hier gelten in erster Linie die parteiengesetzlichen sowie bei der innerparteilichen Wahlbewerberaufstellung die betreffenden wahlgesetzlichen Vorschriften. Allerdings lassen sie eine Vielzahl von entsprechenden Fragen ganz oder teilweise unbeantwortet. Insoweit kommt das bürgerliche Vereinsrecht zum Zuge[146]. Streng genommen gilt es dabei nicht ergänzend, sondern „an sich"[147], weil die Parteien in der Gesellschaft verwurzelte Vereinigungen sind, die grundsätzlich nach diesem Recht leben[148]. Doch wird es wegen der staatsbezogenen Aufgaben der politischen Parteien durch besondere grundgesetzliche sowie parteien- und wahlgesetzliche Anordnungen überlagert[149]. Daß das indes an seiner

[145] Der Sache nach ebenso *Kohler*, Mitgliedschaftliche Regelungen in Vereinsordnungen, S. 45 f.

[146] So die ganz herrschende Meinung, vgl. nur *Henke*, Das Recht der politischen Parteien, S.53 f.; *ders.*, in: Dolzer/Vogel/Graßhof (Hrsg.), BoKo-GG IV, Art. 21 Rn. 219, 257; ähnlich *von Münch*, in: von Münch/Kunig (Hrsg.), GG-K II (3. Aufl.), Art. 21 Rn. 25; *Roellecke*, DRiZ 1968, 117 [118]; *Seifert*, Die politischen Parteien im Recht der Bundesrepublik Deutschland, S. 54 f., 179 ff.; *Tsatsos/Morlok*, Parteienrecht, S. 76; *Wolfrum*, Die innerparteiliche demokratische Ordnung nach dem Parteiengesetz, S. 82. A.A. *Hesse*, Stellung der politischen Parteien, in: VVDStRL 17 (1959), 11 [40], sowie *Lenz/Sasse*, JZ 1962, 233 [236 f.].

[147] So zu Recht *Maurer*, JuS 1991, 881 [883].

[148] Siehe oben § 5 II 4 sowie § 6 I 1 b) cc).

[149] Demgegenüber ist es nach *Lenz/Sasse*, JZ 1962, 233 [236 f.], „nicht denkbar, daß das bürgerlich-rechtliche Vereinsrecht einerseits durch Art. 21 GG überlagert, andererseits aber der Geltungsumfang der ‚Überlagerungsnorm' zugunsten der überlagerten Verbandsautonomie begrenzt sein soll"; Geltung besitze hier „nur die Verfassungsnorm, und zwar für den gesamten verfassungsrechtlichen Funktionskreis der Norm". Desgleichen lehnt *Hesse*, Stellung der politischen Parteien, in: VVDStRL 17 (1959), 11 [40], die Konstruktion der Überlagerung ausdrücklich ab. Sein eigener Standpunkt bleibt allerdings unklar. Denn während er zunächst konstatiert, das Vereinrechts sei, wenn auch „nur bedingt", auf die Parteien anwendbar, stellt er kurz darauf fest, daß

generellen Fortgeltung nichts ändert, findet im Parteiengesetz einmal durch § 11 Abs. 3 Bestätigung, der im Zusammenhang mit der Vertretung der Partei durch den Vorstand auf die vereinsrechtliche Regelung des § 26 Abs. 2 BGB Bezug nimmt, sowie – als argumentum e contrario – durch § 37, der die Haftung des Vorstands einer in der Rechtsform des nichtrechtsfähigen Vereins organisierten Partei gemäß § 54 S. 2 BGB ausschließt[150]. Aber auch die die innerparteiliche Wahlbewerberaufstellung betreffenden wahlgesetzlichen Bestimmungen geben dies zu erkennen, indem sie – wie § 21 Abs. 5 BWahlG im Zusammenhang mit Bundestagswahlen[151] – die Regelung des Näheren den Satzungen der Parteien überlassen, die Satzungen der Parteien aber mit dem gesamten geltenden Recht vereinbar sein müssen[152], das für die Parteien wegen ihrer Rechtsform nun einmal auch das bürgerliche Vereinsrecht ist[153].

Die unterste Stufe der Rechtsquellen der inneren Parteienordnung bilden schließlich die Parteisatzungen. Anders als ihre Rangordnung vermuten läßt, spielen sie in der Rechtspraxis oft die wichtigste Rolle. Denn obschon das bürgerliche Vereinsrecht eingreift, wo das Parteiengesetz und die Wahlgesetze ausfüllungsbedürftige Regelungslücken der inneren Parteienordnung aufweisen, ist diese Materie damit keineswegs in allen Einzelheiten geregelt, zumal das Vereinsrecht des BGB zum großen Teil aus nachgiebigen Vorschriften besteht, vgl. § 40 BGB. Infolgedessen enthalten die Parteisatzungen das detaillierteste Recht der inneren Parteienordnung.

Ingesamt ist das Verhältnis der verschiedenen Stufen der Rechtsquellen der inneren Parteienordnung dadurch gekennzeichnet, daß aus den im Rang jeweils niedrigeren Rechtsquellen das speziellere Recht fließt, dieses jedoch mit dem Recht der höherrangigen Rechtsquellen vereinbar sein muß.

„die Annahme eines aus verfassungs- und bürgerlich-rechtlichen Elementen gemischten Status die Rechtsstellung der Parteien nicht sachlich adäquat zum Ausdruck" bringe (aaO, 40 f.). Die Sichtweise von *Hesse* und *Lenz/Sasse* sind heute durch das Parteiengesetz überholt, vgl. dazu die Ausführungen im Haupttext sogleich.

150 Vgl. *Henke*, in: Dolzer/Vogel/Graßhof (Hrsg.), BoKo-GG IV, Art. 21 Rn. 219.

151 Die anderen Wahlgesetze enthalten entsprechende Bestimmungen.

152 *Schreiber*, HdbWahlRBT, § 21 Rn. 22.

153 Vgl. *Schreiber*, HdbWahlRBT, § 26 Rn. 41 (konkret S. 446): „...ob das Satzungsrecht mit dem bürgerlichen Vereinsrecht im Einklang steht...".

Zweiter Teil
Rechtsgrundlagen, Voraussetzungen, Inhalt und Schranken des Rechts auf Auskunft und Gehör

§ 7 Rechtsgrundlagen

Zu untersuchen gilt es nun, inwieweit die verschiedenen Rechtsquellen der inneren Parteienordnung eine Rechtsgrundlage für ein Recht auf Auskunft und Gehör eines Mitglieds sowie eines Nichtmitglieds aufweisen. Die Prüfungsfolge trägt der vorstehend gewonnenen Erkenntnis Rechnung, daß aus den im Rang jeweils niedrigeren Rechtsquellen der inneren Parteienordnung das speziellere Recht fließt. Wenn dementsprechend zuerst Parteisatzungen herangezogen werden, verlangt das allerdings insofern eine Erklärung, als es auf darin möglicherweise enthaltene Rechtsgrundlagen für die vorliegende Untersuchung an sich nicht ankommt. Denn während die Untersuchung darauf abzielt, allgemeingültige Aussagen über ein Recht auf Auskunft und Gehör in politischen Parteien zu erkunden, gelten die Regelungen in den Parteisatzungen immer nur jeweils die Partei, von der sie stammen. Daß hier auch Parteisatzungen auf Rechtsgrundlagen hin analysiert werden, erscheint gleichwohl angebracht, um einen Eindruck von der Satzungspraxis zu gewinnen.

I. In parteispezifischen Rechtsquellen der inneren Parteienordnung

Fokussiert man exemplarisch die Bundessatzungen[1] der im 15. Deutschen Bundestag vertretenen politischen Parteien, so zeigt sich, daß in diesen Rechtsquellen der inneren Parteienordnung ein Recht einzelner Mitglieder oder Nichtmitglieder auf innerparteiliche Information[2] und Meinungskundgabe allenfalls partiell zum Ausdruck kommt. Soweit Regelungen als Rechtsgrundlage überhaupt in Frage kommen, fallen diese zudem von Partei zu Partei völlig unterschiedlich aus.

---

1 Abschriften der Bundessatzung der Parteien können in ihrer jeweils aktuellen Fassung gemäß § 6 Abs. 3 Ziff. 3 S. 3 PartG beim Bundeswahlleiter (Statistisches Bundesamt, Pressestelle, Gustav-Stresemann-Ring 11, 65189 Wiesbaden; Internet: www.bundeswahlleiter.de) von jedermann gebührenfrei angefordert werden. Wie später noch näher dargestellt wird (siehe dazu unten § 8 I 1 a) aa)), gliedern sich die Parteien gemäß § 7 Abs. 1 PartG in Gebietsverbände mit jeweils eigener Satzung (vgl. § 6 Abs. 1 S. 2 PartG). Die Satzungen der Gebietsverbände müssen allerdings mit der der Gesamtpartei in Einklang stehen, d.h. sie dürfen keine ihr widersprechenden Bestimmungen aufweisen, vgl. *Seifert*, Die politischen Parteien im Recht der Bundesrepublik Deutschland, S. 184 f., 273 f.

2 Entsprechend dem Untersuchungsgegenstand (vgl. oben § 2 II) bleiben bei der folgenden Darstellung Satzungsregelungen ausgeblendet, die nicht das individuelle, sondern das kollektive Informationsrecht (Näheres zu diesem Unterschied unten § 7 II 3 a) aa)) betreffen.

1. Bundessatzung des BÜNDNIS 90/DIE GRÜNEN

Die Bundessatzung des BÜNDNIS 90/DIE GRÜNEN[3] enthält in § 6 Abs. 1 Ziff. 1 eine Regelung zum Recht auf Gehör des Parteimitglieds:

> „Jedes Mitglied hat das Recht an der politischen Willensbildung von BÜNDNIS 90/DIE GRÜNEN in der üblichen Weise, z.B. Aussprachen (...) mitzuwirken".

In bezug auf Nichtmitglieder findet sich in § 7 Abs. 1 i.V.m. 3 eine Regelung sowohl zum Recht auf Auskunft als auch zum Recht auf Gehör. So heißt es zunächst in § 7 Abs. 1:

> „BÜNDNIS 90/DIE GRÜNEN ermöglicht die Form der Freien Mitarbeit. Sie steht jeder und jedem offen, auch Mitgliedern anderer Parteien".

§ 7 Abs. 3 stellt hierzu konkretisierend fest:

> „Freie Mitarbeiterinnen und Mitarbeiter haben das Recht, sich an der politischen Arbeit und Diskussion in der Partei zu beteiligen, sowie das Recht auf umfassende Information".

2. Bundessatzung der CDU

In der Bundessatzung der CDU[4] findet sich in § 4 Abs. 3 S. 1 und 2 eine Bestimmung, der etwas über ein Recht auf Gehör eines Nichtmitglieds zu entnehmen ist:

> „Wer nicht Mitglied einer Partei oder einer mit der CDU sonst konkurrierenden Gruppierung ist, der CDU nahesteht und sich ihren Grundwerten und Zielen verbunden weiß, kann auf schriftlichen Antrag durch Beschluß des zuständigen Kreisvorstandes den Status eines Gastmitglieds erhalten. Ein Gastmitglied kann an allen Mitgliederversammlungen teilnehmen und hat dort Rede-, Antrags- und Vorschlagsrecht".

In bezug auf Mitglieder heißt es dagegen in § 6 Abs. 1 bloß ganz allgemein:

> „Jedes Mitglied hat das Recht, an Veranstaltungen, Wahlen und Abstimmungen im Rahmen der Gesetze und der satzungsrechtlichen Bestimmungen teilzunehmen".

---

[3] Stand: 03.06.2002.
[4] Stand: 22.04.2002.

Ausdrücklich von einem Recht auf Auskunft und Gehör von Mitgliedern ist nicht die Rede.

3. Bundessatzung der CSU

In der Bundessatzung der CSU[5] kommt in § 6 Abs. 1 das Recht auf Auskunft und Gehör eines Parteimitglieds zum Ausdruck:

> „Jedes Mitglied hat das Recht, in dem Verband, dem es angehört, an der politischen Willensbildung der Partei durch Diskussion, Anträge, Abstimmungen und Wahlen mitzuwirken, soweit dies nicht durch wahlrechtliche Vorschriften ausgeschlossen ist, sowie Anspruch auf Information durch Parteiorgane und Mandatsträger aller Bereiche".

Derweil bestimmt § 7 Abs. 1 S. 1:

> „Die Mandatsträgerinnen und Mandatsträger aller Ebenen sind verpflichtet, über ihre Tätigkeit zu berichten und mit den Mitgliedern aktuelle politische Fragen aus dem Bereich ihres Mandates zu diskutieren".

Weil in dieser Satzungsbestimmung nur von den Mitgliedern im Plural die ist, dürfte sie als Rechtsgrundlage für eine Individualrecht auf Auskunft und Gehör allerdings ungeeignet sein.

4. Bundessatzung der FDP

Die Bundessatzung der FDP[6] regelt in § 13 Abs. 1 i.V.m. § 25 das Recht auf Gehör sowohl von Parteimitgliedern und Nichtmitgliedern. § 13 Abs. 1 lautet:

> „Grundsätzlich darf jedes Mitglied der Partei am Bundesparteitag teilnehmen. Rederecht haben unbeschadet des § 25 (Zulassung von Gästen) nur die stimmberechtigten Delegierten (...)".

§ 25 bestimmt:

> „Der Bundesparteitag, der Europatag und der Bundesvorstand können durch Beschluß Gäste zulassen".

Über ein Auskunftsrecht schweigt die FDP-Bundessatzung indes.

---

5 Stand: 19.12.2001.

6 Stand: 14.05.2002.

5. Bundessatzung der SPD

Die Bundessatzung der SPD[7] enthält in § 27 eine Regelung zum Informationsrecht von Parteimitgliedern:

> „Kein Parteimitglied hat ohne ausdrücklichen Beschluß des Parteitages das Recht, die Geschäftsbücher oder Papiere des Parteivorstandes, der Kontrollkommission oder der Partei einzusehen oder sich aus ihnen Abschriften oder Auszüge anzufertigen oder eine Auskunft oder Übersicht über den Stand des Parteivermögens zu verlangen. Hierdurch wird das Recht der Delegierten, während der Tagung Einsicht in die Bücher zu nehmen, nicht berührt".

Im übrigen heißt es zu den Rechten der Mitglieder hingegen bloß allgemein in § 5:

> „Jedes Mitglied hat das Recht und die Pflicht, sich im Rahmen der Statuten an der politischen Willensbildung, den Wahlen und Abstimmungen zu beteiligen und die Ziele der Sozialdemokratischen Partei zu unterstützen."

Inwieweit das Mitgliederrecht zur Beteiligung an der politischen Willensbildung auch ein Recht auf Auskunft und Gehör umfaßt, bleibt im Dunkeln. Insbesondere enthält die Bundessatzung der SPD keine Regelung zu einem Recht auf Auskunft und Gehör von Nichtmitgliedern.

6. Bundessatzung der PDS

In Blick genommen werden soll schließlich noch die Bundessatzung der PDS[8], obwohl die Partei im 15. Deutschen Bundestag nicht mehr vertreten ist. Der Blick lohnt, weil sich in der Bundessatzung der PDS die vergleichsweise ausführlichsten Regelungen zum innerparteilichen Recht auf Auskunft und Gehör finden. So ist das Recht auf Auskunft und Gehör von Mitgliedern in Punkt 3 Abs. 1 wie folgt normiert:

> „Jedes Mitglied hat das Recht
> - an der politischen Meinungs- und Willensbildung in der Partei uneingeschränkt mitzuwirken, im besonderen durch seine Beteiligung am Diskussionsprozeß, (...);
> - sich über alle Parteiangelegenheiten zu informieren und umfassend und wahrheitsgemäß informiert zu werden;
> - (...);

[7] Stand: 05.04.2002.
[8] 19.12.2001.

- für die Propagandierung seiner politischen Auffassungen die Informations- und Kommunikationsmedien der Partei zu nutzen;
- im Rahmen der jeweiligen Geschäftsordnung an den Beratungen von Mitgliederversammlungen, Delegiertenkonferenzen und Vorständen aller Ebenen als Gast teilzunehmen und das Rederecht zu beantragen;
- auf Anhörung sowohl bei Mitglieder- bzw. Vertreterversammlungen als auch bei Verhandlungen von Schiedskommissionen, die einen sie betreffenden Antrag auf Ordnungsmaßnahmen behandeln; (...).

Derweil findet sich zum Recht auf Auskunft und Gehör von Nichtmitgliedern eine indirekte Regelung in Punkt 5 Abs. 1 und 2:

> „(1) Nichtmitglieder, die sich für Vorhaben der Partei engagieren (SympathisantInnen), können in Gliederungen und Zusammenschlüssen der Partei mitwirken und ihnen übertragene Mitgliederrechte wahrnehmen. Über die Übertragung von Mitgliederrechten und deren Umfang entscheiden die jeweiligen Gruppen, Organisationen und Verbände.
> (2) Die folgenden Mitgliederrechte können in Gliederungen auf SympathisantInnen übertragen werden:
> - Mitwirkung an der Meinungs- und Willensbildung der Partei durch Mitberatung (...)".

II. In den allgemeinen Rechtsquellen der inneren Parteienordnung

Angesichts der fragmentarischen Satzungsregelungen zu einem Recht auf Auskunft und Gehör gilt es um so mehr festzustellen, inwieweit die allgemeinen, für alle Parteien verbindlichen Rechtsquellen der inneren Parteienordnung eine Rechtsgrundlage bereit halten.

1. Im Parteiengesetz

Im Parteiengesetz findet sich eine Regelung, in der die Befugnis zur Meinungskundgabe anklingt: Nach § 15 Abs. 3 S. 1 PartG ist das Antragsrecht „so zu gestalten, daß eine demokratische Willensbildung gewährleistet bleibt, insbesondere auch Minderheiten ihre Vorschläge ausreichend zur Erörterung bringen können".

Als Rechtsgrundlage für das Recht auf Gehör eines Mitgliedes oder Nichtmitglieds scheidet diese Bestimmung jedoch aus mehreren Gründen aus: Erstens hat sie das Antragsrecht zum Gegenstand, das vom Recht auf Gehör in seiner hier verwendeten Definition verschieden ist[9]; zweitens wendet sie sich, wie aus der Formulierung „...ist so zu gestalten..." folgt, an die Parteien als Satzungsgeber, be-

[9] Siehe dazu § 2 I 2, S. 31.

gründet also kein subjektives Recht[10]; und drittens hat sie nicht *einzelne* Mitglieder oder Nichtmitglieder im Auge, sondern eben Minderheiten.

Immerhin aber indiziert die Vorschrift, daß nach Auffassung des Parteiengesetzgebers die Möglichkeit der Erörterung von Vorschlägen mittels Meinungskundgabe zum Wesen einer dem Demokratiegebot des Art. 21 Abs. 1 S. 3 GG entsprechenden inneren Parteienordnung gehört[11]. Eine Regelung zum Recht auf Gehör hielt er allerdings ebensowenig für erforderlich wie zum Auskunftsrecht.

2. In den Wahlgesetzen

Bis zum Jahr 2000 fand das innerparteiliche Recht auf Auskunft und Gehör auch in den wahlgesetzlichen Regelungen zur Wahlbewerberaufstellung der Parteien keinerlei Ausdruck[12]. Dies änderte sich, als zunächst der rheinland-pfälzische Gesetzgeber durch das Landesgesetz zur Änderung wahlrechtlicher Vorschriften vom 29.06.2000[13] § 37 Abs. 3 LWahlG Rheinland-Pfalz a.F. durch den Satz 4 ergänzte: „Den Personen, die sich als Bewerber oder Ersatzbewerber zur Wahl stellen, ist auf ihren Antrag hin Gelegenheit zu geben, sich und ihr Programm der Versammlung in gebotener Zusammenfassung vorzustellen". Kurz darauf fügte der Bundesgesetzgeber durch das 15. Gesetz zur Änderung des BWahlG vom 27.04.2001[14] in § 21 Abs. 3 BWahlG a.F. als Satz 3 die Bestimmung ein: „Den Bewerbern ist Gelegenheit zu geben, sich und ihr Programm der Versammlung in angemessener Zeit vorzustellen"[15]. Inzwischen findet sich eine wortgleiche Bestimmung in § 10 Abs. 3 Satz 3 EuWG sowie in verschiedenen Landeswahlgesetzen[16].

Die Vorschriften dienen jeweils als Rechtsgrundlage für das Recht auf Gehör der Wahlbewerber in der sie wählenden Versammlung. Darüber, ob diese Personen auch ein Auskunftsrecht haben, und ob auch Versammlungsteilnehmer, die nicht als Wahlbewerber kandidieren, ein Recht auf Auskunft und Gehör haben, schweigen sich die Wahlgesetze indes weiterhin aus.

Auch ohne ausdrückliche Regelung bieten die wahlgesetzlichen Bestimmungen des Bundes und der Länder allerdings insofern einen Ansatzpunkt zur Begründung eines innerparteilichen Rechts auf Auskunft und Gehör, als sie verlangen, daß

---

10 Im Ergebnis ebenso *Risse*, Der Parteiausschluß, S. 126: „Keine gesetzliche Regelung (...) für das Rederecht". Offen indes CDU-BPartG, NVwZ 1982, 159 [160]. A.A. *Streinz*, in: von Mangoldt/Klein/Starck (Hrsg.), GG-K II, Art. 21 Abs. 1 Rn. 167, sowie das CDU-Bundesparteigericht, NVwZ 1993, 1126 [1127], das mit § 15 Abs. 3 PartG das Recht auf Gehör eines bei innerparteilichen Wahlen kandidierenden Parteimitglieds begründete.

11 Vgl. *Seifert*, Die politischen Parteien im Recht der Bundesrepublik Deutschland, S. 260.

12 Siehe zu den betreffenden Bestimmungen oben § 6 I 1 b) bb).

13 GVBl. S. 251.

14 BGBl I, 698.

15 Siehe dazu *Schreiber*, NVwZ 2002, 1 [5].

16 Vgl. etwa § 24 Abs. 1 Satz 4 HbgBüWahlG; § § 21 Abs. 4 S. 4 LWahlG MV.

Wahlbewerber einer Partei durch eine Wahl bestimmt werden müssen. Dabei sind die entsprechenden Bestimmungen im Lichte der verfassungsrechtlichen Wahlrechtsgrundsätze auszulegen[17]. Ob sich die wahlgesetzlichen Bestimmungen infolge dieser Auslegung als Rechtsgrundlage für das Recht auf Auskunft und Gehör eignen, hängt somit von der Bedeutung der Wahlrechtsgrundsätze bei der innerparteilichen Wahlbewerberaufstellung ab. Die Bedeutung der Wahlrechtsgrundsätze soll jedoch erst an späterer Stelle ermittelt werden[18]. Daraus erhellt dann auch der Grund für die neuen wahlgesetzlichen Bestimmungen zum Recht auf Gehör der Wahlbewerber.

3. Im Vereinsrecht des BGB

Selbst wenn sich die wahlgesetzlichen Regelungen infolge ihrer Auslegung im Lichte der verfassungsrechtlichen Wahlrechtsgrundsätze als taugliche Rechtsgrundlage für ein Recht auf Auskunft und Gehör erweisen sollten, könnten sie dies nur für den Vorgang der Wahlbewerberaufstellung sein. Denn außerhalb dieses Vorgangs ist die Regelung des Rechts auf Auskunft und Gehör Sache des Parteiengesetzgebers[19]. Da das Parteiengesetz dazu jedoch schweigt, gelangt insoweit entsprechend dem oben[20] beschriebenen Verhältnis der Rechtsquellen der inneren Parteienordnung das bürgerliche Vereinsrecht zur Anwendung. Darüber hinaus würde das bürgerliche Vereinsrecht auch für den Vorgang der Wahlbewerberaufstellung der Parteien gelten, falls sich die dazu bestehenden wahlgesetzlichen Bestimmungen nicht als taugliche Rechtsgrundlage für das Recht auf Auskunft und Gehör erweisen sollten.

Die Suche nach Regelungen des Rechts auf Auskunft und Gehör eines Mitglieds oder eines Nichtmitglieds im in den §§ 21 ff. BGB gesetzlich normierten Vereinsrecht fällt indes ebenfalls vergeblich aus. Insbesondere kann das Individualrecht auf Auskunft nicht aus §§ 27 Abs. 3, 666 BGB abgeleitet werden[21].

Gleichwohl besteht heute in der Literatur Einigkeit, daß dem Mitglied im bürgerlich-rechtlichen Verein sowohl ein Recht auf Auskunft[22] sowie darüber hinaus

---

17 So deutlich herausgearbeitet vom Hamburger Verfassungsgericht, NVwZ 1993, 1083 [1086 unter B I 1.1]. Vgl. ferner BVerfGE 41, 399 [417 f.]; 47, 253 [282 f.]; 89, 243 [251 ff.]. Kritisch insofern Karpen, DVBl.1993, 1077 [1079].

18 Siehe dazu unten unter § 7 II 4 b).

19 Siehe zur Abgrenzung der Gesetzgebungskompetenzen voneinander oben § 6 I 1 b) bb).

20 Siehe § 6 II.

21 Sie dazu nachstehend unter § 7 II 3 a) aa).

22 *Burhoff*, Vereinsrecht, Rn. 143, 287; *Grunewald*, ZIP 1989, 962 ff.; *dies.*, Gesellschaftsrecht, 2.A.V.2, Rn. 59; *Hadding*, in: Soergel, BGB-K I, § 38 Rn. 17; *Heinrichs*, in: Palandt, BGB-K, § 38 Rn. 1a; *Kohler*, Mitgliedschaftliche Regelungen in Vereinsordnungen, S. 111; *Lepke*, NJW 1966, 2099 ff.; *Reichert*, HdbVereins- und Verbandsrechts, Rn. 517, 885; *Reuter*, in: MüKo-BGB I, § 38 Rn. 36; *Sauter/Schweyer*, Der eingetragene Verein, Rn. 281, 336; *K. Schmidt*, Informationsrechte in Gesellschaften und Verbänden, S. 56 f.; *ders.*, Gesellschaftsrecht, § 24 IV 2 c), S. 705; *U. Schmidt*,

auch auf Gehör[23] zusteht. Auch die Rechtsprechung scheint davon auszugehen[24] Rechtsgrund sowie Rechtsnatur des Rechts auf Auskunft und Gehör des Vereinsmitglieds werden nachstehend erläutert. Hingegen ist dem bürgerlichen Vereinsrecht ein Recht auf Auskunft und Gehör des Nichtmitglieds fremd.

a) Recht auf Auskunft

Was das Auskunftsrecht anbelangt, ist zunächst nochmals zu erinnern, daß es dabei um das individuelle und nicht um das kollektive Recht auf Information geht[25]. Diese Unterscheidung ist rechtlich wie auch praktisch von erheblicher Bedeutung:

aa) Das individuelle Informationsrecht im Unterschied zum kollektiven Informationsrecht

Die für alle privatrechtlichen Verbänden[26] geltende Verschiedenheit[27] des individuellen und kollektiven Informationsrechts kommt in den gesetzlichen Vorschriften zum Recht der Gesellschaft bürgerlichen Rechts klar zum Ausdruck: Einerseits kann sich jeder Gesellschafter nach § 716 Abs. 1 BGB von den Angelegenheiten der Gesellschaft persönlich unterrichten. Andererseits ist der geschäftsführende Gesellschafter gemäß den §§ 713, 666 BGB verpflichtet, den Gesellschaftern die erforderlichen Nachrichten zu geben, auf Verlangen über den Stand des Geschäfts Auskunft zu erteilen und nach der Ausführung des Auftrags Rechenschaft abzulegen. Der Unterschied zwischen beiden Informationsalternativen besteht nicht etwa darin, daß ein und dasselbe Informationsrecht einmal individuell und das andere Mal kollektiv ausgeübt wird. Vielmehr wird, wenn man sich den Ausgangspunkt der jeweiligen Regelungen vor Augen führt, erkennbar, daß es sich beim individuel-

---

Die Mitgliedschaft in Verbänden, S. 162; *Stöber*, HdbVereinsrecht, Rn. 306; *Weick*, in: Staudinger, BGB-K I, § 27 Rn. 25, § 35 Rn. 6; *Wohlleben*, Informationsrechte des Gesellschafters, S. 89.

23 *Hadding*, in: Soergel, BGB-K I, § 38 Rn. 17; *Kohler*, Mitgliedschaftliche Regelungen in Vereinsordnungen, S. 114; *Reichert*, HdbVereins- und Verbandsrechts, Rn. 517, 869, 880 ff.; *U. Schmidt*, Die Mitgliedschaft in Verbänden, S. 162. Vgl. ferner *Stöber*, HdbVereinsrecht, Rn. 473, sowie *Sauter/Schweyer*, Der eingetragene Verein, Rn. 186, die die Zulässigkeit von Redezeitbeschränkungen in Mitgliederversammlungen erörtern und damit ein Rederecht voraussetzen.

24 Dort findet sich - soweit ersichtlich – allerdings lediglich eine Entscheidung des LG Mainz, BB 1989, 812 ff., einen wirtschaftlichen Verein betreffend, sowie ein obiter dictum des OLG Hamm, MDR 1973, 929. Das in diesem Zusammenhang mitunter (vgl. etwa *K. Schmidt*, Informationsrechte in Gesellschaften und Verbänden, S. 56 Fn. 202; *ders.*, Gesellschaftsrecht, § 24 IV 2 c), S. 705, Fn. 155) erwähnte obiter dictum des BayOLG, NJW 1972, 1377 [1378], betrifft das individuelle Informationsrecht eines Wohnungseigentümers.

25 Siehe oben § 2 II.

26 Wenn im folgenden von „Verband" die Rede ist, wird der Begriff synonym mit „Vereinigung" oder „Gesellschaft" im weitesten Sinne verwandt, nicht indes in engerem Sinne als Kennzeichnung nur derjenigen Vereinigungen, die politische Ziele verfolgen und gesellschaftlichen Einfluß ausüben, vgl. zu diesen Begriffsdefinitionen *Wiedemann*, Gesellschaftsrecht, § 1 I, S. 4.

27 Dogmatisch grundlegend dazu *K. Schmidt*, Informationsrechte in Gesellschaften und Verbänden, S. 15 ff.

len und kollektiven Informationsrecht um qualitativ grundverschiedene Rechtsverhältnisse handelt. So hat bereits das Reichsgericht herausgearbeitet, daß § 716 Abs. 1 BGB beim Berechtigten ansetzt und ein „Recht der einzelnen Gesellschafter auf eigene Unterrichtung" begründet, § 666 BGB dagegen beim Verpflichteten und § 713 BGB deshalb „die Rechte und Pflichten der geschäftsführenden Gesellschafter gegenüber der Gesamtheit der Gesellschafter" bestimmt[28]. Während es also einerseits um das *Recht* des Gesellschafters *auf* Information geht, handelt es sich andererseits um die *Pflicht* der verantwortlichen Organmitglieder *zur* Information. Das individuelle Informationsrecht erweist sich somit als Korrelat der Mitgliedschaft, das kollektive Informationsrecht indes als Korrelat der Organverantwortlichkeit[29].

Diese Erkenntnis hat zum einen Konsequenzen für die Frage, wer Träger der Rechte ist. Als Korrelat der Mitgliedschaft steht das individuelle Informationsrecht dem einzelnen Verbandsmitglied zu[30], das kollektive Informationsrecht als Korrelat der Organverantwortlichkeit hingegen dem Verband als Kollektiv, bei bürgerlich-rechtlichen Vereinen also dem Verein als solchem[31]. Zur Durchsetzung des kollektiven Informationsrechts bedarf es daher eines Mehrheitsbeschlusses der Mitglieder[32]. Deshalb kann ein wißbegieriges Mitglied mittels des kollektiven Informationsrechts nur dann Informationen erlangen, wenn es bei seinem entsprechenden Begehren von der Mitgliedermehrheit unterstützt wird, es sei denn, daß ausnahmsweise einmal die Voraussetzungen einer „actio pro socio"[33] vorliegen[34]. Individual- und Minderheitenschutz gewährleistet folglich in der Regel nur das individuelle Informationsrecht[35].

Zum anderen folgt aus der unterschiedlichen Herkunft des individuellen und des kollektiven Informationsrechts, daß auch der jeweilige Informationsschuldner verschieden ist. So richtet sich das individuelle Informationsrecht gegen den Verband als Kollektiv, also etwa gegen den Verein[36]. Verpflichteter des kollektiven Informationsrechts ist demgegenüber das Verbandsleitungsorgan, und, falls es sich dabei um ein Kollektivorgan handelt, jedes einzelne Mitglied dieses Organs[37], beim

---

28 RGZ 148, 278 [279].

29 *K. Schmidt*, Informationsrechte in Gesellschaften und Verbänden, S. 16; *Wohlleben*, Informationsrechte des Gesellschafters, S. 2 f.

30 Vgl. *Grunewald*, ZIP 1989, 962; *Habersack*, Die Mitgliedschaft - subjektives und ‚sonstiges' Recht, S. 341; *K. Schmidt*, Informationsrechte in Gesellschaften und Verbänden, S. 21.

31 *K. Schmidt*, Informationsrechte in Gesellschaften und Verbänden, S. 18; *Wohlleben*, Informationsrechte des Gesellschafters, S. 2 f.

32 Vgl. in bezug auf den bürgerlich-rechtlichen Verein *Grunewald*, ZIP 1989, 962.

33 Allgemein zu diesem Institut *K. Schmidt*, Gesellschaftsrecht, § 21 IV, S. 629 ff.

34 Vgl. *Wohlleben*, Informationsrechte des Gesellschafters, S. 2.

35 *Wohlleben*, Informationsrechte des Gesellschafters, S. 2.

36 *K. Schmidt*, Informationsrechte in Gesellschaften und Verbänden, S. 27.

37 Vgl. BGHZ 20, 239 [246] sowie 47, 341 [352], jeweils für die AG.

bürgerlich-rechtlichen Verein also der Vorstand bzw. jedes einzelne Vorstandsmitglied[38].

Angesichts dieser Unterschiede erweist sich die im vereinsrechtlichen Schrifttum mitunter anzutreffende Anknüpfung des individuellen Informationsrechts an die Informationspflicht des Vorstands nach §§ 27 Abs. 3, 666 BGB[39] nicht nur als dogmatischer Schönheitsfehler. Vielmehr ist die Differenzierung zwischen dem in §§ 27 Abs. 3, 666 BGB normierten kollektiven Informationsrecht und dem im bürgerlichen Vereinsrecht ungeregelten individuellen Informationsrecht in der Praxis von entscheidender Bedeutung, macht es doch einen handgreiflichen Unterschied, ob ein Informationsbegehren nur von der Mitgliedermehrheit oder auch von einem einzelnen Mitglied durchgesetzt werden kann und wer dabei der Anspruchsgegner ist, der Verband als Kollektiv oder ganz bestimmte Personen[40].

bb) Rechtsgrund

Für einige Rechtsformen von Vereinigungen hat das individuelle Informationsrecht im Recht der Personenverbände gesetzliche Regelung erfahren. Unterteilt man die Vereinigungen in Personengesellschaften und Körperschaften, so ergibt sich folgendes Bild:

(1) Gesetzliche Regelungen für Personengesellschaften

In § 716 Abs. 1 BGB ist – wie bereits angesprochen – das individuelle Informationsrecht des Gesellschafters bürgerlichen Rechts geregelt. Wörtlich lautet diese Vorschrift: Ein Gesellschafter kann, auch wenn er von der Geschäftsführung ausgeschlossen ist, sich von den Angelegenheiten der Gesellschaft persönlich unterrichten, die Geschäftsbücher und die Papiere der Gesellschaft einsehen und sich aus ihnen eine Übersicht über den Stand des Gesellschaftsvermögens anfertigen. Dabei wird das individuelle Informationsrecht des Gesellschafters bürgerlichen Rechts durch Absatz 2 des § 716 BGB der Disposition der Gesellschafter entzogen, soweit Grund zu der Annahme unredlicher Geschäftsführung besteht. Eine mit § 716 BGB im wesentlichen inhaltsgleiche Regelung ergibt sich aus § 118 HGB für den OHG-Gesellschafter sowie in Verbindung mit den §§ 161 Abs. 2 HGB, 278 Abs. 2 AktG auch für die Komplementäre der KG und KGaA[41]. Hingegen sind die §§ 716 BGB, 118 HGB gemäß §§ 233 Abs. 2 und 166 Abs. 2 HGB auf

---

[38] *Steffen*, in: RGRK-BGB, § 27 Rn. 7; *Weick*, in: Staudinger, BGB-K, § 27 Rn. 25.

[39] So etwa bei *Lepke*, NJW 1966, 2099; *Reichert*, HdbVereins- und Verbandsrechts, Rn. 885; *U. Schmidt*, Die Mitgliedschaft in Verbänden, S. 162, vgl. Fn. 2; *Stöber*, HdbVereinsrecht, Rn.302 ff., insbesondere 305 f.; *Weick*, in: Staudinger, BGB-K I, § 27 Rn. 25, der sich dazu allerdings selbst in Widerspruch setzt, indem er später (aaO, § 35 Rn. 6) bemerkt, das Auskunftsrecht des Mitglieds sei im Vereinsrecht des BGB nicht geregelt.

[40] Vgl. *K. Schmidt*, Informationsrechte in Gesellschaften und Verbänden, S. 28.

[41] § 118 HGB unterscheidet sich von § 716 BGB lediglich dadurch, daß an die Stelle der „Geschäftsbücher" die „Handelsbücher" und an die Stelle der „Vermögensübersicht" eine handelsrechtliche „Bilanz" treten.

stille Gesellschafter bzw. Kommanditisten unanwendbar. Dafür gewähren ihnen die §§ 233 und 166 HGB in den Absätzen 1 und 3 ein Recht auf abschriftliche Mitteilung des Jahresabschlusses unter Einsicht der Bücher und Schriften sowie aus wichtigem Grund mit gerichtlicher Anordnung auch ein Recht auf weitergehende Aufklärung.

(2) Gesetzliche Regelungen für Körperschaften

§ 51a GmbHG regelt das individuelle Informationsrecht des Gesellschafters einer Gesellschaft mit beschränkter Haftung und bestimmt hierzu in Absatz 1, daß deren Geschäftsführer dem Gesellschafter auf Verlangen einerseits unverzüglich Auskunft über die Angelegenheiten der Gesellschaft zu geben und andererseits Einsicht in die Bücher und Schriften zu gestatten haben. Demgegenüber ist der Aktionär aufgrund der allgemeinen[42] Regelung seines individuellen Informationsrechts in § 131 AktG zwar befugt, in der Hauptversammlung vom Vorstand Auskunft über die Angelegenheiten der Gesellschaft zu verlangen, soweit sie entweder zur sachgemäßen Beurteilung des Gegenstandes der Tagesordnung erforderlich ist (Absatz 1) oder einem anderen Aktionär außerhalb der Hauptversammlung gegeben wurde (Absatz 4). Anders als § 51a GmbHG gewährt § 131 AktG jedoch kein allgemein gefaßtes Einsichtsrecht[43]. Das Genossenschaftsgesetz wiederum enthält überhaupt keine allgemeine Regelung des individuellen Informationsrechts des Genossen. Vielmehr billigt es ihm lediglich ein Recht auf Einsicht in die Liste der in die Vertreterversammlung gewählten Vertreter (§ 43a Abs. 6) und Niederschrift der Generalversammlungsbeschlüsse (§ 47 Abs. 4) sowie ein Recht sowohl auf Einsicht als auch auf Abschrift der Mitgliederliste (§ 31 Abs. 1), des Jahresabschlusses, des Lageberichts und des Berichts des Aufsichtsrates (§ 48 Abs. 3). Damit ist der Genosse gesetzlich nur wenig besser gestellt als das Mitglied des bürgerlich-rechtlichen Vereins, dem das BGB noch nicht einmal für derartige besondere Fälle ein Informationsrecht zuspricht.

(3) Das individuelle Informationsrecht als „mitgliedschaftliches Grundrecht“

Die bei diesem Überblick zu Tage tretenden Unterschiede sind zu einem Teil sachlich begründet. Wenn etwa § 131 Abs.1 AktG anders als § 51a Abs. 1 GmbHG das individuelle Informationsrecht nur in der Hauptversammlung gewährt, so liegt der Grund dafür vor allem darin, daß die Zahl der Aktionäre in Aktiengesellschaften die Zahl der Gesellschafter in Gesellschaften mit beschränkter Haftung regelmäßig um ein vielfaches übersteigt. Infolgedessen drohte ein jederzeit ausübbares

---

[42] Für besondere Sachverhalte enthält das Aktiengesetz spezielle Regelungen des Informationsrechts des Aktionärs, vgl. dazu im einzelnen *Wohlleben*, Informationsrechte des Gesellschafters, S. 9.

[43] Allerdings sehen die in der vorstehenden Fußnote angesprochenen Regelungen zum Teil auch ein Einsichtsrecht vor, vgl. dazu abermals *Wohlleben*, Informationsrechte des Gesellschafters, S. 9.

Informationsrecht der Aktionäre den laufenden Geschäftsbetrieb der Aktiengesellschaften lahmzulegen[44].

Zum anderen Teil beruhen die Rechtsformunterschiede aber auch einfach auf historischem Zufall, weil die genannten Regelungen teils noch aus dem 19. Jahrhundert stammen (so die zu den Personengesellschaften sowie einige zur Genossenschaft), teils von 1965 (§ 131 AktG) und teils von 1980 (§ 51a GmbHG) sind und sich das verbandsrechtliche Verständnis während dieser Zeit erheblich gewandelt hat[45]. Soweit diese zufällig bedingten Unterschiede zu Unbilligkeiten führen, steht heute außer Frage, daß sie, solange der Gesetzgeber nicht selbst tätig wird, durch Rechtsfortbildung auszugleichen sind[46]. Dabei ist man sich ebenfalls einig, daß es sich um eine solchermaßen zufällig bedingte Unbilligkeit handelt, wenn das Genossenschaftsgesetz sowie das Vereinrecht des BGB dem Genossen bzw. Vereinsmitglied gar kein allgemein gefaßtes individuelles Informationsrecht gewährt[47]. Problematisch ist jedoch, wie sich das individuelle Informationsrecht in diesen Fällen begründen läßt.

Nach herrschender Meinung wurzelt das individuelle Informationsrecht in einem Verband in der Mitgliedschaft. So stehe jedem Verbandsmitglied unabhängig von einer gesetzlichen Regelung ein Informationsrecht zu[48]. Durch gesetzliche Regelungen werde das Informationsrecht lediglich auf bestimmte Verbandsform zugeschnitten. Für die Verbandsformen, für die es an solchen Regelungen fehle, könnten die Informationsbefugnisse eines Mitglieds in Analogie zur gesetzlichen Regelung des individuellen Informationsrechts in einer anderen, vergleichbaren Verbandsform konkretisiert werden. Im hier interessierenden Fall des individuellen Informationsrechts in bürgerlich-rechtlichen Vereinen sei die Konkretisierung dabei in Analogie zur Regelung des § 131 AktG vorzunehmen[49].

---

44 Vgl. *K. Schmidt*, Informationsrechte in Gesellschaften und Verbänden, S. 22; *ders.*, Gesellschaftsrecht, § 21 III 1 c), S. 626.

45 *K. Schmidt*, Informationsrechte in Gesellschaften und Verbänden, S. 21 ff.; *ders.*, Gesellschaftsrecht, § 21 III 1, S. 624 ff.

46 *Reuter*, in: MüKo-BGB I, § 38 Rn. 36; *K. Schmidt*, Informationsrechte in Gesellschaften und Verbänden, S.21 ff., 35 ff.; *ders.*, Gesellschaftsrecht, § 21 III 1, S. 625 ff.

47 Vgl. *Reuter*, in: MüKo-BGB I, § 38 Rn. 36; *K. Schmidt*, Informationsrechte in Gesellschaften und Verbänden, S. 53 ff., 56 ff.; *ders.*, Gesellschaftsrecht, § 21 III 1 c), S. 626, § 24 IV 2 c), S 704; *Wohlleben*, Informationsrechte des Gesellschafters, S. 88, 89.

48 Vgl. *Möhring*, Die Kontrollrechte der Gesellschafter, in: Festschrift für Rittershausen, S. 357 [371]: „...immanenter Bestandteil des Mitgliedschaftsrechts..."; *Schilling*, Grundlagen eines GmbH-Konzernrechts, in: Festschrift für Hefermehl, S. 383 [386]: „Das Auskunftsrecht ist ... ein nicht weiter begründungsbedürftiger Bestandteil der Rechte des einzelnen Gesellschafters..."; *K. Schmidt*, Informationsrechte in Gesellschaften und Verbänden, S. 68: Es ist davon auszugehen, „daß die Mitgliedschaft in einem privatrechtlichen Personenverband Informationsrechte in sich birgt..."; *Teichmann*, Gestaltungsfreiheit in Gesellschaftsverträgen, S. 214 f.: „...Auskunftsanspruch ohne gesetzlichen Rückhalt... Hier liegt ein Fall der außergesetzlichen Institutionalisierung vor...".

49 Vgl. *Grunewald*, ZIP 1989, 963 f.; *dies.*, Gesellschaftsrecht, 2A.V.2, Rn. 59; *Reuter*, in: MüKo-BGB I, § 38 Rn. 36; *K. Schmidt*, Informationsrechte in Gesellschaften und Verbänden, S. 57; *ders.*, Gesellschaftsrecht, § 24 IV 2 c), S. 704; wohl auch *Hadding*, in: Soergel, BGB-K, § 38 Rn. 17.

Demgegenüber sieht *Wohlleben*[50] den Rechtsgrund des individuellen Informationsrechts in Verbänden zwar ebenfalls in der Mitgliedschaft. Doch könne das Mitglied daraus nicht unmittelbar Informationsansprüche herleiten. Vielmehr bedürfe es hierzu „einer vom Rechtsgrund zu unterscheidenden Rechtsquelle" in Form einer gesetzlichen oder vertraglichen[51] Regelung. Seine Argumentation wirkt allerdings diffus. So verfolgt er zunächst den Gedanken, Information sei ein immaterieller Wert der Gesellschaft, und der Gesellschafter müsse daran ebenso partizipieren können wie am wirtschaftlichen Erfolg. Dem setzt er dann aber selbst entgegen, daß es prinzipiell Sache der Gesellschafter sei, durch die Wahl der Rechtsform und Definition des von der Gesellschaft zu verfolgenden Zwecks zu bestimmen, welche Art von Erträgen sie gemeinsam erstreben wollen[52]. Letztlich hält er es indes für inadäquat, Mitgliedern in Verbänden, in denen es an einer entsprechenden gesetzlichen oder vertraglichen Grundlage fehlt, überhaupt keine Informationsbefugnisse zuzugestehen. Statt dessen behilft er sich in diesen Fällen wie die herrschende Meinung mit einer Analogie zu vorhandenen gesetzlichen Regelungen, dies aber nicht bloß zur Konkretisierung, sondern zur Begründung der Informationsbefugnisse, wobei er hinsichtlich des Vereinmitglieds ebenfalls die Analogie zu § 131 AktG wählt[53].

Obwohl sich die Auffassung von *Wohlleben* im Ergebnis nicht von der herrschenden Ansicht unterscheidet, kann seine Argumentation hier nicht unwidersprochen blieben. Sie ist wohl dahingehend zu verstehen, daß es prinzipiell von der Verbandsform und den dafür geltenden gesetzlichen Bestimmungen abhängt, ob Mitgliedern Informationsansprüche zustehen. Demzufolge hätten die Mitglieder in bürgerlich-rechtlichen Vereinen also grundsätzlich keine solchen Ansprüche, es sei denn, sie würden ihnen durch die Vereinssatzung ausdrücklich gewährt. Weil aber der Gesetzgeber dem Aktionär ein Auskunftsrecht eingeräumt hat, müsse ein entsprechender Informationsanspruch auch dem Vereinsmitglied zugebilligt werden.

In der Konsquenz bedeutet diese Argumentation, daß das „Ob" der Informationsansprüche der Mitglieder in bürgerlich-rechtlichen Vereinen davon abhängt, ob der Gesetzgeber das individuelle Informationsrecht für eine vergleichbare Verbandsform geregelt hat. Eine solche Bedingung besteht jedoch gerade nicht; die grundsätzliche Möglichkeit des Mitglieds eines Verbands, sich verbandsintern zu informieren, steht nicht zur Disposition des einachen Gesetzgebers. Das ergibt sich daraus, daß Verbände Vereinigungen im Sinne des Art. 9 GG sind, die sich als Zusammenschluß von Personen zur Verfolgung eines gemeinsamen Zwecks definieren[54]. Zum Wesen eines solchen Personenzusammenschlusses gehört es, daß die einzelnen Mitglieder in irgendeiner Form an seiner Zweckverfolgung teilhaben

---

[50] *Wohlleben*, Informationsrechte des Gesellschafters, S. 44 ff.

[51] Gemeint ist eine Regelung im Gesellschaftsvertrag bzw. in der Satzung des Verbands, vgl. *Wohlleben*, Informationsrechte des Gesellschafters, S. 35.

[52] *Wohlleben*, Informationsrechte des Gesellschafters, S. 45.

[53] *Wohlleben*, Informationsrechte des Gesellschafters, S. 89.

[54] Vgl. zur Definition des Begriffs Vereinigung i.S.d. Art. 9 GG oben § 6 I 1 b) cc) (1).

können, sei es durch aktive Mitwirkung an dessen Tätigkeit oder zumindest durch die Kontrolle derselben[55]. Zur sinnvollen Wahrnehmung seiner ihm jeweils zustehenden Rechte ist das Verbandsmitglied aber in jedem Fall auf Information angewiesen[56], wobei sein Informationsbedarf proportional zum Umfang seiner Rechte steigt[57]. So wie die Verbände selbst sind folglich auch die individuellen Informationsrechte in ihnen der „Willkür des Gesetzgebers entzogen", ja behaupten sich selbst gegen den Willen des Gesetzgebers[58]. Dieser kann sie also für die verschiedenen Verbandsformen nicht im Rahmen seines rechtspolitischen Ermessens konstitutiv begründen oder gänzlich versagen, sondern lediglich konkretisieren und begrenzen[59].

Als für die vorliegende Untersuchung relevantes Fazit ist sonach festzuhalten, daß die Befugnis des Mitglieds eines Vereins bürgerlichen Rechts, sich verbandsintern zu informieren, nicht deshalb besteht, weil und seitdem der Gesetzgeber für die ihrer Struktur nach ähnlichen Aktiengesellschaften ein entsprechendes Recht der Aktionäre geregelt hat, sondern unabhängig davon, ob es überhaupt für irgendeine Verbandsform gesetzliche Regelung erfahren hat, nämlich gewissermaßen als unentziehbares „mitgliedschaftliches Grundrecht"[60].

cc) Rechtsnatur

(1) Mitgliedschaftsrecht sui generis

Rechte eines Verbandsmitglieds, die aus der Mitgliedschaft hervorgehen, werden als „Mitgliedschaftsrechte" bezeichnet[61]. Vor dem Hintergrund des vorstehend

---

55 Vgl. *Larenz*, Lehrbuch des Schuldrechts II (12. Auflage), § 60 II 1 c), S. 375 f.; *Wiedemann*, Die Übertragung und Vererbung von Mitgliedschaftsrechten bei Handelsgesellschaften, S. 32 ff.; ferner *Ebenroth*, Das Auskunftsrecht des Aktionärs und seine Durchsetzung im Prozeß, S. 23; *Netter*, Die aktienrechtliche Auskunftspflicht, S. 7 ff.

Allgemein zum unverzichtbaren Mindestbestand an Mitgliedschaftsrechten in Gesellschaften *Wiedemann*, Gesellschaftsrecht, § 7 II, S. 365 ff.; zum Mindestbestand an Mitgliedschaftsrechten speziell im Verein bürgerlichen Rechts, ohne die „im Rechtssinne von einer Mitgliedschaft nicht gesprochen werden" kann, *Sauter/Schweyer*, Der eingetragene Verein, Rn. 196.

56 *K. Schmidt*, Gesellschaftsrecht, § 21 III 1 a), S. 624.

57 Vgl. *Grunewald*, Gesellschaftsrecht, 2.A.V.2., Rn. 59, in bezug auf das Mitglied eines bürgerlichrechtlichen Vereins.

58 *K. Schmidt*, Gesellschaftsrecht, § 21 III 1 a), S. 625.

59 *K. Schmidt*, Gesellschaftsrecht, § 21 III 1 c), S. 626.

60 *Wiedemann*, Gesellschaftsrecht, § 7 II 2 a) aa), S. 374. Ebenso *K. Schmidt*, Informationsrechte in Gesellschaften und Verbänden, S. 13, 21; *ders.*, Gesellschaftsrecht, § 21 III 1 a), S. 624.

61 *K. Schmidt*, Gesellschaftsrecht, § 19 III 3 a), S. 557. Derweil wird insofern auch von „Mitgliedsrechten" gesprochen (vgl. etwa *Sauter/Schweyer*, Der eingetragene Verein, Rn. 335), was zwar weniger präzise ist, aber akzeptabel, im Gegensatz zu der von *Stöber*, HdbVereinsrecht, Rn. 127, verwendeten Bezeichnung „Mitgliederrechte", die nicht deutlich werden läßt, daß es sich um Rechte handelt, die jedem einzelnen Mitglied zustehen und nicht bloß - wie das kollektive Informationsrecht - den Mitgliedern gemeinsam.

Gesagten handelt es sich von daher auch beim individuellen Informationsrecht bzw. Auskunftsrecht um ein Mitgliedschaftsrecht[62].

Im Recht der privaten Personenverbände werden Mitgliedschaftsrechte ihrem Inhalt nach üblicherweise[63] in Mitverwaltungsrechte und Vorteilsrechte eingeteilt, wobei die Mitverwaltungsrechte auch schlicht Verwaltungs- oder aber Herrschafts-, Teilhabe- oder Organschaftsrechte genannt werden, die Vorteilsrechte auch Vermögens-, Benutzungs- oder Wertrechte. Der Genauigkeit halber wird zwischen diesen beiden Kategorien von einigen Autoren[64] noch die Gruppe der Schutz- oder Kontrollrechte angesiedelt. Dabei muß allerdings gesehen werden, daß Mitverwaltungsrechte auch Schutzfunktionen haben sowie umgekehrt Schutzrechte in Gestalt von Mitverwaltungsrechten eingeräumt sein können[65]. Die Bildung einer gesonderten Kategorie der Schutzrechte ist daher nur sinnvoll, wenn man hierunter nur die Schutzrechte mit reiner Schutzfunktion versteht, die sich dann reine Schutzrechte[66] oder Schutzrechte im engeren Sinne[67] nennen lassen.

Bei dieser Einteilung sind als Mitverwaltungsrechte solche Rechte des Mitglieds anzusehen, die ihm die Möglichkeit geben, aktiv an der Verfolgung des Verbandszwecks mitzuwirken[68]. Hierzu werden insbesondere das Recht zur Teilnahme an Mitglieder- und Vertreterversammlungen[69], das Antragsrecht sowie das Stimmrecht einschließlich des aktiven und passiven Wahlrechts gezählt. Vorteilsrechte stellen sich indes als Teilhaberechte an Vorteilen dar, die sich aus der Existenz und Betätigung des Verbands ergeben[70], wie beispielsweise das Recht auf Nutzung von Vereinseinrichtungen und -gegenständen, das Teilnahmerecht an Verbandsveranstaltungen, die keine Mitglieder- oder Vertreterversammlungen sind, sowie der Anspruch auf Erträgnisausschüttung. Schutzrechte im engeren Sinne sind schließlich

---

62 Vgl. zum Beispiel LG Detmold, AG 1959, 140; Grunewald, ZHR 146 (1982), 211 [216]; *Tietze*, Die Informationsrechte des GmbH-Gesellschafters, S. 16; *Wohlleben*, Informationsrechte des Gesellschafters, S. 33 ff.; speziell zum bürgerliche Vereinsrecht *Hadding*, in: Soergel, BGB-K I, § 38 Rn. 16 f.; *Reichert*, HdbVereins- und Verbandsrechts, Rn. 516 f.; *Reuter*, in: MüKo-BGB I, § 38 Rn. 25.

63 Siehe etwa *Hueck/Fastrich*, in: Baumbach/Hueck, GmbHG-K, § 14 Rn. 12 (Verwaltungs- und Vermögensrechte); *Metz*, in: Lang/Weidmüller/Metz/Schaffland, GenG-K, § 18 Rn. 6 ff.; *Ulmer*, in: MüKo-BGB V, § 705 Rn. 153 ff.; *Zöllner*, in: ders. (Hrsg.), KöKo-AktG I, § 118 Rn. 13; speziell zum bürgerlichen Vereinsrecht *Burhoff*, Vereinsrecht, Rn. 142 f.; *Hadding*, in: Soergel, BGB-K I, § 38 Rn. 16; *Heinrichs*, in: Palandt, BGB-K, § 38 Rn. 1; *Kohler*, Mitgliedschaftliche Regelungen in Vereinsordnungen, S. 111 ff.; *Merkle*, Der Verein im Zivil- und Steuerrecht, S. 76 ff.

64 So etwa *K. Schmidt*, Gesellschaftsrecht, § 19 III 3 c) aa), S. 557 f.; *Wiedemann*, Gesellschaftsrecht, § 7 II, S. 365 f.; speziell im bürgerlichen Vereinsrecht *Reichert*, HdbVereins- und Verbandsrechts, Rn. 518; *Steffen*, in: RGRK-BGB, § 38 Rn. 8.

65 *K. Schmidt*, Gesellschaftsrecht, § 19 III 3 c) aa), S. 557 f.

66 So *K. Schmidt*, Gesellschaftsrecht, § 19 III 3 c) aa), S. 558.

67 Ähnlich *Wiedemann*, Gesellschaftsrecht, § 7 II 2 c), S. 379, der die Bezeichnung „Kontrollrechte im engeren Sinn" wählt.

68 Vgl. *Reichert*, HdbVereins- und Verbandsrechts, Rn. 517.

69 Siehe dazu jedoch die hier vertretene abweichende Auffassung unten unter § 7 II 3 b) aa).

70 *Kohler*, Mitgliedschaftliche Regelungen in Vereinsordnungen, S. 111.

die Überprüfungsrechte, mit deren Hilfe festgestellt werden kann, ob die Verbandsorgane Gesetz und Satzung oder Gesellschaftsvertrag eingehalten haben[71]. So steht insbesondere jedem Mitglied das Recht zu, fehlerhafte Verbandsbeschlüsse anzufechten[72].

Was konkret das mitgliedschaftliche Informationsrecht betrifft, wird seine Einordnung in das vorstehend beschriebene System unterschiedlich vorgenommen. Mehrheitlich wird darin ein (Mit-)Verwaltungs- bzw. Herrschafts-, Teilhabe- oder Organschaftsrecht gesehen[73], zum Teil aber auch ein Schutz- oder Kontrollrecht[74], wobei dann aber nicht ein Schutz- oder Kontrollrecht im engeren Sinne gemeint ist.

Beide Ansichten überzeugen jedoch nicht. Das individuelle Informationsrecht paßt in keine der bislang genannten Kategorien von Mitgliedschaftsrechten. Durch die Betätigung des individuellen Informationsrechts an sich nimmt das Mitglied weder an der Verfolgung des Verbandszwecks oder an den Vorteilen des Verbandes teil[75], noch führt sie für sich genommen zur verbindlichen Feststellung, ob das Verbandshandeln Gesetz oder Satzung entspricht. Vielmehr erlangt das Mitglied durch die Ausübung dieses Rechts zunächst einmal bloß Informationen. Auf die Geschicke des Verbandes Einfluß nehmen, dessen Vorteile nutzen oder dessen Handeln kontrollieren kann das Mitglied indes erst dann, wenn es seine dahingehenden übrigen Mitgliedschaftsrechte wahrnimmt, was sinnvoll möglich freilich nur auf der Grundlage von Informationen ist, zu deren Erlangung sein Informationsrecht dient. Daraus wird ersichtlich, daß das individuelle Informationsrecht gewissermaßen vor oder neben die anderen Mitgliedschaftsrechte tritt, indem es diese sichert und ergänzt. Innerhalb der im Verbandsrecht anerkannten Mitgliedschaftsrechte bildet es damit eine eigene Kategorie[76].

---

[71] *Wiedemann*, Gesellschaftsrecht, § 7 II 2 c), S. 379. Zum Inhalt und Umfang des Rechts eines Vereinsmitglieds auf gesetzes- und satzungsmäßiges Verhalten des Verbandes vgl. *Reuter*, in: MüKo-BGB I, § 38 Rn. 34.

[72] Vgl. *K. Schmidt*, Gesellschaftsrecht, § 19 III 3 c) aa), S. 558.

[73] Vgl. *Barz*, in: GroßK-AktG I/2 (3. Aufl.), § 131 Anm. 2; *Keßler*, in: Staudinger, BGB-K II, § 716 Rn. 1; *Metz*, in: Lang/Weidmüller/Metz/Schaffland, GenG-K, § 18 Rn. 10; *K. Schmidt*, Informationsrechte in Gesellschaften und Verbänden, S. 21; *ders.*, Gesellschaftsrecht, § 19 III 3 c) aa), S. 558; *Zöllner*, in: ders. (Hrsg.), KöKo-AktG I, § 131 Rn. 16; *Hadding*, in: Soergel, BGB-K I, § 38 Rn. 17; *Kohler*, Mitgliedschaftliche Regelungen in Vereinsordnungen, S. 114; *Reichert*, HdbVereins- und Verbandsrechts, Rn. 517.

[74] *Wiedemann*, Gesellschaftsrecht, § 7 II 2, S. 373 ff.; *Wohlleben*, Informationsrechte des Gesellschafters, S. 50 f.

[75] Nichts anderes gilt, wenn der Zweck des Verbands oder einer Verbandsveranstaltung gerade in der Informationsmehrung der Verbandsmitglieder liegt, vgl. zur Begründung unten § 7 II 3 a) cc) (3).

[76] So auch *Reuter*, in: MüKo-BGB I, § 38 Rn. 25, 36.

(2) Individualrecht

Das mitgliedschaftliche Informationsrecht ist ein Individualrecht[77]. Somit unterscheidet es sich zum einen von dem kollektiven Informationsrecht, das dem Verband zusteht und dessen Ausübung durch die Mitglieder von einem Mehrheitsbeschluß abhängt[78].

Als Individualrecht unterscheidet sich das mitgliedschaftliche Informationsrecht aber auch von Minderheitsrechten, zu deren Durchsetzung es zwar nicht der Unterstützung der Mehrheit, aber doch einer bestimmten Anzahl von Mitgliedern bedarf[79]. So verlangt etwa § 37 Abs. 1 BGB für die Geltendmachung des zentralen Minderheitsrechts im bürgerlich-rechtlichen Verein auf Einberufung einer Mitgliederversammlung ein Quorum von 10 Prozent der Mitglieder, sofern die Satzung nicht anderes bestimmt. Freilich bedeutet der Individualrechtscharakter des mitgliedschaftlichen Informationsrechts nicht, daß es nicht auch Minderheiten zu Gute kommen kann, indem sich darauf nämlich auch die einzelnen der jeweiligen Minderheit angehörenden Mitglieder berufen können[80].

(3) Hilfsrecht

Nach herrschender Meinung besteht das individuelle Informationsrecht in Verbänden nicht „um seiner selbst willen"; der Anspruch des Mitglieds, etwas zu wissen oder zu erfahren, solle es vielmehr in die Lage versetzen, festzustellen und zu entscheiden, ob und gegebenenfalls in welcher Form und in welchem Umfang seine übrigen Rechte und Ansprüche bestehen und geltend gemacht werden können[81]. Somit sei das individuelle Informationsrecht „dienender Natur", in diesem Sinne also ein „Hilfsrecht"[82].

---

77 OLG Hamm, NJW 1986, 1693 [1694]; *Barz*, in: GroßK-AktG I/2 (3. Aufl.), § 131 Anm. 1; Lutter/Hommelhoff, GmbHG-K, § 51a Rn. 1; *Hüffer*, AktG, § 131 Rn. 2; *Metz*, in: Lang/Weidmüller/Metz/Schaffland, GenG-K, § 43 Rn. 85; *Roth*, in: Roth/Altmeppen, GmbHG, § 51 a Rn. 3; *K. Schmidt*, Informationsrechte in Gesellschaften und Verbänden, S. 21; *Wohlleben*, Informationsrechte des Gesellschafters, S. 48 f.

78 Vgl. *Hüffer*, AktG, § 131 Rn. 2; *K. Schmidt*, Informationsrechte in Gesellschaften und Verbänden, S. 21.

79 Vgl. *Barz*, in: GroßK-AktG I/2 (3. Aufl.), § 131 Anm. 1.

80 In diesem Sinne auch *Hüffer*, in: Hachenburg, GmbHG-K, § 51 a Rn. 7.

81 *Barz*, BB 1957, 1253; *Nitschke/Bartsch*, AG 1969, 95 [97].

82 Vgl. *Barz*, BB 1957, 1253; *Eckardt*, in: Geßler/Hefermehl/Eckardt/Kropff, AktG II, § 131 Rn. 1; *Ebenroth*, Das Auskunftsrecht des Aktionärs und seine Durchsetzung im Prozeß, S. 20; *Nitschke/Bartsch*, AG 1969, 95 [97]; *Reuter*, in: MüKo-BGB I, § 38 Rn. 36; *K. Schmidt*, Informationsrechte in Gesellschaften und Verbänden, S. 23; *ders.*, Gesellschaftsrecht, § 21 III 1 d), S. 627; der Sache nach auch *Wiedemann*, Gesellschaftsrecht, § 7 II 2, S. 373 f.; speziell zum bürgerlichen Vereinsrecht *Grunewald*, ZIP 1989, 962 [963]; *dies.*, Gesellschaftsrecht, 2.A.V.2, Rn. 59.

Demgegenüber sehen andere im individuellen Informationsrecht ein selbständiges Recht[83]. So dient es nach *Bunte*[84] keineswegs ausschließlich der Ausübung der übrigen Mitgliedschaftsrechte, sondern ebenso der „kognitiven, willensbildenden, Erkenntnis vermittelnden Wirkung". Derweil sucht *Wohlleben*[85] die Selbständigkeit des individuellen Informationsrechts mit den in den gesetzlichen Regelungen des Rechts zum Ausdruck kommenden „Regel-Ausnahme-Prinzip" zu begründen, wonach – wie besonders deutlich aus Absatz 1 und 2 des § 51 a GmbHG ersichtlich werde – die Erteilung der Information die Regel, ihre Verweigerung hingegen die Ausnahme sei. Danach dürfe die Information nur verweigert werden, wenn ein gesetzlicher Verweigerungstatbestand eingreife. Im übrigen aber müsse sie unabhängig davon erteilt werden, wozu sie gebraucht und verwendet werden soll.

Die Entscheidung des Streits hat Auswirkungen für den Umfang des individuellen Informationsrechts. Erkennt man in ihm ein Hilfsrecht, kann es nämlich nur insoweit geltend gemacht und durchgesetzt werden, wie die damit beanspruchte Information zur Ausübung anderer Mitgliedschaftsrechte erforderlich ist[86]. Zwar spielt die Frage in der Praxis dort keine Rolle mehr, wo der Gesetzgeber – wie insbesondere im Aktienrecht (vgl. § 131 AktG) – den Umfang des individuellen Informationsrechts explizit geregelt hat[87]. Im hier interessierenden bürgerlichen Vereinsrecht ist das jedoch nicht der Fall.

Die Aussage, das individuelle Informationsrecht bestehe nicht um seiner willen, ist keine Begründung für den angeblichen Hilfsrechtscharakter, gilt sie doch für alle anderen Mitgliedschaftsrechte auch. Denn Mitgliedschaftsrechte bestehen generell nicht zum Selbstzweck, sondern dazu, dem Mitglied auf eine bestimmte Weise die Teilhabe am Verbandsleben zu ermöglichen[88]. Der Grund dafür, warum gleichwohl nicht jedes Mitgliedschaftsrecht ein Hilfsrecht ist, wohl aber das individuelle Informationsrecht, liegt indes darin, daß das individuelle Informationsrecht dem Zweck, am Verbandsleben teilzuhaben, nicht selbständig dient, sondern – wie bereits ausgeführt[89] – nur in Verbindung mit anderen Mitgliedschaftsrechten[90]. Weil

---

83 *Bunte*, Informationsrechte in der GmbH und im GmHG-Konzern, S. 54 f.; *Neuburger*, BB 1957, 1045; *Schlegelberger/Quassowski/Herbig/Geßler/Hefermehl*, AktG-K, § 112 Anm. 2; *Wischenbart*, Informationsbedarf und Informationsrecht im Gesellschaftsrecht unter vergleichender Berücksichtigung des österreichischen Rechts, S. 33 f.; *Wohlleben*, Informationsrechte des Gesellschafters, S. 49 f.

84 *Bunte*, Informationsrechte in der GmbH und im GmbH-Konzern, S. 51, 55.

85 *Wohlleben*, Informationsrechte des Gesellschafters, S. 49 f.

86 Vgl. zu diesem Zusammenhang *Barz*, BB 1957, 1253; *Bunte*, Informationsrechte in der GmbH und im GmbH-Konzern, S. 71, *Grunewald*, ZIP 1989, 961 [963]; *dies.*, Gesellschaftsrecht, 2.A.V.2, Rn. 59; *Nitschke/Bartsch*, AG 1969, 95 [97].

87 Siehe *Ebenroth*, Das Auskunftsrecht des Aktionärs und seine Durchsetzung im Prozeß, S. 20; *Zöllner*, in: ders. (Hrsg.), KöKo-AktG I, § 131 Rn. 16.

88 Vgl. *Wiedemann*, Die Übertragung und Vererbung von Mitgliedschaftsrechten bei Handelsgesellschaften, S. 32 ff.

89 Siehe dazu oben § 7 II 3 a) cc) (1).

90 Zu eng war freilich die früher vertretende Ansicht, das individuelle Informationsrecht sei bloß „Zubehör" des Stimmrechts (so etwa *Brodmann*, Aktienrecht, § 259 Anm. 2 d); im Ergebnis auch

es insofern von diesen „Hauptrechten“[91] abhängt, wird es durch sie auch in seinem Umfang bestimmt.

Das in gesetzlichen Regelungen des individuellen Informationsrechts manifestierte Regel-Ausnahme-Prinzip steht dem nicht entgegen. Denn auch diesen Regelungen einschließlich § 51a GmbHG liegt der Gedanke zugrunde, dem Mitglied Informationen zuteil werden zu lassen, auf die es für die sachgemäße Ausübung seiner übrigen Rechte angewiesen ist, nicht aber es überhaupt zu informieren[92]. In § 131 AktG als der gesetzlichen Regelung des individuellen Informationsrechts des Aktionärs, die ebenfalls ein Regel-Ausnahme-Prinzip impliziert[93], kommt dies denn auch klar zum Ausdruck, indem Absatz 1 der Vorschrift dem Aktionär einen Anspruch auf Auskunft gewährt, „soweit sie zur sachgemäßen Beurteilung des Gegenstands der Tagesordnung erforderlich ist“.

So kann von einer Selbständigkeit des individuellen Informationsrechts noch nicht einmal dann die Rede sein, wenn der Zweck des Verbandes gerade in der Informationsmehrung seiner Mitglieder besteht, was etwa denkbar ist bei einer Gesellschaft, die mit dem Ziel gegründet wird, Forschung zu betreiben und das dabei gewonnene „Know-how“ den Mitgliedern zu überlassen[94]. Bei den in den Forschungsergebnissen verkörperten Informationen handelt es sich nämlich um Vorteile, die sich aus der Existenz und Betätigung des Verbands ergeben, so daß die Befugnis des einzelnen Mitglieds, an diesen Vorteilen teilzuhaben, entsprechend der oben[95] beschriebenen Kategorisierung der Mitgliedschaftsrechte als Vorteilsrecht zu qualifizieren ist. Sein daneben als mitgliedschaftliches Grundrecht bestehendes individuelles Informationsrecht dient hingegen auch hier (nur) dazu, ihm die sinnvolle Wahrnehmung seiner übrigen Mitgliedschaftsrechte zu ermöglichen, im vorstehend genannten Beispiel also etwa in Erfahrung zu bringen, ob, wann und in welchem Umfang Forschungsergebnisse zu erwarten sind, die es mittels seines Vorteilsrechts nutzen kann.

(4) Eigennütziges Recht

Es kommt vor, daß das Interesse eines Mitglieds an der Erteilung einer Information, die es für die sachgemäße Wahrnehmung eines anderen Mitgliedschaftsrechts benötigt, mit den Interessen des Verbands kollidiert[96], so etwa, wenn ein Mitglied

---

Horrwitz, JW 1916, 887 [888]). Denn das individuelle Informationsrecht bezweckt eben nicht nur die sinnvolle Verwirklichung des Stimmrechts, sondern auch der anderen Mitgliederrechte. Demzufolge kann es auch zur Erlangung solcher Informationen geltend gemacht werden, die nicht im Zusammenhang mit einer Abstimmung stehen, vgl. *K. Müller*, GenG-K III, § 43 Rn. 16; *Nitschke/Bartsch*, AG 1969, 95 [97].

91 Vgl. zur Terminologie *Wiedemann*, Gesellschaftsrecht, § 7 II 1 b), S. 373.

92 Im Zusammenhang mit § 51a GmbHG ergibt sich dies explizit aus der Entstehungsgeschichte der Norm, nämlich aus der Begründung zum Regierungsentwurf BT-Drucks. VIII/1347, S. 44.

93 Vgl. *Ebenroth*, Das Auskunftsrecht des Aktionärs und seine Durchsetzung im Prozeß, S. 95.

94 Siehe zu diesem Beispiel *Wohlleben*, Informationsrechte des Gesellschafters, S. 45.

95 § 7 II 3 a) cc) (1).

in einer Mitgliederversammlung Auskunft über sensible Verbandsangelegenheiten begehrt und wegen der Anwesenheit von Nichtmitgliedern zu besorgen ist, daß über sie auch ein konkurrierender Verband an die entsprechenden Informationen gelangt[97]. In solchen Fällen stellt sich die Frage, ob das Mitglied die Verfolgung seiner eigenen Interessen hinter das Verbandsinteresse zurückstellen muß.

Die Antwort hängt davon ab, ob das individuelle Informationsrecht seinem Träger um der Verbandsinteressen willen oder um seiner eigenen Interessen willen gegeben ist. So gibt es einerseits Mitgliedschaftsrechte, die ihrem Träger als Verbandsorgan bzw. als Mitglied des Verbandsorgans zustehen. Daraus, daß die Verbandsorgane berufen sind, für den Verband zu handeln, folgt, daß solche organschaftlichen Mitgliedschaftsrechte auf das Verbandsinteresse ausgerichtet sind und von dort aus ihren Inhalt und ihre Grenzen erfahren[98]. Dementsprechend werden sie als „altruistische" oder „gemeinnützige" Mitgliedschaftsrechte bezeichnet[99]. Ihnen gegenüber stehen Mitgliedschaftsrechte, die nicht dazu dienen, Verbandshandlungen vorzunehmen und somit nicht auf die Interessen des Verbands, sondern auf die Interessen des einzelnen Mitglieds ausgerichtet sind. Dementsprechend ist ihre Ausübung grundsätzlich auch bei widerstreitenden Verbandsinteressen zulässig wäre[100]. Zu dieser Gruppe der sogenannten „egoistischen" bzw. „eigennützigen" Mitgliedschaftsrechte gehört auch das individuelle Informationsrecht in Verbänden[101], weil es dazu dient, seinem Träger die sachgerechte Ausübung anderer Rechte zu ermöglichen[102]. Stehen Verbandsinteressen der Ausübung des individuellen Informationsrechts entgegen, ist es also grundsätzlich Sache des Verbands, den Widerspruch zu lösen, im o.g. Beispiel also etwa Nichtmitglieder zu bitten, die Versammlung (vorübergehend) zu verlassen.

---

96 Siehe zu den verschiedenen Interessen bei der Ausübung des individuellen Informationsrechts *Wohlleben*, Informationsrechte des Gesellschafters, S. 11.

97 Vgl. zu derartigen Überlegungen in bezug auf Hauptversammlungen von Aktiengesellschaften *Wohlleben*, Informationsrechte des Gesellschafters, S. 152, 154 f.

98 Prononciert *Fischer*, NJW 1954, 777 [778].

99 Vgl. *Fischer*, NJW 1954, 777 [778]; *ders.*, in: GroßK-HGB II/1 (3. Aufl.), § 105 Anm. 31 b; *Grunewald*, ZHR 146 (1982), 211 [216]; *Müller-Erzbach*, Das Recht der Mitgliedschaft als Prüfstein eines kausalen Rechtsdenkens, S. 208; *Wohlleben*, Informationsrechte des Gesellschafters, S. 29.

100 Vgl. *Fischer*, NJW 1954, 777 [778, 779].

101 *Baumbach/Hueck*, AktG-K, § 131 Rn. 1; *Bunte*, Informationsrechte in der GmbH und im GmbH-Konzern, S. 44; *Fischer*, NJW 1954, 777 [778, 779]; *ders.*, in: GroßK-HGB II/1 (3. Aufl.), § 105 Anm. 31 b; *Hüffer*, AktG-K, § 131 Rn. 2; *ders.*, in: Hachenburg, GmbHG-K II, § 51a Rn. 7 a.E.; *Müller-Erzbach*, Das Recht der Mitgliedschaft als Prüfstein eines kausalen Rechtsdenkens, S. 252; *K. Schmidt*, Informationsrechte in Gesellschaften und Verbänden, S. 24. A.A. von *Godin/Wilhelmi*, AktG-K I, § 131 Anm. 1 (nicht im eigenen Interesse, sondern um der Gesellschaft willen); *Wohlleben*, Informationsrechte des Gesellschafters, S. 33 („selbst- *und* gemeinnützige" Rechte); *Zöllner*, in: ders. (Hrsg.), KöKo-AktG I, § 131 Rn. 4 (sowohl im Interesse der Gesellschaft als auch in dem der Aktionäre; das Interesse des Aktionärs muß aber zurücktreten, wenn es nicht mehr vom Interesse der Gesellschaft gedeckt wird). Dieser Auffassung liegt jedoch der Trugschluß zugrunde, das individuelle Informationsrecht bestehe (auch) im Verbandsinteresse, weil seine Ausübung auch dem Verband zu Gute kommen kann; vgl. zur Klarstellung unten § 7 II 3 a) cc) (4).

102 Vgl. oben § 7 II 3 a) cc) (1) und (3).

Das heißt freilich nicht, daß das Mitglied bei der Ausübung des individuellen Informationsrechts gegenüber den Verbandsinteressen keine Rücksicht walten zu lassen braucht. Vielmehr muß es stets die jedes Verbandsmitglied treffende Pflicht beachten, den gemeinsamen Zweck des Verbands zu fördern, so daß es auch hierbei das Verbandsinteresse zu berücksichtigen hat[103]. Gleichwohl ist es ein bedeutsamer Unterschied, ob ein Recht – wie dies bei den organschaftlichen Mitgliedschaftsrechten der Fall ist – aus dem Verbandsinteresse hergeleitet und gerechtfertigt werden muß, oder ob es – wie das individuelle Informationsrecht – durch das Verbandsinteresse lediglich beschränkt ist[104].

dd) Funktion und Wirkung

Im Schrifttum wird mitunter zwischen verschiedenen Funktionen des individuellen Informationsrechts unterschieden, nämlich zwischen der Informations-, der Kontroll- sowie der Rechenschaftsfunktion[105]. So bestehe die Informationsfunktion des Informationsrechts darin, das Mitglied über die Angelegenheiten des Verbands zu unterrichten[106]. Daneben komme dem Recht eine Kontrollfunktion zu, weil mit Hilfe der durch seine Ausübung gewonnenen Erkenntnisse die Verbandsführung überprüft werden könne[107]. Schließlich habe das individuelle Informationsrecht auch eine Rechenschaftsfunktion, sofern die gesetzlichen Regelungen des Rechts ausdrücklich – wie etwa §§ 166 Abs. 1, 233 Abs. 1 HGB, 175 AktG, 48 Abs. 3 GenG – oder zumindest implizit – wie § 51 a GmbHG – den Jahresabschluß zum Gegenstand haben[108].

Diese Differenzierung ist jedoch problematisch. Zunächst einmal lassen sich die angeblichen Funktionen nicht klar voneinander abgrenzen. Wenn beispielsweise ein Mitglied Auskunft im Zusammenhang mit dem Jahresabschluß begehrt, wird es mit deren Erteilung nicht nur informiert, sondern es wird ihm gegenüber zugleich eine Rechenschaftsleistung erbracht, ebenso wie es dadurch in die Lage versetzt wird zu kontrollieren, ob die Verbandsführung ordnungsgemäß gehandelt hat. So räumt *Bunte*[109] denn auch ein, daß die angeblichen Funktionen ineinander übergreifen und sich überschneiden. *Wohlleben*[110] hält immerhin eine klare Abgrenzung zwischen der Kontroll- und der Informationsfunktion für möglich, sofern das indivi-

---

[103] Vgl. *Fischer*, in: GroßK-HGB II/1 (3. Aufl.), § 105 Anm. 31 b; *Grunewald*, ZHR 146 (1982), 211 [217]; *K. Schmidt*, Informationsrechte in Gesellschaften und Verbänden, S. 24.

[104] *K. Schmidt*, Informationsrechte in Gesellschaften und Verbänden, S. 24.

[105] *Bunte*, Informationsrechte in der GmbH und im GmbH-Konzern, S. 53 ff.; *Wischenbart*, Informationsbedarf und Informationsrecht im Gesellschaftsrecht unter vergleichender Berücksichtigung des österreichischen Rechts, S. 32 f.; *Wohlleben*, Informationsrechte des Gesellschafters, S. 25 ff.

[106] *Wohlleben*, Informationsrechte des Gesellschafters, S. 25.

[107] Vgl. dazu insbesondere *Bunte*, Informationsrechte in der GmbH und im GmbH-Konzern, S. 55 ff.

[108] *Wohlleben*, Informationsrechte des Gesellschafters, S. 27.

[109] *Bunte*, Informationsrechte in der GmbH und im GmbH-Konzern, S. 53.

[110] *Wohlleben*, Informationsrechte des Gesellschafters, S. 27.

duelle Informationsrecht zur Selbstkontrolle der Verbandsführung führe, da es dann eine selbständige Kontrollwirkung entfalte. Gerade diese Begründung offenbart aber das eigentliche Problem der beschriebenen Differenzierung, nämlich daß dabei die Funktion des individuellen Informationsrechts mit seiner Wirkung sowie mit der Funktion und Wirkung anderer Mitgliedschaftsrechte vermengt wird.

Bei gesonderter Betrachtung zeigt sich indes, daß das individuelle Informationsrecht für sich genommen eine einheitliche Funktion hat, nämlich – wie bereits oben herausgearbeitet[111] – die, das Mitglied an jene Informationen gelangen zu lassen, welche es zur sachgemäßen Ausübung seiner anderen Mitgliedschaftsrechte braucht. Von daher greift es also einerseits zu kurz, von einer Informationsfunktion des individuellen Informationsrechts zu sprechen, die sich darin erschöpft, das Mitglied zu informieren. Denn das individuelle Informationsrecht zielt eben nicht auf Information an sich, sondern auf die zweckgerichtete, die sinnvolle Wahrnehmung der übrigen Mitgliedschaftsrechte ermöglichende Information. Andererseits geht es zu weit, dem individuellen Informationsrecht eine eigenständige Kontroll- und Rechenschaftsfunktion zuzuerkennen. Denn mit der Durchsetzung des individuellen Informationsrechts erlangt das Mitglied ja zunächst einmal bloß ein bestimmtes Wissen. Von einer wirklichen Kontrolle kann allerdings nur bei einem Ist- und Sollvergleich die Rede sein, dessen Ergebnis dann auch verbindlich festgestellt wird[112]. Das aber ist dem Mitglied nur durch die Ausübung der Kontroll- bzw. Schutzrechte möglich. Zwar kann sich das individuelle Informationsrechts auch auf den Jahresabschluß oder den Geschäftsbericht beziehen. Eine eigenständige Rechenschaftsfunktion kommt jedoch nur der Berichtspflicht der Verbandsführung zu, die nicht mit dem individuellen, sondern mit dem kollektiven Informationsrecht korreliert[113].

Derweil besteht die Wirkung des individuellen Informationsrechts im wesentlichen darin, Verbandsangelegenheiten transparent werden zu lassen[114]. Diese Transparenz kommt freilich nicht nur dem einzelnen Mitglied zugute, sondern ebenso dem Verband, insbesondere weil sie der „Richtigkeitsgewähr" kollektiver Entscheidungen dient[115] und – wie von *Wohlleben* angesprochen – zur Selbstkontrolle der Verbandsführung führt. An der Typisierung des individuellen Informationsrechts als eigennütziges Recht[116] ändert das allerdings nichts, insbesondere läßt es sich deshalb nicht als gemeinnütziges oder zumindest *auch* gemeinnütziges Recht verstehen[117]. Denn seiner Funktion nach ist das individuelle Informationsrecht

---

111 § 7 II 3 a) cc) (3).

112 Vgl. *Wiedemann*, Gesellschaftsrecht, § 7 II 1 b), S. 372.

113 So gesteht *Wohlleben*, Informationsrechte des Gesellschafters, S. 27, denn auch ein, daß eine „besondere" Rechenschaftsfunktion nur den kollektivrechtlichen Informationsbefugnissen eigen sei.

114 Ähnlich *Roth*, in: Roth/Altmeppen, GmbHG, § 51a Rn. 3: „Gesellschaftsinterne Publizität".

115 *K. Schmidt*, Informationsrechte in Gesellschaften und Verbänden, S. 24.

116 Siehe oben § 7 II 3 a) cc) (4).

117 Vgl. zu dieser Sichtweise oben § 7 II 3 a) cc) (4).

dem Mitglied eben allein zur Wahrnehmung seiner *eigenen* Interessen eingeräumt[118], wogegen es sich bei der durch seine Ausübung bewirkten Förderung des Verbandsinteresses lediglich um eine „Reflexwirkung“ handelt[119].

ee) Zwischenergebnis

Zum Auskunfts- bzw. Informationsrecht im bürgerlich-rechtlichen Verein kann sonach festgehalten werden:

Es handelt sich um mitgliedschaftliches Grundrecht, das unabhängig von einer gesetzlichen Regelung besteht. Innerhalb der Gruppe der Mitgliedschaftsrechte bildet es eine eigene Kategorie. Als Individualrecht kann es von jedem einzelnen Mitglied unabhängig von einem Mehrheitsbeschluß des Verbands ausgeübt und ihm somit auch nicht durch einen solchen Beschluß vorenthalten werden. Dabei ist das Auskunfts- bzw. Informationsrecht ein unselbständiges Hilfsrecht, das dem Mitglied dazu dient, andere Mitgliedschaftsrechte sachgerecht auszuüben. Da es zudem ein eigennütziges Mitgliedschaftsrecht ist, braucht das Mitglied bei der Rechtsausübung seine Interessen nicht hinter das Verbandsinteresse zurückzustellen.

b) Recht auf Gehör

Während die Beschäftigung mit dem individuellen Informationsrecht im Verbandsrecht breiten Raum einnimmt, wird dem Recht auf Gehör kaum Beachtung geschenkt. So sind dem individuellen Informationsrecht zahlreiche Abhandlungen gewidmet[120], dem Recht auf Gehör hingegen keine einzige. Der Grund für die Vernachlässigung liegt vermutlich darin, daß das Recht auf Gehör für diejenigen Verbandsmitglieder, für die es überhaupt in Frage kommt[121], in Rechtsprechung und -wissenschaft seit jeher anerkannt ist[122]. Ganz so eindeutig, wie es danach scheint, ist seine Herleitung und Einordnung indes nicht.

---

[118] Siehe oben § 7 II 3 a) cc) (4).

[119] Vgl. *Grunewald*, ZHR 146 (1982), 211 [217]; *Wiedemann*, Gesellschaftsrecht, § 7 I 2 b), S. 365; der Sache nach ebenso *K. Schmidt*, in: Scholz (Hrsg.), GmbHG-K II, § 51 a Rn. 9.

[120] Genannt seien hier beispielshalber nur diejenigen von *Bunte*, Informationsrechte in der GmbH und im GmbH-Konzern, 1976; *Ebenroth*, Das Auskunftsrecht des Aktionärs und seine Durchsetzung im Prozeß, 1970; *K. Schmidt*, Informationsrechte in Gesellschaften und Verbänden, 1984; *Wohlleben*, Informationsrechte des Gesellschafters, 1989.

[121] Dazu, daß das Recht auf Gehör ein Mitverwaltungsrecht ist und deshalb von vornherein nur den Verbandsmitgliedern zustehen kann, die zur aktiven Teilnahme an der Verfolgung des Verbandszwecks berechtigt sind, siehe sogleich § 7 II 3 b) aa).

[122] Vgl. zum Recht auf Gehör in Aktiengesellschaften etwa bereits RGZ 36, 24 [26]. Daß es besteht, versteht sich nach *Butenschön*, BB 1958, 398, geradezu „von selbst“.

aa) Rechtsgrund

Würde man versuchen, das Recht auf Gehör entsprechend der Argumentation *Wohllebens* zum individuellen Informationsrecht zu begründen, wonach das Bestehen dieses Rechts von einer gesetzlichen oder gesellschaftsvertraglichen bzw. satzungsrechtlichen Regelung abhängt[123], käme man zu dem Ergebnis, daß es das Recht auf Gehör lediglich in denjenigen Verbänden gibt, deren Gesellschaftsvertrag bzw. Satzung es vorsehen. Gesetzliche Anerkennung hat es nämlich für keine Verbandsform gefunden.

Im Verbandsrecht bemüht man sich denn auch um eine andere Begründung. So wird das Recht auf Gehör allgemein aus dem Recht des Mitglieds zur Teilnahme an Mitgliederversammlungen abgeleitet[124], welches, gleich ob es gesetzlich geregelt ist[125] oder nicht[126], für all jene Verbandsformen als „im Kern unentziehbares“[127] Mitgliedschaftsrecht anerkannt ist, die über eine Mitgliederversammlung verfügen. Seinem Inhalt nach wird das Teilnahmerecht dabei als Recht auf Teilhabe an der Willensbildung der Mitgliederversammlung verstanden[128]. Daraus wird geschlossen, daß es nicht bloß das Recht des Mitglieds auf Anwesenheit in der Mitgliederversammlung umfasse, sondern auch sein Recht, an der dortigen Aussprache und Beratung teilzunehmen, mithin auch ein Recht auf Gehör[129].

Diese Begründung ist jedoch nicht belastbar. Ihre Schwäche besteht in der undifferenzierten Interpretation des Teilnahmerechts als Recht auf Teilhabe an der Willensbildung in der Mitgliederversammlung[130]. Zu Ende gedacht bedeutete diese

---

123 Vgl. oben § 7 II 3 a) bb).

124 Vgl. für den bürgerlich-rechtlichen Verein *Reichert*, HdbVereins- und Verbandsrechts, Rn. 869; *U. Schmidt*, Die Mitgliedschaft in Verbänden, S. 162; für die AG BGHZ 44, 245 [252]; für die KGaA *Semler*, in: Geßer/Hefermehl/Eckardt/Kropf, AktG V, § 278 Rn. 82; für die Gesellschaft mit beschränkter haftung *K. Schmidt*, in: Scholz (Hrsg.), GmbHG, § 48 Rn. 14; für die Genossenschaft *K. Müller*, GenG-K III, § 43 Rn. 5; für die OHG *Comes*, Der Betrieb 1974, 2189 [2195]; für die KG *Immenga*, ZGR 1974, 385 [414].

125 So etwa im Aktienrecht, § 118 Abs. 2 AktG.

126 So im bürgerlichen Vereinsrecht, vgl. insofern *Reichert*, HdbVereins- und Verbandsrechts, Rn. 869 ff.

127 Vgl. *Hüffer*, AktG, § 118 Rn. 13; *K. Schmidt*, in: Scholz (Hrsg.), GmbHG, § 48 Rn. 12.

128 *Hüffer*, in: Hachenburg, GmbHG-K II, § 48 Rn. 13; *Reichert*, HdbVereins- und Verbandsrechts, Rn. 869; *K. Schmidt*, in: Scholz (Hrsg.), GmbHG, § 48 Rn. 14.

129 *Reichert*, HdbVereins- und Verbandsrechts, Rn. 869; *Roth*, in: Roth/Altmeppen, GmbHG, § 48 Rn. 7; *K. Schmidt*, in: Scholz (Hrsg.), GmbHG, § 48 Rn. 14; *U. Schmidt*, Die Mitgliedschaft in Verbänden, S. 162; *Teichmann*, Gestaltungsfreiheit in Gesellschaftsverträgen, S. 210; *Wolany*, Rechte und Pflichten des Gesellschafters einer GmbH, S. 156. *Hüffer*, in: Hachenburg, GmbHG-K II, § 48 Rn. 13, geht dabei sogar so weit, daß das Mitglied aufgrund seines Teilnahmerechts von den anderen Versammlungsteilnehmern verlangen könne, daß sie ihn „anhören“. Nach seiner hier verwendeten Definition (siehe dazu oben § 2 I 2.) vermittelt das Recht auf Gehör hingegen (nur) einen Anspruch, eine Meinung so kundgeben zu können, daß andere davon Kenntnis nehmen *können*; ob sie es tun oder aber „weghören“, bleibt indes ihnen überlassen.

130 Diese Interpretation kommt besonders deutlich zum Ausdruck bei *K. Schmidt*, in: Scholz (Hrsg.), GmbHG, § 48 Rn. 11, 14.

Sichtweise, daß das Teilnahmerecht nicht nur das Recht auf Gehör umfassen würde, sondern auch alle anderen Mitgliedschaftsrechte, die der Mitwirkung an der Willensbildung der Mitgliederversammlung dienen. Dazu würden insbesondere das Antragsrecht sowie das Stimmrecht des Mitglieds gehören[131]. Diese Konsequenz wird zwar hinsichtlich des Antragsrechts in der Tat gezogen[132]. Bezüglich des Stimmrechts weicht ihr die heute herrschende Meinung jedoch wohlweislich aus[133], weil kein Zweifel besteht, daß Mitglieder ein Recht zur Teilnahme an einer Mitgliederversammlung haben können, ohne dort stimmberechtigt zu sein[134]. Was das Stimmrecht betrifft, will die herrschende Meinung es folglich auch nicht als Bestandteil des Teilnahmerechts verstanden wissen, sondern als ein „ein ihm gegenüber selbständiges Verwaltungsrecht"[135].

Diese Differenzierung kommt der richtigen Lösung näher. Die Teilhabe an der Willensbildung in der Mitgliederversammlung in Verbänden erfolgt nämlich nicht durch *ein* bestimmtes Recht, und schon gar nicht durch das Teilnahmerecht, sondern durch die verschiedenen Mitverwaltungs- bzw. Teilhaberechte, flankiert durch das ihre sinnvolle Ausübung ermöglichende individuelle Informationsrecht[136]. Das Teilnahmerecht beinhaltet derwiel lediglich die Befugnis des Mitglieds, jene der Teilhabe an der Willensbildung dienenden Rechte, die ihm aufgrund seines Mitgliedschaftsstatus oder seiner Funktion im Verband zustehen[137], in einer bestimmten Mitgliederversammlung[138] auszuüben, nicht aber ist es selbst Quell solcher Mitgliedschaftsrechte[139]. Von dem Teilnahmerecht und den einzelnen der Teilhabe an

---

[131] Vgl. zum Antrags- und Stimmrecht als Teilhabe- bzw. Mitverwaltungsrechte oben § 7 II 3 a) cc) (1).

[132] So etwa von *Barz*, in: GroßK-AktG I/2 (3. Aufl.), § 134 Anm. 42; *Godin/Wilhelmi*, AktG I, § 123 Anm. 10; *Hüffer*, AktG, § 118 Rn. 9; *K. Müller*, GenG-K III, § 43 Rn. 5; *Obermüller/Werner/Winden*, Die Hauptversammlung der Aktiengesellschaft, C.I.1, S. 65.

[133] Anders noch *Baumbach/Hueck*, AktG, § 118 Rn. 10; *Enneccerus/Nipperdey*, Allgemeiner Teil des Bürgerlichen Rechts I 1, § 112 III, S. 674; *Obermüller/Werner/Winden*, Die Hauptversammlung der Aktiengesellschaft, C.I.1, S. 65.

[134] Vgl. *Barz*, in: GroßK-AktG I/2 (3. Aufl.), § 134 Anm. 42; *Hüffer*, AktG, § 118 Rn. 9, 13; *K. Müller*, GenG-K III, § 43 Rn. 5; *Reichert*, HdbVereins- und Verbandsrechts, Rn. 869; *Zöllner*, in: KK-AktG I, § 118 Rn. 17, 20. Auch *Baumbach/Hueck*, AktG, § 118 Rn. 10, sowie *Obermüller/Werner/Winden*, Die Hauptversammlung der Aktiengesellschaft, E.I., S. 97, stellen dies fest, setzen sich damit allerdings zu ihrer in der vorstehenden Fußnote zitierten Ansicht, wonach das Teilnahmerecht auch das Stimmrecht beinhaltet, in Widerspruch.

[135] *Hüffer*, AktG, § 118 Rn. 9.

[136] Siehe zu den verschiedenen Kategorien von Mitgliedschaftsrechten oben zu § 7 II 3 a) cc) (1).

[137] Zu den verschiedenen Arten der Mitgliedschaft und dem entsprechend unterschiedlichen Umfang der Mitgliedschaftsrechte im bürgerlich-rechtlichen Verein vgl. *Reichert*, HdbVereins- und Verbandsrechts, Rn. 489 ff.

[138] Sofern in einem Verband Mitgliederversammlungen durch Vertreterversammlungen ersetzt werden (siehe dazu unten § 8 III 1), hat das Teilnahmerecht in bezug auf die Vertreterversammlungen dieselbe Bedeutung.

[139] So wie hier wohl auch *Metz*, in: Lang/Weidmüller/Metz/Schaffland, GenG, § 43 Rn. 15 ff., 39 ff., der das Teilnahme- und Rederecht selbständig nebeneinander behandelt. Unstimmig hingegen etwa *Reichert*, HdbVereins- und Verbandsrechts, Rn. 868, 869, 880 ff., der einerseits das

der Verbandwillensbildung dienenden Mitgliedschaftsrechten muß deshalb insbesondere das Anwesenheitsrecht unterscheiden werden, weil es sich dabei gewissermaßen bloß um die Eintrittskarte für den Besuch einer Mitgliederversammlung als dem zentralen Ort förmlicher[140] Verbandswillensbildung handelt[141].

Ist ein Mitglied seinem Mitgliedschaftsstatus nach berechtigt, an der Verfolgung des Verbandszwecks aktiv mitzuwirken[142], was in bürgerlich-rechtlichen Vereinen jedenfalls bei der ordentlichen Mitgliedschaft stets der Fall ist[143], so steht ihm dazu auf jeden Fall ein Recht auf Gehör zu. Denn die Mitwirkung an der Verfolgung des Verbandszwecks geschieht anhand der Mitverwaltungsrechte, wobei das Recht auf Gehör das grundlegende Mitverwaltungsrecht bildet. Es dient dem Mitglied dazu, seine Meinung verbandsintern kundzutun, und dafür zu werben und so die Verbandsmeinungsbildung in seinem Sinne zu beeinflussen. Dabei bauen das Antrags- und das Stimmrecht insofern auf dem Recht auf Gehör auf, als damit die Meinungsbildung bestimmten Entscheidungen zugeführt werden kann. Überzeugungsarbeit wie mit dem Recht auf Gehör kann mit dem Antrags- und Stimmrecht hingegen nicht mehr geleistet werden. Wie daraus folgt, hat das Recht auf Gehör innerhalb der Gruppe der Mitverwaltungsrechte eine eigenständige Bedeutung.

Ist das Recht auf Gehör somit einerseits das grundlegende Mitverwaltungsrecht, kann es andererseits nicht wie das individuelle Informationsrecht als mitgliedschaftliches Grundrecht bezeichnet werden[144]. Denn als Mitverwaltungsrecht steht es eben nicht jedem, sondern nur demjenigen Mitglied zu, das aufgrund seines Mitgliedschaftsstatus zur Mitverwaltung der Verbandsgeschicke befugt ist.

bb) Rechtsnatur

Bei einem Vergleich der Rechtsnatur des Rechts auf Gehör mit dem individuellen Informationsrecht lassen sich folgende Gemeinsamkeiten und Unterschiede ausmachen.

Recht auf Gehör aus dem Teilnahmerecht ableitet, andererseits aber das Rederecht und Teilnahmerecht als gleichwertige Mitverwaltungsrechte darstellt.

[140] Siehe dazu näher unten § 8 III 1.

[141] Steht Mitgliedern ein Teilnahmerecht an Mitglieder- oder Vertreterversammlung zu, sind sie dort selbstverständlich auch anwesenheitsberechtigt. Umgekehrt gilt diese Regel jedoch nicht, das heißt, mit dem Anwesenheitsrecht geht nicht immer ein Teilnahmerecht einher. Vgl. zum Anwesenheitsrecht von nicht zu Vertretern gewählten Parteimitgliedern in einer Vertreterversammlung unten § 8 III 1 a) bb) und b) dd).

[142] Grundsätzlich keine Mitwirkungsbefugnisse hat beispielsweise der stille Gesellschafter, vgl. *Paulick/Blaurock*, HdbStillenGesellschaft, Rn. 511; *K. Schmidt*, Gesellschaftsrecht, § 62 IV 2, S. 1856.

[143] Siehe *Reichert*, HdbVereins- und Verbandsrechts, Rn. 490 ff. Im bürgerlichen Vereinsrecht ist auch das Institut der außerordentlichen Mitgliedschaft anerkannt, bei der ein Recht zur aktiven Einwirkung auf die Geschicke des Vereins durch Satzungsregelung ausgeschlossen sein kann, vgl. *Reichert*, HdbVereins- und Verbandsrechts, Rn. 500 ff.

[144] A.A. – insofern allerdings ohne Begründung - CDU-BPartG, NVwZ 1982, 159 [160].

Bei beiden Rechten handelt es sich um Mitgliedschaftsrechte[145]. Anders als das individuelle Informationsrecht gehört das Recht auf Gehör in die Kategorie der Mitverwaltungsrechte. Dabei ist es wie das individuelle Informationsrecht ein Individualrecht[146], das vom einzelnen Mitglied unabhängig vom Willen der Mitgliederminderheit oder -mehrheit ausgeübt werden kann. Im Gegensatz zum individuellen Informationsrecht ist das Recht auf Gehör allerdings nicht bloß ein Hilfsrecht. Vielmehr ist es ein selbständiges Recht, denn es dient nicht der Verwirklichung anderer Mitgliedschaftsrechte, sondern unmittelbar selbst der Verfolgung des Verbandszwecks[147]. Von dem individuellen Informationsrecht unterscheidet sich das Recht auf Gehör schließlich auch darin, daß es als Mitverwaltungsrecht gemeinnütziger Natur ist, weshalb sich das Mitglied bei seiner Ausübung von den Interessen des Verbandes leiten lassen muß[148].

cc) Zwischenergebnis

Zum Recht auf Gehör im bürgerlich-rechtlichen Verein läßt sich somit folgendes festhalten:

Entgegen der herrschenden Meinung ist das Recht auf Gehör nicht Bestandteil des Teilnahmerechts an Verbandsversammlungen. Vielmehr ist es ein selbständiges Mitverwaltungsrecht, das all jenen Mitgliedern zusteht, die an der Verfolgung des Verbandszwecks aktiv mitzuwirken berechtigt sind. Als Individualrecht kann es unabhängig vom Willen der Mitgliedermehrheit ausgeübt werden. Es ist gemeinnütziger Natur, so sich das Mitglied bei seiner Ausübung von den Interessen des Verbandes leiten lassen muß.

4. Im Grundgesetz

Steht sonach fest, daß im bürgerlich-rechtlichen Verein ein Recht des Mitglieds auf Auskunft und Gehör besteht, gilt es nunmehr zu klären, inwieweit das bürgerliche Vereinsrecht mit dem für die innere Parteienordnung maßgebenden Verfassungsrecht harmoniert, da es nur dann in den politischen Parteien zur Anwendung kommen kann. Dazu muß untersucht werden, welche Bedeutung dem innerparteilichen Demokratiegebot sowie den Wahlrechtsgrundsätzen zukommt und welche

---

145 Zum Begriff Mitgliedschaftsrecht vgl. oben § 7 II 3 a) cc) (1).

146 Vgl. CDU-BPartG, NVwZ 1982, 159 [160].

147 Im Ergebnis a.A. *Eckardt*, in: Geßler/Hefermehl/Eckardt/Kropf, AktG II, § 118 Rn. 15, der das Recht auf Gehör aus dem Teilnahmerecht ableitet (Rn. 13) und dieses als Hilfsrecht qualifiziert. Nach der hier vertretenen Ansicht ist das Recht auf Gehör jedoch ebenso wie andere selbständige Mitverwaltungsrechte wie das Antrags- und Stimmrecht von dem Teilnahmerecht zu unterscheiden, siehe dazu oben § 7 II 3 b) aa).

148 Zur Bedeutung der Gemeinnützigkeit von Mitgliedschaftsrechten vgl. bereits oben § 7 II 3 a) cc) (4). Auch die Ansicht, die das Recht auf Gehör als Ausfluß des Teilnahmerechts begreift kommt hier zu keinem anderen Ergebnis, da sie in dem Teilnahmerecht selbst ein gemeinnütziges Mitgliedschaftsrecht sehen, siehe *Müller-Erzbach*, Das private Recht der Mitgliedschaft als Prüfstein eines kausalen Rechtsdenkens, S. 209.

Rückschlüsse sich daraus für das Recht auf Auskunft und Gehör in politischen Parteien ziehen lassen.

a) Das innerparteiliche Demokratiegebot

aa) Allgemeine Bedeutung

Indem die Verfassungsnorm des Art. 21 Abs. 1 S. 3 GG auf den Begriff der Demokratie rekurriert, bereitet ihre Interpretation in mehrfacher Hinsicht Schwierigkeiten. Diese beginnen damit, daß es im Verfassungsrecht kaum einen Begriff gibt, der so „schillernd“[149] ist wie der der Demokratie, kaum einen Begriff, dem eine solche Vielzahl unterschiedlicher, mitunter gar gegensätzlicher Deutungen gegeben werden[150]. Zwar läßt er sich aus dem Griechischen ins Deutsche ohne weiteres mit „Volksherrschaft“ übersetzen[151] und damit als Kennzeichnung einer bestimmten Staatsform ausmachen. Doch ist damit für die Erfassung des Bedeutungsgehalts des Begriffs wenig gewonnen. Seitdem nämlich das demokratische System als „Inbegriff einer guten politischen Ordnung“[152] angesehen wird, nehmen Staaten mit völlig unterschiedlichen Staatsformen für sich in Anspruch, Demokratien zu sein. So bezeichnete sich etwa auch die untergegangene Deutsche Demokratische Republik als Demokratie, bis die dort lebende Bevölkerung revoltierte und zunächst durch den Ruf „*Wir* sind das Volk!“ klarstellte, daß sie mit der Herrschaft in diesem Staat mitnichten übereinstimmte, um dann mit dem Ruf „Wir sind *ein* Volk!“ dessen Schicksal zu besiegeln. Sonach ist der Begriff Demokratie – wie *von Münch*[153] treffend bemerkt – „kaum mehr als ein Etikett, das sich jedes Regierungssystem anklebt. Was sich in Wahrheit hinter diesem Etikett verbirgt, vermag nur ein Blick in das Verfassungsrecht und die Verfassungswirklichkeit des betreffenden Staates zu zeigen.“

Wofür der Begriff „demokratisch“ im deutschen Verfassungsrecht steht, so wie ihn Art. 20 Abs. 1 GG zur Beschreibung der Staatsform der Bundesrepublik Deutschland verwendet, wird vor allem aus Art. 20 Abs. 2 GG ersichtlich. Insofern kann auf die obigen Ausführungen verwiesen werden[154]. Dabei bedeutet der Begriff in Art. 21 Abs. 1 S. 3 GG im Prinzip *das gleiche* wie in Art. 20 GG[155]. Andererseits – und darin liegt die eigentliche Schwierigkeit bei der Interpretation des innerparteilichen Demokratiegebotes – ist der Begriff mit dem in Art. 20 GG kei-

---

[149] *Blank*, DVBl. 1976, 564 [565].

[150] *Hesse*, Grundzüge des Verfassungsrechts der Bundesrepublik Deutschland, Rn. 127. Zu verschiedenen Demokratietheorien vgl. den Überblick bei *von Münch*, Staatsrecht I, Rn. 120 ff. m.w.N.

[151] *Meier*, Entstehung des Begriffes Demokratie, S.8 f.

[152] *G. Schmid*, Politische Parteien, Verfassung und Gesetz, S. 11.

[153] *von Münch*, Staatsrecht I, Rn. 124.

[154] Siehe dazu oben § 4.

[155] Vgl. *Maunz*, in: Maunz/Dürig, GG-K II (Stand: Okt. 1996), Art. 21 Rn. 58; *von Münch*, in: von Münch/Kunig (Hrsg.), GG-K II (3. Aufl.), Art. 21 Rn. 56; *Pieroth*, in: Jarass/Pieroth, GG-K, Art. 21 Rn. 23.

neswegs identisch. Denn bei dem Verfassungsprinzip Demokratie respektive „Volksherrschaft“ handelt es sich eben in erster Linie um ein staatsorganisationsrechtliches Prinzip[156]. Politische Parteien sind aber – wie eingangs herausgearbeitet[157] – nicht Teil des Staates, sondern stehen als unverrückbar in der Gesellschaft wurzelnde Vereinigungen außerhalb der institutionalisierten Staatlichkeit. Mit einem „schematischen Übertrag“[158] des Sinngehalts des Demokratieprinzips in Art. 20 GG auf die innere Ordnung der Parteien wird man dem Verfassungsgebot des Art. 21 Abs. 1 S. 3 GG demnach nicht gerecht[159]. Das heißt: Nicht alles das, was Demokratie als bundesrepublikanische Staatsform ausmacht, gilt über Art. 21 Abs. 1 S. 3 GG genauso für das Binnenleben der politischen Parteien.

In gleicher Weise unterscheidet sich das innerparteiliche Demokratiegebot des Art. 21 Abs. 1 S. 3 GG im übrigen von dem ihm sprachlich verwandten Gebot des Art. 28 Abs. 1 S. 1 GG, wonach die Länderverfassungen den Grundsätzen der Bundesverfassung, mithin auch dem der Demokratie entsprechen müssen[160]. Das Demokratiegebot des Art. 28 Abs. 1 S. 1 GG bezieht sich auf Staaten, das Demokratiegebot des Art. 21 Abs. 1 S. 3 GG hingegen auf gesellschaftliche Vereinigungen, genauer gesagt auf Vereine bürgerlichen Rechts[161]. Doch so banal die Erkenntnis ist, daß ein demokratischer Staat und eine demokratische Partei nicht dasselbe sind, gerät sie, wie die spätere Diskussion der parteiinternen Geltung von Art. 5 Abs. 1 S. 1 GG zeigen wird[162], bei der Interpretation des Verfassungsgebotes innerparteilicher Demokratie allzu schnell aus dem Blick. Festzuhalten ist demnach, daß das innerparteiliche Demokratiegebot des Art. 21 Abs. 1 S. 3 GG „nicht

---

[156] Vgl. *Henke*, Das Recht der politischen Parteien, S. 49 f.; *ders.*, in: Dolzer/Vogel/Graßhof (Hrsg.), BoKo-GG IV, Art. 21 Rn. 262; *Risse*, Der Parteiausschluß, S. 36.

[157] Vgl. dazu eingehend oben § 5 II 4.

[158] *Kunig*, in: Isensee/Kirchhof (Hrsg.), HdbStR II (2. Aufl.), § 33 Rn. 28.

[159] So die heute ganz herrschende Meinung, vgl. *Henke*, Das Recht der politischen Parteien, S. 49 f.; *ders.*, in: Dolzer/Vogel/Graßhof (Hrsg.), BoKo-GG IV, Art. 21 Rn. 262; *Klein*, in: Maunz/Dürig, GG-K III, Art. 21 Rn. 334 ff.; *Kunig*, in: von Münch/Kunig (Hrsg.), GG-K II, Art. 21 Rn. 54; *Pieroth*, in: Jarass/Pieroth, GG-K, Art. 21 Rn. 23; *Preuß*, in: AltK-GG II, Art. 21 Rn. 63; *Seifert*, Die politischen Parteien im Recht der Bundesrepublik Deutschland, S. 190; *Trautmann*, Innerparteiliche Demokratie im Parteienstaat, S. 174 ff.; *Tsatsos/Morlok*, Parteienrecht, S. 36 ff. Anders noch *Hamann/Lenz*, GG-K, Art. 21 B 6, S. 360; *Lenz/Sasse*, JZ 1962, 233 [235 f., 237]. Gegen jegliche „Modifizierung“ allerdings heute wieder *Kressel*, Parteigerichtsbarkeit und Staatsgerichtsbarkeit, S. 106 ff.

[160] Zu Recht hervorgehoben wird dieser Unterschied im *Bericht der Parteienrechtskommission*, S. 157; ebenso von *Henke*, Das Recht der politischen Parteien, S. 50, und *Maunz*, in: Maunz/Dürig, GG-K II (Stand: Okt. 1996), Art. 21 Rn. 56. Problematisch ist es daher aber, wenn *Ipsen*, in: Sachs (Hrsg.), GG-K, Art. 21 Rn. 60, feststellt, wegen der gleichen Wortwahl beider Verfassungsnormen könne Art. 28 Abs. 1 S. 1 GG zur Auslegung des Art. 21 Abs. 1 S. 3 GG herangezogen werden.

[161] Zur Unterscheidung zwischen Staat und Gesellschaft vgl. oben § 5 I. Zur Rechtsform der politischen Parteien siehe § 6 I 1 b) cc) (1).

[162] Siehe dazu § 7 II 4 a) bb).

nach staatlichen Modellvorstellungen, sondern vereinstypisch und dazu in einem dem besonderen Wesen der Parteien angepaßten Sinne zu verstehen" ist[163].

Dies vorausgeschickt, erschließt sich die allgemeine Bedeutung des innerparteilichen Demokratiegebotes, wenn man sich besinnt, warum sich der Verfassungsgeber dazu entschied, die politischen Parteien als einzige der in der Gesellschaft beheimateten Vereinigungen im Zusammenhang mit der Gestaltung ihrer Binnenordnung an das aus dem Staatsorganisationsrecht entlehnte Demokratieprinzip zu binden: Die Bindung ist der Tribut dafür, daß den politischen Parteien das Privileg zukommt, in den Bereich der institutionalisierten Staatlichkeit hineinzuwirken[164]. So läßt sich vor dem Hintergrund ihrer verfassungsrechtlichen Stellung sowohl ein positiver als auch ein negativer Gehalt des im innerparteilichen Demokratiegebots ausmachen, der jeweils auf die Sicherstellung jener Rahmenbedingungen zielt, ohne die die politischen Parteien ihre verfassungsrechtliche Funktion, Mittler zwischen der Willensbildung im Volk und der staatlichen Willensbildung zu sein, nicht erfüllen können, und ohne die damit auf Dauer auch das grundgesetzliche Staatsmodell der repräsentativen Demokratie nicht realisierbar ist.

(1) Positiver Gehalt

Was seine positive Zielsetzung anbelangt, geht es dem Demokratiegebot des Art. 21 Abs. 1 S. 3 GG um einen innerparteilich freien und offenen Willensbildungsprozeß, den jedes Parteimitglied entsprechend seiner Befähigung, Aktivität und Überzeugungskraft sowie entsprechend seiner innerparteilichen Stellung mitbestimmen kann[165], in diesem Sinne also um ein „Maximum an Einfluß und ständiger effektiver Entscheidung der Mitglieder"[166]. Die innerparteiliche Willensbildung soll demgemäß nicht von den Führungsorganen der Partei, sondern von den Parteimitgliedern beherrscht werden. In dieser „Parteimitgliederherrschaft" liegt die Parallele zum staatsorganisationsrechtlichen Prinzip der Demokratie bzw. „Volksherrschaft", die es rechtfertigt, von einer „demokratischen" Grundsätzen entsprechenden Parteibinnenordnung zu sprechen.

Der Grund für den von Art. 21 Abs. 1 S. 3 GG gewollten größtmöglichen Einfluß der Parteimitglieder auf die Parteiwillensbildung besteht darin, daß die politischen Parteien ihrer Aufgabe, die amorphe Masse der verschiedenen, sich teils widersprechenden Meinungen, Interessen und Anschauungen im Volk zu integrie-

---

[163] *Seifert*, Die politischen Parteien im Recht der Bundesrepublik Deutschland, S. 190. Weil darüber heute Einigkeit besteht, ist die - früher diskutierte - Frage, ob sich dieses Ergebnis auch damit begründen läßt, daß nach dem Wortlaut des Art. 21 Abs. 1 S. 3 GG die innere Parteienordnung den demokratischen Grundsätzen lediglich „entsprechen" muß (so *Kunig*, Jura 1991, 247 [253]; dagegen *von Münch*, in: von Münch/Kunig (Hrsg.), GG-K II (3. Aufl.), Art. 21 Rn. 56), ohne praktische Bedeutung.

[164] Siehe dazu oben § 4 II 2.

[165] Vgl. *Henke*, Das Recht der politischen Parteien, S. 50; *Hesse*, VVDStRL 17 (1959), 11 [30 f.]; *Wolfrum*, Die innerparteiliche demokratische Ordnung nach dem Parteiengesetz, S. 65 f.

[166] *Forsthoff*, Zur verfassungsrechtlichen Stellung und inneren Ordnung der Parteien, S. 5.

ren, selektieren und auf entscheidungsfähige Alternativen zu reduzieren sowie darüber mit den Staatsorganen und dann auch wieder mit dem Volk zu kommunizieren[167], nur dann gerecht werden können, wenn alle, insbesondere auch die einfachen Mitglieder, die dem Volk gewissermaßen am nächsten sind, die Möglichkeit haben, die im Volk vorhandenen Meinungen, Interessen und Anschauungen in die Partei hineinzutragen und dort ungehindert zu diskutieren[168]. Würden hingegen die wenigen Mitglieder der Parteiführung die innerparteiliche Willensbildung okkupieren, könnten die politischen Parteien das Meinungspotential im Volk bei weitem nicht auszuschöpfen. Sobald die innerparteiliche Meinungsbildung zur „Privatangelegenheit" einer abgeschotteten Parteiführung verkommt und die Parteibasis nur noch als „einflußlose Masse von Beifallspendern" dient[169], büßten die Parteien ihre Integrations-, Selektions- und Reduktionsfähigkeit zwangsläufig ein. Die im Volk vorhandenen vielfältigen Meinungen und Gegenmeinungen könnten sich dann in den Parteien nicht ungehindert entgegentreten und in Ausgleich gebracht werden, was aber Voraussetzung für die Erfüllung der den Parteien zukommenden Kommunikationsfunktion zwischen Volk und Staat ist.

(2) Negativer Gehalt

Ohne die ausdrückliche Regelung in Art. 21 Abs. 1 S. 3 GG wäre eine innerparteiliche „Parteimitgliederherrschaft" jedoch nicht gewährleistet. In Bedacht zu nehmen ist nämlich, daß die politischen Partien gesellschaftliche Vereinigungen sind, die der Strukturentscheidung des Art. 20 Abs. 1 GG für einen demokratischen Staat an sich nicht verpflichtet sind. Vielmehr garantiert Art. 21 Abs. 1 S. 2 GG ihnen ebenso wie Art. 9 Abs. 1 GG den übrigen privaten Vereinigungen das Recht, ihre innere Ordnung frei zu regeln[170]. Zwar entspricht auch das Vereinsrecht des BGB, an das die politischen Parteien ihrer Rechtsform wegen grundsätzlich gebunden sind[171], seiner Anlage nach dem demokratischen Prinzip im vorstehend beschriebenen Sinne einer Mitgliederherrschaft, wie insbesondere § 32 BGB[172] deutlich werden läßt[173]. Doch wird dieses Prinzip in § 40 BGB weitgehend zur Disposition des Satzungsgebers gestellt. Infolgedessen steht es bürgerlichrechtlichen Vereinen prinzipiell frei, ihre Verfassung auch undemokratisch auszugestalten, indem sie etwa in ihrer Satzung die Rechte der Mitgliederversammlung

---

167 Zur Aufgabe der politischen Parteien im allgemeinen siehe oben § 4; zu dem die bundesrepublikanische Demokratie kennzeichnenden Willensbildungskreislauf im besonderen oben § 4 II 3.

168 *Hasenritter*, Parteiordnungsverfahren, S. 30 f.

169 *König*, Die Verfassungsbindung der politischen Parteien, S. 35.

170 Siehe dazu oben § 6 I 1 b cc) (1).

171 Dazu oben § 6 I 1 b cc) (2).

172 Gemäß § 32 Abs. 1 und 2 BGB werden die Angelegenheiten des Vereins grundsätzlich durch einen Beschluß der Mitglieder geordnet.

173 *Henke*, Das Recht der politischen Parteien, S.76; *Kunig*, Jura 1991, 247 [253]; *Seifert*, Die politischen Parteien im Recht der Bundesrepublik Deutschland, S.194.

bis auf ein Minimum[174] beschränken und dem Vorstand eine Vormachtstellung einräumen[175]. Politische Parteien hingegen werden am Erlaß solcher Satzungsregelungen durch Art. 21 Abs. 1 S. 3 GG gehindert. Darüber hinaus will das Verfassungsgebot innerparteilicher Demokratie freilich nicht nur undemokratische Satzungsregelungen, sondern auch undemokratische Praktiken unterbinden, unabhängig davon, ob sie durch Satzungsregelungen gedeckt sind oder nicht[176]. Das festzustellen ist deshalb wichtig, weil in den Parteisatzungen die Angelegenheiten der inneren Parteienordnung in der Regel nur fragmentarisch geregelt sind[177], wie die dortige Suche nach Rechtsgrundlagen für das Recht auf Auskunft und Gehör hat erkennen lassen[178].

Daß die auf Zurückdrängung demokratiewidriger innerparteilicher Zustände gerichtete Intention des Art. 21 Abs. 1 S. 3 GG in ihrer praktischen Bedeutung kaum überschätzt werden kann, wird begreiflich, wenn man bedenkt, daß in politischen Parteien seit jeher die Tendenz zur Oligarchie im Sinne einer Machtkonzentration bei der Parteispitze, Herausbildung autoritärer Führungsstrukturen sowie eines Zurückdrängens des Einflusses der einfachen Mitglieder besteht, sei es mit oder ohne satzungsmäßiger Verfestigung. Die Ursachen für dieses Phänomen, das *Ostrogorski*[179] und *Michels*[180] schon zu Beginn des vergangenen Jahrhunderts grundlegend untersucht haben, sind vielfältig. Sie reichen von der „Notwendigkeit der Organisation"[181], der „Unmöglichkeit unmittelbarer Massenherrschaft"[182], dem „Führungsbedürfnis der Masse"[183] bis hin zum „Gewohnheitsrecht der Führer auf Delegation"[184]. Dabei wohnt dem Phänomen eine solche – auch noch und gerade heutzutage[185] zu beobachtende – Regelmäßigkeit inne, daß man insofern mit *Michels* tatsächlich von einem „ehernen Gesetz der Oligarchie"[186] sprechen kann. Zu welch

---

174 Obwohl § 32 BGB in § 40 BGB genannt ist, geht die Satzungsautonomie der bürgerlichrechtlichen Vereine nicht so weit, ihre Mitgliederversammlung gänzlich rechtlos zu stellen oder sie gar abzuschaffen, vgl. dazu *Heinrichs*, in: Palandt, BGB-K, § 32 Rn 1; *Sauter/Schweyer*, Der eingetragene Verein, Rn. 156; mißverständlich *Reichert*, HdbVereins- und Verbandsrechts, Rn. 280.

175 Vgl. *Heinrichs*, in: Palandt, BGB-K, § 25 Rn. 8.

176 Vgl. *Seifert*, Die politischen Parteien im Recht der Bundesrepublik Deutschland, S. 193 f.: „Im übrigen fordert Art. 21 Abs. 1 S. 3 GG selbstverständlich nicht nur eine demokratische Satzung, sondern auch eine demokratische Praxis des Parteilebens". Vgl. ferner *Maunz*, in: Maunz/Dürig, GG-K II, Art. 21 Rn. 57, sowie *Brinkmann* (Hrsg.), GG-K, Art. 21, Anm. I 4 a): Art. 21 Abs. 1 S. 3 GG gilt auch für das „Verhalten der Mitglieder", insbesondere auch das der Parteiführung.

177 *Grimm*, in: Benda/Maihofer/Vogel (Hrsg.), HdbVerfR, § 14 Rn. 38, stellt daher zutreffend fest, daß undemokratische Praktiken und Zustände in den politischen Parteien selten auf Regelverstößen beruhen.

178 Siehe dazu oben § 7 I.

179 *Ostrogorskij*, La démocratie et l'organisation des parties politiques, 1903.

180 *Michels*, Zur Soziologie des Parteiwesens in der modernen Demokratie, 1925.

181 *Michels*, Zur Soziologie des Parteiwesens in der modernen Demokratie, S. 24 ff.

182 *Michels*, Zur Soziologie des Parteiwesens in der modernen Demokratie, S. 26 ff.

183 *Michels*, Zur Soziologie des Parteiwesens in der modernen Demokratie, S. 46 ff.

184 *Michels*, Zur Soziologie des Parteiwesens in der modernen Demokratie, S. 42 ff.

185 Siehe dazu oben § 1 III. Insofern eher zurückhaltend allerdings *Grimm*, in: Benda/Maihofer/Vogel (Hrsg.), HdbVerfR, § 14 Rn. 37.

186 *Michels*, Zur Soziologie des Parteiwesens in der modernen Demokratie, S. 351.

verhängnisvollen Auswüchsen die Oligarchisierung in den Parteien im Extrem führen kann, hat die Geschichte des 20. Jahrhunderts mit seinen nach dem Führerprinzip organisierten faschistischen Parteien sowie den zentralistisch autoritär geführten Parteien kommunistischen Typs[187] gezeigt. Mit Art. 21 Abs. 1 S. 3 GG geht es folglich insbesondere darum, Parteien mit einer derartigen Binnenordnung von der Beeinflussung der Staatswillensbildung in der Bundesrepublik dauerhaft fernzuhalten, wären solche Parteien doch „potentielle Zerstörer"[188] des demokratischen Staatsgefüges[189].

Von dieser Seite her betrachtet ist das innerparteiliche Demokratiegebot des Art. 21 Abs. 1 S. 3 GG also vorbeugender, verhindernder und staatsschützender Art und hat insofern dieselbe Zielrichtung wie das in Art. 21 Abs. 2 GG geregelte Parteiverbot[190]. Wegen seiner einschneidenden Folgen[191] entfaltet Art. 21 Abs. 2 GG seine Schutzwirkung vor den Gefahren, die für den Staat von einem undemokratischen Binnenleben der politischen Parteien ausgehen, allerdings äußerst spät. So muß dazu nicht nur die Abkehr der Partei von demokratischen Organisationsgrundsätzen einen solchen Grad erreicht haben, daß daraus auf ihr Wollen „im Außenverhältnis" zu schließen ist, den Staat in eine andere Verfassung als die der freiheitlich demokratischen Grundordnung im Sinne des Art. 21 Abs. 2 S. 1 GG zu bringen[192]. Vielmehr muß das Bundesverfassungsgericht gemäß Art. 21 Abs. 2 S. 2 GG die Verfassungswidrigkeit der betreffenden Partei auch eigens feststellen. Daß es ansonsten allen Parteien gestattet ist, sich politisch zu betätigen und die Staatswillensbildung zu beeinflussen, ist aber nur erträglich, weil Art. 21 Abs. 1 S. 3 GG sie bei ihrer Meinungs- und Willensbildung zur Einhaltung demokratischer Grundsätze verpflichtet.

Illusorisch ist es hingegen davon auszugehen, die „wirksamsten Garantien" gegen die Oligarchisierung in den politischen Parteien lägen „weniger in Art. 21 Abs. 1 S. 3 GG als in der Notwendigkeit, sich dem Urteil der Wähler zu stellen"[193]. Denn wie die Parteigeschichte lehrt, kann insbesondere „in Krisensituationen der

---

[187] Instruktiv zu den Unterschieden der inneren Ordnung von nach dem Führerprinzip organisierten und kommunistischen Parteien *Henke*, Das Recht der politischen Parteien, S. 76 f.

[188] *Leibholz*, Das Wesen der Repräsentation und der Gestaltwandel der Demokratie im 20. Jahrhundert, S. 246.

[189] *König*, Die Verfassungsbindung der politischen Parteien, S. 35; *Maunz*, in: Maunz/Dürig, GG-K II (Stand: Okt. 1996), Art. 21 Rn. 54; 60; *Seifert*, Die politischen Parteien im Recht der Bundesrepublik Deutschland, S. 190. Vgl. auch *Roellecke*, in: Umbach/Clemens (Hrsg.), GG-K, Art. 21 Rn. 79: Die Parteien müssen die „Glaubwürdigkeit der Demokratie mitdarstellen".

[190] Vgl. *Bericht der Parteienrechtskommission*, S. 165 f.; *Maunz*, in: Maunz/Dürig, GG-K II (Stand: Okt. 1996), Art. 21 Rn. 57 Fn. 3, 60.

[191] Siehe dazu unter besonderer Berücksichtigung des Spannungsverhältnisses zwischen dem Parteiverbot nach Art. 21 Abs. 2 GG und der Parteienfreiheit nach Art. 21 Abs. 1 S. 2 GG *Grimm*, in: Benda/Maihofer/Vogel (Hrsg.), HdbVerfR, § 14 Rn. 34; *Ipsen*, in: Sachs (Hrsg.), GG-K, Art. 21 Rn. 146 ff.; *von Münch*, Staatsrecht I, Rn. 276.

[192] BVerfGE 2, 1 [14 f.].

[193] So *Hesse*, VVDStRL 17 (1959), 11 [31].

rationalisierende Kontrolleffekt des Stimmzettels und die Protestbereitschaft der Massen gegen die Heraufkunft totalitärer Diktaturen vor der irrationalen Demagogie faschistischer Führerparteien total versagen"[194]. Aber auch in stabilen Zeiten sind Wahlen kein ausreichender Schutz vor oligarchischen Entwicklungen in den Parteien, zeigt sich doch immer wieder, daß der Wähler das Austragen parteiinterner Meinungsverschiedenheiten, das ja gerade ein Beleg dafür ist, daß die innerparteiliche Meinungsbildung frei und offen, mithin demokratisch verläuft, nicht honoriert, sondern im Gegenteil mit Stimmentzug sanktioniert[195].

(3) Zwischenergebnis

Nach allem bezweckt das Verfassungsgebot des Art. 21 Abs. 1 S. 3 GG also nicht – wie sein Wortlaut auf den ersten Blick suggeriert – eine „Gleichschaltung" der politischen Parteien[196]. Eine Verstaatlichung der Binnenordnung der politischen Parteien wäre denn auch im Hinblick auf das Ziel des Art. 21 Abs. 1 S. 3 GG geradezu kontraproduktiv, da sie unweigerlich zu der von *Hesse*[197] anschaulich beschriebenen Erstarrung der Willensbildung in den politischen Parteien und damit zu ihrer Funktionseinbuße führen würde[198]. Vielmehr dient das innerparteiliche Demokratiegebot der Sicherung jener „Homogenität"[199] von Staats- und Parteienordnung, die für ein funktionsadäquates Zusammenwirken unerläßlich ist.

bb) Begründung des Rechts auf Auskunft und Gehör mit der grundrechtlichen Meinungs- und Informationsfreiheit?

Besteht nach dem vorstehend Gesagten der positive Gehalt des Demokratiegebotes des Art. 21 Abs. 1 S. 3 GG darin, in politischen Parteien einen freien und offenen Meinungs- und Willensbildungsprozeß sicherzustellen, liegt es nahe, daraus auf die innerparteiliche Geltung der Grundrechte zu schließen, ist doch die Gewährleistung der Freiheit und Offenheit der politischen Willensbildung im Staat

---

194 *Lenz/Sasse*, JZ 1962, 233 [235].

195 Vgl. *Grimm*, in: Benda/Maihofer/Vogel (Hrsg.), HdbVerfR, § 14 Rn. 37; *Kunig*, in: Isensee/Kirchhof (Hrsg.), HdbStR II (2. Aufl.), § 33 Rn. 27; *Lengers*, Rechtsprobleme bei Parteiausschlüssen, S. 107; *Tsatsos*, Ein Recht auf innerparteiliche Opposition?, in: FS für Mosler, S. 1000 f.; *Zeuner*, Innerparteiliche Demokratie, S. 105.

196 *Henke*, Das Recht der politischen Parteien, S. 50; *Hesse*, VVDStRL 17 (1959), 11 [30]; *Maunz*, in: Maunz/Dürig, GG-K II (Stand: Okt. 1996), Art. 21 Rn. 56. Ausdrücklich a.A. *Hamann/Lenz*, GG-K Art. 21 B 6 unter Verweis auf *Lenz/Sasse*, JZ 1962, 233 [235 f., 237].

197 *Hesse*, VVDStRL 17 (1959), S. 11 [34]. Siehe dazu auch oben § 5 II 2.

198 Das verkennen *Hamann/Lenz*, GG-K Art. 21 B 6 und *Lenz/Sasse*, JZ 1962, 233 [235 f., 237].

199 *Bericht der Parteienrechtskommission*, S. 157; *Martens*, Öffentlich als Rechtsbegriff, S. 156; *Grimm*, in: Benda/Maihofer/Vogel (Hrsg.), HdbVerfR, § 14 Rn. 36. Kritisch zur Formulierung „Homogenität von Staats- und Parteienordnung" *Trautmann*, Innerparteiliche Demokratie im Parteienstaat, S. 174, der meint, damit werde „einer unreflektierten Übertragung demokratischer Institutionen und Verfahren des organisierten staatlichen Bereichs auf Parteiinterna das Wort geredet". Um solchem Mißverständnis vorzubeugen, ist klarzustellen, daß „Homogenität" hier nicht im Sinne von „Identität", sondern im Sinne von „Einklang" beider Ordnungen verstanden wird.

eine der wichtigsten Funktionen der Grundrechte[200]. Das trifft insbesondere auf die durch Art. 5 Abs. 1 S. 1 GG garantierte Meinungs- und Informationsfreiheit zu. So hat das Bundesverfassungsgericht zum Grundrecht der Meinungsfreiheit schon in einer frühen Entscheidung festgestellt, es sei für eine Demokratie „schlechthin konstituierend", da es „die ständige geistige Auseinandersetzung, den Kampf der Meinungen, der ihr Lebenselement ist" ermögliche[201]. Nichts anderes gilt für das Grundrecht der Informationsfreiheit als das „notwendige Gegenstück" zur Meinungsfreiheit[202]. Das „Ob" und „Wie" der innerparteilichen Geltung der Grundrechte wird denn auch im Parteienrecht seit langem diskutiert[203].

Im vorliegenden Zusammenhang ist diese Diskussion insofern relevant, als bei einer innerparteilichen Geltung der Grundrechte das Recht auf Auskunft und Gehör möglicherweise mit Art. 5 GG begründet werden kann.

(1) Bejahende Stimmen im Schrifttum

In der Literatur argumentiert namentlich *Trautmann*[204] in diese Richtung. So stellt er zunächst allgemein fest: „Der Status der Parteimitglieder ist grundrechtlich gewährleistet und abgesichert, als eine über die allgemeine politische Betätigung hinausgehende intensive Chance der politischen Mitbestimmung in der demokratischen res publica. Die demokratierelevanten Grundrechte erhalten durch ihre Ausübung in der Organisationsform der Parteien eine qualifizierte Stoßrichtung. Ihr Teilhabegehalt wird durch die Möglichkeit nach Art. 21 GG verstärkt, die Parteien verleihen den Aktivrechten ihrer Mitglieder organisiert Ausdruck"[205]. Diese These untersetzt *Trautmann* wie folgt: „Unmittelbar aus Art. 21 Abs. 1 S. 3 GG folgt die Aufwertung der auf politische Teilhabe gerichteten grundrechtlichen Individualpositionen der Aktivbürgerschaft."[206] Die Parteimitglieder hätten, was ihre Meinungs- sowie ihre Informationsfreiheit anbelangt, „einen bevorzugten Status in dem Sinne, daß sie mit der Wahrnehmung dieser grundrechtlichen und politischen Freiheiten innerhalb der Parteien gleichzeitig nachhaltig die Ausübung der Staatsgewalt über die Parteipolitik influenzieren und materiell legitimieren."[207] Wie sich *Trautmann* das praktisch vorstellt, erschließt sich, wenn er an späterer Stelle die innerparteiliche „Aufwertung" der grundrechtlichen Meinungs- und Informationsfreiheit des Parteimitglieds beschreibt: „Seine allgemeine Informationsfreiheit nach Art. 5 Abs. 1 S. 1 GG wird um die besondere Komponente der innerparteilicher Informations-

---

200 *Hesse*, Grundzüge des Verfassungsrechts der Bundesrepublik Deutschland, Rn. 161.

201 BVerfGE 7, 198 [208]. Ebenso BVerfGE 5, 85 [205]; 25, 256 [265]; 62, 230 [247]; 71, 206 [220]; 76, 196 [208 f.].

202 *Hesse*, Grundzüge des Verfassungsrechts der Bundesrepublik Deutschland, Rn. 393; vgl. ferner *Hoffmann-Riem*, in: AK-GG, Art. 5 Abs. 1, 2 Rn. 97.

203 Zum Meinungsstand vgl. den Überblick bei *Henke*, in: Dolzer/Vogel/Graßhof (Hrsg.), BoKo-GG IV, Art. 21 Rn. 268 m.w.N.

204 *Trautmann*, Innerparteiliche Demokratie im Parteienstaat, S. 181 ff.

205 *Trautmann*, Innerparteiliche Demokratie im Parteienstaat, S. 183.

206 *Trautmann*, Innerparteiliche Demokratie im Parteienstaat, S. 185.

207 *Trautmann*, Innerparteiliche Demokratie im Parteienstaat, S. 187.

rechte ergänzt; die allgemeine Meinungsfreiheit des Art. 5 Abs. 1 S. 1 GG wird zum innerparteilichen Rederecht mit erhöhtem partizipatorischen Gehalt, da so verfahrensmäßig auf die verfassungsrechtlich privilegierte innerparteiliche Willensbildung eingewirkt wird."[208]

Vor dem Hintergrund des innerparteilichen Demokratiegebots des Art. 21 Abs. 1 S. 3 GG wird aber auch von anderer Seite in der Literatur – wenngleich meist nicht so prononciert wie von *Trautmann*, sondern eher indirekt – der Begründung des innerparteilichen Rechts auf Auskunft und Gehör in Art. 5 Abs. 1 S. 1 GG das Wort geredet. So wird verschiedentlich eine Beschränkung der Rede eines Mitglieds bei einer Parteiversammlung – etwa in Form eines Wortentzugs – als Beschränkung seiner grundrechtlichen Meinungsfreiheit gesehen[209], was aber voraussetzt, daß das Rederecht als eine bestimmte Form des Rechts auf Gehör überhaupt vom Grundrecht der Meinungsfreiheit gedeckt ist[210]. Und so wird die Geltung der grundrechtlichen Informationsfreiheit innerhalb der Parteien damit gerechtfertigt, die Mitglieder müßten an der Willensbildung mitwirken und die Parteiführung beaufsichtigen und kontrollieren können[211], was aber gleichfalls bedingt, daß es überhaupt die Wahrnehmung ihrer Informationsfreiheit ist, die den Parteimitgliedern das zur Beaufsichtigung und Kontrolle notwendige Informationsrecht vermittelt.

Im folgenden gilt es deshalb festzustellen, ob das innerparteiliche Demokratiegebots des Art. 21 Abs. 1 S. 3 GG tatsächlich in dem Sinne zu verstehen ist, daß in den politischen Parteien die grundrechtliche Meinungs- und Informationsfreiheit Anwendung findet, und, sofern das der Fall ist, ob daraus wirklich ein innerparteiliches Recht auf Auskunft und Gehör resultiert. Allerdings ist die Eingangsfrage nur dann beantwortungswürdig, wenn die politischen Parteien nicht schon ohnehin, also ohne daß es auf das innerparteiliche Demokratiegebot ankommt, durch Art. 5 Abs. 1 S. 1 GG verpflichtet sind.

(2) Die politischen Parteien als Adressaten des Art. 5 Abs. 1 S. 1 GG gemäß Art. 1 Abs. 3 GG?

An wen sie sich richtet, verrät der Wortlaut des Art. 5 Abs. 1 S. 1 GG ebensowenig wie der Wortlaut der anderen Grundrechtsbestimmungen des Grundgesetzes. Eine Aussage darüber findet sich indes in Art. 1 Abs. 3 GG. Danach ist Ad-

---

208 *Trautmann*, Innerparteiliche Demokratie im Parteienstaat, S. 253.

209 Vgl. etwa *Hahn*, Innerparteiliche Demokratie, S. 48; *Luthmann*, DVBl. 1962, 166 [169]; *Strunk*, JZ 1978, 87 [88]; *Rabus*, AöR 78 (1952/53), 163 [182]; *Zimmermann*, Rechtsstaatsprinzip und Parteigerichtsbarkeit, S. 140.

210 Ein Seitenblick ins Parlamentsrecht offenbart eine entsprechende Auffassung beim Rederecht des Abgeordneten, siehe *Achterberg*, Parlamentsrecht, S. 653; *ders.*, JuS 1983, 840 [842]; *Troßmann*, GeschOBT-K, § 40 Rn.6; *ders.*, in: Troßmann/Roll, GeschOBT-K, § 36. A.A. insofern jedoch die heute herrschende Meinung, vgl. nur BVerfGE 60, 374 [380]; *Besch*, in: Schneider/Zeh, Parlamentsrecht und Parlamentspraxis, § 33 Rn. 6; *Pieroth*, in: Jarass/Pieroth, GG-K, Art. 38 Rn. 32; *Versteyl*, NJW 1983, 379 [380].

211 Siehe *Blank*, DVBl. 1976, 564 [566].

ressat sämtlicher grundgesetzlicher Grundrechte[212] und durch sie unmittelbar verpflichtet die „öffentliche Gewalt“[213]. Würden auch die politischen Parteien zur „öffentlichen Gewalt“ im Sinne des Art. 1 Abs. 3 GG zählen, könnten sich folglich unabhängig von Art. 21 Abs. 1 S. 3 GG alle Grundrechtsträger, gleich ob sie Mitglieder oder Nichtmitglieder politischer Parteien sind, diesen gegenüber auf ihre Meinungs- und Informationsfreiheit gemäß Art. 5 Abs. 1 S. 1 GG berufen. Im vorliegenden Zusammenhang bliebe dann nur noch zu klären, ob mit der grundrechtlichen Meinungs- und Informationsfreiheit in politischen Parteien auch ein Recht auf Auskunft und Gehör einhergeht.

Obwohl Art. 1 Abs. 3 GG zur Erzielung eines lückenlosen Grundrechtsschutzes weit zu interpretieren ist[214] und daher nicht nur in den Fällen eingreift, in denen der Staat als Staatsgewalt des Bundes oder eines Landes in Erscheinung tritt, sondern insbesondere auch dann, wenn dieser sich zur Erfüllung seiner Aufgaben eines selbständigen Rechtsträgers bedient, angefangen von den Gebietskörperschaften, insbesondere den Gemeinden, über die sonstigen Körperschaften, Anstalten und Stiftungen des öffentlichen Rechts bis hin zu privaten Personen und Organisationseinheiten[215], fallen die politischen Parteien nicht in den Anwendungsbereich der Norm[216]. Denn wie die obige[217] Erörterung der verfassungsrechtlichen Stellung der politischen Parteien ergeben hat, ist jede Form ihrer Einbindung in den Staatsbereich, die sie zu Trägern öffentlicher Gewalt machen würde, mit der ihnen vom Grundgesetzgeber zugewiesenen Funktion unvereinbar.

Insofern mag es zunächst verwundern, daß gerade *Hesse*, der, wie gesehen[218], mit seiner Lehre vom Status der Freiheit der Parteien jeglichen Zweifeln an ihrer Staatsfreiheit den Boden entzogen hat, die Frage der innerparteilichen Grundrechtsgeltung in die Nähe des Fragenkreises der Geltung der Grundrechte im besonderen Gewaltverhältnis rückt[219], also einem Verhältnis, in dem öffentliche Ge-

---

212 Dazu gehören zum einen die im ersten Abschnitt des Grundgesetzes geregelten Grundrechte wie insbesondere die Meinungs- und Informationsfreiheit gemäß Art. 5 Abs. 1 S. 1 GG, zum anderen aber auch die außerhalb des ersten Abschnitts normierten grundrechtsgleichen Rechte, vgl. *Kunig*, in: von Münch/Kunig (Hrsg.), GG-K I, Art. 1 Rn. 48.

213 Zum Begriff „öffentliche Gewalt“ als Synonym der in Art. 1 Abs. 3 GG genannten Trias Gesetzgebung, vollziehenden Gewalt und Rechtsprechung vgl. *Höfling*, in: Sachs (Hrsg.), GG-K, Art. 1 Rn. 76.

214 Vgl. *Rüfner*, in: Isensee/Kirchhof (Hrsg.), HdbStR V, § 117 Rn. 1.

215 Vgl. *Hesse*, HdbVerfR, § 5 Rn. 56; *Höfling*, in: Sachs (Hrsg.), GG-K, Art. 1 Rn. 78; *Rüfner*, in: Isensee/Kirchhof (Hrsg.), HdbStR V, § 117 Rn. 1; *Starck*, in: von Mangoldt/Klein/Starck (Hrsg.), GG-K I, Art. 1 Abs. 3 Rn. 190.

216 *König*, Die Verfassungsbindung der politischen Parteien, S. 26; *Lengers*, Rechtsprobleme bei Parteiausschlüssen, S. 52 ff.; *Ipsen*, in: Sachs (Hrsg.), GG-K, Art. 21 Rn. 74; *Kunig*, in: von Münch/Kunig (Hrsg.), GG-K II, Art. 21 Rn. 58 (Stichwort: Grundrechte der Mitglieder – S. 83); *Starck*, in: von Mangoldt/Klein/Starck (Hrsg.), GG-K I, Art. 1 Abs. 3 Rn. 219.

217 § 5, S. 47 ff.

218 Ausführlich dazu oben § 5 II 2.

219 *Hesse*, VVDStRL 17 (1959), 11 [32]. Im *Bericht der Parteienrechtskommission* klingt die Parallele zwischen der innerparteilichen Grundrechtsgeltung und der Geltung der Grundrechte im beson-

walt im Sinne von Art. 1 Abs. 3 GG vollzogen wird[220]. Zur Begründung führt er aus, bei der Grundrechtsbindung der Parteien handele es sich ebenso wie bei den Institutionen der Schule, der Kirche, der Universität oder des öffentlichen Dienstes um eine Frage der sachlichen Zuordnung von verfassungsmäßig geordneten und gewährleisteten Lebensbereichen. Die Grundrechte und damit die von ihnen umschlossenen Grundverhältnisse persönlichen und sozialen, geistigen und politischen Lebens stünden gleichrangig neben jenen Bereichen und Lebensordnungen; die Verfassung gewährleiste sie beide, weil das Ganze mit dem Bestand und Leben beider Ordnungen zusammenhänge[221].

Der Grund für diese Argumentation *Hesses* wird allerdings erklärlich, wenn man sich seiner These vom Status der Öffentlichkeit der Parteien erinnert, wonach die Parteien im Hinblick auf ihre verfassungsrechtliche Funktion nach öffentlichem Recht leben und Parteisatzungen somit nicht private Vereinssatzungen, sondern dem „öffentlichen Rechtsbereich" zuzuordnen sind[222]. Daraus ist zu folgern, daß *Hesse* auch das Verhältnis zwischen den Parteien zu ihren Mitgliedern als ein öffentlich-rechtliches sieht, welches zudem durch eine gesteigerte Form der Über- und Unterordnung geprägt ist, und damit jene Merkmale aufweist, die auch das besondere Gewaltverhältnis kennzeichnen[223].

Entgegen *Hesse* kann jedoch daraus, daß die Parteien bei ihrer Mitwirkung an der politischen Willensbildung eine Aufgabe erfüllen, die ihnen im Interesse des Funktionierens der demokratischen Verfassungsordnung eingeräumt und die insofern eine „öffentliche" Aufgabe ist, nicht auf eine öffentlich-rechtliche Organisationsform der Parteien geschlossen werden. Gemäß den obigen[224] Feststellungen handelt es sich bei den politischen Parteien vielmehr um Vereinigungen des privaten Rechts. Demzufolge ist auch das Innenverhältnis zu ihren Mitgliedern privatrechtlicher Natur. Denn selbst wenn man die Parteien – entsprechend der oben[225] vorgestellten Konstruktion von *Menger* – als mit verfassungsrechtlichen Zuständigkeiten „Beliehene" einstuft, würde das – worauf *Lengers*[226] zu Recht hinweist – nicht auf die Rechtsnatur des Innenverhältnisses zu ihren Mitgliedern durchschlagen. So

---

deren Gewaltverhältnis ebenfalls an, indem dort (S. 159) die Frage aufgeworfen wird, ob die Parteien „ähnlich wie öffentliche Körperschaften" an die Grundrechte gebunden sind. Eine klare Antwort bleibt jedoch aus, vgl. S. 122, 159 f., 160, 164.

220 Vgl. *Starck*, in: von Mangoldt/Klein/Starck (Hrsg.), GG-K I, Art. 1 Abs. 3 Rn. 255.

221 *Hesse*, VVDStRL 17 (1959), 11 [32].

222 *Hesse*, VVDStRL 17 (1959), 11 [39 ff., 44 f.], sowie oben § 5 II 2.

223 Siehe dazu *Achterberg*, Allgemeines Verwaltungsrecht, § 20 Rn. 44; *von Münch*, Freie Meinungsäußerung und besonderes Gewaltverhältnis, S. 16; *Obermayer*, Verwaltungsakt und innerdienstlicher Rechtsakt, S. 84 ff. Grundsätzlich kritisch zum Institut des besonderen Gewaltverhältnisses *Maurer*, Allgemeines Verwaltungsrecht, § 8 Rn. 26 ff.

224 § 5 II 4.

225 § 5 II 4.

226 *Lengers*, Rechtsprobleme bei Parteiausschlüssen, S. 56.

würden die Parteien danach zwar im Außenverhältnis öffentlich-rechtlich auftreten; die Rechtsnatur des Innenverhältnisses bliebe jedoch davon unberührt[227].

Folglich kann die innerparteiliche Grundrechtsgeltung schon deshalb nicht mit der Grundrechtsgeltung im besonderen Gewaltverhältnis verglichen werden, weil zwischen den politischen Parteien und ihren Mitgliedern kein öffentlich-rechtliches Rechtsverhältnis besteht[228]. Die weitere, sich bei einem solchen Vergleich stellende Frage, ob die Rechtsbeziehung zwischen den politischen Parteien und ihren Mitgliedern überhaupt als für das besondere Gewaltverhältnis typische[229] Über- und Unterordnungsverhältnis gewertet werden kann[230], kann hier deshalb dahingestellt bleiben.

(3) Allgemeine unmittelbare Drittwirkung des Art. 5 Abs. 1 S. 1 GG?

Wenn die politischen Parteien nicht gemäß Art. 1 Abs. 3 GG an die Grundrechte gebunden sind, weil sie staatsfreie Vereinigungen des privaten Rechts sind, steht damit allerdings noch nicht abschließend fest, daß sie an Art. 5 Abs. 1 S. 1 GG nicht generell, sondern nur über Art. 21 Abs. 1 S. 3 GG gebunden sein können. Diese Feststellung kann vielmehr erst getroffen werden, wenn geklärt ist, ob die Grundrechte unmittelbar *ausschließlich* die Staatsgewalt adressieren und verpflichten, oder *auch* Dritte, insbesondere auch private Organisationen wie die politischen Parteien, mithin von der Frage der sogenannten[231] unmittelbaren „Drittwirkung" der Grundrechte.

(a) Die Unterscheidung zwischen Staat und Gesellschaft als Vorbedingung der Drittwirkung der Grundrechte

Der nach wie vor umstritten[232] Frage der Drittwirkung der Grundrechte versuchen *Tsatsos/Morlok* sowie *Dux* im Zusammenhang mit politischen Parteien allerdings von vornherein dadurch ihre Berechtigung zu nehmen, daß sie die Unter-

---

[227] Mit einer solchen Rechtslage hat man es beispielsweise beim Technischen Überwachungs-Verein (TÜV) zu tun, vgl. *Lengers*, Rechtsprobleme bei Parteiausschlüssen, S. 56.

[228] Im Ergebnis ebenso *Ipsen*, in: Sachs (Hrsg.), GG-K, Art. 21 Rn. 79; *Lengers*, Rechtsprobleme bei Parteiausschlüssen, S. 55; *Luthmann*, Die innere Ordnung der Parteien und ihre Ausführung durch das Parteiengesetz, S. 99, 102; *ders.*, DVBl. 1962, 166. Zur Öffentlich-Rechtlichkeit des Rechtsverhältnisses als Wesensmerkmal des besonderen Gewaltverhältnisses vgl. *von Münch*, Freie Meinungsäußerung und besonderes Gewaltverhältnis, S. 16.

[229] Vgl. dazu *von Münch*, Freie Meinungsäußerung und besonderes Gewaltverhältnis, S. 14 ff.; *Obermayer*, Verwaltungsakt und innerdienstlicher Rechtsakt, S. 84 ff.

[230] Verneindend *Hahn*, Innerparteiliche Demokratie, S.45; *Lengers*, Rechtsprobleme bei Parteiausschlüssen, S. 55; *Luthmann*, Die innere Ordnung der Parteien und ihre Ausführung durch das Parteiengesetz, S. 99, 102; *ders.*, DVBl. 1962, 166.

[231] Vgl. *Hesse*, Grundzüge des Verfassungsrechts der Bundesrepublik Deutschland, Rn. 351; *von Münch*, in: von Münch/Kunig (Hrsg.), GG-K I, Vorb. Art. 1-19 Rn. 28; *Pieroth/Schlink*, Staatsrecht II, Rn. 173 f.

[232] Zum Meinungsstand siehe *Bleckmann*, Staatsrecht II, § 10 Rn. 68 ff.; *Erichsen*, Jura 1996, 527 [528 f.]; *von Münch*, in: von Münch/Kunig (Hrsg.), GG-K I, Vorb. Art. 1-19 Rn. 29.

scheidung zwischen dem Staat einerseits und der die politischen Parteien beherbergenden Gesellschaft andererseits für obsolet erklären.

Ausgehend von ihrem oben[233] wiedergegebenen Standpunkt, die politischen Parteien seien der Beleg für die „institutionelle Überwindung des Gegensatzes von Staat und Gesellschaft", argumentieren *Tsatsos/Morlok*[234], die Frage der Grundrechtsbindung der politischen Parteien könne nicht „mit Hilfe gerade der Denkvoraussetzung beantwortet werden, die, wie das bei der Drittwirkungstheorie der Fall ist, die rechtsqualitative Unterscheidung von Staat und Gesellschaft voraussetzt". Befreie man sich hingegen von dem Entweder/Oder-Denken und den Zwängen, die die Unterscheidung von Staat und Gesellschaft mit sich bringe, könne die These aufgestellt werden, daß die Voraussetzung des Grundrechtsschutzes in einer politischen Ordnung immer dann entstehen, „wenn aus den politischen Strukturen und Machtverhältnissen Schutzbedürftigkeit entsteht oder (und) dort, wo die Inanspruchnahme von Grundrechten Voraussetzung dafür ist, daß die verfassungsrechtlich gewollte Partizipation des Bürgers am politischen Willensbildungsprozeß verwirklicht werden kann".

In diesem Sinne meint *Dux*[235] konkret zur Frage der innerparteilichen Geltung des Grundrechts auf freie Meinungsäußerung, es könne sich dabei nicht mehr um eine Frage der Drittwirkung handeln, „seit sich Staat und Gesellschaft durchdringen und sich nicht nur im Vor-, sondern im Zentralfeld der politischen Willensbildung soziale Kollektiva etabliert haben, die, weil in der Struktur des Staates verankert, nicht nur tatsächlich, sondern legitimerweise Herrschaft ausüben". Die Spitze der grundrechtlichen Meinungsfreiheit als ein für die Staatsform konstitutives Mitwirkungsrecht an der politischen Willensbildung müsse sich folglich auch gegen die richten, die Träger dieser Willensbildung sind, nämlich die politischen Parteien.

Der Argumentation von *Tsatsos/Morlok* sowie *Dux* kann indes nicht gefolgt werden. Ebenso wie die oben verworfene *Leibholzsche* Parteienstaatsdoktrin[236] beruht sie auf einer unzulässigen Identifizierung von Staat, Gesellschaft und politischen Parteien. Zwar ist den Genannten darin beizupflichten, daß sich Staat und Gesellschaft heute nicht mehr in unüberbrückter Konfrontation gegenüberstehen, was insbesondere dem doppelseitigen Wirken der politischen Parteien zu verdanken ist. Von einer „Durchdringung von Staat und Gesellschaft" kann jedoch nur insofern die Rede sein, als damit die personelle Übereinstimmungen gemeint sind. Was Funktionen und Rollen im politischen System des Grundgesetzes anbelangt, ist eine Differenzierung zwischen Staat und Gesellschaft hingegen nicht nur nach wie vor möglich, sondern zum Schutz grundrechtlich gesicherter Individualfreiheit ge-

---

[233] § 5 I.

[234] *Tsatsos/Morlok*, Parteienrecht, S. 54 f. Siehe auch *Tsatsos*, Ein Recht auf innerparteiliche Opposition, in: FS für Mosler, S. 1017.

[235] *Dux*, DVBl. 1966, 553 [554].

[236] Siehe dazu oben § 5 II 1.

genüber einer anderenfalls alles durchdringenden Staatsmacht geradezu unerläßlich[237].

Da die politischen Parteien im Rahmen der Unterscheidung zwischen Staat und Gesellschaft eindeutig dem Bereich der Gesellschaft angehören[238], ist *Dux* insbesondere darin zu widersprechen, die Parteien seien „in der Struktur des Staates verankert" und übten insofern „legitimerweise Herrschaft" aus. So sind es nach den grundgesetzlichen Kompetenzzuweisungen eben gerade nicht die politischen Parteien, die im Hinblick auf die Gesamtheit der Bürger rechtsbegründend und rechtsverpflichtend wirken. Herrschaftsausübung in diesem Sinne obliegt gemäß Art. 20 Abs. 2 S. 2 GG vielmehr allein den Staatsorganen, wogegen die Parteien lediglich berechtigt sind, ihre Willensimpulse in den Bereich der staatlichen Rechtserzeugung hinüberzusenden.

Diese Sichtweise ist auch keineswegs blind gegenüber der mächtigen Stellung der Parteien, die sie im politischen System des Grundgesetzes de iure und mehr noch de facto einnehmen. Nur sind eben Staatsmacht und Parteimacht verfassungsrechtlich nicht dasselbe[239]. Dementsprechend ist die für die innerparteiliche Grundrechtsgeltung ins Feld geführte Schutzbedürftigkeit oder verfassungsrechtlich gewollte Partizipation des Bürgers am politischen Willensbildungsprozeß im Staat rechtsqualitativ eine andere als innerhalb der politischen Parteien. Dieser Unterschied muß bei der Beantwortung der Frage Grundrechtsbindung der politischen Parteien berücksichtigt werden.

Akzeptiert man die Unterscheidung zwischen Staat und Gesellschaft bei gleichzeitiger Zuordnung der politischen Parteien zum gesellschaftlichen Bereich, und akzeptiert man zugleich, daß über Art. 1 Abs. 3 GG nur der Staat bzw. die öffentliche Gewalt an die Grundrechte gebunden ist, kommt man aber nicht umhin festzustellen, daß es sich bei der Frage der innerparteilichen Geltung der Grundrechte um eine solche ihrer Drittwirkung handelt[240], und zwar unabhängig davon, mit welcher dogmatischen Konstruktion man eine nach innen wirkende Grundrechtsbindung der politischen Parteien begründet[241].

---

[237] Siehe ausführlich dazu oben § 5 I.

[238] Zur Begründung siehe § 5 II 4.

[239] Zutreffend *Lenz/Sasse*, JZ 1962, 233 [238, unter III 2b)].

[240] Zur Sondermeinung von *Schwabe*, dessen Ansicht nach es sich bei der Frage der Drittwirkung der Grundrechte lediglich um ein „Scheinproblem" handelt, siehe sogleich unten § 7 II 4 a) bb) (3) (b).

[241] So explizit etwa auch *Lengers*, Rechtsprobleme bei Parteiausschlüssen, S.59; *Luthmann*, DVBl. 1962, 166 [167]. Anders *Lenz/Sasse*, JZ 1962, 233 [240], *Preuß*, in: AltK-GG II, Art. 21 Abs. 1, 3 Rn. 67; *Trautmann*, Innerparteiliche Demokratie im Parteienstaat, S. 186; wohl auch *von Münch*, in: von Münch/Kunig (Hrsg.), GG-K II (3. Aufl.), Art. 21 Rn. 57 (Stichwort: Grundrechte der Mitglieder – S. 34). Zur Dogmatik von *Seifert*, Die politischen Parteien im Recht der Bundesrepublik Deutschland, der meint (S. 213 f.), die Frage der innerparteilichen Drittwirkung der Grundrechte könne auf sich beruhen, da die „elementaren Freiheitsrechte" bereits von den demokratischen

(b) Die verschiedenen Theorien zur allgemeinen unmittelbaren Drittwirkung der Grundrechte

Tritt man einer der im folgenden erläuterten Theorien zur allgemeinen – das heißt nicht nur politische Parteien, sondern auch andere Rechtssubjekte der Gesellschaft betreffenden – unmittelbaren Drittwirkung der Grundrechte bei, gelangt man ohne weiteres zur unmittelbaren Geltung von Art. 5 Abs. 1 S. 1 GG innerhalb der politischen Parteien. Auch unter Berufung auf diese Theorien könnten sich also Mitglieder und Nichtmitglieder politischen Parteien gegenüber ohne einen Umweg über Art. 21 Abs. 1 S. 3 GG auf ihre Meinungs- und Informationsfreiheit berufen.

(aa) Theorie *Nipperdeys*

Am weitesten in die Richtung einer allgemeinen unmittelbaren Drittwirkung geht eine von *Nipperdey*[242] begründete und von einem Teil der Literatur[243] sowie zeitweilig auch vom Bundesarbeitsgericht[244] aufgegriffene und fortgeführte Theorie. Danach gelten einige Grundrechte wie die Meinungs- und Informationsfreiheit

---

Grundsätzen des Art. 21 Abs. 1 S. 3 GG umfaßt seien, so daß es auf die innerparteilich „formelle" Geltung der Grundrechte nicht ankomme, siehe unten § 7 II 4 a) bb) (4) (b).

242 *Nipperdey*, RdA 1949, 214 [216]; *ders.*, RdA 1950, 121 [124 ff.]; *ders.*, Gleicher Lohn der Frau für gleiche Leistung, S. 7 ff.; *ders.*, in: Neumann/Nipperdey/Scheuner, Die Grundrechte II, S. 1 [18 ff.]; *ders.*, DVBl. 1958, 445 [446 ff.]; *ders.*, in: Enneccerus/Nipperdey, Lehrbuch des bürgerlichen Rechts I/1, § 15 IV 4 c), S. 93 ff.; *ders.*, Grundrechte und Privatrecht, S. 14 ff.; *ders.*, in: Bettermann/Nipperdey, Die Grundrechte IV/2, S. 741 [747 ff.].

243 Vgl. etwa *Beitzke*, in: Neumann/Nipperdey/Scheuner, Die Grundrechte II, S. 199 [212]; *Darmstaedter*, BB 1957, 1 [4]; *Herbert Krüger*, RdA 1957, 201 [205]; *Hildegard Krüger*, RdA 1954, 365 [368 ff.]; *Leisner*, Grundrechte und Privatrecht, S.285 ff.; *Mallmann*, JZ 1951, 27; *Wieacker*, JZ 1954, 466 [467 Anm. 6]. Entgegen der ganz herrschenden Meinung (siehe dazu unten § 7 II 4 c) bb) (3) (c) m.w.N.) wird diese Theorie in Teilen der Literatur noch heute vertreten, so etwa von *von Münch*, Grundbegriffe des Staatsrechts I, Rn. 190 f., bedeckter *ders.*, in: von Münch/Coderch/Ferrer i Riba, Zur Drittwirkung der Grundrechte, S. 7 [29 f.]; *Steindorff*, Persönlichkeitsschutz im Zivilrecht, S. 12, sowie in leicht abgewandelter Form auch von *Hager*, JZ 1994, 373 ff.

244 BAGE 1, 185 [191 ff.]; 1, 258 [262 ff.]; 4, 240 [242 ff.]; 4, 274 [276 f.]; 7, 256 [260]; 13, 168 [174 ff.]; 16, 95 [100 f.]; 24, 438 [441], dort jedoch bereits mit der einschränkenden Bemerkung „ohne damit abschließend zu dieser noch immer umstrittenen Frage Stellung zu nehmen". Inzwischen hat das BAG jedoch von dieser Theorie wieder Abstand genommen, vgl. dazu insb. BAGE 52, 88 [97 ff.], aber auch 47, 363 [374 f.]; 48, 122 [138 f.]; 62, 59 [67 f.].
Derweil hat der BGH zu dem Theorienstreit noch nicht ausdrücklich Stellung bezogen. Vielmehr geht seine Rechtsprechung zum allgemeinen Persönlichkeitsrecht (vgl. BGH 13, 334 [338]; 15, 249 [257 f.]; 26, 349 [354]), zum Recht auf freie Meinungsäußerung (BGH 31, 308 [312 f.]; 45, 296 [307 f.]) sowie zum Verhältnis von Glaubensfreiheit und ehelichen Pflichten (BGH 33, 145 [149 f.]; 38, 317 [319 f.]) ohne weitere dogmatische Erläuterungen von einer Drittwirkung der Grundrechte aus. In einer Entscheidung zum Einfluß von Art. 12 GG auf die Sittenwidrigkeit von vertraglichen Wettbewerbsverboten (vgl. BGH, NJW 1986, 2944 f.) argumentiert der BGH allerdings in unverkennbarer Anlehnung an die Theorie der mittelbaren Drittwirkung der Grundrechte (vgl. dazu unten § 7 II 4 a) bb) (3) (c) m.w.N.).

gemäß Art. 5 Abs. 1 S. 1 GG zwischen *sämtlichen* Privatrechtssubjekten unmittelbar. Speziell im Parteienrecht hat sich *Luthmann*[245] dieser Theorie angeschlossen[246].

Ihr zufolge garantieren bestimmte Grundrechtsnormen nicht nur Freiheitsrechte gegenüber der Staatsgewalt, sondern stellen Ordnungssätze für das gesamte soziale Leben dar. In einem aus dem Grundrecht näher zu entwickelnden Umfang hätten sie somit unmittelbare Bedeutung auch für den privaten Rechtsverkehr der Bürger untereinander[247]. Belegt werde die unmittelbare privatrechtliche Wirkung der für den Verkehr der Rechtsgenossen in einer freiheitlichen und sozialen Gemeinschaft unentbehrlichen Grundrechte insbesondere durch das in Art. 20 und 28 verankerte Bekenntnis des Grundgesetzes zum sozialen Rechtsstaat[248]. Dafür spreche aber auch, daß sich in Art. 1 Abs. 2 GG nicht nur der Staat, sondern auch „das deutsche Volk" zu „unverletzlichen und unveräußerlichen Menschenrechten als Grundlage jeder menschlichen Gemeinschaft" und damit auch als Grundlage von Privatrechtsbeziehungen bekenne[249]. Hingegen greife es zu kurz, die Grundrechte ihrem geistes- und verfassungsgeschichtlichen Ursprung[250] nach ausschließlich als staatsgerichtet zu interpretieren. Eine Verfassung sei nämlich – so *Nipperdey*[251] – „das Spiegelbild einer staatlichen Ordnung im Zeitpunkt ihres Erlasses". Deshalb müßten die in diesem Zeitpunkt maßgebenden Strömungen und tatsächlichen Verhältnisse bei der Auslegung der Verfassung Berücksichtigung finden. Bereits in der Weimarer Verfassung habe sich aber ein „Bedeutungswandel der Grundrechte" abgezeichnet, der vor allem in den Normen der Art. 118 und 159 WRV zum Ausdruck gekommen sei, die den Geltungsbereich der grundrechtlichen Meinungs- und Vereinigungsfreiheit ausdrücklich auch auf den Privatrechtsverkehr erstreckten.

---

245 *Luthmann*, Die innere Ordnung der Parteien und ihre Ausführung durch das Parteiengesetz, S. 101, 102; *ders.*, DVBl. 1962, 166 [167]. Allerdings bemerkt *Luthmann* nicht, daß die Grundrechte dieser Theorie zufolge nicht nur im Verhältnis der politischen Parteien zu ihren Mitgliedern, sondern auch im Verhältnis zu Nichtmitgliedern unmittelbar gelten würden.

246 Wenngleich nicht explizit, ging seinerzeit wohl auch die Bundesregierung entsprechend der Theorie *Nipperdeys* davon aus, daß die grundrechtliche Meinungsfreiheit in den politischen Parteien unmittelbar zur Anwendung kommt. Denn in der Regierungsbegründung zum Parteiengesetzentwurf (BT-Drcks. III/1509, S. 25) heißt es, die Meinungsfreiheit sei bereits durch das Grundgesetz als Grund- und allgemeines Menschenrecht in die Rechtsordnung eingebaut, weshalb die Geltung dieses Grundrechts, dessen Schwerpunkt gerade in der politischen Meinungsfreiheit liege, auch für das Leben innerhalb der Parteien nicht zweifelhaft sein könne.

247 Vgl. *Nipperdey*, in: Bettermann/Nipperdey, Die Grundrechte IV/2, S.741 [748]; BAGE 1, 185 [193].

248 BAGE 1, 185 [193].

249 *von Münch*, Grundbegriffe des Staatsrechts I, Rn. 190.

250 Vgl. dazu *Starck*, JuS 1981, 237 [243].

251 *Nipperdey*, DVBl. 1958, 445 [447].

(bb) Theorie von der Schutzbedürftigkeit gegenüber wirtschaftlicher oder sozialer Macht

Nach einer anderen Theorie zur Drittwirkung sollen die Grundrechte zwar nicht stets, aber doch immer dann unmittelbar auch im Privatrechtsverhältnis gelten, wenn durch private Machtausübung dasjenige Mindestmaß an Freiheit gefährdet ist, das durch die Grundrechte geschützt werden soll[252]. Es gelte zu erkennen, daß es im Verhältnis Individuum-Staat die überlegene Macht des Staates sei, die seine Bindung an die Grundrechte erforderlich macht. Folgerichtig müßten die „Inhaber von wirtschaftlicher oder sozialer Macht“[253] zumindest in den Fällen an die Grundrechte gebunden sein, in denen mangels einfach-gesetzlicher Regelungen den von ihnen als „quasi-öffentlicher Gewalt“[254] ausgehenden Freiheitsgefährdungen anderenfalls kein Einhalt geboten ist[255].

Entsprechend dieser Theorie sucht im Parteienrecht namentlich *Hasenritter*[256] die unmittelbare innerparteiliche Grundrechtsgeltung zu begründen. So könnten sich Gefährdungen für die „Grundrechtsausübung des Parteimitglieds“ nicht nur als Folge staatlicher Eingriffe ergeben. Vielmehr ergäben sich „die typischen alltäglichen Gefährdungen“ aus Maßnahmen der Parteiorganisation gegenüber den Parteimitgliedern. Typische Konfliktsituationen seien etwa die Kanalisierung oder gar Verhinderung bestimmter Sachdiskussionen in der Partei, ungleiche Ausgangsbedingungen in den Artikulationsmöglichkeiten für verschiedene innerparteiliche Gruppierungen oder die Androhung oder der Vollzug von parteiinternen Sanktionen, um bestimmte politische Aktivitäten von Parteimitgliedern zu verhindern. Kraft ihrer Organisationsgewalt könne die Parteiorganisation dabei insofern einseitig rechtsgestaltend in die Grundrechtsausübung des Parteimitglieds eingreifen, als es um seine innerparteiliche Betätigung geht. Die Möglichkeit, gegenüber dem Bürger einseitig rechtsgestaltend tätig zu werden, sei aber gerade Kennzeichen staatlichen Handelns und Grund für dessen Grundrechtsverpflichtetheit. Folglich sei es gerechtfertigt, auch die Parteien als „quasi-öffentliche Gewalt“ an die Grundrechte zu binden.

---

252 Vgl. zu dieser Sichtweise in unterschiedlicher Ausformung *Ballerstedt*, in: Bettermann/Nipperdey/Scheuner, Die Grundrechte III/1, S. 1 [57 ff.]; *Bleckmann*, DVBl. 1971, 938 [942, 943]; *Brecher*, Grundrechte im Betrieb, in: FS für Nipperdey II, 29 [40 ff.]; *Denninger*, in: AK-GG I, vor Art. 1 Rn. 31 f.; *Gamillscheg*, AcP 164 (1964), 385 ff. [insb. 406 ff.]; *Grimm*, in: Benda/Maihofer/Vogel (Hrsg.), HdbVerfR, § 14 Rn. 9; *Häberle*, VVDStRL 30 (1972), 43 [70, 109, 188]; *Hesse*, Grundzüge des Verfassungsrechts der Bundesrepublik Deutschland, Rn. 357; *Niklisch*, JZ 1976, 105 [108].

253 *Hesse*, Grundzüge des Verfassungsrechts der Bundesrepublik Deutschland, Rn. 357.

254 *Häberle*, VVDStRL 30 (1972), 43 [70].

255 Mit dieser Einschränkung *Hesse*, Grundzüge des Verfassungsrechts der Bundesrepublik Deutschland, Rn. 357.

256 *Hasenritter*, Parteiordnungsverfahren, S. 25 f., im Anschluß an diesen wiederum *Schachtschneider*, Res publica res populi, 10.Teil, 4. Kap. IV., S. 1112 Fn. 309, der sich dort allerdings fälschlicherweise auch auf *Risse*, Der Parteiausschluß, S. 125 ff., beruft.

(cc) Theorie *Schwabes*

Zu erwähnen ist schließlich – wiewohl sie speziell im Parteienrecht bislang nicht vertreten wird – die Theorie von *Schwabe*[257], die ebenfalls auf eine unmittelbare Geltung der Grundrechte in Privatrechtsbeziehungen hinausläuft, darin allerdings nicht wie die vorgenannten Ansichten eine Drittwirkung der Grundrechte im Sinne ihrer horizontalen Geltung zwischen Privatrechtssubjekten sieht, sondern eine vertikale Geltung gegenüber dem Staat als Folge dessen Grundrechtsbindung[258]. Ohne daß es hierzu „kunstvoller Begründungsversuche“[259] bedürfe, resultiere die unmittelbare Geltung der Grundrechte im Privatrecht nämlich bereits daraus, daß es sich bei dem Privatrecht um staatlich gesetztes Recht handelt und der Staat in Gestalt der Legislative bei der Schaffung dieses Rechts ebenso an die Grundrechte gebunden sei[260] wie in Gestalt der Judikative bei der Entscheidung von Privatrechtsstreitigkeiten[261] oder in Gestalt der Exekutive bei der Vollstreckung zugunsten von Privatrechtssubjekten[262]. Bei richtiger Betrachtung habe man es also auch bei der Geltung der Grundrechte im Privatrecht mit ganz normaler grundrechtsgebundener Staatsgewalt in Form von Ge- oder Verboten zu tun, so daß die „angeblichen Besonderheiten der 'Drittwirkung' von Grundrechten“ nichts weiter seien als ein „Phantom“[263].

(dd) Stellungnahme

Keine der dargestellten Theorien zur unmittelbaren Drittwirkung der Grundrechte verfängt. Gegen sie spricht nicht nur die grammatikalische Auslegung des Art. 1 Abs. 3 GG, sondern auch die genetische, systematische und teleologische Auslegung der Grundrechte selbst. Mit diesen Theorien kann die unmittelbare Geltung von Art. 5 Abs. 1 GG im Verhältnis Partei-Mitglied bzw. Partei-Nichtmitglied folglich nicht begründet werden.

---

[257] *Schwabe*, Die sogenannte Drittwirkung der Grundrechte, 1971 (*ders.*, DVBl. 1971, 689 [690]); *ders.*, NJW 1973, 229 f.; *ders.*, NJW 1974, 670 [671 f.]; *ders.*, AöR 100 (1975), 443 ff.; *ders.*, Probleme der Grundrechtsdogmatik, S.212f.; *ders.*, DÖV 1981, 796 ff.; ders., AcP 185 (1985), 1 ff. Jedenfalls insoweit, als sie eine Drittwirkung der Grundrechte im Sinne ihrer horizontalen Geltung zwischen Privtarechtssubjekten ebenfalls ablehnen, stehen der Ansicht *Schwabes* nahe: *Betghe*, Zur Problematik von Grundrechtskollisionen, S. 395 ff.; *Ipsen*, Staatsrecht II, Rn 59; *Koch/Rüßmann*, Juristische Begründungslehre, S. 265 f.; *Rüfner*, in: Isensee/Kirchhof (Hrsg.), HdbStR V, § 117 Rn 59, kritisch allerdings in Rn 60. Eine Auseinandersetzung mit der Theorie *Schwabes* unter erkenntnistheoretischen Gesichtspunkten unternimmt *Eckhold-Schmidt*, Legitimation durch Begründung, S. 78 ff.

[258] Vgl. zu den Begriffen „horizontale“ und „vertikale“ Geltung der Grundrechte anschaulich *von Münch*, Grundbegriffe des Staatsrechts I, Rn. 184.

[259] *Schwabe*, Die sogenannte Drittwirkung der Grundrechte, S. 157.

[260] *Schwabe*, Die sogenannte Drittwirkung der Grundrechte, S. 88 ff.

[261] *Schwabe*, Die sogenannte Drittwirkung der Grundrechte, S. 105 f.

[262] Vgl. näher dazu *Schwabe*, NJW 1973, 229 f.

[263] *Schwabe*, NJW 1971, 689 [690].

[1] Grammatikalische Auslegung des Art. 1 Abs. 3 GG

In Art. 1 Abs. 3 GG werden als unmittelbare Bindungsadressaten der Grundrechte ausdrücklich nur die Träger öffentlicher Gewalt genannt, wogegen von einer Bindung von Privatrechtssubjekten keine Rede ist. Zwar bringt Art. 1 Abs. 3 GG die Exklusivität seines Adressatenkreises nicht durch das Wort „nur" explizit zum Ausdruck. Doch läßt sich andererseits die Interpretation, der Verfassungsgeber habe mit der Norm angesichts des Umstands, daß in der Weimarer Zeit die Grundrechtsbindung des Gesetzgebers umstritten war[264], lediglich klarstellen wollen, daß „zumindest" die Staatsgewalt in all ihren Ausprägungen an die Grundrechte gebunden ist[265], nicht belegen. Jedenfalls spricht der Wortlaut des Art. 1 Abs. 3 GG eher für als gegen eine abschließende Aufzählung der unmittelbar Grundrechtsverpflichteten[266].

[2] Genetische, systematische und teleologische Auslegung der Grundrechte

Einen sicheren, weil belegbaren Hinweis auf die Exklusivität der unmittelbaren Grundrechtsbindung des Staates bietet indes – entgegen der Behauptung *Bleckmanns*, es gebe dafür keine Anhaltspunkte[267] – die Entstehungsgeschichte der Grundrechte. Denn im Schriftlichen Bericht des Abgeordneten *von Mangoldt* zu den Grundrechten im Entwurf des Grundgesetzes[268] heißt es: „Vielmehr sahen die Beteiligten ihre Aufgabe darin, die Grundrechte im Sinne der alten klassischen Grundrechte zu gestalten (...) In den Grundrechten sollte also das Verhältnis des einzelnen zum Staate geregelt werden, der Allmacht des Staates Schranken gesetzt werden, damit der Mensch in seiner Würde wieder anerkannt werde." Die historische Entwicklung der Grundrechte läßt somit deutlich werden, daß diese aus dem

264 Vgl. *Krebs*, Jura 1988, 617 [620 Fn. 32].

265 So aber *Bleckmann*, Staatsrecht II, § 10 Rn. 113; *ders.*, DVBl. 1988, 938 [942]; *König*, Die Verfassungsbindung der politischen Parteien, S. 28; der Sache nach auch *Nipperdey*, in: Neumann/Nipperdey/Scheuner, Die Grundrechte II, S. 21 m.w.N.

266 So auch *Erichsen*, Jura 1996, 527 [530]; *Pieroth/Schlink*, Staatsrecht II, Rn. 175; *Murswiek*, in: Sachs (Hrsg.), GG-K, Art. 1 Rn. 104.

Nicht überzeugen können hingegen die Bemühungen *Bleckmanns*, die Drittwirkung der Grundrechte mit dem Wortlaut der einzelnen Grundrechtsbestimmungen zu begründen (*Bleckmann*, DVBl. 1988, 938 [941 f.]; ; *ders.*, Staatsrecht II, § 10 Rn. 113). Daraus, daß nach Art.1 Abs.1 S. 1 GG die Würde des Menschen „unantastbar" oder die Glaubens- und Gewissensfreiheit nach Art. 4 Abs. 1 GG ebenso wie das Brief-, Post- und Fernmeldegeheimnis nach Art. 10 GG oder die Wohnung nach Art. 13 GG „unverletzlich" sind, und daraus, daß Art. 5, 8, 9, 11 und 12 GG umfassende Handlungsrechte begründen, ohne ihre Abwehrrichtung näher zu bestimmen, kann nämlich keineswegs geschlossen werden, daß die Grundrechte Werte darstellen, die gegen alle denkbaren Eingriffe einschließlich der von Privatrechtssubjekten ausgehenden geschützt sind. Denn nicht von ungefähr hat der Grundgesetzgeber den einzelnen Grundrechtsbestimmungen Art. 1 Abs. 3 GG voran- und damit ihre Abwehrrichtung vorab klargestellt.

267 *Bleckmann*, DVBl. 1988, 938 [942].

268 Siehe Anlage zum stenographischen Bericht der 9. Sitzung des Parlamentarischen Rates am 6.5.1949, S. 6.

Bemühen heraus entstanden und erfochten worden sind, dem einzelnen eine vor ungerechtfertigter staatlicher Einflußnahme gesicherte Freiheitssphäre zu verschaffen, mithin Abwehrrechte gegen den Staat zu bilden.

Gestützt wird dieser Befund des weiteren durch die systematische Auslegung der Grundrechte. Denn nur an einzelnen Stellen des Grundgesetzes, so in Art. 9 Abs. 3 S. 2, 20 Abs. 4 sowie in 38 Abs. 1 S. 1 i.V.m. Art. 48 Abs. 2 GG, wird die Wirkungsrichtung eines Grundrechts oder grundrechtsgleichen Rechts ausdrücklich auf ein privates Rechtsverhältnis erstreckt. Im Umkehrschluß folgt daraus, daß den Grundrechten ansonsten keine unmittelbare Drittwirkung zukommen soll[269].

Vor allem aber spricht gegen eine unmittelbare Drittwirkung der Grundrechte, daß damit ihr Sinn und Zweck ins Gegenteil verkehrt würde: Die Grundrechte sind Ausdruck eines Wertsystems, zu dem auch das Recht des einzelnen gehört, über seine individuellen Lebensbeziehungen frei zu disponieren. Eine unmittelbare Geltung im Privatrechtsverkehr ließe die Grundrechte jedoch zu Pflichten werden, was unweigerlich zu einer beträchtlichen Einschränkung dieser Privatautonomie führte. Während nämlich dem Staat in seinem Verhältnis zum Bürger eine Berufung auf den Schutz der Grundrechte versagt ist, stehen sich im Verhältnis von Privatrechtssubjekten auf beiden Seiten Grundrechtsträger gegenüber. Kann somit im Verhältnis Bürger und Staat niemals eine Grundrechtskollision entstehen, käme es im Verhältnis der Bürger untereinander zu einer erheblichen Einengung der grundrechtlichen Freiheit, wenn sich der eine gegenüber dem anderen unmittelbar auf seine Grundrechte berufen könnte[270]. Das gilt aber nicht nur für das Verhältnis zwischen Bürgern, sondern für alle Formen von Privatrechtsbeziehungen und damit auch für das Verhältnis zwischen politischen Parteien einer- und Mitgliedern oder Nichtmitgliedern anderseits, da sich insofern gleichfalls auf beiden Seiten Grundrechtsträger gegenüberstehen[271].

---

269 *Erichsen*, Jura 1996, 527 [530]; *Pieroth/Schlink*, Staatsrecht II, Rn. 175. Diese Schlußfolgerung läßt sich im Zusammenhang mit der hier insbesondere interessierenden Frage der unmittelbaren Drittwirkung der grundrechtlichen Meinungsfreiheit auch noch dadurch untermauern, daß der Grundgesetzgeber bei ihrer Normierung in Art. 5 Abs. 1 S. 1 Alt. 1 GG den Inhalt des Satzes 2 der Vorläuferbestimmung Art. 118 Abs. 1 WRV nicht übernommen hat. Darin war im Anschluß an das in Art. 118 Abs. 1 S. 1 WRV jedem Deutschen garantierte Recht, innerhalb der Schranken der allgemeinen Gesetze seine Meinung frei zu äußern, festgelegt: „An diesem Recht darf ihn kein Arbeits- oder Anstellungsverhältnis hindern und niemand darf ihn benachteiligen, wenn er von diesem Recht Gebrauch macht." Derweil hat der Grundgesetzgeber an der durch Art. 159 S. 2 WRV angeordneten unmittelbaren Drittwirkung der Vereinigungsfreiheit festgehalten und diese Bestimmung in Art. 9 Abs. 3 S. 2 GG fast wortgleich übernommen.

270 Vgl. *Doehring*, Das Staatsrecht der Bundesrepublik Deutschland, S. 208; *Dürig*, in: Maunz/Dürig, GG-K I, Art. 1 Abs. 3 Rn. 129; *Erichsen*, Jura 1996, 527 [530]; *Hesse*, Grundzüge des Verfassungsrechts der Bundesrepublik Deutschland, Rn. 354; *Ipsen*, Staatsrecht II, Rn 58.

271 *Ipsen*, in: Sachs (Hrsg.), GG-K, Art. 21 Rn. 74; *Morlok*, in: Dreier (Hrsg.), GG-K II, Art. 21 Rn. 125.

Dieser Einwand läßt sich auch nicht mit dem Hinweis entkräften, eine Einschränkung der Privatautonomie sei nicht zu besorgen, weil diese durch Art. 2 Abs. 1 GG ihrerseits grundrechtlich geschützt sei[272]. Zwar trifft es zu, daß das eine Privatrechtssubjekt – eine unmittelbare Drittwirkung unterstellt – dem anderen, welches Grundrechte geltend macht, den Schutz der Privatautonomie entgegenhalten könnte. Doch wird genau daraus ersichtlich, warum die Rechnung, die von den Vertretern einer unmittelbaren Drittwirkung der Grundrechte aufgemacht wird, am Ende nicht aufgeht. Denn die gegenseitige Berufung auf Grundrechte würde eine Abwägung zwischen den jeweils geltend gemachten Rechtspositionen erfordern. Dies wiederum hätte zur Folge, daß alle privatrechtlichen Streitigkeiten auf der Verfassungsebene geklärt werden müßten. Die Verfassung selbst verfügt aber für solche Konflikte schon wegen ihres naturgemäß hohen Abstraktionsgrades über keine geeigneten Lösungsmodelle. Vielmehr ist es Sache des Privatrechtsgesetzgebers, in seinen Regelungen den Rechtsgehalt der Grundrechte zu konkretisieren und grundrechtlich verbürgte Positionen Privater gegeneinander abzugrenzen. Würden die Grundrechte zwischen Privaten unmittelbar gelten, wäre die Scheidung der Freiheitsbereiche im übrigen letztlich Sache der Judikative. Abgesehen davon, daß damit ein Zuwachs an richterlicher Entscheidungskompetenz verbunden wäre, der dem grundgesetzlichen Kompetenzverteilungssystem widerspräche, stünde einem solchen Ergebnis auch das Rechtsstaatsprinzip entgegen, wonach die Gestaltung von Rechtsbeziehungen und richterlicher Problemlösung in erster Linie mit Hilfe hinreichend klarer, detaillierter und bestimmter Regelungen erfolgen muß[273]. Demnach ist den Kritikern der Theorien zur unmittelbaren Drittwirkung der Grundrechte beizupflichten, wenn sie davor warnen, die Umsetzung der Theorien würde die „Eigenart und Bedeutung des Privatrechts prinzipiell verändern“[274] mit dem Ergebnis „völliger Rechtsunsicherheit“ und „Überwucherung des gesamten Rechtsverkehrs durch verfassungsrechtliche Einflüsse“[275].

[3] Keine unmittelbare Drittwirkung wegen eines Bedeutungswandels der Grundrechte

Was indes den angeblichen „Bedeutungswandel der Grundrechte“ anbelangt, der für eine unmittelbare Drittwirkung ins Feld geführt wird, so ist dazu klarzustellen, daß dem Grundgesetzgeber das Problem, daß es nicht nur im Verhältnis Bürger-Staat, sondern auch im Verhältnis Privater zu Freiheitsgefährdungen kommen kann, aus der darüber geführten Diskussion in der Weimarer Zeit sehr wohl bekannt war[276]. Gleichwohl hat er davon abgesehen, die unmittelbare Geltung der

---

272 So aber etwa *von Münch*, Grundbegriffe des Staatsrechts I, Rn. 191. Zur Privatautonomie als Schutzgut des Art. 2 Abs. 1 GG vgl. *Erichsen*, in: Isensee/Kirchhof (Hrsg.), HdbStR VI, § 152 Rn. 56 ff.; Murswiek, in: Sachs (Hrsg.), GG-K, Art. 2 Abs. 1 Rn. 54.

273 Vgl. zu allem *Hesse*, Grundzüge des Verfassungsrechts der Bundesrepublik Deutschland, Rn. 354; *Starck*, JuS 1981, 237 [244].

274 *Hesse*, Grundzüge des Verfassungsrechts der Bundesrepublik Deutschland, Rn. 354.

275 *Galperin*, JZ 1956, 105 [107].

276 Vgl. dazu *von Mangoldt/Klein*, GG-K I (2. Aufl.), Vorb. A II 4 b), S. 62.

Grundrechte im Privatrechtsverkehr generell anzuordnen, sondern eine solche Grundrechtswirkung auf die wenigen, vorstehend[277] bereits genannten Ausnahmefälle beschränkt, im übrigen aber auf das überkommene Privatrecht und den zukünftigen Privatrechtsgesetzgeber vertraut[278]. Diese Entscheidung gilt es ernst zu nehmen und bei der Grundrechtsauslegung in Rechnung zu stellen. Denn verfassungsgeschichtliche Wandlungen allein, mögen sie auch grundlegend sein, haben keine verfassungsändernde Kraft[279].

[4] Keine unmittelbare Drittwirkung wegen Schutzbedürftigkeit vor wirtschaftlicher oder sozialer Macht

Eben dies spricht aber auch gegen die dargestellten Bestrebungen, die Grundrechte zwar nicht generell, aber doch ausnahmsweise dann im Privatrechtsverkehr unmittelbar zur Anwendung kommen zu lassen, wenn von „Inhabern wirtschaftlicher oder sozialer Macht" eine qualifizierte Gefährdung für individuelle Freiheiten ausgeht. So hat *Hasenritter* als Vertreter dieser Ansicht sicher Recht, wenn er zu bedenken gibt, der einzelne sei insbesondere auch gegenüber mächtigen Parteiorganisationen schutzbedürftig[280]. Doch bieten die Begriffe „wirtschaftliche oder soziale Macht" bzw. „quasi-öffentliche Gewalt" aufgrund ihrer Konturenlosigkeit kaum ein geeignetes Abgrenzungskriterium, in welchen Fällen bzw. gegenüber welchen Privatrechtssubjekten die Grundrechte ausnahmsweise unmittelbar zur Anwendung gelangen sollen[281]. Vor allem aber kann das Bedürfnis nach Schutz keine Rechtfertigung dafür sein, sich über die verfassungsrechtlichen Vorgaben hinwegzusetzen und die unmittelbare Geltung der Grundrechte auf den Privatrechtsverkehr zu erstrecken[282]. Dabei ist *Hasenritters* Argumentation, die politischen Parteien seien an die Grundrechte gebunden, da sie in der Lage seien, die „Grundrechtsausübung des Parteimitglieds" zu gefährden, ohnehin leicht als Zirkelschluß zu durchschauen, können die Grundrechte des Parteimitglieds durch Maßnahmen der Parteiorganisation doch nur dann betroffen sein, wenn sie dieser gegenüber überhaupt zur Anwendung kommen, was aber gerade in Frage steht.

---

[277] Siehe oben § 7 II 4 a) bb) (3) (b) (dd) [2].

[278] *Starck*, JuS 1981, 237 [244]. Aus diesem Grund kann eine unmittelbare Drittwirkung der Grundrechte auch nicht mit dem in Art. 20 und 28 enthaltenen Bekenntnis des Grundgesetzes zum Sozialstaat oder dem Bekenntnis des deutschen Volkes zu den Menschenrechten in Art.1 Abs. 2 GG begründet werden. Denn selbst wenn man diese Bekenntnisse als Beleg dafür sieht, daß die Grundrechte auch Ordnungssätze für den Privatrechtsverkehr sind (kritisch dazu vor dem Hintergrund des Art. 1 Abs. 2 GG *von Hodenberg*, Das Bekenntnis des deutschen Volkes zu den Menschenrechten in Art. 1 Abs. 2 GG, S. 68 ff., 92 ff.), bleibt es nach dem Gesagten doch die Aufgabe des Privatrechtsgesetzgebers, die grundrechtlich geschützten Freiheitsbereiche der jeweils betroffenen Privatrechtssubjekte gegeneinander abzugrenzen.

[279] *Lengers*, Rechtsprobleme bei Parteiausschlüssen, S. 65.

[280] Siehe dazu oben § 7 II 4 a) bb) (3) (b) (bb).

[281] Vgl. *Canaris*, AcP 184 (1984), 201 [207].

[282] Vgl. dazu insbesondere *Vogt*, Drittwirkung der Grundrechte, S. 54 ff.

Die Theorie von der Schutzbedürftigkeit gegenüber wirtschaftlicher oder sozialer Macht unterliegt überdies denselben Einwänden wie die Annahme einer generellen unmittelbaren Drittwirkung der Grundrechte. Denn auch das Handeln in Ausübung einer gesellschaftlichen Machtstellung bleibt privates Handeln und steht unter dem Schutz der Grundrechte. Als Ausweg aus diesem Dilemma wäre allenfalls denkbar, die Inhaber gesellschaftlicher Macht dann, wenn es um den Schutz der Freiheit des einzelnen vor ihrer Machtausübung geht, mit den Trägern echter öffentlicher Gewalt gleichzustellen und ihnen als „quasi-öffentliche Gewalt" die Berufung auf eigene Grundrechte zu versagen. Die Folge hiervon wäre jedoch, daß als Bereich grundrechtlich legitimierter individueller und gesellschaftlicher Freiheit nur noch der Bereich persönlich-privater Betätigung übrig bliebe, eine Folge, die mit der Intention des Grundgesetzgebers offensichtlich nicht entspricht[283].

[5] Verfehlter Ansatz der Theorie *Schwabes*

Schließlich schlägt auch *Schwabes* Versuch, die unmittelbare Grundrechtsgeltung im Privatrechtsverkehr zu begründen, fehl. Seine Ansicht geht von der Vorstellung aus, Freiheit werde erst durch den Staat geschaffen. In Wahrheit jedoch ist der Staat zwar Garant und Ausgestalter der Freiheit, nicht aber ihr Schöpfer[284]. Wegen dieses verfehlten Ansatzes bleibt bei der Theorie *Schwabes* insbesondere der freiheitssichernde Eigenwert des überkommenen selbständigen Privatrechts außer acht[285]. Leitet man alle für die Entscheidung von Privatrechtsstreitigkeiten notwendigen Problemlösungsmodelle bereits aus den Grundrechten ab, käme es auf das Zivilrecht nämlich nicht mehr entscheidend an; dieses würde unter einem solchen „Grundrechtstotalitarismus verkümmern"[286]. Etwas anderes ergibt sich auch nicht etwa daraus, daß der Staat bei der Schaffung und Gewährleistung des Privatrechts unmittelbar an die Grundrechte gebunden ist. Denn Privatrechtssubjekte handeln jedenfalls im rechtsgeschäftlichen Verkehr nicht kraft gesetzlicher Ermächtigung, sondern kraft autonomer Entschließung[287]. Schließlich läßt sich eine unmittelbare Drittwirkung auch nicht mit der Grundrechtsbindung der Judikative begründen. Den Trugschluß, der dieser Annahme zugrunde liegt, hat *Doehring*[288] mit der Formulierung entlarvt: „Die Tatsache allein, daß ein Gericht als Staatsorgan eine private Rechtsbeziehung zu beurteilen hat, ändert nicht deren Rechtscharakter. Das Gericht hat die Grundrechte zu beachten, soweit sie gelten; nicht etwa gelten sie, weil ein Gericht entscheidet".

---

283 Vgl. *Böckenförde*, Grundrechtsgeltung gegenüber Trägern gesellschaftlicher Macht, in: Posser/Wassermann (Hrsg.), Freiheit in der sozialen Demokratie, S. 77 [84 ff.].

284 *Erichsen*, Jura 1996, 527 [529].

285 Vgl. *Dürig*, in: Maunz/Dürig, GG-K I, Art. 1 Abs. 3 Rn. 130 (aber kein direkter Hinweis auf Schwabe!).

286 *Starck*, JuS 1981, 237 [244]; ähnlich *Doehring*, Staatsrecht, S. 209.

287 Vgl. *Stern*, Staatsrecht III/1, § 76 III 1, S. 1551.

288 *Doehring*, Staatsrecht, S. 209.

(ee) Zwischenergebnis

Daraus folgt: Unmittelbare Bindungswirkung im Privatrechtsverkehr entfaltet allein das Privatrecht. Etwas anderes gilt nur, wenn das Grundgesetz selbst die Wirkung eines Grundrechts oder grundrechtsgleichen Rechts auf private Rechtsverhältnisse erstreckt. In diesen Ausnahmefällen wirkt das entsprechende Grundrecht bzw. grundrechtsgleiche Recht dann freilich nicht nur in vertikaler, sondern – entgegen *Schwabes* Ansicht – auch in horizontaler Richtung.

(c) Lediglich mittelbarer Einfluß der Grundrechte auf das Privatrecht

Ist folglich eine allgemeine unmittelbare Drittwirkung der Grundrechte abzulehnen, so bedeutet das allerdings keineswegs ein beziehungsloses Nebeneinander des Grundrechts- und des Privatrechtssystems. Vielmehr entfalten die Grundrechte wertsetzende Bedeutung durchaus auch im Privatrecht. Dabei ist es das Verdienst von *Dürig*[289], einen – von *Herbert Krüger*[290] bereits vor Erlaß des Grundgesetzes aufgezeigten – Weg geebnet zu haben, über den die Grundrechte auch im Privatrechtsverkehr wirksam werden können, ohne zugleich die Privatrechtsordnung auszuhebeln. So erfolgt nach *Dürigs* Lehre von der mittelbaren Drittwirkung die Vermittlung des Grundrechtsgehalts in das Privatrecht über die Auslegung der darin enthaltenen wertausfüllungsfähigen und wertausfüllungsbedürftigen Begriffe und Generalklauseln. Als solche kommen insbesondere die in §§ 138, 242, 315, 823 Abs. 1 und 826 BGB verwendeten Termini „Sittenwidrigkeit", „Billigkeit", „Treu und Glauben" und „sonstiges Recht" in Betracht. Dieser Auffassung, die im staatsrechtlichen Schrifttum[291] mittlerweile ganz herrschende Meinung ist, hat sich auch das Bundesverfassungsgericht in seiner zur Drittwirkungsproblematik grundlegenden Lüth-Entscheidung[292] angeschlossen und darin den Begriff der „Ausstrah-

---

289 *Dürig*, JZ 1953, 193 [199]; *ders.*, ZgesStW 109 (1953), 326 [341]; *ders.*, in: Neumann/Nipperdey/Scheuner, Die Grundrechte II, S.507 [525]; *ders.*, Grundrechte und Zivilrechtsprechung, in: FS Nawiasky, S.157 [176 ff.]; *ders.*, in: Maunz/Dürig, GG-K I, Art. 1 Abs. 3 Rn. 102, 127 ff. sowie Art. 3 Abs. 1 Rn. 505 ff.; *ders.*, AöR 81 (1956), 117 [123 f.].

290 *Herber Krüger*, NJW 1949, 163.

291 Vgl. statt vieler *Bachof*, in: Bettermann/Nipperdey/Scheuner, Die Grundrechte III/1, 155, 173 f.; *Erichsen*, Jura 1996, 527 [529 ff.]; *Ipsen*, Staatsrecht II, Rn. 59, allerdings unter Ablehnung der Bezeichnung „mittelbare" Drittwirkung; *Jarass*, in: Jarass/Pieroth, GG-K, Vorb. vor Art.1 Rn. 15 f.; *E. Klein*, NJW 1989, 1633 [1640]; *Krebs*, Jura 1988, 617 [624]; *Pieroth/Schlink*, Staatsrecht II, Rn. 181 ff.; *Sachs (Hrsg.)*, in: Sachs (Hrsg.), GG-K, Vor Art. 1 Rn. 32; *Scholz*, Koalitionsfreiheit als Verfassungsproblem, S. 4 f.; *Starck*, JuS 1981, 237 [244 ff.].

Zur Begründung der mittelbare Drittwirkung heute insbesondere auch auf die Schutzgebotsfunktion der Grundrechte abgestellt, wobei manche glauben, damit einen neuen Lösungsansatz gefunden zu haben, vgl. zu dieser Konzeption *Stern*, Staatsrecht III/1, § 76 III 4 b), S. 1560 m.w.N.; *Oldiges*, Neue Aspekte der Grundrechtsgeltung im Privatrecht, in: FS für Friauf, S. 281 [299 ff.]. Tatsächlich argumentierte allerdings auch schon *Dürig*, in: Maunz/Dürig, GG-K I, Art.1 Abs. 3 Rn. 131 f., in diese Richtung.

292 BVerfGE 7, 198 [insb. 204 ff.]; seitdem ständige Rechtsprechung, vgl. BVerfGE 34, 269 [280]; 49, 89 [141 f.]; 52, 131 [165 f.].

lungswirkung“[293] der Grundrechte geprägt. Damit wird anschaulich, daß von den Grundrechten zwar „Richtlinien und Impulse“ auf das Privatrecht ausgehen[294], die Grundrechte aber – um mit *von Münchs*[295] einprägsamer Metapher zu sprechen – immer einen „Schlüssel“ benötigen, um in ein privatrechtliches Rechtsverhältnis Einlaß zu finden.

(d) Zwischenergbnis

Festzuhalten ist sonach, daß sich Privatrechtssubjekte untereinander grundsätzlich nicht auf ihre Grundrechte berufen können. Eine unmittelbare Drittwirkung ist vielmehr nur dann zu bejahen, soweit das Grundgesetz die Wirkung eines Grundrechts oder grundrechtsgleichen Rechts auf private Rechtsverhältnisse erstreckt. Bezüglich der Meinungs- und Informationsfreiheit nach Art. 5 Abs. 1 S. 1 GG ist das jedoch nicht der Fall. Danach zu urteilen findet dieses Grundrecht also auch im Verhältnis Partei-Mitglied bzw. Partei-Nichtmitglied keine unmittelbare Anwendung.

(4) Innerparteiliche Geltung der grundrechtlichen Meinungs- und Informationsfreiheit als Grundlage des Rechts auf Auskunft und Gehör über Art. 21 Abs. 1 S. 3 GG?

Etwas anderes könnte im Verhältnis Partei-Mitglied bzw. Partei-Nichtmitglied jedoch wegen des innerparteilichen Demokratiegebots gelten. Darüber, ob und inwiefern Art. 21 Abs. 1 S. 3 GG tatsächlich als Geltungsgrund der grundrechtlichen Meinungs- und Informationsfreiheit in politischen Parteien zu verstehen ist, gibt es unterschiedliche Ansichten.

(a) Herrschende Meinung 1: Unmittelbare Geltung

Nach der in der Parteienrechtsliteratur herrschender Meinung finden in politischen Parteien wegen Art. 21 Abs. 1 S. 3 GG die für die politische Willensbildung konstitutiven Grundrechte wie insbesondere das Grundrecht der Meinungs- und Informationsfreiheit unmittelbar Anwendung[296].

---

[293] BVerfGE 7, 198 [207].

[294] BVerfGE 7, 198 [205].

[295] Vgl. *von Münch*, Grundbegriffe des Staatsrechts I, Rn. 187, der diese Sichtweise selbst allerdings ablehnt, sondern der Theorie *Nipperdeys* folgt, siehe dazu oben § 7 II 4 a) bb) (3) (b) (aa).

[296] *Blank*, DVBl. 1976, 564 [565, 566]; *Hasenritter*, Parteiordnungsverfahren, S. 27 f., der damit neben seiner These von den „Parteien als quasi-öffentliche Gewalt“ (siehe dazu oben § 7 II 4 a) bb) (3) (b) (bb)) eine zusätzliche Begründung für die unmittelbare Grundrechtsverpflichtung der Parteien gibt; *Heimann*, Die Schiedsgerichtsbarkeit der politischen Parteien in der Bundesrepublik Deutschland, S. 47 ff.; *Lengers*, Rechtsprobleme bei Parteiausschlüssen, S. 66 ff.; *Lenz/Sasse*, JZ 1962, 233 [239 ff.]; *von Münch*, in: von Münch/Kunig (Hrsg.), GG-K II (3. Aufl.), Art. 21 Rn. 57 (Stichwort: Grundrechte der Mitglieder – S. 34), der seine Treue zur Theorie *Nipperdeys* (vgl. oben § 7 II 4 a) bb) (3) (b) (aa)), der zufolge die Grundrechte ohnehin zwischen allen Privatrechtssubjekten unmittelbar gelten, insofern relativiert, als er bemerkt, die innerparteilich unmittelbare Gel-

Welche Dogmatik dieser Ansicht zugrundeliegt, lassen besonders die Ausführungen von *Lenz/Sasse*[297] deutlich werden. So sei das innerparteiliche Demokratiegebot angesichts des Umstands, daß Art. 21 Abs. 1 S. 3 GG die innere Ordnung der Parteien mit den Formprinzipien des demokratischen Staates homogenisiere, „sinn- und substanzgleich" mit den grundrechtlichen Konstitutionsprinzipien der freiheitlichen demokratischen Grundordnung im Sinne des Art. 20 GG. Diese sei dadurch gekennzeichnet, daß sie gegenüber der Verbandsautorität grundrechtliche Individualpositionen befestige und die Mitwirkung der Aktivbürgerschaft durch politische Gleichstellung und Meinungsäußerungsfreiheit garantiere. Über Art. 21 Abs. 1 S. 3 GG würden folglich die zum Bestand der freiheitlich demokratischen Ordnung gehörenden individuellen Freiheitspositionen und aktiven Mitwirkungsrechte in die Willensbildungsstruktur der Partei „unmittelbar transformiert".

(b) Andere Ansicht: Geltung im Rahmen demokratischer Grundsätze im Sinne des Art. 21 Abs. 1 S. 3 GG

Nach anderer Ansicht finden die Grundrechte in politischen Parteien zwar nicht unmittelbar Anwendung. Doch lasse sich anhand der verfassungsmäßig verbürgten Freiheitsrechte mit demokratierelevantem Inhalt wie der Meinungs- und Informationsfreiheit der Bedeutungshalt der „demokratischen Grundsätze" im Sinne des Art. 21 Abs. 1 S. 3 GG bestimmen. Die betreffenden Grundrechte würden in den Parteien somit nicht „'formell' und in ihrer grundrechtlichen Weite und Präzision"[298] zur Geltung kommen, sondern „abhängig von der Tragweite des innerparteilichen Demokratieprinzips"[299].

Trotz ihres unterschiedlichen Ansatzes führen beide vorstehend dargestellten Ansichten zu demselben Ergebnis. Das liegt daran, daß auch die Vertreter der zweiten Ansicht, wonach die Grundrechte innerparteilich bloß in Abhängigkeit der Tragweite des innerparteilichen Demokratieprinzips zur Anwendung gelangen sol-

---

tung der Grundrechte ergebe sich „jedenfalls" aus Art. 21 Abs. 1 S. 3 GG; *Pieroth*, in: Jarass/Pieroth, GG-K, Art. 21 Rn. 25; *Preuß*, in: AltK-GG II, Art. 21 Abs. 1, 3 Rn. 67; *Reichert*, HdbVereins- und Verbandsrechts, Rn. 2910, *Schachtschneider*, Res publica res populi, 10. Teil, 4. Kap.IV, S. 1110 f.; *Wolfrum*, Die innerparteiliche Demokratie nach dem Parteiengesetz, S. 136 ff. Vgl. zur entsprechenden Ansicht von *Trautmann*, Innerparteiliche Demokratie im Parteienstaat, S. 181 ff., bereits ausführlich oben § 7 II 4 a) bb) (1).

297 *Lenz/Sasse*, JZ 1962, 233 [239 f.].

298 *Seifert*, Die politischen Parteien im Recht der Bundesrepublik Deutschland, S. 214. Diesen Weg beschreiten auch *König*, Die Verfassungsbindung der politischen Parteien, S. 38 ff.; *Kunig*, in: Isensee/Kirchhof (Hrsg.), HdbStR II (2. Aufl.), § 33 Rn. 78; *Maunz*, in: Maunz/Dürig, GG-K II (Stand: Okt. 1996), Art. 21 Rn. 91; *Reichert*, HdbVereins- und Verbandsrechts, Rn. 2910; *Risse*, Der Parteiausschluß, S. 125f.; *Stern*, Staatsrecht II, § 13 III 4 d), S. 446; *Zimmermann*, Rechtsstaatsprinzip und Parteigerichtsbarkeit, S. 137 f. Widersprüchlich indes *Strunk*, JZ 1978, 87 f., der einerseits entsprechend dieser Ansicht direkt auf das innerparteiliche Demokratiegebot des Art. 21 Abs. 1 S. 3 GG abstellt (S. 87), andererseits aber seitens der Parteien einen „Eingriff in das Recht aus Art. 5 GG" des Mitglieds für möglich hält (S. 88).

299 *Kunig*, in: Isensee/Kirchhof (Hrsg.), HdbStR II (2. Aufl.), § 33 Rn. 80; *ders.*, in: von Münch/Kunig (Hrsg.), GG-K II, Art. 21 Rn. 58 (Stichwort: Grundrechte der Mitglieder – S. 34).

len, praktisch nichts anderes unternehmen, als die Grundrechte genau so, wie sie im Grundgesetz ausgeprägt sind, auf das Verhältnis der politischen Parteien und ihren Mitgliedern zu übertragen. Demzufolge behandeln sie die entsprechenden Mitgliedschaftsrechte auch terminologisch als „Meinungsfreiheit", „Informationsfreiheit", „Versammlungsfreiheit", Vereinigungsfreiheit" etc[300]. Folglich liegt der Unterschied beider Ansichten letztlich nur darin, daß die betreffenden Mitgliedschaftsrechte einerseits unter Berufung auf Art. 21 Abs. 1 S. 3 GG direkt mit den Grundrechten begründet und andererseits als grundrechtsgleicher Gehalt der demokratischen Grundsätze im Sinne des Art. 21 Abs. 1 S. 3 GG deklariert werden.

(c) Stellungnahme

Im Ergebnis vermag weder die noch die andere Ansicht zu überzeugen, wenngleich die vorstehend als zweite geschilderte den richtigen Ansatz aufweist. Die innerparteilich unmittelbare Geltung der politischen Grundrechte bzw. die in ihrem Sinne erfolgende Konkretisierung der demokratischen Grundsätze im Sinne des Art. 21 Abs. 1 S. 3 GG wird dem Bedeutungsgehalt der Verfassungsnorm nicht gerecht. Beide Ansichten kranken daran, die fundamentalen Unterschiede im Verhältnis Bürger-Staat einerseits und Partei-Mitglied[301] andererseits außer acht zu lassen, wiewohl die Notwendigkeit der Unterscheidung zum Teil sogar ausdrücklich betont wird[302]. Jedenfalls die Meinungs- und Informationsfreiheit nach Art. 5 Abs. 1 S. 1 GG ist aber – was die folgenden Ausführungen zeigen – speziell auf das Bürger-Staat-Verhältnis zugeschnitten, wogegen sie auf das Partei-Mitglied-Verhältnis nicht paßt.

(aa) Recht zur Meinungsäußerung und Meinungsbildung als Grundvoraussetzung demokratischer Willensbildung

Beizutreten ist den vorstehend wiedergegebenen Auffassungen freilich insofern, als eine demokratische Willensbildung sowohl im Staat als auch in politischen Parteien nicht möglich ist, ohne daß denjenigen, die an der betreffenden Willensbildung mitwirken können sollen, ein individuelles Recht zur Meinungsäußerung sowie ein individuelles Recht zur Meinungsbildung aufgrund dazu erforderlicher Informationen zusteht.

---

300 Vgl. etwa *Seifert*, Die politischen Parteien im Recht der Bundesrepublik Deutschland, S. 214 ff., oder *Risse*, Der Parteiausschluß, S. 125 ff.

301 Daß beide Auffassungen die Meinungs- und Informationsfreiheit nur für das Verhältnis Partei-Mitglied, nicht aber auch für das Verhältnis Partei-Nichtmitglied diskutieren, hängt möglicherweise damit zusammen, daß sie jeweils auf Art. 21 Abs. 1 S. 3 GG rekurrieren und davon ausgehen, daß das *inner*parteiliche Demokratiegebot das Verhältnis Partei-Mitglied nicht erfaßt, vgl. zu dieser – irrigen Ansicht – unten § 7 II 4 a) dd) (3).

302 So etwa von *König*, Die Verfassungsbindung der politischen Parteien, S. 39.

Herzog[303] erklärt dies im Hinblick auf den demokratischen Staat mit den Worten, dieser könne nur bestehen, „wenn sich das Volk in Meinungsäußerungen zu einer eigenständigen, frei gebildeten Meinung bekennen kann, daß diese freie und eigenverantwortliche Entscheidung wiederum nur auf der Grundlage einer staatlich nicht reglementierten öffentlichen Meinung erfolgen kann und daß schließlich die Entscheidung einer solchen öffentlichen Meinung ihrerseits nur dann erwartet werden kann, wenn 1. jedermann im ‚Konzert der ungezählten Stimmen' seine Stimme frei erheben und damit das Endergebnis, eben die öffentliche Meinung, mitbeeinflussen kann, wenn sich 2. jedermann, um sich eine eigene, der allgemeinen Diskussion beizusteuernde Meinung zu bilden, auch so weit wie möglich informieren kann ..."[304].

(bb) Grundrechtliche Meinungs- und Informationsfreiheit wird Anforderungen einer innerparteilich demokratischen Willensbildung nicht gerecht

Während die grundrechtliche Meinungs- und Informationsfreiheit diesen Anforderungen einer demokratischen Willensbildung im Staat entspricht, ist dies hinsichtlich der demokratischen Willensbildung in politischen Parteien nicht der Fall. Dazu geht die Meinungs- und Informationsfreiheit nach Art. 5 Abs. 1 S. 1 GG einerseits zu weit, andererseits reicht sie nicht aus. Eine den Erfordernissen der innerparteilich demokratischen Willensbildung notwendige Anpassung würde indes das Wesen des Grundrechts völlig verfremden.

[1] Recht zur innerparteilichen Meinungsäußerung besteht nur im Rahmen der „Parteimeinung"

Das wird am ehesten erkennbar, wenn man sich vor Augen hält, daß das durch Art. 5 Abs. 1 S. 1 Hs. 1 GG jedermann garantierte Recht der freien Meinungsäußerung seine Schranken allein in den Vorschriften der allgemeinen Gesetze, den gesetzlichen Bestimmungen zum Schutze der Jugend und in dem Recht der persönlichen Ehre sowie in sonstigen kollidierenden Verfassungspositionen findet[305]. Innerhalb dieser Grenzen ist es dem Bürger im Staat dagegen erlaubt, zu jeder Zeit zu jedem beliebigen Thema jede beliebige Meinung zu vertreten. Auf das Verhältnis Partei-Mitglied übertragen bedeutete die grundrechtliche Meinungsfreiheit, daß es in diesem Rahmen jedem Parteimitglied erlaubt wäre, in seiner Partei zu jeder Zeit zu jedem beliebigen Thema jede beliebige Meinung zu vertreten. Das klingt zwar sehr demokratisch, hat aber mit der Zielsetzung des Art. 21 Abs. 1 S. 3 GG

---

303 *Herzog*, in: Maunz/Dürig, GG-K I, Art. 5 Abs. 1, 2 Rn. 4.

304 An dieser Stelle erwähnt Herzog noch die klassischen Informationsmittel wie Presse, Film und Rundfunk. Zur entscheidenden Rolle, die sie in diesem Zusammenhang spielen und die *Herzog* deshalb nicht von ungefähr in einem Atemzug mit der grundrechtlichen Meinungs- und Informationsfreiheit nennt, siehe unten § 7 II 4 a) bb) (4) (c) (bb) [4].

305 Vgl. Art. 5 Abs. 2 GG sowie zur Bedeutung dieser Schranken *Schmidt-Jortzig*, in: Isensee/Kirchhof (Hrsg.), HdbStR VI, § 141 Rn. 46 ff.

nichts zu tun. Denn wäre dem so, hätte ein Parteimitglied etwa das Recht, während eines Wahlkampfs auf Versammlungen seiner Partei für die Positionen und Wahlbewerber einer anderen Partei zu werben.

Das Grundgesetz sieht indes ein Parteiensystem mehrerer untereinander konkurrierenden politischer Parteien vor[306]. Dies wiederum bedingt ein Mindestmaß an Geschlossenheit der einzelnen Parteien[307]. Um nämlich bei öffentlichen Wahlen erfolgreich sein und somit Einfluß auf die Führung des Staates erlangen zu können, müssen sie den Wählern vermitteln, wofür sie stehen und deren Stimmen erhalten wollen. Je vielfältiger die in einer Partei vertretenen politischen Meinungen und Bestrebungen ausfallen, desto schwieriger ist es aber für den Wähler, ihre Ziele auszumachen. Doch selbst wenn dies mit Hilfe von Mehrheitsbeschlüssen und Parteiprogramm noch gelingen sollte, würde die betreffende Partei ab einem gewissen Ausmaß interner Meinungsverschiedenheiten jedenfalls an Glaubwürdigkeit verlieren, in der Lage zu sein, trotz ihrer inneren Zerrissenheit an ihren einmal deklarierten Zielen festzuhalten und sie im Bereich der institutionalisierten Staatlichkeit zu verwirklichen[308].

Aber auch außerhalb von öffentlichen Wahlen würden die Parteien ihre verfassungsrechtliche Funktion nicht mehr erfüllen können, wenn sie gegenüber ihren Mitgliedern verpflichtet wären, jede Meinungsäußerung in den Grenzen des Art. 5 GG zu tolerieren. Schon der Begriff „Partei" (abstammend vom lateinischen pars – Teil) verdeutlicht, daß solche Organisationen eben nur Ausschnitte des gesamten gesellschaftlichen Meinungsspektrums repräsentieren[309]. Ihre Aufgabe im Demokratiesystem des Grundgesetzes besteht denn auch – wie gesehen[310] – gerade darin, das Vielerlei der im Volk vorhandenen politischen Meinungen und Interessen zu ordnen und zu definierbaren Ansichten und realisierbaren Zielen zu bündeln. Mit diesen Ansichten und Zielen – als ein ganz bestimmter Ausschnitt aller im Volk vorhandenen Meinungen – sollen sie sich dann um eine entsprechende Beeinflussung der Staatswillensbildung bemühen.

Dieses System kann aber nur dann funktionieren, wenn der Meinungsvielfalt in politischen Parteien engere Grenzen gesetzt sind als durch die grundrechtliche Meinungsfreiheit[311]. Das Verfassungsgebot innerparteilicher Demokratie stellt dazu

---

306 Siehe dazu bereits oben § 4 II 3.

307 Vgl. *Lenz/Sasse*, JZ 1962, 233 [240], sowie *Zeuner*, Innerparteiliche Demokratie, S. 14, die die politischen Parteien deshalb sogar als „Kampfverbände" bezeichnen.

308 Vgl. zu allem *Henke*, JZ 1987, 1080 [1081]; *ders.*, in: BoKo-GG IV, Art. 21 Rn. 268; *Klein*, in: Maunz/Dürig, GG-K III, Art. 21 Rn. 334 f.; *Lengers*, Rechtsprobleme bei Parteiausschlüssen, S. 107 f.; *Wolfrum*, Die innerparteiliche demokratische Ordnung nach dem Parteiengesetz, S. 139, 141; *Strunk*, JZ 1978, 87 [88]; *Trautmann*, Innerparteiliche Demokratie im Parteienstaat, S. 191; *Zeuner*, Innerparteiliche Demokratie, S. 14.

309 *Klein*, in: Maunz/Dürig, GG-K III, Art. 21 Rn. 334.

310 Siehe dazu ausführlich oben § 4.

311 Vgl. *Lengers*, Rechtsprobleme bei Parteiausschlüssen, S. 108 ff.

keineswegs eine Antithese dar[312]. Vielmehr geht auch Art. 21 Abs. 1 S. 3 GG von der Notwendigkeit der innerparteilichen Verengung des Meinungsspektrums auf eine bestimmte Meinung aus, nämlich der jeweiligen „Parteimeinung“. Die „Parteimeinung“ ist dabei freilich nicht statisch; sie duldet auch Widerspruch und Gegenmeinung. Doch findet das Recht zur innerparteilichen Meinungsäußerung darin seine Grenze, daß politische Parteien „Gesinnungsgemeinschaften“[313] sind und sein müssen[314]. Meinungsäußerungsfreiheit bis an die Grenzen des Art. 5 GG verträgt sich damit nicht[315].

An dieser Einsicht kommen denn auch die Befürworter der innerparteilichen Geltung von Art.5 GG bzw. der entsprechenden Auslegung der demokratischen Grundsätze im Sinne des Art. 21 Abs. 1 S. 3 GG nicht vorbei. Zur Auflösung des erkannten Widerspruchs sehen sie sich deshalb gezwungen, die Grenzen der grundrechtlichen Meinungsfreiheit in den Parteien anders als im Staat, nämlich vom Wesen und den Aufgaben der Parteien her zu bestimmen[316]. Nun kommt man zwar über diesen Weg in der Tat zu sachgerechten Resultaten, wobei die Rechtfertigung der parteiadäquaten Anpassung der grundrechtlichen Meinungsfreiheit dogmatisch denjenigen leichter fällt, die innerparteilich nicht direkt Art. 5 GG, sondern nur die dementsprechend konkretisierten demokratischen Grundsätze des Art. 21 Abs. 1 S. 3 GG gelten lassen wollen. Daß dieser Weg gleichwohl nicht der richtige sein kann, läßt sich aber spätestens[317] daran erkennen, daß das, was am

---

312 So besonders deutlich *Lengers*, Rechtsprobleme bei Parteiausschlüssen, S. 111 f. Demzufolge trifft es nicht zu, das Geschlossenheitserfordernis als „Grenze“ des innerparteilichen Demokratiegebotes zu sehen, so aber *König*, Die Verfassungsbindung der politischen Parteien, S. 37 f. Vielmehr ist es der innerparteilichen Demokratie im Sinne des Art. 21 Abs. 1 S. 3 GG immanent.

313 Vgl. zu diesem Begriff *Hesse*, VVDStRL 17 (1959), 11 [33]; *Knöpfle*, Der Staat 1970, [321] 343.

314 Siehe zur „Parteimeinung“ als spezielle materielle Schranke des innerparteilichen Rechts auf Gehör ausführlich unten § 10 II 1 a) bb).

315 Aus den gleichen Erwägungen hat das Bundesverfrassungsgericht (BVerfGE 60, 374 [380]) festgestellt, daß das Rederecht des Parlamentsabgeordneten nicht Ausfluß seiner grundrechtlichen Meinungsfreiheit sein kann. Denn es sei „vorstellbar, daß Äußerungen eines Abgeordneten die Ordnung des Parlaments verletzen und eine Sanktion des Präsidenten nach sich ziehen, obschon sie sich in den Grenzen der Meinungsfreiheit des Art. 5 GG gehalten haben“. Im Ergebnis ebenso CDU-BPartG, NVwZ 2005, 480 [483 f.], unter Bezugnahme auf CDU-BPartG, NVwZ-RR 1999, 153, im Fall Hohmann. Danach habe die grundrechtliche Meinungsfreiheit immer dann „zurückzutreten“, wenn die „klaren weltanschaulichen Konturen verwässert und die Prinizipientreue der Partei in Frage gestellt würden“.

316 Vgl. für die Autoren, die wegen Art. 21 Abs. 1 S. 3 GG innerparteilich Art. 5 GG unmittelbar gelten lassen wollen, etwa *Pieroth*, in: Jarass/Pieroth, GG-K, Art. 21 Rn. 25; *Wolfrum*, Die innerparteiliche Demokratie nach dem Parteiengesetz, S. 138, der - vor dem Hintergrund dieser Dogmatik konsequent - ausführt, es müsse zwischen der verfassungsrechtlichen Funktion der Parteien und dem Grundrecht ihrer Mitglieder „praktische Konkordanz“ hergestellt werden. Für diejenigen, die lediglich die demokratischen Grundsätze i.S.d. Art. 21 Abs. 1 S. 3 GG anhand Art. 5 GG konkretisieren, vgl. indes *Kunig*, in: Isensee/Kirchhof (Hrsg.), HdbStR II (2. Aufl.), § 33 Rn. 78 ff.; *Seifert*, Die politischen Parteien im Recht der Bundesrepublik Deutschland, S. 215.

317 Streng genommen ist schon die Notwendigkeit, überhaupt eine Modifikation vornehmen zu müssen, ein Eingeständnis dafür, daß die grundrechtliche Meinungsfreiheit im Verhältnis Mitglied-Partei nicht paßt, vgl. zur entsprechenden Kritik an den Theorien zur allgemeinen unmittel-

Ende an innerparteilichem Recht auf Meinungsäußerung übrig bleibt, mit der Meinungsfreiheit im Sinne des Art.5 GG nicht mehr viel zu tun hat. Denn Meinungsfreiheit, die nur im Rahmen einer ganz bestimmten Meinung – der „Parteimeinung" – besteht, ist zur grundrechtlichen Meinungsfreiheit ein aliud, liegt doch der Wesensgehalt des Art. 5 Abs. 1 S. 1 Hs. 1 GG gerade darin, politische Meinungsäußerungen unabhängig von ihrem Inhalt, mithin in ihrer ganzen Bandbreite zu ermöglichen[318].

[2] Grundrechtliche Meinungsfreiheit umfaßt kein Recht auf Gehör

Daß die grundrechtliche Meinungsfreiheit den Erfordernissen einer demokratischen Willensbildung in politischen Parteien nicht entspricht, wird des weiteren mit Blick auf seinen Schutzbereich ersichtlich.

So ist dem Bürger gegenüber dem Staat nach Art. 5 Abs. 1 S. 1 Hs. 1 GG das „Äußern" und „Verbreiten" einer Meinung garantiert. Ob man das Recht zum Verbreiten einer Meinung, wäre es im Grundgesetztext nicht ausdrücklich angesprochen, auch unmittelbar aus dem Sinn des Art. 5 Abs. 1 GG herleiten könnte[319], und ob und gegebenenfalls inwiefern sich die beiden Tatbestandsmerkmale des „Äußerns" und „Verbreitens" einer Meinung voneinander abgrenzen lassen[320], kann hier dahinstehen. Indem das Grundgesetz anders als die Weimarer Reichsverfassung[321] nicht nur die Variante des „Äußerns", sondern auch die des „Verbreitens" einer Meinung schützt, steht heute jedenfalls außer Zweifel, daß die Meinungsäußerung, die Art. 5 Abs. 1 S. 1 Hs. 1 GG im Auge hat, nicht Selbstzweck ist, sondern wesensnotwendig angelegt auf das Erzielen einer geistigen Wirkung, auf Meinungsbildung und Überzeugung der Adressaten und damit auf die Möglichkeit, andere mit seiner Meinung werbend zu erreichen[322]. Art. 5 Abs. 1 S. 1 Hs. 1 GG berechtigt sonach zu mehr als zur bloßen Äußerung einer Meinung „in einem menschenleeren Hochtal"[323], nämlich gewissermaßen zum „Sich-Hören-lassen"[324].

---

baren Drittwirkung der Grundrechte, die sich in ihren Konsequenzen ohne Ausnahmen und Einschränkungen ebenfalls nicht durchhalten lassen, *Starck*, JuS 1981, 237 [244, unter V 2 b) a.E.].

318 Vgl. *Herzog*, in: Maunz/Dürig, GG-K I, Art. 5 Abs. 1, 2 Rn. 55 e. Deshalb geht es insbesondere nicht an, die thematische Einengung des Rechts zur innerparteilichen Meinungsäußerung mit der Beschränkung der grundrechtlichen Meinungsfreiheit im Staat zu vergleichen, so aber *Wolfrum*, Die innerparteiliche Demokratie nach dem Parteiengesetz, S. 138.

319 So *Herzog*, in: Maunz/Dürig, GG-K I, Art. 5 Abs. 1, 2 Rn. 57.

320 Siehe zum Meinungsstand *Wendt*, in: von Münch/Kunig (Hrsg.), GG-K I, Art. 5 Rn. 17.

321 Vgl. Art. 118 Abs. 1 S. 1 WRV, der lautete: „Jeder Deutsche hat das Recht, innerhalb der Schranken der allgemeinen Gesetze seine Meinung durch Wort, Schrift, Druck, Bild oder in sonstiger Weise frei zu äußern."

322 *Wendt*, in: von Münch/Kunig (Hrsg.), GG-K I, Art. 5 Rn. 17. Auf diese „soziale, gruppenbildende Funktion der Meinungsäußerung" hat unter der Weimarer Reichsverfassung auch schon *Smendt*, VVDStRL 4 (1928), S. 44 [50], hingewiesen.

323 *Ridder*, in: Neumann/Nipperdey/Scheuner, Die Grundrechte II, S. 243 [248].

324 *Herzog*, in: Maunz/Dürig, GG-K I, Art. 5 Abs. 1, 2 Rn. 59.

Jedoch, und das ist im vorliegenden Zusammenhang entscheidend, vermittelt das Grundrecht der Meinungsfreiheit nach einhelliger Ansicht[325] auch in seiner Variante des „Verbreitens“ keinen Anspruch darauf, von jedermann oder auch nur von bestimmten Personen gehört zu werden. Demnach ist der Staat also nicht positiv verpflichtet, dem, der sich hören lassen will, die Möglichkeit zu geben, daß andere von seiner Meinung Kenntnis nehmen können[326]. Vielmehr ist es ihm nur negativ untersagt zu verhindern, daß die geäußerte Meinung denjenigen Adressaten zugeht, die sie ohne staatliches Zutun zur Kenntnis nehmen können und wollen. Art. 5 Abs. 1 S. 1 Hs. 1 GG beinhaltet somit weder einen Leistungsanspruch des Bürgers dahingehend, daß ihm seitens des Staates geeignete Foren (Örtlichkeiten, Räume, Pressespalten, Auftritte in Rundfunk und Fernsehen)[327] oder andere Mittel für die Äußerung und Verbreitung der Meinung (Finanzen[328], Zugangsrechte zur Massenkommunikation[329]) zur Verfügung gestellt oder geschaffen werden[330], noch daß der Staat selbst zu seinem Auditorium wird[331]. Mit der grundrechtlichen Meinungsfreiheit wird mithin nur die geistige Wirkungsmöglichkeit garantiert, nicht aber der „Erfolgsweg“[332]. Insoweit ist Art. 5 Abs. 1 S. 1 Hs. 1 GG ein bloßes Abwehrrecht im klassischen Sinne[333].

[3] Grundrechtliche Informationsfreiheit umfaßt kein Auskunftsrecht

Entsprechendes gilt für die grundrechtliche Informationsfreiheit. Gemäß Art. 5 Abs. 1 S. 1 Hs. 2 GG hat jeder das Recht, sich aus allgemein zugänglichen Quellen

---

325 Vgl. statt vieler *Badura*, Staatsrecht, C 60, S. 114; *Herzog*, in: Maunz/Dürig, GG-K I, Art. 5 Abs. 1, 2 Rn. 60 ff.; *Schmidt-Jortzig*, in: Isensee/Kirchhof (Hrsg.), HdbStR VI, § 14 Rn. 24; *Starck*, in: von Mangoldt/Klein/Starck (Hrsg.), GG-K I, Art. 5 Abs. 1, 2 Rn. 34; *Wendt*, in: von Münch/Kunig (Hrsg.), GG-K I, Art. 5 Rn. 19.

326 Mangels allgemeiner unmittelbarer Drittwirkung (siehe dazu oben § 7 II 4 a) bb) (3) (b) (ee)) kann aus Art. 5 Abs. 1 S. 1 Hs. 1 GG erst Recht kein solcher Verschaffungsanspruch gegenüber Privatrechtssubjekten abgeleitet werden, vgl. *Herzog*, in: Maunz/Dürig, GG-K I, Art. 5 Abs. 1, 2 Rn. 61.

327 Vgl. *Starck*, in: von Mangoldt/Klein/Starck (Hrsg.), GG-K I, Art. 5 Abs. 1, 2 Rn. 34.

328 Vgl. BVerwGE 72, 113 [118].

329 Vgl. *Herzog*, in: Maunz/Dürig, GG-K I, Art. 5 Abs. 1, 2 Rn. 65.

330 Wenn nach einhelliger Ansicht (vgl. nur *Wendt*, in: von Münch/Kunig (Hrsg.), GG-K I, Art. 5 Rn. 19; *Starck*, in: von Mangoldt/Klein/Starck (Hrsg.), GG-K I, Art. 5 Abs. 1, 2 Rn. 35 m.w.N. zur Rechtsprechung) Art. 5 Abs. 1 S. 1 Hs. 1 GG das Recht umfaßt, im Rahmen des Gemeingebrauchs öffentliche Straßen und Plätze für Zwecke der Meinungsverbreitung zu benutzen, so handelt es sich dabei dogmatisch nicht um einen Leistungs-, sondern um einen Abwehrgehalt des Grundrechts, da öffentliche Straßen und Plätze gerade auch zu diesem Zweck bestimmt sind. Insofern ist die dahingehende Benutzung öffentlicher Sachen im Gemeingebrauch „Ausübung ‘natürlicher’ Freiheit, d.h. Inanspruchnahme faktisch verfügbarer Freiheitsräume; sie setzt keine staatliche Leistung voraus. Das Verhalten der öffentlichen Hand kann sich hier auf die Duldung als Sonderfall des Unterlassens beschränken“, wie *Höfling*, in: Sachs (Hrsg.), GG-K, Art. 8 Rn. 39 im Zusammenhang mit der Versammlungsfreiheit nach Art. 8 GG treffend feststellt.

331 Vgl. *Herzog*, in: Maunz/Dürig, GG-K I, Art. 5 Abs. 1, 2 Rn. 62 f.

332 *Wendt*, in: von Münch/Kunig (Hrsg.), GG-K I, Art. 5 Rn. 19.

333 *Herzog*, in: Maunz/Dürig, GG-K I, Art. 5 Abs. 1, 2 Rn. 61.

ungehindert zu unterrichten. Allgemein zugänglich ist eine Informationsquelle[334], wenn sie „technisch geeignet und bestimmt ist, der Allgemeinheit, d.h. einem individuell nicht bestimmbaren Personenkreis, Informationen zu verschaffen“[335]. Hält der Staat bestimmte Informationen aus seinem Bereich – zum Beispiel solche aus Behördenakten – geheim, sind sie demzufolge nicht allgemein zugänglich[336]. Durch Art. 5 Abs. 1 S. 1 Hs. 2 GG ist er dann auch nicht verpflichtet, diese zugänglich zu machen. Das heißt, das Grundrecht der Informationsfreiheit vermittelt weder einen Anspruch auf Akteneinsicht noch auf Auskunft[337]. Wie durch das Tatbestandsmerkmal „ungehindert“ noch bekräftigt wird, zielt Art. 5 Abs. 1 S. 1 Hs. 2 GG vielmehr darauf ab, staatliche Maßnahmen zu verhindern, die eine bereits bestehende Allgemeinzugänglichkeit von Informationen einschränken[338]. Von daher handelt es sich also auch bei der grundrechtlichen Informationsfreiheit um ein Abwehrrecht[339], nicht indes um ein Leistungsrecht auf Verschaffung von Information[340].

Nicht verschwiegen werden soll in diesem Zusammenhang allerdings, daß einige Autoren[341] meinen, aus der objektiv-rechtlichen Dimension des Art. 5 Abs. 1 S. 1 Hs. 2 GG immerhin einen Anspruch auf Sicherung eines Mindeststandards an Information im Staatsbereich ableiten zu können: Da die Informationsfreiheit von konstituierender Bedeutung für die Demokratie sei und sich der durch Art. 5 Abs. 1 GG garantierte umfassende Schutz freier Kommunikation gerade in bezug

---

334 Unter einer Informationsquelle i.S.d. Art. 5 Abs. 1 S. 1 Hs. 2 GG sind alle denkbaren Träger von Informationen zu verstehen, vgl. dazu *Schmidt-Jortzig*, in: Isensee/Kirchhof (Hrsg.), HdbStR VI, § 141 Rn. 30; *Starck*, in: von Mangoldt/Klein/Starck (Hrsg.), GG-K I, Art. 5 Abs. 1, 2 Rn. 42 f.

335 BVerfGE 27, 71 [83]; 33, 52 [65]. So im Anschluß an die Definition des Bundesverfassungsgerichts auch die ganz herrschende Meinung, vgl. *Bethge*, in: Sachs (Hrsg.), GG-K, Art. 5 Rn. 55; *Jarass*, in: Jarass/Pieroth, GG-K, Art. 5 Rn. 15 ff.; *Wendt*, in: von Münch/Kunig (Hrsg.), GG-K I, Art. 5 Rn. 23. Anders *Hoffmann-Riem*, in: AK-GG, Art. 5 Abs. 1, 2 Rn. 84 ff., dagegen zutreffend *Schmidt-Jortzig*, in: Isensee/Kirchhof (Hrsg.), HdbStR VI, § 141 Rn. 32.

336 Siehe *Jarass*, AfP 1979, 228. *Schröer-Schallenberg*, Informationsansprüche der Presse gegenüber Behörden, S. 24. Zu beachten ist dabei, daß der Staat selbst keine allgemein zugängliche Quelle ist, vgl. *Bethge*, in: Sachs (Hrsg.), GG-K, Art. 5 Rn. 60.

337 Vgl. BVerwGE 61, 15 [22]; BVerwG, NJW 1983, 2954; *Bethge*, in: Sachs (Hrsg.), GG-K, Art. 5 Rn. 59a ff.; *Degenhart*, in: BoKo-GG I, Art. 5 Abs. 1 u. 2 Rn. 359; *Starck*, in: von Mangoldt/Klein/Starck (Hrsg.), GG-K I, Art. 5 Abs. 1, 2 Rn. 45, 49; *Wendt*, in: von Münch/Kunig (Hrsg.), GG-K I, Art. 5 Rn. 25.

338 *Starck*, in: von Mangoldt/Klein/Starck (Hrsg.), GG-K I, Art. 5 Abs. 1, 2 Rn. 51.

339 *Bethge*, in: Sachs (Hrsg.), GG-K, Art. 5 Rn. 59a; *Jarass*, in: Jarass/Pieroth, GG-K, Art. 5 Rn. 20; *Wendt*, in: von Münch/Kunig (Hrsg.), GG-K I, Art. 5 Rn. 28.

340 Vgl. BVerwGE 29, 214 [218]; *Schmidt-Jortzig*, in: Isensee/Kirchhof (Hrsg.), HdbStR VI, § 141 Rn. 31.

341 Siehe *Degenhart*, in: BoKo-GG I, Art. 5 Abs. 1 u. 2 Rn. 360, 361; *Hoffmann-Riem*, in: AK-GG, Art. 5 Abs. 1, 2 Rn. 101 f., mit unzutreffendem Verweis auf *Jarass*, AfP 1979, 228 [230 f.], der genau das Gegenteil sagt, nämlich die Ableitung von Informationsansprüchen aus Art. 5 Abs. 1 S. 1 Hs. 2 GG „strikt“ ablehnt (siehe dort S. 229); *Krieger*, Das Recht des Bürgers auf behördliche Auskunft, S. 104 ff.; *Wendt*, in: von Münch/Kunig (Hrsg.), GG-K I, Art. 5 Rn. 28, der insofern allerdings „außerordentliche praktische Schwierigkeiten“ sieht.

auf Bereiche von öffentlicher Relevanz aktualisiere, dürfe der staatliche oder staatlich beherrschte Bereich hiervon nicht generell ausgeschlossen werden[342].

Richtig an dieser Überlegung ist, daß – wie bereits oben angeklungen[343] – der Informationsfreiheit ein objektiv-rechtlicher Gehalt zukommt, der mit dem Funktionieren eines demokratischen Staatswesens in engem Zusammenhang steht. Demokratie gibt es nicht ohne Öffentlichkeit, und Öffentlichkeit setzt Informationen, insbesondere aus dem Bereich staatlicher Tätigkeit voraus[344]. Nur so kann eine solide Grundlage für politische Meinungs- und Willensbildung des Volkes geschaffen werden, die gemäß Art. 20 Abs. 2 S. 1 GG Grundlage allen staatlichen Handelns sein soll. Meinungs- und Willensbildung des Volkes ohne Information ist zwar denkbar, nicht aber eine *verantwortliche* Meinungs- und Willensbildung[345]. Eine solche setzt vielmehr voraus, daß – in den Worten des Bundesverfassungsgerichts[346] – „der Einzelne von den entscheidenden Sachfragen, von den durch die verfaßten Staatsorgane getroffenen Entscheidungen, Maßnahmen und Lösungsvorschlägen genügend weiß, um sie beurteilen, billigen oder verwerfen zu können".

Ist aber das Volk zur Teilhabe an der Meinungs- und Willensbildung unbedingt auf Informationen über die Vorgänge im Staat angewiesen, so kann es dem Staat in der Tat nicht in jedem Fall freigestellt sein, ob und inwieweit er es informiert oder nicht[347]. Doch gleich wie stark danach ein Informationsbedürfnis im Einzelfall auch ist[348], läßt sich angesichts des eindeutigen Wortlauts des Art. 5 Abs. 1 S. 1 Hs. 2 GG mit dem Grundrecht der Informationsfreiheit weder ein subjektiv-rechtlicher Anspruch noch eine staatliche Pflicht[349] auf Übermittlung bestimmter Informationen begründen. Dieses Dilemma kann nach richtiger – und für die vorliegende Fragestellung richtungsweisender[350] – Auffassung nur gelöst werden, in-

---

342 *Degenhart*, in: BoKo-GG I, Art. 5 Abs. 1 u. 2 Rn. 361; der Sache nach ebenso *Hoffmann-Riem*, in: AK-GG, Art. 5 Abs. 1, 2 Rn. 101 f. Das Bundesverwaltungsgericht (DÖV 1979, 102), hat die Frage, ob „infolge der überragenden Bedeutung einer Information in Ausnahmefällen" ein Anspruch darauf besteht, ausdrücklich offengelassen.

343 Siehe dazu oben § 7 II 4 a) bb) (4) (c) (aa).

344 Vgl. *Herzog*, in: Maunz/Dürig, GG-K I, Art. 5 Abs. 1, 2 Rn. 82 ff.; *Jarass*, AfP 1979, 228 [230]; *Löffler*, NJW 1964, 2277; *Starck*, AfP 1978, 171 [174].

345 Vgl. *Herzog*, in: Maunz/Dürig, GG-K I, Art. 5 Abs. 1, 2 Rn. 82.

346 BVerfGE 44, 125 [147], im Zusammenhang mit der für die Demokratie des Grundgesetzes notwendigen Öffentlichkeitsarbeit von Regierung und gesetzgebenden Körperschaften.

347 *Jarass*, AfP 1979, 228 [230].

348 Eine ausreichende Information der Bürger über die Vorgänge im Staat wird in aller Regel allerdings bereits über die Medien gewährleistet (vgl. dazu im Haupttext sogleich unter § 7 II 4 a) bb) (4) (c) (bb) [4], S. 169). Zum Ausnahmefall der Nachrichtensperre vgl. *Jarass*, AfP 1979, 228 ff. sowie *Starck*, AfP 1978, 171 ff.

349 Zur Unterscheidung zwischen einem subjektiv-rechtlichen Anspruch und einer staatlicher Pflicht auf Information unter dem Gesichtspunkt der Pressefreiheit gemäß Art. 5 Abs. 1 S. 2 GG siehe *Starck*, AfP 1978, 171 [173].

350 Siehe unten § 7 II 4 a) bb) (4) (c) (bb) [6].

dem man nötigenfalls auf das Demokratieprinzip selbst abstellt[351]. Sofern eine ausreichende Information auf anderem Wege[352] nicht sichergestellt ist, ergibt sich also ein gegen den Staat gerichteter Informationsanspruch aus Art. 20 Abs. 1 GG. Das Grundrecht der Informationsfreiheit hingegen ist und bleibt ein Abwehrrecht.

[4] Verzichtbarkeit des Rechts auf Auskunft und Gehör im Verhältnis Bürger-Staat

Bevor dargestellt wird, welche Schlußfolgerungen sich aus dem abwehrrechtlichen Charakter der grundrechtlichen Meinungs- und Informationsfreiheit für die Frage ihrer Geltung in politischen Parteien ergeben, ist zunächst noch darauf einzugehen, warum im Bürger-Staat-Verhältnis eine demokratische Willensbildung auch ohne ein Recht auf Gehör und ohne ein Auskunftsrecht möglich ist.

Was die abwehrrechtliche Ausgestaltung der Meinungsfreiheit anbelangt, ist dies nicht etwa schon deshalb der Fall, weil – wie *Herzog*[353] glauben machen will – dem Bürger zur Meinungskundgabe neben Art. 5 Abs. 1 S. 1 Hs. 1 GG auch noch andere Grundrechte zur Verfügung stehen, insbesondere das der Versammlungsfreiheit nach Art. 8 GG sowie das der Vereinigungsfreiheit nach Art. 9 Abs. 1 GG. Denn auch diese Grundrechte garantieren lediglich die ungehinderte Ausübung „natürlicher" Freiheit, also die Inanspruchnahme faktisch verfügbarer Freiheitsräume, nicht aber vermitteln sie einen gegen den Staat gerichteten Leistungsanspruch auf Bereitstellung oder Schaffung entsprechender Meinungsverbreitungsgelegenheiten[354]. Allein durch das Zusammenspiel der Meinungsfreiheit mit den anderen kommunikativen Grundrechten ist deshalb noch keineswegs sichergestellt, daß auch die „vereinsamte Meinung eines Einzelgängers"[355], der zu scheu ist, um zur Verbreitung seiner Meinung eine Versammlung herbeizuführen oder einer Vereinigung beizutreten, nicht ungehört verhallt, sondern permanent – also auch außerhalb von Wahlen[356] – in die politische Willensbildung Eingang findet, so wie es die

---

351 *Herzog*, in: Maunz/Dürig, GG-K I, Art. 5 Abs. 1, 2 Rn. 101; *Jarass*, AfP 1979, 228 [230]; *ders.*, in: Jarass/Pieroth, GG-K, Art. 5 Rn. 20; *Starck*, AfP 1978, 171 [173 ff.].

352 *Jarass*, AfP 1979, 228 [231], weist zu Recht darauf hin, daß hier in erster Linie der Gesetzgeber gefragt ist, und nur dann, wenn dieser keinen Auskunftsanspruch vorsieht, Art. 20 Abs. 1 GG selbst zur Anspruchsgrundlage werden kann. Vor diesem Hintergrund erklären sich etwa die in den Landespressegesetzen geregelten Informationsansprüche der Presse, vgl. *Schröer-Schallenberg*, Informationsansprüche der Presse gegenüber Behörden, S. 35. Als gegenüber Art. 20 Abs. 1 GG speziellere Normen sind hier im übrigen Art. 42 Abs. 1 S. 1 GG (Öffentlichkeit der Bundestagssitzungen), Art. 42 Abs. 3 GG (Indemnität der Parlamentsbeichterstattung) sowie Art. 6 Abs. 1 MRK (beschränkte Öffentlichkeit der Gerichtsverhandlung) zu beachten, vgl. *Herzog*, in: Maunz/Dürig, GG-K I, Art. 5 Abs. 1, 2 Rn. 101 Fn.1, hin.

353 *Herzog*, in: Maunz/Dürig, GG-K I, Art. 5 Abs. 1, 2 Rn. 68.

354 Prononciert hinsichtlich der Versammlungsfreiheit *Höfling*, in: Sachs (Hrsg.), GG-K, Art. 8 Rn. 39 f.

355 *Herzog*, in: Maunz/Dürig, GG-K I, Art. 5 Abs. 1, 2 Rn. 67.

356 Zu den Wahlen als ein zentraler „Rückkoppelungsmechanismus" zwischen Staat und Volk siehe oben § 4 I. Die Stimmabgabe bei Wahlen, die eine qualifizierte Meinungskundgabe des Bürgers darstellt, ist allerdings nicht von seiner grundrechtlichen Meinungsfreiheit gemäß Art. 5

demokratische Ordnung des Grundgesetzes verlangt. Vielmehr sind es im Staat vor allem die politischen Parteien, die hierfür Sorge tragen. Denn sie sind es, die dem Volk ohne Unterlaß „aufs Maul schauen“ und überdies, anders als sonstige Institutionen wie insbesondere die Medien und Verbände, auch berechtigt sind, im Sinne der von ihnen erfaßten und auch mitgestalteten Volksmeinung die Staatswillensbildung zu beeinflussen[357].

Dabei ist die Ausgestaltung der grundrechtlichen Informationsfreiheit als bloßes Abwehrrecht unter dem Gesichtspunkt der Demokratie im Staat deshalb unproblematisch, weil in aller Regel bereits aufgrund der Medienfreiheiten nach Art. 5 Abs. 1 S. 2 GG sichergestellt ist, daß sich der Bürger auch ohne einen individuellen Informationsanspruch über alle die politische Willensbildung im Staat betreffenden Angelegenheiten ausreichend unterrichten kann[358]. Denn die Presse und – jedenfalls seit Aufhebung des Monopols der öffentlich-rechtlichen Rundfunkanstalten[359] – auch der Rundfunk konkurrieren in diesem Bereich um die Gunst des Bürgers insbesondere dadurch, daß sie ständig neue und enthüllende Informationen liefern, mit der Folge, daß sie aus eigenem Antrieb versuchen, entsprechende Informationen zu recherchieren und adäquat aufzubereiten[360]. Neben den Medien dienen dem Bürger im Staat zudem eine Reihe weiterer Institutionen als Informationsvermittler, so nicht zuletzt die politischen Parteien[361].

[5] Unverzichtbarkeit des Rechts auf Auskunft und Gehör im Verhältnis Mitglied-Partei

Demgegenüber genügt die grundrechtliche Meinungs- und Informationsfreiheit wegen ihres Abwehrcharakters den Anforderungen einer demokratischen Willensbildung in politischen Parteien nicht.

Überträgt man die grundrechtliche Meinungsfreiheit auf die innere Ordnung der politischen Parteien, hätte jedes Parteimitglied das Recht, seine Meinung – voraus-

---

Abs. 1 S. 1 Hs. 1 GG umfaßt, sondern von Art. 38 Abs. 1 GG, vgl. *Wendt*, in: von Münch/Kunig (Hrsg.), GG-K I, Art. 5 Rn. 20.

357 Siehe zu dieser Funktion der politischen Parteien ausführlich oben § 4 II 2.

358 Der Zusammenhang zwischen der Demokratie i.S.d. Art. 20 GG und den in Art. 5 Abs. 1 S. 2 GG garantierten Freiheiten steht denn auch außer Zweifel, vgl. nur BVerfGE 20, 162 [174]; 52, 283 [296]; 66, 116 [133]; *Bethge*, in: Sachs (Hrsg.), GG-K, Art. 5 Rn. 66; *Herzog*, in: Maunz/Dürig, GG-K I, Art. 5 Abs. 1, 2 Rn. 4; *Jarass*, AfP 1979, 228 [230]; *Starck*, AfP 1978, 171 [174].

359 Vgl. dazu *Wendt*, in: von Münch/Kunig (Hrsg.), GG-K I, Art. 5 Rn. 49 ff.

360 Vor diesem Hintergrund ist denn auch ein verfassungsrechtlicher Informationsanspruch der Presse gegenüber dem Staat diskutabel, der allerdings wiederum nur mit dem Demokratiegrundsatz des Art. 20 GG direkt, nicht aber mit Art. 5 Abs. 1 S. 2 GG begründet werden könnte, so zu Recht *Jarass*, AfP 1979, 228 [230 f.]; *Starck*, AfP 1978, 171 [173 ff.]; wohl auch *Bullinger*, in: Isensee/Kirchhof (Hrsg.), HdbStR VI, § 142 Rn. 71; a.A. *Degenhart*, in: BoKo-GG I, Art. 5 Abs. 1 u. 2 Rn. 428 ff.; *Groß*, RiA 1993, 14 [15 ff.]; *Löffler*, Presserecht I, Rn. 42 ff. i.V.m. Rn. 16 ff. zu § 4 LPG; *von Münch*, in: von Münch, GG-K I (3. Aufl.), Art. 5 Rn. 24 (Stichwort: Informationsanspruch).

361 Siehe dazu bereits ausführlich oben § 4 II 3.

gesetzt, sie hält sich in Rahmen der „Parteimeinung“[362] – in Wort, Schrift und Bild zu äußern und zu verbreiten, ohne dabei von der Partei in irgendeiner Form – etwa durch die Androhung von Disziplinarmaßnahmen – abgehalten zu werden. Bedenkt man, daß Meinungsäußerungen von Parteimitgliedern nicht selten Anlaß für Parteiordnungs-, insbesondere Parteiausschlußverfahren sind[363], ist ein solches Recht des Parteimitglieds zwar für eine demokratische Parteiwillensbildung sicher unverzichtbar. Doch wäre das Parteimitglied bei einer innerparteilichen Anwendung von Art. 5 Abs. 1 S. 1 Hs. 1 GG bzw. bei einer entsprechenden Konkretisierung der demokratischen Grundsätze im Sinne des Art. 21 Abs. 1 S. 3 GG gegenüber seiner Partei eben auch nur vor Behinderungen seiner Meinungsäußerung geschützt. Einen gegen sie gerichteten Anspruch darauf, mit seiner Meinung in der Partei gehört zu werden, hätte es jedoch nicht. Sonach stünde es ihm beispielsweise frei, bereits bekannte Parteifreunde anzusprechen, oder, um mit seiner Meinung auch ihm bislang unbekannten Parteifreunde zu erreichen, auf Parteiversammlungen Handzettel zu verteilen. Ein Anspruch, daß die Partei ihm Gelegenheit gibt, seine Meinung innerparteilich so kundzutun, daß davon in der Partei Kenntnis genommen und somit die Parteiwillensbildung beeinflußt werden kann, also einen Anspruch darauf, daß ihm die Partei ein „Forum“ für seine Meinungsäußerung bietet, insbesondere auf Parteiversammlungen das Wort erteilt oder ihm Zugang zu bestimmten innerparteilichen Kommunikationsmitteln wie einer Parteizeitung gewährt wird, hätte das Parteimitglied hingegen nicht[364].

Daß damit das Verfassungsgebot innerparteilicher Demokratie unerfüllt bliebe, das – wie herausgearbeitet[365] – auf ein „Maximum an Einfluß und ständiger effektiver Entscheidung der Mitglieder“ zielt, also auf eine innerparteiliche Willensbildung, die von den Parteimitgliedern beherrscht wird, liegt auf der Hand. Dabei liegt der entscheidende Grund, warum ohne ein individuelles Recht auf Gehör zwar im Staat eine demokratische Willensbildung möglich ist, nicht aber in politischen Parteien, darin, daß es anders als im Staat in den Parteien selbst keine Parteien gibt, die dafür sorgen, daß die Meinung des einzelnen permanent aufgenommen und bei der Willensbildung berücksichtigt wird. Die Forderung nach solchen „Binnenparteien“ wäre aber nicht nur wirklichkeitsfremd, sondern nachgerade verfassungswidrig, wären diese doch mit dem Wesen der politischen Parteien als „Gesinnungsgemeinschaften“[366] nicht vereinbar[367].

---

362 Siehe dazu oben § 7 II 4 a) bb) (4) (c) (bb) [1].

363 Vgl. zu solchen Fällen *Gruner*, Sozialdemokratische Schiedsgerichtsbarkeit, S. 8 ff.; *Hasenritter*, Parteiordnungsverfahren, S. 1 f.; *Lengers*, Rechtsprobleme bei Parteiausschlüssen, S. 12 (Beispielsfall 3), S. 230 ff.; vgl. ferner die bei *Risse*, Der Parteiausschluß, S. 291, aufgeführten Fundstellen in Zeitungen und Zeitschriften.

364 So explizit auch *Klein*, in: Maunz/Dürig, GG-K III, Art. 21 Rn. 368.

365 Siehe dazu oben § 7 II 4 a) aa) (1).

366 Siehe dazu oben § 7 II 4 a) bb) (4) (c) (bb) [1].

367 So dezidiert *Hahn*, Innerparteiliche Demokratie, S. 50; vgl. ferner *von Münch*, in: von Münch/Kunig (Hrsg.), GG-K II (3. Aufl.), Art. 21 Rn. 56: der Begriff „demokratisch“ in Art. 21 Abs. 1 S. 3 GG bedeutet nicht „Geltung des Mehrparteienprinzips innerhalb einer Partei“.

Zu nicht weniger sachwidrigen Ergebnissen gelangt man, wenn man die grundrechtliche Informationsfreiheit im Verhältnis Mitglied-Partei gelten ließe: Danach hätte jedes Parteimitglieds das Recht, sich aus allgemein zugänglichen Quellen ungehindert zu unterrichten. Demgemäß kämen als Informationsquellen, die für das Parteimitglied allgemein zugänglich sind, neben jenen, auf die es schon als Bürger zurückgreifen kann, zusätzlich auch solche in Betracht, die technisch geeignet und bestimmt sind, einem nur innerhalb der Partei individuell nicht bestimmbaren Personenkreis Informationen zu verschaffen, die also einerseits *nur*, andererseits aber – im Hinblick auf die (innerparteiliche) Allgemeinzugänglichkeit – auch *allen* Parteimitgliedern zur Unterrichtung dienen. Eine innerparteilich demokratische Willensbildung wäre damit jedoch gleichwohl nicht gewährleistet. Denn auch aus dem Zusammenfluß dieser verschiedenen Quellen kann das Parteimitglied nicht all jene Informationen schöpfen, auf die es für eine Teilhabe an der Parteiwillensbildung angewiesen ist.

Insofern ist in Bedacht zu nehmen, daß eine verantwortliche Teilhabe des Mitglieds an der Parteiwillensbildung – analog zu den vom Bundesverfassungsgericht formulierten Bedingungen für die Teilhabe des Bürgers an der Willensbildung im Staat[368] – voraussetzt, daß es von den in der Partei zu entscheidenden Sachfragen sowie von den durch die Parteiorgane getroffenen Entscheidungen, Maßnahmen und Lösungsvorschlägen genügend weiß, um sie beurteilen, billigen oder verwerfen zu können. Allgemein gesagt muß sich das Parteimitglied also in ausreichendem Umfang über all jene Parteiangelegenheiten informieren können, über die es mitzubestimmen berechtigt ist.

Hierzu ist es sicher notwendig, daß sich jedes Parteimitglied vor allem ungehindert aus den im Staat offenstehenden Informationsquellen unterrichten kann. Denn die Meinungs- und Willensbildung in den politischen Parteien ist ja letztlich bloß die Fortsetzung der Meinungs- und Willensbildung im Volk[369]. Mit dem Meinungspotential des Volkes können sich die Parteimitglieder aber nur dann umfassend auseinandersetzen und es bei der Diskussion und Formulierung der politischen Ziele ihrer Partei berücksichtigen, wenn sie davon mit Hilfe der im Staat vorhandenen Massenkommunikationsmittel ungehindert Kenntnis zu nehmen können[370]. Dies gilt um so mehr, als die Berichterstattung der Medien wegen der engen Verknüpfung der Meinungs- und Willensbildung im Volk mit der in den Parteien gerade auch parteiinterne Vorgänge betrifft. Deshalb können die Parteimitglieder also in gewissem Umfang Informationen, die sie für ihre Teilhabe an der Parteiwillensbildung benötigen, bereits aus den im Staat allgemein zugänglichen Informationsquellen gewinnen.

---

368 Siehe dazu oben § 7 II 4 a) bb) (4) (c) (bb) [3].

369 Siehe dazu oben § 4 II 1.

370 Vgl. *König*, Die Verfassungsbindung der politischen Parteien, S. 41.

Allerdings liefern diese Informationsquellen, da sie auf die Bedürfnisse der Bürger, nicht aber speziell auf die der Parteimitglieder zugeschnitten sind, nur selten die Detail- und Hintergrundinformationen, die das Parteimitglied benötigt, um sich in einer konkreten, entscheidungsbedürftigen Parteiangelegenheit eine sachgerechte Meinung bilden zu können. Aus der Presse wird sich beispielsweise nur ausnahmsweise etwas über einzelne Positionen im Jahreshaushalt eines Parteiverbands (etwa über den Eingang und die Verwendung von Parteispenden) entnehmen lassen, was aber für das Abstimmungsverhalten des Parteimitglieds z.B. bei der Frage der Wiederwahl des Parteivorstands durchaus relevant sein kann. Doch selbst wenn entsprechende Informationen erhältlich sind, sind diese oftmals bereits mit Wertungen vermengt, bieten also keine authentische Beurteilungsgrundlage[371]. Nicht zuletzt ist zu bedenken, daß es sich bei den Informationen aus im Staat allgemein zugänglichen Quellen – im eigentlichen Wortsinne – um Nachrichten handelt, also um Informationen über bereits Geschehenes, mithin über das Produkt des innerparteilichen Willensbildungsprozesses. Um jedoch bei der Entstehung dieses Produkts sinnvoll mitwirken zu können, ist das Parteimitglied schon vorher auf Informationen angewiesen. Daraus folgt, daß für eine innerparteilich demokratische Willensbildung nicht viel gewonnen ist, wenn man das Informationsrecht des Parteimitglieds entsprechend der grundrechtlichen Informationsfreiheit dahingehend definiert, die Partei dürfe ihm das Zeitungslesen, auch das Lesen „gegnerischer“ Zeitungen, nicht verbieten[372].

Aber auch unter Hinzuziehung der nur innerhalb der politischen Parteien allgemein zugänglichen Informationsquellen kann das Parteimitglied in der Regel noch längst nicht an alle zur sachgerechten Mitwirkung an der innerparteilichen Willensbildung erforderlichen Informationen gelangen. Als derartige Informationsquellen kommen etwa Mitgliederzeitschriften, parteiinterne Kundmachungen in Form von Rundschreiben sowie in jüngster Zeit zunehmend die nur Mitgliedern zur Verfügung stehenden Bereiche der Web-Sites der Parteien (Online-Mitgliedernetze)[373] in Betracht. Daneben sind als parteiinterne Informationsquellen auch Parteiveranstaltungen, insbesondere Mitgliederversammlungen zu sehen[374]. Was die Mitgliederzeitschriften der Parteien anbelangt, so dienen diese in der Praxis allerdings mehr der Propaganda für die Politik der Parteiführung als der Information der Parteimit-

---

371 In diesem Sinne hat das Bundesverfassungsgericht in dem einleitend (siehe § 1 I 2) dargestellten Fall, in dem ein bei einer innerparteilichen Wahl kandidierendes Mitglied mit seinem Begehren zurückgeweisen wurde, sich und seine politischen Ziele den anderen Parteimitgliedern vorzustellen, ausgeführt, „Informationen hierüber aus Pressemeldungen mußten nicht notwendig objektiv und vollständig sein und konnten die Erläuterung der Programmschwerpunkte durch den Kandidaten selbst sowie seine eigene Vorstellung vor der Versammlung nicht ersetzen“ (BVerfGE 89, 243 [260]).

372 So aber *Lengers*, Rechtsprobleme bei Parteiausschlüssen, S. 126, bzw. *König*, Die Verfassungsbindung der politischen Parteien, S. 41; *Risse*, Der Parteiausschluß, S. 127; *Seifert*, Die politischen Parteien im Recht der Bundesrepublik Deutschland, S. 215.

373 Siehe zu diesem Phänomen instruktiv *Marschall*, APuZ 2001, B 10, 38 [41].

374 Vgl. zur der Parallele öffentliche Vortragsveranstaltungen als allgemein zugängliche Informationsquelle im Staat *Schmidt-Jortzig*, in: Isensee/Kirchhof (Hrsg.), HdbStR VI, § 141 Rn. 30.

glieder[375]. Dagegen ist der Informationsgehalt der Online-Mitgliedernetze zwar regelmäßig größer. Doch erfolgt die Information auch hier nach Maßgabe der Parteiführung, da diese ebenso wie bei den Mitgliederzeitschriften die Redaktion besetzt[376]. Derweil erhalten Parteimitglieder auf Mitgliederversammlungen insbesondere durch den nach § 9 Abs. 5 PartG vorgeschriebenen Rechenschaftsberichts des Parteivorstandes Informationen über die Tätigkeit und Lage des Parteiverbandes. Selbst wenn der Parteivorstand diese Pflicht ernst nimmt und gewissenhaft berichtet, wird das Informationsbedürfnis der Parteimitglieder aber auch damit nur teilweise befriedigt, zumal der Rechenschaftsbericht gemäß § 9 Abs. 5 S. 1 PartG nicht bei jeder Mitgliederversammlung fällig ist, sondern lediglich im Mindestabstand von zwei Jahren. Folglich ist nur dann gewährleistet, daß Parteimitglieder an alle für eine demokratische Parteiwillensbildung erforderlichen Informationen gelangen, wenn man ihnen gegenüber ihrer Partei einen Anspruch auf Vermittlung der für sie aus den zugänglichen Quellen nicht erhältlichen aber benötigten Informationen zugesteht, mithin in diesem Sinne ein Auskunftsrecht.

---

375 Siehe dazu insbesondere *Hoyer*, Innerparteiliche Demokratie und die Aufgabe der Mitgliederzeitschriften von Parteien, S. 282 f.; ferner *Schachtschneider*, Res publica res populi, 10. Teil, 4. Kap. IV., S. 1113: „...Parteizeitungen veranstalten Propaganda und Personenkult...".

376 Ob in einer Partei das Recht besteht, Kommunikationsmittel, wie etwa eine Parteizeitung, ins Leben zu rufen und damit von der Parteiführung unabhängige Medien zu schaffen, ist fraglich. Grundsätzlich dürfte die Frage zu bejahen sein. Die Begründung eines solchen Rechts wird allerdings nicht darin liegen, daß man mit *von Münch*, JuS 1964, 68 [70], und *Lengers*, Rechtsprobleme bei Parteiausschlüssen, S. 126 ff., von einer innerparteilich unmittelbaren Geltung des Grundrechts der Pressefreiheit ausgeht. Dogmatisch überzeugender erscheint vielmehr derselbe Weg, über den man ohne Umwege auch zu einem innerparteilichen Recht auf Auskunft und Gehör gelangt, nämlich direkt über das innerparteiliche Demokratiegebot des Art. 21 Abs. 1 S. 3 GG, vgl. dazu sogleich unten § 7 II 4 a) bb) (4) (c) (bb) [6].

[6] „Aufwertung" der grundrechtlichen Meinungs- und Informationsfreiheit zum Recht auf Auskunft und Gehör ist unnötig

Wie daraus ersichtlich und nachstehend noch konkreter dargestellt wird, läßt sich eine demokratische Willensbildung in politischen Parteien, wie sie Art. 21 Abs. 1 S. 3 GG gebietet, nur verwirklichen, wenn das Mitglied gegenüber seiner Partei nicht bloß über eine abwehrrechtliche, sondern auch über eine leistungsrechtliche Möglichkeit verfügt, sich zu informieren und seine Meinung zu äußern. Das aber ist mehr, als Art. 5 Abs. 1 S. 1 GG hergibt. Auch deshalb ist es also verfehlt, den Sinn und Zweck des innerparteilichen Demokratiegebotes des Art. 21 Abs. 1 S. 3 GG in der Erstreckung der Geltungskraft von Art. 5 Abs. 1 S. 1 GG auf den Parteibinnenbereich zu sehen bzw. das innerparteiliche Demokratiegebot dahingehend zu konkretisieren[377].

Nun könnte man freilich – inspiriert von den Ausführungen *Trautmanns*[378] – auf den Gedanken verfallen, gerade wegen der fundamentalen Unterschiede der Verhältnisse Bürger-Staat einerseits und Mitglied-Partei andererseits sei es gerechtfertigt, das Grundrecht der Informationsfreiheit bzw. das der Meinungsfreiheit in politischen Parteien über Art. 21 Abs. 1 S. 3 GG zu einem Leistungsrecht auf Auskunft und Gehör „aufzuwerten"[379]. Abgesehen davon, daß eine solche Aufwertung mit dem eindeutigen Wortlaut des Art. 5 Abs. 1 S. 1 Hs. 2 GG nicht in Einklang zu bringen wäre[380], würde damit das Wesen beider Grundrechte bis zur Unkenntlich-

---

377 Im Ergebnis ebenso und überdies ganz allgemein gegen die Anwendung der Grundrechte in politischen Parteien *Günday*, Parteiwesen in der Bundesrepublik Deutschland und in der Türkei, S. 101; *Henke*, Das Recht der politischen Parteien, S. 86 f.; *ders.*, in: BoKo-GG IV, Art. 21 Rn. 268; *Ipsen*, in: Sachs (Hrsg.), GG-K, Art. 21 Rn. 75 ff.; *Klein*, in: Maunz/Dürig, GG-K III, Art. 21 Rn. 368; *Maurer*, JuS 1991, 881 [884]; *Morlok*, in: Dreier (Hrsg.), GG-K II, Art. 21 Rn. 125; *ders.*, Innere Struktur und innerparteiliche Demokratie, in: Tsatsos, Auf dem Weg zu einem gesamtdeutschen Parteienrecht, S. 89 [95]; *Streinz*, in: von Mangoldt/Klein/Starck (Hrsg.), GG-K II, Art. 21 Abs. 1 Rn. 162.

378 Siehe dazu oben § 7 II 4 a) bb) (1).

379 Obwohl *Trautmann*, Innerparteiliche Demokratie im Parteienstaat, S. 187, erkennt, daß nur so eine aktive Mitwirkung des Parteimitglieds an der Parteiwillensbildung gewährleistet ist, geht er selbst nicht so weit, den nach seinem Postulat auch in den politischen Parteien geltenden Grundrechten der Meinungs- und Informationsfreiheit einen – im Sinne der Status-Lehre *Jellineks* (vgl. dazu *Jellinek*, System der subjektiven öffentlichen Rechte, S. 86 f., 94 ff.) – auf Leistung gerichteten status positivus zuzuerkennen. Statt dessen glaubt er (vgl. S. 188) sein Ziel bereits bereits beim „status activus processualis" erreicht, wobei es sich um eine von *Häberle*, VVDStRL 30 (1972), 43, [81, 86 ff.], stammende, modifizierte Verwendung des *Jellinekschen* Begriffs status activus handelt. Doch greift Trautmann insofern zu kurz. Denn der auf Mitwirkung an der politischen Willensbildung zielende status activus kann sich nur im Staat auch in der Wahrnehmung von Rechten des status negativus wie den Grundrechten der Meinungs- und Informationsfreiheit manifestieren (vgl. *Starck*, JuS 1981, 237 [240]). In politischen politischen Parteien hingegen bedarf es zur aktiven Teilhabe an der Willensbildung aus den genannten Gründen überdies eines Leistungsrechts auf Meinungskundgabe und Information. Will man ein solches Leistungsrecht auf Art. 5 Abs. 1 S. 1 GG stützen, geht das aber nur, wenn man der grundrechtlichen Meinungs- und Informationsfreiheit insoweit einen status positivus zuspricht.

380 Vgl. *Starck*, in: von Mangoldt/Klein/Starck (Hrsg.), GG-K I, Art. 5 Abs. 1, 2 Rn. 17.

keit verfremdet. Vor allem aber erweisen sich solche dogmatischen Verbiegungen als unnötig, wenn man sich des oben aufgezeigten Weges besinnt, über den man trotz der abwehrrechtlichen Ausgestaltung der grundrechtlichen Informationsfreiheit erforderlichenfalls zu einem Informationsanspruch des Bürgers gegenüber dem Staat gelangt, nämlich indem man dazu direkt auf das Demokratiegebot des Art. 20 Abs. 1 GG abstellt[381]. Nun sind zwar politische Parteien als privatrechtliche Vereinigungen nicht an Art. 20 Abs. 1 GG gebunden. Doch steht hier der gleiche Weg über das innerparteiliche Demokratiegebot des Art. 21 Abs. 1 S. 3 GG offen[382]. Denn zu den Grundlagen einer demokratischen Grundsätzen entsprechenden inneren Parteienordnung gehört – wie nachfolgend[383] noch vertiefend dargestellt wird – insbesondere ein parteimitgliedschaftliches Recht auf Auskunft und Gehör.

(5) Zwischenergebnis

Nach allem bleibt festzuhalten, daß die Grundrechte der Meinungs- und Informationsfreiheit in politischen Parteien nicht zur Anwendung kommen. Folglich steht demjenigen, der gegenüber einer Partei Auskunft und Gehör beansprucht, Art. 5 Abs. 1 S. 1 GG als Rechtsgrundlage nicht zur Verfügung[384].

cc) Das Recht des Parteimitglieds auf Auskunft und Gehör als subjektiv-rechtlicher Gehalt des innerparteilichen Demokratiegebots

Zur Beschreibung des Bedeutungsgehalts des innerparteilichen Demokratiegebotes des Art. 21 Abs. 1 S. 3 GG wird vielfach[385] auf die Metapher der Willensbildung „von unten nach oben“ zurückgegriffen, mit der auch das Demokratieprinzip im Sinne des Art. 20 Abs. 1 GG zu erfassen gesucht wird[386]. Eine demokratische Willensbildung in politischen Parteien zeichnet sich jedoch ebensowenig wie die im Staat[387] durch einen derart einbahnigen Verlauf aus[388]. So gehen auch in politischen

---

[381] Siehe dazu oben § 7 II 4 a) bb) (4) (c) (bb) [3].

[382] So prononciert auch *Streinz*, in: von Mangoldt/Klein/Starck (Hrsg.), GG-K II, Art. 21 Abs. 1 Rn. 162.

[383] § 7 II 4 a) cc).

[384] Dementsprechend haben weder das Hamburger Verfassungsgericht noch das Bundesverfassungsgericht in den von ihnen beurteilten, eingangs (§ 1 I 1 und 2) widergegebenen Fällen eine Verletzung der Grundrechte nach Art. 5 Abs. 1 S. 1 GG in Betracht gezogen.

[385] Vgl. etwa BGH, JZ 1987, 1076 [1079]; CDU-BPartG, NVwZ 1982, 159 [160]; *Bericht der Parteienrechtskommission*, S. 157; *Abendroth*, PVS 5 (1964), 308 [315]; *Bull*, RuP 1974, 79; *Hahn*, Innerparteiliche Demokratie, S. 52; *Hasenritter*, Parteiordungsverfahren, S. 17; *Ipsen*, in: Sachs (Hrsg.), GG-K, Art. 21 Rn. 59; *Morlok*, in: Dreier (Hrsg.), GG-K II, Art. 21 Rn. 119; *Seifert*, Die politischen Parteien im Recht der Bundesrepublik Deutschland, S.191; *Stoklossa*, Der Zugang zu den politischen Parteien im Spannungsfeld zwischen Vereinsautonomie und Parteienstaat, S. 116; *Tsatsos*, Ein Recht auf innerparteiliche Opposition, in: FS für Mosler, S. 1015.

[386] Siehe dazu oben § 4 II 3.

[387] Siehe dazu oben § 4 II 3.

Parteien keineswegs alle Ideen, Konzepte, Initiativen und Handlungen unpräjudiziert von „unten“, hier also von den einfachen Parteimitgliedern aus, sondern gleichfalls, ja sogar meistenteils von der Parteiführung[389]. Der Grund dafür ist, daß es ebenso wie im Staat auch in politischen Parteien eine Führung geben muß, die in Angelegenheiten des laufendes Geschäftsbetriebs sowie insbesondere in eilbedürftigen Angelegenheiten Entscheidungen, bevor sich darüber die Mitgliederbasis einen Willen bilden konnte[390]. Indem die Parteiführung dann aber bei den einfachen Parteimitgliedern um Akzeptanz ihres Handelns wirbt, verläuft die innerparteiliche Willensbildung nicht von „unten nach oben“, sondern „von oben nach unten“.

Dieses seit jeher zu beobachtende Phänomen will und kann Art. 21 Abs. 1 S. 3 GG auch überhaupt nicht ändern[391]. *Ute Müller* hat demnach Recht, wenn sie feststellt: „Ebenso wie sich die Staatswillensbildung aus einer plebiszitären und einer repräsentativen Komponente zusammensetzt, soll nach dem Willen des Art. 21 Abs. 1 S. 3 GG auch die Parteiwillensbildung die Synthese einer von unten kommenden, auf der Entscheidung der Mitglieder und ihrer Delegierten beruhenden Komponente und der auf der politischen Willensbildung der Führungsgruppe sein“[392]. Mit anderen Worten vollzieht sich auch die Willensbildung demokratischer Parteien in einem Kreislauf permanenter gegenseitiger Beeinflussung von „oben“ und „unten“. Damit aber das von Art. 21 Abs. 1 S. 3 GG im Hinblick auf die verfassungsrechtliche Parteienfunktion erstrebte Ziel der „Parteimitgliederherrschaft“ erreicht wird, ist dieser Willensbildungskreislauf an bestimmte Bedingungen geknüpft, eben jene Bedingungen, die den Gehalt der demokratischen Grundsätze im Sinne dieses Verfassungsgebotes ausmachen[393].

Zentrales Wesenselement einer demokratischen Grundsätzen entsprechenden Parteibinnenordnung ist die rechtliche Abhängigkeit der Parteiführung und damit auch ihres Handelns vom Willen der Parteimitglieder. Das heißt, die Macht der

---

388 Vgl. *Dux*, DVBl. 1966, 553 [555]; *Henke*, in: Dolzer/Vogel/Graßhof (Hrsg.), BoKo-GG IV, Art. 21 Rn. 263; *Hesse*, VVDStRL 17 (1959), 11 [30]; *Kafka*, VVDStRL 17 (1959), 53 [64]; *Klein*, in: Maunz/Dürig, GG-K III, Art. 21 Rn. 337.

389 Vgl. *Henke*, in: Dolzer/Vogel/Graßhof (Hrsg.), BoKo-GG IV, Art. 21 Rn. 263; *Klein*, in: Maunz/Dürig, GG-K III, Art. 21 Rn. 337.

390 *Dux*, DVBl. 1966, 553 [555]; *König*, Die Verfassungsbindung der politischen Parteien, S. 36; *Wolfrum*, Die innerparteiliche demokratische Ordnung nach dem Parteiengesetz, S. 139.

391 *König*, Die Verfassungsbindung der politischen Parteien, S. 36. Gegen die Interpretation des innerparteilichen Demokratiegebotes gemäß Art. 21 Abs. 1 S. 3 GG als Forderung nach einer Willensbildung von unten nach oben auch *Dux*, DVBl. 1966, 553 [555]; *Hesse*, VVDStRL 17 (1959), 11 [30]; *Kafka*, VVDStRL 17 (1959), 53 [64]; *Klein*, in: Maunz/Dürig, GG-K III, Art. 21 Rn. 337; *U. Müller*, Die innere Ordnung der Parteien muß demokratischen Grundsätzen entsprechen, S. 121.

392 *U. Müller*, Die innere Ordnung der Parteien muß demokratischen Grundsätzen entsprechen, S. 121.

393 In diesem Sinne auch *Morlok*, in: Dreier (Hrsg.), GG-K II, Art. 21 Rn. 115: „Das Gebot des Art. 21 Abs. 1 S. 3 GG sichert die maßgebliche Bestimmungsmacht der Parteimitglieder“.

Parteifunktionäre muß sich von den Parteimitgliedern herleiten[394]. Vor allem müssen die Parteifunktionäre hierzu von den Parteimitgliedern ge- und auch wieder abgewählt werden können[395]. Dadurch wird sichergestellt, daß die Parteimitglieder in allen Parteiangelegenheiten betreffenden Fragen die „Letztentscheidungskompetenz"[396], das „letzte Wort"[397] haben.

Ebenso wie öffentliche Wahlen können die innerparteilichen Wahlen den wirklichen Willen der Parteimitglieder allerdings nur dann unverfälscht widerspiegeln, wenn bestimmte Grundsätze beachtet werden, nämlich die der Allgemeinheit, Unmittelbarkeit, Freiheit, Gleichheit und Geheimheit der Wahl[398]. Das führt zu der Frage, ob mit diesen die innere Ordnung der Parteien bestimmenden Wahlrechtsgrundsätzen ein Recht auf Auskunft und Gehör begründbar ist. Auf diese Frage soll erst an späterer Stelle eingegangen werden, wenn die Wahlrechtsgrundsätze behandelt werden[399].

Derweil verlangt Art. 21 Abs. 1 S. 3 GG, daß die Parteiwillensbildung auch zwischen innerparteilichen Wahlen von den Parteimitgliedern beherrscht werden kann. Das bedingt zum einen, daß die Parteiführung der ständigen Aufsicht und Kontrolle der Parteimitglieder unterliegt, was seinerseits voraussetzt, daß sich die Parteimitglieder über deren Handeln unterrichten, sich hierzu eine eigene Meinung bilden und diese dann auch so mitteilen können, daß sie in die Parteiwillensbildung einfließt und das weitere Parteihandeln bestimmt[400]. Damit die Parteiwillensbildung ihren Ausgang überdies bei den Parteimitgliedern selbst nehmen kann, müssen die Parteimitglieder darüber hinaus die Möglichkeit haben, sich auch über alle sonstigen Parteiangelegenheiten zu informieren und ihre dazu gebildete Meinung in den

---

394 Vgl. *Blank*, DVBl. 1976, 564 [566]; *Henke*, in: Dolzer/Vogel/Graßhof (Hrsg.), BoKo-GG IV, Art. 21 Rn. 264; *Klein*, in: Maunz/Dürig, GG-K III, Art. 21 Rn. 340; *Morlok*, in: Dreier (Hrsg.), GG-K II, Art. 21 Rn. 119; *Seifert*, Die politischen Parteien im Recht der Bundesrepublik Deutschland, S. 191 f.

395 *Bull*, RuP 1974, 79 [80]; *Henke*, in: Dolzer/Vogel/Graßhof (Hrsg.), BoKo-GG IV, Art. 21 Rn. 264; *Klein*, in: Maunz/Dürig, GG-K III, Art. 21 Rn. 337; *Seifert*, Die politischen Parteien im Recht der Bundesrepublik Deutschland, S. 192.

396 Vgl. zur Parallele Letztentscheidungskompetenz der Bürger im Staat oben § 4 II 3.

397 *Henke*, in: Dolzer/Vogel/Graßhof (Hrsg.), BoKo-GG IV, Art. 21 Rn. 263.

398 Vgl. *Morlok*, in: Dreier (Hrsg.), GG-K II, Art. 21 Rn. 131; *Pieroth*, in: Jarass/Pieroth, GG-K, Art. 21 Rn. 24 ff.; *Wolfrum*, Die innerparteiliche demokratische Ordnung nach dem Parteiengesetz, S. 124 ff. A.A. zur Geltung des Grundsatzes der Unmittelbarkeit und Geheimheit der Wahl *Henke*, Das Recht der politischen Parteien, S. 79 f.; *ders.*, in: Dolzer/Vogel/Graßhof (Hrsg.), BoKo-GG IV, Art.21 Rn.288; *König*, Die Verfassungsbindung der politischen Parteien, S. 78 f. Diese Ansicht verkennt jedoch, daß die Wahlrechtsgrundsätze bei innerparteilichen Wahlen schon der Natur der Sache nach nicht dieselbe Bedeutung haben wie bei öffentlichen Wahlen, ohne daß sich dadurch etwas an ihrer grundsätzlichen Geltung als allgemeindemokratische Prinzipien ändert.

399 Siehe dazu unten § 7 II 4 b).

400 Vgl. *Blank*, DVBl. 1976, 564 [566]; *Morlok*, in: Dreier (Hrsg.), GG-K II, Art. 21 Rn. 112 f., 119, 129.

Parteiwillensbildungsprozeß einzubringen[401]. Folglich muß in einer den demokratischen Grundsätzen des Art. 21 Abs. 1 S. 3 GG entsprechenden Parteienbinnenordnung jedem Parteimitglied eine dahingehende Rechtsposition zugewiesen wird. Dabei haben die Ausführungen zur innerparteilichen Geltung der grundrechtlichen Meinungs- und Informationsfreiheit bereits deutlich werden lassen[402], daß eine demokratische Willensbildung in den politischen Parteien nur gewährleistet ist, wenn diese Rechtsposition nicht bloß ein Abwehrrecht, sondern ebenfalls ein Leistungsrecht auf Information und Meinungskundgabe umfaßt, mithin ein Recht auf Auskunft und Gehör[403].

Mit dem Recht auf Auskunft und Gehör eines jeden Parteimitglieds als subjektiv-rechtlicher Gehalt der demokratischen Grundsätze im Sinne des Art. 21 Abs. 1 S. 3 GG wird denn auch die mit diesem Verfassungsgebot begründete, an sich wenig aussagekräftige Forderung nach innerparteilicher „Transparenz und Offenheit"[404] konkret. Dabei wird die Bedeutung dieses Rechts erkennbar, wenn es in den Zusammenhang mit der verfassungsrechtlichen Funktion der politischen Par-

---

401 *U. Müller*, Die innere Ordnung der Parteien muß demokratischen Grundsätzen entsprechen, S. 68 f. Ein praktisch bedeutsames Beispiel hierfür sind die Mitgliederlisten der Parteien (siehe dazu den einleitend unter § 1 I 3 geschilderten Fall). Denn nur wenn sich das Parteimitglied Kenntnis darüber verschaffen kann, wer außer ihm sonst noch Parteimitglied ist, hat es die Möglichkeit, mit diesen Parteimitgliedern zu kommunizieren, um so etwa eigenständig eine Kandidatur zu betreiben, vgl. dazu *Klein*, in: Maunz/Dürig, GG-K III, Art. 21 Rn. 330; *Kressel*, Parteischiedsgerichtsbarkeit und Staatsgerichtsbarkeit, S.74; *Morlok*, in: Dreier (Hrsg.), GG-K II, Art. 21 Rn. 113, 129; *Steffani*, Merkur 1993, 586 [595]; *Stubbe-da Luz*, Parteiendiktatur, S. 154 ff.; *Wegner*, Für eine offene Demokratie, S. 33 ff. Ausführlich zu dieser Problematik unten § 10 II 2 a) bb) (2) (a).

402 Siehe oben § 7 II 4 a) bb) (4) (c) (bb) [4, 5 und 6].

403 Das Recht des Parteimitglieds auf Auskunft und Gehör ist als subjektiv-rechtlicher Gehalt Art. 21 Abs. 1 S. 3 GG in der Rechtsprechung und Literatur denn auch – wenngleich explizit meist nur in der speziellen Ausübungsform als Frage- oder Rederecht in Mitgliederversammlungen oder der Einsichtnahme in bestimmte Unterlagen – zunehmend anerkannt, vgl. HbgVerfG, NVwZ 1993, 1083 [1086, unter B I 2.3.3]; CDU-BPartG, NVwZ 1993, 1126 f. sowie NVwZ 1982, 159 f.; *Henke*, Das Recht der politischen Parteien, S. 74; *ders.*, in: Dolzer/Vogel/Graßhof (Hrsg.), BoKo-GG IV, Art. 21 Rn. 285; *Kressel*, Parteischiedsgerichtsbarkeit und Staatsgerichtsbarkeit, S. 73 f.; *Martens*, Öffentlich als Rechtsbegriff, S. 157; *Morlok*, in: Dreier (Hrsg.), GG-K II, Art. 21 Rn. 113, 129; *Müller/Börsting*, Kandidatenaufstellung und innerparteiliche Willensbildung am Beispiel der Hamburger CDU, in: Hartmann/Thaysen, Pluralismus und Parlamentarismus in Theorie und Praxis, S.137 [139]; *Risse*, Der Parteiausschluß, S. 126; *Schachtschneider*, Res publica res populi, 9. Teil, 2. Kap. IV.3., S. 892; *Seifert*, Die politischen Parteien im Recht der Bundesrepublik Deutschland, S. 192, 212, 220, 260 f., 373; *Steffani*, Merkur 1993, 586 [589]; *Streinz*, in: von Mangoldt/Klein/Starck (Hrsg.), GG-K II, Art. 21 Abs. 1 Rn. 167; *Stubbe-da Luz*, Parteiendiktatur, S. 154 ff.; *ders./Wegner*, ZParl 1993, 189 [196]; *Wegner*, Für eine offene Demokratie, S. 33 ff.; *Volkmann*, in: Friauf/Höfling, Berliner Kommentar-GG, Art. 21 Rn. 65.

404 *Stubbe-da Luz/Wegner*, ZParl 1993, 189 [200]; ebenso *Hahn*, Innerparteiliche Demokratie, S. 30, 42 ff.; *Hasenritter*, Parteiordnungsverfahren, S. 19 ff.; *Morlok*, in: Dreier (Hrsg.), GG-K II, Art. 21 Rn. 113; *Müller/Börsting*, Kandidatenaufstellung und innerparteiliche Willensbildung am Beispiel der Hamburger CDU, in: Hartmann/Thaysen, Pluralismus und Parlamentarismus in Theorie und Praxis, S.137 [139]; *Schachtschneider*, Res publica res populi, 10. Teil, 3. Kap. III., S. 1069 ff.; *Steffani*, Merkur 1993, 586 [587]; *Tsatsos*, Ein Recht auf innerparteiliche Opposition, in: FS für Mosler, S. 1027 f.

teien gestellt wird, auf die sich die positive und negative Zielsetzung des Verfassungsgebotes des Art. 21 Abs. 1 S. 3 GG bezieht:

Was die positive Zielsetzung des Art. 21 Abs. 1 S. 3 GG anbelangt, nämlich wegen ihrer Mittlerfunktion in politischen Parteien einen freien und offenen Willensbildungsprozeß zu gewährleisten[405], liegt die Bedeutung des Verfassungsgebots auf der Hand: Damit die im Volk vorhandenen verschiedenen Meinungen, Interessen und Anschauungen in die Parteien hineingetragen, zum Gegenstand des Parteiwillensbildungsprozesses gemacht werden und durch die Parteien die Staatswillensbildung beeinflussen können, müssen die Parteimitglieder das Recht haben, ihre im Volk gebildete Meinung innerparteilich derart kundzugeben, daß sie dort auch wahrgenommen, mithin gehört werden können[406]. Und damit die Parteimitglieder das Volk über die von ihrer Partei im Bereich der institutionalisierten Staatlichkeit beeinflußten Entscheidungen informieren können, um ihm so darüber eine sachgerechte Meinungsbildung zu ermöglichen, die ihrerseits wieder zum Gegenstand der weiteren Parteiwillensbildung wird, müssen sie berechtigt sein, sich zuvor selbst über das Parteihandeln zu unterrichten[407]. Nur mit einem parteimitgliedschaftlichen Recht auf Auskunft und Gehör ist also sichergestellt, daß die Willensbildung innerhalb der Parteien ungehindert sowohl von „unten nach oben" als auch „von oben nach unten" verlaufen und infolgedessen auch eine wechselbezügliche Willensbildung zwischen dem Volk und den Staatsorganen stattfinden kann[408].

Aber auch für die negative Zielsetzung des Art. 21 Abs. 1 S. 3 GG, eine innerparteiliche Oligarchisierung zu verhindern, ist das Recht der Parteimitglieder auf Auskunft und Gehör von entscheidender Bedeutung. Insofern ist zu erkennen, daß die Dominanz der Parteiführung ihre Ursache insbesondere in ihrem „Organsiations- und Informationsvorsprung" gegenüber den einfachen Parteimitgliedern hat[409]. So ist es den Parteifunktionären im Gegensatz zu den einfachen Parteimit-

---

405 Siehe dazu ausführlich oben § 7 II 4 a) aa) (1).

406 Vgl. *König*, Die Verfassungsbindung der politischen Parteien, S. 35 f.; *Lengers*, Rechtsprobleme bei Parteiausschlüssen, S. 90 f.

407 In diesem Sinne auch *Abendroth*, PVS 5 (1964), 308 [315 f.], der hierbei besonders auf die Eigenständigkeit der Informationsfunktion der politischen Parteien gegenüber derjenigen der Massenmedien abhebt. So ist nach seiner Ansicht die Kommunikation zwischen den Staatsorganen und dem Volk, soweit sie durch die Massenmedien vermittelt wird, „weitgehend manipulativ, also entweder bewußt (oder auch unbewußt) falsche oder entstellend ausgewählte Wiedergabe von Tatbeständen und Motiven, die wiederum dem Bürger die Möglichkeit kritischer Meinungsbildung (als Voraussetzung seiner Willensbildung) verstellt". Daher bedürfe es zur Herstellung „kritischer Publizität als die notwendige Voraussetzung demokratischer Willensbildung" auch der politischen Parteien, die hierzu aber nur in der Lage seien, wenn „sie in sich der Tendenz nach echte demokratische Meinungs- und Willensbildung ihrer Mitglieder vermitteln".

408 Diesen Zusammenhang mißachtet *Morlok*, in: Dreier (Hrsg.), GG-K II, Art. 21, indem er einerseits die Aufgabe der politischen Parteien darin sieht, im Staat die wechselseitige Kommunikation „von unten nach oben" und „von oben nach unten" zu ermöglichen (Rn. 23), andererseits aber davon ausgeht, entsprechend den demokratischen Grundsätzen im Sinne des Art. 21 Abs. 1 S. 3 GG verlaufe die innerparteiliche Willensbildung „von unten nach oben" (Rn. 119).

409 *Grimm*, in: Benda/Maihofer/Vogel (Hrsg.), HdbVerfR, § 14 Rn. 37.

gliedern regelmäßig ohne weiteres möglich, sich über die Parteiangelegenheiten zu informieren und in der Partei Gehör zu finden, etwa weil sie unmittelbar Zugang zu schriftlichen Unterlagen der Partei haben bzw. weil sie in Parteizeitungen oder der parteieigenen Web-Site über ihre Ansichten und Ziele berichten (lassen). Dabei ist die Parteiführung gewöhnlich auch nach Kräften bemüht, diesen Vorsprung zu halten, indem sie einfachen Parteimitgliedern möglichst nur soviel Informationen gewährt und nur soweit zu Wort kommen läßt, wie dies ihre eigene Position nicht gefährdet. Das haben die einleitend geschilderten Fälle, in denen die damalige Hamburger CDU-Führung opponierenden Mitglieder die Einsichtnahme in die Mitgliederliste der Partei verwehrte oder es nicht zuließ, daß Kandidaten sich und ihr politisches Programm vor innerparteilichen Wahlen den anderen Parteimitgliedern in angemessenem Umfang vorstellen, belegt[410]. Wenn aber, um bei diesen Beispielen zu bleiben, ein einfaches Parteimitglieder nicht weiß, welche Mitglieder seinem Parteiverband außer den ihnen bereits bekannten schließlich angehören, kann es weder feststellen, welche Stimmenzahl ein Antragsquorum erfordert, noch wie die Parteifunktionäre im Vorfeld von Wahlen oder Abstimmungen an diese Mitglieder herantreten, um sie zur Unterstützung der eigenen Kandidatur oder des eigenen Antrags zu gewinnen[411]; das Wissen um die Namen und Adressen der Parteimitglieder wird so zum „Herrschaftswissen"[412], die Mitgliederliste zum wettbewerbsverzerrenden Machtinstrument der Parteiführung. Und wenn die Parteiführung auf Mitgliederversammlungen das einfache Parteimitglied nicht reden läßt, kann dieses an ihr weder Kritik üben noch für alternative inhaltliche oder personelle Positionen werben[413]. Ohne ein parteimitgliedschaftliches Recht auf Auskunft und Gehör kommt es somit unweigerlich zur Ausbildung autoritärer, impermeabler Machtbastionen der Parteifunktionäre. Je nachdem, wie stark sich die Struktur der Partei damit oligarchisch verhärtet, geht damit ihre Fähigkeit zur Vermittlung zwischen Volks- und der Staatswillensbildung verloren[414].

Nach alledem ist dem innerparteilichen Demokratiegebot mit dem Recht des Parteimitglieds auf Auskunft und Gehör ein konkreter subjektiv-rechtlicher und aus sich selbst vollziehbarer Gehalt zu eigen. Damit findet denn auch die oben getroffene[415] Feststellung Bestätigung, daß es sich bei Art. 21 Abs. 1 S. 3 GG um

---

[410] Siehe dazu oben § 1 I.

[411] Vgl. *Klein*, in: Maunz/Dürig, GG-K III, Art. 21 Rn. 330; *Kressel*, Parteischiedsgerichtsbarkeit und Staatsgerichtsbarkeit, S. 74; *Morlok*, in: Dreier (Hrsg.), GG-K II, Art. 21 Rn. 113; *Steffani*, Merkur 1993, 586 [589 ff.]; *Stubbe-da Luz*, Parteiendiktatur, S. 157 ff.; *ders./Wegner*, ZParl 1993, 189 [196]; *Wegner*, Für eine offene Demokratie, S. 33 ff.

[412] *Kressel*, Parteischiedsgerichtsbarkeit und Staatsgerichtsbarkeit, S. 78; *Stubbe-da Luz*, Parteiendiktatur, S. 157.

[413] *Schachtschneider*, Res publica res populi, 10. Teil, 4. Kap. IV., S. 1112, bemerkt in diesem Zusammenhang zynisch: „Harte Despoten enthaupten den Kritiker, sanfte entmündigen ihn, indem sie ihn ausschließen, nicht reden lassen, ihn nicht anhören und vor allem seine Rede der Öffentlichkeit vorenthalten - immerhin ein Fortschritt an Humanität, allein nur einer des Rechts, das dem Macciavellismus Grenzen zieht, nicht einer der Menschlichkeit illegitimer Herrscher".

[414] Vgl. *Lenz/Sasse*, JZ 1962, 233 [234].

[415] Siehe oben § 6 I 1 a) aa).

unmittelbar geltendes Recht handelt. Eben weil das Verfassungsgebot innerparteilicher Demokratie mit diesem Gehalt unmittelbar gilt, ist es als Rechtsgrundlage für das Recht des Parteimitglieds auf Auskunft und Gehör gegenüber seiner Partei geeignet[416]. Eine andere Frage ist, ob Art. 21 Abs. 1 S. 3 GG als Rechtsgrundlage insoweit auch zum Zuge kommt. Diese Frage läßt sich erst bei einer Gesamtschau sämtlicher Rechtsgrundlagen für das Recht auf Auskunft und Gehör in politischen Parteien beantworten, die an späterer Stelle erfolgt[417].

dd) Recht des Nichtmitglieds auf Auskunft und Gehör als subjektiv-rechtlicher Gehalt des innerparteilichen Demokratiegebots?

Zu klären bleibt, ob mit Art. 21 Abs. 1 S. 3 GG neben Parteimitgliedern auch Nichtmitgliedern eine Rechtsgrundlage für ein Recht auf Auskunft und Gehör in politischen Parteien zur Verfügung steht.

(1) Thesen von *Reichel*

Das Bestehen eines Rechts auf Auskunft und Gehör von Nichtmitgliedern in politischen Parteien wird, soweit ersichtlich, nur von *Reichel*[418] vertreten. Allerdings rechtfertigt er diese These nicht mit dem innerparteilichen Demokratiegebot des Art. 21 Abs. 1 S. 3 GG, sondern mit dem Demokratieprinzip des Art. 20 Abs. 1 und 2 GG, das „der innerparteilichen Demokratie vorgelagert"[419] sei. So beinhalte das Demokratieprinzip des Art. 20 Abs. 1 und 2 GG ein „Offenheitsgebot"[420], wobei der Begriff „Offenheit" seinerseits „drei Vorgänge" umfasse, nämlich „Publizität, Zugänglichkeit und Teilhabe"[421]. Unter „Publizität" versteht *Reichel* die Veröffentlichung von Tatsachen, unter „Zugänglichkeit" die Chance der persönlichen Wahrnehmung eines Sachverhalts und unter „Teilhabe" die Möglichkeit, persön-

---

416 Derweil eignet sich Art. 21 Abs. 1 S. 3 GG als Rechtsgrundlage nicht nur für das hier in Rede stehende parteimitgliedschaftliche Leistungsrecht auf Information und Meinungskundgabe, sondern insbesondere auch für ein entsprechendes Abwehrrecht, also für das Recht des Parteimitglieds, sich bloß ungehindert aus ihm zur Verfügung stehenden Informationsquellen - etwa aus der Tagespresse - zu unterrichten bzw. ungehindert von den ihm zur Verfügung stehenden Möglichkeiten zur Meinungskundgabe – etwa der Teilnahme an Diskussionsveranstaltungen - Gebrauch zu machen. Daher besteht auch insofern keine Notwendigkeit für einen Rückgriff auf die grundrechtliche Meinungs- und Informationsfreiheit. Der Vorteil, den eine von Art. 5 Abs. 1 S. 1 GG unabhängige Begründung des parteimitgliedschaftlichen Abwehrrechts auf Information und Meinungskundgabe mit sich bringt, besteht dabei wiederum darin, daß man seinen Inhalt sowie seine Grenzen ohne dogmatische Verrenkungen funktional, das heißt in einer dem Wesen und der Funktion der politischen Parteien gerecht werdenden Weise, bestimmen kann.

417 Siehe dazu unten § 7 II 5.

418 *Reichel*, Das demokratische Offenheitsprinzip und seine Anwendung im Recht der politischen Parteien, S. 124, 126 ff., 129 f., 134 f.

419 *Reichel*, aaO, S. 15.

420 *Reichel*, aaO, S. 106, 110 ff.

421 *Reichel*, aaO, S. 106.

lich Einfluß auf einen Prozeß nehmen zu können[422]/[423]. Aufgabe des Offenheitsgebotes sei es, „den Bürger in die Lage zu versetzen, eigenverantwortlich an der politischen Willensbildung und damit am Zustandekommen der Gesetze teilnehmen zu können"[424]. Da sich dieser Prozeß der politischen Entscheidungsfindung in der Bundesrepublik nicht autonom im Bereich der institutionalisierten Staatlichkeit vollziehe, sondern im außerstaatlichen Bereich von Parteien, Verbänden, Gewerkschaften, Kirchen und Wirtschaftsunternehmen vor- und aufbereitet werde, seien Verpflichtete des Offenheitsgebots alle Gruppierungen, „die von der Verfassung bei der Teilnahme am Willensbildungsprozeß insoweit privilegiert werden, als sie einen Platz im öffentlichen Diskurs garantiert bekommen". Dadurch werde den Bürgern „die Möglichkeit gegeben, auf den öffentlichen Diskurs privilegiert einzuwirken". Allerdings erhalte der „öffentliche Diskurs Legitimationswirkung" erst dann, „wenn diese Gruppierungen den Prozeß ihrer inneren Willensbildung darlegen und Zugang sowie Teilhabemöglichkeiten gewähren"[425].

Konkret in bezug auf die politischen Parteien als eine der dieser Argumentation zufolge verpflichteten Gruppierungen des Offenheitsgebotes folgert *Reichel* daraus sodann einmal deren „Publizitätspflicht". Diese bestehe „nicht nur den Parteimitgliedern, sondern allen Bürgern gegenüber" und betreffe grundsätzlich ihre „ganze Organisation und Arbeit"[426]. Schließlich habe jeder Bürger eines Staates, dessen Politik in großem Maße durch die Parteien bestimmt werde, unter anderem „ein Recht darauf zu erfahren, welche Richtungen in den Parteien welchen Einfluß haben"[427]. Ferner habe jeder von ihnen gemäß dem Offenheitsgebot, wonach „der politische Willensbildungsprozeß derart organisiert sein muß, daß der Bürger sich über alle entscheidungserheblichen Tatsachen (...) informieren kann", ein „Zugangsanspruch zu Parteiveranstaltungen", damit er sich vor Ort ein Bild von der Parteiarbeit machen kann[428]. Und schließlich resultiere aus dem Offenheitsgebot, daß auch Nichtmitglieder an der innerparteilichen Willensbildung aktiv teilnehmen dürfen[429]. Dabei wären sie Parteimitgliedern jedoch nicht völlig gleichgestellt, sondern erhielten als „demokratische Basisrechte" lediglich „ein Anrecht auf Information und politisches Gehör"[430].

---

422 *Reichel*, aaO, S. 106. Diese Differenzierung hält *Reichel* allerdings selbst nicht ein, sondern verwendet die Begriffe „Offenheit" und „Publizität" im weiteren synonym, vgl. aaO, S. 110 ff.

423 Mißlich ist allerdings, daß *Reichel* diese Differenzierung nicht lange durchhält, sondern die Begriffe „Offenheit" und „Publizität" im folgenden synonym gebraucht, vgl. aaO, S. 110 ff.

424 *Reichel*, aaO, S. 114.

425 *Reichel*, aaO, S. 117 f.

426 *Reichel*, aaO, S. 126.

427 *Reichel*, aaO, S. 128.

428 *Reichel*, aaO, S. 129 f.

429 *Reichel*, aaO, S. 134 ff.

430 *Reichel*, aaO, S. 124.

(2) Richtiger Ansatzpunkt ist Art. 21 Abs. 1 S. 3 GG

Es wird schnell deutlich, daß die Begründung *Reichels* für das Recht auf Auskunft und Gehör von Nichtmitgliedern in politischen Parteien nicht weit trägt. Bereits ihr Ansatz ist verfehlt. Das Demokratieprinzip des Art. 20 Abs. 1 und 2 GG gilt ausschließlich für die staatliche Ämterordnung und ihr Verhältnis zum Bürger, nicht aber für gesellschaftliche Institutionen und ihr Verhältnis zum Bürger[431]. Für die politischen Parteien als im Bereich der Gesellschaft wurzelnde Vereinigungen des Privatrechts vermag es daher keine Bindungswirkung zu entfalten[432].

Indes versucht *Reichel* diesen grundlegenden Einwand mit seiner These vom „Status der Öffentlichkeit" der politischen Parteien zu entkräften, „der auf sie grundsätzlich alle demokratischen Prinzipien anwendbar" mache[433]. Ebensowenig wie *Hesse*, von dem die Kennzeichnung der verfassungsrechtlichen Stellung der Parteien als „Status der Öffentlichkeit" stammt[434], gebraucht *Reichel* den Begriff des Öffentlichen im Einklang mit dem geltenden Recht[435]. Während allerdings *Hesses* Begrifflichkeit noch insoweit stimmig ist, als er die politischen Parteien wegen ihres Wirkens im Bereich der institutionalisierten Staatlichkeit nicht mit anderen gesellschaftlichen Institutionen auf eine Stufe stellen und ihnen daher auch nicht wie diesen einen privatrechtlichen Status zuerkennen will[436], akzeptiert *Reichel* sie sogar als Vereine bürgerlichen Rechts, auch wenn er in diesem Zusammenhang von einer drohenden „Flucht ins Privatrecht" spricht[437]. Ihren „Status der Öffentlichkeit" hält er gleichwohl deshalb für gerechtfertigt, weil sie „am öffentlichen Diskurs und damit im Vorfeld des Zustandekommens der allgemeinen Gesetze" teilnähmen und somit „ebenso wie die Presse, die Gewerkschaften und die Kirchen unter einem besonderen 'öffentlichen Regime'" stünden[438].

Bei dieser Interpretation des Begriffs des Öffentlichen ist es zwar konsequent, daß *Reichel* nicht nur die politischen Parteien, sondern auch die anderen am „öffentlichen Diskurs" teilnehmenden gesellschaftlichen Gruppierungen wie die Presse, Kirchen und Verbände als Adressaten des von ihm postulierten Offenheitsgebotes sieht, weil bei diesem Begriffsverständnis auch diesen ein „Status der Öffentlichkeit" zukäme, der sie zur Einhaltung demokratischer Prinzipien im Sinne des Art. 20 Abs. 1 und 2 GG verpflichtete. Würde man mit dieser Ansicht Ernst machen, hieße das jedoch, daß grundsätzlich etwa auch eine private Fernsehstation jedem Bürger gegenüber zur „Publizität" ihrer „ganzen Organisation und Arbeit" verpflichtet wäre, darüber hinaus jedem Bürger „Zugänglichkeit" zu ihren Arbeits-

---

431 *Henke*, in: Dolzer/Vogel/Graßhof (Hrsg.), BoKo-GG IV, Art. 21 Rn. 262.
432 Siehe dazu bereits oben § 7 II 4 a).
433 *Reichel*, aaO, S. 122 f.
434 Siehe *Hesse*, VVDStRL 17 (1959), 11 [39 ff.], sowie ausführlich dazu bereits oben § 5 II 2.
435 Vgl. zu dieser Kritik oben § 5 II 4.
436 Vgl. dazu *Hesse*, VVDStRL 17 (1959), 11 [45].
437 *Reichel*, aaO, S. 122 f. sowie S. 119 Fn. 484.
438 *Reichel*, aaO, S. 44 f.

räumen zu gewährleisten hätte und vor allem jedem Bürger die „Teilhabe" an ihrem Wirken ermöglichen müßte, insbessondere durch Einflußnahme auf die Programmgestaltung. Damit würde das Demokratiegebot des Art. 20 Abs. 1 und 2 GG aber offensichtlich überdehnt.

Besteht sonach über Art. 20 Abs. 1 und 2 GG keine Möglichkeit, zu einem Recht auf Auskunft und Gehör von Nichtmitgliedern in politischen Parteien zu gelangen, ist es andererseits nicht von vornherein abwegig, die Begründung eines solchen Rechts mit dem Demokratieprinzip zu versuchen. Denn obwohl politische Parteien nicht dem Bereich der institutionalisierten Staatlichkeit angehören, sind sie ja im Gegensatz zu anderen gesellschaftlichen Gruppierungen dennoch zur Einhaltung demokratischer Grundsätze verpflichtet, wenn auch nicht durch Art. 20 Abs. 1 und 2 GG, sondern durch Art. 21 Abs. 1 S. 3 GG. Richtiger Ansatz für die Begründung eines innerparteilichen Rechts auf Auskunft und Gehör von Nichtmitgliedern mit dem Demokratieprinzip kann daher nur Art. 21 Abs. 1 S. 3 GG sein.

(3) Art. 21 Abs. 1 S. 3 GG zielt nicht auf Einfluß von Nichtmitgliedern

Insofern könnte die Begründung allerdings möglicherweise bereits daran scheitern, daß gemäß Art. 21 Abs. 1 S. 3 GG nur die „innere" Ordnung der Parteien demokratischen Grundsätzen entsprechen muß. Daraus wird zum Teil geschlossen, das „Außenverhältnis" der Parteien zu Nichtmitgliedern werde von diesem Verfassungsgebot nicht erfaßt[439]. Das trifft jedoch nicht zu. Dem Verfassungsgebot des Art. 21 Abs. 1 S. 3 GG geht es wegen der verfassungsrechtlichen Funktion der politischen Parteien um einen demokratischen Verlauf ihrer inneren Willensbildung, weshalb es sie verpflichtet, ihre innere Willensbildung so zu organisieren, daß ein solcher Verlauf gesichert ist. Dann aber müssen zur inneren Ordnung im Sinne des Art. 21 Abs. 1 S. 3 GG all jene die Organisierung der innerparteilichen Willensbildung betreffenden Aspekte gezählt, die für deren Verlauf bedeutsam sind. Dazu gehört unter anderem die Frage, ob und in welchem Umfang die Parteien Außenstehende an ihrer inneren Willensbildung teilnehmen lassen müssen, sei es indem sie diese hierzu zuvor als Mitglieder aufnehmen[440] oder ihnen als Nichtmitglieder Teilhaberechte einräumen.

---

439 BGHZ 101, 193 [201 f.]; *Knöpfle*, Der Staat 9 (1970), 321 [332 f.]; *Stoklossa*, Der Zugang zu den politischen Parteien im Spannungsfeld zwischen Vereinsautonomie und Parteienstaat, S. 116.

440 Die Aufnahme von Mitgliedern wird denn auch von der ganz herrschenden Meinung als ein Aspekt ihrer inneren Ordnung i.S.d. Art. 21 Abs. 1 S. 3 GG behandelt, vgl. BVerfGE 2, 1 [40]; *Bericht der Parteienrechtskommission*, S. 164; *Henke*, in: Dolzer/Vogel/Graßhof (Hrsg.), BoKo-GG IV, Art. 21 Rn. 272; *Ipsen*, in: Sachs (Hrsg.), GG-K, Art. 21 Rn. 81 ff.; *Morlok*, in: Dreier (Hrsg.), GG-K II, Art. 21 Rn. 127; *Kunig*, in: von Münch/Kunig, GG-K II, Art. 21 Rn. 58 (Stichwort: Aufnahme von Mitgliedern); *Pieroth*, in: Jarass/Pieroth, GG-K, Art. 21 Rn. 23; *Wolfrum*, Die innerparteiliche demokratische Ordnung nach dem Parteiengesetz, S. 156 ff.; Zurückhaltender *Traumtann*, Innerparteiliche Demokratie im Parteienstaat, S. 194, der diese Problematik in einem „Übergangszone" verortet, die „zumindest teilweise" eine solche der innerparteilichen Demokratie sei und „von Art. 21 Abs. 1 S. 3 GG her Lösungsimpulse" erhalte. Derweil bleibt *Reichel*, Das

Da somit auch die Frage nach einem Recht auf Auskunft und Gehör von Nichtmitgliedern in politischen Parteien in den Bereich der inneren Ordnung im Sinne des Art. 21 Abs. 1 S. 3 GG fällt, kommt es für ihre Beantwortung darauf an, ob ein solches Recht von Nichtmitgliedern ebenfalls, also ebenso wie das Recht auf Auskunft und Gehör von Parteimitgliedern, zum subjektiv-rechtlichen Gehalt der demokratischen Grundsätze gehört, denen die innere Ordnung gemäß dieser Verfassungsnorm entsprechen muß.

Ein naheliegender Einwand gegen eine solche mit dem Demokratieprinzip begründete Gleichstellung von Parteimitgliedern und Nichtmitgliedern wird von ihrem Befürworter *Reichel* selbst vorgebracht: Es sei „nicht einzusehen, warum Parteimitglieder die Parteiarbeit machen sollen und die Mitgliedsbeiträge zu zahlen haben, wenn Parteilose mit nahezu denselben Rechten ausgestattet werden“[441]. Derweil versucht *Reichel* diesen Einwand mit dem Argument zu entkräften, „daß es sich bei der Teilhabe um verfassungsmäßige demokratische Rechte handelt, die die Parteien nicht einfach okkupieren können. In der Verfassung steht nichts von Parteimitgliedschaft als Voraussetzung für politische Gestaltungschancen“. Auch sollten Nichtmitglieder den Parteimitgliedern nicht völlig gleichgestellt werden, insbesondere nicht bei innerparteilichen Wahlen mitstimmen dürfen, sondern eben nur ein Recht auf Information und politisches Gehör erhalten. Dies aber sei für die Entfaltung der bundesrepublikanischen Demokratie von entscheidender Bedeutung, weil „es viele politische aktive Bürger gibt, die einen Gestaltungswillen haben, die aber die Parteiarbeit ablehnen, weil die Parteien zu verkrustet sind“[442].

Obzwar diese Argumentation *Reichels* das hehre Ziel der Demokratieverwirklichung verfolgt, findet sie im geltenden Verfassungsrecht keine Stütze. Man kann ihr wohl kaum treffender als mit den Worten begegnen, die *Henke* bei der Beantwortung der Frage eines Anspruchs von Nichtmitgliedern auf Aufnahme in eine politische Partei gebraucht: „Im demokratischen Überschwang und aus Vorliebe für alles Offene und Flüssige in der Politik wird zu wenig berücksichtigt, daß unsere Verfassungsordnung Parteien mit einer gewissen Geschlossenheit voraussetzt. Anderenfalls würden statt ihrer vorgeklärten politischen Konzeptionen unberechenbare, ständig wechselnde Strömungen an Parlament und Regierung anbranden und deren Politik bestimmen“[443].

In der Tat muß gesehen werden, daß der Grundgesetzgeber die politischen Parteien, denen er in seinem demokratischen System eine zentrale Rolle zuwies, nicht geschaffen, sondern als politische Realität vorgefunden hat. In Deutschland sind politische Parteien aber seit jeher private Vereinigungen, also um freiwillige Zu-

---

demokratische Offenheitsprinzip und seine Anwendung im Recht der politischen Parteien, S. 130 ff., seinem Ansatz (vgl. dazu oben § 7 II 4 a) dd) (1)) treu und diskutiert die Aufnahme von Mitgliedern vor dem Hintergrund des Demokratieprinzips des Art. 20 Abs. 1 und 2 GG.

441 *Reichel*, Das demokratische Offenheitsprinzip und seine Anwendung im Recht der politischen Parteien, S. 123 f.

442 *Reichel*, aaO, S. 124.

443 *Henke*, JZ 1987, 1080 [1081].

sammenschlüsse von Personen, die für eine gewisse Dauer zu einem gemeinsamen Zweck angelegt sind und einer organisierten Willensbildung unterworfen sind[444]. Charakteristisch für die Willensbildung solcher Vereinigungen ist, daß sie Sache der sich zu ihr zusammengeschlossenen Personen, mithin ihrer Mitglieder ist[445], wogegen sich Nichtmitglieder an ihr allenfalls insoweit beteiligen dürfen, wie die Mitglieder es zulassen[446]. Wenn nun der Grundgesetzgeber den politischen Parteien bei der Organisierung ihrer Willensbildung die Beachtung demokratischer Grundsätze aufgegeben hat, dann nicht deshalb, um ihnen ihr Wesen als Vereinigungen zu nehmen, sondern damit sie trotz dieses Wesens die ihnen durch Art. 21 Abs. 1 S. 1 GG zugewiesene Aufgabe erfüllen können. Auch in dieser Richtung gilt also der oben bereits zitierte Satz von *Seifert*[447], Art. 21 Abs. 1 S. 3 GG sei vereinstypisch und in einem dem Wesen der Parteien angepaßten Sinne zu verstehen. Staatliche Demokratie im Sinne des Art. 20 GG und innerparteiliche Demokratie im Sinne des Art. 21 Abs. 1 S. 3 GG sind nun einmal nicht dasselbe[448]; abweichend von seiner ursprünglichen Bedeutung heißt „Demokratie" in politischen Parteien nicht Herrschaft des Volkes, also Herrschaft der Staatsbürger, sondern Herrschaft der Parteimitglieder. Demzufolge kann Art. 21 Abs. 1 S. 3 GG nicht als Verpflichtung der politischen Parteien verstanden werden, Nichtmitglieder an ihrer Willenbildung teilnehmen zu lassen[449].

Insofern erweist sich also die Behauptung von *Reichel*, in der Verfassung stehe nichts von Parteimitgliedschaft als Voraussetzung für politische Gestaltungschancen, als unzutreffend, seine Forderung nach einem Recht auf Auskunft und Gehör von Nichtmitgliedern in politischen Parteien als unbegründet. Vielmehr ergibt der verfassungsrechtliche Befund, daß derjenige, der die Geschicke des Staates mittels einer politischen Partei gezielt beeinflussen will, dies tun kann, indem er einer bereits bestehenden oder eine solche gründet, ebenso wie es demjenigen, der sich nicht parteipolitisch betätigen will, freisteht, es bleiben zu lassen. Ein Mittelweg

---

444 Siehe dazu oben § 6 I 1 b) cc).

445 Vgl. *K. Schmidt*, Gesellschaftsrecht, § 19 III.4.a), S. 561: „Die mitgliedschaftliche Selbstbestimmung ist Grundlage legitimer Willensbildung und Willensbetätigung von Verbänden"; vgl. ferner *Teichmann*, Gestaltungsfreiheit in Gesellschaftsverträgen, S. 191: „Mitgliedschaft als Legitimation der Mitwirkung in einem Gemeinwesen gehört zu den demokratischen Selbsverständlichkeiten, die sich an zahlreichen Stellen, an Staat und Verbänden, nachweisen lassen".

446 Vgl. *Eckardt*, in: Geßler, Hefermehl/Eckardt/Kropff, AktG-K II, § 118 Rn. 14; *Metz*, in: Lang/Weidmüler/Metz/Schaffland, GenG-K, § 43 Rn. 22; Sauter/Schweyer, Der eingetragene Verein, Rn. 196.

447 *Seifert*, Die politischen Parteien im Recht der Bundesrepublik Deutschland, S. 190.

448 Ausführlich dazu bereits oben § 7 II 4 a).

449 Im Ergebnis ebenso BGHZ 101, 193 [201 ff.]; *Doehring*, Das Staatsrecht der Bundesrepublik Deutschland, S. 154 f.; *Grimm*, in: Benda/Maihofer/Vogel (Hrsg.), HdbVerfR, § 14 Rn. 40: kein „Anspruch des Publikums, an der Willensbildung einer Partei beteiligt zu werden"; *Henke*, JZ 1987, 1080 [1081]; *Kunig*, in: von Münch/Kunig (Hrsg.), GG-K II, Art. 21 Rn. 54: „Das „Parteivolk" hat andere Rechte als das Staatsvolk, oder, soweit Ausländer einbezogen sind, die Bevölkerung". Konkret in bezug auf die Beteiligung von Nichtmitgliedern an innerparteilichen Wahlen *Klein*, in: Maunz/Dürig, GG-K III, Art. 21 Rn. 352; *von Münch*, in: von Münch/Kunig (Hrsg.), GG-K II (3. Aufl.), Art. 21 Rn. 56.

dergestalt, daß jeder Bürger berechtigt ist, auf die Willensbildung einer Partei auch dann aktiv Einfluß zu nehmen, wenn er ihr nicht mitgliedschaftlich verbunden ist, und sei es auch „nur" durch die Ausübung eines Rechts auf Auskunft und Gehör[450], ist in der Verfassung hingegen nicht vorgesehen.

Angesichts der politischen Wirklichkeit erscheint diese Verfassungsrechtslage freilich nicht unproblematisch. Denn die Möglichkeit des Bürgers, an der Gestaltung der öffentlichen Angelegenheiten mitzuwirken, indem er selbst eine politische Partei gründet, ist wegen der eingetretenen Verfestigung des bundesrepublikanischen Parteiensystems eher theoretischer Natur. So stellen sich in der heutigen Zeit Parteineugründen meistens als „illusorische Projekte dar, die mit hoher Wahrscheinlichkeit unter der Hypothek der Fünf-Prozent-Klausel und dem Mangel an finanzieller Förderung binnen Kürze zum politischen Konkurs verurteilt sind"[451]. Um sich parteipolitisch zu betätigen, bleibt dem Bürger somit praktisch nur der Weg, einer der etablierten politischen Parteien beizutreten[452]. Diese können jedoch aufgrund der Parteiautonomie gemäß Art. 21 Abs. 1 S. 2 GG prinzipiell frei darüber entscheiden, welche Bewerber sie aufnehmen[453]. Indes lebt das demokratische System des Grundgesetzes davon, daß sich eine möglichst große Zahl von Bürgern in politischen Parteien engagiert, denn je mehr Bürger sich an deren Willensbildung aktiv beteiligen, desto größer ist die Gewähr dafür, daß sich der Wille des Volkes in der Parteiwillensbildung widerspiegelt, die ihrerseits die Staatswillensbildung präjudiziert, desto enger ist also die über die politischen Parteien vermittelte Verbindung zwischen Volk und Staat[454].

Von daher ist es zugegebenermaßen verführerisch, etwaige Konflikte zwischen der Aufnahmepraxis der bestehenden Parteien einerseits und dem von der Verfas-

---

450 Die Bedeutung des Rechts auf Auskunft und Gehör ist freilich nicht zu unterschätzen. Für den innerparteilichen Willensbildungsprozeß ist es nicht minder wichtig als etwa das Stimmrecht. Durch geschicktes Fragen und Reden könnten deshalb Nichtmitglieder die innerparteiliche Willensbildung auch ohne ein Stimmrecht entscheidend beeinflussen, vgl. zu entsprechenden Erwägungen in bezug auf „beratende" Parteivorstandmitglieder ohne Stimmrecht *Wolfrum*, Die innerparteiliche demokratische Ordnung nach dem Parteiengesetz, S. 116 f.; siehe in diesem Zusammenhang ferner *Lang*, Subjektiver Rechtsschutz im Wahlprüfungsverfahren, S. 99.

451 So schon der nach wie vor zutreffende Befund von *Lenz/Sasse*, JZ 1962, 233 [234]. Daß andererseits Parteineugründungen nicht stets aussichtslos sind, belegt insbesondere der Erfolg der erst in den 80er Jahren gegründeten Partei BÜNDINIS 90/DIE GRÜNEN.

452 Vgl. *Knöpfle*, Der Staat 9 (1970), 321 [335 f.]; *ders.*, Der Staat 16 (1977), 393 [398]; *Reichel*, Das demokratische Offenheitsprinzip und seine Anwendung im Recht der politischen Parteien, S. 123; *Trautmann*, Innerparteiliche Demokratie im Parteienstaat, S. 195 f.; *Wolfrum*, Die innerparteiliche demokratische Ordnung nach dem Parteiengesetz, S. 158 f.

453 *Kunig*, in: von Münch/Kunig (Hrsg.), GG-K II, Art. 21 Rn. 53 (Stichwort: Aufnahme von Mitgliedern); *Pieroth*, in: Jarass/Pieroth, GG-K, Art. 21 Rn. 10, vgl. jedoch andererseits Rn. 19 (Stichwort: Aufnahmeanspruch); *Seifert*, Die politischen Parteien im Recht der Bundesrepublik Deutschland, S. 118; im Ergebnis auch *Henke*, in: Dolzer/Vogel/Graßhof (Hrsg.), BoKo-GG IV, Art. 21 Rn. 271, der diesbezüglich auf Art. 9 GG abstellt, dabei allerdings übersieht, daß Art. 21 GG im Verhältnis zur Vereinigungsfreiheit das speziellere Recht ist, vgl. dazu BVerfGE 25, 69 [78]; 91, 262 [267].

454 Vgl. *Trautmann*, Innerparteiliche Demokratie im Parteienstaat, S. 193; *Wolfrum*, Die innerparteiliche demokratische Ordnung nach dem Parteiengesetz, S. 157 f.

sung beabsichtigten Bestreben von aktiven Bürgern nach parteipolitischem Engagement andererseits erst gar nicht entstehen zu lassen oder sie doch zumindest zu entschärfen, indem man auch Nichtmitgliedern (bestimmte) Mitwirkungsrechte in politischen Parteien einräumt. Das käme zudem jener Gruppe von Bürgern zugute, die in den politischen Parteien „nur punktuell mitarbeiten möchte, aber weder in eine Parteihierarchie eingebunden werden, noch das Programm voll unterstützen will“[455].

Allein der in Art. 21 Abs. 1 GG dokumentierte Verfassungswille steht einer solchen Berechtigung von Nichtmitgliedern entgegen. Wenn danach die entscheidende Mittlerrolle zwischen Volk und Staat den politischen Parteien als private Vereinigungen zugedacht hat, dann läßt sich daraus zwar schließen, daß diese für die Aufnahme neuer Mitglieder und damit für neue Anregungen und politische Initiativen prinzipiell offen sein müssen, nicht aber, daß sich in ihnen jedermann, mithin auch Nichtmitglieder betätigen können. Demzufolge ist es verfassungsrechtlich nicht zu bestanden, wenn § 10 Abs. 1 S. 3 PartG den Parteien die Anordnung allgemeiner Aufnahmesperren verbietet, da diese zwangsläufig zur Verstopfung der über die Parteien laufenden Kommunikation zwischen dem Volk und den Staatsorganen führen würden[456]. Im übrigen muß man es den Parteien jedoch entsprechend § 10 Abs. 1 S. 1 PartG freistellen, wieviele und welche Bürger sie an ihrer Willensbildung partizipieren lassen[457].

Um hier nicht voreilig auf einen Mißstand zu schließen, muß folgendes bedacht werden: Das Recht der politischen Parteien, sich ihre Mitstreiter unter den Bürgern frei auszuwählen, ist notwendiges Korrelat zum verfassungsrechtlich gewollten Mehrparteienprinzip. Wie gesehen, sind die einzelnen Parteien, um im Wettbewerb mit anderen Parteien bestehen und ihre verfassungsrechtliche Funktion erfüllen zu können, darauf angewiesen, ein eigenständiges Profil herauszuarbeiten und zu bewahren, also mit einer gewissen Geschlossenheit aufzutreten[458]. Das aber wäre bei einer vollkommenen Öffnung und Durchlässigkeit zum Volk und allen in ihm vertretenen Meinungen nicht möglich. Ihr Wesen als Gesinnungsgemeinschaften bedingt vielmehr, daß sie prinzipiell nur Bürger mit der gleichen politischen Grundeinstellung an ihrem Tun teilhaben lassen[459]. Während es noch diskutabel ist, in

---

455 *Reichel*, Das demokratische Offenheitsprinzip und seine Anwendung im Recht der politischen Parteien, S. 134. Dabei sieht *Reichel* in dieser Gruppe die „Mehrheit der Bürger“, was aber empirisch nicht belegt ist. Tatsächlich dürfte sich die Mehrheit der Bürger aus den verschiedensten Gründen überhaupt nicht, also auch nicht punktuell in politischen Parteien betätigen wollen.

456 A.A. *Seifert*, Die politischen Parteien im Recht der Bundesrepublik Deutschland, S. 210.

457 Im Ergebnis ebenso *Schmidt-Jortzig*, DVBl. 1983, 773 [777].

458 Siehe oben § 7 II 4 a) bb) (4) (c) (bb) [1].

459 BGHZ 101, 193 [205]; Regierungsbegründung zum Parteiengesetz, BT-Drucks. III/1509, S. 25, Begr. zu § 18 Abs. 2; *Henke*, in: Dolzer/Vogel/Graßhof (Hrsg.), BoKo-GG IV, Art. 21 Rn. 271 f.; *Ipsen*, in: Sachs (Hrsg.), GG-K, Art. 21 Rn. 83; *Reichel*, Das demokratische Offenheitsprinzip und seine Anwendung im Recht der politischen Parteien, S. 121; *Stern*, Staatsrecht I, § 13 III 4 d), S. 447; *Wolfrum*, Die innerparteiliche demokratische Ordnung nach dem Parteiengesetz, S. 160, 164 f.

Anbetracht der Oligopolstellung der etablierten Parteien solchen Bürgern, die die politischen Grundsätze und Ziele einer dieser Parteien anerkennen, einen Anspruch auf Aufnahme als Mitglied zu gewähren[460], verträgt sich damit ein von der Parteimitgliedschaft unabhängiges Jedermannrecht auf Teilhabe an ihrer Willensbildung mit dem Geschlossenheitserfordernis der Parteien nicht. Ein solches Jedermannrecht wäre nachgerade dazu angetan, das in der Verfassung vorgesehene Mehrparteiensystem aus den Angeln zu heben. Denn es ist unschwer vorauszusehen, daß davon vor allem die ohnehin schon parteipolitisch engagierten Bürger Gebrauch machen würden. So würden sich in erster Linie Parteimitglieder auf dieses dann auch ihnen als Bürger zustehende Recht berufen und sich so etwa mittels des Rechts auf Auskunft und Gehör über die Interna einer konkurrierenden Parteien unterrichten und auf deren Parteiversammlungen, um deren Parteiwillensbildung zu beeinflussen.

Wenn sonach einerseits die Mitgliedschaft Voraussetzung für die Teilhabe an der Willensbildung der politischen Parteien ist, andererseits diese berechtigt sind, frei über die Aufnahme neuer Mitglieder zu entscheiden, hat praktisch gleichwohl jeder Bürger, der will, die Möglichkeit, sich in einer politischen Partei politisch zu betätigen. Zwar sind Bemühungen um eine Parteineugründung nur selten von Erfolg gekrönt. Doch wird er sich in der Regel im Grundsatz mit den inhaltlichen und personellen Positionen irgendeiner der verschiedenen etablierten politischen Parteien identifizieren können und von der betreffenden Partei dann auch mit offenen Armen als Mitglied aufgenommen werden[461]. Das gilt namentlich für die sogenannten Volksparteien, die grundsätzlich alle Gruppen der Bevölkerung ansprechen wollen und auf einen möglichst großen Mitgliederkreis ausgerichtet sind[462].

---

460 In diese Richtung argumentieren, wenngleich unter Zulassung von Ausnahmen, insbesondere *Knöpfle*, Der Staat 9 (1970), 321 ff.; *ders.*, Der Staat 16 (1977), 393 [397 f.]; *Magiera*, DÖV 1973, 761 ff.; *von Münch*, in: von Münch/Kunig (Hrsg.), GG-K II (3. Aufl.), Art. 21 Rn. 57 (Stichwort: Aufnahme von Mitgliedern); *Morlok*, in: Dreier (Hrsg.), GG-K II, Art. 21 Rn. 127; *Preuß*, in: AK-GG I (2. Aufl.), Art. 21 Abs.1, 3 Rn. 42; *Reichel*, Das demokratische Offenheitsprinzip und seine Anwendung im Recht der politischen Parteien, S. 130 ff; *Trautmann*, Innerparteiliche Demokratie im Parteienstaat, S. 193 ff.; *Tsatsos/Morlok*, Parteienrecht, S. 58 ff.; *Wolfrum*, Die innerparteiliche demokratische Ordnung nach dem Parteiengesetz, S. 156 ff.. Gegen einen solchen Anspruch BGHZ 101, 193 [200 ff.]; *Doehring*, Das Staatsrecht der Bundesrepublik Deutschland, S. 154 f.; *Henke*, Das Recht der politischen Parteien, S. 89 ff.; *ders.*, in: Dolzer/Vogel/Graßhof (Hrsg.), BoKo-GG IV, Art. 21 Rn. 272; *Ipsen*, in: Sachs (Hrsg.), GG-K, Art. 21 Rn. 82 f.; *Kaack*, Geschichte und Struktur des deutschen Parteiwesens, S. 380; *Kunig*, in: Isensee/Kirchhof (Hrsg.), HdbStR II (2. Aufl.), § 33 Rn. 18; *Luthmann*, DVBl.1962, 166 [169]; *Klein*, in: Maunz/Dürig, GG-K III, Art. 21 Rn. 377; *Scheuner*, DÖV 1968, 88 [92]; *Seifert*, Die politischen Parteien im Recht der Bundesrepublik Deutschland, S. 209 f.; *Stern*, Staatsrecht I, § 13 III 4 d), S. 446; *Stoklossa*, Der Zugang zu den politischen Parteien im Spannungsfeld zwischen Vereinsautonomie und Parteienstaat, 1989.

461 Vgl. *Henke*, JZ 1987, 1080 [1081]: „Die Parteien haben zwar ein Interesse an der Abgrenzung, aber ein ebenso großes Interesse an der Aufnahme von Mitgliedern, das jenem die Waage hält und Willkür verhindert".

462 Siehe dazu *Tsatsos/Morlok*, Parteienrecht, S. 171 ff.

ee) Zwischenergebnis

Das innerparteiliche Demokratiegebot des Art. 21 Abs. 1 S. 3 GG bezweckt in positiver Hinsicht ein Maximum an Einfluß und ständiger effektiver Entscheidung der Mitglieder sowie umgekehrt, in negativer Hinsicht, die Verhinderung innerparteilicher Oligarchisierung im Sinne einer Machtkonzentration bei der Parteispitze, Herausbildung autoritärer Führungsstrukturen sowie eines Zurückdrängens des Einflusses der einfachen Parteimitglieder. Dazu müssen sich die Parteimitglieder über die Angelegenheiten der Partei umfassend informieren und dazu ihre Meinung äußern können. Ein Recht im Sinne der grundrechtlichen Meinungs- und Informationsfreiheit gemäß Art. 5 Abs. 1 S. 1 GG reicht dazu nicht aus. Vielmehr bedürfen die eines Leistungsrechts auf Information und Meinungskundgabe, mithin ein Recht auf Auskunft und Gehör. Dieses Recht auf Auskunft und Gehör gehört somit zum subjektiv-rechtlichen Gehalt des innerparteilichen Demokratiegebots des Art. 21 Abs. 1 S. 3 GG.

Für Nichtmitglieder läßt sich aus Art. 21 Abs. 1 S. 3 GG hingegen kein Recht auf Auskunft und Gehör in politischen Parteien ableiten. Art. 21 Abs. 1 S. 3 GG steht einem Recht auf Auskunft und Gehör von Nichtmitgliedern sogar entgegen.

b) Die Wahlrechtsgrundsätze

Zum Abschluß der Suche nach Rechtsgrundlagen für das Recht auf Auskunft und Gehör in den Rechtsquellen der inneren Parteienordnung muß noch geprüft werden, inwieweit sich das Recht auch mit den verfassungsrechtlichen Wahlrechtsgrundsätzen begründen läßt[463].

aa) Wahlrechtsgrundsätze vermitteln bei innerparteilichen Wahlen teils öffentliche, teils private subjektive Rechte

Ausgangspunkt entsprechender Überlegung bildet die Erkenntnis, daß ebenso wie das innerparteiliche Demokratiegebot auch die Wahlrechtsgrundsätze subjektive Rechte vermitteln[464], und zwar auf allgemeine, unmittelbare, freie, gleiche und geheime Wahl. Bei innerparteilichen Wahlen sind diese subjektiven Rechte je nachdem, ob es sich um solche zur Wahlbewerberaufstellung oder für Parteiämter handelt, unterschiedlichen Ursprungs und infolgedessen auch unterschiedlichen Rechtsbereichen zuzuordnen.

Was innerparteiliche Wahlen zur Wahlbewerberaufstellung anbelangt, so bildet dieser Vorgang die Vorstufe der anschließenden öffentlichen Wahlen, in denen sich der Wille des Volkes artikuliert. Dementsprechend machen die wahlgesetzli-

---

463 Zur Geltung der Wahlrechtsgrundsätze in politischen Parteien siehe oben § 6 I 1 a) bb).

464 *Schreiber*, HdbWahlRBT, Einf. Rn. 18 (S. 39); § 1 Rn. 4 (S. 86), § 21 Rn. 4 und 6, jeweils in bezug auf die Wahlbewerberaufstellung der Parteien bei Bundestagswahlen.

chen Bestimmungen die Teilnahme an der Wahlbewerberaufstellung der Parteien von dem Recht zur Teilnahme an den anschließenden öffentlichen Wahlen abhängig, mithin von dem öffentlichen Wahlrecht als dem in der Demokratie fundamentalen politischen Bürgerrecht[465]. Mit der Teilnahme an der innerparteilichen Wahlbewerberaufstellung üben die daran teilnahmeberechtigten Bürger folglich ihr öffentliches Wahlrecht aus, genauer gesagt das von diesem umfaßte Wahlvorschlagsrecht[466]. Obgleich die eigentliche öffentliche Wahl erst anschließend stattfindet, müssen somit bereits bei der innerparteilichen Wahlbewerberaufstellung die Wahlrechtsgrundsätze beachtet werden, weil dieser Vorgang für den Ausgang der öffentlichen Wahl von (vor-)entscheidender Bedeutung und nur so gewährleistet ist, daß im Ergebnis der wirkliche Wille der Bürger unverfälscht zum Ausdruck kommt. Wie daraus erhellt, kommen die Wahlrechtsgrundsätze hier als Ausprägung des Demokratiegebots der Art. 20 Abs. 1 und 28 Abs. 1 S. 1 GG bzw. – bei Europawahlen – des Art. 23 Abs. 1 S. 1 GG zur Anwendung[467], ihr Anknüpfungspunkt ist das dem (Staats- und teils auch EU-)Bürger bei Kommunal-, Landtags-, Bundestags- und Europawahlen zustehende öffentliche Wahlrecht. Die durch sie vermittelten subjektiven Recht gehören somit ebenso wie das öffentliche Wahlrecht selbst zur Gruppe der politischen Staats- bzw. EU-Bürgerrechte und sind gleichfalls öffentlich-rechtlicher Natur[468].

Hingegen ist für das Wahlrecht bei innerparteilichen Wahlen für Parteiämter-vom allein das Organisationsrecht der Parteien maßgebend. Danach handelt es sich bei diesem Wahlrecht gemäß dem für Parteien grundsätzlich geltenden bürgerlichen Vereinsrecht um ein Mitgliedschaftsrecht aus der Gruppe der Mitverwaltungsrechte[469]. Insoweit spricht auch nichts dagegen, wenn an solchen innerparteilichen Wahlen etwa minderjährige Parteimitglieder teilnehmen, die bei Landtags-, Bundestags- und Europawahlen aufgrund ihres Alters kein öffentliches Wahlrecht haben[470]. Die Wahlrechtsgrundsätze kommen bei diesen innerparteilichen Wahlen als Ausprägung des innerparteilichen Demokratiegebots des Art. 21 Abs. 1 S. 3 GG zur Anwendung. Die durch sie vermittelten subjektiven Rechte knüpfen dementsprechend nicht an das öffentliche, sondern an das mitgliedschaftliche Wahlrecht an. Wie dieses selbst sind sie insofern dem privaten Recht zuzuordnen, zumal Art. 21 Abs. 1 S. 3 GG zwar die Mitgliedschaftsrechte in Parteien gegebenenfalls modifiziert und erweitert, ihre Rechtsnatur jedoch unberührt läßt[471].

465 Vgl. beispielhaft § 21 Abs. 1 S. 2 BWahlG. Die übrigens Wahlgesetze enthalten entsprechende Regelungen.

466 Vgl. zum Wahlvorschlagsrecht als Bestandteil des Wahlrechts BverfGE 11, 266 (272); 11, 351 (364); 12, 10 (27); 60, 162 (167); 69, 92 (106 f.); Magiera, in: Sachs (Hrsg.), GG-K, Art. 38 Rn. 103.

467 Siehe insoweit auch schon oben zu § 6 I 1 a) bb) (1).

468 Vgl. zum Rechtscharakter *Schreiber*, HdbWahlRBT, Einf. Rn. 18 (S. 39); § 1 Rn. 4 (S. 86).

469 Siehe oben § 7 II 3 a) cc) (1).

470 Bedenken ergeben sich indes daraus, daß es Minderjährigen auf diesem Wege - obzwar nur mittelbar - möglich wird, Einfluß auf die Staatswillensbildung zu nehmen, während das Recht zur Teilhabe an der Staatsgewalt in Form des Wahlrechts bei öffentlichen Wahlen erst ab Volljährigkeit besteht, siehe dazu unten § 8 I 1 b) cc) (1).

471 Siehe dazu oben § 6 II.

Dies vorausgeschickt gilt es nunmehr festzustellen, inwieweit zu den bei innerparteilichen Wahlen durch die Wahlrechtsgrundsätze vermittelten subjektiven Rechten auch ein Recht von Parteimitgliedern und Nichtmitgliedern auf Auskunft und Gehör gehört.

bb) Das Recht des Parteimitglieds auf Auskunft und Gehör als subjektiv-rechtlicher Gehalt des Grundsatzes der Freiheit der Wahl

Bei innerparteilichen Wahlen wahlberechtigt sind auf jeden Fall Parteimitglieder[472]. Wie vorstehend herausgearbeitet, üben sie bei innerparteilichen Wahlen zur Wahlbewerberaufstellung ihr öffentliches Wahlrecht aus, bei den sonstigen innerparteilichen Wahlen ihr privates parteimitgliedschaftliches Wahlrecht. In beiden Fällen sollen die mit den Wahlrechtsgrundsätzen verbundenen subjektiven Rechte garantieren, daß ihr Wille unverfälscht zum Ausdruck kommt, wobei es, auch wenn das für die wahlberechtigten Parteimitglieder praktisch keinen Unterscheid macht, in dem einen Fall um ihren Willen als (einer Partei angehörender) Bürger und in dem anderen Fall um ihren Willen als Parteimitglied geht. Gemäß dem zum Verlauf einer innerparteilich demokratischen Willensbildung Gesagten[473] heißt das zwar nicht, daß die Willensbildung ihren Ursprung stets bei den einfachen Parteimitgliedern haben muß, daß es also bei innerparteilichen Wahlen ausschließlich deren Sache ist, geeignete und bereitwillige Kandidaten zu suchen und zur Wahl vorschlagen. Vielmehr können die personellen Vorschläge ebenso von der Parteiführung ausgehen, wobei die Parteienpraxis zeigt, daß dies sogar der Regelfall ist[474]. Jedoch ist dies nur dann akzeptabel, wenn die Letztentscheidungskompetenz über die Kandidaten bei den wahlberechtigten Parteimitgliedern liegt[475].

Conditio sine qua non dafür ist die Freiheit der Wahl. Nicht von ungefähr wird „Wahl" bereits begrifflich mit der Freiheit, zwischen mehreren Möglichkeiten entscheiden zu können, verbunden[476]. Dementsprechend hat das Oberverwaltungsgericht Münster dem Grundsatz der Freiheit der Wahl im Zusammenspiel mit den anderen Wahlrechtsgrundsätze zu Recht die zentrale Rolle zugewiesen, indem es ausführte: „Freiheit ist das Grunderfordernis aller Wahlen. Ohne sie liegt gar keine Wahl vor. Ist sie nicht gewährleistet, so sind Gleichheit, Allgemeinheit, Unmittelbarkeit und Wahlgeheimnis bedeutungslos"[477].

---

472 Zur Frage, ob die Wahlrechtsgrundsätze bei innerparteilichen Wahlen auch Nichtmitgliedern subjektive Rechte vermitteln, siehe unten § 7 II 4 b) bb).

473 Siehe dazu oben § 7 II 4 a) cc).

474 *Schreiber*, HdbWahlRBT, § 21 Rn. 2 a.E., in bezug auf die Wahlbewerberaufstellung der Parteien bei Bundestagswahlen.

475 Prononciert insofern HbgVerfG, NVwZ 1993, 1083 [1086, unter B.I.2.3.3.].

476 Vgl. BVerfGE 89, 243 [260]: Offenheit einer Alternative als unverzichtbares Merkmal einer Wahl. Vgl. ferner *Morlok*, in: Dreier (Hrsg.), GG-K II, Art. 38 Rn. 81 m.w.N; *Trute*, in: von Münch/Kunig (Hrsg.), GG-K II, Art. 38 Rn. 37.

477 OVG Münster JZ 1962, 767.

Konkret bedeutet der Grundsatz der Freiheit der Wahl zunächst, daß keinerlei physischer Zwang oder psychologischer Druck oder sonstige unzulässige direkte oder indirekte Einflußnahme auf die Entscheidungsfreiheit der Wähler ausgeübt werden darf, um ihre Stimmabgabe in die eine oder andere Richtung zu erzwingen oder zu verhindern[478]. Demgemäß ist eine innerparteiliche Wahl unfrei, wenn die Parteimitglieder veranlaßt werden, gegen ihren Willen überhaupt zu wählen oder einen bestimmten Bewerber zu wählen[479].

Darüber hinaus setzt eine freie Wahl aber auch voraus, daß die Wähler die ihrer Überzeugung entsprechende Wahlentscheidung in einem freien, offenen Prozeß der Meinungsbildung gewinnen können[480]. Das wiederum bedingt, daß sie die Möglichkeit haben, sich im Vorfeld der Stimmabgabe über die Geeignetheit der zur Wahl stehenden Personen für das zu besetzende Amt oder Mandat hinreichend zu unterrichten sowie zu diskutieren. Denn eine Wahl ohne eine solche Möglichkeit der Meinungsbildung ist, auch wenn auf den Akt der Stimmabgabe selbst kein Zwang oder Druck ausgeübt wird, nicht frei, sondern bloß zufällig.

Bei öffentlichen Wahlen wird der für ihre Freiheit erforderliche freie und offene Meinungs- und Willensbildungsprozeß des Volkes insbesondere durch die grundrechtliche Meinungs- und Informationsfreiheit gewährleistet[481]. Bei innerparteilichen Wahlen hingegen wäre eine freie und offene Meinungs- und Willensbildung nicht möglich, wenn den Wahlberechtigten hier gleichfalls nur ein Abwehrrecht auf Meinungskundgabe und Information zustünde, wie es Art. 5 Abs. 1 S. 1 GG gewährt. Da in politischen Parteien anders als im Staat keine Kommunikationsmittel wie die Medien oder Parteien bzw. Binnenparteien zur Verfügung stehen, die in ausreichendem Umfang Information und Gehör verschaffen, bedürfen die Wähler hier für eine freie innerparteiliche Wahl wiederum eines Leistungsrechts auf Information und Meinungskundgabe, also – in weitem Sinne[482] – eines Rechts auf Auskunft und Gehör[483].

---

478 Vgl. zu dieser Bedeutung des Grundsatzes der Freiheit der Wahl in bezug auf öffentliche BVerfGE 7, 63 [69]; 15, 165 [165 f.]; 47, 253 [282 f.]; 66, 369 [380]; 95, 335 [350].

479 Vgl. in bezug auf öffentliche Wahlen *Erichsen*, Jura 1983, 635 [641]; *Magiera*, in: Sachs (Hrsg.), GG-K, Art. 38 Rn. 85; *Trute*, in: von Münch/Kunig (Hrsg.), GG-K II, Art. 38 Rn. 35; *Pieroth*, in: Jarass/Pieroth, GG-K, Art. 38 Rn. 9; *Schreiber*, HdbWahlRBT, § 1 Rn. 13a. Nach anderer Ansicht soll der Grundsatz der Freiheit der Wahl allerdings lediglich die freie Entschließung über das „Wie", nicht jedoch über das „Ob" der Wahl gewährleisten, siehe zu dieser Sichtweise *Hamann/Lenz*, GG-K, Art. 38 B.4.; *Schneider*, in: AK-GG II, Art. 38 Rn. 65.

480 Vgl. BVerfGE 44, 125 [139]; *Magiera*, in: Sachs (Hrsg.), GG-K, Art. 38 Rn. 85; *Schreiber*, HdbWahlRBT, § 1 Rn. 13a.

481 Vgl. BVerfGE 44, 125 [139]; *Schreiber*, HdbWahlRBT, § 1 Rn. 15.

482 Siehe dazu oben § 2 I.

483 Zu dieser Argumentation vgl. bereits oben § 7 II 4 a) bb) (4) (c) (bb) [4] und [5]. Das Recht des Parteimitglieds auf Auskunft und Gehör bei innerparteilichen Wahlen anerkannte auch schon das CDU-Bundesparteigericht, NVwZ 1982, 159 f., ließ dabei jedoch den Grundsatz der Freiheit der Wahl außer acht und stellte allein auf das innerparteiliche Demokratiegebot des Art. 21 Abs. 1 S. 3 GG ab.

Dabei gilt der Grundsatz der Freiheit der Wahl nicht nur für das aktive, sondern auch für das passive Wahlrecht[484]. Das passive Wahlrecht betreffend bedeutet er bei innerparteilichen Wahlen, daß diejenigen Parteimitglieder, die bei diesen Wahlen kandidieren, die rechtliche Möglichkeit haben müssen, sich in ausreichendem Umfang über die für ihre Kandidatur notwendigen Angelegenheiten zu informieren sowie sich als Kandidaten innerparteilich zu präsentieren, wozu auch sie auf ein entsprechendes Leistungsrecht auf Information und Meinungskundgabe angewiesen sind. Damit wird überdies deutlich, daß das passive und aktive Wahlrecht in Wechselwirkung stehen, weil die Möglichkeit des Kandidaten, sich und seine politischen Ziele vorzustellen, zugleich der Information der anderen Parteimitglieder dient.

Sonach zeigt sich, daß das Hamburger Verfassungsgerichts in seiner einleitend[485] dargestellten Wahlprüfungsentscheidung ins Schwarze trifft, wenn es ausführt, mit dem Grundsatz der Freiheit der Wahl gehe es bei der Wahlbewerberaufstellung der Parteien um die Ermittlung des Willens der Parteimitglieder, wozu diesen ein Recht auf Information und Meinungsäußerung zugestanden werden müsse[486]. Zu Recht geht das Gericht daher auch davon aus, es liege neben dem Verstoß gegen den Grundsatz der Freiheit auch ein Verstoß gegen das innerparteiliche Demokratiegebot vor, wenn dem Parteimitglied eine Vorstellung der Kandidaten und Diskussion über deren Qualifikation von der Parteiführung versagt werde[487].

Zum anderen findet mit der hier vertretenen Interpretation des Grundsatzes der Freiheit der Wahl die in seiner einleitend[488] dargestellten Wahlprüfungsentscheidung enthaltende Feststellung des Bundesverfassungsgerichts Bestätigung, wonach man es mit einem Wahlrechtsverstoß zu tun habe, wenn einem Kandidaten im Vorfeld einer innerparteilichen Wahl seitens der Parteiführung keine Gelegenheit gegeben wird, in der Wahlversammlung in angemessenem zeitlichen Umfang zu Wort zu kommen, um sich den anderen Parteimitgliedern vorzustellen. Zwar stellt das Bundesverfassungsgericht zur Begründung des Rechts des Kandidaten auf Gehör sowie des damit in Verbindung stehenden Informationsrechts der übrigen Parteimitglieder nicht explizit auf den Grundsatz der Freiheit der Wahl ab, sondern operiert mit der Formel von den „fundamentalen Verfahrensgrundsätzen einer demokratischen Wahl“[489]. Aus dem Zusammenhang der betreffenden Ausführungen wird allerdings deutlich, daß mit dieser Formel konkret die Freiheit der Wahl gemeint ist, weil das Gericht davon spricht, nur wenn sich die Parteimitglieder über die Persönlichkeit und das politische Programm des Kandidaten unterrichten

[484] Vgl. *Pieroth*, in: Jarass/Pieroth, GG-K, Art. 38 Rn. 3; *Pieroth/Schlink*, Staatsrecht II, Rn. 1039; *Schreiber*, HdbWahlRBT, § 1 Rn. 13d.
[485] § 1 I 1.
[486] HbgVerfG, NVwZ 1993, 1083 [1086, unter B.I.2.3.3.].
[487] HbgVerfG, NVwZ 1993, 1083 [1086, unter B.I.2.3.2.].
[488] Siehe oben § 1 I 2.
[489] BVerfGE 89, 243 [259]. Kritisch dazu *Kuhl/Unruh*, DVBl. 1994, 1391 [1395], die monieren, die Formel entbehre „hinreichender Konturen“.

könnten, sei die „Offenheit einer Alternative hergestellt, die ein unverzichtbares Merkmal einer Wahl“[490] darstelle[491].

Inzwischen haben sich der Bund und einige Bundesländer entschieden, in den betreffenden Wahlgesetzes der vorgenannten Rechtsprechung zur innerparteilichen Wahlbewerberaufstellung Ausdruck zu verleihen[492]. Bei den dazu vorgenommenen Ergänzungen der betreffenden Wahlgesetze haben sie sich allerdings ganz darauf konzentriert, künftig speziell die Fälle zu verhindern, die Anlaß für die Entscheidungen des Hamburger Verfassungsgerichts sowie des Bundesverfassungsgerichts waren[493]. Demzufolge regeln die neuen wahlgesetzlichen Bestimmungen allein das Recht der Wahlbewerber, sich bei der innerparteilichen Wahlbewerberaufstellung den übrigen Teilnehmern der Wahlversammlung vor dem Wahlgang vorstellen zu können, also das Recht der Wahlbewerber auf Gehör. Die übrigen, ebenfalls aus dem Grundsatz der Freiheit der Wahl abzuleitenden subjektiven Rechte bei der innerparteilichen Wahlbewerberaufstellung, nämlich das Auskunftsrecht der Wahlbewerber sowie, das aktive Wahlrecht betreffend, das Recht auf Auskunft und Gehör der wahlberechtigten Versammlungsteilnehmer, harren indes auch in den jüngst ergänzten Wahlgesetzen weiterhin der Regelung. Immerhin: ein erster Schritt in die richtige Richtung, nämlich in die Richtung größerer Rechtsklarheit und Rechtssicherheit, ist gemacht.

Während der Grundsatz der Freiheit der Wahl sonach als Rechtsgrundlage für ein Recht des Parteimitglieds auf Auskunft und Gehör bei innerparteilichen Wahlen taugt, läßt sich das Recht mit den übrigen Wahlrechtsgrundsätzen, nämlich den Grundsätzen der Allgemeinheit, Unmittelbarkeit, Gleichheit und Geheimheit der Wahl nicht oder aber nicht eigenständig begründen. So kommt hierzu von vornherein nur noch der Grundsatz der Gleichheit der Wahl in Frage, dies jedoch nur insoweit, als dann, wenn bei innerparteilichen Wahlen Parteimitgliedern ein Recht auf Auskunft und Gehör gewährt wird, grundsätzlich auch den anderen Mitgliedern Gleiches zugestanden werden muß.

cc) Recht des Nichtmitglieds auf Auskunft und Gehör als subjektivrechtlicher Gehalt des Grundsatzes der Freiheit der Wahl

Zu klären bleibt schließlich, inwieweit die Wahlrechtsgrundsätze auch Nichtmitgliedern in politischen Parteien ein subjektives Recht auf Auskunft und Gehör vermitteln. Insofern muß nach dem Zweck der Wahlen unterschieden werden.

---

490 BVerfGE 89, 243 [260].

491 In diesem Sinne auch *Morlok*, in: Dreier (Hrsg.), GG-K II, Art. 38 Rn. 84, *Trute*, in: von Münch/Kunig (Hrsg.), GG-K II, Art. 38 Rn. 40, sowie *Pieroth*, in: Jarass/Pieroth, GG-K, Art. 38 Rn. 9, verstehen die betreffenden Aussagen des Bundesverfassungsgerichts als Konkretisierungen des Grundsatzes der Freiheit der Wahl.

492 Siehe dazu oben § 7 II 2.

493 Vgl. Landtag Rheinland-Pfalz, 13/5599, S. 9 zu Punkt A.1, sowie BT-Drucks. 14/3764, S. 8 zu Nummer 6 (§ 21) Buchstabe a) aa).

(1) Reine Parteiwahlen

Bei reinen Parteiwahlen, womit solche innerparteilichen Wahlen gemeint sind, die nicht – wie die innerparteiliche Wahlbewerberaufstellung – im Zusammenhang mit den öffentlichen Wahlen stehen, können sich aus den Wahlrechtsgrundsätzen für Nichtmitglieder keine subjektiven Rechte ergeben. Denn wie dargelegt[494], knüpfen die Wahlrechtsgrundsätze bei diesen Wahlen an das im Rahmen des privaten Parteienorganisationsrecht bestehende mitgliedschaftliche Wahlrecht an und kommen als Ausprägung des innerparteilichen Demokratiegebotes des Art. 21 Abs. 1 S. 3 GG zur Anwendung, welches aber nur Parteimitgliedern, nicht hingegen auch Nichtmitgliedern innerparteiliche Mitwirkungsrechte garantiert[495].

(2) Innerparteiliche Wahlen zur Wahlbewerberaufstellung

Dagegen erscheint bei innerparteilichen Wahlen zur Wahlbewerberaufstellung ein Recht auf Auskunft und Gehör von Nichtmitgliedern zumindest denkbar, sind diese Wahlen doch zugleich Teil der öffentlichen Wahlen, die der Verwirklichung der Volksherrschaft im Sinne des Art. 20 Abs. 1, 23 Abs. 1 S. 1 GG bzw. 28 Abs. 1 S. 1 GG dienen, und an denen prinzipiell sämtliche Bürger, mithin auch Nichtmitglieder teilnehmen dürfen. Sollte sich aber das Wahlrecht der Bürger auch auf die Teilnahme an der Wahlbewerberaufstellung der Parteien erstrecken, dann könnte ihnen dabei wegen des Grundsatzes der Freiheit der Wahl und des Grundsatzes der Gleichheit der Wahl unabhängig von der Mitgliedschaft auch ein Recht auf Auskunft und Gehör zustehen.

---

494 Siehe oben § 6 I 1 a) bb) (2), § 7 II 4 b) aa).

495 Siehe oben § 7 II 4 a) dd). Da die Beeinflussung der Parteiwillensbildung durch Nichtmitglieder dem grundgesetzlichen System der Mehrparteiendemokratie zuwiderläuft, ist es diesen insbesondere verwehrt, für Parteiämter zu kandidieren. Mangels passiven Wahlrechts bei innerparteilichen Wahlen, die der Legitimierung der Parteiorgane dienen, kann sich der Grundsatz der Freiheit der Wahl hier also auch insoweit nicht zu ihren Gunsten auswirken. Wenn hingegen, wie nachstehend herausgearbeitet wird (§ 7 II 4 b) cc) (2) (b)), bei der Kandidatur von Nichtmitgliedern im Zuge der innerparteilichen Wahlbewerberaufstellung etwas anderes gilt, so liegt darin kein Widerspruch. Zu bedenken ist nämlich, daß Nichtmitglieder auch als Wahlbewerber einer Partei, selbst wenn sie bei der anschließenden öffentlichen Wahl Erfolg haben und als Abgeordnete in ein Parlament einziehen, keinen direkten Einfluß auf die Parteiwillensbildung nehmen dürfen. Dementsprechend heißt es in § 11 Abs. 2 S. 1 PartG, der die ex officio-Mitgliedschaft von Abgeordneten in den Parteivorständen regelt, daß die betreffenden Abgeordneten „aus der Partei" stammen, mithin Parteimitglieder sein müssen, vgl. dazu auch *Henke*, Das Recht der politischen Parteien, S. 82. Anders als im Parteienrecht ist im sonstigen Verbandsrecht die Mitgliedschaft als Voraussetzung für die Bekleidung eines Amtes und damit auch für die Wählbarkeit in ein solches zum Teil sogar gesetzlich vorgeschrieben, so etwa im Genossenschaftsrecht, vgl. § 9 Abs. 2, § 43a Abs. 2 GenG.

(a) Grundsätzlich kein Recht auf Auskunft und Gehör

Besinnt man sich der (vor-)entscheidenden Bedeutung der Wahlbewerberaufstellung der Parteien für den Ausgang der öffentlichen Wahlen[496], so spricht auf den ersten Blick in der Tat viel dafür, daran auch Nichtmitglieder teilnehmen zu lassen. Denn einerseits ist es erstrebenswert, daß sich die Bürger möglichst zahlreich an diesem innerparteilichen Vorgang beteiligen: Je größer die Zahl der beteiligten Personen ist, desto mehr wird dessen Produkt als die personale Basis für die eigentlichen öffentlichen Wahlen dem Willen des Volkes entsprechen und desto genauer wird sich schließlich auch der Wille des Volkes im Ergebnis der öffentlichen Wahlen widerspiegeln. Andererseits zeigt die politische Wirklichkeit, daß nur etwa 4 bis 5 % der Wahlberechtigten in politischen Parteien organisiert und somit berechtigt sind, als Parteimitglieder an der innerparteilichen Wahlbewerberaufstellung mitzuwirken[497]. Hinzu kommt, daß die politischen Parteien in der Regel von der ihnen nach den wahlgesetzlichen Bestimmungen freistehenden Möglichkeit Gebrauch machen, die Nominierung der Wahlbewerber nicht in einer Versammlung aller wahlberechtigten Parteimitglieder, sondern in einer Versammlung von Vertretern der Parteimitglieder vorzunehmen[498], so daß selbst von den wenigen parteimitgliedschaftlich organisierten Bürgern nur ein kleiner Teil unmittelbar an der innerparteilichen Wahlbewerberaufstellung teilnehmen kann[499].

Dementsprechend wird in der Literatur immer wieder über rechtliche Möglichkeiten einer größeren Beteiligung von Parteimitgliedern, aber auch von Nichtmitgliedern an der innerparteilichen Wahlbewerberaufstellung nachgedacht[500]. Selbst die 1991 eingesetzte Gemeinsame Verfassungskommission aus Mitgliedern des Bundestages und des Bundesrates[501] ging aufgrund eines für sich in Anspruch genommenen „Selbstbefassungsrechts" auf dieses Thema ein, obwohl die Mehrheit ihrer Mitglieder der Ansicht war, daß es „trotz seiner hohen verfassungspolitischen Bedeutung keiner Regelung im Grundgesetz zugänglich" ist, sondern letztlich in den Aufgabenbereich des einfachen Gesetzgebers fällt[502]. So wurden die zur vier-

---

[496] Siehe dazu ausführlich oben § 7 I. 1 a) bb) (1), § 6 I 1 a) bb) (1).

[497] *Reichel*, Das demokratische Offenheitsprinzip und seine Anwendung im Recht der politischen Parteien, S. 85; *Tsatsos/Morlok*, Parteienrecht, S. 118.

[498] Siehe dazu noch eingehend unter § 8 III 1 b) bb).

[499] Nach einer Untersuchung von *Kaiser*, Einführung begrenzt offener Listen für die Abgane der Zweitstimme bei der Bundestagswahl, S. 2, 116 ff., wirken letztlich nur 2,6 % der wahlberechtigten Parteimitglieder mit, und damit nur zwischen 0,01 und 0,02 % aller wahlberechtigten Bürger.

[500] Vgl. etwa *Andel*, in: ZParl. 1971, 444 ff.; *von Arnim*, APuZ 1990, B 21. S. 25 [31]; *Haungs*, in: ZParl. 1970, 403 ff.; *ders.*, in: ZParl. 1973, 502 [524]; *Henkel*, Die Auswahl der Parlamentsbewerber, S. 41 ff.; *Kaiser*, Einführung begrenzt offener Listen für die Abgabe der Zweitstimme bei der Bundestagswahl, S. 132 ff.; *Peters*, Zur Kandidatenaufstellung für freie demokratische Wahlen, in: FS für Nawiasky, S. 341 [353 ff.]; *Reichel*, Das demokratische Offenheitsprinzip und seine Anwendung im Recht der politischen Parteien, S. 136 ff.; *Seidel*, Direkte Demokratie in der innerparteilichen Willensbildung, S. 204 ff.; *Stolleis*, VVDStRL 44 (1986), 7 [36]; *Wolfrum*, Die innerparteilich demokratische Ordnung nach dem Parteiengesetz, S. 185 ff.

[501] Siehe zur Einsetzung dieser Kommission und ihrer Tätigkeit BR-Drucks. 800/93, S. 1 ff.

[502] BR-Drucks. 800/93, S. 99 f.

ten öffentlichen Anhörung am 10. September 1992 zum Themenkomplex Parlamentsrecht geladenen Sachverständigen im Zusammenhang mit der Wahlbewerberaufstellung durch die politischen Parteien unter anderem dahingehend befragt, ob sich eine direkte Beteiligung von Nichtmitgliedern an diesem innerparteilichen Vorgang empfiehlt. Als eine Möglichkeit hierzu wurde insbesondere die Einführung von (staatlichen) Vorwahlen diskutiert[503], wie sie aus den U.S.A. bekannt sind[504]. Im Ergebnis wurden die Ideen aber sämtlich verworfen[505].

In der Tat ist dem Demokratiesystem des Grundgesetzes nicht nur das System der Vorwahlen fremd, sondern auch jede andere Form der aktiven Teilnahme von Nichtmitgliedern an der Wahlbewerberaufstellung der Parteien. Abgesehen davon, daß Vorwahlen, wie sie in den U.S.A. praktiziert werden, nur bei einem Mehrheitswahlsystem, nicht jedoch bei dem in der Bundesrepublik bestehenden (personalisierten) Verhältniswahlsystem[506] sinnvoll sind[507], läßt sich das amerikanische Modell schon deshalb nicht auf die Bundesrepublik übertragen, weil die Bundesrepublik keine Präsidialdemokratie ist, die ohne eine feste Parteienstruktur auskommt. Vielmehr basiert das grundgesetzliche Demokratiesystem auf der Integrations-, Selektions-, Reduktions- und Vermittlungsleistung verschiedener konkurrierender politischer Parteien. Wie gesehen[508], funktioniert dieses System der Mehrparteiendemokratie aber nur, wenn Nichtmitglieder von der Beeinflussung der Parteiwillensbildung prinzipiell ausgeschlossen bleiben. Dies gilt auch und in besonderem Maße für die Wahlbewerberaufstellung der Parteien, da dieser Vorgang zu den bedeutsamsten Angelegenheiten ihrer Willensbildung gehört[509].

---

503 Vgl. dazu die Stellungnahme des Sachverständigen Günther, Parlamentsreform: Fassadenbegrünung und Umbau des Hauses?, Gemeinsame Verfassungskommission, Arbeitsunterlage Nr. 74 (neu), S. 4 und 12.

504 Siehe zum System von Vorwahlen in den U.S.A. oben § 6 I 1 a) bb) (1).

505 Siehe BR-Drucks. 800/93, S. 100.

506 Zu diesem Wahlsystem im Vergleich zu anderen siehe *Schreiber*, HdbWahlRBT, § 1 Rn. 29 ff. m.w.N.

507 Siehe dazu *Henkel*, Die Auswahl der Parlamentsbewerber, S. 44; *Maunz*, in: Maunz/Dürig, GG-K II (Stand: Okt. 1996), Art. 21 Rn. 75. Zur Stärkung der Beteiligungsmöglichkeit aller Bürger bei der Auswahl der Parlamentsabgeordneten spricht sich *Schachtschneider*, Res publica res Populi, 10. Teil, 8. Kap., I., S. 1149 ff., für die Ersetzung des bundesrepublikanischen Verhältniswahlsystems durch ein Mehrheitswahlsystem aus. Ob dies verfassungsrechtlich zulässig wäre, ist jedoch fragwürdig, siehe zu den Einwänden *H. Meyer*, in: in: Isensee/Kirchhof (Hrsg.), HdbStR II (2. Aufl.), § 37 Rn. 31 f.

508 Siehe dazu oben § 7 II 4 a) dd) (3).

509 Gegen die Beteiligung von Nichtmitgliedern an der Wahlbewerberaufstellung der politischen Parteien durch die Einführung von Vorwahlen nach amerikanischem Vorbild auch Schlußbericht der Enquete-Kommission Verfassungsreform, BT-Drucks. VII/5924, S. 15; *Henkel*, Die Auswahl der Parlamentsbewerber, S. 43 ff.; *Peters*, Zur Kandidatenaufstellung für freie demokratische Wahlen, in: FS für Nawiasky, S. 341 [353f.]; *Stolleis*, VVDStRL 44 (1986), 7 [36]; *Wolfrum*, Die innerparteilich demokratische Ordnung nach dem Parteiengesetz, S. 190 ff. Gegen die Beteiligung von Nichtmitgliedern in anderer Form Hess.StGH, DÖV 1962, 785 [786]; Bericht der Wahlrechtskommission, S. 115 f. (A62); *Henke*, in: Dolzer/Vogel/Graßhof (Hrsg.), BoKo-GG IV, Art. 21 Rn. 208; *Seidel*, Direkte Demokratie in der innerparteilichen Willensbildung, S. 214 ff.;

Insofern ist zum einen zu bedenken, daß das Volk bei seiner Willensbildung auch und gerade im Bereich der Wahlbewerberaufstellung der organisatorischen Hilfestellung bedarf, die zu leisten in der demokratischen Ordnung des Grundgesetzes Aufgabe der politischen Parteien ist[510]. Weil die Parteien aber zueinander in Wettbewerb stehen, müssen sie das Recht haben, dabei diejenigen Personen als ihre Wahlbewerber auszuwählen, die sich mit den Parteizielen identifizieren und denen sie hinsichtlich der Umsetzung dieser Ziele vertrauen. Dies wiederum bedingt, daß die Auswahl ihrer Wahlbewerber exklusive Sache der politischen Parteien, das heißt genau genommen Sache ihrer Mitglieder ist, so wie dies in den Wahlgesetzen denn auch geregelt ist[511]. Denn würden die Wahlbewerber der Parteien auch von Bürgern aufgestellt, die der jeweiligen Partei nicht oder nur lose verbunden sind, fühlten sich die Wahlbewerber auch diesen verpflichtet und böten somit weniger Gewähr, als spätere Mandatsträger entsprechend dem Parteiwillen zu handeln. Handeln sie jedoch nicht danach, könnten die politischen Parteien nicht mehr die ihnen in der bundesrepublikanischen Demokratie zukommende Aufgabe erfüllen, den von ihnen erforschten und mitgestalteten Willen des Volkes über ihre Abgeordneten auch außerhalb von öffentlichen Wahlen permanent in die Staatswillensbildung einfließen zu lassen.

Sonach hängt die Möglichkeit des Bürgers, sein aktives öffentliches Wahlrecht bzw. Wahlvorschlagsrecht im Rahmen der Wahlbewerberaufstellung einer Partei zu verwirklichen, von der Parteimitgliedschaft ab. Umgekehrt bedeutet das, daß das öffentliche Wahlrecht des Bürgers durch die Parteimitgliedschaft erweitert wird, er dadurch also ein qualifiziertes politisches Bürgerrecht erhält. Der Bürger, der nicht Mitglied einer politischen Parteien ist, aber sein aktives öffentliches Wahlvorschlagsrecht im Rahmen der Wahlbewerberaufstellung einer Partei verwirklichen will, muß sich demzufolge auch im vorliegenden Zusammenhang[512] darauf verweisen lassen, entweder der Partei beizutreten, oder aber, falls er dazu nicht bereit ist, selbst eine politische Partei zu gründen[513]. Als Nichtmitglied steht ihm indes bei der innerparteilichen Wahlbewerberaufstellung kein Wahlrecht zu. Folglich vermitteln die Wahlrechtsgrundsätze insofern auch kein Recht auf Auskunft und Gehör vermitteln können.

Schreiber, HdbWahlRBT, § 21 Rn. 6; *Wolfrum*, Die innerparteilich demokratische Ordnung nach dem Parteiengesetz, S. 194 ff.

510 Vgl. oben § 4 I.

511 Vgl. dazu oben § 6 I 1 b) bb).

512 Siehe zum gleichen Befund im Zusammenhang mit der Bedeutung des innerparteilichen Demokratiegebots bereits oben § 7 II 4 a) dd) (3).

513 HessStGH, DÖV 1962, 785 [786]; Bericht der Wahlrechtskommission, S. 115; *Seidel*, Direkte Demokratie in der innerparteilichen Willensbildung, S. 216; *Schreiber*, HdbWahlRBT, § 21 Rn. 6. Das öffentliche Wahlvorschlagsrecht ist dadurch nicht verletzt. Dies wäre nur der Fall, wenn Bürger, die keiner politischen Partei angehören, keine Wahlvorschläge einreichen dürften, mithin bei einer Monopolisierung des Wahlvorschlagsrechts bei den politischen Parteien, vgl. BVerfGE 41, 399 [417 f.]. Indes berechtigen die Wahlgesetze dazu auch Nichtmitglieder, siehe beispielweise für Bundestagswahlen §§ 18 Abs. 1 i.V.m. 20 BWahlG, die übrigen Wahlgesetze enthalten entsprechende Bestimmungen.

(b) Ausnahme: Recht auf Auskunft und Gehör als Kandidat

Etwas anderes gilt hingegen dann, wenn politische Parteien auch Nichtmitgliedern die Möglichkeit eröffnen, als Wahlbewerber zu kandidieren. Verfassungsrechtlich ist dies unbedenklich[514], weil und sofern die Kandidatur der Nichtmitglieder auf dem Willen der Parteimitglieder beruht und nur diese an der Abstimmung beteiligt sind[515]. Denn hängt der Erfolg der Kandidatur ausschließlich von Parteimitgliedern ab, bieten die Wahlbewerber, auch wenn sie nicht selbst Mitglied der betreffenden Partei sind, ausreichend Gewähr, als spätere Mandatsträger gemäß dem Parteiwillen zu handeln. Unter diesen Voraussetzungen ist im übrigen auch keine den notwendigen Wettbewerb der Parteien gefährdende Auflösung der Parteienstrukturen zu besorgen. Dementsprechend verlangen die einschlägigen wahlgesetzlichen Regelungen lediglich, daß die Wahlbewerber der Parteien von deren Mitgliedern gewählt werden[516], nicht aber, daß die Wahlbewerber selbst Parteimitglieder sind[517].

Wenn aber Nichtmitgliedern durch politische Parteien die Möglichkeit eröffnet wird, bei der innerparteilichen Wahlbewerberaufstellung zu kandidieren, müssen die Parteien dabei auch die Wahlrechtsgrundsätze beachten und den betreffenden Nichtmitgliedern das gleiche Recht auf Auskunft und Gehör zugestehen wie parteiangehörigen Kandidaten.

Dies ergibt sich zum einen wiederum aus dem Grundsatz der Freiheit der Wahl, und zwar hier im Hinblick auf die passive Ausübung des öffentlichen Wahlrechts bei der Wahlbewerberaufstellung der Parteien. So ist die Freiheit der passiven Wahl von nicht parteiangehörigen Kandidaten nur gewährleistet, wenn ihnen Gelegenheit gegeben wird, sich aufgrund eines Auskunftsrechts über die für ihre Kandidatur relevanten innerparteilichen Angelegenheiten zu unterrichten und sich aufgrund eines Rechts auf Gehör gegenüber den Wahlberechtigten zu äußern. Ein bloßes Abwehrrecht im Sinne der grundrechtlichen Meinungs- und Informations-

---

514 Im Ergebnis ebenso BayVBl. 1955, 123; 1970, 60 [61]; 1993, 206 [208]; *Seifert*, BWahlR-K, BWahlG § 20 Rn. 1; *Schreiber*, HdbWahlRBT, § 21 Rn. 11.

515 Ob und unter welchen Voraussetzungen sie Nichtmitgliedern die Möglichkeit zur innerparteilichen Kandidatur als Wahlbewerber einräumen, steht den politischen Parteien frei, vgl. *Schreiber*, HdbWahlRBT, § 21 Rn. 11. Sie können die Möglichkeit dazu also auch auf Parteimitglieder beschränken. Die Rechtfertigung dafür ist abermals, daß die Parteien kein Monopol auf das Wahlvorschlagsrecht haben, mithin Nichtmitglieder für eine Kandidatur als Wahlbewerber bei öffentlichen Wahlen nicht unbedingt auf die politischen Parteien angewiesen sind, vgl. dazu bereits die Ausführungen in der vorletzten Fußnote.

516 Vgl. dazu die oben in § 6 I 1 b) bb), Fn. 47 bis 49, genannten wahlgesetzlichen Bestimmungen.

517 Es ist daher doppelt verfehlt, wenn *Reichel*, Das demokratische Offenheitsprinzip und seine Anwendung im Recht der politischen Parteien, S. 136 ff., meint, Nichtmitgliedern stünde bei der Wahlbewerberaufstellung der Parteien ein aktives, aber kein passives Wahlrecht zu.

freiheit würde dazu wiederum wenig nützen, da in politischen Parteien anders als im Staat keine Medien und Parteien bzw. Binnenparteien zur Verfügung stehen, die die notwendige Meinungsübermittlungs- und Informationsbeschaffungsfunktion übernehmen[518].

Die Verpflichtung der politischen Parteien, Nichtmitgliedern, denen sie bei der Wahlbewerberaufstellung die Möglichkeit zur Kandidatur eröffnen, im Zusammenhang mit ihrer Kandidatur ein Recht auf Auskunft und Gehör einzuräumen, ergibt sich zum anderen aus dem Grundsatz der Gleichheit der Wahl. Denn der Grundsatz der Gleichheit der Wahl gebietet im Hinblick auf das passive Wahlrecht insbesondere die Chancengleichheit aller Bewerber[519], wonach diese „grundsätzlich die gleichen Möglichkeiten im Wahlkampf und im Wahlverfahren und damit die gleiche Chance im Wettbewerb um Wählerstimmen" haben müssen[520]. Im Wettbewerb mit parteiangehörigen Kandidaten, denen ein Recht auf Auskunft und Gehör zusteht[521], haben Nichtmitglieder bei der innerparteilichen Wahlbewerberaufstellung aber nur dann die gleiche Chance, wenn auch ihnen im Zusammenhang mit ihrer Kandidatur ein Recht auf Auskunft und Gehör zugestanden wird.

dd) Zwischenergebnis

Bei innerparteilichen Wahlen vermittelt der Wahlrechtsgrundsatz der Freiheit der Wahl ein subjektives Recht auf Auskunft und Gehör.

Handelt es sich um reine Parteiwahlen, also innerparteiliche Wahlen, die nicht im Kontext der Wahlbewerberaufstellung stehen, kommt der Wahlrechtsgrundsatz als Ausprägung des innerparteilichen Demokratiegebots gemäß Art. 21 Abs. 1 S. 3 GG zur Anwendung und knüpft an das mitgliedschaftliche Wahlrecht an. Das dabei durch den Grundsatz der Freiheit der Wahl vermittelte subjektive Recht auf Auskunft und Gehör hängt demzufolge von der Parteimitgliedschaft ab und ist dem Privatrecht zuzuordnen.

Geht es sich hingegen um innerparteiliche Wahlen zur Wahlbewerberaufstellung, kommt der Grundsatz der Freiheit der Wahl als Ausprägung des Demokratiegebots gemäß Art. 20 Abs. 1, 23 Abs. 1 S. 1 GG bzw. 28 Abs. 1 S. 1 GG zur Anwendung. Dabei knüpft er hier an das dem (Staats- und teils auch EU-)Bürger zustehende öffentliche Wahlrecht bzw. öffentliche Wahlvorschlagsrecht an. Bei innerparteilichen Wahlen zur Wahlbewerberaufstellung ist das durch den Grundsatz der Freiheit der Wahl vermittelte subjektive Recht auf Auskunft und Gehör dementsprechend ein öffentliches Recht. Allerdings sind nicht alle Bürger berechtigt, ihr Wahlrecht bei innerparteilichen Wahlen zur Wahlbewerberaufstellung aus-

---

518 Vgl. zu dieser Argumentation bereits eingehend oben zu § 7 II 4 a) bb) (4) (c) (bb) [5].

519 Vgl. statt vieler nur *Pieroth*, in: Jarass/Pieroth, GG-K, Art. 38 Rn. 6; *Trute*, in: von Münch/Kunig (Hrsg.), GG-K II, Art. 38 Rn. 56.

520 BVerfGE 47, 198 (266); 71, 81 (94).

521 Siehe oben § 7 II 4 b) bb).

zuüben. Vielmehr müssen sie dazu grundsätzlich zugleich Parteimitglied sein. Nichtmitglieder können an den innerparteilichen Wahlen zur Wahlbewerberaufstellung hingegen nur teilnehmen, wenn ihnen die jeweilige Partei dazu die Möglichkeit eröffnet. In diesem Fall vermittelt der Grundsatz der Freiheit der Wahl sowie überdies der Grundsatz der (Chancen-)Gleichheit der Wahl den betreffenden Nichtmitgliedern allerdings gleichfalls ein subjektives Recht auf Auskunft und Gehör.

5. Ergebnis und Verhältnis der Rechtsgrundlagen zueinander

Als Ergebnis der Suche nach in allen politischen Parteien geltenden Rechtsgrundlagen für das Recht auf Auskunft und Gehör von Parteimitgliedern und Nichtmitgliedern läßt sich sonach folgendes festhalten:

a) Recht auf Auskunft und Gehör in politischen Parteien besteht grundsätzlich als vereinsrechtliches Mitgliedschaftsrecht

Das Parteiengesetz gibt für ein Recht auf Auskunft und Gehör von Parteimitgliedern und Nichtmitgliedern nichts her. Infolgedessen kommt entsprechend dem Verhältnis der Rechtsquellen der inneren Parteienordnung zueinander grundsätzlich das bürgerliche Vereinsrecht zum Zuge.

Nach allgemein anerkannten Grundsätzen des bürgerlichen Vereinsrechts steht jedem Vereinsmitglied ein Recht auf Auskunft zu sowie – jedenfalls jedem ordentlichen Vereinsmitglied – auch ein Recht auf Gehör. Diese Grundsätze werden für politische Parteien durch das innerparteiliche Demokratiegebot des Art. 21 Abs. 1 S. 3 GG, das ohne ein Recht auf Auskunft und Gehör der Parteimitglieder nicht erfüllt werden kann, verfassungsrechtlich bekräftigt und abgesichert. Dies gilt um so mehr, als bei reinen Parteiwahlen, also solchen innerparteilichen Wahlen, die nicht im Zusammenhang mit der Wahlbewerberaufstellung stehen, über Art. 21 Abs. 1 S. 3 GG zudem die Wahlrechtsgrundsätze zur Anwendung kommen und der Grundsatz der Freiheit der Wahl ebenfalls nach einem Recht auf Auskunft und Gehör der Wahlberechtigten verlangt.

Anders als gewöhnlichen bürgerlich-rechtlichen Vereinen ist es politischen Parteien dabei wegen des innerparteilichen Demokratiegebots versagt, Mitgliedern derselben Mitgliedergruppe das Recht auf Auskunft und Gehör in unterschiedlichem Umfang zu gewähren. So gilt zwar auch im bürgerlichen Vereinsrecht der Grundsatz gleichmäßiger Behandlung der Mitglieder, dies allerdings nur im Sinne eines Verbots willkürlicher Differenzierung und vorbehaltlich abweichender Satzungsbestimmungen[522]. Im Zusammenhang mit der Mitwirkung an der innerparteilichen Willensbildung gebietet Art. 21 Abs. 1 S. 3 GG hingegen eine streng formale

[522] Vgl. z.B. BGH DB 1972, 1576; *Hadding*, in: Soergel, BGB-K I, § 38 Rn. 19; *Reichert*, HdbVereins- und Verbandsrechts, Rn. 545 ff.; *Stöber*, HdbVereinsrecht, Rn. 129 ff.

Gleichbehandlung der dazu Berechtigten[523], da nur so gewährleistet ist, daß der Wille des Volkes in den politischen Parteien unverzerrt zum Ausdruck kommen und von diesen in den Bereich der institutionalisierten Staatlichkeit übermittelt werden kann[524]. Anders als gewöhnliche bürgerlich-rechtliche Vereine können politische Parteien deshalb nicht durch Satzungsregelungen bestimmte Mitglieder derselben Mitgliedergruppe[525] mit qualifizierten Rechten ausstatten[526], wie etwa einem erhöhten Stimmrecht[527] oder einem weitergehenden Recht auf Auskunft und Gehör[528].

Nichtmitgliedern gewährt das bürgerliche Vereinsrecht indes kein Recht auf Auskunft und Gehör. Für politische Parteien ändert daran auch das innerparteiliche Demokratiegebot nichts. Vielmehr steht es einem Recht auf Auskunft und Gehör von Nichtmitgliedern in politischen Parteien sogar entgegen.

Politischen Parteien ist es denn auch insbesondere verwehrt, Nichtmitgliedern durch die Satzung ein Recht auf Auskunft und Gehör einzuräumen, so wie dies *Flume* beim Stimmrecht im gewöhnlichen bürgerlich-rechtlichen Verein für möglich hält[529]. Denn anders als Parteimitgliedern[530] stünde den Nichtmitgliedern in diesem Fall kein originäres, sondern bloß ein durch Satzung begründetes Recht auf

---

523 Vgl. *Henke*, Das Recht der politischen Parteien, S. 87 f.; *Seifert*, Die politischen Parteien im Recht der Bundesrepublik Deutschland, S. 219 f.

524 Vgl. *König*, Die Verfassungsbindung der politischen Parteien, S. 51.

525 Kein Verstoß gegen das aus Art. 21 Abs. 1 S. 3 GG resultierende Gleichbehandlungsgebot liegt dagegen vor, wenn Mitgliedern der Parteiführung oder Kandidaten gewisse Vorzüge, wie etwa ein erweitertes Rederecht eingeräumt wird. Der Gleichheitsgrundsatz bedeutet für die parteiinterne Organisation nur, daß alle Mitglieder entsprechend ihrer Funktion und Stellung in der Partei gleiche Rechte haben und gleich behandelt werden müssen, nicht aber absolute Gleichberechtigung aller Mitglieder, vgl. *König*, Die Verfassungsbindung der politischen Parteien, S. 52; *U. Müller*, Die innere Ordnung der Parteien muß demokratischen Grundsätzen entsprechen, S. 116 f.; *Wolfrum*, Die innerparteiliche demokratische Ordnung nach dem Parteiengesetz, S. 143 f.

526 *König*, Die Verfassungsbindung der politischen Parteien, S. 51; *Seifert*, Die politischen Parteien im Recht der Bundesrepublik Deutschland, S. 220; *Reichert*, HdbVereins- und Verbandsrechts, Rn. 2910.

527 § 10 Abs. 2 S. 1 PartG legt denn auch fest, daß die Mitglieder der Partei und die Vertreter in den Parteiorganen gleiches Stimmrecht haben.

528 Unbeschadet des dem innerparteilichen Demokratiegebot geschuldeten Erfordernisses der formalen Gleichberechtigung der Parteimitglieder soll allerdings auch in politischen Parteien das aus dem bürgerlichen Vereinsrecht bekannte (siehe dazu oben § 7 II 3 b) aa) Fn. 142) Institut der außerordentlichen Mitgliedschaft, etwa in Form der Ehren-, passiven oder fördernden Mitgliedschaft, statthaft sein, siehe *Luthmann*, DVBl. 1962, 166 [168]; *Maunz*, in: Maunz/Dürig, GG-K II (Stand: Okt. 1996), Art. 21 Rn. 58; *Seifert*, Die politischen Parteien im Recht der Bundesrepublik Deutschland, S. 219 Fn. 203. Folgt man dem, so ist mit der außerordentlichen Parteimitgliedschaft ein Recht auf Gehör nur dann verbunden, wenn damit gemäß der Satzung ein Mitwirkungsrecht einhergeht, weil das Recht auf Gehör - anders als das Auskunftsrecht - allein diesem Zwecke dient (siehe dazu oben § 7 II 3 b) bb)). Im Rahmen der vorliegenden Untersuchung sind mit Parteimitgliedern indes stets „ordentliche“ Parteimitglieder gemeint.

529 *Flume*, Allgemeiner Teil des Bürgerlichen Rechts I/2, § 7.II.1, S. 201 f.

530 Siehe oben § 7 II 4 a) cc).

Auskunft und Gehör zu. Insofern wären sie also einerseits „Quasimitglieder“[531], während andererseits ihre Möglichkeit, mittels des Rechts auf Auskunft und Gehör die Parteiwillensbildung zu beeinflussen, vom Willen der tatsächlichen Mitglieder abhinge. Mit dem vorstehend genannten, in Art. 21 Abs. 1 S. 3 GG veranlagten Prinzip der formalen Gleichbehandlung der zur Beeinflussung der Parteiwillensbildung Berechtigten wäre dies jedoch nicht zu vereinbaren. So müßten sie bei unbequemen Fragen oder beim Vertreten einer unliebsamen Mindermeinung gewärtigen, ihr Recht auf Auskunft und Gehör von der Mitgliedermehrheit entzogen zu bekommen. Eine demokratische Willensbildung zeichnet sich aber gerade dadurch aus, daß das Ergebnis des dazu stattfindenden Dialogs von Meinung und Gegenmeinung mit den Mitteln des Geistes und der Überzeugungskraft, nicht aber mit administrativen Maßnahmen entschieden wird[532]. Parteisatzungsbestimmungen wie die oben[533] widergegebene Regelungen unter Ziffer 5. in der Parteisatzung der PDS über die Mitwirkung von „SympathisantInnen“ oder § 7 der Bundessatzung von BÜNDNIS 90/DIE GRÜNEN über die „Freie Mitarbeit“ sind folglich unzulässig.

Kein Widerspruch zum innerparteilichen Demokratiegebot des Art. 21 Abs. 1 S. 3 GG bedeutet indes die bei politischen Parteien[534] ebenso wie bei gewöhnlichen bürgerlich-rechtlichen Vereinen[535] gängige Praxis, Nichtmitglieder in Mitgliederversammlungen im Einzelfall als Gäste zuzulassen, sie zu Wort kommen zu lassen und ihnen gegebenenfalls auch Fragen zu beantworten, weil damit kein Recht der betreffenden Personen korrespondiert[536]. Deshalb bedarf diese Vorgehensweise auch nicht unbedingt einer satzungsrechtlichen Grundlage, sondern kann durch eine Geschäftsordnungsregelung[537] oder einen entsprechenden Beschluß der Mitgliederversammlung gerechtfertigt werden[538].

---

531 Vgl. zu diesem Begriff, unter dem im bürgerlichen Vereinsrecht die Rechtsbeziehungen zwischen Verein und Nichtmitgliedern diskutiert werden, vgl. *Edenfeld*, Die Rechtsbeziehung des bürgerlich-rechtlichen Vereins zu Nichtmitglieder, S. 52.

532 Vgl. *Lenz/Sasse*, JZ 1962, 233 [240]; *Maunz*, in: Maunz/Dürig, GGK III, Art. 21 Rn. 58.

533 Siehe § 7 I 1 und 6.

534 Siehe beispielsweise die oben unter § 7 I 4 zitierten Regelungen in §§ 13 Abs. 1 i.V.m. 28 der FDP-Bundessatzung.

535 Vgl. dazu *Reichert*, HdbVereins- und Verbandsrechts, Rn. 973 ff.; *Sauter/Schweyer*, Der eingetragene Verein, Rn. 196; *Stöber*, HdbVereinsrecht, Rn. 466.

536 Ebenso in diesem Sinne differenzierend *Stöber*, HdbVereinsrecht, Rn. 466.

537 So beispielsweise § 16 Abs. 1 S. 2 der Geschäftsordnung-CDU.

538 Zu Recht konstatiert *Sauter/Schweyer*, Der eingetragene Verein, Rn. 196, daß in derartigen Fällen nicht jedesmal ein förmlicher Beschluß gefaßt werden muß, sondern es genügt, wenn der Versammlungsleiter an die Versammlung die Frage richtet, ob sich gegen die Gestattung Widerspruch erhebt.

b) Bei innerparteilichen Wahlen zur Wahlbewerberaufstellung folgt das Recht auf Auskunft und Gehör aus den betreffenden wahlgesetzlichen Bestimmungen

Bei innerparteilichen Wahlen zur Wahlbewerberaufstellung wird das bürgerliche Vereinsrecht als Rechtsgrundlage für das Recht auf Auskunft und Gehör durch die spezielleren Regelungen der Wahlgesetze verdrängt. Die betreffenden wahlgesetzlichen Bestimmungen sind im Lichte der Wahlrechtsgrundsätze zu interpretieren, die insofern als Ausprägung des Demokratiegebots der Art. 20 Abs. 1, 23 Abs. 1 S. 1 und 28 Abs. 1 S. 1 GG zur Anwendung kommen. Dabei gehört zum subjektivrechtlichen Gehalt des Grundsatzes der Freiheit der Wahl auch ein Recht auf Auskunft und Gehör der an der innerparteilichen Wahlbewerberaufstellung teilnehmenden Parteimitglieder, und zwar sowohl was ihr aktives als auch was ihr passives Wahlrecht anbelangt. Soweit das Recht auf Auskunft und Gehör seine Grundlage sonach in den im Lichte des Grundsatzes der Freiheit der Wahl interpretierten wahlgesetzlichen Bestimmungen findet, hat es öffentlich-rechtlichen Charakter.

Nichtmitgliedern steht ein Recht auf Auskunft und Gehör bei innerparteilichen Wahlen zur Wahlbewerberaufstellung indes nur zu, sofern ihnen von von der betreffenden die Möglichkeit eröffnet wird, bei ihrer innerparteilichen Wahlbewerberaufstellung zu kandidieren. Insoweit ergibt sich ihr Recht auf Auskunft und Gehör zum einen ebenfalls aus den im Lichte des Grundsatzes der Freiheit der Wahl interpretierten wahlgesetzlichen Bestimmungen über die innerparteiliche Wahlbewerberaufstellung. Zum anderen läßt sich ihr Recht auf Auskunft und Gehör hier – im Hinblick auf das den parteiangehörigen Kandidaten zustehende Recht auf Auskunft und Gehör – ebenso mit dem Grundsatz der Gleichheit der Wahl begründen.

Inzwischen ist das mit dem passiven Wahlrecht bei innerparteilichen Wahlen zur Wahlbewerberaufstellung verbundene Recht auf Gehör in § 21 Abs. 3 S. 3 BWahlG sowie § 37 Abs. 3 S. 4 LWahlG Rheinland-Pfalz ausdrücklich – öffentlich-rechtlich – geregelt.

§ 8 Voraussetzungen

Nachdem ermittelt wurde, daß Parteimitgliedern und – wenn auch nur unter bestimmten Bedingungen – Nichtmitgliedern in politischen Parteien ein Recht auf Auskunft und Gehör zusteht, ist nunmehr zu klären, unter welchen Voraussetzungen es geltend gemacht werden kann. Sofern sich die Voraussetzungen nicht bereits aus dem Wesen des Rechts ergeben, sind zur Beantwortung der Frage wiederum die verschiedenen Rechtsquellen der inneren Parteienordnung heranzuziehen. Dabei sind ebenso wie bei der Ermittlung der Rechtsgrundlagen an sich nur die allgemeinen Rechtsquellen der inneren Parteienordnung relevant, weil sich nur ihnen für alle Parteien gültige Aussagen entnehmen lassen[1]. Wie dort sollen allerdings auch hier exemplarisch einige parteispezifische Rechtsquellen der inneren Parteienordnung in den Blick genommen werden, um einen Eindruck von der Regelungspraxis der Parteien zu gewinnen.

I. Parteimitgliedschaft und/oder Wahlrecht bei öffentlichen Wahlen

1. Parteimitgliedschaft

Es hat sich gezeigt[2], daß das Recht auf Auskunft und Gehör in politischen Parteien – außer bei innerparteilichen Wahlen zur Wahlbewerberaufstellung – ein vereinsrechtliches Mitgliedschaftsrecht ist. Insofern ist grundlegende Voraussetzung für die Rechtsausübung die Parteimitgliedschaft[3].

a) Möglicher Ausübungsort hängt von der Reichweite der Parteimitgliedschaft ab

In politischen Parteien gibt es allerdings regelmäßig keine einheitliche Mitgliedschaft. Vielmehr sind sie meist in mehrere Organisationseinheiten untergliedert, wobei sich die Mitgliedschaft der einzelnen Parteimitglieder auf jeweils verschiedene dieser Organisationseinheiten bezieht. Dementsprechend besteht das mitgliedschaftliche Recht auf Auskunft und Gehör der Parteimitglieder nur in den Organisationseinheiten, auf die sich ihre Parteimitgliedschaft erstreckt. Das hängt mit folgendem zusammen:

aa) Gliederung der Parteien in Gebietsverbände

In der Bundesrepublik Deutschland sind politische Parteien in der Regel auf nationaler Ebene gebildete Vereinigungen mit einer großen Zahl von Mitgliedern. Würden sie sich, wozu sie als gewöhnliche Vereine bürgerlichen Rechts aufgrund

---

1 Siehe zur Definition des Begriffs „allgemeine Rechtsquellen der inneren Parteienordnung" in Abgrenzung zu den „parteispezifischen Rechtsquellen der inneren Parteienordnung" oben § 6 I.

2 § 7 II 5.

3 Zu den Voraussetzungen der Ausübung des Rechts bei innerparteilichen Wahlen zur Wahlbewerberaufstellung siehe unten § 8 I 2.

der Vereinsautonomie berechtigt wären, als Einheitsverband organisieren, in dem Führung und Mitglieder einander nur einmal gegenüberstehen[4], hätte dies eine zentralistische Binnenstruktur mit starker Spitze und massenhafter, unselbständiger Mitgliedschaft zur Folge[5]. Art. 21 Abs. 1 S. 3 GG verlangt jedoch nach einer inneren Parteienordnung, die es dem einzelnen Parteimitglied ermöglicht, an der Parteiwillensbildung unmittelbar und effektiv mitzuwirken[6]. Das aber bedingt, daß sich die Parteien in mehrere Teilorganisationen untergliedern, denen jeweils ein Bereich selbständiger Willensbildung mit eigenen Willensbildungsorganen überlassen bleibt, wobei die untersten Gliedeinheiten der Mitgliederzahl nach so bemessen sind, daß in ihnen eine Diskussion aller Mitglieder untereinander und damit als Ausgangspunkt der Parteiwillensbildung eine Erfassung aller verschiedenen Meinungen stattfinden kann[7]. Die Funktion der Gliedeinheiten auf der nächst höheren Stufe besteht bei einer solchen Organisationsstruktur darin, die in den darunterliegenden Gliedeinheiten zustande gekommenen Willensbildungsprodukte in einem eigenen Willensbildungsprozeß zu verarbeiten, was schließlich auf der höchsten Gliederungsebene zur Bildung des Gesamtparteiwillens führt[8].

§ 7 Abs. 1 S. 1 und 3 PartG trägt diesen Anforderungen Rechnung, indem er bestimmt, daß die Parteien eine Gliederung in Gebietsverbände aufweisen müssen, die so weit ausgebaut ist, daß den einzelnen Parteimitgliedern eine angemessene Mitwirkung an der Parteiwillensbildung möglich ist[9]. Dabei bedeutet eine Untergliederung der Parteien in Verbände, daß die Gliedeinheiten nicht bloß – wie in der Praxis totalitärer Parteien – als „Sektionen" mit von oben eingesetzter Leitung und gehorsamspflichtiger Gefolgschaft ohne das Recht eigener Willensbildung gebildet werden. Vielmehr müssen die Gliedeinheiten Personenvereinigungen körperschaftlicher Form sein, die berufen sind, den Parteizweck in ihrem Wirkungsraum mit selbstgewählten Organen durch eigene Vereinstätigkeit zu fördern, entsprechende Beschlüsse zu fassen und diese nach außen zu vertreten, die also innerhalb der Partei ein gewisses Eigenleben führen[10]. Wie für die Gesamtpartei kommen daher

---

4 Ein Beispiel für derartige Organisationsformen sind Aktiengesellschaften.

5 *Henke*, in: Dolzer/Vogel/Graßhof (Hrsg.), BoKo-GG IV, Art. 21 Rn. 268; *Seifert*, Die politischen Parteien im Recht der Bundesrepublik Deutschland, S. 197 f.

6 *Wolfrum*, Die innerparteiliche demokratische Ordnung nach dem Parteiengesetz, S. 86.

7 *Henke*, Das Recht der politischen Parteien, S. 67; *Trautmann*, Innerparteiliche Demokratie im Parteienstaat, S. 235; *Wolfrum*, Die innerparteiliche demokratische Ordnung nach dem Parteiengesetz, S. 86.

8 *Heinz*, Organisation innerparteilicher Willensbildung, S. 26 f.; *Wolfrum*, Die innerparteiliche demokratische Ordnung nach dem Parteiengesetz, S. 86 f., 92 f.

9 Allerdings befreit § 7 Abs. 1 S. 4 Hs. 1 PartG von dem Erfordernis der Bildung von Gebietsverbänden, wenn sich die Organisation einer Partei auf das Gebiet eines Stadtstaates beschränkt. Angesichts der Vorgaben des Art. 21 Abs. 1 S. 3 GG ist die Verfassungs- und Rechtsgültigkeit dieser Vorschrift jedoch zweifelhaft. Denn es ist nicht einzusehen, warum eine Stadtstaatspartei mit entsprechend großer Mitgliederzahl nicht genauso wie der Landesverband einer „Flächenpartei" gezwungen sein soll, sich nach Maßgabe des § 7 Abs.1 S.3 PartG unterzugliedern. Vor allem ist unerfindlich, weshalb sie Privilegien vor einer Lokalpartei einer Großstadt genießen soll, die zufällig keinen Stadtstaat bildet.

10 Vgl. Regierungsbegründung zum Parteiengesetz, BT-Drucks. III/1509, S. 15.

auch für die Untergliederungen der Parteien praktisch nur die Rechtsformen des eingetragenen oder nichteingetragenen Vereins bürgerlichen Rechts in Betracht[11].

Derweil verlangt § 7 Abs. 1 S. 1 PartG zusätzlich, daß die Parteiengliederung nach territorialen Gesichtspunkten erfolgen muß. Diese Forderung ist dadurch gerechtfertigt, daß zwar auch durch eine Aufteilung nach anderen, etwa sozialen, wirtschaftlichen oder beruflichen Kriterien Gliedeinheiten geschaffen werden könnten, in denen ihrer Mitgliederzahl nach eine angemessene Mitwirkung des einzelnen Mitglieds an ihrer Willensbildung möglich wäre. Doch wären infolge der räumlichen Streuung solchermaßen verbandsmäßig organisierter Mitglieder diejenigen von ihnen benachteiligt, die nicht über genügend Zeit und Geld verfügen, um an den dann in vielen Fällen zwangsläufig weit entfernten Mitgliederversammlungen teilnehmen zu können[12]. Zudem würde eine an Gruppeninteressen orientierte Untergliederung der Aufgabe der politischen Parteien widersprechen, die verschiedenen im Volk vorhandenen Ansichten und Interessen zu integrieren und im Rahmen ihres Willensbildungsprozesses in Ausgleich zu bringen[13].

Welche Gebietsverbände sie bilden, bleibt den Parteien indes selbst überlassen. Üblich ist eine an den Staatsaufbau angelehnte Gliederung in Landes-, Bezirks-, Kreis- und Ortsverbände[14], zulässig aber auch eine den Wahlkreisen entsprechende Gliederung[15].

bb) Prinzip der Einzelmitgliedschaft

Der Umstand, daß die Parteien in Gebietsverbände gegliedert sein müssen, sagt allerdings noch nichts über die Art der Mitgliedschaft in diesen Verbänden aus. So könnten die Parteien die Forderung nach gebietsverbandlicher Gliederung etwa dadurch erfüllen, daß sie sich als sogenannter Vereinsverband organisieren[16]. Dieser zeichnet sich dadurch aus, daß förmliche Mitgliedschaft im Gesamtverband nur dessen Unterverbände besitzen, wogegen dessen Einzelmitglieder dem Gesamt-

---

[11] So zutreffend *Seifert*, Die politischen Parteien im Recht der Bundesrepublik Deutschland, S. 198. A.A. *Henke*, Das Recht der politischen Parteien, S. 108; *ders.*, in: Dolzer/Vogel/Graßhof (Hrsg.), BoKo-GG IV, Art. 21 Rn. 302.

[12] *Heinz*, Organisation innerparteilicher Willensbildung, S. 28.

[13] Unbeschadet dessen können sich in politischen Parteien allerdings Gruppeninteressen als Sonderorganisationen formieren, vgl. *Seifert*, Die politischen Parteien im Recht der Bundesrepublik Deutschland, S. 200; *Wolfrum*, Die innerparteiliche demokratische Ordnung nach dem Parteiengesetz, S. 86.

[14] Vgl. § 16 CDU-Bundessatzung; § 10 CSU-Bundessatzung; § 8 SPD-Bundessatzung; § 8 FDP-Bundessatzung; § 8 Bundessatzung BÜNDNIS 90/DIE GRÜNEN; Punkt 6 der PDS-Bundessatzung.

[15] *Wolfrum*, Die innerparteiliche demokratische Ordnung nach dem Parteiengesetz, S. 87 f. Zu den Kriterien, die bei der Gebietsgliederung unter dem Gesichtspunkt innerparteilicher Demokratie beachtet werden müssen, vgl. *Heinz*, Organisation innerparteilicher Willensbildung, S. 36 ff.

[16] Im allgemeinen Verbandswesen sind Vereinsverbände als sogenannte „Dachverbände" oder „Spitzenverbände" bekannt, siehe dazu *Säcker*, Probleme der Repräsentation von Großvereinen, S. 9 f.

verband lediglich mittelbar angehören und korporativ angeschlossen sind[17]. Die Ausübung von Mitgliedschaftsrechten im Gesamtverband steht beim Vereinsverband folglich allein den Organen der Unterverbände zu[18].

Infolge des innerparteilichen Demokratiegebots des Art. 21 Abs. 1 S. 3 GG, das ein Maximum an Einfluß und ständiger effektiver Entscheidung der Mitglieder verlangt[19], ist es in politischen Parteien jedoch erforderlich, daß ihre Mitglieder Einzelpersonen sind und nicht durch zwischen ihnen und der Gesamtpartei stehende Verbände mediatisiert werden[20]. Demgemäß bestimmt § 2 Abs. 1 S. 2 PartG, daß Parteimitglieder nur natürliche Personen sein können[21]. Das somit vorgegebene Prinzip der Einzelmitgliedschaft legt die Parteien auf den in Deutschland herkömmlichen Parteientyp der Einzelmitgliedspartei fest[22]. Danach kommt als Organisationsform für die Parteien nur der Zentralverein, auch Gesamtverein genannt, in Betracht, bei dem die Einzelmitglieder nicht nur Mitglieder der Unterverbände, sondern zugleich Mitglieder des Gesamtverbands sind und in unmittelbare Beziehungen zu ihm treten, während die Unterverbände bloß als „Gliederungen" des Gesamtverbands fungieren[23]. Das einzelne Parteimitglied gehört bei dieser Organisationsform also nicht bloß der örtlichen Grundorganisation seiner Partei an, sondern auch den jeweils übergeordneten Gebietsverbänden sowie der Gesamtpartei. Demzufolge hat man es bei der Parteimitgliedschaft in den Parteien mit einer „gespaltenen Mitgliedschaft" oder „gestuften Mehrfachmitgliedschaft" zu tun[24].

---

17 *Reichert*, HdbVereins- und Verbandsrechts, Rn. 2777; *Sauter/Schweyer*, Der eingetragene Verein, Rn. 324; *Stöber*, HdbVereinsrecht, Rn. 873.

18 *Sauter/Schweyer*, Der eingetragene Verein, Rn. 326; *Stöber*, HdbVereinsrecht, Rn. 875 f.

19 Siehe oben § 7 II 4 a) aa) (1).

20 *Henke*, Das Recht der politischen Parteien, S. 97.

21 Allerdings moniert *Seifert*, Die politischen Parteien im Recht der Bundesrepublik Deutschland, S. 199 und 168, zu recht, daß § 2 Abs. 1 S. 2 PartG gesetzessystematisch falsch plaziert ist, weil § 2 PartG den Begriff der Partei definiert, indes auch Vereinigungen, die das Prinzip der Einzelmitgliedschaft nicht befolgen, politische Parteien sein können, wenngleich auch nicht im Sinne des Art. 21 Abs. 1 S. 3 GG binnendemokratisch organisierte Parteien. So stand die entsprechende Regelung im Parteiengesetzentwurf von 1959 richtigerweise auch noch im Kontext der Organisation der Parteien, vgl. BT-Drucks. III/1509, S. 2, dort § 4.

22 Vgl. Regierungsbegründung zum Parteiengesetz, BT-Drucks. III/1509, S. 15. Im Ausland existieren dagegen politische Parteien zum Teil auch in Form von Korporativparteien bzw. Dachverbänden, siehe dazu näher *Seifert*, Die politischen Parteien im Recht der Bundesrepublik Deutschland, S. 11 f., 199.

23 Siehe dazu *Reichert*, HdbVereins- und Verbandsrechts, Rn. 2759 ff., insb. 2764; *Sauter/Schweyer*, Der eingetragene Verein, Rn. 328 ff.; *Stöber*, HdbVereinsrecht, Rn. 879 ff.

24 BGHZ 73, 275 [278]; *Seifert*, Die politischen Parteien im Recht der Bundesrepublik Deutschland, S. 199 f.

b) Möglichkeiten Dritter, von dem mitgliedschaftlichen Recht auf Auskunft und Gehör Gebrauch zu machen

Ist grundlegende Voraussetzung für die Ausübung des nach bürgerlichem Vereinsrecht bestehenden Rechts auf Auskunft und Gehör die Parteimitgliedschaft, ist damit noch nicht gesagt, daß es auch nur von dem Parteimitglied selbst geltend gemacht werden kann. In der Praxis kann aber Interesse bestehen, daß das mitgliedschaftliche Recht von Dritten ausgeübt wird. Dieses Interesse kann sowohl auf Seiten des Parteimitglieds vorhanden sein, etwa wenn es an der persönlichen Ausübung des Rechts verhindert ist, als auch auf Seiten des Dritten, beispielsweise wenn er keine Möglichkeit hat, selbst Parteimitglied zu werden und auf diesem Wege ein originäres Recht auf Auskunft und Gehör zu erlangen.

Die Möglichkeit eines Dritten, von dem Recht eines Parteimitglieds auf Auskunft und Gehör Gebrauch machen zu können, ist auf drei verschiedenen Wegen denkbar: die Parteimitgliedschaft wird samt der damit verbundenen Rechte und Pflichten zugunsten des Dritten übertragen oder vererbt (dazu nachfolgend unter aa)), nicht die Parteimitgliedschaft, wohl das darin begründete Recht auf Auskunft und Gehör wird auf den Dritten übertragen oder vererbt (unter bb)) oder der Dritte vertritt ein Parteimitglied in der Ausübung seines Rechts auf Auskunft und Gehör (cc)).

aa) Übertragung oder Vererbung der Parteimitgliedschaft

Das Parteiengesetz regelt die Übertragbarkeit und Vererblichkeit der Parteimitgliedschaft nicht. Insoweit kommt folglich das bürgerlichen Vereinsrecht zum Zuge[25]. § 38 S. 1 BGB bestimmt, daß die Mitgliedschaft nicht übertragbar und nicht vererblich ist. Gemäß dem gesetzlichen Leitbild des BGB entsteht und endet die Mitgliedschaft im bürgerlich-rechtlichen Verein also stets in ein und derselben Person, ist also prinzipiell „höchstpersönlich"[26].

Allerdings ist die Regelung des § 38 S. 1 BGB für gewöhnliche bürgerlichrechtliche Vereine nicht zwingend, sondern gemäß § 40 BGB durch anderslautende Satzungsbestimmung abdingbar. Ob auch politische Parteien die Übertragung und Vererbung der Parteimitgliedschaft zulassen können, hängt davon ab, ob derartige die innere Ordnung der Parteien betreffende Satzungsregelungen mit dem gegenüber dem bürgerlichen Vereinsrecht vorrangigen innerparteilichen Demokratiegebot des Art. 21 Abs. 1 S. 3 GG vereinbar wären. Das ist aus folgenden Gründen nicht der Fall:

---

[25] Siehe dazu oben § 6 II.

[26] *Edenfeld*, Die Rechtsbeziehung des bürgerlich-rechtlichen Vereins zu Nichtmitgliedern, S. 45; *Hadding*, in: Soergel, BGB-K I, § 38 Rn. 27; *Reichert*, HdbVereins- und Verbandsrechts, Rn. 476 ff.

Das Demokratiesystem des Grundgesetzes setzt voraus, daß politische Parteien als Gemeinschaften jeweils gleichgesinnter Bürger um die Beeinflussung der Staatswillensbildung konkurrieren[27]. Weil sie Gesinnungsgemeinschaften sind, ist ihr Handeln berechenbar. Wenn Art. 21 Abs. 1 S. 3 GG den politischen Parteien vorschreibt, daß ihre innere Ordnung demokratischen Grundsätzen entsprechen muß, dann geht es dabei um die Sicherstellung der Funktionsfähigkeit dieses Demokratiesystems. Jedenfalls die generelle Zulassung der Übertragung und Vererbung der Parteimitgliedschaft wäre damit jedoch nicht vereinbar, weil auf diesem Wege auch solche Bürger ohne weiteres die Mitgliedschaft einer Partei einschließlich der damit verbundenen Mitgliedschaftsrechte erlangen könnten, die nicht für deren Ziele eintreten, sondern womöglich gar Mitglied einer konkurrierenden Partei sind und diese unterstützen. Die politischen Parteien würden ihr Wesen als Gesinnungsgemeinschaften verlieren. Wenn überhaupt, wären entsprechende Satzungsregelungen einer Partei demnach nur dann zulässig, wenn sie die Übertragung und Vererbung der Parteimitgliedschaft an die Bedingung knüpften, daß der Rechtsnachfolger die Zielsetzungen der Partei akzeptiert und nicht Mitglied einer anderen Partei ist[28].

Eine solche Bedingung würden vor allem diejenigen Personen erfüllen, die bereits Mitglied der betreffenden Partei sind. Die Übertragung oder Vererbung der Parteimitgliedschaft auf sie führt aber angesichts des innerparteilichen Demokratiegebotes zu neuerlichen Problemen. Zwar würde es wegen des einheitlichen Wesens der Vereinsmitgliedschaft nicht zu einer „Doppelmitgliedschaft"[29] kommen, sondern bei einer einzigen Mitgliedschaft des Rechtsnachfolgers bleiben[30]. Doch

---

27 Vgl. oben § 4 II 3 sowie § 7 II 4 a) bb) (4) (c) (bb) [1].

28 Wie § 77 Abs. 2 S. 2 GenG zeigt, sind dem Verbandsrecht satzungsrechtliche Bestimmungen, die den Übergang der Mitgliedschaft an derartige persönliche Voraussetzung knüpfen, nicht fremd. Vgl. zu dieser Möglichkeit im bürgerlichen Vereinsrecht *Hadding*, in: Soergel, BGB-K I, § 38 Rn. 28; *Reichert*, HdbVereins- und Verbandsrechts, Rn. 485.

29 Der Begriff „Doppelmitgliedschaft" wird im Verbandsrecht freilich mit unterschiedlicher Bedeutung verwandt. So einmal zur Beschreibung der - hier in Rede stehenden - Rechtslage, bei der eine Person in einem Verband über mehrere Mitgliedschaften samt der damit verbundenen Rechte und Pflichten verfügt, vgl. *Schubert/Steder*, GenG-K, § 77 Rn. 4, 8; *Müller*, GenG-K IV, § 77 Rn. 10. Ferner in dem Sinne, daß sich die Mitgliedschaft – wie in politischen Parteien - auf verschiedene Gliederungsebenen ein und desselben Gesamtverbands bezieht (so etwa *Reichert*, HdbVereins- und Verbandsrechts, Rn. 495, 2759), wobei in diesem Fall der Begriff „gespaltene" oder „gestufte Mehrfachmitgliedschaft" vorzugswürdig ist, vgl. dazu oben § 8 I 1 a) bb). Schließlich wird von einer „Doppelmitgliedschaft" auch im Hinblick auf die gleichzeitige Mitgliedschaft einer Person in verschiedenen, rechtlich voneinander unabhängigen Verbänden gesprochen, so insbesondere auch bei der gleichzeitigen Mitgliedschaft einer Person in verschiedenen politischen Parteien, vgl. *Henke*, Das Recht der politischen Parteien, S. 97. Die gleichzeitige Mitgliedschaft in verschiedenen politischen Parteien ist freilich meist schon nach deren Satzungsrecht unzulässig, vgl. *Seifert*, Die politischen Parteien im Recht der Bundesrepublik Deutschland, S. 208. Jedenfalls aber verträgt sie sich nicht mit dem in Art. 21 GG festgeschriebenen Wesen der Parteien als untereinander konkurrierende Gesinnungsgemeinschaften, siehe dazu § 7 II 4 a) bb) (4) (c) (bb) [1] sowie § 7 II 4 a) dd) (3).

30 So zutreffend *Reichert*, HdbVereins- und Verbandsrechts, Rn. 474, 486; *K. Schmidt*, Gesellschaftsrecht, § 24 IV.4.a), S. 704.

würden sich die mit der bestehenden Parteimitgliedschaft des Rechtsnachfolgers verbundenen Rechte und Pflichten um die aus der übertragenen bzw. vererbten Parteimitgliedschaft resultierenden Rechte und Pflichten erweitern[31]. In der Folge käme der Rechtsnachfolger unter anderem nicht nur zu einem erhöhten Stimmrecht[32], sondern ebenso zu einem gesteigerten Recht auf Auskunft und Gehör. Eine solchermaßen erweiterte Rechtsstellung einzelner Parteimitglieder würde aber mit der Forderung des Art. 21 Abs. 1 S. 3 GG nach formaler Gleichberechtigung der Parteimitglieder kollidieren[33].

Nun ließe sich dies zwar, soweit nicht schon das Parteiengesetz entgegensteht[34], durch eine Satzungsregelung vermeiden, wonach Mitgliedschaftsrechte nur im einer Mitgliedschaft entsprechenden Umfang ausgeübt werden dürfen. Anders als etwa im Genossenschaftsrecht, wo das Problem auf diese Weise gelöst ist[35], wäre eine Übertragung oder Vererbung der Parteimitgliedschaft unter diesen Bedingungen jedoch praktisch sinnlos, da mit der Parteimitgliedschaft grundsätzlich keine materiellen Werte verbunden sind[36].

bb) Übertragung oder Vererbung des Rechts auf Auskunft und Gehör

Die vorstehenden Erwägungen sprechen zugleich gegen die – weder im Parteiengesetz noch im Vereinsrecht des BGB[37] geregelte – Übertragung oder Vererbung einzelner des mit der Parteimitgliedschaft verbundenen Mitgliedschaftsrechte. Darin läge zudem ein Verstoß gegen das im Verbandsrecht allgemein anerkannte Prinzip des Abspaltungsverbots, wonach Mitgliedschaftsrechte – im Gegensatz zu einzelnen daraus erwachsenen Ansprüchen – von der Mitgliedschaft nicht trennbar sind[38]. Grund für Abspaltungsverbot ist, daß es nicht mitgliedschaftsrechtliche Befugnisse ohne mitgliedschaftsrechtliche Bindungen und Verantwortlichkeiten ge-

---

31 Vgl. in bezug auf das bürgerlichen Vereinsrecht *Hadding*, in: Soergel, BGB-K I, § 38 Rn. 28; *Reichert*, HdbVereins- und Verbandsrechts, Rn. 486. In bezug auf das Genossenschaftsrecht *Schaffland*, in: Lang/Weidmüller/Metz/Schaffland, GenG-K, § 77 Rn. 26.

32 Siehe zu dieser Rechtsfolge für das bürgerliche Vereinsrecht *Reichert*, HdbVereins- und Verbandsrechts, Rn. 896a.; für das Genossenschaftsrecht *Schaffland*, in: Lang/Weidmüller/Metz/Schaffland, GenG-K, § 77 Rn. 26; *Schubert/Steder*, GenG-K, § 77 Rn. 4, siehe jedoch auch Rn. 8.

33 Siehe dazu oben § 7 II 5.

34 So in § 10 Abs. 2 S. 1 PartG hinsichtlich des Stimmrechts.

35 Vgl. dazu *Müller*, GenG-K IV, § 77 Rn. 10; *Schubert/Steder*, GenG-K, § 77 Rn. 4.

36 Im Ergebnis ebenfalls gegen die Übertragbarkeit und Vererblichkeit der Parteimitgliedschaft *Henke*, in: BoKo-GG IV, Art. 21 Rn. 269; *Seifert*, Die politischen Parteien im Recht der Bundesrepublik Deutschland, S. 211 Fn. 162.

37 § 38 S. 2 BGB findet nur auf die „Überlassung", nicht aber auf die „Übertragung" von Mitgliedschaftsrechten Anwendung, vgl. *Reuter*, in: MüKo-BGB I, § 38 Rn. 67.

38 Vgl. dazu *Grunewald*, Gesellschaftsrecht, 1 A V 2 d), Rn. 73 f.; *K. Schmidt*, Gesellschaftsrecht, § 19.III.4, S. 560 ff.; *Wiedemann*, Die Übertragung und Vererbung von Mitgliedschaftsrechten bei Handelsgesellschaften, S. 277 f.; *ders.*, Gesellschaftsrecht, § 7 I 1 b), S. 362.

ben soll[39]. Anderenfalls wäre zu besorgen, daß sich ein Verband seiner mitgliedschaftlichen Selbstbestimmung begibt und in Gefahr gerät, fremdgesteuert zu agieren[40]. Demzufolge betrifft das Abspaltungsverbot in erster Linie die Mitverwaltungsrechte des Mitglieds[41], mithin auch das Recht auf Gehör[42]. Aber auch das Auskunftsrecht als Mitgliedschaftsrecht sui generis[43] kann nicht von der Mitgliedschaft getrennt werden, weil es sich dabei um ein Hilfsrecht handelt[44], das schon seinem Wesen nach nicht abtretungsfähig ist[45]. Dabei wird das Abtretungsverbot für politische Parteien durch das innerparteiliche Demokratiegebot des Art. 21 Abs. 1 S. 3 GG verfassungsrechtlich bekräftigt und abgesichert, das eine Beeinflussung der Parteiwillensbildung durch Nichtmitglieder nicht zuläßt[46].

cc) Vertretung bei der Ausübung des Rechts auf Auskunft und Gehör

Nachdem feststeht, daß weder eine Übertragung oder Vererbung der Mitgliedschaft noch eine Übertragung oder Vererbung der damit verbundenen Mitgliedschaftsrechte möglich ist, bleibt zu prüfen, ob als Weg, wie Dritte das mitgliedschaftliche Recht auf Auskunft und Gehör nutzen könnten, jedenfalls die Vertretung bei der Ausübung des Rechts möglich ist. Insofern kommt einerseits die Ausübung durch gesetzliche Vertreter, andererseits durch Bevollmächtigte in Betracht.

(1) Ausübung durch gesetzliche Vertreter

Das Parteiengesetz gibt auf die Frage der Zulässigkeit der Rechtsausübung durch gesetzliche Vertreter keine Antwort. Derweil findet sich im bürgerlichen Vereinsrecht die Bestimmung des § 38 S. 2 BGB, die eine Überlassung von Mitgliedschaftsrechten für unzulässig erklärt. Auf die Ausübung von Mitgliedschaftsrechten durch gesetzliche Vertreter ist § 38 S. 2 BGB jedoch nicht anwendbar, schon weil es sich dabei nicht um ein vom Willen des Vertretenen abhängiges „Überlassen" handelt[47].

---

39 *Reuter*, in: MüKo-BGB I, § 38 Rn. 67.

40 *Flume*, Allgemeiner Teil des Bürgerlichen Rechts I/1, § 14.VII, S.237; in bezug auf den bürgerlich-rechtlichen Verein *ders.*, Allgemeiner Teil des Bürgerlichen Rechts I/2, § 7.II.1, S. 202; *K. Schmidt*, Gesellschaftsrecht, § 19.III.4.a), S. 561 f.; *Teichmann*, Gestaltungsfreiheit in Gesellschaftsverträgen, S. 191.

41 *Habersack*, Die Mitgliedschaft - subjektives und ‚sonstiges' Recht, S. 79; *Hadding*, in: Soergel, BGB-K I, § 38 Rn. 29; *Reichert*, HdbVereins- und Verbandsrechts, Rn. 478; *K. Schmidt*, Gesellschaftsrecht, § 19.III.4.a), S. 561.

42 Zur Einordnung des Rechts auf Gehör in die Gruppe der Mitverwaltungsrechte vgl. oben § 7 II 3 b) bb).

43 Siehe zu dieser Qualifizierung des Auskunftsrechts oben § 7 II 3 a) cc) (1).

44 § 7 II 3 a) cc) (3).

45 Vgl. *Wiedemann*, Gesellschaftsrecht, § 7.II.1.b), S. 373.

46 Siehe dazu oben § 7 II 4 a) dd) (3).

47 Im Ergebnis ebenso *Reichert*, HdbVereins- und Verbandsrechts, Rn. 479; *Sauter/Schweyer*, Der eingetragene Verein, Rn. 196; *Weick*, in: Staudinger, BGB-K I, § 38 Rn. 5; wohl auch *Hadding*, in: Soergel, BGB-K I, § 38 Rn. 20; *Heinrichs*, in: Palandt, BGB-K, § 38 Rn. 3; differenzierend *Enneccerus/Nipperdey*, Allgemeiner Teil des Bürgerlichen Rechts I 1, § 112 II, S. 672.

Können Mitgliedschaftsrechte in gewöhnlichen bürgerlich-rechtlichen Vereinen sonach grundsätzlich durch gesetzliche Vertreter ausgeübt werden, ist dies in politische Parteien wegen des innerparteilichen Demokratiegebots des Art. 21 Abs. 1 S. 3 GG nicht der Fall[48]. Die gesetzliche Vertretung von natürlichen Personen – nur solche, nicht auch juristische Personen können Mitglieder von politischen Parteien sein[49] – zeichnet sich nämlich dadurch aus, daß der Vertreter zwar das Interesse des Vertretenen wahren muß, allerdings berechtigt ist, unabhängig von dessen Willen und gegebenenfalls sogar gegen dessen erklärten Willen zu handeln. So haben etwa Eltern bei der ihnen gemäß § 1629 Abs. 1 BGB gemeinschaftlich obliegenden Vertretung ihres Kindes zwar stets das Kindeswohl im Auge zu behalten[50] und gemäß § 1626 Abs. 2 BGB auch den Kindeswillen zu berücksichtigen. Ausschlaggebend ist aber letztlich allein ihr eigener, elterlicher Wille[51].

In politischen Parteien kommt es hingegen allein auf den Willen der Parteimitglieder an, nicht jedoch (auch) auf den ihrer gesetzlichen Vertreter. Das ergibt sich wiederum aus dem Sinn des innerparteilichen Demokratiegebots des Art. 21 Abs. 1 S. 3 GG, zu gewährleisten, daß durch die politischen Parteien bei und außerhalb öffentlicher Wahlen der Wille des Bürgers ermittelt wird in die Staatswillensbildung einfließt[52]. Insofern geht es aber ausschließlich um den individuellen persönlichen Willen des Bürgers. Dementsprechend ist auch bei der unmittelbaren Teilhabe des Bürgers in Form der Ausübung seines öffentlichen Wahlrechts eine gesetzliche Vertretung ausgeschlossen[53].

Praktisch relevant ist die Frage, ob in politischen Parteien eine gesetzliche Vertretung bei der Mitgliedschaftsrechtsausübung statthaft ist, weil nach den Satzungen der meisten Parteien im Sinne des § 106 BGB eingeschränkt geschäftsfähige Minderjährige Parteimitglieder werden können[54]. Ob solche Satzungsregelungen zulässig sind, erscheint zweifelhaft, weil es dadurch Minderjährigen – obzwar nur mittelbar – möglich wird, Einfluß auf die Staatswillensbildung zu nehmen, während das Recht zur Teilhabe an der Staatsgewalt in Form des Wahlrechts bei öffentlichen Wahlen erst ab Volljährigkeit[55] besteht[56]. In jedem Fall aber scheidet

---

48 Auch bei gewöhnlichen bürgerlich-rechtlichen Vereinen wird die gesetzliche Vertretung bei der Mitgliedschaftsrechtsausübung für unzulässig gehalten, soweit sie mit dem Vereinszweck unvereinbar ist, vgl. *Hadding*, in: Soergel, BGB-K I, § 38 Rn. 20; *Heinrichs*, in: Palandt, BGB-K, § 38 Rn. 3; *Steffen*, in: RGRK-BGB, § 38 Rn. 1.

49 Siehe oben § 8 I 1 a) bb).

50 Vgl. BGH 66, 334 [337].

51 *Diederichsen*, in: Palandt, BGB-K, § 1626 Rn. 23.

52 Siehe dazu bereits ausführlich oben § 7 II 4 a) aa) (1).

53 Siehe in bezug auf Bundestagswahlen § 14 Abs. 4 BWahlG, in bezug auf Europawahlen § 6 Abs. 4 s. 1 EuWahlG. Die übrigen Wahlgesetze enthalten entsprechende Bestimmungen.

54 Vgl. § 4 Abs.1 CDU-Bundessatzung (ab 16 Jahre); § 3 CSU-Bundessatzung (ab 16 Jahre); § 2 SPD-Bundessatzung (ab 14 Jahre); § 2 Abs.1 FDP-Bundessatzung (ab 16 Jahre); Ziff. 2 Abs. 1 PDS-Bundessatzung (ab 16 Jahre).

55 Bei Bundestagswahlen ergibt sich das aus Art. 38 Abs. 2 GG und §§ 12 Abs. 1 Nr. 1, 15 Abs. 1 Nr. 2 BWahlG, bei Landtagswahlen aus entsprechenden Bestimmungen der Landesverfas-

nach dem vorstehend Gesagten eine Ausübung der Mitgliedschaftsrechte minderjähriger Parteimitglieder durch ihre gesetzlichen Vertreter aus[57]. Soweit die Mitgliedschaftsrechtsausübung für minderjährige Parteimitglieder nicht lediglich einen rechtlichen Vorteil bedeutet, was von den Einzelfallumständen abhängt[58], bedürfen sie dazu folglich an sich jeweils der Einwilligung ihres gesetzlichen Vertreters, vgl. §§ 107, 111 BGB[59]. Allerdings wird die vorausgegangene Einwilligung ihres gesetzlichen Vertreters zum Parteibeitritt[60] regelmäßig zugleich als generelle Einwilligung zur Ausübung der Parteimitgliedschaftsrechte gesehen werden können[61].

(2) Ausübung durch Bevollmächtigte

Aus der Feststellung, daß es in politischen Parteien allein auf den Willen ihrer Mitglieder ankommt, folgt noch nicht zwingend, daß auch die Ausübung der Parteimitgliedschaftsrechte durch Bevollmächtigte unzulässig ist. Denn bei der Bevollmächtigung basiert die Berechtigung des Vertreters, für den Vertretenen zu handeln, nicht auf Gesetz, sondern auf dem Willen des Vertretenen, vgl. § 167 Abs. 1 BGB. Auf den ersten Blick spricht also nichts dagegen, in politischen Parteien eine Ausübung der Mitgliedschaftsrechte durch Bevollmächtigte zuzulassen, zumindest dann nicht, wenn die Bevollmächtigten selbst Parteimitglieder sind[62]. In

---

sungen und/oder Landeswahlgesetze. Bei Kommunalwahlen haben einige Länder allerdings inzwischen das Wahlalter auf 16 Jahre herabgesetzt, vgl. z.B. § 3 Abs. 1 Nr. 1Gemeinde- und Kreiswahlgesetz von Schleswig-Holstein, kritisch dazu *von Münch*, NJW 1995, 3165 f.; *Roellecke*, NJW 1996, 2773 f.

56 Daher wäre es konsequent, die Mitgliedschaft in einer politischen Partei von der Wahlberechtigung abhängig zu machen, so im Ergebnis auch *von Katte*, Die Mitgliedschaft von Fremden in politischen Parteien der Bundesrepublik Deutschland, S. 154. Nach der derzeitigen Rechtslage ist die Wahlberechtigung jedoch lediglich Voraussetzung für die Ausübung der Mitgliedschaftsrechte im Zusammenhang mit der innerparteilichen Wahlbewerberaufstellung, vgl. dazu oben § 8 I 2.

57 Im Ergebnis ebenso *Morlok*, in: Dreier, GGK II, Art. 21 Rn. 64 a.E.

58 Vgl. in bezug auf die persönliche Stimmabgabe von Minderjährigen im bürgerlich-rechtlichen Verein *Hadding*, in: Soergel, BGB-K I, § 32 Rn. 26.

59 Indes will *Morlok*, in: Dreier, GGK II, Art. 21 Rn. 53 Fn. 188, Konflikte zwischen der elterlichen Sorge und der rechtlichen Vertretungsmacht für die Minderjährigen auf der einen und dem politischen Selbstbestimmungswillen der Minderjährigen auf der anderen Seite nach dem Vorbild der Religionsmündigkeit entscheiden. Diese Lösung erscheint jedoch nicht sachgerecht. Schließlich geht es bei der Betätigung des Bürgers in einer politischen Partei nicht um eine Art Religionsausübung, sondern um eine Form der Teilhabe an der Staatswillensbildung. Näher als der Vergleich mit der Religionsmündigkeit liegt daher der Vergleich mit der Wahlmündigkeit. Diskutabel wäre daher, auf die zivilrechtlich erforderliche Einwilligung der gesetzlichen Vertreter zu verzichten, wenn und soweit Minderjährigen das öffentliche Wahlrecht eingeräumt wird.

60 Die Einwilligung ist gemäß §§ 107, 111 BGB stets erforderlich, weil mit der Parteimitgliedschaft neben Mitgliedschaftsrechten auch Mitgliedschaftspflichten verbunden sind, sie also keinesfalls ledig rechtlich vorteilhaft ist, vgl. *Seifert*, Die politischen Parteien im Recht der Bundesrepublik Deutschland, S. 209.

61 Vgl. zu dieser Sichtweise im bürgerlichen Vereinsrecht *Hadding*, in: Soergel, BGB-K I, § 32 Rn. 26, *Reichert*, HdbVereins- und Verbandsrechts, Rn. 875, 898; *Weick*, in: Staudinger, BGB-K I, § 38 Rn. 5; a.A. *Braun*, NJW 1962, 92 f.; zurückhaltend *Hamelbeck*, NJW 1962, 722 ff.

62 Unter Berufung auf den „Charakter des Idealvereins" wird im bürgerlichen Vereinsrecht vertreten, daß eine Bevollmächtigung zur Mitgliedschaftsrechtsausübung nur Mitgliedern desselben

der Tat gestatten denn auch einige Parteien ihren Mitgliedern die Erteilung einer Stimmrechtsvollmacht[63]. Das ist im vorliegenden Zusammenhang deshalb bemerkenswert, weil im Verbandsrecht[64] davon ausgegangen wird, daß eine Stimmrechtsvollmacht den Bevollmächtigten auch zur Ausübung des Teilnahme-, Antrags- sowie des Rede- und Auskunftsrechts berechtigt.

Zur Frage, ob eine Ausübung der Parteimitgliedschaftsrechte durch Bevollmächtigte zulässig ist, schweigt das Parteiengesetz abermals. Vereinsrechtlich greift hier allerdings die Bestimmung des § 38 S. 2 BGB, wonach die Ausübung der Mitgliedschaftsrechte nicht einem anderen zur Ausübung überlassen werden kann. Nach dem gesetzlichen Leitbild des BGB ist die Ausübung von Mitgliedschaftsrechten im bürgerlich-rechtlichen Verein also ebenso wie die Vereinsmitgliedschaft selbst höchstpersönlicher Natur[65]. Doch steht es bürgerlich-rechtlichen Vereinen gemäß § 40 BGB frei, Mitgliedschaftsrechte durch abweichende Satzungsregelung der Fremdausübung zugänglich zu machen.

Jedenfalls was das mitgliedschaftliche Recht auf Auskunft und Gehör angeht, ist dies politischen Parteien hingegen wegen des innerparteilichen Demokratiegebots des Art. 21 Abs. 1 S. 3 GG versagt[66]. Das wird am ehesten ersichtlich, wenn man sich vor Augen führt, daß eine Vollmacht weisungsfrei erteilt werden kann[67]. In diesem Fall kommt der Wille des Vertretenen nur hinsichtlich des „Ob" der Vertretung zum Tragen, während das „Wie" des Handelns vom Willen des Bevollmächtigten bestimmt wird. Zwar wird das Handeln des Bevollmächtigten und damit auch der seinem Handeln zugrundeliegende Wille dem Vertretenen gemäß § 164 Abs. 1 BGB zugerechnet. Tatsächlich aber kommt insofern der Wille des Bevollmächtigten zum Ausdruck. Indes geht es Art. 21 Abs. 1 S. 3 GG nicht nur um den rechtlich fingierten, sondern – hinsichtlich des gesamten Willensbildungsprozesses – um den tatsächlichen, individuell persönlichen Willen der Parteimitglieder.

Vereins erteilt werden darf, so etwa *Heinrichs*, in: Palandt, BGB-K, § 38 Rn. 3; *Steffen*, in: RGRK-BGB, § 38 Rn. 1; *Weick*, in: Staudinger, BGB-K I, § 38 Rn. 4; a.A. *Hadding*, in: Soergel, BGB-K I, § 38 Rn. 20; *Reuter*, in: MüKo-BGB I, § 38 Rn. 68.

63 Vgl. beispielsweise § 13 Abs. 5 FDP-Bundessatzung.

64 Vgl. *Metz*, in: Lang/Weidmüller/Metz/Schaffland, GenG-K, § 43 Rn. 120; *Reichert*, HdbVereins- und Verbandsrechts, Rn. 488, 899.

65 *Reuter*, in: MüKo-BGB I, § 38 Rn. 68; *Stöber*, HdbVereinsrecht, Rn. 166.

66 Von der Mitgliedschaftsrechtsausübung durch Bevollmächtigte ist der Fall zu unterscheiden, daß das Parteimitglied bei der persönlichen Ausübung seiner Rechte einen fachkundigen Bevollmächtigten (bevollmächtigter Beistand genannt, vgl. *Stöber*, HdbVereinsrecht, Rn. 465) hinzuzieht, um sich von ihm beraten zu lassen. Hiergegen wird zumindest dann nichts einzuwenden sein, wenn dem Parteimitglied ohne eine solche Beratung keine sinnvolle Ausübung seiner Mitgliedschaftsrechte möglich ist, vgl. BGHZ 25, 115 [122 f.]; *Sauter/Schweyer*, Der eingetragene Verein, Rn. 196; *Stöber*, HdbVereinsrecht, Rn. 465; *Wohlleben*, Informationsrechte des Gesellschafters, S. 61 f.

67 Dies ergibt sich e contrario aus § 166 Abs. 2 S. 1 BGB.

Doch selbst wenn sich ein Parteimitglied vor der Bevollmächtigten auch über das „Wie" des Vertreterhandelns einen eigenen Willen bildet und die Vollmacht soweit einengt, daß der Bevollmächtigte ihn nur in diesem „fertigen" Willen vertreten darf[68], wenn also das Parteimitglied den Bevollmächtigten gewissermaßen auf eine „gebundene Marschroute" ohne autonome Entscheidungsfreiheit schickt[69], liefe die Ausübung seines Rechts auf Auskunft und Gehör durch Bevollmächtigte dem innerparteilichen Demokratiegebot zuwider. Denn beim Recht auf Auskunft und Gehör ist vor allem die Art und Weise der Rechtsausübung entscheidend. Insofern kommt es maßgeblich darauf an, wie eine Frage oder eine Meinung formuliert und zum Ausdruck wird, bei der Ausübung des Rechts in mündlicher Form auf Parteiversammlungen also insbesondere auf rhetorisches Geschick. Demokratie, gleich ob im Staat oder in politischen Parteien, ist aber streng personenbezogen. Im Zusammenhang mit der Beeinflussung der Staats- bzw. Parteiwillensbildung sind dementsprechend neben dem persönlichen Willen auch speziell die persönlichen Fähigkeiten und Eigenschaften der dazu Berechtigten ausschlaggebend. Das ergibt sich schon daraus, daß anderenfalls derjenige die besten Chancen hätte, mit seinem Willen durchzudringen und in Führungsämter zu gelangen, der sich die talentiertesten Redner, oder, was das Auskunftsrecht anbelangt, die geschicktesten Fragesteller engagiert. So ist es zwar in der Demokratie durchaus zulässig und auch gewollt, daß die zur Beeinflussung der Willensbildung Berechtigten Dritte wählen, die für sie ihrem Willen entsprechend tätig werden. Diese nehmen dabei jedoch nicht fremde, sondern eigene Rechte wahr. Daraus folgt, daß von den in politischen Parteien bestehenden Mitgliedschaftsrechten jedenfalls das Recht auf Auskunft und Gehör entsprechend dem gesetzlichen Leitbild des § 38 S. 2 BGB ein höchstpersönliches Recht darstellt[70].

---

68 Zur Zulässigkeit einer derartigen Eingrenzung der Vollmacht vgl. *Heinrichs*, in: Palandt, BGB-K, § 167 Rn. 6. Nach einer Mindermeinung handelt es sich in diesem Fall allerdings nicht mehr um eine Stellvertretung, sondern eine Botenschaft, vgl. etwa *Hueck*, AcP 152 (1952/53), 432 [441]; *Dilcher*, in: Staudinger, BGB-K I (12. Bearbeitung), vor § 164 Rn. 76; anders nun *Schilken* in: Staudinger, BGB-K I (13. Bearbeitung) vor § 164 Rn. 76.

69 Der Ausdruck „Stellvertretung mit gebundener Marschroute" stammt von *Ulmer*, SJZ 1948, 137 [138], der ihn allerdings synonym mit dem Begriff „Stellvertreter in der Erklärung" gebraucht [140]. Hier soll als „Stellvertreter in der Erklärung" hingegen nur der Bevollmächtigte bezeichnet werden, dem vom Vollmachtgeber sogar die abzugebende eigene Willenserklärung vorformuliert wird.

70 Im Ergebnis ebenso *Morlok*, in: Dreier, GGK II, Art. 21 Rn. 129; *Streinz*, in: von Mangoldt/Klein/Starck (Hrsg.), GG-K II, Art. 21 Abs. 1 Rn. 167 a.E.. Dagegen hält *Seifert*, Die politischen Parteien im Recht der Bundesrepublik Deutschland, S. 211 Fn.162, eine „satzungsmäßig bestimmte Vertretung durch Mitglieder" für zulässig, insbesondere die „Stimmabgabe durch Bevollmächtigte und schriftliche Abstimmung Abwesender" (S. 262). Da es bei der Ausübung des Stimmrechts anders als bei der Ausübung des Rechts auf Auskunft und Gehör nicht auf persönliche Fähigkeiten und Eigenschaften des Rechtsinhabers ankommt, wird man hier eine Bevollmächtigung akzeptieren können, sofern der Bevollmächtigte den vor der Bevollmächtigung bereits gebildeten Willen des Vollmachtgebers zum Ausdruck bringt. In diesem Fall darf dann allerdings eine Stimmrechtsvollmacht nicht auch als Vollmacht zur Ausübung des Rechts auf Auskunft und Gehör verstanden werden.

dd) Zwischenergebnis

In politischen Parteien kann das nach bürgerlichem Vereinsrecht bestehende Recht auf Auskunft und Gehör nur durch die Parteimitglieder höchstpersönlich ausgeübt werden.

2. Wahlrecht bei öffentlichen Wahlen

Bei innerparteilichen Wahlen zur Wahlbewerberaufstellung wurden als Rechtsgrundlage des Rechts auf Auskunft und Gehör die diesen Vorgang betreffenden, im Lichte des Grundsatzes der Freiheit der Wahl interpretierten wahlgesetzlichen Bestimmungen ausgemacht[71]. Anknüpfungspunkt und grundlegende Ausübungsvoraussetzung des – öffentlichen – Rechts auf Auskunft und Gehör ist insofern das Wahlrecht bei den öffentlichen Wahlen, in deren Vorfeld die Wahlbewerberaufstellung erfolgt[72]. Daß Bürger, die an innerparteilichen Wahlen zur Wahlbewerberaufstellung aktiv teilnehmen wollen, nicht nur über das öffentliche Wahlrecht, sondern zusätzlich über die entsprechende Parteimitgliedschaft verfügen müssen[73], ändert daran nichts.

a) Möglicher Ausübungsort hängt von der Reichweite der Wahlberechtigung ab

Daraus ergibt sich zum einen, daß es für die Frage, wo das Recht auf Auskunft und Gehör bei innerparteilichen Wahlen zur Wahlbewerberaufstellung ausgeübt werden darf, nicht darauf ankommt, auf welche Gebietsverbände der Partei sich die Parteimitgliedschaft erstreckt, sondern auf welches Gebiet sich das öffentliche Wahlrecht bezieht. Das hängt gemäß den wahlgesetzlichen Bestimmungen vom Hauptwohnsitz der Wahlberechtigten ab[74]. Dementsprechend erfolgt die Wahlbewerberaufstellung der Parteien nicht in ihren Gebietsverbänden, sondern in besonderen Versammlungen der aufgrund ihres Wohnsitzes in dem dortigen Wahlkreis wahlberechtigten Parteimitglieder[75]. Infolgedessen kann das Recht auf Auskunft und Gehör bei der Wahlbewerberaufstellung der Parteien nur in jenen besonderen Parteiversammlungen[76] geltend gemacht werden, die für die Wahlkreise gebildet werden, in der die Wahlberechtigung gilt.

---

71 Siehe oben § 7 II 5 b).
72 Siehe oben § 7 II 4 b) aa).
73 Siehe oben § 7 II 4 b) cc) (2) (a).
74 Siehe beispielhaft § 16 Abs. 1 BWO, die übrigen Wahlgesetze bzw. Wahlverordnungen enthalten entsprechende Regelungen.
75 Näheres dazu unten § 8 I 2 a).
76 Siehe dazu unten § 8 III 1 b).

b) Möglichkeiten Dritter, das in den wahlgesetzlichen Bestimmungen begründete Recht auf Auskunft und Gehör auszuüben

Daraus, daß das in den wahlgesetzlichen Bestimmungen begründete Recht auf Auskunft und Gehör bei innerparteilichen Wahlen zur Wahlbewerberaufstellung an das öffentliche Wahlrecht anknüpft, folgt aber auch, daß die Frage, inwieweit Dritte das Recht nutzen können, nicht schon mit den obigen Feststellungen zu den Möglichkeiten Dritter, von dem *mitgliedschaftlichen* Recht auf Auskunft und Gehör Gebrauch zu machen, beantwortet ist. Denn die Wahlberechtigung bei öffentlichen Wahlen ist eben kein privates, sondern ein öffentliches Recht. Allerdings gilt hier das oben Gesagte entsprechend. Denn auch die Wahlberechtigung bei öffentlichen Wahlen ist höchstpersönlicher Natur[77].

II. Informationsbedürfnis als Voraussetzung für die Entstehung eines Auskunftsanspruchs

Es sind Fälle denkbar, in denen der Auskunftsberechtigte Informationen begehrt, die er schon hat, oder die er zwar nicht hat, die er aber nicht oder nicht in dem geltend gemachten Umfang braucht, oder die er zwar braucht, aber nicht in der von ihm begehrten Form. Bei derart gelagerten Sachverhalten stellt sich die Frage, ob schon kein Auskunftsanspruch besteht[78], oder aber, ob zwar ein Auskunftsanspruch besteht, die begehrte Information unter Berufung auf das Mißbrauchsverbot[79] (teilweise bzw. in der begehrten Form) verweigert werden kann.

Bei der Beantwortung der Frage ist zunächst rechtlich abermals danach zu unterscheiden, ob es um das in der Parteimitgliedschaft oder in den wahlgesetzlichen Bestimmungen zur Wahlbewerberaufstellung der Parteien begründete Auskunftsrecht geht.

1. Mitgliedschaftliches Auskunftsrecht

a) Lehre von *Karsten Schmidt*

Nach der Lehre von *Karsten Schmidt* setzen mitgliedschaftliche Informationsansprüche in Verbänden stets ein Informationsbedürfnis voraus[80]. Ausgangspunkt dieser These ist die Unterscheidung zwischen dem mitgliedschaftlichen Stamm-

---

77 *Morlok*, in: Dreier, GGK II, Art. 38 Rn. 75, 115. Im Zusammenhang mit der Kandidatur bei innerparteilichen Wahlen zur Wahlbewerberaufstellung spricht *Seifert*, Die politischen Parteien im Recht der Bundesrepublik Deutschland, S. 372, davon, daß die persönliche Anwesenheit des Aufstellungskandidaten „selbstverständlich" sein sollte.

78 Vgl. zu dieser These nachstehend unter § 8 II 1 a).

79 Siehe zu dieser Ansicht nachstehend § 8 II 1 b).

80 *K. Schmidt*, Informationsrechte in Gesellschaften und Verbänden, S. 35 ff.; *ders.*, in: Scholz (Hrsg.), GmbHG-K II, § 51a Rn. 8.

recht auf Information einerseits und den daraus erwachsenen Informationsansprüchen andererseits. Der Lehre von *Karsten Schmidt* zufolge ist das Stammrecht auf Information ständig mit der Mitgliedschaft verknüpft und bedarf keiner Geltendmachung, wogegen sich daraus konkrete Informationsansprüche nur bei Vorliegen eines Informationsbedürfnisses (Informationsinteresses) ergäben. Das Informationsbedürfnis habe dabei dieselbe Funktion wie das Rechtsschutzinteresse im Zivilprozeß: wie erst das Rechtsschutzinteresse aus dem allgemeinen Justizgewährungsanspruch ein Klagerecht erwachsen lasse, entstehe erst durch ein Informationsbedürfnis aufgrund der allgemeinen Institution des Informationsrechts ein durchsetzbarer Informationsanspruch[81]. Fehle das Informationsbedürfnis, habe der Inhaber des mitgliedschaftlichen Informationsrechts selbst in jenen Verbandsformen keinen Informationsanspruch, für die der Gesetzgeber – wie in § 51a GmbHG – das Informationsrecht an keine derartige Bedingung geknüpft habe[82].

b) Gegenansicht

In der Rechtsprechung[83] und Literatur[84] ist *Karsten Schmidts* Lehre vom Informationsbedürfnis weitgehend[85] auf Ablehnung gestoßen. Als grundsätzlicher Einwand wird vorgebracht, daß vom Mitglied nicht verlangt werden könne, vor der Ausübung seines Informationsrechts zunächst in jedem Einzelfall das Vorliegen eines konkreten Informationsbedürfnisses nachzuweisen, und zwar schon deshalb nicht, weil das Mitglied anderenfalls die Darlegungs- und Beweislast für Umstände trage, von denen es überhaupt erst aufgrund des Informationsrechts Kenntnis erlangen könne[86]. Speziell im GmbH-Recht spreche gegen ein Informationsbedürfnis ferner die vom Gesetzgeber erst in jüngerer Zeit getroffene Regelung in § 51a GmbHG[87], wonach die Erteilung der aufgrund des Informationsrechts beanspruchten Information die Regel, die Informationsverweigerung hingegen die Ausnahme darstelle[88]. Schließlich sei die Erfindung eines Informationsbedürfnisses als „innere Gren-

---

81 *K. Schmidt*, in: Scholz (Hrsg.), GmbHG-K II, § 51a Rn. 8.

82 *K. Schmidt*, Informationsrechte in Gesellschaften und Verbänden, S. 35 f.

83 Siehe etwa OLG Stuttgart, BB 1983, 677; LG Düsseldorf, DB 1989, 1077.

84 *von Bitter*, ZIP 1981, 825 [829]; *Grunewald*, ZHR 146 (1982), 211 [222 f.]; *Hüffer*, in: Hachenburg, GmbHG-K II, § 51a Rn. 57; *Lutter*, ZGR 1982, 1 [4 f.]; *K. Müller*, GenG-K I, § 18 Rn. 28; *ders.*, GmbHR 1987, 87 [89]; *Sprau*, in: Palandt, BGB-K, § 716 Rn. 1; *Tietze*, Die Informationsrechts des Gesellschafters, S. 17 ff.; *Ulmer*, in: MüKo-BGB V, § 716 Rn. 4; *Wohlleben*, Informationsrechte des Gesellschafters, S. 78 f.

85 Anders etwa BayOLG, ZIP 1993, 1163; OLG Düsseldorf, GmbHR 1991, 18; OLG Köln, GmbHR 1986, 385 [386]; *Gersch/Herget/Marsch/Stützle*, GmbH-Reform, Rn. 312; *U. Schneider*, AG 1983, 205 [216]; *Wischenbart*, Informationsbedarf und Informationsrecht im Gesellschaftsrecht unter vergleichender Berücksichtigung des österreichischen Rechts, S. 148 ff.; *Zöllner*, in: Baumbach/Hueck, GmbHG-K, § 51a Rn. 20.

86 So insbesondere *Lutter*, ZGR 1982, 1 [4]; ihm beipflichtend *Grunewald*, ZHR 146 (1982), 211 [222 f.]; im Ergebnis ebenso *K. Müller*, GmbHR 1987, 87 [89]; *Tietze*, Die Informationsrechte des GmbH-Gesellschafters, S. 17; *Wohlleben*, Informationsrechte des Gesellschafters, S. 76 f.

87 Die Bestimmung des § 51a GmbHG beruht auf der GmbH-Novelle 1980 (BGBl. I 836, 839)

88 *Hüffer*, in: Hachenburg, GmbHG-K II, § 51a Rn. 57; *Tietze*, Die Informationsrechte des GmbH-Gesellschafters, S. 17; *Wohlleben*, Informationsrechte des Gesellschafters, S. 78 f.

ze des Informationsrechts"[89] überflüssig, weil zur Bewältigung von Problemkonstellationen, in denen ein Informationsinteresse des Mitglieds offensichtlich nicht gegeben ist, mit dem in § 242 BGB verankerten und allgemein anerkannten Mißbrauchsgedanken operiert werden könne[90].

c) Stellungnahme

Die Lehre vom Informationsbedürfnis überzeugt, die Kritik an ihr hingegen nicht. Jedenfalls dann, wenn man das individuelle Informationsrecht in Verbänden als Hilfsrecht begreift, das dem Mitglied zusteht, damit es seine übrigen Mitgliedschaftsrechte sinnvoll ausüben kann[91], führt am Informationsbedürfnis als Voraussetzung für das Entstehen eines konkreten Informationsanspruchs kein Weg vorbei[92]. Das gilt auch, soweit das Informationsbedürfnis, wie bei § 51a GmbHG, im Wortlaut einer gesetzlichen Regelung des individuellen Informationsrechts keinen Niederschlag gefunden hat. Daraus kann nämlich keineswegs geschlossen werden, daß sich der Gesetzgeber dort gegen ein Informationsbedürfnis entschieden hat. Wie in allen Verbänden besteht auch das Informationsrecht des GmbH-Gesellschafters nicht um seiner selbst willen, sondern zur sachgerechten Ausübung seiner anderen Gesellschafterrechte[93]. Versagt man dem GmbH-Gesellschafter Informationen, weil er sie dazu nicht benötigt, wird ihm also nichts vorenthalten, was ihm nach § 51a GmbHG an sich zusteht. Dabei kann auch keine Rede davon sein, daß sich die Forderung nach einem Informationsbedürfnis wegen des Mißbrauchsverbots erübrigt. Das Mißbrauchsverbot greift nämlich erst dann, wenn dem Mitglied ein Informationsbedürfnis und infolgedessen auch einen Informationsanspruch zusteht, es jedoch diesen Anspruch rechtsmißbräuchlich geltend macht.

Seinen eigentlichen Grund hat das Informationsbedürfnis sonach im Hilfsrechtscharakter des mitgliedschaftlichen Informationsrechts. Soweit dieser Charakter in den gesetzlichen Regelungen des mitgliedschaftlichen Informationsrechts in Verbänden Niederschlag gefunden hat, kommt zugleich das Informationsbedürfnis zum Ausdruck. Das ist insbesondere im Aktienrecht der Fall, wo § 131 Abs. 1 S. 1 AktG voraussetzt, daß die vom Aktionär begehrte Auskunft „zur sachgemäßen

---

89 Vgl. dazu *K. Schmidt*, Informationsrechte in Gesellschaften und Verbänden, S. 37.

90 *von Bitter*, ZIP 1981, 825 [829]; *Hüffer*, in: Hachenburg, GmbHG-K II, § 51a Rn. 57, 60ff.; *Lutter*, ZGR 1982, 1 [4 f.]; *Sprau*, in: Palandt, BGB-K, § 716 Rn. 1; *Tietze*, Die Informationsrechts des GmbH-Gesellschafters, S. 18; *Ulmer*, in: MüKo-BGB V, § 716 Rn. 4; *Wohlleben*, Informationsrechte des Gesellschafters, S. 79.

91 Vgl. dazu oben § 7 II 3 a) cc) (3).

92 In sich stimmig ist folglich die Ansicht derjenigen Kritiker *Karsten Schmidts* Lehre vom Informationsbedürfnis, die, wie etwa *Wohlleben*, Informationsrechte des Gesellschafters, S.49 f., das individuelle Informationsrecht in Verbänden als selbständiges Recht qualifizieren. Inkonsequent dagegen etwa *Grunewald*, ZHR 146 (1982), 211 [217 einerseits sowie 222 f. andererseits]; *Lutter*, ZGR 1982, 1 [4].

93 Vgl. BT-Drucks. VIII/3908 zu § 51a.

Beurteilung des Gegenstands der Tagesordnung erforderlich ist"[94]. Der Blick auf das Aktienrecht zeigt überdies, daß und wie die von der Gegenmeinung beanstandete Darlegungs- und Beweislast für das Informationsbedürfnis praktikabel ist, ohne daß das individuelle Informationsrecht leerläuft. So ist der Aktionär zwar verpflichtet, die Erforderlichkeit der von ihm begehrten Auskunft entsprechend den allgemeinen Beweislastgrundsätze[95] darzulegen und im Bestreitensfall auch unter Beweis zu stellen. Doch ist der Aktionär deshalb nicht genötigt, in jedem Einzelfall zu begründen, warum er die von ihm begehrte Auskunft zur sachgemäßen Beurteilung des Gegenstandes der Tagesordnung erforderlich ist. Vielmehr wird dies von ihm nur dann verlangt, wenn die Erforderlichkeit der Information nicht offensichtlich ist, sie sich also insbesondere nicht bereits aus dem Informationsbegehren selbst ergibt. In einem solchen Fall muß der Aktionär erläutern, daß mindestens eine der möglichen Alternativen einer Antwort für die Beurteilung des Tagesordnungspunktes bedeutsam sein könnte[96]. Wegen dieser Darlegungs- und Beweislastverteilung ist denn auch *Karsten Schmidts* Vergleich mit dem Rechtsschutzbedürfnis im Zivilprozeß durchaus gerechtfertigt.

Soweit das Informationsbedürfnis in den gesetzlichen Regelungen des individuellen Informationsrechts in Verbänden zum Ausdruck kommt, spielt es bei der Rechtsanwendung keine Rolle mehr. Dasselbe gilt dort, wo ihm zwar nicht durch den Gesetzgeber, jedoch durch Rechtsprechung und Rechtswissenschaft tatbestandliche Konturen gegeben wurden. Im bürgerlichen Vereinsrecht trifft indes weder das eine noch das andere zu. Hier entfaltet das Informationsbedürfnis daher als „Wegweiser der Rechtsfortbildung"[97] ebenso legitimierende wie begrenzende Funktion[98]. Mangels spezieller parteiengesetzlicher Regelung erlangt das Informationsbedürfnis entsprechende Bedeutung infolgedessen auch bei der Ausübung des mitgliedschaftlichen Auskunfts- bzw.[99] Informationsrechts in politischen Parteien.

---

94 Den Zusammenhang zwischen dem Hilfsrechtscharakter des individuellen Informationsrechts des Aktionärs einerseits und der als Voraussetzung formulierten Erforderlichkeit der Auskunft zur Beurteilung des Gegenstandes der Tagesordnung hat bereits *Barz*, BB 1957, 1253, deutlich herausgearbeitet.

95 Siehe dazu *Thomas/Putzo*, ZPO-K, Vorbem. § 284 Rn. 17 ff.

96 OLG Hamburg, AG 1970, 50 [51]; *Barz*, in: GroßK-AktG I/2 (3. Aufl.), § 131 Anm.10; *Baumbach/Hueck*, AktG-K, § 131 Rn. 9; *Zöllner*, in: ders. (Hrsg.), KöKo-AktG I, § 131 Rn. 80.

97 *K. Schmidt*, Informationsrechte in Gesellschaften und Verbänden, S. 36.

98 Das vereinsrechtliche Schrifttum hat sich allerdings bislang – soweit ersichtlich – an der Diskussion über ein Informationsbedürfnis nicht beteiligt. *Reuter*, in: MüKo-BGB I, § 38 Rn. 37, zieht aber eine Parallele zwischen dem mitgliedschaftlichen Informationsrecht im bürgerlichrechtlichen Verein und dem Auskunftsrechts des Aktionärs und stellt dabei fest, die Berechtigung des Informationsverlangens eines Vereinsmitglieds setzte analog § 131 AktG „ein Informationsbedürfnis voraus".

99 Vgl. zur im Rahmen der vorliegenden Untersuchung synonymen Verwendung der Begriffe Auskunfts- und Informationsrecht oben § 2 I 1.

2. In den wahlgesetzlichen Bestimmungen begründetes Auskunftsrecht

Ist das Auskunftsrecht in politischen Parteien in den wahlgesetzlichen Bestimmungen über die innerparteiliche Wahlbewerberaufstellung begründet, wird es von der vorstehend beschriebenen Lehre vom Informationsbedürfnis nicht erfaßt, da sie für gewöhnliche private Verbände entwickelt wurde, in denen es nur das mitgliedschaftliche Auskunftsrecht, nicht aber auch ein daneben bestehendes öffentlich-rechtliches Auskunftsrecht gibt. Im Prinzip gilt allerdings für das öffentlich-rechtliche Auskunftsrecht das gleiche wie für das private mitgliedschaftliche Auskunftsrecht. Denn auch das öffentlich-rechtliche Auskunftsrecht hat Hilfsrechtscharakter. Dabei zielt es freilich nicht auf die Ermöglichung der sachgerechten Ausübung anderer Mitgliedschaftsrechte, zumal es auch Nichtmitgliedern zusteht, die bei der innerparteilichen Wahlbewerberaufstellung kandidieren[100]. Vielmehr geht es um die sachgerechte Ausübung des öffentlichen Wahlrechts bzw. Wahlvorschlagsrechts als politisches Bürgerrecht[101]. Folglich erwachsen auch aus dem öffentlich-rechtlichen Auskunftsrecht nur bei Vorliegen eines Informationsbedürfnisses konkrete Informationsansprüche.

Daß auch das in den wahlgesetzlichen Bestimmungen über die innerparteiliche Wahlbewerberaufstellung begründete Auskunftsrecht nur bei Vorliegen eines Informationsbedürfnisses konkrete Informationsansprüche vermittelt, ist zudem die Konsequenz daraus, daß der Wahlgesetzgeber zur Durchführung der öffentlichen Wahlen auf die Mitwirkung der politischen Parteien baut. Das kann aber nur unter Berücksichtigung und Anerkennung des Verbandswesens der politischen Parteien funktionieren. Demzufolge muß sich die Ausübung des Auskunftsrechts bei der innerparteilichen Wahlbewerberaufstellung nach denselben Grundsätzen ausrichten, die die Ausübung des mitgliedschaftlichen Auskunftsrecht bestimmen, es sei denn, sie sind mit dem das Verbandsrecht überlagernden Parteienrecht unvereinbar[102]. Somit kommt es hier wie dort auf ein Informationsbedürfnis an.

3. Zwischenergebnis

Sonach kann festgehalten werden: Informationsansprüche aufgrund des in der Parteimitgliedschaft sowie aufgrund des in den wahlgesetzlichen Bestimmungen über die Wahlbewerberaufstellung begründeten Auskunftsrechts setzen jeweils ein entsprechendes Informationsbedürfnis voraus. Das ergibt sich in beiden Fällen aus dem Hilfsrechtscharakter des Auskunftsrechts.

Zugleich läßt sich damit feststellen, daß und warum das Recht auf Gehör in politischen Parteien einen Anspruch auf Meinungskundgabe auch ohne ein entsprechendes Bedürfnis vermittelt. Denn das Recht auf Gehör ist, gleich ob es sich aus

[100] Siehe oben § 7 II 4 b) bb (2) (b).
[101] Siehe dazu oben § 7 II 4 b) aa) sowie § 7 II 4 b) cc) (2) (b).
[102] Siehe oben § 6 II.

der Parteimitgliedschaft oder aus den wahlgesetzlichen Bestimmungen über die innerparteiliche Wahlbewerberaufstellung ergibt, kein Hilfsrecht, sondern ein selbständiges Recht[103].

III. Besondere Voraussetzungen für die Ausübung des Rechts auf Auskunft und Gehör in Parteiversammlungen

1. Teilnahmerecht an den Parteiversammlungen

Eine demokratische, auf dem Willen der Mitglieder beruhende Parteiwillensbildung bedingt, daß die Parteimitglieder kommunizieren können. Ohne die Möglichkeit der Kommunikation kann zwischen den Parteimitgliedern kein Meinungsaustausch stattfinden, ohne Meinungsaustausch keine gemeinsame Willensbildung. Die maßgebliche Kommunikations- und Willensbildungsplattform in politischen Parteien sind ebenso wie in gewöhnlichen bürgerlich-rechtlichen Vereinen die Mitgliederversammlungen. Zwar bestehen heute technische Möglichkeiten, mit denen Personen auch ohne gemeinsame Anwesenheit an einem bestimmten Ort gleichzeitig kommunizieren können, so etwa im Rahmen von Telefon- oder Videokonferenzen. Doch vermögen solche technischen Mittel in ihrer Wirkung die persönliche Zusammenkunft nicht zu ersetzen.

Um an der in einer Mitgliederversammlung stattfindenden Parteiwillensbildung mitwirken und dort ihre Mitgliedschaftsrechte, so u.a. ihr Recht auf Auskunft und Gehör, ausüben zu können, müssen Parteimitglieder berechtigt sein, an der betreffenden Versammlung teilzunehmen. Folglich setzt auch die Ausübung des mitgliedschaftlichen Rechts auf Auskunft und Gehör in einer Mitgliederversammlung ein entsprechendes Teilnahmerecht voraus. Angesichts von Großverbänden wie politischen Parteien wird dabei deutlich, daß das Teilnahmerecht, anders als dies im Verbandsrecht verschiedentlich vertreten wird[104], ein nicht nur vom Auskunftsrecht, sondern auch vom Recht auf Gehör verschiedenes Recht darstellt. Denn während zumindest dem ordentlichen Parteimitglied[105] in jedem Fall ein Recht auf Gehör zusteht, kann das Mitglied dieses Recht mangels Teilnahmerecht keineswegs in allen in seiner Partei stattfindenden Mitgliederversammlungen ausüben. Das ergibt sich aus folgendem:

---

[103] Vgl. dazu in bezug auf das mitgliedschaftliche Recht auf Gehör oben § 7 II 3 b) bb). Für das sich aus den wahlgesetzlichen Bestimmungen über die innerparteiliche Wahlbewerberaufstellung ergebende Recht auf Gehör ergibt sich dies unter anderem daraus, daß für seine Ausübung die Grundsätze für die der Ausübung des mitgliedschaftlichen Rechts auf Gehör entsprechend gelten. Insofern gilt das oben (§ 8 II 2) zum Auskunftsrecht Gesagte entsprechend.

[104] Siehe zu dieser Auffassung oben § 7 II 3 b) aa).

[105] Siehe oben § 7 II 3 b) cc).

a) Allgemeine Parteiversammlungen in Form von Mitglieder- und Vertreterversammlungen

Gemäß § 8 Abs. 1 S. 1 PartG müssen sowohl die (Gesamt-)Partei als auch ihre einzelnen Gebietsverbände als Willensbildungsorgan[106] eine Mitgliederversammlung aufweisen. Das Teilnahmerecht des Parteimitglied bezieht sich dabei auf die Mitgliederversammlungen jener Verbandseinheiten seiner Partei, deren Mitglied sie sind[107].

In Anbetracht der politischen Wirklichkeit ist der Forderung des Art. 21 Abs. 1 S. 3 GG nach einer innerparteilich demokratischen Willensbildung mit dieser Regelung aber nicht Genüge getan.

aa) Grund, Zulässigkeit, Voraussetzungen und Grenzen der Ersetzung der Mitgliederversammlungen durch Vertreterversammlungen

(1) Grund

Aufgrund ihrer Organisation als territorial gegliederte Zentralvereine zählen die überörtlichen Parteiverbände häufig viele Tausend, mitunter gar einige Hunderttausend Mitglieder[108]. Abgesehen davon, daß bei diesen Mitgliederzahlen die Durchführung einer Mitgliederversammlung oftmals schon an geeigneten Versammlungsstätten scheitern würde, hätte das einzelne Parteimitglied in einer derart viele Personen umfassenden Versammlung kaum eine reale Chance auf Teilhabe dort stattfindenden Willensbildung[109]. Auf Bundes- und Landesverbandsebene hätte man es zudem wieder mit dem Problem zu tun, daß die Mitgliederversammlung für viele Mitglieder an einem für sie weit entfernten Ort stattfinden würde und sie daran aus zeitlichen und/oder finanziellen Gründen nicht teilnehmen könnten[110]. Das innerparteiliche Demokratiegebot des Art. 21 Abs. 1 S. 3 GG verlangt jedoch nach einem Maximum an Einfluß und ständiger effektiver Entscheidung der Mitglieder[111]. Eine Möglichkeit, dieses Problem zu lösen, besteht in der Ersetzung der Mitgliederversammlung durch eine Vertreterversammlung oder nötigenfalls durch mehrere Stufen von Vertreterversammlungen.

---

106 Vgl. § 7 Abs. 2 PartG.

107 Siehe zur organisatorischen Gliederung der Parteien oben § 8 I 1 a) aa).

108 Zu den Mitgliederzahlen der politischen Parteien vgl. etwa *Reichel*, Das demokratische Offenheitsprinzip und seine Anwendung im Recht der politischen Parteien, S. 99.

109 *Henke*, Das Recht der politischen Parteien, S. 67; *Seidel*, Direkte Demokratie in der innerparteilichen Willensbildung, S. 103; *Wolfrum*, Die innerparteiliche demokratische Ordnung nach dem Parteiengesetz, S. 92. Allgemein zum Problem der mit zunehmender Größe von Mitgliederversammlungen abnehmenden Einflußmöglichkeit einzelner Verbandsmitglieder vgl. *Säcker*, Probleme der Repräsentation von Großvereinen, S. 6 ff.

110 Vgl. zu diesem Umstand als Grund für die Gliederung der Parteien in Gebietsverbände oben § 8 I 1 a) aa). Vgl. in diesem Zusammenhang ferner *Seifert*, Die politischen Parteien im Recht der Bundesrepublik Deutschland, S. 231.

111 Siehe oben § 7 II 4 a) aa) (1).

(2) Zulässigkeit

Im bürgerlichen Vereinsrecht wird die Ersetzung der Mitgliederversammlung durch eine Vertreterversammlung (Delegiertenversammlung), wiewohl in den Bestimmungen der §§ 21 ff. BGB nicht ausdrücklich vorgesehen[112], allgemein für zulässig erachtet[113].

Zur Begründung wird vielfach auf §§ 38 S. 2, 40 BGB abgestellt, wonach in bürgerlich-rechtlichen Vereinen bei entsprechender Satzungsregelung Mitgliedschaftsrechte durch Vertreter ausgeübt werden können[114]. Mit dieser Begründung wäre die Einrichtung von Vertreterversammlungen in politischen Parteien allerdings schwerlich möglich, da in ihnen Mitgliedschaftsrechte nach dem oben Gesagten[115] jedenfalls größtenteils höchstpersönlichen Charakter haben.

Die Begründung mit §§ 38 S. 2, 40 BGB geht indes fehl. Die Ersetzung der Mitgliederversammlung durch eine Vertreterversammlung führt nämlich nicht zu einer Stellvertretung in der Ausübung der Mitgliedschaftsrechte, weil die Mitglieder der Vertreterversammlung, anders als ihre Bezeichnung suggeriert, überhaupt keine Vertreter im zivilrechtlichen Sinne sind[116]. Vielmehr nehmen sie im Verband gleich dem Verbandsvorstand eine Organstellung ein[117]. Aus ihrem damit einhergehenden organschaftlichen Verhältnis zum Verband ergeben sich bestimmte Rechte und Pflichten, so unter anderem auch ein Recht auf Auskunft und Gehör[118]. Genau genommen vertreten die Mitglieder der Vertreterversammlung die übrigen Mitglieder also nicht, sondern repräsentieren sie, wobei sie nicht deren Rechte, sondern eigene Rechte ausüben[119]. Insofern sind sie mit Volksvertretern in Parlamenten

---

[112] Zu den Gründen dafür *Säcker*, Probleme der Repräsentation von Großvereinen, S. 2 ff.
[113] Vgl. OLG Frankfurt, ZIP 1985, 213 [215]; *Hadding*, in: Soergel, BGB-K I, § 32 Rn. 3; *Reichert*, HdbVereins- und Verbandsrechts, Rn. 2866; *Säcker*, Probleme der Repräsentation von Großvereinen, S. 6; *Stöber*, HdbVereinsrecht, Rn. 494.
[114] BGH, NJW 1985, 2707 [2708]; OLG Frankfurt, ZIP 1985, 213 [215]; *Enneccerus-Nipperdey*, Allgemeiner Teil des Bürgerlichen Rechts I/1, § 111 I, S. 665 Fn. 2; *Sauter/Schweyer*, Der eingetragene Verein, Rn. 216; *Schultze-von Lasaulx*, in: Soergel, BGB-K (11. Auflage), § 32 Rn. 4; *Seifert*, Die politischen Parteien im Recht der Bundesrepublik Deutschland, S. 230 Fn. 247; *Weick*, in: Staudinger, BGB-K I, § 32 Rn. 6.
[115] Siehe § 8 I 1 b) dd).
[116] Anders ausdrücklich *Trautmann*, Innerparteiliche Demokratie im Parteienstaat, S. 251 Fn. 78; dagegen zutreffend *Henke*, in: Dolzer/Vogel/Graßhof (Hrsg.), BoKo-GG IV, Art. 21 Rn. 284 Fn. 77.
[117] *Reichert*, HdbVereins- und Verbandsrechts, Rn. 2796; *Säcker*, Probleme der Repräsentation von Großvereinen, S. 22 f., vgl. auch RGZ 155, 21/25; *Beuthien*, GenG-K, § 43a Rn. 5; *K. Müller*, GenG-K III, § 43a Rn. 36;
[118] *Reichert*, HdbVereins- und Verbandsrechts, Rn. 2796, 2797.
[119] Ebenso *Beuthien*, GenG-K, § 43a Rn. 5; *Schubert/Steder*, GenG-K, § 43a Rn. 12; *Säcker*, Probleme der Repräsentation von Großvereinen, S.23: die Delegierten sind nicht Vertreter oder Boten der Mitglieder, sondern Organwalter.

vergleichbar[120]. In bürgerlich-rechtlichen Vereinen ist die Ersetzung der Mitgliederversammlung durch eine Vertreterversammlung denn auch nicht deshalb zulässig, weil gemäß § 40 BGB durch Satzungsregelung von der in § 38 S. 2 BGB festgelegten Höchstpersönlichkeit der Mitgliedschaftsrechte abgewichen werden kann, sondern weil gemäß § 40 BGB die in § 32 BGB vorgesehene Durchführung einer Versammlung in Form der Mitgliederversammlung zur Disposition des Vereinssatzungsgebers steht[121].

Dementsprechend läßt auch das Parteiengesetz Satzungsregelungen zu, die bestimmen, daß in Parteiverbänden an die Stelle der Mitgliederversammlung eine Vertreterversammlung tritt, § 8 Abs. 1 S. 2 und 4 PartG. Dabei legt § 9 Abs. 1 S. 2 PartG fest, daß die Mitglieder- oder Vertreterversammlungen höherer Stufen die Bezeichnung „Parteitag" führt, bei Gebietsverbänden der untersten Stufe die Bezeichnung „Hauptversammlung". Ein Grund, den Parteien die Bezeichnung ihrer Mitglieder- und Vertretersammlung vorzuschreiben, ist indes nicht ersichtlich, so daß die Verfassungsmäßigkeit des § 9 Abs. 1 S. 2 PartG zweifelhaft ist[122]. Daher soll im Anschluß an *Henke*[123] als Oberbegriff für beide Versammlungsformen im folgenden der neutrale Begriff „Parteiversammlung" verwendet werden.

(3) Voraussetzungen

Ist die Ersetzung der Mitgliederversammlungen durch Vertreterversammlungen in politischen Parteien wegen des Demokratiegebots des Art. 21 Abs. 1 S. 3 GG einerseits praktisch alternativlos[124], ist sie andererseits aus demselben Grund nicht unproblematisch. Denn mit ihr geht zwangsläufig eine gewisse „Entrechtung"[125]

---

[120] Vgl. *Metz*, in: Lang/Weidmüller/Metz/Schaffland, GenG-K, § 43a Rn. 40. Dazu, daß die Abgeordneten als „Vertreter des ganzen Volkes" (Art. 38 Abs. 1 S. 2 GG) nicht Vertreter im Sinne der §§ 164 ff. BGB sind, siehe *Pieroth*, in: Jarass/Pieroth, GGK, Art. 38 Rn. 24.

[121] Ebenso *U. Schmidt*, Mitgliedschaft in Verbänden, S. 172; wohl auch *Hadding*, in: Soergel, BGB-K I, § 32 Rn. 3; *Heinrichs*, in: Palandt, BGB-K, § 32 Rn. 1; *Reichert*, HdbVereins- und Verbandsrechts, Rn. 2783; *Säcker*, Probleme der Repräsentation von Großvereinen, S. 6.
Für diese Begründung der Zulässigkeit der Ersetzung von Mitgliederversammlungen durch Vertreterversammlungen in bürgerlich-rechtlichen Vereinen spricht auch die Entstehungsgeschichte des BGB. So bemerkte der preußische Minister für Landwirtschaft, Domänen und Forsten in seinem Votum vom 24.8.1894 zum 2. Entwurf des BGB (abgedruckt bei *Jakobs/Schubert*, Die Beratung des Bürgerlichen Gesetzbuches, Allgemeiner Teil, 2. Teilband, S. 1347 ff., hier 1350): „Wenn nun im § 37 (*des Entwurfs = § 40 BGB, Anm. d. Verf.*) bestimmt wird, daß die Vorschriften des § 31 (*des Entwurfs = § 32 BGB, Anm. d. Verf.*) keine Anwendung finden, insoweit das Statut ein Anderes vorschreibt, so dürfte damit dem Statute auch die Möglichkeit gegeben sein, für die Generalversammlung des Vereins eine indirekte Vertretung der Mitglieder anzuordnen, und diese Vertretung würde alsdann überall an die Stelle der im Entwurfe bezeichneten Mitgliederversammlung treten".

[122] Verneinend *Seifert*, Die politischen Parteien im Recht der Bundesrepublik Deutschland, S. 230 Fn. 245.

[123] *Henke*, Das Recht der politischen Parteien, S. 66.

[124] Siehe dazu oben § 8 III 1 a) aa) (1).

[125] *Säcker*, Probleme der Repräsentation von Großvereinen, S. 23, in bezug auf die Folgen der Einführung einer Vertreterversammlung in bürgerlich-rechtlichen Vereinen.

der nicht den Vertreterversammlungen angehördenden Parteimitglieder einher, ist es ihnen doch mangels Teilnahmerecht[126] verwehrt, in der Vertreterversammlung ihre Mitgliedschaftsrechte auszuüben und damit an der dortigen Verbandswillensbildung mitzuwirken. Das betrifft unter anderem ihr Recht auf Auskunft und Gehör. Deshalb setzt Art. 21 Abs. 1 S. 3 GG der Ersetzung der Mitgliederversammlungen durch eine Vertreterversammlung zugleich Grenzen, so daß sie in politischen Parteien nur bei Vorliegen bestimmter Voraussetzungen zulässig ist.

(a) Ausreichende Größe des Verbands

Grundlegende Voraussetzung für die Ersetzung der Mitgliederversammlung durch eine Vertreterversammlung ist, daß wegen der Zahl der Mitglieder oder der räumlichen Ausdehnung eines Parteiverbands anderenfalls keine den Anforderungen des Art. 21 Abs. 1 S. 3 GG genügende demokratische Willensbildung möglich ist.

Problematisch erscheint insofern die Bestimmung des § 8 Abs. 1 S. 4 PartG, wonach auch Ortsverbände von mehr als 250 Mitgliedern oder mit großer räumlicher Ausdehnung eine Vertreterversammlung bilden können. Was zunächst die räumliche Ausdehnung des Parteiverbands anbelangt, so wird darin auf Ortsebene schwerlich ein Grund für eine Vertreterversammlung gesehen werden können, da die Mitgliederversammlungen bei den heute bestehenden Verkehrsmöglichkeiten ohne nennenswerten zeitlichen und finanziellen Einsatz erreicht werden können werden. Die Bedenken gegenüber der Bestimmung des § 8 Abs. 1 S. 4 PartG betreffen aber auch die darin genannte Mitgliederzahl. Denn es ist zweifelhaft, ob bereits im Rahmen einer Versammlung von 250 Mitgliedern die Einflußmöglichkeit des einzelnen so gering ist, daß die Ersetzung der Mitgliederversammlung angezeigt ist[127]. So sah der Regierungsentwurf für ein Parteiengesetz von 1959 in § 11 Abs. 1 S. 3 als untere Grenze für die Bildung einer Vertreterversammlung immerhin 1000 Mitglieder vor[128]. Derweil zeigt ein Seitenblick zu den Genossenschaften, daß bei ihnen die Ersetzung der Mitgliederversammlung durch eine Vertreterversammlung erst ab 1500 Mitgliedern zulässig ist, vgl. § 43 Abs. 1 GenG. Bemerkenswert ist dabei, daß nach § 43 Abs. 1 S. 1 GenG a.F. die Einführung einer Vertreterversammlung ab 3000 Mitgliedern obligatorisch war, diese Regelung jedoch im Jahre 1993 gestrichen wurde, weil die Praxis gezeigt hatte, daß der einzelnen Versammlungsteilnehmer dank heutiger organisatorischer und technischer Mittel

---

[126] Daß prinzipiell nur die Vertreter, nicht aber auch die einfachen Mitglieder ein Teilnahmerecht an Vertreterversammlungen haben, versteht sich von selbst, da anderenfalls die Einrichtung von Vertreterversammlungen überflüssig wäre, vgl. für das bürgerliche Vereinsrecht *Reichert*, HdbVereins- und Verbandsrechts, Rn. 2807; *Sauter/Schweyer*, Der eingetragene Verein, Rn. 222; *Stöber*, HdbVereinsrecht, Rn. 505. Zum Recht der nicht zu Vertretern gewählten Parteimitglieder auf Anwesenheit in den Vertreterversammlungen siehe untern § 8 III 1 a) bb) (2).

[127] Kritisch ebenfalls *Seidel*, Direkte Demokratie in der innerparteilichen Willensbildung, S. 102 ff.; *Seifert*, Die politischen Parteien im Recht der Bundesrepublik Deutschland, S. 230 Fn. 246.

[128] BT-Drucks. III/1509, S. 4.

sogar in Versammlungen mit noch größerer Teilnehmerzahl eine reelle Chance hat, an der dort stattfindenden Willensbildung mitzuwirken[129]. Freilich sind insofern die Anforderungen in Genossenschaften weniger streng als in politischen Parteien, die dem Verfassungsgebot innerparteilicher Demokratie unterliegen. Andererseits steht gerade dieses Verfassungsgebot einer zu weitgehenden „Entrechtung" der Mitglieder durch zu frühe Bildung einer Vertreterversammlung entgegen. Vor diesem Hintergrund erscheint als Mitgliederzahl, ab der eine Ersetzung der Mitgliederversammlung in Frage kommt, die im Parteiengesetzentwurf von 1959 genannte Zahl von 1000 Mitgliedern angemessen[130]. Dies gilt um so mehr, als die Praxis zeigt, daß ohnehin nur ein geringer Teil der einfachen Parteimitglieder an den Mitgliederversammlungen teilnimmt[131]. Sofern die Zahl der Mitglieder 1000 nicht übersteigt, ist eine Ersetzung der Mitgliederversammlung durch eine Vertreterversammlung wegen der räumlichen Ausdehnung des betreffenden Verbands zudem erst ab Kreisverbandsebene mit Art. 21 Abs. 1 S. 3 GG vereinbar.

(b) Legitimation der Vertreter durch Wahlen

Das innerparteiliche Demokratiegebot läßt eine Ersetzung der Mitgliederversammlung durch eine Vertreterversammlung ferner nur dann zu, wenn der Wille Mitglieder in der Vertreterversammlung repräsentiert wird. Das setzt zunächst einmal voraus, daß die Vertreter von den Mitgliedern turnusmäßig gewählt werden, und zwar im Falle mehrer Stufen von Vertreterversammlungen durch die Mitglieder- oder Vertreterversammlungen des jeweils nachgeordneten Parteiverbands. Dem wird die Regelung in § 8 Abs. 1 S. 2 PartG gerecht. Dabei vermögen die Wahlen der Vertreter den Willen der Parteimitglieder nur dann unverfälscht zum Ausdruck zu bringen, wenn den Grundsätzen der Allgemeinheit, Unmittelbarkeit, Freiheit, Gleichheit und Geheimheit der Wahl Rechnung getragen wird. Insofern gilt das oben zu den innerparteilichen Wahlen der Parteiführung Gesagte[132] entsprechend. § 15 Abs. 2 S. 1 PartG fordert indes nur die Geheimheit der Wahl und bleibt damit sogar hinter den Anforderungen zurück, die § 43a Abs. 4 S. 1 Hs. 1 GenG an die Wahlen von Vertreterversammlungen in Genossenschaften stellt, die hinsichtlich ihrer inneren Ordnung anders als politische Parteien im Prinzip keinem Demokratiegebot unterliegen. Die nicht in § 15 Abs. 2 S. 1 PartG genannten Wahlrechtsgrundsätze gelten bei Wahlen der Vertreterversammlungen in politischen Parteien sonach direkt über Art. 21 Abs. 1 S. 3 GG.

---

129 Siehe *Metz*, in: Lang/Weidmüller/Metz/Schaffland, GenG-K, § 43a Rn. 3 f.; *Schubert/Steder*, GenG-K, § 43a Rn. 2.

130 So im Ergebnis auch *Seifert*, Die politischen Parteien im Recht der Bundesrepublik Deutschland, S. 201.

131 Siehe dazu bereits unter § 1 III.

132 Siehe dazu § 7 II 4 a) cc).

(c) Mindestgröße der Vertreterversammlung

Damit den Anforderungen des Art. 21 Abs. 1 S. 3 GG Genüge getan und der pluralistische Wille der Parteimitglieder in der Vertreterversammlung repräsentiert wird, muß diese überdies eine gewisse Anzahl von Vertretern aufweisen[133]. Die Frage, wie hoch diese Anzahl mindestens sein muß, läßt das Parteiengesetz unbeantwortet[134]. Hingegen ist das Genossenschaftsgesetz auch in diesem Punkt ergiebiger als das Parteiengesetz und legt in § 43a Abs. 3 S. 1 als Mindestzahl 50 fest, eine Zahl, die auch für Vertreterversammlungen in politischen Parteien angemessen erscheint[135].

(d) Repräsentative Zusammensetzung der Vertreterversammlung

Vertreterversammlungen können den Willen der ihnen nachgeordneten Mitglieder- oder Vertreterversammlung zudem nur dann repräsentieren, wenn sie die Kräfteverhältnisse der vertretenen Mitgliedschaft richtig widerspiegeln. Werden in einer Vertreterversammlung Mitglieder verschiedener Parteiverbände repräsentiert, muß sich die Zahl der von dem einzelnen Verband entsandten Mitglieder deshalb nach seiner Mitgliederzahl richten.

Dem entspricht das Parteiengesetz nur zum Teil, indem es in § 13 Abs. 1 S. 2 lediglich verlangt, daß die Zahl der Vertreter eines Gebietsverbands „in erster Linie" nach der Zahl der vertretenen Mitglieder bemessen wird, indes mit § 13 Abs. 1 S. 3 Parteisatzungsregelungen zuläßt, denen zufolge bis zu der Hälfte der Vertreter „nach dem Verhältnis der im Bereich des Gebietsverbands bei vorangegangenen Wahlen zu Volksvertretungen erzielten Wählerstimmen auf die Gebietsverbände aufgeschlüsselt wird"[136]. Problematisch ist diese Regelung schon deshalb, weil die Zahl der Wählerstimmen, die ein Gebietsverband bei öffentlichen Wahlen erzielt,

---

[133] Vgl. *Henke*, Das Recht der politischen Parteien, S. 195; *Schreiber*, HdbWahlRBT, § 21 Rn. 5; *Seifert*, BWahlR-K, BWahlG § 21 Rn. 6; *ders.*, Die politischen Parteien im Recht der Bundesrepublik Deutschland, S. 372; *Wolfrum*, Die innerparteiliche Ordnung nach dem Parteiengesetz, S. 184; jeweils zur Bildung von Vertreterversammlungen zur Aufstellung der Wahlbewerber der Parteien (siehe zu diesen speziellen Parteiversammlungen unten § 8 III 1 b)). In bezug auf die Bildung von Vertreterversammlungen in einer Genossenschaft *Schubert/Steder*, GenG-K, § 43a Rn. 4.

[134] Der Regierungsentwurf für ein Parteiengesetz von 1959 in § 20 Abs. 4 regelte immerhin die Mindestgröße in bezug auf die zur Aufstellung der Wahlbewerber gebildeten Vertreterversammlungen jener Vertreterversammlungen, in denen die Wahlbewerber der Partei bei öffentlichen Wahlen aufgestellt werden (siehe zu diesen speziellen Parteiversammlungen unten § 8 III 1 b)), und sah für sie in den Wahlkreisen eine Mindestzahl von 20, für Landesvertreterversammlungen indes eine Mindestzahl von 50 Vertretern vor, vgl. BT-Drucks. III/1509, S. 6.

[135] Vgl. *Henke*, Das Recht der politischen Parteien, S. 195, in bezug auf die Größe von Vertreterversammlungen in politischen Parteien zur Aufstellung von Wahlbewerbern.

[136] Zu den offiziellen Gründen für diese Regelung vgl. die Regierungsbegründung zum Parteiengesetz, BT-Drucks. III/1509, S. 23. Indes vermutet *Zeuner*, Innerparteiliche Demokratie, S. 59, den wahren Grund darin, daß sich die Berechnung des Delegiertenschlüssels, wie sie § 13 Abs. 1 S. 3 PartG vorsieht, in der Praxis einiger politischen Parteien bereits vor Erlaß des Parteiengesetzes „eingespielt" hatte und nunmehr gesetzlich sanktioniert werden sollte.

nicht allein das von ihm selbst, sondern zugleich, oft sogar hauptsächlich das durch die Gesamtpartei bei der Wählerschaft hervorgerufene Echo zum Ausdruck bringt. Vor allem aber kann es zur Beantwortung der Frage, wie eine Vertreterversammlung zusammengesetzt sein muß, damit entsprechend dem innerparteilichen Demokratiegebot des Art. 21 Abs. 1 S. 3 GG der Wille der durch sie vertretenen Parteimitglieder repräsentiert wird, nur auf deren Willen, nicht aber auch auf den Willen der Wähler bei vorangegangenen Wahlen zu Volksvertretungen ankommen[137].

Aus demselben Grund ist im übrigen § 9 Abs. 2 PartG zu beanstanden, wonach neben den gewählten Mitgliedern einer Vertreterversammlung „kraft Satzung" auch Vorstandsmitglieder, Mitglieder sonstiger Organe des betreffenden Parteiverbandes sowie Abgeordnete und andere Persönlichkeiten aus der Partei angehören dürfen, wenn auch mit Stimmrecht nur bis zu einem Fünftel der Gesamtzahl Versammlungsmitglieder[138]. Mag eine derartige „Ex-officio-Mitgliedschaft" in Vertreterversammlungen gewöhnlicher bürgerlich-rechtlicher Vereine zulässig sein[139], steht ihr in politischen Parteien Art. 21 Abs. 1 S. 3 GG entgegen, weil sie eine Durchbrechung der demokratischen Legitimation der Vertreterversammlungen durch die ihr nachgeordnete Mitglieder- oder Vertreterversammlung bewirkt[140]. Dies gilt insbesondere für eine Ex-officio-Mitgliedschaft der Parteiführung, die von den Parteimitgliedern abhängig sein soll. Daß eine innerparteilich demokratische Willensbildung im Sinne des Art. 21 Abs. 1 S. 3 GG ebenso von oben nach unten wie von unten nach oben verläuft[141], ist kein Grund, der Parteiführung ein Teilnahmerecht an den Vertreterversammlungen zu garantieren[142]. Denn der Verlauf der Parteiwillensbildung von oben nach unten ist schon durch die Organstellung der Parteiführung im Verband gesichert. Zur Gewährleistung innerparteilicher Demokratie hätte es deshalb im Gegenteil nahegelegen, die Ex-officio-Mitgliedschaft parteiengesetzlich generell zu verbieten, jedenfalls aber im Sinne einer klaren „Gewaltenteilung" Mitglieder der Verbandsführung bei Wahlen zu

---

137 Ebenso *Wolfrum*, Die innerparteiliche demokratische Ordnung nach dem Parteiengesetz, S. 102; *Zeuner*, Innerparteiliche Demokratie, S. 59. Praktisch wirkt § 13 Abs. 2 S. 3 PartG in der Tat wie eine „Prämie für die Faulheit von Ortsvereinen, die sich um Mitgliederwerbung nicht kümmern", so *Bergsträsser*, zitiert nach *Breithaupt*, JZ 1967, 561 [562].

138 Angesichts der dürftigen Regierungsbegründung zu § 12 Abs. 2 des Parteiengesetzentwurfs von 1959 (BT-Drucks. III/1509, S. 20), der dem heutigen § 9 Abs. 2 PartG entspricht, drängt sich abermals der Verdacht auf, daß die Regelung allein deshalb getroffen wurde, um eine bereits vor Erlaß des Parteiengesetzes gängige Praxis bestimmter Parteien zu legalisieren, mithin eine Faktizität zur Norm zu erheben. Denn zur Begründung heißt es bloß vage, daß anderenfalls „die Parteiarbeit leiden müßte".

139 Siehe dazu *Reichert*, HdbVereins- und Verbandsrechts, Rn. 2786; *Säcker*, Probleme der Repräsentation von Großvereinen, S. 27 ff.: „in engen Grenzen"; *Sauter/Schweyer*, Der eingetragene Verein, Rn. 217.

140 Im Ergebnis ebenso *Seifert*, Die politischen Parteien im Recht der Bundesrepublik Deutschland, S. 233; *Zeuner*, Innerparteiliche Demokratie, S. 56; kritisch auch *Seidel*, Direkte Demokratie in der innerparteilichen Willensbildung, S. 105 f.

141 Siehe dazu oben § 7 II 4 a) cc) (3).

142 In diesem Sinne aber *Wolfrum*, Die innerparteiliche demokratische Ordnung nach dem Parteiengesetz, S. 105.

Vertreterversammlungen für nicht wählbar zu erklären – so wie es das Genossenschaftsgesetz in § 43a Abs. 2 GenG bestimmt, womit es sich einmal mehr als „demokratischer" als das Parteiengesetz erweist.

(4) Grenze

Selbst wenn die vorstehend dargestellten Voraussetzungen vorliegen, ist es den politischen Parteien nicht in jedem Fall gestattet, die Mitgliederversammlung durch eine Vertreterversammlung zu ersetzen. Denn zumindest auf der untersten Organisationsstufe der Partei muß es den Parteimitgliedern möglich sein, ihre verschiedenen Mitgliedschaftsrechte im Rahmen einer Mitgliederversammlung auszuüben und damit unmittelbar an der Parteiwillensbildung mitzuwirken. So verlangt schon die eingangs beschriebene Sammlungsfunktion der Parteien, daß den Parteimitgliedern dort jedenfalls ein Willensbildungsorgan zur Verfügung steht, in dem sie persönlich zu Wort kommen können[143]. Nur dann ist nämlich gewährleistet, daß sämtliche von den Parteimitgliedern im Volk aufgenommenen Meinungen in die Partei hineingetragen werden und im innerparteilichen Integrationsprozeß Berücksichtigung finden können[144]. Und nur so können die Parteien ihre Aufgabe der fortlaufenden Abstimmung der Staats- und der Volkswillensbildung erfüllen[145].

Insofern erweist sich § 8 Abs. 1 S. 4 PartG, der die Ersetzung der Mitgliederversammlung durch eine Vertreterversammlung auch in Ortsverbänden zuläßt, erneut als problematisch[146]. Zu Recht wird die Vorschrift denn auch dahingehend einschränkend interpretiert, daß politischen Parteien von der dadurch gestatteten Ersetzungsbefugnis nur dann Gebrauch machen dürfen, wenn ihre Mitglieder auch noch unterhalb der Ortsebene verbandsmäßig organisiert sind[147]. Dies gilt um so mehr, als anderenfalls die Forderung des § 7 Abs. 1 S. 3 PartG unerfüllt bliebe, wonach die gebietliche Gliederung der Partei so weit ausgebaut sein muß, daß eine angemessene Mitwirkung des einzelnen Parteimitglieds bei der Willensbildung gewährleistet ist[148].

---

143 *Henke*, Das Recht der politischen Parteien, S. 66, 67; *Wolfrum*, Die innerparteiliche demokratische Ordnung nach dem Parteiengesetz, S. 94.

144 Vgl. *Seidel*, Direkte Demokratie in der innerparteilichen Willensbildung, S. 102; *Wolfrum*, Die innerparteiliche demokratische Ordnung nach dem Parteiengesetz, S. 94.

145 Siehe zu dieser Aufgabe der Parteien § 4 II 3.

146 Zu den weiteren Bedenken gegenüber der Bestimmung siehe bereits oben § 8 III 1 a) aa) (3) (a).

147 So im Ergebnis auch *Henke*, Das Recht der politischen Parteien, S. 68; *Seifert*, Die politischen Parteien im Recht der Bundesrepublik Deutschland, S. 230; *Wolfrum*, Die innerparteiliche demokratische Ordnung nach dem Parteiengesetz, S. 95. Nach *U. Schmidt*, Die Mitgliedschaft in Verbänden, S. 176 ff. m.w.N., soll Entsprechendes auch für sonstige private Verbände gelten, die ihre Mitgliederversammlung durch eine Vertreterversammlung ersetzen.

148 *Seifert*, Die politischen Parteien im Recht der Bundesrepublik Deutschland, S. 201; *Wolfrum*, Die innerparteiliche demokratische Ordnung nach dem Parteiengesetz, S. 94 f.

bb) Ausgleich für fehlendes Teilnahmerecht an Vertreterversammlungen

Sofern nicht ausnahmsweise auch in den überörtlichen Parteiverbänden Mitgliederversammlungen durchgeführt werden können[149], ist die Möglichkeit der einfachen Parteimitglieder, von ihrem Recht auf Auskunft und Gehör in einer Parteiversammlung Gebrauch zu machen, mangels Teilnahmerecht an Vertreterversammlungen in der Praxis meist auf die untere, lokale Ebene der Partei beschränkt[150]. In abgeschwächten Maße gilt das gleiche für jene Parteimitglieder, die nur auf bestimmten Stufen ihres Parteiverbands Vertreter, also nicht an allen in ihrem Parteiverband gebildeten Vertreterversammlungen teilnahmeberechtigt sind.

Vor diesem Hintergrund erhebt sich die Frage, inwieweit rechtliche Möglichkeiten bestehen, die mit der Einrichtung von Vertreterversammlungen einhergehende Relativierung des Rechts auf Auskunft und Gehör zu kompensieren.

(1) Bindung der Vertreter an Weisungen der sie wählenden Parteimitglieder

Als eine derartige Möglichkeit ist vor allem an eine Bindung der Vertreter an Weisungen der sie wählenden Parteimitglieder zu denken. So könnten die Parteimitglieder aufgrund einer solchen Weisungsbefugnis unter anderem bestimmen, wie die Vertreter in der Vertreterversammlung ihr – eigenes[151] – Recht auf Auskunft und Gehör auszuüben haben, mithin was sie dort fragen und sagen sollen[152]. Die Vertreter in der Vertreterversammlung würden insofern „mit der Zunge ihrer Entsender“[153] reden. Sie hätten somit kein freies, sondern ein gebundenes, sogenanntes[154] imperatives Mandat. Je umfassender und detaillierter die Weisungen ausfallen, desto größer wäre die Gewähr, daß das Handeln der Vertreter, vorausgesetzt sie halten sich an die Weisungen, mit dem Willen ihrer Entsender übereinstimmt, desto weitreichender also auch die Kompensation für das ihnen fehlende Teilnahmerecht an der Vertreterversammlung. Bedenkt man, daß gemäß dem in-

---

149 Das ist jedoch in aller Regel wegen der hohen Mitgliederzahl und/oder räumlichen Ausdehnung der überörtlichen Parteiverbände nicht der Fall.

150 Kritisch dazu *Trautmann*, Innerparteiliche Demokratie im Parteienstaat, S. 249.

151 Siehe dazu oben § 8 III 1 a) aa) (2).

152 Im Parteienrecht wird die Frage der Bindung von Vertretern an Aufträge und Weisungen – soweit ersichtlich – nur im Zusammenhang mit dem Stimmrecht der Vertreter diskutiert, vgl. etwa *Heinz*, Organisation innerparteilicher Willensbildung, S. 80; *Seifert*, Die politischen Parteien im Recht der Bundesrepublik Deutschland, S. 237. Doch stellt sich die Frage ebenso bei ihrem Recht auf Auskunft und Gehör.

153 *Trautmann*, Innerparteiliche Demokratie im Parteienstaat, S. 250.

154 Vgl. *Heinz*, Organisation innerparteilicher Willensbildung, S. 80 ff.; *Henke*, Das Recht der politischen Parteien, S.71; *ders.*, in: Dolzer/Vogel/Graßhof (Hrsg.), BoKo-GG IV, Art. 21 Rn. 284; *U. Müller*, Die innere Ordnung der Parteien muß demokratischen Grundsätzen entsprechend, S. 106, 141; *Trautmann*, Innerparteiliche Demokratie im Parteienstaat, S. 250 ff.; *Pieroth*, in: Jarass/Pieroth, GGK, Art. 21 Rn. 24.

nerparteilichen Demokratiegebot des Art. 21 Abs. 1 S. 3 GG die Willensbildung der Parteien nicht nur in den Ortsverbänden, sondern auch in den überörtlichen Parteiverbänden auf dem Willen aller Parteimitglieder beruhen soll, spricht denn auch in der Tat einiges für eine Bindung der Vertreter an Weisungen der sie wählenden Parteimitglieder[155].

(a) Zulässigkeit nach Parteiengesetz

Eine generelle Regelung zur Frage der Weisungs(un)abhängigkeit der Vertreter, so wie sie etwa Art. 38 Abs. 1 S. 2 GG für das Verhältnis zwischen den Volksvertreter im Bundestag und ihren Wählern trifft[156], enthält das Parteiengesetz nicht.

Im Zusammenhang mit innerparteilichen Wahlen und Abstimmungen heißt es allerdings in § 15 Abs. 3 S. 3 PartG, daß „eine Bindung an Beschlüsse anderer Organe unzulässig ist". Manche sehen darin eine Absage an das imperative Mandat[157]. Hingegen wird die Bestimmung von den Befürwortern eines imperativen Mandats dahingehend verstanden, daß sie die Selbständigkeit der verschiedenen Parteiorgane gewährleisten, nicht aber eine Bindung der Vertreter an Beschlüsse der sie entsendenden Organe ausschließen will[158].

(b) Zulässigkeit nach bürgerlichem Vereinsrecht

Da das imperative Mandat im Parteiengesetz sonach allenfalls zum Teil, nämlich im Zusammenhang mit innerparteilichen Wahlen und Abstimmungen geregelt ist, gilt es gemäß dem Verhältnis der Rechtsquellen der inneren Parteienordnung[159] zumindest ergänzend das bürgerliche Vereinsrecht heranzuziehen.

Zwar regeln auch die §§ 21 ff. BGB das imperative Mandat nicht. Doch ist zu erinnern, daß die Mitglieder der Vertreterversammlungen nach bürgerlichem Vereinsrecht ein organschaftliches Amt bekleiden[160]. Diesem Amt liegt ein Vertragsverhältnis mit dem Verband zugrunde, das, falls die Vertreter lediglich Aufwen-

---

155 Die Zulässigkeit eines imperativen Mandats in politischen Parteien bejahen etwa *Morlok*, in: Dreier, GGK II, Art. 21 Rn. 132; *Pieroth*, in: Jarass/Pieroth, GGK, Art. 21 Rn. 24; *Preuß*, in: AK-GG I (2. Aufl.), Art. 21 Abs. 1, 3 Rn. 66; *Stuby*, Der Staat 8 (1969), 303 [321]; *Trautmann*, Innerparteiliche Demokratie im Parteienstaat, S. 249 ff.

156 Die in dieser Verfassungsnorm festgelegte Unabhängigkeit der Bundestagsabgeordneten von Weisungen gilt nicht nur für ihr Stimmrecht, sondern auch für ihre übrigen Abgeordnetenrechte, wie insbesondere das Rederecht, vgl. BVerfGE 10, 4 [12].

157 *Heinz*, Organisation innerparteilicher Willensbildung, S. 82; *Henke*, Das Recht der politischen Parteien, S. 71; *ders.*, in: Dolzer/Vogel/Graßhof (Hrsg.), BoKo-GG IV, Art. 21 Rn. 284.

158 So *Preuß*, in: AK-GG I (2. Aufl.), Art. 21 Abs.1, 3 Rn. 66; *Seifert*, Die politischen Parteien im Recht der Bundesrepublik Deutschland, S. 261: „keine Anhaltspunkte", daß mit § 15 Abs. 3 S. 3 PartG die Frage des imperativen Mandats entschieden werden sollte; *Trautmann*, Innerparteiliche Demokratie im Parteienstaat, S. 250 f.

159 Siehe dazu oben § 6 II.

160 Vgl. dazu oben § 8 III 1 a) aa) (2).

dungsersatz erhalten, als Auftragsverhältnis (§§ 662 ff. BGB), falls ihnen eine Vergütung gewährt wird, als ein auf eine Geschäftsbesorgung gerichteter Dienstvertrag (§ 675 i.V.m. §§ 611 ff. BGB) zu qualifizieren ist[161]. Mit den sie wählenden Mitgliedern stehen die Vertreter dagegen in keinem Vertragsverhältnis, insbesondere sind sie nicht deren Vertreter im Sinne der §§ 164 ff. BGB[162]. Grundsätzlich unterliegen sie daher auch nicht deren Weisungen[163]. Allerdings wird es für zulässig gehalten, daß die Rechtstellung der Vertreter durch die Vereinssatzung so ausgestaltet wird, daß sie an Weisungen ihrer Wähler gebunden sind[164].

(c) Stellungnahme

Fraglich ist, ob dementsprechend auch politische Parteien in ihren Satzungen[165] das imperative Mandat festlegen können[166]. Maßgebend für die Antwort ist abermals das Gebot des Art. 21 Abs. 1 S. 3 GG, das die politischen Parteien verpflichtet, ihre innere nach demokratischen Grundsätzen auszurichten.

Daß Art. 38 Abs. 1 S. 1 S. 2 GG das freie Mandat garantiert, die demokratische Staatsordnung des Grundgesetzes mithin repräsentativen Charakter hat, ist noch kein Grund, das imperative Mandat auch in politischen Parteien zu verbieten[167]. Das freie Mandat entspricht der parlamentarischen Vertretung des Volkes am besten, weil das Parlament Staat und nicht Gesellschaft ist und das imperative Mandat

161 *Reichert*, HdbVereins- und Verbandsrechts, Rn. 2796.

162 Siehe dazu oben bereits § 8 III 1 a) aa) (2).

163 Im Ergebnis ebenso *Reichert*, HdbVereins- und Verbandsrechts, Rn. 2798; *Säcker*, Probleme der Repräsentation von Großvereinen, S. 22 f.; *Sauter/Schweyer*, Der eingetragene Verein, Rn. 220; *U. Schmidt*, Die Mitgliedschaft in Verbänden, S. 183 f., der allerdings insofern mit dem Minderheitenschutz argumentiert, den er gefährdet sieht, weil Vertreter nur die sein könnten, die dazu von einer Mehrheit gewählt worden seien, sie also bei einer Bindung an den Willen ihrer Wähler stets die Mehrheitsposition vertreten müßten; *Stöber*, HdbVereinsrecht, Rn. 501. Zum selben Ergebnis im Genossenschaftsrecht, vgl. etwa RGZ 155, 21/25; *Metz*, in: Lang/ Weidmüller/Metz/Schaffland, GenG-K, § 43a Rn. 12 f.; *Beuthien*, GenG-K, § 43a Rn. 5.

164 Vgl. *Sauter/Schweyer*, Der eingetragene Verein, Rn. 220; *Stöber*, HdbVereinsrecht, Rn. 501.

165 In der Praxis enthalten die Parteisatzungen zu der Frage, ob die Vertreter ein freies oder gebundenes Mandat haben, meist überhaupt keine Regelung oder aber ein Verbot des imperativen Mandats, vgl. etwa § 13 Abs.7 S. 2 FDP-Bundessatzung: „Kein Delegierter (...) kann an einen Auftrag gebunden werden; er ist bei der Abgabe einer Stimme nur seiner Einsicht und seinem Gewissen unterworfen".

166 Bejahend etwa *U. Müller*, Die innere Ordnung der Parteien muß demokratischen Grundsätzen entsprechend, S. 141: „Die Frage des imperativen Mandats kann (...) von den Parteien autonom entscheiden werden"; *Morlok*, in: Dreier, GGK II, Art. 21 Rn. 132; *Seifert*, Die politischen Parteien im Recht der Bundesrepublik Deutschland, S. 237, der davon ausgeht, daß „Schweigen der Satzung im Zweifel als Zulassung der Stimmbindung auszulegen" ist, was nach dem soeben (§ 8 III 1 a) bb) (1) (b)) zum bürgerlichen Vereinsecht Gesagten unzutreffend ist.

167 Dazu, daß Art. 21 Abs. 1 S. 3 GG Demokratie im Staat und innerparteiliche Demokratie nicht dasselbe sind, bereits grundsätzlich oben unter § 7 II 4 a).

der Eigenständigkeit beider Bereiche entgegenstünde. Zwischen wählender und gewählter Parteiversammlung besteht ein solcher Unterschied jedoch nicht[168].

Gleichwohl gewährleistet nicht nur im Staat, sondern auch in politischen Parteien allein das freie Mandat der gewählten Vertreter eine demokratische Willensbildung im Sinne des Art. 21 Abs. 1 S. 3 GG. Ein imperatives Mandat der Vertreter dergestalt, daß sie in ihrem Handeln von den Weisungen der sie wählenden Parteimitglieder abhängig sind, scheidet schon aus praktischen Gründen aus. Eine solche totale Abhängigkeit der Vertreter, wie sie offenbar *Trautmann*[169] vorschwebt, würde nämlich voraussetzen, daß sich die Parteimitglieder auf der untersten, lokalen Ebene der Partei auch sämtlichen von den überörtlichen Parteiverbänden im Rahmen von Vertreterversammlungen zu entscheidenden Angelegenheiten widmen, dazu eine Willen bilden und den Vertretern entsprechende Weisungen erteilen, auf daß diese ihn in den überörtlichen Parteiverbänden zur Geltung bringen. Das können die – ehrenamtlich tätigen – einfachen Parteimitglieder auf der untersten Parteiebene jedoch schon aus zeitlich Gründen nicht leisten[170]. So muß denn auch *Trautmann* zugestehen, daß eine Bindung der Vertreter nur soweit reichen kann, wie sich die von ihnen vertretenen Mitglieder bereits einen Willen gebildet haben[171].

Doch selbst soweit dies der Fall ist, liefe ein imperatives Mandat der demokratischen Willensbildung in politischen Parteien zuwider. Denn wegen Art. 21 Abs. 1 S. 3 GG bestehen die Parteien als territorial gegliederte Zentralvereine, die eine Vielzahl von Gebietsverbänden mit eigener Willensbildung aufweisen. Zur Herausbildung eines demokratischen Willens der Gesamtpartei müssen die verschiedenen Willensbildungsprodukte der untersten Verbandsebene im Rahmen der Willensbildung der Vertreterversammlungen der jeweils darüberliegenden Verbände in Ausgleich gebracht werden. Diese Aufgabe können die Vertreterversammlungen jedoch nur erfüllen, wenn ihre Mitglieder weisungsunabhängig sind[172]. Ein imperatives Mandat hingegen würde der Erörterung und Abwägung der verschiedenen in die Versammlungen eingebrachten Willensbildungsprodukte von vornherein ihren Sinn nehmen[173]. Die Funktion der Vertreterversammlungen läge dann nur noch darin, den in den jeweils darunterliegenden Verbandsebenen bestehenden Willen zum Ausdruck zu bringen[174]. Eine Weiterentwicklung dieses Willens hin zu einem sachgerechten, alle in der Partei vertretenen Meinungen und Interessen angemessen berücksichtigenden Gesamtwillen der Partei wäre indes unmöglich[175].

---

168 *Henke*, Das Recht der politischen Parteien, S. 71; *U. Müller*, Die innere Ordnung der Parteien muß demokratischen Grundsätzen entsprechend, S. 141.

169 *Trautmann*, Innerparteiliche Demokratie im Parteienstaat, S. 247 ff.

170 Vgl. zu den Gründen ferner *Heinz*, Organisation innerparteilicher Willensbildung, S. 81.

171 Vgl. *Trautmann*, Innerparteiliche Demokratie im Parteienstaat, S. 250.

172 *Wolfrum*, Die innerparteiliche demokratische Ordnung nach dem Parteiengesetz, S. 74 f.

173 *Michels*, Zur Soziologie des Parteiwesens in der modernen Demokratie, S. 37 f.

174 *Heinz*, Organisation innerparteilicher Willensbildung, S. 81.

175 *Wolfrum*, Die innerparteiliche demokratische Ordnung nach dem Parteiengesetz, S. 75 f.

Müssen Vertreter in politischen Parteien sonach weisungsunabhängig sein, verlangt die Wahl von Vertretern freilich ein besonderes Maß an Vertrauen der sie wählenden Parteimitglieder[176]. Um so wichtiger ist es, daß die Parteimitglieder die Möglichkeit haben, sich vor der Wahl über die für ein Vertreteramt kandidierenden Personen und ihre Ziele zu unterrichten und zu diskutieren, um so wichtiger mithin ein Recht der Parteimitglieder auf Auskunft und Gehör[177].

(2) Anwesenheitsrecht in den Vertreterversammlungen

Wenn schon nicht durch ein imperatives Mandat, kann die mit der Einrichtung von Vertreterversammlungen einhergehende Relativierung des Rechts auf Auskunft und Gehör der nicht zu Vertretern gewählten Parteimitglieder aber möglicherweise durch ein Anwesenheitsrecht in den Vertreterversammlungen kompensiert werden. Aufgrund eines solchen Anwesenheitsrechts könnten sie zwar nicht unmittelbar an der in der Vertreterversammlung stattfindenden Willensbildung teilnehmen. Doch könnten sie sich dort zumindest aus erster Hand informieren und somit insbesondere feststellen, ob ihr Wille im Handeln der von ihnen gewählten Vertretern zum Ausdruck kommt.

Das Parteiengesetz läßt die Frage, ob nicht zu Vertretern gewählten Parteimitgliedern in den Vertreterversammlungen ein Anwesenheitsrecht zusteht, ungeregelt. Auch die §§ 21 ff. BGB treffen hierzu keine Aussage. Im vereinsrechtlichen Schrifttum wird die Frage mehrheitlich[178] verneint. Grund dafür ist, daß das Anwesenheitsrecht als Bestandteil des Teilnahmerechts verstanden wird[179], ein Teilnahmerecht an den Vertreterversammlungen jedoch nur den hierfür gewählten Vertretern zusteht. So wird ein Anwesenheitsrecht von nicht zu Vertretern gewählten Mitgliedern nur für den Fall bejaht, daß sie von der Vertreterversammlung als Gäste zugelassen wurden[180].

Diese Auffassung überzeugt nicht. Wie oben bereits festgestellt[181], beinhaltet das Teilnahmerecht die Befugnis des Mitglieds, die ihm im Verband zustehenden Rechte im Rahmen einer Mitglieder- bzw. Vertreterversammlung auszuüben. Dagegen ist das Anwesenheitsrecht das bloße das Recht zur Anwesenheit in der Versammlung. So setzt zwar ein Teilnahmerecht stets auch ein Anwesenheitsrecht voraus. Umgekehrt gibt es jedoch ein Anwesenheitsrecht ohne Teilnahmerecht. Das wird insbesondere bei in der Vertreterversammlung anwesenden Gästen deut-

---

176 So zu Recht *Heinz*, Organisation innerparteilicher Willensbildung, S. 82.

177 Ausführlich zur Bedeutung des Rechts auf Auskunft und Gehör bei innerparteilichen Wahlen oben § 7 II 4 b) bb).

178 Anders - soweit ersichtlich - nur *U. Schmidt*, Die Mitgliedschaft in Verbänden, S. 184 f.

179 *Reichert*, HdbVereins- und Verbandsrechts, Rn. 869; *Sauter/Schweyer*, Der eingetragene Verein, Rn. 196; *Stöber*, HdbVereinsrecht, Rn. 463 ff.

180 *Reichert*, HdbVereins- und Verbandsrechts, Rn. 973; *Sauter/Schweyer*, Der eingetragene Verein, Rn. 222; *Stöber*, HdbVereinsrecht, Rn. 505.

181 Siehe oben § 7 II 3 b) aa).

lich. Wären Teilnahme- und Anwesenheitsrecht dasselbe, wären Gäste, die zwar nicht gewählte Vertreter, aber doch Verbandsmitglieder sind, aufgrund ihres Anwesenheitsrechts befugt, in der Vertreterversammlung Mitgliedschaftsrechte auszuüben, also beispielsweise ihr Stimmrecht. Das aber will erkennbar auch die Gegensicht nicht. Richtigerweise sind denn auch das Teilnahme- und Anwesenheitsrecht als zwei voneinander unabhängige Rechte zu sehen. Dabei ist davon auszugehen, daß Mitgliedern in gewöhnlichen bürgerlich-rechtlichen Vereinen grundsätzlich ein Anwesenheitsrecht in Vertreterversammlungen zusteht, dieses Recht jedoch durch die Vereinssatzung eingeschränkt werden kann[182].

Dasselbe gilt in politische Parteien, hier allerdings mit der Besonderheit, daß Einschränkungen des Anwesenheitsrechts durch die Parteisatzungen[183] dem innerparteilichen Demokratiegebots des Art. 21 Abs. 1 S. 3 GG Rechung tragen müssen. Insofern ist maßgebend, daß die mit der Einrichtung von Vertreterversammlungen einhergehende Relativierung der Mitgliedschaftsrechte nur so weit gehen darf, wie dies zur Gewährleistung einer demokratischen Willensbildung erforderlich ist. Danach ist es zwar unumgänglich, das Teilnahmerecht an der Vertreterversammlungen auf die zu Vertretern gewählten Parteimitglieder zu begrenzen, nicht jedoch in jedem Fall auch das Anwesenheitsrecht. Denn eine demokratische Willensbildung ist in den Vertreterversammlungen auch dann möglich, wenn Mitglieder, die keine Vertreter sind, als Zuschauer und Zuhörer den Verlauf der Verhandlungen verfolgen[184]. Hinzu kommt, daß die Vertreterversammlungen wegen ihrer Repräsentationsfunktion gleichsam das Parlament der nicht zu Vertretern gewählten Mitglieder bilden[185]. So wie im Staat das Demokratieprinzip des Art. 20 GG die Öffentlichkeit der Parlamentssitzungen der Volksvertretungen gebietet und somit einen freien und gleichen Zugang der Bürger zu den Parlamentsberatungen[186], fordert in politischen Parteien das Demokratiegebot des Art. 21 Abs. 1 S. 3 GG eine

---

182 Im Ergebnis ebenso *U. Schmidt*, Die Mitgliedschaft in Verbänden, S.184 f.

183 Sofern sich in den Satzungen der politischen Parteien Regelungen finden, denen sich etwas über ein Anwesenheitsrecht von nicht zu Vertretern gewählten Mitgliedern in Vertreterversammlungen entnehmen läßt, sind diese regelungstechnisch meist mißglückt, was damit zu tun hat, daß ebensowenig wie im vereinsrechtlichen Schrifttum zwischen dem Teilnahmerecht und dem Anwesenheitsrecht unterschieden wird. Ein Beispiel dafür ist § 42 der CSU-Bundessatzung. So sind gemäß Abs. 1 dieser Bestimmung bei Sitzungen von Mitglieder- und Vertreterversammlungen grundsätzlich „nur stimmberechtigte Mitglieder und Delegierte teilnahmeberechtigt". In Abs. 3 heißt es: „(...) Ausnahmen, insbesondere die Teilnahme von weiteren Mitgliedern, Pressevertretern und Gästen, können die Vorsitzenden im Einzelfall für ihre Verbände zulassen. Die Befugnisse der Vorstände, der Haupt- und Vertreterversammlungen, nicht stimmberechtigte Anwesende ganz oder teilweise auszuschließen, bleiben unberührt". Ebenso undifferenziert heißt es in § 13 Abs. 1 FDP-Bundessatzung: „Grundsätzlich darf jedes Mitglied der Partei am Bundesparteitag teilnehmen. Rederecht haben unbeschadet des § 25 (Zulassung von Gästen) nur die stimmberechtigten Delegierten (...)".

184 So allgemein zu Vertreterversammlung in Verbänden auch *U. Schmidt*, Die Mitgliedschaft in Verbänden, S. 185.

185 Vgl. *Zeuner*, Innerparteiliche Demokratie, S. 54.

186 BVerfGE 70, 324 [355]; 84, 304 [329]; *Pieroth*, in: Jarass/Pieroth, GGK, Art. 42 Rn. 1; *Schneider*, in: AK-GG II, Art. 42 Rn. 2 und 6.

innerparteiliche Öffentlichkeit der Vertreterversammlungen mit freiem und gleichen Zugang auch der nicht zu Vertretern gewählten Parteimitglieder[187]. Hier wir dort steht dahinter der Gedanke, daß die Übertragung eines Vertreteramts Vertrauen der Mandanten in die Mandataren voraussetzt, Vertrauen aber Transparenz verlangt, die erlaubt zu verfolgen, was politisch geschieht[188].

Einschränkungen des Anwesenheitsrechts, die vor Art. 21 Abs. 1 S. 3 GG Bestand haben, können sich vor allem aus sachlichen Gründen ergeben, so insbesondere aus räumlichen Kapazitätsproblemen[189]. Freilich dürfen die Versammlungsräume für Vertreterversammlungen nicht so gewählt werden, daß die Anwesenheit von nicht zu Vertretern gewählten Mitgliedern von vornherein ausscheidet. Sind mehr Anwesenheitsinteressierte als Plätze vorhanden, ist sicherzustellen, daß die Zutrittsgewährung unter Beachtung des Gleichbehandlungsgrundsatzes erfolgt. Dies kann zweckmäßig durch die Ausgabe von Eintrittskarten geschehen, wobei sich die Ausgabe nach der zeitlichen Folge der Anfrage zu richten haben wird[190]. Ist der Zutritt geglückt, werden dem Anwesenheitsrecht durch die Versammlungsordnung Grenzen gesetzt, wonach etwa Störer des Versammlungsraums verwiesen werden können[191].

b) Die Mitglieder- und Vertreterversammlungen zur Wahlbewerberaufstellung als Parteiversammlungen sui generis

Gemäß §§ 21 Abs. 1, 27 Abs. 5 BWahlG müssen die Parteien ihre Wahlbewerber für Bundestagswahlen in Mitglieder- oder Vertreterversammlungen aufstellen. Entsprechendes ist im Europawahlgesetz sowie in den Landes- und Kommunalwahlgesetzen geregelt. Die in den Wahlgesetzen genannten Mitglieder- und Vertreterversammlungen sind jedoch nicht identisch mit den vorstehend behandelten Parteiversammlungen im Sinne des § 9 PartG. Sie sind keine Organe der Partei und ihrer Gebietsverbände und unterliegen somit auch nicht der Vorschrift des § 15 PartG über deren Willensbildung[192]. Vielmehr handelt es sich um Parteiversamm-

---

[187] Vgl. zur entsprechenden Argumentation hinsichtlich des Anwesenheitsrechts von einfachen Mitgliedern in den Vertreterversammlungen in Genossenschaften *K. Müller*, GenG-K II, § 43a Rn. 77.

[188] So in bezug auf die Öffentlichkeit der Verhandlungen des Bundestages BVerfGE 40, 296 [327].

[189] Indes will *K. Müller*, GenG-K III, § 43a Rn. 77, den nicht zu Vertretern gewählten Mitgliedern einer Genossenschaft ein „absolutes" Anwesenheitsrecht in deren Vertreterversammlungen einräumen. Entsprechendes scheidet in politischen Parteien jedenfalls bei Vertreterversammlungen ihrer Landes- und Bundesverbände schon aus praktischen Gründen aus, da diese Verbände meist über viele Tausend Mitglieder verfügen.

[190] Vgl. in bezug auf Vertreterversammlungen von Genossenschaften *K. Müller*, GenG-K III, § 43a Rn. 77; im Hinblick auf Beratungen des Bundestages *Schneider*, in: AK-GG II, Art. 42 Rn. 6.

[191] Siehe zu den sich aus der Versammlungsordnung ergebenden Grenzen näher unten § 10 I 1 a) aa).

[192] Unzutreffend insofern CDU-Bundesparteigericht, NVwZ 1993, 1126 [1127], vgl. dazu bereits oben § 7 II 1.

lungen eigener Art[193]. Denn wie gesehen, machen die Parteimitglieder bei der Wahl der Wahlbewerber der Partei nicht von ihrem privaten mitgliedschaftlichen, sondern von ihrem öffentlichen Wahlrecht bzw. Wahlvorschlagsrecht Gebrauch[194]. Die in den Mitglieder- und Vertreterversammlungen zur Wahlbewerberaufstellung stattfindende Willensbildung ist daher eigentlich keine Parteiwillensbildung, sondern Teil der Staatswillensbildung. Fehlt Parteimitgliedern das Recht, durch Wahlen an der Staatswillensbildung mitzuwirken, etwa weil sie minderjährig oder Ausländer sind[195], fehlt ihnen damit von vornherein auch das Recht, an der in den Mitglieder- und Vertreterversammlungen zur Wahlbewerberaufstellung stattfindenden Willensbildung mitzuwirken[196].

Sind Parteimitglieder hingegen bei öffentlichen Wahlen wahlberechtigt, heißt das nicht, daß sie an sämtlichen in ihrer Partei stattfindenden Mitglieder- und Vertreterversammlungen zur Wahlbewerberaufstellung teilnehmen und dort ihr – in den betreffenden wahlgesetzlichen Bestimmungen begründetes[197] – Recht auf Auskunft und Gehör ausüben dürfen. Das soll exemplarisch anhand der Regelungen des Bundeswahlgesetzes dargestellt werden:

aa) Mitgliederversammlungen

Grundsätzlich erfolgt die Aufstellung der Wahlbewerber der politischen Parteien in Mitgliederversammlungen, §§ 21 Abs. 1 S. 1 Alt. 1, 27 Abs. 5 BWahlG. Da die Parteimitglieder bei der Wahl der Wahlbewerber der Partei von ihrem öffentlichen Wahlrecht Gebrauch machen, handelt es sich dabei um Versammlung ausschließlich der bei der betreffenden Wahl im Wahlgebiet wahlberechtigten Parteimitglieder. An welcher in ihrer Partei stattfindenden Mitgliederversammlungen zur Wahlbewerberaufstellung wahlberechtigte Parteimitglieder teilnahmeberechtigt sind, hängt von ihrem Hauptwohnsitz ab[198]. Parteimitglieder, die zwar dem Gebietsverband angehören, in dem eine Mitgliederversammlung zur Wahlbewerberaufstellung ihrer Partei stattfindet, in dem betreffenden Wahlgebiet jedoch keinen Hauptwohnsitz haben, steht kein Teilnahmerecht an der Mitgliederversammlung zu. Umgekehrt können an dieser Mitgliederversammlung Parteimitglieder teilnehmen, die anderen Gebietsverbänden der Partei angehören, aber in dem betreffenden Wahlgebiet ihren Hauptwohnsitz haben[199].

---

[193] Vgl. *Boettcher*, in: Boettcher/Högner, BWahlG/O-K, BWahlG § 21 Rn. 6; *Seidel*, Direkte Demokratie in der innerparteilichen Willensbildung, S. 194; *Seifert*, BWahlR-K, BWahlG § 21 Rn. 5, 6; *ders.*, Die politischen Parteien im Recht der Bundesrepublik Deutschland, S. 371.

[194] Siehe oben § 7 II 4 b) aa).

[195] Vgl. zu diesen die Wahlberechtigung ausschließenden Gründen § 12 Abs. 1 Nr. 1, Abs. 2 BWahlG.

[196] Vgl. dazu bereits oben § 8 I 2.

[197] Siehe oben § 7 II 5 b).

[198] Siehe dazu bereits oben § 8 I 2 a).

[199] BVerfGE 89, 243 [256]; *Schreiber*, HdbWahlRBT, § 21 Rn. 6; *Seifert*, BWahlR-K, BWahlG § 21 Rn. 5; *ders.*, Die politischen Parteien im Recht der Bundesrepublik Deutschland, S. 371; *Wolfrum*, Die innerparteiliche Ordnung nach dem Parteiengesetz, S. 183. A.A. *Küchenhoff*, Kandidatenauf-

Teilnahmeberechtigt an den Mitgliederversammlungen zur Wahlbewerberaufstellung sind überdies Nichtmitglieder, die durch teilnahmeberechtigte Parteimitglieder zur Kandidatur bei diesen innerparteilichen Wahlen vorgeschlagen wurden[200]. Wie daraus folgt, haben die Nichtmitglieder in diesem Fall allerdings kein originäres, sondern ein von den Parteimitgliedern abgeleitetes Teilnahmerecht. Dieses Teilnahmerecht gibt den Nichtmitgliedern die Befugnis, in der Mitgliederversammlung ihr passives öffentliches Wahlrecht einschließlich des damit einhergehenden Rechts auf Auskunft und Gehör auszuüben. Ein aktives Wahlrecht haben sie indes nicht[201].

bb) Allgemeine oder besondere Vertreterversammlungen

Anstatt in einer Mitgliederversammlungen können die Parteien die Aufstellung ihrer Wahlbewerber auch in einer Vertreterversammlung vornehmen, §§ 21 Abs. 1 S. 1 Alt. 2 und 3, 27 Abs. 5 BWahlG[202]. Dabei ist zwischen den allgemeinen und den besonderen Vertreterversammlungen zu unterscheiden. Allgemeine Vertreterversammlungen sind nach der Satzung der Parteien allgemein für bevorstehende Wahlen von einer Mitgliederversammlung im Sinne des § 21 Abs. 1 S. 1 Alt. 1 BWahlG aus ihrer Mitte bestellte Versammlungen, § 21 Abs. 1 S. 4 BWahlG. Besondere Vertreterversammlungen sind indes Versammlungen der im Hinblick auf eine bestimmte Wahl von einer Mitgliederversammlung im Sinne des § 21 Abs. 1 S. 1 Alt. 1 BWahlG aus ihrer Mitte gewählten Vertreter, § 21 Abs. 1 S. 3 BWahlG. Daraus ergibt sich, daß das Teilnahmerecht an den allgemeinen und besonderen Vertreterversammlungen nur solchen Parteimitgliedern zusteht, die zum einen ihrerseits die Voraussetzungen für die Teilnahme an den Mitgliederversammlungen erfüllen und zum anderen dort zu Vertretern gewählt wurden[203]. Nur diese Parteimitglieder dürfen demnach auch in den entsprechenden Vertreterversammlungen ihr Recht auf Auskunft und Gehör ausüben. Ein Teilnahmerecht und damit die Befugnis, in den Vertreterversammlungen ihr passives öffentliches Wahlrecht einschließlich des damit einhergehenden Rechts auf Auskunft und Gehör auszuüben, haben außerdem wiederum Nichtmitglieder, die durch teilnahmeberechtigte Parteimitglieder zur Kandidatur bei diesen innerparteilichen Wahlen vorgeschlagen wurden.

---

stellung und Wahlberechtigung, in: FS Scupin, S. 213 [215]; HbgVerfG, NVwZ 1993, 1083 [1084 f., unter B.I.2.1.1].

200 Siehe zur Zulässigkeit der Kandidatur von Nichtmitgliedern bei der innerparteilichen Wahlbewerberaufstellung oben § 7 II 4 b) cc) (2) (b).

201 Siehe oben § 7 II 4 b) cc) (2) (b).

202 In der Praxis stellt diese Variante der Aufstellung der Wahlbewerber der Parteien die Regel dar, vgl. *Seifert*, Die politischen Parteien im Recht der Bundesrepublik Deutschland, S. 372; *Schreiber*, HdbWahlRBT, § 21 Rn. 2.

203 Vgl. *Schreiber*, HdbWahlRBT, § 21 Rn. 6.

cc) Grund, Zulässigkeit, Voraussetzungen und Grenze der Ersetzung der Mitgliederversammlungen durch Vertreterversammlungen

Der Grund, warum die wahlgesetzlichen Bestimmungen eine Aufstellung der Wahlbewerber der Parteien in Vertreterversammlungen zulassen, ist der gleiche, der auch die Ersetzung der als Parteiorgane bestehenden Mitgliederversammlungen durch Vertreterversammlungen notwendig macht[204]: bei einer zu großen Mitgliederzahl hätten die Teilnehmer der Mitgliederversammlung keine reelle Chance auf Teilhabe an der dort stattfindenden Willensbildung, so daß die Wahl der Wahlbewerber nicht demokratisch wäre[205].

Allerdings nennen die wahlgesetzlichen Bestimmungen über die Wahlbewerberaufstellung der Parteien keine Voraussetzungen dafür, wann die Ersetzung der Mitgliederversammlungen durch Vertreterversammlung zulässig ist, sondern überlassen die Regelung des Näheren den Parteisatzungen, §§ 21 Abs. 5, 27 Abs. 5 BWahlG. Grundsätzlich gilt insofern das oben zur Ersetzung der als Parteiorgane bestehenden Mitgliederversammlungen durch Vertreterversammlungen entsprechend. So ist die Bildung einer Vertreterversammlung nur, aber auch immer dann geboten, wenn wegen der Zahl der Teilnahmeberechtigten eine demokratische Aufstellung der Wahlbewerber in einer Mitgliederversammlung nicht möglich ist[206]. Als Untergrenze dürfte auch in diesem Zusammenhang die Zahl von 1000 Mitgliedern sachgerecht sein, die der Regierungsentwurf für ein Parteiengesetz von 1959 in § 11 Abs. 1 S. 3 im Hinblick auf die Ersetzung der als Parteiorgane bestehenden Mitgliederversammlungen durch Vertreterversammlungen vorsah[207]. Sofern danach die Bildung einer Vertreterversammlung in Betracht kommt, müssen die Vertreter in allgemeiner, unmittelbarer, freier, gleicher und geheimer[208] Wahl gewählt werden[209]. Die Vertreterversammlung muß ferner groß genug sein, um als repräsentativ gelten zu können[210]. Richtmaß hierfür sollte die in § 20 Abs. 4 des Regierungs-

---

[204] Siehe dazu oben § 8 III 1 a) aa) (1).

[205] Vgl. *Seifert*, Die politischen Parteien im Recht der Bundesrepublik Deutschland, S. 372; *Seidel*, Direkte Demokratie in der innerparteilichen Willensbildung, S. 201.

[206] Zweifelnd, ob die Praxis der Parteien, die Aufstellung ihrer Wahlbewerber in aller Regel in einer Vertreterversammlung vorzunehmen, unter diesem Gesichtspunkt gerechtfertigt ist, *Seifert*, Die politischen Parteien im Recht der Bundesrepublik Deutschland, S. 372. Zu weit geht indes *Henkel*, Die Auswahl der Parlamentsbewerber, S. 52, der es für empfehlenswert hält, die Wahl der Bewerber in einer Mitgliederversammlung als einzige Aufstellungsform „zwingend vorzuschreiben, um so den Einfluß der Parteimitglieder zu stärken". Denn ab einer gewissen Zahl von Versammlungsteilnehmern würde damit genau das Gegenteil vom Gewollten erreicht, nämlich eine Verringerung der Partizipationschancen der Parteimitglieder.

[207] Siehe oben § 8 III 1 a) aa) (3) (a).

[208] A.A. noch *Henke*, Das Recht der politischen Parteien, S. 195, sowie *Seifert*, Die politischen Parteien im Recht der Bundesrepublik Deutschland, S. 373, deren Standpunkt jedoch inzwischen durch die ausdrückliche Regelung in § 21 Abs. 3 S. 1 BWahlG überholt ist.

[209] Vgl. § 8 III 1 a) aa) (3) (b).

[210] *Henke*, Das Recht der politischen Parteien, S. 195; *Schreiber*, HdbWahlRBT, § 21 Rn. 5 (S. 367); *Seifert*, BWahlR-K, BWahlG § 21 Rn. 6; *ders.*, Die politischen Parteien im Recht der Bundesrepublik Deutschland, S. 372; *Wolfrum*, Die innerparteiliche Ordnung nach dem Parteiengesetz, S. 184.

entwurfs für ein Parteiengesetz von 1959[211] genannte Mindestzahl von 20 Vertretern bei Vertreterversammlungen in den Wahlkreisen sowie 50 Vertretern bei Landesvertreterversammlungen sein. Die die Zusammensetzung der Vertreterversammlung bestimmende Aufschlüsselung der Vertreter auf die örtlichen Parteiverbände darf sich nur nach deren Mitgliederzahlen, nicht jedoch auch nach den für sie bei der vorangegangenen Wahl abgegebenen Wählerstimmen richten[212]. Mitglieder kraft Satzung können den Vertreterversammlungen nicht angehören, da gemäß § 21 Abs. 1 S. 3 und 4 BWahlG die Vertreter ausnahmslos in ihr Amt gewählt werden müssen[213].

Die oben für die Bildung der Vertreterversammlungen im Sinne des § 9 PartG beschriebene Grenze, wonach es zumindest auf der untersten Organisationsstufe der Partei bei Mitgliederversammlungen verbleiben muß, in denen die Parteimitglieder ihre verschiedenen Rechte unmittelbar ausüben können, gilt im vorliegenden Zusammenhang indes nicht. Denn im Unterschied zu diesen Versammlungen werden die Parteiversammlungen zur Wahlbewerberaufstellung speziell zur Ausübung des öffentlichen Wahlrechts bzw. Wahlvorschlagsrecht der Parteimitglieder gebildet. Die Ausünung dieses Rechts ist sämtlichen Parteimitgliedern in der Mitgliederversammlung, in der die Vertreter für die Vertreterversammlung nominiert werden, unmittelbar möglich.

dd) Ausgleich für fehlendes Teilnahmerecht an Vertreterversammlungen

Wie die Vertreter in den Vertreterversammlungen im Sinne des § 9 PartG sind auch die Vertreter in den Vertreterversammlungen zur Wahlbewerberaufstellung nicht an Weisungen ihrer Wähler gebunden[214]. Die nicht zu Vertretern gewählten

---

211 BT-Ducks. III/1509, S. 6.

212 *Seifert*, BWahlR-K, BWahlG § 21 Rn. 6; *ders.*, Die politischen Parteien im Recht der Bundesrepublik Deutschland, S. 373 Fn. 103; *Wolfrum*, Die innerparteiliche Ordnung nach dem Parteiengesetz, S. 183 f; a.A. *Henkel*, Die Auswahl der Parlamentsbewerber, S. 37; *Schreiber*, HdbWahlRBT, § 21 Rn. 9.

213 *Henke*, Das Recht der politischen Parteien, S. 195; *Schreiber*, HdbWahlRBT, § 21 Rn. 7; *Seidel*, Direkte Demokratie in der innerparteilichen Willensbildung, S.195; *Seifert*, BWahlR-K, BWahlG § 21 Rn. 6; *ders.*, Die politischen Parteien im Recht der Bundesrepublik Deutschland, S. 372.

214 So auch *Schreiber*, HdbWahlRBT, § 21 Rn. 7 a.E.; *Wolfrum*, Die innerparteiliche Ordnung nach dem Parteiengesetz, S. 184. Demgegenüber bleibt *Seifert*, BWahlR-K, BWahlG § 21 Rn. 6; *ders.*, Die politischen Parteien im Recht der Bundesrepublik Deutschland, S. 374, 262, 237 seiner auch im Zusammenhang mit Vertreterversammlungen im Sinne des § 9 PartG vertretenen Ansicht (siehe dazu oben § 8 III 1 a) bb) (1) (a)) treu und hält eine Bindung bereits dann für zulässig, wenn die Parteisatzung hierzu keine Regelung enthält. Indes soll nach *Boettcher*, in: Boettcher/Högner, BWahlG/O-K, BWahlG § 21 Rn. 7, eine Bindung der Vertreter nur zulässig sein, wenn die Parteisatzung dies ausdrücklich erlaubt, wobei er allerdings eine „echte" Bindungsmöglichkeit ohnehin für ausgeschlossen hält, weil die Vertreter ihr Stimmrecht geheim ausüben. Diese Begründung läßt allerdings außer acht, daß das imperative Mandat nicht nur für das Stimmrecht, sondern auch für die anderen mit ihrem Amt verbundenen Rechte der Vertreter in Betracht kommt (vgl. oben siehe dazu oben § 8 III 1 a) bb) (1)).

Parteimitglieder sind allerdings auch hier grundsätzlich berechtigt, in den Vertreterversammlungen anwesend zu sein. Aufgrund dieses Anwesenheitsrechts sind sie besser gestellt als sonstige Personen wie etwa Gäste oder Beobachter, deren Anwesenheit die Versammlung zustimmen muß[215].

2. Weitere Voraussetzungen

Die vorstehend behandelten Voraussetzungen für die Ausübung des Rechts auf Auskunft und Gehör in Parteiversammlungen gelten für alle politischen Parteien. Darüber hinaus können die politischen Parteien weitere, parteispezifische Voraussetzungen festlegen. Das gilt auch für die Parteiversammlungen sui generis zur Wahlbewerberaufstellung; die gegenteilige Ansicht *Schreibers*[216] läßt außer acht, daß die wahlgesetzlichen Bestimmungen über die Wahlbewerberaufstellung der Parteien die Regelung des Näheren den Parteisatzungen überlassen[217].

Freilich sind die Parteien bei der Festlegung weiterer Voraussetzungen nicht völlig frei. So muß der Kern des Rechts auf Auskunft und Gehör in jedem Fall unangetastet bleiben, zumal es als subjektiv-rechtlicher Gehalt des innerparteilichen Demokratiegebots sowie des Grundsatzes der Freiheit der Wahl verfassungsrechtlich abgesichert ist[218]. Zulässig sind insofern vor allem parteispezifische Regelungen, die die Ausübung des Rechts auf Auskunft und Gehör an formelle Voraussetzungen knüpfen.

In Betracht kommen danach etwa parteieigene Regelungen, denen zufolge die Ausübung des Rechts auf Auskunft und Gehör in Parteiversammlungen zuvor schriftlich verlangt und dabei der Gegenstand der gewünschten Information bzw. Meinungskundgabe angegeben werden muß[219]. Bei einer Vielzahl von Rednern und

---

215 Zur Zulässigkeit der Anwesenheit von Gästen in Parteiversammlungen zur Wahlbewerberaufstellung vgl. BayVerfGH, BayVBl. 1955, 123; *Seifert*, Die politischen Parteien im Recht der Bundesrepublik Deutschland, S. 371 f.; *Schreiber*, HdbWahlRBT, § 21 Rn. 6.

216 *Schreiber*, HdbWahlRBT, § 21 Rn. 6 (S. 400), in bezug auf die Wahlbewerberaufstellung der Parteien für Bundestagswahlen.

217 Vgl. §§ 21 Abs. 5, 27 Abs. 5 BWahlG, die anderen Wahlgesetze enthalten entsprechende Bestimmungen.

218 Siehe oben § 7 II 4 a) cc) sowie § 7 II 4 b) bb).

219 So beispielsweise § 14 Abs. 2 der Bundesgeschäftsordnung der CDU: „Wortmeldungen erfolgen schriftlich unter Angabe des Themas und sind in die Rednerliste aufzunehmen". Vgl. zur Zulässigkeit solcher Regelungen in bezug auf das individuelle Informationsrecht in privaten Personenverbänden *Eckardt*, in: Geßler/Hefermehl/Eckardt/Kropf, AktG-K II, § 131 Rn. 17, 26; *Grunewald*, ZHR 146 (1982), 211 [225]; *Wohlleben*, Informationsrechte des Gesellschafters, S. 69; a.A. *Hüffer*, AktG-K, § 131 Rn.1, 8 sowie *Semler*, in: MüHdbGesellschR, § 37 Rn. 18, die in dem Schriftformerfordernis eine zu weitgehende Erschwernis für die Rechtsausübung sehen.
Von der Form, in der Auskunft und Gehör verlangt werden müssen, ist die Form, in der Auskunft und Gehör gewährt werden, zu unterscheiden. Wenn also für das Verlangen Schriftform vorgeschrieben ist, heißt das folglich nicht, daß das Mitglied auch „nur" einen Anspruch auf schriftliche Auskunftserteilung bzw. schriftliche Meinungskundgabemöglichkeit hat. Näheres zur Form der Gewährung von Auskunft und Gehör unten § 9 III 1.

Fragestellern kann dies für eine Strukturierung des Versammlungsablaufs notwendig sein. Andererseits darf die Frist für das vorherige Verlangen nicht so bemessen werden, daß auf den Parteiversammlungen keine lebendige Diskussion in Form der Rede und Gegenrede stattfinden kann. Satzungs- oder Geschäftsordnungsregelungen, die vorsehen, daß die Ausübung des Rechts auf Auskunft und Gehör bereits im Vorfeld der Versammlung angekündigt werden muß, wären daher unzulässig[220]. Auch können von einem Fragesteller zur Spezifizierung seines Informationsbedürfnisses keine Darlegungen verlangt werden, für die er erst der begehrten Information bedarf[221]. Allerdings kann, wie an späterer Stelle ersichtlich wird[222], die – freiwillige – vorherige Ankündigung, in einer Parteiversammlung bestimmte Fragen zu stellen, empfehlenswert sein, wenn die Beantwortung der Fragen umfangreiche Vorbereitung erfordert.

Keinesfalls befugt sind Parteien, die Ausübung des Rechts auf Auskunft und Gehör in Parteiversammlungen von einem befürwortenden Versammlungsbeschluß abhängig zu machen, wie dies im ersten einleitend geschilderten Beispielsfall geschah, nachdem einzelne Mitglieder der Hamburger CDU bei einer Wahlbewerberaufstellung der Partei beantragt hatten, sich über die von der Parteiführung zur Wahl vorgeschlagenen Kandidaten informieren und dazu ihre Meinung kundtun zu können[223]. Eine solche Bedingung würde dem Individualrechtscharakter des Rechts auf Auskunft und Gehör[224] widersprechen, dessen Ausübung dieses Charakters wegen vom Willen anderer Mitglieder unabhängig ist[225]. Unglücklich weil mißverständlich ist insofern die Formulierung des erst kürzlich eingefügten Satzes 4 des § 37 Abs. 3 LWahlG Rheinland-Pfalz a.F.[226], wonach den betreffenden Personen „auf ihren Antrag hin Gelegenheit zu geben, sich und ihr Programm der Versammlung in gebotener Zusammenfassung vorzustellen". Insbesondere bedarf es auch dann, wenn Parteimitglieder, wie im eingangs beschriebenen Beispielsfall[227], der Ausübung ihres Rechts auf Auskunft und Gehör von sich aus einen „Geschäftsordnungsantrag" vorschalten, keines entsprechenden Versammlungsbeschlusses, weil solche Anträge anders als wirkliche Geschäftsordnungsanträge nicht darauf gerichtet sind, den Verfahrensablauf der Versammlung zu ändern, sondern lediglich den Versammlungsleiter erinnern sollen, die Grundsätze einer ordnungsgemäßen Versammlungsdurchführung[228] einzuhalten[229].

---

220 Vgl. in bezug auf das Auskunftsrecht des Aktionärs OLG Düsseldorf, WM 1991, 2148 [2152]; *Eckardt*, in: Geßler/Hefermehl/Eckardt/Kropf, AktGK II, § 131 Rn. 16, 25; *Semler*, in: MüHdb-GesellschR IV, § 37 Rn. 16; *Zöllner*, in: ders. (Hrsg.), KöKo-AktG I, § 131 Rn. 56, 77.
221 Vgl. dazu bereits oben § 8 II 1 c).
222 Siehe dazu unten § 9 III 2 a).
223 Siehe oben § 1 I 1.
224 Siehe dazu oben § 7 II 3 a) cc) (2) sowie § 7 II 3 b) bb).
225 Vgl. *Wohlleben*, Informationsrechte des Gesellschafters, S. 69 und 173, in bezug auf das individuelle Informationsrechts in Verbänden.
226 Siehe dazu bereits oben § 7 II 2.
227 Siehe oben § 1 I 1.
228 Siehe zum Versammlungsablauf und den dabei geltenden Grundsätzen unten § 10 I 1 a) aa).

Unzulässig sind ferner Parteiregelungen, die die Ausübung des Rechts auf Auskunft und Gehör an eine bestimmte Dauer der Mitgliedschaft knüpfen[230]. Das hätte zur Folge, daß bestimmte Mitgliedern vorübergehend kein solches Recht hätten, was aber mit dessen Natur als unentziehbares Mitgliedschaftsrecht[231], das durch das innerparteiliche Demokratiegebot sowie den Grundsatz der Freiheit der Wahl zudem verfassungsrechtlich abgesichert ist, unvereinbar wäre.

Zumindest problematisch sind schließlich die in einigen Parteisatzungen[232] enthaltenen Regelungen, wonach die Rechte eines Mitglieds ruhen, wenn es über einen längeren Zeitraum hinweg mit seinen Beitragszahlungen schuldhaft in Verzug ist. Auch wenn es sich bei der Beitragspflicht um eine zentrale Mitgliedschaftspflicht handelt[233], steht diese doch nicht zu einzelnen Mitgliedschaftsrechten im Gegenseitigkeitsverhältnis, sondern zur Mitgliedschaft selbst. Die Beitragsleistung kann demzufolge nur insofern eine Voraussetzung für die Möglichkeit der Mitgliedschaftsrechtsausübung bilden, als es wegen der nachhaltigen Verletzung der Beitragspflicht bei entsprechender satzungsrechtlicher Bestimmung zu einem Ruhen der Mitgliedschaft als solcher einschließlich aller mit ihr verbundenen Mitgliedschaftsrechte kommen kann[234].

IV. Besondere Voraussetzungen für die Ausübung des Rechts auf Auskunft und Gehör außerhalb von Parteiversammlungen

Die vorstehend behandelten allgemeinen und parteispezifischen Voraussetzungen betreffen die Ausübung des Rechts auf Auskunft und Gehör in Parteiversammlungen. Fraglich ist, ob es ebenso allgemeine und parteispezifische Voraussetzungen für die Ausübung des Rechts auf Auskunft und Gehör außerhalb von Parteiversammlungen gibt. Zur Beantwortung dieser Frage ist zunächst zu klären, ob es außerhalb von Parteiversammlungen überhaupt ein Recht auf Auskunft und Gehör gibt.

1. Bestehen des Rechts auf Auskunft und Gehör außerhalb von Parteiversammlungen

Dabei ist wiederum zwischen dem mitgliedschaftlichen und dem in den wahlgesetzlichen Bestimmungen begründeten Recht auf Auskunft und Gehör zu unterscheiden[235].

---

229 Vgl. CDU-BPartG, NVwZ 1982, 159 [160]; unkritisch insofern HbgVerfG, NVwZ 1993, 1083 [1086, unter B.I.2.3.2].

230 Ebenso zum Informationsrecht in einer GmbH *Hüffer*, in: Hachenburg, GmbHG-K II, § 51a Rn. 66.

231 Zur Natur des Rechts auf Auskunft und Gehör als unentziehbares Mitgliedschaftsrecht siehe oben § 7 II 3 a) cc) (1) und (2) sowie § 7 II 3 b) bb).

232 Vgl. etwa § 7 Abs. 2 CDU-Bundessatzung; § 6 Abs. 5 CSU-Bundessatzung.

233 *Seifert*, Die politischen Parteien im Recht der Bundesrepublik Deutschland, S. 212.

234 Vgl. *Reichert*, HdbVereins- und Verbandsrechts, Rn. 715.

235 Siehe zu dieser Unterscheidung oben § 7 II 5 a) und b).

a) Mitgliedschaftliches Recht auf Auskunft und Gehör

Was das mitgliedschaftliche Recht auf Auskunft und Gehör betrifft, halten zwar weder die gesetzlichen Rechtsquellen der inneren Parteienordnung noch – soweit ersichtlich – die Rechtsprechung und Literatur zum Parteienrecht eine Antwort parat. Ergiebig ist aber die Vereinsrechtsliteratur.

aa) Ansichten im bürgerlichen Vereinsrecht zum Auskunftsrecht

So kann das Auskunftsrecht in bürgerlich-rechtlichen Vereinen nach herrschender Meinung analog § 131 AktG nur in Mitgliederversammlungen ausgeübt werden. Die Analogie zum Auskunftsrecht des Aktionärs sei dadurch gerechtfertigt sei, daß bürgerlich-rechtliche Vereine ebenso wie Aktiengesellschaften eine auf Großorganisationen zugeschnittene Verbandsstruktur aufwiesen, in derartigen Organisationen aber für ein jederzeit ausübbares Auskunftsrecht kein Platz sei[236].

Demgegenüber besteht nach *Reichert* ein Auskunftsanspruch auch außerhalb der Mitgliederversammlung, sofern das Mitglied ein entsprechendes berechtigtes Interesse hat[237].

bb) Ansicht im bürgerlichen Vereinsrecht zum Recht auf Gehör

Das mitgliedschaftlichen Recht auf Gehör außerhalb von Mitgliederversammlungen hat *Uwe Schmidt* diskutiert, indem er der Frage nachgegangen ist, ob außerhalb von Mitgliederversammlungen ein Anspruch auf Zugang zu den verbandsinternen Kommunikationsmitteln wie etwa Mitgliederzeitschriften besteht[238]. Seine Argumentation ist allerdings diffus. So stellt er einerseits fest: „Aus dem Gleichbehandlungsgrundsatz läßt sich zwar ableiten, daß alle Mitglieder des Verbandes den gleichen Zugang zu den Vereinseinrichtungen und damit auch zu den Verbandszeitschriften haben müssen. Daraus ergibt sich aber kein Anspruch auf den Abdruck bestimmter Artikel. Der Anspruch besteht nur im Rahmen vorhandener Ka-

---

236 *K. Schmidt*, Informationsrechte in Gesellschaften und Verbänden, S. 57; *ders.*, Gesellschaftsrecht, § 24 IV 2 c), S. 704. Der Sache nach ebenso *Grunewald*, ZIP 1989, 962 [963]; *Hadding*, in: Soergel, BGB-K I, § 38 Rn. 17; *Lepke*, NJW 1966, 2099 ff.; *Reuter*, in: MüKo-BGB I, § 38 Rn. 36 f.; *Sauter/Schweyer*, Der eingetragene Verein, Rn. 281; *U. Schmidt*, Die Mitgliedschaft in Verbänden, S. 168 f.; *Stöber*, HdbVereinsrecht, Rn. 305; *Weick*, in: Staudinger, BGB-K I, § 27 Rn. 25; *Wohlleben*, Informationsrechte des Gesellschafters, S. 145.

237 *Reichert*, HdbVereins- und Verbandsrechts, Rn. 889. In einem obiter dictum des *Bayerischen Oberlandesgerichts*, NJW 1972, 1377 [1378], wird ein Auskunftsrecht außerhalb von Mitgliederversammlungen - einer Wohnungseigentümergemeinschaft - zumindest nicht für völlig ausgeschlossen gehalten.

238 Als verbandsinterne Kommunikationsmittel sind solche Kommunikationsmittel des Verbands zu verstehen, die zur Kommunikation der Verbandsmitglieder untereinander bestehen, im Unterschied zu Kommunikationsmitteln, mit der Kommunikation mit Dritten dienen.

pazitäten"[239]. Andererseits lehnt er kurz darauf einen solchen Anspruch gänzlich ab[240].

cc) Stellungnahme

In politischen Parteien kann das mitgliedschaftliche Recht auf Auskunft und Gehör grundsätzlich auch außerhalb von Parteiversammlungen ausgeübt werden. Das ergibt sich aus folgenden Überlegungen:

(1) Auskunftsrecht

Wenn in der Vereinsrechtsliteratur sinngemäß argumentiert wird, ein jederzeit, nicht nur in Mitgliederversammlungen ausübbares Auskunftsrecht würde bürgerlich-rechtliche Vereine wegen ihrer potentiell großen Mitgliederzahl vor praktisch unlösbare Probleme stellen, dann trifft das zwar im Prinzip zu, und zwar auch und gerade für mitgliederstarke politische Parteien. Demzufolge ist es auch richtig, das Auskunftsrecht in bürgerlich-rechtlichen Vereinen grundsätzlich in Analogie zur gesetzlichen Regelung des individuellen Informationsrechts des Aktionärs anstatt etwa in Analogie zu § 51a GmbHG, der gesetzlichen Regelung des individuellen Informationsrechts des GmbH-Gesellschafter zu konkretisieren und begrenzen[241].

Andererseits darf nicht übersehen werden, daß dem Aktionär keineswegs bloß in der Mitgliederversammlung (Hauptversammlung) Informationsansprüche zustehen. Vielmehr enthält das Aktiengesetz über die allgemeine Regelung in § 131 hinaus zahlreiche spezielle Regelungen zum individuellen Informationsrecht zum Aktionärs, auf deren Grundlage er bestimmte Informationen auch außerhalb der Versammlung verlangen kann[242]. Dabei betreffen diese Spezialregelungen allesamt Fälle, in denen der Aktionär zur sinnvollen Ausübung seiner übrigen Rechte auf Informationen angewiesen ist, ihre Erteilung (erst) in der Versammlung sein berechtigtes Informationsbedürfnis indes nicht befriedigen würde.

In solchen Fällen muß aber auch Mitgliedern bürgerlich-rechtlicher Vereine und politischer Parteien ein Informationsrecht außerhalb von Versammlungen zugestanden werden. Um welche Fälle es hier konkret geht, läßt sich allerdings nicht ohne weiteres in Analogie zu den aktiengesetzlichen Regelungen über Informationsansprüche des Aktionärs außerhalb von Hauptversammlungen beantworten, da diese Regelungen auf die spezifische Interessenlage in Aktiengesellschaften zugeschnitten sind[243]. Mangels gesetzlicher Regelungen und allgemein anerkannter

---

[239] *U. Schmidt*, Die Mitgliedschaft in Verbänden, S. 169 f.
[240] *U. Schmidt*, Die Mitgliedschaft in Verbänden, S. 171.
[241] Vgl. *Reuter*, in: MüKo-BGB I, § 38 Rn. 36.
[242] Siehe zum Auskunftsverlangen allgemein *Hüffer*, AktG-K, § 118 Rn. 8; *Obermüller/Werner/Winden*, Die Hauptversammlung der Aktiengesellschaft, A.IV., S. 31 f; *Wohlleben*, Informationsrechte des Gesellschafters, S. 9.
[243] Vgl. *Grunewald*, ZIP 1989, 962 [964].

Grundsätze kann die Frage, inwieweit Mitglieder bürgerlich-rechtlicher Vereine und politischer Parteien ihr Informationsrecht außerhalb von Versammlungen ausüben können, vielmehr nur einzelfallabhängig beantwortet werden, wobei Maßstab – wie *Reichert* richtig bemerkt – das berechtigte Informationsinteresse des Mitglieds ist[244]. Dieses berechtigte Informationsinteresse ist aber nichts anderes als das oben erörterte Informationsbedürfnis, das somit auch in diesem Zusammenhang als „Wegweiser der Rechtsfortbildung" Bedeutung erlangt[245].

Danach wird das Informationsbedürfnis des Mitglieds zwar in der Regel in der Versammlung befriedigt werden können, so daß es insoweit keinen Auskunftsanspruch außerhalb der Versammlung hat. Doch kann das auch anders sein. Außerhalb von Versammlungen ist ein berechtigtes Informationsbedürfnis beispielsweise dann gegeben, wenn ein Mitglied die Mitgliederliste seines Verbands einsehen will, um mit anderen, ihm unbekannten Mitgliedern in Kontakt treten und gemäß § 37 BGB eine außerordentliche Mitgliederversammlung einzuberufen[246].

Im Verlauf des eingangs[247] beschriebenen Rechtsstreits in der CDU über die von einfachen Parteimitgliedern zwecks Kontaktaufnahme mit anderen Mitgliedern erstrebte Einsichtsnahme in die Parteimitgliederliste wurde insofern allerdings eingewandt, „daß die innere Diskussion und Willensbildung der Partei grundsätzlich in den satzungsgemäßen Parteiversammlungen, Veranstaltungen und Gremien zu geschehen hat. Eine informelle Kommunikation der Parteimitglieder untereinander sollte somit nicht durch ein allgemeines Einsichtnahmerecht in die Mitgliederlisten zugunsten der Mitglieder mit dem größten Potential an Mitteilungsbedürfnis, Zeit sowie Porto- und Telefonaufwand erweitert werden"[248].

Der Einwand ist jedoch haltlos. Wenn in politischen Parteien wie in sonstigen Verbänden tatsächlich Versammlungen die wichtigsten Kommunikationsplattformen sind, so hat dies nicht etwa rechtliche, sondern schlicht praktische Gründe, weil Versammlungen trotz technischer Möglichkeiten wie etwa Videokonferenzen nach wie vor der tauglichste Weg sind, wie Personen in eine größeren Gruppe gleichzeitig kommunizieren können[249]. Gegen eine Begrenzung des Auskunftsrechts auf Versammlungen indes spricht nicht nur, daß oftmals nur durch die Einsichtnahme in die Mitgliederliste das Minderheitenrecht gemäß § 37 BGB ausgeübt werden kann. Vielmehr stünde eine solche Begrenzung auch im Widerspruch zum

---

244 So der Sache nach auch *Metz*, in: Lang/Weidmüller/Metz/Schaffland, GenG-K, § 43 Rn. 44, sowie *K. Müller*, GenG-K I, § 18 Rn. 28, zum Auskunftsrecht des Mitglieds einer Genossenschaft.
245 Vgl. dazu ausführlich oben § 8 II 1 c).
246 Vgl. OLG Hamm, MDR 1973, 929; *Reichert*, HdbVereins- und Verbandsrechts, Rn. 889; *Weichert*, DuD 1994, 200 [201]; *Sauter/Schweyer*, Der eingetragene Verein, Rn. 336, der allerdings nur ein Informationsbedürfnis des Mitglieds in bezug auf Mitgliederadressen anerkennt, nicht aber, daß sie ihm außerhalb der Mitgliederversammlung bekannt gegeben werden müssen.
247 Siehe oben § 1 I 3.
248 So das CDU-Kreisparteigericht Hamburg, zitiert nach *Steffani*, Merkur 1993, 586 [596]; *Stubbe-da Luz*, Parteiendiktatur, S. 161 f. In diesem Sinne auch *Stöber*, HdbVereinsrecht, Rn. 306.
249 Siehe dazu bereits oben § 8 III 1.

Wesen der Parteimitgliedschaft sowie dem innerparteilichen Demokratiegebot des Art. 21 Abs. 1 S. 3 GG. Die Mitgliedschaft in einer Partei ist auf gemeinschaftliches politisches Handeln mit Gleichgesinnten gerichtet. Gemeinschaftliches Handeln bedingt aber Kommunikation. Dabei verlangt das innerparteiliche Demokratiegebot, daß die Parteiwillensbildung nicht nur von oben nach unten, sondern gerade auch von unten nach oben verlaufen kann[250]. Dazu müssen Parteimitglieder sowohl in als auch außerhalb von Parteiversammlungen kommunizieren und sich zu diesem Zweck auch außerhalb von Parteiversammlungen informieren können. Die Parteiführung ihrerseits kann nämlich, weil sie Zugriff auf die Mitgliederliste hat, mit Parteimitglieder auch außerhalb von Parteiversammlungen in Kontakt treten und mit ihnen kommunizieren. Dies muß sie sogar vielfach tun, um ihre Aufgabe erfüllen zu können, so etwa dann, wenn sie für innerparteiliche Wahlen einen Kandidatenvorschlag erarbeiten und hierzu im Vorfeld der Wahlen die Bereitschaft der ausersehenden Mitglieder zur Kandidatur klären will. Insofern hat die Parteiführung aber die Möglichkeit, außerhalb von Parteiversammlungen auf die Mitglieder Einfluß zu nehmen, und macht, wie die politische Wirklichkeit zeigt, von dieser Möglichkeit auch weidlich Gebrauch.

Vor diesem Hintegrund läßt sich eine innerparteiliche Oligarchisierung aber nur verhindern, wenn es den einfachen Parteimitgliedern ebenso möglich ist, sich außerhalb von Parteiversammlungen miteinander in Verbindung zu setzen[251], zum Beispiel, um im Vorfeld die einen alternative alternativ zum Personalvorschlag der Parteiführung eine eigene Liste für die Wahl zu einer Vertreterversammlung aufzustellen[252] oder eine Kandidatur zu betreiben[253]. Daß bei der außerhalb von Parteiversammlungen erfolgenden Kontaktaufnahme womöglich diejenigen Parteimitglieder im Vorteil sind, die mehr Zeit, Geld oder Motivation haben, steht dem nicht entgegen, denn hinsichtlich der Verwirklichung des besagten Rechts aus § 37 BGB gilt nichts anderes[254]. Entscheidend ist nur, daß die potentiell bestehende Chancenungleichheit nicht auf einer Ungleichbehandlung, mithin auf einem Verstoß gegen das Gebot der Gleichbe*recht*igung beruht.

(2) Recht auf Gehör

Was indes die Ausübung des mitgliedschaftlichen Rechts auf Gehör außerhalb von Versammlungen betrifft, geht es dabei – wie *Uwe Schmidt* im Ansatz richtig erkannt – praktisch um die Frage, inwieweit das Mitglied berechtigt ist, zur Verkün-

---

[250] Siehe oben § 7 II 4 a) cc).

[251] So auch *Kressel*, Parteischiedsgerichtsbarkeit und Staatsgerichtsbarkeit, S. 74.

[252] Vgl. zu diesem Beispiel für ein Informationsbedürfnis hinsichtlich Mitgliederadressen *Schaffland*, in: Lang/Weidmüller/Metz/Schaffland, GenG-K, § 31 Rn.2; *ders.*, NJW 1994, 503 [504]; jeweils in bezug auf Genossenschaften.

[253] So auch *Morlok*, in: Dreier, GG-K II, Art.21 Rn.113; *Steffani*, Merkur 1993, 586 [591].

[254] *Steffani*, Merkur 1993, 586 [592], polemisiert in diesem Zusammenhang, der Parteiführung stehe „offenbar die Aufgabe zu, passive Mitglieder vor der kommunikativen Aufdringlichkeit parteiintern-oppositioneller Aktivisten zu schützen. Vielleicht wären mündige Parteimitglieder selber in der Lage, zu entscheiden, ob und mit wem sie kommunizieren wollen".

dung seiner Meinung verbandsinterne Kommunikationsmittel wie etwa Mitgliederzeitschriften zu nutzen.

Sieht man das Recht auf Gehör entsprechend der im Verbandsrecht herrschenden Meinung[255] lediglich als Bestandteil des Teilnahmerechts an Mitgliederversammlungen, kann es naturgemäß nur in den Versammlungen ausgeübt werden. Es hat sich jedoch bereits gezeigt, daß das Recht auf Gehör in Wirklichkeit ein gegenüber dem Teilnahmerecht selbständiges mitgliedschaftliches Mitverwaltungsrecht ist[256]. Mitverwaltungsrechte sind aber, wie schon aus § 32 Abs. 2 BGB[257] ersichtlich wird, nicht notwendig versammlungsgebunden[258]. Demzufolge können sie grundsätzlich auch außerhalb von Mitgliederversammlungen ausgeübt werden. Insofern bestehen also gegenüber der Ausübung des mitgliedschaftlichen Rechts auf Gehör außerhalb von Versammlungen rechtlich keine rechtlichen Einwände.

Wie die Praxis zeigt, ist die Nutzung der verbandsinternen Kommunikationsmittel zur Meinungsverbreitung allerdings sowohl in gewöhnlichen bürgerlich-rechtlichen Vereinen als auch in politischen Parteien meist ein Privileg der Verbands- bzw. Parteiführung. In gewöhnlichen bürgerlich-rechtlichen Vereinen mag das noch angehen. Insbesondere wird darin nicht in jedem Fall ein Verstoß gegen den – in gewöhnlichen bürgerlich-rechtlichen Vereinen ohnehin nur eingeschränkt geltenden – Gleichbehandlungsgrundsatz gesehen werden können[259]. Denn eine Differenzierungen zwischen Mitgliedern mit und ohne Führungsamt ist nicht willkürlich. Inwieweit aber einfachen Mitglieder außerhalb einer Versammlung ein Recht auf Gehör zusteht, kann in gewöhnlichen bürgerlich-rechtlichen Vereinen grundsätzlich durch den Satzungsgeber frei geregelt werden, zumal das Recht auf Gehör hier anders als das Auskunftsrecht kein unentziehbares „mitgliedschaftliches Grundrecht" ist[260].

Anders stellt sich die Lage hingegen in politischen Parteien dar. Zwar sind Differenzierungen der Mitglieder entsprechend ihrer Stellung im Verband grundsätzlich auch in politischen Parteien zulässig[261]. Doch darf hier Mitgliedern ohne Führungsamt die Nutzung der vorhandenen innerparteilichen Kommunikationsmittel wegen des innerparteilichen Demokratiegebots des Art. 21 Abs. 1 S. 3 GG nicht gänzlich vorenthalten bleiben. Das ergibt sich daraus, daß mit Hilfe der parteiinternen Kommunikationsmittel die Parteiwillensbildung außerhalb von Parteiversammlungen erheblich beeinflußt werden kann. Genau zu diesem Zweck werden

---

255 Siehe dazu oben § 7 II 3 b) aa).

256 Siehe dazu oben § 7 II 3 b) aa).

257 § 32 Abs. 2 BGB bestimmt: „Auch ohne Versammlung der Mitglieder ist ein Beschluß gültig, wenn alle Mitglieder ihre Zustimmung zu dem Beschluß erklären".

258 Vgl. *Hadding*, in: Soergel, BGB-K I, § 32 Rn. 42; *Reichert*, HdbVereins- und Verbandsrechts, Rn. 1123 ff.; *Reuter*, in: MüKo-BGB I, § 32 Rn. 69; *Stöber*, HdbVereinsrecht, Rn. 409.

259 Zum Gleichbehandlungsgebot in bürgerlich-rechtlichen Vereinen vgl. bereits oben § 7 II 5 a).

260 Vgl. dazu oben § 7 II 3 b) aa).

261 Siehe oben § 7 II 5 a).

die Kommunikationsmittel von Mitgliedern der Parteiführung denn auch genutzt, so etwa, wenn diese vor innerparteilichen Wahlen in der Mitgliederzeitschrift des Verbands, in Rundschreiben oder in Beiträgen auf Mitgliederseiten im Internet ihre persönliche Leistungen herausstellen oder zu diesem Zweck andere Mitglieder von Parteitelefonen aus anrufen[262]. Ziel des Art. 21 Abs. 1 S. 3 GG ist es indes, eine innerparteiliche Oligarchisierung zu verhindern. Das läßt sich aber nur erreichen, wenn grundsätzlich auch alle einfachen Parteimitglieder die parteiinternen Kommunikationsmitteln nutzen können, um außerhalb von Parteiversammlungen ihre sachlichen und personellen Positionen anderen Mitgliedern gegenüber darzulegen und bei ihnen dafür zu werben[263].

Freilich ist nicht zu verkennen, daß dem Gebrauch parteiinterner Kommunikationsmittel aus sachlichen – vor allem finanziellen – Gründen regelmäßig Grenzen gesetzt sind. Dieser Umstand kann der Parteiführung aber nicht als Rechtfertigung dienen, die vorhandenen Kapazitäten gänzlich zu okkupieren. Um dem innerparteilichen Demokratiegebot zu genügen, ist es vielmehr erforderlich, die vorhandenen Kapazitäten zwischen der Parteiführung und den sonstigen Parteimitgliedern derart angemessen aufzuteilen, daß auch außerhalb von Parteiversammlungen die innerparteiliche Willensbildung nicht nur von oben nach unten, sondern auch von unten nach oben verlaufen kann. Im Rahmen der den Parteimitgliedern ohne Führungsamt zustehenden Kapazitäten ist sodann jedem einzelnen Mitglied die gleiche Nutzungsmöglichkeit der Kommunikationsmittel einzuräumen.

b) In den wahlgesetzlichen Bestimmungen begründetes Recht auf Auskunft und Gehör

Findet das Recht auf Auskunft und Gehör seine Grundlage in den wahlgesetzlichen Bestimmungen über die Wahlbewerberaufstellung, scheint seine Ausübung auf den ersten Blick nur in den dazu gebildeten Parteiversammlungen in Betracht zu kommen. Denn gemäß den betreffenden wahlgesetzlichen Bestimmungen müssen die Parteibewerber *in* einer solchen Parteiversammlung gewählt werden[264], wobei sich das Recht auf Auskunft und Gehör in diesem Zusammenhang infolge einer Auslegung dieser Regelungen im Lichte des verfassungsrechtlichen Grundsatzes der Wahl ergibt[265]. Tatsächlich folgt aus den wahlgesetzlichen Bestimmungen aber nur, daß die eigentliche Wahl in einer entsprechenden Parteiversammlung vorgenommen werden muß, nicht jedoch, daß auch das damit im Zusammenhang stehende Recht auf Auskunft und Gehör ausschließlich dort ausgeübt werden

---

[262] Vgl. dazu, daß das Versenden solcher „Propagandabriefe" sowie das werbende Anrufen von Mitgliedern gang und gäbe ist, exemplarisch *Stubbe-da Luz*, Parteiendiktatur, S. 57.

[263] Als vorbildlich erweist sich insofern die Regelung in Punkt 3 Abs. 1 Hs. 4 der PDS-Bundessatzung, wonach jedes Mitglied das Recht hat, „für die Propagandierung seiner politischen Auffassungen die Informations- und Kommunikationsmedien der Partei zu nutzen".

[264] Siehe im Zusammenhang mit der Wahlbewerberaufstellung bei Bundestagswahlen § 21 Abs. 1 S. 1 BWahlG; die übrigen Wahlgesetze enthalten entsprechende Bestimmungen.

[265] Siehe oben § 7 II 5 b).

kann. Eine solche Einengung des Rechts auf Auskunft und Gehör wäre mit dem verfassungsrechtlichen Grundsatz der Freiheit der Wahl nicht vereinbar.

Was das Auskunftsrecht bei der Wahlbewerberaufstellung anbelangt, hängt die Antwort auf die Frage, wann es außerhalb der für diesen Vorgang gebildeten Parteiversammlungen ausgeübt werden kann, vielmehr wiederum von der Reichweite eines Informationsbedürfnisses ab[266]. Zwar wird zur Befriedigung des Informationsbedürfnisses in der Regel eine Information in den betreffenden Parteiversammlungen befriedigt werden können, so daß dann kein Auskunftsrecht außerhalb der Versammlungen. Doch gibt es auch Fälle, in denen dem nicht so ist. So kann außerhalb einer Versammlung auch im Zusammenhang mit der Wahlbewerberaufstellung ein berechtigtes Informationsbedürfnis in bezug auf die in der Mitgliederliste verzeichneten Adressen anderer wahlberechtigten Mitglieder bestehen, wenn anderenfalls mit diesen im Vorfeld der Parteiversammlung zur Wahlbewerberaufstellung keine Kontaktaufnahme möglich ist. Freilich kommt hier als Zweck der gewünschten Kontaktaufnahme nicht die Einberufung einer außerordentlichen Mitgliederversammlung in Betracht, da § 37 BGB auf die dem öffentlichen Wahlrecht unterliegenden Parteiversammlungen zur Wahlbewerberaufstellung keine Anwendung findet. Eine Kontaktaufnahme im Vorfeld dieser Parteiversammlungen muß aber etwa möglich sein, um aussichtsreich eine – eigene oder fremde – Kandidatur betreiben zu können[267], zumal nur so eine freie Wahl gewährleistet ist.

Aus dem gleichen Grund muß für wahlberechtigte Parteimitglieder sowie für von diesen als Kandidaten nominierte Nichtmitglieder im übrigen grundsätzlich die Möglichkeit bestehen, zur Betreibung einer Kandidatur im Vorfeld der Parteiversammlungen die parteiinternen Kommunikationsmittel zu nutzen, also in diesem Sinne außerhalb von Parteiversammlungen ihr Recht auf Gehör auszuüben. Soweit dabei Kapazitätsprobleme bestehen, gilt das oben zur Ausübung des mitgliedschaftlichen Rechts auf Gehör Gesagte entsprechend[268].

Daß grundsätzlich die Möglichkeit bestehen muß, nicht nur das mitgliedschaftliche, sondern ebenso das in den wahlgesetzlichen Bestimmungen begründete Recht auf Auskunft und Gehör außerhalb von Parteiversammlungen auszuüben, folgt schließlich auch aus dem vom Grundsatz der Gleichheit der Wahl umfaßten Prinzip der Chancengleichheit. So ist es in der Paxis üblich, daß die Parteiführung zur Betreibung ihrer Kandidatur oder der Kandidatur der von ihr vorgeschlagenen Kandidaten auf Informationen wie z.B. Mitgliederadressen zugreift bzw. innerparteiliche Kommunikationsmittel wie Mitgliederzeitschriften oder das Intranet nutzt. Würde den einfachen Mitgliedern die gleiche Möglichkeit verwehrt, wären ihre Chancen im Zusammenhang mit der Wahlbewerberauftsellung von vornherein geschmälert.

---

266 Vgl. zum Informationsbedürfnis als Voraussetzung des in den wahlgesetzlichen Bestimmungen begründeten Auskunftsrechts oben § 8 II 2.

267 Vgl. *Morlok*, in: Dreier (Hrsg.), GG-K II, Art. 21 Rn. 113.

268 Siehe oben § 8 IV 1 a) cc) (2).

2. Besondere Voraussetzungen

Abgesehen von der Parteimitgliedschaft und/oder dem öffentlichen Wahlrecht sowie beim Auskunftsrecht einem Informationsbedürfnis bestehen besondere, für alle Parteien gültige Voraussetzungen für die Ausübung des Rechts auf Auskunft und Gehör außerhalb von Parteiversammlungen nicht. Allerdings können die Parteien auch hier parteispezifische Voraussetzungen festlegen.

Insofern kommen wiederum vor allem Satzungsregelungen über formelle Ausübungsvoraussetzungen in Betracht, etwa die Pflicht zum Nachweis der Legitimationsberechtigung mittels eines Mitgliedsausweises oder – bei Nutzung des Intranets als internes Kommunikationsmittel – einer Zugangskennung. Aus organisatorischen Gründen kann es aber auch geboten sein, daß überörtliche Parteiverbände die Nutzungsberechtigung ihrer internen Kommunikationsmittel mit naturgemäß relativ sehr geringer Kapazität wie insbesondere Mitgliederzeitschriften davon abhängig machen, daß ein Teilnahmerecht an ihren Vertreterversammlungen besteht, mit anderen Worten die Nutzung nur zu den Vertreterversammlungen der betreffenden Parteiverbände zu Vertretern gewählten Mitgliedern zugestehen. Unbedingt zu beachten ist allerdings auch hier, daß das Recht auf Auskunft und Gehör in seinem Kern unangetastet bleibt.

§ 9 Inhalt

Als Inhalt des Rechts auf Auskunft und Gehör werden nachfolgend drei Fragenkomplexe erörtert: Zu welchem Thema (1) kann von wem (2) in welcher Qualität (3) Auskunft und Gehör verlangt werden.

I. Thematischer Gegenstand des Rechts auf Auskunft und Gehör

1. Angelegenheiten des Verbands

Thematischer Gegenstand des Auskunftsrechts[1] sind rechtsformübergreifend[2] in allen privaten Vereinigungen die Angelegenheiten des Verbands[3]. Denselben thematischen Gegenstand hat in privaten Verbänden das Recht auf Gehör[4], wobei zu erinnern ist, daß hier mit dem Recht auf Gehör nicht ein Abwehrrecht auf Meinungsäußerung gemeint ist (in dessen Rahmen kann das Parteimitglied grundsätzlich zu allem seine Meinung sagen, was ihm beliebt), sondern ein Leistungsrecht auf Meinungsäußerung, nämlich der Anspruch, eine Meinung so kundzutun, daß sie verbandsintern wahrgenommen werden kann[5].

Die Definition des thematischen Gegenstands gilt auch für das Recht auf Auskunft und Gehör in politischen Parteien, und zwar nicht nur, wenn es als vereinsrechtliches Mitgliedschaftsrecht besteht, sondern auch dann, wenn es in den wahlgesetzlichen Bestimmungen über Wahlbewerberaufstellung begründet ist. Grund dafür ist wiederum, daß die verbandsrechtlichen Grundsätze auch bei der Wahlbewerberaufstellung der Parteien Anwendung finden, es sei denn, sie sind mit dem

---

1 Zur Verwendung des Begriffs Auskunftsrecht im weiten, der Bedeutung des Begriffs Informationsrecht entsprechenden Sinne siehe oben § 2 I 1.

2 Vgl. *K. Schmidt*, Informationsrechte in Gesellschaften und Verbänden, S. 32 f.; *Wohlleben*, Informationsrechte des Gesellschafters, S. 99 ff.

3 In einigen gesetzlichen Regelungen des individuellen Informationsrechts kommt diese Definition durch die Formulierung „Angelegenheiten der Gesellschaft" zum Ausdruck (vgl. §§ 716 BGB, 118 HGB, 131 Abs. 1 AktG und 51a Abs. 1 GmbHG). Sie ist aber auch dort anerkannt, wo es an entsprechenden gesetzlichen Regelungen fehlt, so insbesondere auch im bürgerlichen Vereinrecht *Hadding*, in: Soergel, BGB-K I, § 38 Rn. 17; *Reichert*, HdbVereins- und Verbandsrechts, Rn. 885.

4 Vgl. *K.-P. Martens*, WM 1981, 1010 [1018]; *Reinicke*, Rechtsstellung, Rechte und Pflichten des Vorsitzenden einer Hauptversammlung, S. 89 ff.; je zum Rederecht des Aktionärs in Hauptversammlungen. Im übrigen haben sich bislang - soweit ersichtlich - weder die Rechtsprechung noch die Literatur dieser Frage angenommen. Zwar wird im Verbandsrecht gemeinhin konstatiert, Redebeiträge in Versammlungen müßten einen Bezug zu deren Tagesordnungspunkten aufweisen (vgl. statt vieler *K. Müller*, GenG-K III, § 43 Rn. 12; *Quack*, AG 1985, 145; *Steiner*, Die Hauptversammlung der Aktiengesellschaft, § 10 Rn. 7), womit auch gesagt ist, daß sie Verbandsangelegenheiten thematisieren. Denn andere Angelegenheiten werden regelmäßig schon gar nicht auf die Tagesordnung gesetzt. Doch geht es insofern um eine - verfahrensrechtliche - Schranke des Rechts auf Gehör (Näheres zu dieser Schranke unten § 10 I a) aa) (3) (e)), nicht aber um die hier interessierende vorrangige Frage, was das Recht beinhaltet.

5 Vgl. zur Bedeutung des Begriffs „Recht auf Gehör" oben § 2 I 2.

das Verbandsrecht überlagernden Parteienrecht unvereinbar[6], was hier nicht der Fall ist.

Folglich vermittelt das Auskunftsrecht einen Anspruch, sich über Verbandsangelegenheiten zu informieren, das Recht auf Gehör einen Anspruch, hierzu verbandsintern wahrnehmbar eine Meinung kundzutun. Der Begriff der Meinung stimmt dabei – obzwar das Recht auf Gehör nicht die grundrechtliche Meinungsfreiheit ist[7] – vollinhaltlich mit dem Begriff der Meinung in Art. 5 Abs. 1 S. 1 Hs. 1 GG überein[8]. Aus dem Begriff der Meinung selbst folgt daher keine weitergehende inhaltliche Eingrenzung des Rechts auf Gehör. Soweit es um Verbandsangelegenheiten geht, vermittelt es einen Anspruch auf eine Gelegenheit zur Kundgabe von Ansichten, Auffassungen, Überzeugungen, Wertungen, Urteilen, Einschätzungen, Stellungnahmen[9] einschließlich Werturteilen über Werturteile[10], mithin zu „jedem Stellung beziehenden Dafürhalten im Sinne einer präskriptiven Wertung“[11]. Ebenso wie bei der Bestimmung des Schutzbereichs der grundrechtlichen Meinungsfreiheit ist insofern auch beim Recht auf Gehör irrelevant, ob die Meinung, die der Berechtigte äußern will, wertvoll oder wertlos ist[12], richtig oder falsch[13], einen Anspruch auf Allgemeingültigkeit erhebt oder nicht[14]. Auch haben die Art und Qualität der Meinung außer Betracht zu blieben: rationale oder emotionale[15], sachliche oder unsachliche, polemische[16], begründete oder unbegründete[17], selbst beleidigende Meinungen sind von dem Begriff der Meinung, die kundzutun mit dem Recht auf Gehör beansprucht werden kann, umfaßt[18]. Dies ist schließlich auch für Tatsachen anzunehmen, obwohl sie im strengen Sinne keine Meinung darstellen[19]. Grund dafür ist, daß bereits in der Auswahl und Präsentation mitgeteilter Tatsachen eine wertende Stellungnahme liegt, wie sie die Meinung im eigentlichen Sinne ausmacht[20].

---

6 Siehe dazu bereits oben § 6 II, § 8 II 2.

7 Siehe dazu oben § 7 II 4 a) bb) (5).

8 Allgemein zum Begriff Meinung im Sinne des Art. 5 Abs. 1 S. 1 Hs. 1 GG *Schmidt-Jortzig*, in: Isensee/Kirchhof (Hrsg.), HdbStR VI, § 141 Rn. 18.

9 Vgl. *Starck*, in: von Mangoldt/Klein/Starck, GG-K I, Art. 5 Abs. 1, 2 Rn. 23.

10 Vgl. *Wendt*, in: von Münch/Kunig (Hrsg.), GG-K II, Art. 5 Rn. 8.

11 Vgl. *Schulze-Fielitz*, in: Dreier (Hrsg.), GG-K I, Art. 5 Abs. 1, 2 Rn. 44.

12 Vgl. BVerfGE 30, 336 [347]; 33, 1 [14 f.]; 42, 163 [171]; 85, 1 [14 f.].

13 Vgl. BVerfGE 85, 1 [15].

14 Vgl. *Starck*, in: von Mangoldt/Klein/Starck, GG-K I, Art. 5 Abs. 1, 2 Rn. 44.

15 Vgl. BVerfGE 33, 1 [14 f.]; 61, 1 [7]; 65, 1 [41]; 69, 315 [345]; 85, 1 [15]; 93, 266 [289].

16 Vgl. BVerfGE 61, 1 [9f.]; 68, 226 [230 ff.]; 93, 266 [289]; BGH, NJW 1987, 1398 [1398 f.].

17 Vgl. BVerfGE 42, 163 [171]; 61, 1 [7]; 85, 1 [15]; 90, 255 [259].

18 Vgl. BVerfGE 33, 1 [15]; 54, 129 [139]; 61, 1 [7 f.]; 90, 255 [259]; *Schulze-Fielitz*, in: Dreier (Hrsg.), GG-K I, Art. 5 Abs. 1, 2 Rn. 44; *Starck*, in: von Mangoldt/Klein/Starck, GG-K I, Art. 5 Abs. 1, 2 Rn. 23. Insofern greifen allerdings die Schranken des Rechts auf Gehör, siehe dazu § 10 II 2 a) cc) sowie § 10 II 2 b) bb).

19 *Schmidt-Jortzig*, in: Isensee/Kirchhof (Hrsg.), HdbStR VI, § 141 Rn. 19.

20 *Schmidt-Jortzig*, in: Isensee/Kirchhof (Hrsg.), HdbStR VI, § 141 Rn. 19; *Starck*, in: von Mangoldt/Klein/Starck, GG-K I, Art. 5 Abs. 1, 2 Rn. 26; *Wendt*, in: von Münch/Kunig (Hrsg.), GG-K II, Art. 5 Rn. 9.

2. Hinreichend konkreter Bezug

Der Begriff Angelegenheit des Verbands als Bezugspunkt des Rechts auf Auskunft und Gehör ist freilich generalklauselhaft[21] und nach allgemeiner Ansicht[22] noch dazu weit zu verstehen. Gleichwohl ist er keineswegs grenzenlos[23]. So umfaßt er zwar einerseits alle Themen, die einen sachlichen Bezug zu den Belangen des Verbands aufweisen[24]. Insoweit kommt gerade bei politischen Parteien nahezu jedes Thema in Betracht, da sie gemäß Art. 21 Abs. 1 S. 1 GG an der politischen Willensbildung des Volkes mitwirken und in einem freien Gemeinwesen theoretisch jede Frage politische Relevanz entfalten und in einen Akt des Willens einmünden kann[25]. Andererseits gewinnt der Begriff der Verbandsangelegenheiten Konturen, wenn man davon ausgeht, daß der sachliche Bezug zu den Belangen des Verbands hinreichend konkret sein muß. Nicht alles, „was überhaupt" sachlichen Bezug zu den Belangen eines Verbands hat, zählt also bereits zu seinen Angelegenheiten[26], sondern nur das, was einen sachlichen Bezug „von einer gewissen Nähe und einigem Gewicht" erkennen läßt[27]. Nur, aber auch immer dann, wenn ein derartiger Bezug besteht, kann eine Verbandsangelegenheit zum Gegenstand des Rechts auf Auskunft und Gehör gemacht werden.

Wann ein hinreichend konkreter Bezug zu den Belangen des Verbands gegeben ist, läßt sich nicht abstrakt, sondern nur unter Berücksichtigung der jeweiligen Einzelfallumstände beantworten[28]. Vielfach wird ein direkter Zusammenhang auf der Hand liegen, so etwa, wenn sich ein Mitglied über die laufenden Geschäfte seines Verbands informieren oder dazu äußern will[29].

---

[21] *K. Schmidt*, Informationsrechte in Gesellschaften und Verbänden, S. 32.

[22] Vgl. etwa OLG Düsseldorf, AG 1988, 53 [54]; OLG Hamm, NJW 1986, 1693 [1694]; OLG Köln, GmbHR 1986, 385 [386]; *Baumbach/Hopt*, HGB-K, § 118 Rn. 3; *Grunewald*, ZHR 146 (1982), 211 [214]; *Lutter/Hommelhoff*, GmbHG-K, § 51a Rn. 8; *K. Müller*, GenG-K II, § 43 Rn. 17; *Nitschke/Bartsch*, AG 1969, 95 [97]; *Obermüller/Werner/Winden*, Die Hauptversammlung der Aktiengesellschaft, G.III.1., S. 157; *K. Schmidt*, in: Scholz (Hrsg.), GmbHG-K II, § 51a Rn. 19; *Tietze*, Die Informationsrechte des GmbH-Gesellschafters, S. 9; *Wohlleben*, Informationsrechte des Gesellschafters, S. 99.

[23] So aber *Zöllner*, in: ders. (Hrsg.), KöKo-AktG I, § 131 Rn. 18.

[24] Vgl. *Barz*, in: GroßK-AktG I/2 (3. Aufl.), § 131 Anm. 7; *Baumbach/Hueck*, GmbHG-K, § 51a Rn. 10; *von Bitter*, ZIP 1981, 825 [826]; *Grunewald*, ZHR 146 (1982), 211 [214 f.]; *Tietze*, Die Informationsrechte des GmbH-Gesellschafters, S. 9; *Wohlleben*, Informationsrechte des Gesellschafters, S. 101 ff.;

[25] Vgl. *Henke*, in: Dolzer/Vogel/Graßhof (Hrsg.), BoKo-GG IV, Art. 21 Rn. 24.

[26] So jedoch *Grunewald*, ZHR 146 (1982), 211 [214].

[27] *Wohlleben*, Informationsrechte des Gesellschafters, S. 102. Der Sache nach ebenso KG, GmbHR 1988, 221 [223 f.]; *Baumbach/Hueck*, GmbHG-K, § 51a Rn. 10; *von Bitter*, ZIP 1981, 825 [826]; *Steiner*, Die Hauptversammlung der Aktiengesellschaft, § 11 Rn. 27 f.; *Tietze*, Die Informationsrechte des GmbH-Gesellschafters, S. 10 ff.

[28] Vgl. *Wohlleben*, Informationsrechte des Gesellschafters, S. 101.

[29] Vgl. *Baumbach/Hueck*, GmbHG-K, § 51a Rn. 10; *Metz*, in: Lang/Weidmüller/Metz/ Schaffland, GenG-K, § 43 Rn. 46; *Tietze*, Die Informationsrechte des GmbH-Gesellschafters, S. 9.

Schwieriger zu beurteilen sind indes Fälle, in denen es um Angelegenheiten geht, die die fernere Zukunft betreffen. Grundsätzlich kann auch künftiges Handeln des Verbands Gegenstand des Rechts auf Auskunft und Gehör sein, was insbesondere auf Vorhaben des Verbands zutrifft, die sich bereits im Planungsstadium befinden[30]. Kein Anspruch auf Information bzw. eine Meinungskundgabegelegenheit besteht hingegen im Zusammenhang mit solchen Themen, bei denen es äußerst unwahrscheinlich ist, daß sie die Verbandsbelange berühren werden[31]. Aber auch in umgekehrter Richtung spielt der Faktor Zeit eine Rolle, nämlich im Hinblick auf Angelegenheiten, die schon längere Zeit zurückliegen. Scheiden diese durch Zeitablauf auch nicht automatisch aus dem Bereich der Angelegenheiten des Verbands aus[32], muß dies doch jedenfalls dann angenommen werden, wenn sie für den Verband nicht mehr von Bedeutung sind[33].

Problematisch ist auch, ob und gegebenenfalls inwieweit persönliche Angelegenheiten zu den Verbandsangelegenheiten gehören. Die Beantwortung der Frage ist vor allem bei innerparteilichen Wahlen relevant, wenn nach persönlichen Angelegenheiten der Kandidaten gefragt wird. In diesen Fällen ist ein hinreichend konkreter Bezug zu den Verbandsangelegenheiten zu bejahen, wenn die in Frage stehenden persönlichen Angelegenheiten den Wählern Aufschluß darüber geben, ob die Kandidaten für die Wahrnehmung der Funktion im oder für den Parteiverband, für die sie sich zur Wahl stellen, geeignet sind. Inwieweit das der Fall ist, hängt freilich wieder von den Einzelfallumständen ab, insbesondere davon, um welche Funktionen zur Wahl stehen[34]. So wird man etwa bei der Frage, ob ein verheirateter Kandidat für die Besetzung des Schatzmeisteramts in einem Ortsverband eine Geliebte hat, den Bezug zu den Verbandsangelegenheiten verneinen müssen, da diese persönliche Angelegenheit für die Geeinetheit zur Wahrnehmung der Funktion kaum eine Rolle spielen dürfte. Bei dem Spitzenkandidat einer Partei bei Bundestagswahlen kann das unter Umständen anders zu beurteilen sein[35].

3. Verbandsinteresse als inhaltliche Begrenzung des Rechts auf Gehör

Was den Inhalt des Rechts auf Gehör angeht, spielt im übrigen bereits hier das Verbandsinteresse eine Rolle, das später als Schranke dieses Rechts sowie des Aus-

30 Vgl. *Grunewald*, ZHR 146 (1982), 211 [214]; *Lutter/Hommelhoff*, GmbHG-K, § 51a Rn. 9; *Tietze*, Die Informationsrechte des GmbH-Gesellschafters, S. 10 f.

31 Vgl. *Tietze*, Die Informationsrechte des GmbH-Gesellschafters, S. 11; *Wohlleben*, Informationsrechte des Gesellschafters, S. 102, 105.

32 Vgl. *Barz*, in: GroßK-AktG I/2 (3. Aufl.), § 131 Anm. 11; *Grunewald*, ZHR 146 (1982), 211 [215]; *Zöllner*, in: ders. (Hrsg.), KöKo-AktG I, § 131 Rn. 25.

33 Vgl. *Tietze*, Die Informationsrechte des GmbH-Gesellschafters, S. 11 f.

34 Prononciert *K. Müller*, GenG-K III, § 43 Rn. 18; vgl. ferner *Ebenroth*, Das Auskunftsrechts des Aktionärs und seine Durchsetzung im Prozeß, S. 112 f.; *K. Schmidt*, in: Scholz (Hrsg.), GmbHG-K II, § 51a Rn. 19; *Tietze*, Die Informationsrechte des GmbH-Gesellschafters, S. 12 f.; *Zöllner*, in: ders. (Hrsg.), KöKo-AktG I, § 131 Rn. 49.

35 Siehe zu dieser Problematik unter dem Gesichtspunkt des allgemeinen Persönlichkeitsrechts unten § 10 II 2 a).

kunftsrechts Bedeutung erlangt[36]. Anders als das Auskunftsrecht wird das Recht auf Gehör durch das Verbandsinteresse bereits inhaltlich konturiert. Grund dafür ist, daß es sich, beim mitgliedschaftlichen Recht auf Gehör um ein Organschafts- bzw. Mitverwaltungsrecht handelt[37] und es als solches auf das Verbandsinteresse ausgerichtet ist. Nichst anderes gilt für das in den wahlgesetzlichen Bestimmungen über die Wahlbewerberaufstellung[38]. Eine Meinungskundgabe, die dem Verbandsinteresse zuwiderläuft, fällt demzufolge bereits inhaltlich aus dem Gewährleistungsbereich des Rechts auf Gehör heraus. Dagegen ist das Auskunftsrecht eigennütziger Natur und kann vom Verbandsinteresse unabhängig ausgeübt werden. Daß das Verbandsinteresse aufgrund der Einbindung der Mitgliedschaftsrechte in das Pflichtengefüge des Verbands den Auskunftsverpflichteten zur Verweigerung der betreffenden Information berechtigen kann[39], ändert an dieser Systematik im Prinzip nichts.

Insofern besteht also eine gewisse Parallele zur Schrankensystematik der Grundrechte, bei der zwischen „Begrenzungen" einerseits und „Einschränkungen" andererseits unterscheiden wird: während „Begrenzungen" die Eindämmung schon bei der grundrechtlichen Schutzbereichsfeststellung vornehmen, setzen „Einschränkungen" am grundrechtlich fertig abgesteckten Schutzbereich an und wirken nachträglich korrigierend auf ihn ein[40]. Im Sinne dieser Terminologie wirkt das Verbandsinteresse beim Recht auf Gehör also als Begrenzung, beim Auskunftsrecht hingegen als Einschränkung.

4. Zwischenergebnis

Thematischer Gegenstand des Rechts auf Auskunft und Gehör in politischen Parteien sind die Angelegenheiten des Verbands. Dazu gehören alle Themen, die einen hinreichend konkreten Bezug zu den Verbandsangelegenheiten aufweisen. Der Inhalt des Rechts auf Gehör wird zudem durch die Verbandsinteressen konturiert.

Da theoretisch nahezu jede Angelegenheit politische Relevanz entfalten kann, läßt sich in politischen Parteien kein Thema von vornherein aus dem Gewährleistungsbereich des Rechts auf Auskunft und Gehör ausklammern. Somit wäre es ein sinnloses Unterfangen, die in Betracht kommenden Themen auch nur annähernd vollständig aufzählen zu wollen. Im Rahmen der vorliegenden Untersuchung soll denn auch nur auf einige wenige, für die Praxis typische Beispielsfälle eingegangen werden, dies allerdings erst im Zusammenhang mit der Behandlung der Schranken des Rechts auf Auskunft und Gehör. Denn in der Praxis ist es meist weniger eine

---

36 Ausführlich zu den Schranken des Rechts auf Auskunft und Gehör unten § 10, speziell zum Verbandsinteresse als Schranke § 10 II 1 a).

37 § 7 II 3 b) bb).

38 Insofern gilt das oben zu § 8 II 2 sowie § 9 I 1 Gesagte entsprechend.

39 Siehe dazu oben § 7 II 3 a) cc) (4).

40 Vgl. dazu *Schmidt-Jortzig*, in: Isensee/Kirchhof (Hrsg.), HdbStR VI, § 141 Rn. 40.

Frage des Inhalts, sondern der Schranken des Rechts auf Auskunft und Gehör, von deren Antwort es abhängt, inwieweit zu einer bestimmten Verbandsangelegenheit eine Information bzw. Meinungskundgabegelegenheit verlangt werden kann.

II. Verpflichteter des Rechts auf Auskunft und Gehör und Verantwortlicher für die Erfüllung der daraus erwachsenen Ansprüche

Bei der Beantwortung der Frage, von wem Auskunft und Gehör verlangt werden kann, ist zwischen dem durch das Recht auf Auskunft und Gehör Verpflichteten und dem für die Erfüllung der daraus erwachsenen Ansprüche Verantwortlichen zu unterscheiden. Die Unterscheidung ist von erheblicher praktischer Bedeutung, wenn es um die Durchsetzung des Rechts geht.

1. Verpflichteter des Rechts auf Auskunft und Gehör

Durch das Recht auf Auskunft und Gehör verpflichtet ist der Verband, in dem es ausgeübt wird. Für das mitgliedschaftliche Auskunftsrecht[41] wurde das bereits bei der Abgrenzung des individuellen vom kollektiven Informationsrechts herausgearbeitet[42]. Gerade im Zusammenhang mit dem Auskunftsrecht wird die Notwendigkeit zu differenzieren allerdings nicht selten übersehen und das Leitungsorgan des Verbands als Auskunftsverpflichteter gesehen[43]. Für diese Sichtweise scheint denn auch der Wortlaut einiger gesetzlicher Regelungen des individuellen Informationsrechts in Verbänden zu sprechen: Jedem Aktionär ist nach § 131 Abs. 1 S. 1 AktG „vom Vorstand" Auskunft zu erteilen; die „Geschäftsführer" haben nach § 51a Abs. 1 GmbHG Auskunft zu geben und Einsicht der Bücher und Schriften zu gestatten. Indes beschreibt das Gesetz mit diesen Worten nur, von wem der Informationsanspruch erfüllt werden muß, wer also für die Informationserteilung verantwortlich ist[44]. Dementsprechend erfolgt die Durchsetzung des mitgliedschaftlichen Auskunftsrechts nicht gegenüber dem Leitungsorgan des Verbands bzw. denjenigen natürlichen Personen, die gerade Träger der Organzuständigkeit sind, sondern gegenüber dem Verband als solchem[45]. Nichts anderes gilt für das in den wahlgesetzlichen Bestimmungen über die Wahlbewerberaufstellung der Parteien begründete Auskunftsrecht ebenso wie für das mitgliedschaftliche oder in

---

41 Zur Unterscheidung zwischen dem mitgliedschaftlichen Auskunftsrecht und dem in den wahlgesetzlichen Bestimmungen über die Wahlbewerberaufstellung begründeten Auskunftsrecht siehe oben § 7 II 5.

42 Siehe oben § 7 II 3 a) aa).

43 Vgl. *von Godin/Wilhelmi*, AktG-K I, § 131 Anm. 3; *K. Müller*, GenG-K III, § 43 Rn. 24; *Neumann*, Rechtliche Möglichkeiten der Mitglieder zur Teilnahme an der Willensbildung in der eingetragenen Genossenschaft, S. 215.

44 Vgl. OLG Karlsuhe, 1985, 59 [60]; *Eckardt*, in: Geßler/Hefermehl/Eckardt/Kropff, AktG-K II, § 131 Rn. 61; *K. Schmidt*, Informationsrechte in Gesellschaften und Verbänden, S. 27 f.; *Semler*, in: MüHdbGesellschR IV, § 37 Rn. 5; *Wohlleben*, Informationsrechte des Gesellschafters, S. 139; *Zöllner*, in: ders. (Hrsg.), KöKo-AktG I, § 131 Rn. 12.

45 Vgl. *K. Schmidt*, Informationsrechte in Gesellschaften und Verbänden, S. 28.

diesen wahlgesetzlichen Bestimmungen begründete Recht auf Gehör, zumal die Unterscheidung zwischen dem durch das Recht auf Auskunft und Gehör Verpflichteten und dem für die Erfüllung der daraus resultierenden Ansprüche Verantwortlichen Ausfluß des Wesens eines privaten Verbands ist, woran auch die betreffenden wahlgesetzlichen Bestimmungen nichts ändern wollen[46].

2. Verantwortlicher für die Erfüllung der aus dem Recht auf Auskunft und Gehör erwachsenen Ansprüche

Verantwortlich für die Erfüllung der aus dem Recht auf Auskunft und Gehör erwachsenen Ansprüche auf Information und Meinungskundgabegelegenheit ist in politischen Parteien der Verbandsvorstand, falls es sich um einen nachgeordneten Verband handelt, der Vorstand desjenigen Gebietsverbands, von dem Auskunft und Gehör verlangt wird[47]. Verantwortlich ist der Vorstand dabei jeweils als Gesamtorgan[48]. Im Hinblick darauf, daß der Vorstand in politischen Parteien gemäß § 11 Abs. 1 PartG aus mindestens drei Personen bestehen muß, folgt daraus für die Erfüllung der Ansprüche auf Information und Meinungskundgabegelegenheit zweierlei:

Zum einen muß die Gewährung von Auskunft und Gehör dem Willen des gesamten Vorstands entsprechen. Das heißt zwar nicht, daß zuvor jedesmal ein Vorstandsbeschluß herbeigeführt werden muß. Somit ist es nicht zu beanstanden ist, wenn in der Praxis – so insbesondere auf Ortsverbandsebene – vom Vorsitzenden des Vorstands Auskunft und Gehör gewährt wird, ohne daß der Vorstand darüber abgestimmt hat[49]. Eine Abstimmung ist allerdings erforderlich, wenn einzelne Vorstandsmitglieder der Gewährung widersprechen, etwa weil sie der Auffassung sind, die begehrte Information oder Meinungskundgabegelegenheit müsse im Hinblick auf das Verbandsinteresse verweigert werden[50]. Denn auch eine Verweigerung kommt nur in Betracht, wenn sie dem Willen des Gesamtvorstands entspricht[51]. In Zweifelsfällen ist zur Ermittlung dieses Willens daher ein Mehrheitsbeschluß im Sinne des § 15 Abs. 1 PartG herbeizuführen[52].

Zum anderen folgt aus der Verantwortlichkeit des Vorstands als Gesamtorgan, daß die Erfüllung des Informations- bzw. Meinungskundgabeanspruchs nicht von einem bestimmten Vorstandsmitglied verlangt werden kann, und zwar auch dann nicht, wenn sich das Informations- bzw. Meinungskundgabeverlangen auf die Tä-

---

46 Vgl. dazu auch oben § 8 II 2 sowie § 9 I 1.

47 Vgl. *Seifert*, Die politischen Parteien im Recht der Bundesrepublik Deutschland, S. 238.

48 Vgl. für das Auskunftsrecht *K. Müller*, GenG-K III, § 43 Rn. 25.

49 Vgl. *Barz*, in: GroßK-AktG I/2 (3. Aufl.), § 131 Anm. 4, zum Auskunftsrecht.

50 Zum Verbandsinteresse als Schranke des Rechts auf Auskunft und Gehör siehe unten, § 10 II 1 a).

51 Vgl. entsprechend zur Verweigerung der Auskunft in Aktiengesellschaften *Barz*, in: GroßK-AktG I/2 (3. Aufl.), § 131 Anm. 4; *Ebenroth*, Das Auskunftsrecht des Aktionärs und seine Durchsetzung im Prozeß, S. 18 ff; *von Godin/Wilhelmi*, AktG-K I, § 131 Anm. 3.

52 Vgl. *Seifert*, Die politischen Parteien im Recht der Bundesrepublik Deutschland, S. 244.

tigkeit eines Vorstandsmitglieds bezieht[53]. Vielmehr bleibt es dem Vorstand überlassen, durch wen er die aus dem Recht auf Auskunft und Gehör erwachsenen Ansprüche erfüllt. Dabei kann er die Erfüllung auch Dritten überlassen[54]. Von dieser Möglichkeit wird insbesondere bei innerparteilichen Wahlen Gebrauch gemacht, wenn Auskunftsberechtigte zu Kandidaten Fragen haben und diese persönlich antworten. Verpflichteter des Auskunftsrechts ist und bleibt allerdings weiterhin der Verband, verantwortlich für die Erfüllung eines daraus erwachsenen Anspruchs auf Auskunft über einen Kandidaten der Verbandsvorstand, nicht indes die Kandidaten selbst[55].

3. Zwischenergebnis

Durch das Recht auf Auskunft und Gehör verpflichtet ist der Verband, verantwortlich für die Erfüllung der aus dem Recht erwachsenen Ansprüche auf Information und Meinungskundgabegelegenheit hingegen dessen Leitungsorgan. In politischen Parteien ist das Leitungsorgan der Verbandsvorstand, der gemäß § 11 Abs. 1 PartG aus mindestens drei Personen bestehen muß. Daraus folgt einerseits, daß die Erfüllung (oder Nichterfüllung) der Ansprüche auf Information und Meinungskundgabegelegenheit dem Willen des gesamten Vorstands entsprechen muß, sowie andererseits, daß die Erfüllung der Ansprüche nicht von einem bestimmten Vorstandsmitglied gefordert werden kann.

III. Qualität von Auskunft und Gehör

Bei der Frage, in welcher Qualität Auskunft und Gehör verlangt werden kann, geht es zum einen um die Form sowie zum anderen um die materielle Beschaffenheit der Information und Meinungskundgabemöglichkeit.

1. Form

In welcher Form Auskunft und Gehör verlangt werden kann, hängt davon ab, ob das Recht dazu in oder außerhalb von Parteiversammlungen ausgeübt wird.

---

53 So aber *Metz*, in: Lang/Weidmüller/Metz/Schaffland, GenG-K, § 43 Rn. 47; *Reichert*, HdbVereins- und Verbandsrechts, Rn. 888, vor allem aber Rn. 1003: Antworten vom „zuständigen Vorstandsmitglied oder dem zuständigen Mitglied eines anderen Vereinsorgans". Wie hier indes *Barz*, in: GroßK-AktG I/2 (3. Aufl.), § 131 Anm. 4; *von Godin/Wilhelmi*, AktG-K I, § 131 Anm. 3.

54 Vgl. *Barz*, in: GroßK-AktG I/2 (3. Aufl.), § 131 Anm. 4; *von Godin/Wilhelmi*, AktG-K I, § 131 Anm. 3; *K. Müller*, GenG-K III, § 43 Rn. 24 a.E.; jeweils zum Auskunftsrecht.

55 Siehe zur Befragung von Kandidaten bei innerparteilichen Wahlen ferner unten § 10 II 2 a) bb) (2) (b).

a) In Parteiversammlungen

aa) Auskunft

(1) Nur Anspruch auf mündliche Auskunft

Wird das Auskunftsrecht in Parteiversammlungen ausgeübt, besteht nur ein Anspruch auf mündliche Auskunft, nicht jedoch auch auf Auskunft in schriftlicher Form oder Einsichtnahme in Unterlagen des Verbands.

Soweit das Auskunftsrecht als Mitgliedschaftsrecht besteht, ergibt sich dies aus dem bürgerlichen Vereinsrecht, wo das individuelle Informationsrecht analog § 131 AktG zu konkretisieren ist[56]. Zwar läßt sich dem Wortlaut des § 131 Abs. 1 AktG nur entnehmen, daß das individuelle Informationsrecht des Aktionärs in Hauptversammlungen auf die Erteilung von Auskünften begrenzt ist, nicht aber auch eine Begrenzung auf eine bestimmte Form der Auskunftserteilung. Der Grund, warum Auskünfte dort zudem nur in mündlicher Form verlangt werden können, wird jedoch zu Recht darin gesehen, daß die Hauptversammlung „'mündlich' und nicht schriftlich abgewickelt wird“[57]. Dies gilt gleichermaßen für die Ausübung des in den wahlgesetzlichen Bestimmungen begründete Recht auf Auskkunft und Gehör.

Daher kann der Auskunftsberechtigte in einer Versammlung selbst dann nicht Einsichtnahme in Unterlagen beanspruchen, wenn es auf bestimmte Formulierungen in einem Schriftstück ankommt oder das Informationsbegehren eine Übersicht einer Vielzahl von Daten, etwa ein Zahlenwerk, betrifft[58]. Vielmehr kann er in diesen Fällen nur eine Einsichtnahme in die Übersicht im Nachgang der Versammlung in Betracht[59]. Ist die Kenntnis der Formulierung bzw. aller einzelnen Daten für eine Abstimmung der Versammlung entscheiden, für die Entlastung des Vorstands, muß die Abstimmung gegebenenfalls auf eine spätere Versammlung verschoben werden. Um dem vorzubeugen, kann der Verbandsvorstand die Schrift-

---

[56] Siehe dazu oben § 7 II 3 a) bb) (3).

[57] *Ebenroth*, Das Auskunftsrechts des Aktionärs und seine Durchsetzung im Prozeß, S. 129; *Obermüller/Werner/Winden*, Die Hauptversammlung der Aktiengesellschaft, G.VII., S. 165. Im Ergebnis ebenso BGHZ 101, 1 [15]; OLG Düsseldorf, WM 1991, 2148 [2152 f.]; *Barz*, in: GroßK-AktG I/2 (3. Aufl.), § 131 Anm. 23; *Eckardt*, in: Geßler/Hefermehl /Eckardt/Kropff, AktG-K II, § 131 Rn. 65; von *Godin/Wilhelmi*, AktG-K I, § 131 Anm. 2; *Hüffer*, AktG-K, § 131 Rn. 22; *Zöllner*, in: ders. (Hrsg.), KöKo-AktG I, § 131 Rn. 81. Die dem Aktionär gewährten Einsichtsrechte (vgl. dazu *Hüffer*, AktG-K, § 118 Rn. 8; *Obermüller/Werner/Winden*, Die Hauptversammlung der Aktiengesellschaft, S. 31; *Wohlleben*, Informationsrechte des Gesellschafters, S. 9) stehen ihm denn auch nur außerhalb von Hauptversammlungen zu.

[58] A.A. *Reichert*, HdbVereins- und Verbandsrechts, Rn. 885 ff., der, obwohl er das Auskunftsrecht im bürgerlich-rechtlichen Vereinen zwar analog § 131 AktG konkretisiert, in diesem Fall einen Anspruch auf Einsichtnahme bejaht (Rn. 997).

[59] Siehe zur Möglichkeit der Einsichtnahme außerhalb der Versammlungen unten § 9 III 1 b) aa) (2).

stücke bzw. Daten den Versammlungsteilnehmern rechtzeitig vor der Abstimmung schriftlich vorlegen und dadurch ihr Informationsbedürfnis befriedigen[60].

Aus dem Prinzip der Mündlichkeit der Verwirklichung des Auskunftsrechts in Parteiversammlungen folgt umgekehrt freilich auch, daß sich der Auskunftsberechtigte nicht mit dem Angebot zufrieden geben muß, schriftlich Auskunft zu erhalten oder Einsicht in Unterlagen nehmen zu können[61]. Gibt er sich indes damit zufrieden, wollen aber andere Versammlungsteilnehmer seine in der Versammlung Frage mündlich beantwortet haben, müssen sie sich seine Frage zu eigen machen[62].

(2) Verlesung von Schriftstücken

Wenn sonach in der Parteiversammlung kein Anspruch auf Einsichtnahme in Schriftstücke besteht, fragt sich, inwieweit zumindest deren Verlesung verlangt werden kann. Unter dem Gesichtspunkt der Mündlichkeit der Auskunftserteilung bestehen an sich keine Bedenken: „Zum Vorlesen gehört Sprechen. Es erfüllt darum die Voraussetzung mündlicher Auskunftserteilung“[63]. Im Aktienrecht lehnt die überwiegende Meinung einen entsprechenden Anspruch gleichwohl ab und argumentiert, wenn in Versammlungen schon kein Anspruch auf Einsichtnahme in Unterlagen bestehe, dann erst recht kein Anspruch auf deren Verlesung[64]. Denn die Verlesung sei der Einsichtnahme mindestens gleichzusetzen. Durch sie werde dem Informationssuchenden der Inhalt der Schriftstücke sogar „sinngerecht nahegebracht“, wogegen er bei der Einsichtnahme „gewöhnlich größere Verständnisschwierigkeiten“ habe[65]. Deshalb könne aufgrund des Auskunftsrechts in Versammlungen nur verlangt werden, daß der wesentliche Inhalt der betreffenden Unterlagen mitgeteilt werde[66]. Dagegen will der BGH eine Verlesung von Schriftstücken in Hauptversammlungen jedenfalls dann zulassen, wenn es sich um Vorgänge handelt, die für die Gesellschaft „lebenswichtig oder mindestens von außergewöhnlicher Bedeutung“ sind[67].

---

60 Vgl. BGHZ 101, 1 [15 f.]; OLG Düsseldorf, WM 1991, 2148 [2152 f.]; *Hüffer*, AktG-K, § 131 Rn. 22; *Semler*, in: MüHdbGesellschR IV, § 37 Rn. 20

61 BGHZ 101, 1 [15]; OLG Düsseldorf, WM 1991, 2148 [2152]; *Eckardt*, in: Geßler/Hefermehl/Eckardt/Kropff, AktG-K II, § 131 Rn. 68; *K. Müller*, GenG-K II, § 43 Rn. 18; *Semler*, in: MüHdbGesellschR IV, § 37 Rn. 20; *Steiner*, Die Hauptversammlung der Aktiengesellschaft, § 11 Rn. 15.

62 Vgl. *Eckardt*, in: Geßler/Hefermehl/Eckardt/Kropff, AktG-K II, § 131 Rn. 68.

63 BGH, DB 1967, 602.

64 OLG Hamburg, AG 1964, 45 [46 f.]; *Barz*, BB 1957, 1253 [1254]; *Obermüller/Werner/Winden*, Die Hauptversammlung der Aktiengesellschaft, G.VII., S.165f.; *Zöllner*, in: ders. (Hrsg.), KöKo-AktG I, § 131 Rn. 84.

65 OLG Hamburg, AG 1964, 45 [47].

66 *K. Müller*, GenG-K III, § 43 Rn. 27; *Zöllner*, in: ders. (Hrsg.), KöKo-AktG I, § 131 Rn. 84.

67 BGH, DB 1967, 602 (die Entscheidung bezieht sich noch auf § 112 AktG 1937, dem Vorläufer des heutigen § 131 AktG); zustimmend *Max*, AG 1991, 77 [90].

Beide Begründungen überzeugen nicht. Die Verlesung ist keine, auch keine verkappte Form der Einsichtnahme, sondern lediglich eine bestimmte, nämlich die authentischste Form der mündlichen Auskunft über den Inhalt eines Schriftstücks[68]. Ob sie gefordert werden kann, hängt auch nicht etwa davon ab, ob die betreffenden Angelegenheit für den Verband von außergewöhnlicher oder gar existentieller Bedeutung ist. Dies schon deshalb nicht, weil das Auskunftsrecht unabhängig von den Interessen des Verbands allein zum Nutzen des Auskunftsberechtigten besteht[69]. Ausschlaggebend ist vielmehr abermals das Informationsbedürfnis des Auskunftsberechtigten[70]. Dieses wird in der Regel dadurch befriedigt werden können, daß der wesentliche Inhalt der Schriftstücke wiedergegeben wird. Indes kann im Ausnahmefall eine wörtliche Verlesung erforderlich sein, etwa wenn es auf bestimmte Formulierungen ankommt[71]. Auch kann mitunter erst in Kenntnis des vollen Wortlauts eines Schriftstücks beurteilt werden, ob der wesentliche Teil mitgeteilt worden ist. Denn „wesentlich kann auch das sein, was unausgesprochen geblieben ist; das wird bei bloß inhaltlicher Wiedergabe nicht offenbar, sondern kann nur durch Lesen oder Verlesen erfaßt werden"[72]. Letztlich kommt es für die Antwort auf die Frage, ob und wann aufgrund eines entsprechenden Informationsbedürfnisses in einer Parteiversammlung die Verlesung von Schriftstücken verlangt werden kann, abermals auf die konkreten Umstände des Einzelfalls an.

bb) Gehör

In Versammlungen vermittelt das Recht auf Gehör in politische Parteien[73] ebenso wie in sonstigen privaten Personenverbänden[74] einen Anspruch auf mündliche Meinungskundgabegelegenheit. Insofern besteht das Recht auf Gehör also als Rederecht. Ein darüber hinausgehender Anspruch auf Verschaffung einer Meinungskundgabegelegenheit in anderer, insbesondere schriftlicher Form ist in Versammlungen mit dem Recht auf Gehör hingegen nicht verbunden. Der Grund dafür ist

---

68 Insoweit zutreffend BGH, DB 1967, 602. Zustimmend *Barz*, in: GroßK-AktG I/2 (3. Aufl.), § 131 Anm.24; *Eckardt*, in: Geßler/Hefermehl/Eckardt/Kropff, AktG-K II, § 131 Rn. 69.

69 Siehe für das Auskunftsrecht als vereinsrechtliches Mitgliedschaftsrecht oben § 7 II 3 a) cc) (3) und (4), für das in den wahlgesetzlichen Bestimmungen begründete Auskunftsrecht oben § 8 II 2.

70 Siehe ausführlich zum Informationsbedürfnis als das Auskunftsrecht legitimierendes und konturierendes Merkmal oben § 8 II.

71 Vgl. *Zöllner*, in: ders. (Hrsg.), KöKo-AktG I, § 131 Rn. 84.

72 BGH, DB 1967, 602.

73 Vgl. etwa CDU-BPartG, NVwZ 1993, 1126 f. sowie NVwZ 1982, 159 f.; *Henke*, Das Recht der politischen Parteien, S. 74; *ders.*, in: Dolzer/Vogel/Graßhof (Hrsg.), BoKo-GG IV, Art. 21 Rn. 285; *Morlok*, in: Dreier, GGK II, Art. 21 Rn. 129; *Risse*, Der Parteiausschluß, S. 126; *Seifert*, Die politischen Parteien im Recht der Bundesrepublik Deutschland, S. 192, 220, 260 f., 373.

74 Vgl. speziell für den bürgerlich-rechtlichen Verein *Hadding*, in: Soergel, BGB-K I, § 38 Rn. 17; *Kohler*, Mitgliedschaftliche Regelungen in Vereinsordnungen, S. 114; *Reichert*, HdbVereins- und Verbandsrechts, Rn. 517, 869, 880 ff.; *Sauter/Schweyer*, Der eingetragene Verein, Rn. 186; *U. Schmidt*, Die Mitgliedschaft in Verbänden, S. 162; *Stöber*, HdbVereinsrecht, Rn. 473. Für andere Vereinigungsformen vgl. beispielsweise *Eckardt*, in: Geßler/Hefermehl/Eckardt/Kropf, AktG-K II, § 118 Rn. 13; *K. Müller*, GenG-K III, § 43 Rn. 12; *K. Schmidt*, in: Scholz (Hrsg.), GmbHG-K II, § 48 Rn. 14.

derselbe, warum in Versammlungen nur mündliche Auskunft begehrt werden kann, nämlich daß Versammlungen mündlich abgewickelt werden[75].

Die Mündlichkeit des Rechts auf Gehör in Versammlungen hindert den Berechtigten freilich nicht, dort seine Meinung auch schriftlich, beispielsweise durch das Verteilen von Handzetteln kundzutun. Doch macht er insoweit nicht von seinem Recht auf Gehör Gebrauch, sondern von seinem Abwehrrecht auf Meinungskundgabe. Im Gegensatz zum Recht auf Gehör, das auf eine Leistung, nämlich die Verschaffung einer Meinungskundgabegelegenheit zielt, ist das Abwehrrecht auf Meinungskundgabe bloß auf ein Gewährenlassen gerichtet. Folglich kann der Berechtigte aufgrund seines Abwehrrechts auf Meinungskundgabe nur verlangen, daß die schriftliche Verbreitung seiner Meinung nicht gehindert wird, nicht aber die Vervielfältigung und/oder Verteilung der entsprechenden Schriftstücke.

Aus dem Prinzip der Mündlichkeit des Rechts auf Gehör folgt umgekehrt auch, daß dem Begehren, das Recht in Versammlungen auszuüben, nicht durch das Angebot zur schriftlichen Meinungskundgabe entsprochen werden kann. Denn bei der Verwirklichung des der Beeinflussung der Verbandswillensbildung dienenden Rechts auf Gehör kommt es nicht nur auf das „Ob" der Meinungskundgabegelegenheit an, sondern auch auf das „Wie". Bekanntlich kann eine noch so unsinnige Meinung Versammlungsteilnehmer in ihren Bann ziehen, wenn sie von einem blendenden Rhetoriker präsentiert wird, wogegen sie geschrieben nichts hermacht. Dabei kann die Mündlichkeit des Rechts auf Gehör in Versammlungen von politischen Parteien auch nicht durch Satzungsbestimmungen relativiert werden. Denn im Unterschied zu anderen Vereinigungsformen, insbesondere Kapitalgesellschaften, muß in politischen Parteien gemäß Art. 21 Abs. 1 S. 3 GG die persönliche Mitwirkung und Überzeugungskraft des einzelnen der bestimmende Faktor der Verbandswillensbildung sein und bleiben.

b) Außerhalb von Parteiversammlungen

aa) Auskunft

(1) Keine Begrenzung auf eine bestimmte Informationsform

Wird das Auskunftsrecht außerhalb von Versammlungen ausgeübt, ist der daraus resultierende Informationsanspruch nicht auf eine bestimmte Informationsform begrenzt. In Betracht kommen hier daher grundsätzlich alle geeigneten Informationsformen, also sowohl die – mündliche und schriftliche – Auskunft im eigentlichen Sinn als auch die Einsichtnahme in Schriftstücke[76] als Auskunft im

---

[75] Siehe oben § 9 III 1 a) aa) (1).

[76] Vgl. *Hadding*, in: Soergel, BGB-K I, § 38 Rn. 17; *Heinrichs*, in: Palandt, BGB-K, § 38 Rn. 1; *Reichert*, HdbVereins- und Verbandsrechts, Rn. 889; *Sauter/Schweyer*, Der eingetragene Verein, Rn. 336. Ebenso *Grunewald*, Gesellschaftsrecht, 2.A.V.2 Rn. 59; *dies.*, ZIP 1989, 962 [963 f.], dort jedoch mit der Einschränkung, ein Einsichtnahmerecht sei nur in bürgerlich-rechtlichen Vereinen

weiteren Sinn[77]. Die gegenteilige Ansicht von *Wohlleben*, wonach die aufgrund des individuellen Informationsrechts in Verbänden erlangbare Form der Information davon abhängt, wie das Informationsrecht für die betreffende Verbandsform gesetzlich ausgestaltet worden ist[78], beruht auf der irrigen Annahme, das individuelle Informationsrecht setze, falls es nicht eigens vertraglich begründet ist, eine gesetzliche Grundlage voraussetzt. In Wahrheit wurzelt das „Stammrecht" auf Information jedoch als „einheitliches, ungeteiltes Recht" in der Verbandsmitgliedschaft[79], während die Frage, ob aus ihm ein Anspruch auf Auskunft oder Einsichtnahme resultiert, lediglich seine Durchsetzung betrifft[80].

Zwischen den außerhalb von Versammlungen in Betracht kommenden Informationsformen besteht auch nicht etwa ein natürliches Stufenverhältnis[81]. Hinsichtlich der Auskunftserteilung einer- und der Einsichtnahmegewährung andererseits ist dies allerdings umstritten. So hat der BGH in einer Entscheidung zum Informationsrecht eines GmbH-Gesellschafters die Auffassung vertreten, Auskunft könne im Gegensatz zur Einsichtnahme nur bei Vorliegen eines wichtigen Grundes verlangt werden, da erstere in einem positiven Tun, letztere hingegen in einem bloßen Gewährenlassen bestehe und deshalb für die Gesellschaft weniger belastend sei[82]. Derweil finden sich in der Literatur Stimmen, die genau umgekehrt urteilen: das Einsichtnahmerecht sei, da es eine intensivere Information ermögliche, als „gesteigertes Auskunftsrecht" zu sehen und folglich diesem gegenüber subsidiär[83].

In dieser Pauschalität trifft weder das eine noch das andere zu. Vielmehr hängt die Antwort auf die Frage, in welcher Form außerhalb von Versammlungen Informationen beansprucht werden können, abermals vom im Einzelfall zu bestimmenden Informationsbedürfnis des Informationsberechtigten ab[84]. So wird in ma-

---

mit wenigen Mitgliedern zu gewähren, wogegen es in anderen Fällen nicht in deren Organisation eingepaßt werden könne. Indes meint *Stöber*, HdbVereinsrecht, Rn. 305, ob „Gelegenheit zur Einsicht zu geben ist, bestimmt sich nach der Satzung, mangels Satzungsbestimmungen nach Gewohnheitsrecht, also nach ständiger Übung im Verein".

77 Siehe zum weiten Verständnis des Begriffs Auskunft im Rahmen der vorliegenden Untersuchung oben § 2 I 1.

78 *Wohlleben*, Informationsrechte des Gesellschafters, S. 128 f.

79 Siehe dazu oben § 7 II 3 a) bb) (3) sowie § 8 II 1 c).

80 *K. Schmidt*, Informationsrechte in Gesellschaften und Verbänden, S. 38 f.

81 Vgl. wie hier *Bunte*, Informationsrechte in der GmbH und im GmbH-Konzern, S. 37 ff.; *Ebenroth*, Die Kontrollrechte der GmbH-Gesellschafter, S. 51 f., 76; *Hüffer*, in: Hachenburg, GmbHG-K II, § 51a Rn. 37; *Roth*, in: Roth/Altmeppen, GmbHG-K, § 51a Rn. 9; *K. Schmidt*, Informationsrechte in Gesellschaften und Verbänden, S. 39; *ders.*, in: Scholz (Hrsg.), GmbHG-K II, § 51a Rn. 21.

82 BGHZ 14, 53 [59 f.].

83 *Roitzsch*, Der Minderheitenschutz im Verbandsrecht, S. 161; *Schilling*, JZ 1955, 49; *ders.*, in Hachenburg, GmbHG-K II (7.Auflage), § 45 Rn.26; *Wiedemann*, Gesellschaftsrecht, § 7 II 2 a).

84 Vgl. *K. Schmidt*, Informationsrechte in Gesellschaften und Verbänden, S. 38 f.; *ders.*, in: Scholz (Hrsg.), GmbHG-K II, § 51a Rn. 21. Ausführlich zum Informationsbedürfnis als das Auskunftsrecht legitimierendes und konturierendes Merkmal oben § 8 II.

chen Konstellationen sein Informationsbedürfnis durch Erteilung einer mündlichen oder schriftlichen Auskunft befriedigt werden können, so daß ihm in diesem Fall nicht auch noch ein Einsichtnahmeanspruch zusteht. Andererseits gibt es Verbandsangelegenheiten, über die er sich nur im Wege der Einsichtnahme sinnvoll informieren kann, etwa über die in der Mitgliederliste des Verbands verzeichneten Mitgliederadressen[85]. Auch sind Fälle denkbar, in denen die durch Einsichtnahme erlangbaren Informationen durch Auskünfte zusätzlich erläutert werden müssen[86]. Oder aber es stellt sich bei der Auskunftserteilung heraus, daß zusätzlich ein Bedürfnis nach Einsichtnahme besteht. Bei alledem ist auch nicht etwa entscheidend, welche Informationsform der Auskunftsberechtigte begehrt[87], sondern allein wie seinem Informationsbedürfnis objektiv am besten entsprochen wird[88].

(2) Bedeutung der Einsichtnahme

Soweit ein Anspruch auf Einsichtnahme besteht, bezieht er sich zum einen auf Schriftstücke des Verbands. So ist in der gesetzlichen Regelung des individuellen Informationsrechts des GmbH-Gesellschafters explizit von einem Einsichtnahmerecht in „Bücher und Schriften"[89] die Rede[90]. Darin erschöpft sich das Einsichtnahmerecht jedoch nicht[91]. In Zeiten fortschreitender Technisierung arbeiten Verbände nämlich heute in der Regel auch mit technischen Speichermedien wie insbesondere Computern. In diesen Fällen zielt das Einsichtnahmerecht zum anderen auch auf die technisch gespeicherte Daten[92]. Daß die Daten in diesen Fällen nicht ohne weiteres „sichtbar" sind, ändert daran nichts. Denn die Verwendung von moderner Technik darf nicht zu Lasten der Informationsmöglichkeit des Informationsberechtigten gehen. Daher muß der Verband diesem die per Computer ge-

---

85 Vgl. *Reichert*, HdbVereins- und Verbandsrechts, Rn. 793, 852, 990, 1120, 1526, 1528.

86 Vgl. *Bunte*, Informationsrechte in der GmbH und im GmbH-Kontern, S. 38; *K. Schmidt*, in: Scholz/Schmidt, GmbHG-K II, § 51a Rn. 21.

87 So aber *Hüffer*, in: Hachenburg, GmbHG-K II, § 51a Rn.37; *K. Müller*, GmbHR 1987, 87 [93]; *Roth*, in: Roth/Altmeppen, GmbHG-K, § 51a Rn.9; *Wohlleben*, Informationsrechte des Gesellschafters, S.131ff. Dieser Ansicht nach ist das Wahlrecht des Mitglieds allerdings durch die Grundsätze der mißbräuchlichen Rechtsausübung begrenzt.

88 Vgl. *K. Schmidt*, in: Scholz (Hrsg.), GmbHG-K II, § 51a Rn. 21; *Zöllner*, in: Baumbach/Hueck, GmbHG-K, § 51a Rn. 22.

89 § 51a Abs.1 GmbHG. Ähnlich heißt es §§ 166, 233 HGB „Bücher und Papiere", in § 716 Abs.1 BGB „Geschäftsbücher und Papiere" und in § 118 Abs. 1 HGB „Handelsbücher und Papiere".

90 Im bürgerlichen Vereinsrecht, wo es an einer gesetzlichen Regelung des individuellen Informationsrechts fehlt, wird bei der Beschreibung des Einsichtnahmerechts des Vereinsmitglieds auf diese Formulierung Bezug genommen, vgl. *Hadding*, in: Soergel, BGB-K I, § 38 Rn. 17; *Heinrichs*, in: Palandt, BGB-K, § 38 Rn. 1; *Reichert*, HdbVereins- und Verbandsrechts, Rn. 889 a.E.; *Sauter/Schweyer*, Der eingetragene Verein, Rn. 336.

91 *Wohlleben*, Informationsrechte des Gesellschafters, S. 113.

92 Vgl. *Hüffer*, in: Hachenburg, GmbHG-K II, § 51a Rn. 39 f.; *Roth*, in: Roth/Altmeppen, GmbHG-K, § 51a Rn.8; *K. Schmidt*, in: Scholz (Hrsg.), GmbHG-K II, § 51a Rn. 25; *Wohlleben*, Informationsrechte des Gesellschafters, S. 116 f.; *Zöllner*, in: Baumbach/Hueck, GmbHG-K, § 1a Rn. 16 f.

speicherten Daten auf seine Kosten in geeigneter Weise zugänglich machen[93]. Dazu sind etwa Computerausdrücke zu fertigen oder die Daten zumindest auf einem Bildschirm sichtbar zu machen[94].

In der Verbandspraxis stellt sich überdies häufig die Frage, ob das Recht zur Einsichtnahme auch einen Anspruch auf Abschriften oder Kopien der betreffenden Unterlagen umfaßt. Dabei ist wie folgt zu differenzieren. Vom Einsichtnahmerecht gedeckt ist die Befugnis des Mitglieds, sich bei der Einsichtnahme Notizen zu machen und wichtige Passagen abzuschreiben. Das geht zwar über die Einsichtnahme im Wortsinne hinaus, ist aber im Verbandsrecht allgemein anerkannt[95]. In zeitgerechter Fortführung dieser Befugnis ist es überdies statthaft, daß sich der Informationsberechtigte auf seine Kosten[96] Fotokopien der betreffenden Unterlagen anfertigt, etwa eine Kopie der Liste mit den für ihn relevanten Mitgliederadressen[97]. Dagegen kann er grundsätzlich nicht verlangen, daß der Verband die Kopierarbeit übernimmt und ihm die Kopien übersendet. Denn die mit dem Einsichtnahmerecht korrespondierende Pflicht des Verbands besteht lediglich darin, dem Informationsberechtigten die erforderlichen Unterlagen zugänglich zu machen[98], nicht jedoch, ihm bei ihrer Einsichtnahme durch Bereitstellung von personellen[99] oder technischen Mitteln behilflich zu sein[100], es sei denn, die relevanten Daten sind – wie in dem oben genannten Beispiel ihrer Speicherung per Computer – ohne solche Hilfestellung gar nicht sichtbar[101]. Ein Anspruch des Informationsberechtigten auf Übergabe von Kopien ist daher nur dann gegeben, wenn sein In-

---

93 Vgl. *Tietze*, Die Informationsrechte des GmbH-Gesellschafters, S. 32.

94 Vgl. *Hüffer*, in: Hachenburg, GmbHG-K II, § 51a Rn. 44; *Tietze*, Die Informationsrechte des GmbH-Gesellschafters, S. 32; *Wohlleben*, Informationsrechte des Gesellschafters, S. 116 f.

95 Vgl. OLG Köln, GmbHR 1985, 358 [360]; *Baumbach/Hopt*, HGB-K, § 118 Rn. 6; *Hüffer*, in: Hachenburg, GmbHG-K II, § 51a Rn. 43; *Lutter/Hommelhoff*, GmbHG-K, § 51a Rn. 19; *K. Schmidt*, in: Scholz (Hrsg.), GmbHG-K II, § 51a Rn. 26; *Ulmer*, in: MüKo-BGB V, § 716 Rn. 8; *Wohlleben*, Informationsrechte des Gesellschafters, S. 126; *Zöllner*, in: Baumbach/Hueck, GmbHG-K, § 51a Rn. 18.

96 Vgl. *Hüffer*, in: Hachenburg, GmbHG-K II, § 51a Rn. 43; *Tietze*, Die Informationsrechte des GmbH-Gesellschafters, S. 31; *Lutter/Hommelhoff*, GmbHG-K, § 51a Rn. 19.

97 Vgl. *Metz*, in: Lang/Weidmüller/Metz/Schaffland, GenG-K, § 18 Rn. 10; *Schaffland*, in: Lang/Weidmüller/Metz/Schaffland, GenG-K, § 31 Rn. 2.

98 Insofern ist der Verband bei der Einsichtnahmegewährung ebenso wie bei der Auskunftserteilung zu einer Leistung verpflichtet, weshalb es zu kurz greift, wenn *Hüffer*, in: Hachenburg, GmbHG-K II, § 51a Rn. 42, 43, in dem Einsichtnahmerecht bloß eine „Duldungspflicht" des Verbands sieht.

99 Falls die Einsichtnahme das Informationsbedürfnis des Informationsberechtigten nicht befriedigt, sondern es einer zusätzlichen Erläuterung durch das Personal des Verbands bedarf, hat man es hinsichtlich der Erläuterungen mit einer Auskunftserteilung zu tun, vgl. *Ulmer*, in: MüKo-BGB V, § 716 Rn. 9 zu Auskunftserteilung.

100 Vgl. *Hüffer*, in: Hachenburg, GmbHG-K II, § 51a Rn. 42, 43; *Lutter/Hommelhoff*, GmbHG-K, § 51a Rn. 19; *K. Schmidt*, in: Scholz (Hrsg.), GmbHG-K II, § 51a Rn. 26. Freilich wird der Verband den Informationsberechtigten regelmäßig auch ohne eine solche Rechtsverpflichtung bei der Einsichtnahme unterstützen, schon um die Störung des laufenden Geschäftsbetriebes möglichst gering zu halten, *Wohlleben*, Informationsrechte des Gesellschafters, S. 124 f.

101 Vgl. *Hüffer*, in: Hachenburg, GmbHG-K II, § 51a Rn. 42.

formationsbedürfnis ausnahmsweise nur so sachgerecht befriedigt werden kann oder dies der ständigen Verbandspraxis entspricht[102].

In diesem Zusammenhang fragt sich ferner, ob der Verband dem Anspruch des Informationsberechtigten auf Einsichtnahme genügt, wenn er diesem von sich aus Kopien der betreffenden Unterlagen übergibt. Die herrschende Meinung bejaht die Frage[103]. Dagegen wird sie von anderen mit der Begründung verneint, das Einsichtnahmerecht beziehe sich auf die Originale[104]. Die Übergabe von Kopien sei nur dann ausreichend, wenn dem Verband bei einem Teil des Originals ein Informationsverweigerungsrecht zustehe. In diesem Fall könnten dem Informationsberechtigten Kopien übergeben werden, bei denen der vom Verweigerungsrecht erfaßte Teil des Originals geschwärzt sei[105]. Richtigerweise ist auch hier auf das Informationsbedürfnis abzustellen[106]. Danach wird eine Einsichtnahme in Originale von Unterlagen lediglich ausnahmeweise gefordert werden können, so etwa, wenn begründete Zweifel an der Übereinstimmung von Fotokopie und Original bestehen. Die Frage, inwieweit der Verband sich auf ein Informationsverweigerungsrecht berufen kann, stellt sich rechtssystematisch indes erst auf der Ebene der Schranken des Informationsrechts[107].

bb) Gehör

Wie gesehen, besteht das Recht auf Gehör außerhalb von Versammlungen als Recht zur Nutzung der verbandsinternen Kommunikationsmitteln[108]. Die Form der Meinungskundgabemöglichkeit, die hier beansprucht werden kann, hängt dementsprechend von der Art der vorhandenen Kommunikationsmittel ab. So dienen in politischen Parteien zur innerparteilichen Meinungskundgabe traditionell etwa Mitgliederzeitschriften und Rundschreiben, neuerdings zunehmend auch ein Intranet. Beim Gebrauch dieser Kommunikationsmittel erfolgt die Meinungskundgabe naturgemäß in schriftlicher Form. Doch kann das Recht auf Gehör außerhalb von Versammlungen auch einen Anspruch auf Verschaffung einer mündlichen Meinungskundgabegelegenheit vermitteln, so insbesondere auf Nutzung der verbandseigenen Telefonanlage.

---

102 Vgl. *K. Schmidt*, in: Scholz/Schmidt, GmbHG-K II, § 51a Rn. 23. Im bürgerlichen Vereinsrecht ist anerkannt, daß das Vereinsmitglied Anspruch auf ein Exemplar der Vereinssatzung hat, vgl. LG Karlsruhe, Rpfleger 1987, 164; *Hadding*, in: Soergel, BGB-K I, § 38 Rn. 17; *Reichert*, HdbVereins- und Verbandsrechts, Rn. 341; *Sauter/Schweyer*, Der eingetragene Verein, Rn. 336. Auf dieses Recht können sich auch Parteimitglieder berufen.

103 Vgl. statt vieler OLG Düsseldorf, GmbHR 1991, 18; OLG Köln, GmbHR 1985, 358 [359]; *Zöllner*, in: Baumbach/Hueck, GmbHG-K, § 51a Rn. 18.

104 *Hüffer*, in: Hachenburg, GmbHG-K II, § 51a Rn. 43.

105 *Hüffer*, in: Hachenburg, GmbHG-K II, § 51a Rn. 43.

106 Vgl. *K. Schmidt*, in: Scholz (Hrsg.), GmbHG-K II, § 51a Rn. 26.

107 Vgl. ausführlich zu den Schranken unten § 10 II 1 a) aa).

108 Siehe oben § 8 IV 1 a) cc) (2).

Allerdings wird das einzelne Mitglied sein Recht auf Gehör außerhalb von Parteiversammlungen oft nur in bescheidenem Umfang verwirklichen können. Denn mit der Nutzung der klassischen verbandsinternen Kommunikationsmittel sind regelmäßig beträchtliche Kosten verbunden, ihre Kapazität und der dem einzelnen Berechtigten daran zustehende Anteil folglich entsprechend gering[109]. Will ein einfaches Mitglied seine Meinung beispielsweise in einer Mitgliederzeitschrift des Verbands äußern, wird es sich daher in der Regel auf einen kurzen Beitrag beschränken müssen. Auch kann es bei entsprechend hohem Andrang passieren, daß es mit seinem Beitrag überhaupt nicht oder erst in einer späteren Ausgabe zum Zuge kommt.

Das führt zu der Frage, ob sich der Berechtigte eine (umfangreichere) Nutzung des betreffenden Kommunikationsmittels erkaufen kann, indem er die dem Verband dadurch entstehenden (Mehr-)kosten übernimmt. Für politische Parteien muß dies verneint werden. Zu erinnern ist dabei abermals, daß es sich bei dem Recht auf Gehör um ein Leistungsrecht handelt, das auf ein Tun des Verbands, nämlich die Verschaffung einer Meinungskundgabegelegenheit gerichtet ist. Wegen des Demokratiegebots des Art. 21 Abs. 1 S. 3 GG, das eine strikte Gleichbehandlung der zur Beeinflussung der innerparteilichen Willensbildung Berechtigten abverlangt[110], dürfen die Parteien ihre entsprechende Leistung aber nicht von der finanziellen Leistungskraft der Berechtigten abhängig machen. Stellt ein Berechtigter der Partei finanzielle Mittel für die Kapazitätsvergrößerung eines innerverbandlichen Kommunikationsmittels zur Verfügung, so erweitert sich dadurch seine Möglichkeit, dieses zu nutzen, also nur anteilig in dem gleichen Umfang, wie auch das Nutzungskontingent der anderen Berechtigten wächst. Darüber hinaus verbleibt ihm indes nur das Abwehrrecht auf Meinungskundgabe, das keine Leistung des Verbands voraussetzt, sondern lediglich ein Gewährenlassen. Im Rahmen des Abwehrechts auf Meinungskundgabe ist es einem solventen Berechtigten daher grundsätzlich unbenommen, seine Meinung auf seine Kosten und mit seinen eigenen Kommunikationsmitteln zu verbreiten. Zwar sind die politischen Parteien auch beim Gewährenlassen von Meinungskundgaben an das Gebot strikter Gleichbehandlung gebunden. Ein Verstoß dagegen liegt hier jedoch grundsätzlich nur dann vor, wenn sie bei solventen Berechtigten etwas zulassen, was sie anderen verwehren.

c) Zwischenergebnis

In welcher Form Auskunft und Gehör verlangt werden kann, hängt davon ab, ob das Recht dazu in oder außerhalb von Parteiversammlungen ausgeübt wird.

---

[109] Zur Notwendigkeit der Aufteilung der Kapazitäten und den dabei zu beachtenden Anforderungen siehe oben § 8 IV 1 a) cc) (2).
[110] Siehe dazu bereits oben § 7 II 5 a).

Wird es in Parteiversammlungen ausgeübt, besteht nur ein Anspruch auf mündliche Auskunft bzw. Gelegenheit zur Meinungskundgabe in mündlicher Form. Das ergibt sich daraus, daß Parteiversammlungen traditionell mündlich und nicht schriftlich abgewickelt werden. Aus dem Prinzip der Mündlichkeit der Verwirklichung des Rechts auf Auskunft und Gehör in Parteiversammlungen folgt umgekehrt aber auch, daß der Berechtigte sich dort nicht auf eine schriftliche Auskunft bzw. Gelegenheit zur schriftlichen Meinungskundgabe verweisen lassen muß.

Wird das Recht auf Auskunft und Gehör außerhalb von Parteiversammlungen ausgeübt, ist der daraus resultierende Anspruch auf Information und Meinungskundgabegelegenheit hingegen nicht von vornherein auf eine bestimmte Form begrenzt. Beim Auskunftsrecht hängt die Frage, in welcher Form hier die Information verlangt werden kann, vom Informationsbedürfnis ab. Soweit danach ein Anspruch auf Einsichtnahme besteht, bezieht er sich über den engeren Wortsinn der Einsichtnahme hinaus nicht nur auf Schriftstücke des Verbands, sondern auch auf technisch, insbesondere per Computer gespeicherte Daten. Des weiteren kann sich der Berechtigte aufgrund seines Einsichtnahmeanspruchs auf seine Kosten auch Kopien der relevanten Unterlagen fertigen. Derweil hängt die Form der Meinungskundgabemöglichkeit, die außerhalb von Parteiversammlungen beansprucht werden kann, von der in der Partei dazu zur Verfügung stehenden verbandsinternen Kommunikationsmittel ab. Wegen der mit der Nutzung der Kommunikationsmittel verbundenen Kosten ist die Nutzungskapazität des einzelnen Berechtigten meist sehr begrenzt. Wegen des innerparteilichen Demokratiegebots des Art. 21 Abs. 1 S. 3 GG ist es jedoch nicht möglich, daß sich der Berechtigte eine (umfangreichere) Nutzung eines Kommunikationsmittels erkauft, indem er die dem Verband dadurch entstehenden (Mehr-)kosten übernimmt. Stellt er der Partei finanzielle Mittel für die Kapazitätsvergrößerung eines Kommunikationsmittels zur Verfügung, so erweitert sich dadurch seine Möglichkeit, dieses zu nutzen, also nur anteilig in dem gleichen Umfang, wie auch das Nutzungskontingent der anderen Berechtigten wächst.

2. Materielle Anforderungen

Die materiellen Anforderungen an eine aufgrund des Auskunftsrechts zu erteilende Information sowie an eine aufgrund des Rechts auf Gehör zu gewährende Meinungskundgabegelegenheiten sind verschieden.

a) Auskunft

Nach § 131 Abs. 2 AktG hat die dem Aktionär aufgrund seines individuellen Informationsrechts gemäß § 131 Abs. 1 AktG zu erteilende Auskunft den Grundsätzen einer gewissenhaften und getreuen Rechenschaft zu entsprechen. Diese Anforderungen sind Ausdruck eines Rechtsgedankens[111], der auch für die Erfüllung individueller Informationsansprüche in anderen privaten Personenverbänden und somit grundsätzlich auch in politischen Parteien gilt[112], und zwar unabhängig von der Form der zu gewährenden Information[113]. So wurde die in § 51a Abs. 2 S. 2 des Regierungsentwurfs zum GmbHG von 1977 vorgesehene, dem § 131 Abs. 2 AktG entsprechende Vorschrift[114] vom Rechtsauschuß nur deshalb aus dem Entwurf gestrichen[115], weil er ihren Inhalt als selbstverständlich und daher nicht regelungsbedürftig ansah[116]. Demzufolge hat im Prinzip auch in politischen Parteien die dem einzelnen Informationsberechtigten aufgrund seines Auskunftsrechts zustehende Information den Grundsätzen der gewissenhaften und getreuen Rechenschaft zu entsprechen.

Gewissenhafte und getreue Rechenschaft bedeutet, daß die dem Informationsberechtigten gewährte Information sachlich zutreffend und vollständig sein muß und so ein zusammenhängendes und der Wirklichkeit entsprechendes Bild ergibt[117]. Demzufolge darf der für die Informationserteilung zuständige Vorstand bei der Informationserteilung weder lügen noch Angaben ins Blaue hinein machen oder sich mit „halben Wahrheiten"[118] begnügen, indem er wichtige Einzelheiten verschweigt[119]. Will er eine bestimmte Information zurückhalten, weil er der Überzeugung ist, ihm stünde diesbezüglich ein Informationsverweigerungsrecht[120] zu, so muß er dies klar zum Ausdruck bringen[121]. Gleichfalls zu erkennen geben muß er, wenn er sich der gewährten Information nicht sicher ist[122]. Außerdem kann es er-

---

[111] Vgl. *Deuss*, Das Auskunftsrecht des Aktionärs in der Hauptversammlung der Aktiengesellschaft nach § 112 AktG und als Problem der Aktienrechtsreform, S. 61; *Ebenroth*, Die Kontrollrechte der GmbH-Gesellschafter, S. 96 f.

[112] Vgl. zur Geltung des Rechtsgedankens im bürgerlichen Vereinsrecht *K. Schmidt*, Informationsrechte in Gesellschaften und Verbänden, S. 57; im Genossenschaftsrecht *Metz*, in: Lang/Weidmüller/Metz/Schaffland, GenG-K, § 43 Rn. 50; *K. Müller*, GenG-K II, § 43 Rn. 28; *Wohlleben*, Informationsrechte des Gesellschafters, S. 147 Fn. 274.; im GmbH-Recht *Hüffer*, in: Hachenburg, GmbHG-K II, § 51a Rn.32; *Tietze*, Die Informationsrechte des GmbH-Gesellschafters, S. 32 f.; *Zöllner*, in: Baumbach/Hueck, GmbHG-K, § 51a Rn. 11.

[113] Vgl. *Wohlleben*, Informationsrechte des Gesellschafters, S. 148.

[114] BT-Drucks. VIII/1347, S. 11.

[115] BT-Drucks. VIII/1347, S. 21.

[116] BT-Drucks. VIII/1347, S. 75.

[117] Vgl. *Barz*, in: GroßK-AktG I/2 (3. Aufl.), § 131 Anm. 22; *Ebenroth*, Das Auskunftsrecht des Aktionärs und seine Durchsetzung im Prozeß, S. 126; *Eckardt*, in: Geßler/Hefermehl/Eckardt/Kropff, AktG-K II, § 131 Rn. 73; *Hüffer*, AktG-K, § 131 Rn. 21; *K. Müller*, GenG-K III, § 43 Rn. 28; *Tietze*, Die Informationsrechte des GmbH-Gesellschafters, S. 33; *Zöllner*, in: ders. (Hrsg.), KöKo-AktG I, § 131 Rn. 31; *ders.*, in: Baumbach/Hueck, GmbHG-K, § 51a Rn. 11 f.

[118] Vgl. *Eckardt*, in: Geßler/Hefermehl/Eckardt/Kropff, AktG-K II, § 131 Rn. 73.

[119] Vgl. *Barz*, in: GroßK-AktG I/2 (3. Aufl.), § 131 Anm. 22.

[120] Zum Informationsverweigerungsrecht als Ausdruck der materiellen Schranken des individuellen Informationsrechts siehen unten § 10 II 1 a).

[121] Vgl. *Barz*, in: GroßK-AktG I/2 (3. Aufl.), § 131 Anm. 22; *Hüffer*, AktG-K, § 131 Rn. 21; *Ebenroth*, Das Auskunftsrecht des Aktionärs und seine Durchsetzung im Prozeß, S. 126; *Tietze*, Die Informationsrechte des GmbH-Gesellschafters, S. 33.

[122] Vgl. *Zöllner*, in: Baumbach/Hueck, GmbHG-K, § 51a Rn. 11.

forderlich sein, daß er seine Informationsgewährung über das eigentliche Informationsbegehren hinaus erstreckt, wenn sie anderenfalls zu unrichtigen Folgerungen führen würde[123]. Erfaßt eine Frage einen Problemkreis nur unvollständig, ermöglicht aber nur die Kenntnis weiterer Umstände oder Details eine richtige Beurteilung, kann sich der Vorstand also nicht darauf berufen, daß nur eingeschränkt gefragt worden ist[124]. Erkennt er, daß die Frage des Informationsberechtigten auf einem Irrtum beruht, hat er richtig zu stellen[125].

Wie sehr die Information in die Tiefe gehen müssen, hängt wiederum vom Informationsbedürfnis des Auskunftsberechtigten ab. Insofern gilt das Prinzip der „Spiegelbildlichkeit von Anfrage und Antwort“[126]: je gezielter und gegenständlich umgrenzter das Informationsverlangen ist, desto relativ ausführlicher und detailbezogener muß die Informationsgewährung erfolgen; je allgemeiner die Fragestellung ist, desto allgemeiner kann auch die Antwort ausfallen[127]. Dabei darf dem Informationsberechtigten nicht zum Nachteil gereichen, daß ihm für eine gezieltere Frage die Information fehlt, die er erst durch die Beantwortung der Frage erhalten kann. Die gewährte Information ist daher nicht schon dann vollständig, wenn sie das Informationsbegehren nach dessen Wortlaut abdeckt, sondern nur, wenn sie auch seinem erkennbaren Sinn entspricht[128].

Besonders wenn Fragen in Versammlungen gestellt werden, kann eine den Grundsätzen der gewissenhaften und getreuen Rechenschaft genügende Informationserteilung freilich schwierig sein. Je spezieller die Fragen, desto eher wird es vorkommen, daß der Verbandsvorstand sie nicht aus dem Stand heraus beantworten kann, weil er selbst nicht oder nicht über alle dazu nötigen Informationen verfügt. In diesen Fällen kann sich der Vorstand allerdings nicht ohne weiteres auf Nichtwissen berufen[129]. Auch kann er den Fragenden nicht kurzerhand mit dem Angebot einer Beantwortung nach der Versammlung vertrösten. Vielmehr ist er verpflichtet, zumutbare Vorkehrungen zu treffen, die ihn die in Lage versetzen, Fragen unverzüglich[130] zu beantworten, falls sie in einer Versammlung gestellt

---

[123] Vgl. *K. Müller*, GenG-K II, § 43 Rn. 28.

[124] Vgl. *Tietze*, Die Informationsrechte des GmbH-Gesellschafters, S. 33.

[125] Vgl. *Eckardt*, in: Geßler/Hefermehl/Eckardt/Kropff, AktG-K II, § 131 Rn. 73; *Tietze*, Die Informationsrechte des GmbH-Gesellschafters, S. 33.

[126] *Lutter/Hommelhoff*, GmbHG-K, § 51a Rn. 22.

[127] Vgl. LG Braunschweig, AG 1991, 36 [37]; BayOLG, WM 1989, 371 [375]; *Hüffer*, AktG-K, § 131 Rn. 21; *ders.*, in: Hachenburg, GmbHG-K II, § 51a Rn. 32; *K. Schmidt*, in: Scholz (Hrsg.), GmbHG-K II, § 51a Rn. 24; *Zöllner*, in: Baumbach/Hueck, GmbHG-K, § 51a Rn. 12.

[128] Vgl. *Hüffer*, in: Hachenburg, GmbHG-K II, § 51a Rn. 32.

[129] Vgl. *Ebenroth*, Das Auskunftsrecht des Aktionärs und seine Durchsetzung im Prozeß, S. 126; *Tietze*, Die Informationsrechte des GmbH-Gesellschafters, S. 33.

[130] Auch das Erfordernis der Unverzüglichkeit der Beantwortung von Fragen des Informationsberechtigten ist im Verbandsrecht allgemein anerkannt, vgl. *Wohlleben*, Informationsrechte des Gesellschafters, S. 145 f. Zur näheren Bedeutung dieses Merkmals siehe *K. Schmidt*, in: Scholz (Hrsg.), GmbHG-K II, § 51a Rn. 22; *Tietze*, Die Informationsrechte des GmbH-Gesellschafters, S. 27 ff.; *Zöllner*, in: Baumbach/Hueck, GmbHG-K, § 51a Rn. 14. In § 51a Abs. 1 GmbHG, der

wurden, also noch während ihres Verlaufs[131]. Nötigenfalls muß er dazu die notwendigen personellen und technischen Mittel bereit halten, und zwar auch dann, wenn die Versammlung in der arbeitsfreien Zeit (z.B. am Wochenende) stattfindet[132]. Das kann es etwa erforderlich machen, daß während der Versammlung Mitarbeiter der Verbands in der Geschäftsstelle bereitstehen, um dort die nötigen Informationen in Verbandsunterlagen zu recherchieren und sie per Telefon, Telefax oder Internet dem Verbandsvorstand in die Versammlung zu übermitteln – eine bei Hauptversammlungen von Aktiengesellschaften heute gängige Praxis. Nur sofern der Vorstand Vorkehrungen dieser Art getroffen hat und die zur Beantwortung einer Frage nötigen Informationen dennoch nicht erlangen kann, wird er in der Versammlung von seiner Pflicht zur Auskunftserteilung frei[133]. Besteht das Informationsbedürfnis fort, ist die Auskunft allerdings nach der Versammlung zu erteilen.

Inwieweit demgemäß in Versammlungen Auskunft erteilt werden muß, hängt letztlich abermals von den Einzelfallumständen ab. Kann eine Frage nur nach umfangreicher Vorbereitung beantwortet werden, so braucht sie in der Versammlung jedenfalls dann nicht beantwortet zu werden, wenn sie aus dem üblichen Rahmen fällt und der Vorstand nicht mit ihr rechnen konnte[134]. Folglich hängt die Reichweit der Pflicht zur Auskunftserteilung auch vom Informationsberechtigten selbst ab. Insofern bietet es sich an, daß er, wozu er freilich nicht verpflichtet ist[135], seine Frage vor der Versammlung ankündigt und dem Vorstand so die Möglichkeit zur Vorbereitung auf ihre Beantwortung gibt[136].

---

gesetzlichen Regelung des individuellen Informationsrechts des GmbH-Gesellschafters, hat es ausdrücklich Niederschlag gefunden.

131 Vgl. *Hüffer*, in: Hachenburg, GmbHG-K II, § 51a Rn. 34, *Zöllner*, in: Baumbach/Hueck, GmbHG-K, § 51a Rn. 14.

132 Vgl. RGZ 167, 151 [169]; BGHZ 32, 159 [165f.]; OLG Düsseldorf, WM 1991, 2148 [2152]; *Ebenroth*, Das Auskunftsrecht des Aktionärs und seine Durchsetzung im Prozeß, S. 32; *Eckardt*, in: Geßler/Hefermehl/Eckardt/Kropff, AktG-K II, § 131 Rn. 66; *von Godin/Wilhelmi*, AktG-K I, § 131 Anm.12; *Hüffer*, AktG-K, § 131 Rn. 9; *ders.*, in: Hachenburg, GmbHG-K II, § 51a Rn. 34; *Zöllner*, in: ders. (Hrsg.), KöKo-AktG I, § 131 Rn. 77.

133 Vgl. *Hüffer*, AktG-K, § 131 Rn. 10; *ders.*, in: Hachenburg, GmbHG-K II, § 51a Rn. 34; *Zöllner*, in: ders. (Hrsg.), KöKo-AktG I, § 131 Rn. 57.

134 Vgl. *Eckardt*, in: Geßler/Hefermehl/Eckardt/Kropff, AktG-K II, § 131 Rn. 67; *Zöllner*, in: ders. (Hrsg.), KöKo-AktG I, § 131 Rn. 57.

135 Wenn im Aktienrecht die Auffassung vertreten wird, bei schwierigen Fragen sei der Aktionär aus Treu und Glauben zur vorherigen Ankündigung verpflichtet (so etwa BGHZ 32, 159 [166]; *Ebenroth*, Das Auskunftsrecht des Aktionärs und seine Durchsetzung im Prozeß, S. 32; *von Godin/Wilhelmi*, AktG-K I, § 131 Anm. 9), ist das zumindest mißverständlich. Denn das individuelle Informationsrecht besteht unabhängig von einer Ankündigung des Informationsverlangens. Der Informationsberechtigte kann also in Versammlungen zu allem fragen, was zum thematischen Gegenstand des Auskunftsrechts gehört. Ohne Ankündigung läuft er eben nur Gefahr, daß dann eine besonders spezielle Fragen in der Versammlung nicht beantworten kann und muß, vgl. *Eckardt*, in: Geßler/Hefermehl/ Eckardt/Kropff, AktG-K II, § 131 Rn. 25.

136 So deutlich *Zöllner*, in: ders. (Hrsg.), KöKo-AktG I, § 131 Rn. 78 und Rn. 57, zum Auskunftsrecht des Aktionärs.

b) Gehör

Die materiellen Anforderungen an die Gewährung von Gehör lassen sich mit den vorstehend genannten materiellen Anforderungen an die aufgrund des Auskunftsrechts zu gewährende Information nicht vergleichen. Das liegt daran, daß der Verband auf den Inhalt der Meinungskundgabe keinen unmittelbaren Einfluß hat. Vielmehr ist es der Berechtigte, der den Inhalt seiner Meinungskundgabe bestimmt, während der Verband ihm hierzu bloß eine Gelegenheit bietet.

Soweit das Recht auf Gehör besteht, muß der Verband allerdings die Gelegenheit zur Meinungskundgabe unverzüglich[137] ermöglichen und dabei, soweit für ihn vorher erkennbar, deren Inhalt Rechnung tragen. Will beispielsweise ein Mitglied in einer Versammlung zu einem bestimmten Tagesordnungspunkt Ausführungen machen, muß ihm der Verband also grundsätzlich[138] sofort oder, sofern sich etwa zuvor andere Mitglieder gemeldet haben, zumindest noch während der Behandlung des betreffenden Tagesordnungspunkts und nicht erst später, etwa zum Tagesordnungspunkt „Verschiedenes", das Wort erteilen. Entsprechendes gilt für die Gewährung von Gehör außerhalb von Versammlungen: werden in einer Ausgabe einer Mitgliederzeitschrift in einer bestimmten Rubrik verschiedene Standpunkte zu einem bestimmten Thema dargestellt, so hat das Mitglied im Rahmen seines Rechts auf Gehör prinzipiell einen Anspruch darauf, daß seine Stellungnahme in dieser Ausgabe und dort in der betreffenden Rubrik erscheint.

Weitergehende, mit dem Inhalt der Meinungskundgabe zusammenhängende Pflichten bestehen für den Verband bei der Gewährung von Gehör indes nicht. Insbesondere ist er nicht, auch nicht bei schwierigen Themen, verpflichtet, dem Berechtigten bei dessen Meinungskundgabe Hilfestellung zu leisten, etwa indem er es bei der Ausarbeitung einer Rede oder eines Artikels unterstützt. Im Hinblick auf das Demokratiegebot des Art. 21 Abs. 1 S. 3 GG, das die Abwehr oligarchischer Tendenzen in den Parteien bezweckt[139], ist das freilich nicht unproblematisch, da sich – zumindest auf höherer Parteiverbandsebene – die Mitglieder der Parteiführung zur Meinungskundgabe regelmäßig solcher Hilfe bedienen können. Doch ist zu Bedenken, daß den Mitgliedern der Parteiführung die Erfüllung ihrer Funktion ohne diese Hilfestellung oftmals schon aus Zeitgründen nicht möglich wäre. Deshalb liegt darin kein Verstoß gegen das innerparteiliche Demokratiegebot, wenn und soweit die Hilfestellung zur Meinungskundgabe in Ausübung ihrer Funktion erfolgt und dazu erforderlich ist[140]. Machen die Mitglieder der Parteiführung von

---

[137] Ebenso wie die Erfüllung des Auskunftsanspruchs muß auch die Gewährung von Gehör „so schnell wie nach den Verhältnissen möglich" (vgl. *K. Schmidt*, in: Scholz/Schmidt, GmbHG-K III, § 51a Rn. 22) erfolgen.

[138] Zu den Ausnahmen, die sich aus den Schranken des Rechts auf Gehör ergeben können, siehe unten § 10.

[139] Siehe dazu ausführlich oben § 7 II 4 a) aa) (2).

[140] Vgl. zu den im Rahmen des Gleichheitsprinzips zulässigen Differenzierungen auch oben § 7 II 5 a).

ihrem Recht auf Gehör indes als einfache Parteimitglieder Gebrauch, haben sie dabei ebensowenig Anspruch auf Hilfestellung wie andere einfache Parteimitglieder auch.

c) Zwischenergebnis

Hinsichtlich der materiellen Anforderungen an die aufgrund des Rechts auf Auskunft und Gehör zu gewährende Information und Meinungskundgabegelegenheit gilt folgendes:

Die aufgrund des Auskunftsrechts zu gewährende Information muß den Grundsätzen einer gewissenhaften und getreuen Rechenschaft entsprechen. Das bedeutet, daß die Information unverzüglich erfolgen und sachlich zutreffend und vollständig sein muß, so daß ein zusammenhängendes und der Wirklichkeit entsprechendes Bild ergibt. Wie sehr die Informationen dabei in die Tiefe gehen müssen, hängt wiederum vom Informationsbedürfnis des Informationsberechtigten ab.

Im Zusammenhang mit dem Recht auf Gehör muß der Verband bei der Bereitstellung die Gelegenheit zur Meinungskundgabe unverzüglich schaffen und deren für ihn erkennbaren Inhalt Rechnung tragen.

§ 10 Schranken

Dem Recht auf Auskunft und Gehör in politischen Parteien sind in zweifacher Hinsicht Grenzen gesetzt, nämlich zum einen durch Schranken, die mit dem Verfahren und der Art und Weise seiner Ausübung zu tun haben (formelle Schranken), sowie zum anderen durch Schranken, die seinen Inhalt angehen (materielle Schranken). Weisen die Schranken einen besonderen Bezug zum Recht auf Auskunft und Gehör auf, werden sie im folgenden spezielle formelle bzw. spezielle materielle Schranken genannt, im Unterschied zu den Schranken ohne einen solchen besonderen Bezug, die allgemeine formelle bzw. allgemeine materielle Schranken geheißen werden. Jenseits der Schranken des Rechts auf Auskunft und Gehör kann der Inhaber des Rechts keine Information und Meinungskundgabegelegenheit beanspruchen.

I. Formelle Schranken

Die allgemeinen Schranken des Rechts auf Auskunft und Gehör kommen nicht mehr zum Anwendung, wenn bereits seine speziellen Schranken greifen. Deshalb werden zunächst die speziellen formellen Schranken erörtert.

1. Spezielle formelle Schranken

Die speziellen formellen Schranken des Rechts auf Auskunft und Gehör unterscheiden sich danach, ob das Recht in oder außerhalb von Parteiversammlungen ausgeübt wird.

a) Ausübung des Rechts auf Auskunft und Gehör in Parteiversammlungen

aa) Versammlungsordnung

Wird das Recht auf Auskunft und Gehör in Parteiversammlungen ausgeübt, ergeben sich spezielle formelle Schranken aus der Versammlungsordnung. Unter der Versammlungsordnung ist die Gesamtheit der Regeln zu verstehen, die der gedeihlichen, insbesondere der sach- und zeitgerechten Abwicklung der Versammlung dienen. Dazu gehören insbesondere Regeln über das Verfahren, nach denen sich Versammlungsteilnehmer bei der dortigen Ausübung ihrer Rechte zu richten haben, sowie Regeln zur Sicherstellung der Versammlungsordnung (Ordnungsmaßnahmen). Diese Regeln betreffen auch das Recht auf Auskunft und Gehör. Daß es sie geben muß, liegt auf der Hand: Dürfte jeder Versammlungsteilnehmer zu jeder Zeit zu jedem Thema ungehindert Fragen stellen und seine Meinung kundtun, drohten die Versammlungen ins Chaos zu stürzen. Insofern dient die Versammlungsordnung sowohl einem institutionellen als auch einem individuellen Zweck. Zum einen soll sie die Arbeits- und Handlungsfähigkeit der Parteiversammlungen sicherstellen. Zum anderen zielt sie darauf ab, daß jeder Versammlungsteilnehmer die gleiche Chance erhält, durch Ausübung seines Rechts auf Auskunft und Gehör an der Willensbildung der Versammlung teilzuhaben.

(1) Quellen

In den allgemeinen Rechtsquellen der inneren Parteienordnung[1] sucht man indes nach einer ausdrücklich normierten Versammlungsordnung vergeblich. Das bedeutet jedoch nicht, daß die politischen Parteien bei der Regelung dieser Materie freie Hand haben. Als private Personenvereinigungen haben sie sich dabei vielmehr grundsätzlich an das für Verbandsversammlungen geltende Ordnungsrecht zu halten[2]. Daß dieses eine Beschränkung unter anderem des durch das innerparteiliche Demokratiegebot des Art. 21 Abs. 1 S. 3 GG und des Verfassungsgrundsatzes der Freiheit der Wahl garantierten Rechts auf Auskunft und Gehör bewirkt (etwa durch die noch zu behandelnden Regeln, daß Fragen und Meinungskundgaben in Versammlungen einen Bezug zum gerade aufgerufenen Tagesordnungspunkt aufweisen müssen[3] und daß nach Schluß der Aussprache unzulässig sind[4]), steht dem nicht entgegen. So wie Demokratie und freie Wahlen in Parteien ein Recht auf Auskunft und Gehör bedingen[5], setzen sie nämlich auch ein Verfahren voraus, welches seine gleiche und effektive Ausübung ermöglicht und zugleich die Handlungsfähigkeit der politischen Parteien bewahrt[6].

Fraglich ist, inwieweit zu dem für Verbandsversammlungen geltenden Ordnungsrecht auch die in den Geschäftsordnungen der Parlamente enthaltenen Regeln zählen. Diese Frage wird im Verbandsrecht unterschiedlich beantwortet. Die Positionen reichen von der Bejahung ihrer Geltung als Gewohnheitsrecht[7] bis zur Verneinung jeglicher Relevanz mangels Vergleichbarkeit von Verbands- und Parlamentsversammlungen[8]. Die richtige Antwort liegt dazwischen. Gegen eine gewohnheitsrechtliche Geltung parlamentarischer Regeln für Verbandsversammlungen spricht, daß sie sich dazu im einzelnen von Parlament zu Parlament zu sehr

---

1 Siehe zu diesen Rechtsquellen oben § 6 I.

2 Vgl. CDU-BPartG, NVwZ 1982, 160.

3 Siehe dazu unten § 10 I 1 a) aa) (3) (e).

4 Dazu unten § 10 I 1 a) aa) (3) (g) sowie § 10 I 1 a) aa) (4) (a) (cc).

5 Ausführlich dazu oben unter § 7 II 4 a) cc) bzw. § 7 II 4 b) bb).

6 Ungenau ist es daher, wenn *König*, Die Verfassungsbindung der politischen Parteien, S. 37, erklärt: „Ebenso wie das funktionsgerechte Wirken der Parteien das Gebot innerparteilicher Demokratie bedingt, setzt es seiner Reichweite Grenzen“. Die Funktionsfähigkeit der Parteien setzt dem innerparteilichen Demokratiegebot des Art. 21 Abs. 1 S. 3 GG nämlich keine Grenzen, sondern ist diesem inhärent.

7 So etwa OLG Bamberg, LZ 1908, 468 [469 f.]; *Staub*, HGB-K I (7. Auflage), § 256 Anm. 13; ebenso auch noch *Pinner*, in: *Staub*, HGB-K I (8. Auflage), § 256 Anm. 13; anders dann jedoch *ders.*, in: *Staub*, HGB-K I (9. Auflage), § 256 Anm. 13.

8 So vor allem *Drewes*, Die Generalversammlung der Aktiengesellschaft, S. 50; *Horrwitz*, Das Recht der Generalversammlung der Aktiengesellschaften und Kommanditgesellschaften auf Aktien, S. 194; *Kuhn*, WM 1950, 50 [58].

unterscheiden[9]. Erst recht nicht kann von einer analogen Anwendbarkeit gesprochen werden. Dem steht schon entgegen, daß es sich bei den Geschäftsordnungen der Parlamente nicht um Gesetze, sondern um Satzungen[10] handelt, die sich die Parlamente ohne Mitwirkungs- und Zustimmungsrechte anderer Verfassungsorgane zur Regelung ihrer eigenen Geschäfte geben[11]. Recht solchen Ursprungs kann aber nicht mit bindender Kraft auf das Innenleben einer anderen Personenmehrheit Anwendung finden, zumal da den Geschäftsordnungen der Parlamente immer nur eine auf die jeweilige Wahlperiode beschränkte Geltungsdauer[12] zukommt[13]. Andererseits sind die Geschäftsordnungsregeln der Parlamente für Verbandsversammlungen keineswegs bedeutungslos. Denn es ist nicht zu verkennen, daß Verbands- und Parlamentsversammlungen insofern etwas Wesentliches gemeinsam haben, als sie darauf gerichtet sind, innerhalb eines vorab festgelegten Zeitrahmens aufgrund freier Aussprache einer Vielzahl von Personen zu bestimmten Angelegenheiten einen Willen zu bilden. Demzufolge lassen sich den Geschäftsordnungen der Parlamente bei aller Verschiedenheit im Detail einige allgemeingültige Grundsätze entnehmen, die auch auf Verbandsversammlungen übertragbar sind[14]. Dies wird bei der späteren Behandlung bestimmter Verfahrensregeln und Ordnungsmaßnahmen, die einen Bezug zum Recht auf Auskunft und Gehör aufweisen, deutlich werden[15].

(2) Versammlungsleiter als Hüter der Versammlungsordnung

Zur Gewährleistung des geordneten Ablaufs einer Versammlung bedarf es einer Person, die sie leitet und über die Einhaltung der Versammlungsordnung wacht.

---

[9] In diesem Sinne auch RG, LZ 1920, 763 f.; *Obermüller*, DB 1962, 827 [831]; *Pinner*, in: *Staub*, HGB-K II, § 256 Anm. 13.

[10] Vgl. BVerfGE 1, 144 [148]; BayVerfGHE 8, 91 [95 ff.]; HbgVerfG, DVBl. 1976, 444. Allerdings gibt es zur Rechtsnatur parlamentarischer Geschäftsordnungen verschiedene Ansichten, siehe dazu *Kretschmer*, in: Schneider/Zeh (Hrsg.), Parlamentsrecht und Parlamentspraxis, § 9 Rn. 43 ff. m.w.N.

[11] Vgl. in bezug auf die Geschäftsordnung des Bundestages *Morlok*, in: Dreier (Hrsg.), GG-K II, Art. 40 Rn. 9.

[12] Siehe dazu *Pietzcker*, in: Schneider/Zeh (Hrsg.), Parlamentsrecht und Parlamentspraxis, § 10 Rn. 28.

[13] Ebenso *Reinicke*, Rechtsstellung, Rechte und Pflichten des Vorsitzenden einer Hauptversammlung, S. 46.

[14] In diesem Sinne etwa auch *Eckardt*, in: Geßler/Hefermehl/Eckardt/Kropff, AktG-K II, Vorb. § 118 Rn. 31, 35; *Erman*, AG 1964, 101 [102]; *Lehmann*, in: Düringer/Hachenburg, HGB-K III, § 259 Anm. 42; *Max*, AG 1991, 77 [80]; *Würdinger*, Aktien- und Konzernrecht, § 23 VI. (S. 131). Sehr weit geht § 19 der FDP-Bundesgeschäftsordnung, worin bestimmt ist, die Geschäftsordnung des Deutschen Bundestages gelte entsprechend, soweit die gesetzlichen Bestimmungen oder die FDP-Bundessatzung und -geschäftsordnung keine „ausdrücklichen" Vorschriften enthalten; kritisch dazu *Henke*, Das Recht der politischen Parteien, S. 173.

[15] Siehe dazu unten § 10 I 1 a) aa) (3) sowie § 10 I 1 a) aa) (4).

Die Gesamtheit der Versammlungsteilnehmer kann diese Aufgabe regelmäßig[16] nicht erfüllen.

(a) Bestimmung des Versammlungsleiters

Wer für die Leitung einer Parteiversammlung zuständig ist, bestimmt sich in erster Linie nach der Satzung oder Geschäftsordnung[17] des betreffenden Parteiverbands[18]. Sagen diese Rechtsquellen dazu nichts aus, steht die Versammlungsleitung zunächst dem Vorstand als dem geschäftsführenden Verbandsorgan zu[19]. In politischen Parteien, bei denen der Vorstand gemäß § 11 Abs. 1 PartG aus mindestens drei Mitgliedern besteht, ist der Vorsitzende des Vorstandes kraft dieser Stellung der gegebene Versammlungsleiter, bei seiner Verhinderung der stellvertretende Vorsitzende. Ist auch dieser verhindert, kann jedes weitere Vorstandsmitglied die Versammlungsleitung übernehmen[20]. Schweigt die Satzung, kann die Parteiversammlung aber auch aus ihrer Mitte einen Versammlungsleiter wählen[21]. Das kann sie außerdem dann, wenn die Satzung zwar einen Versammlungsleiter bestimmt, dieser aber – weil er verhindert ist oder meint, er könne damit die Durchführung einer Versammlung hintertreiben – der Versammlung fernbleibt, oder wenn er als Vorstandsmitglied sein Amt niedergelegt hat[22]. Hingegen kann die Versammlung nicht bloß aus Zweckmäßigkeitserwägungen eine andere Person als die in der Satzung genannte wählen[23].

Durch Satzungsregelung oder Wahl kann grundsätzlich jeder zum Versammlungsleiter bestimmt werden, der in bezug auf die betreffende Versammlung ein Teilnahmerecht[24] hat. In Parteiverbänden unterer Organisationsstufen wird genau-

16 Etwas anderes mag allenfalls gelten, wenn die Versammlung nur eine Hand voll Teilnehmer zählt, vgl. *Reichert*, HdbVereins- und Verbandsrechts, Rn. 944; *Reinicke*, Rechtsstellung, Rechte und Pflichten des Vorsitzenden einer Hauptversammlung, S. 5.

17 A.A. *Reichert*, HdbVereins- und Verbandsrechts, Rn. 945, der eine Satzungsregelung oder zumindest eine Regelung in einer zum Satzungsbestandteil erklärten Vereinordnung für erforderlich hält, da es sich bei der Versammlungsleitung um ein wesentliches Element der Verbandsverfassung handele. Wie hier indes *Eckardt*, in: Geßler/Hefermehl/Eckardt/Kropff, AktG-K II, Vorb. § 118 Rn. 32, sowie *Hüffer*, AktG-K, § 129 Rn. 1b, 18; *Zöllner*, in: ders. (Hrsg.), KöKo-AktG I, § 119 Rn. 47, jeweils zur AG.

18 *Seifert*, Die politischen Parteien im Recht der Bundesrepublik Deutschland, S. 260.

19 *Seifert*, Die politischen Parteien im Recht der Bundesrepublik Deutschland, S. 236, 260.

20 Vgl. *Hadding*, in: Soergel, BGB-K I, § 32 Rn. 19; *Sauter/Schweyer*, Der eingetragene Verein, Rn. 180.

21 Vgl. *Reuter*, in: MüKo-BGB I, § 32 Rn. 19; *Sauter/Schweyer*, Der eingetragene Verein, Rn. 180; *Stöber*, HdbVereinsrecht, Rn. 470; *Weick*, in: Staudinger, BGB-K I, § 32 Rn. 12.

22 Vgl. BayOLG, Rpfleger 1972, 329 [330]; *Reichert*, HdbVereins- und Verbandsrechts, Rn. 946; *Stöber*, HdbVereinsrecht, Rn. 470.

23 *Seifert*, Die politischen Parteien im Recht der Bundesrepublik Deutschland, S. 236 Fn. 283; vgl. ferner RG, JW 1909, 411; LG Bonn, Rpfleger 1985, 198; *Stöber*, HdbVereinsrecht, Rn. 469; *Weick*, in: Staudinger, BGB-K I, § 32 Rn. 12.

24 Siehe dazu oben § 8 III 1.

so wie in bürgerlich-rechtlichen Vereinen[25] üblicherweise der Vorsitzende des Vorstands oder ein anderes Vorstandsmitglied mit der Versammlungsleitung betraut. Indes wird im Aktienrecht die Leitung von Hauptversammlung durch Vorstandsmitglieder für unstatthaft gehalten, mit der Begründung, die Rolle eines Vorstandsmitglieds als Versammlungsleiter vertrage sich nicht mit der Kontrollfunktion, die der Hauptversammlung gegenüber dem Vorstand obliegt[26]. Bedenkt man, daß die Kontrolle der Parteiführung durch die Parteiversammlung ein wesentliches Element innerparteilicher Demokratie im Sinne des Art. 21 Abs. 1 S. 3 GG darstellt[27], so spricht viel dafür, diesen Inkompatibilitätsgedanken auch auf politische Parteien zu übertragen. Jedenfalls aber muß ein dem Parteivorstand angehörender Versammlungsleiter die Leitung abgeben, soweit er – etwa bei Entlastungsbeschlüssen[28] – in einer Angelegenheit vom Stimmrecht ausgeschlossen ist oder wenn er (erneut) für ein Parteiamt oder als Wahlbewerber der Partei kandidiert[29]. Für diese Fälle empfiehlt sich die Bildung eines besonderen Wahlausschusses, dessen Leiter dann den Vorsitz für die Dauer des Wahlverfahrens übernimmt[30].

(b) Allgemeines zur Aufgabe und zu den Befugnissen des Versammlungsleiters

Allgemein besteht die Aufgabe des Versammlungsleiters darin, für einen der Versammlungsordnung entsprechenden Ablauf der Versammlung zu sorgen[31]. Hierbei hat er die in diesem Zusammenhang in der Verbandssatzung und -geschäftsordnung festgelegten Regeln zu beachten und insbesondere darauf hinzuwirken, daß eine demokratische und eindeutige Willensbildung der Versammlung zustande kommt[32]. Dazu stehen ihm einerseits Leitungsbefugnisse zu, die das Verfahren der Erledigung der Tagesordnungspunkte betreffen, sowie andererseits

---

25 *Reichert*, HdbVereins- und Verbandsrechts, Rn. 946.

26 So insbesondere *Eckardt*, in: Geßler/Hefermehl/Eckardt/Kropff, AktG-K II, Vorb. § 118 Rn. 34; *Zöllner*, in: ders. (Hrsg.), KöKo-AktG I, § 119 Rn. 47; a.A. *Reinicke*, Rechtsstellung, Rechte und Pflichten des Vorsitzenden einer Hauptversammlung, S. 123 ff.; wohl auch *Max*, AG 1991, 77 [78 f.]. Üblicherweise werden die Hauptversammlungen von dem Aufsichtsratsvorsitzenden geleitete, vgl. *K.-P. Martens*, Leitfaden für die Leitung der Hauptversammlung einer Aktiengesellschaft, S. 43.

27 Siehe dazu oben § 7 II 4 a) bb).

28 Vgl. *Reichert*, HdbVereins- und Verbandsrechts, Rn. 947.

29 Vgl. OLG Köln, RPfleger, 447 [448].

30 Siehe dazu *Reichert*, HdbVereins- und Verbandsrechts, Rn.947; *Sauter/Schweyer*, Der eingetragene Verein, Rn. 258.

31 Vgl. BGHZ 44, 245 [248]; *Metz*, in: Lang/Weidmüller/Metz/Schaffland, GenG-K, § 43 Rn. 154; *Hüffer*, in: Hachenburg, GmbHG-K II, § 48 Rn. 31; *K. Schmidt*, in: Scholz (Hrsg.), GmbHG-K II, § 48 Rn. 32; *Semler*, in: MüHdbGesellschR IV, § 36 Rn. 37.

32 Die Beachtung demokratischer Verfahrensregeln wird dem Versammlungsleiter bereits nach allgemeinen verbandsrechtlichen Grundsätzen abverlangt, vgl. nur *Metz*, in: Lang/Weidmüller/Metz/Schaffland, GenG-K, § 43 Rn. 154; *Reichert*, HdbVereins- und Verbandsrechts, Rn. 952. Wegen des innerparteilichen Demokratiegebotes gemäß Art. 21 Abs. 1 S. 3 GG ist der Leiter von Parteiversammlungen dazu in besonderer Weise verpflichtet.

Ordnungsbefugnisse, die der Aufrechterhaltung oder Wiederherstellung der Versammlungsordnung dienen[33].

Ihre rechtliche Grundlage finden die Leitungs- und Ordnungsbefugnisse des Versammlungsleiters entgegen einer früher im Verbandsrecht vertretenen Auffassung[34] nicht etwa im Hausrecht. Aufschlußreich ist insofern ein Blick in die Geschäftsordnung des Deutschen Bundestages. Diese unterscheidet in § 7 zwischen der „Ordnung im Hause" (Abs. 1) und dem „Hausrecht" (Abs. 2). Dabei wird das Hausrecht im Zusammenhang mit der „Polizeigewalt in allen Gebäuden, Gebäudeteilen und Grundstücken" genannt. Dementsprechend handelt es sich bei dem Hausrecht um die Befugnis zum Schutz der Versammlungsörtlichkeiten[35]. Die Leitungs- und Ordnungsbefugnisse des Versammlungsleiters zielen indes auf einen geordneten Versammlungsablauf und sind somit Ausfluß der sogenannten[36] Ordnungsgewalt. Nach richtiger und heute im Verbandsrecht einhelliger Ansicht in Rechtsprechung[37] und Literatur[38] ergeben sich die Befugnisse des Versammlungsleiters aus seiner Funktion.

Bei seinen Leitungs- und Ordnungsmaßnahmen muß der Versammlungsleiter den Verhältnismäßigkeitsgrundsatz sowie den demokratischen Gleichbehandlungsgrundsatz beachten[39]. Zudem ist er bei der Ausübung seiner Befugnisse zur Neutralität verpflichtet[40]. Da sich die Neutralitätspflicht jedoch auf die Prozedur beschränkt, kann er sich an der Aussprache zu einem Tagesordnungspunkt beteiligen und dabei auch auf eine bestimmte Beschlußfassung hinwirken, etwa vor einer Wahl zu erkennen geben, welchen Kandidaten er für ein Verbandsamt am geeig-

---

33 Zur Unterscheidung zwischen Leitungs- und Ordnungsbefugnissen vgl. *K.-P. Martens*, WM 1981, 1010; *Semler*, in: MüHdbGesellschR IV, § 36 Rn. 37 a.E.

34 *Butenschön*, BB 1958, 398; *Obermüller/Werner/Winden*, Leitfaden für die Hauptversammlung der Aktiengesellschaft, S. 61; *W. Schmidt/Meyer-Landrut*, in: GroßK-AktG I (2. Aufl.), § 103 Anm. 16.

35 Vgl. *Pieroth*, in: Jarass/Pieroth, GG-K, Art. 40 Rn. 11.

36 Vgl. im Hinblick auf die parlamentarische Ordnungsgewalt *Bücker*, in: Schneider/Zeh, Parlamentsrecht und Parlamentspraxis, § 34 Rn. 1 ff.; *Pieroth*, in: Jarass/Pieroth, GG-K, Art. 40 Rn. 10. In bezug auf die Ordnungsgewalt in Verbandsversammlungen *Barz*, in: GroßK-AktG I/2 (3. Aufl.), § 119 Anm. 29; *K. Schmidt*, in: Scholz (Hrsg.), GmbHG-K II, § 48 Rn. 33, 34.

37 BGHZ 44, 245 [251].

38 *Barz*, in: GroßK-AktG I/2 (3. Aufl.), § 119 Anm. 29; *Hadding*, in: Soergel, BGB-K I, § 32 Rn. 20; *Ebenroth*, Das Auskunftsrecht des Aktionärs und seine Durchsetzung im Prozeß, S. 26 f.; *von Falkenhausen*, BB 1966, 337 [343]; *K.-P. Martens*, Leitfaden für die Leitung der Hauptversammlung einer Aktiengesellschaft, S. 43; *ders.*, WM 1981, 1010 [1011]; *Metz*, in: Lang/Weidmüller/Metz/Schaffland, GenG-K, § 43 Rn. 155; *K. Müller*, GenG-K III, § 43 Rn. 91; *Reichert*, HdbVereins- und Verbandsrechts, Rn. 951; *Semler*, in: MüHdbGesellschR IV, § 36 Rn. 37; *Zöllner*, in: ders. (Hrsg.), KöKo-AktG I, § 119 Rn. 83.

39 Vgl. BGHZ 44, 245 [255]; *Barz*, in: GroßK-AktG I/2 (3. Aufl.), § 119 Anm. 29; *Hadding*, in: Soergel, BGB-K I, § 32 Rn. 20; *Metz*, in: Lang/Weidmüller/Metz/Schaffland, GenG-K, § 43 Rn. 155; *K. Müller*, GenG-K III, § 43 Rn. 91; *Reichert*, HdbVereins- und Verbandsrechts, Rn. 953; *Sauter/Schweyer*, Der eingetragene Verein, Rn. 180; *Semler*, in: MüHdbGesellschR IV, § 36 Rn. 39 f.; *Zöllner*, in: ders. (Hrsg.), KöKo-AktG I, § 119 Rn. 91.

40 Vgl. RG, LZ 1909, 763 [764]; KG, NJW 1957, 1680; *Barz*, in: GroßK-AktG I/2 (3. Aufl.), § 119 Anm.29; *K. Schmidt*, in: Scholz (Hrsg.), GmbHG-K II, § 48 Rn. 31.

netsten hält[41]. Für diese Zeit muß er jedoch die Versammlungsleitung abgeben[42]. Vorbild hierfür ist die Regelung in § 27 Abs. 1 S. 2 GeschOBT.

Unterschiedliche Auffassungen bestehen im Verbandsrecht darüber, wem die „Letztentscheidung"[43] über Ordnungsmaßnahmen zukommt, die in den Zuständigkeitsbereich des Versammlungsleiters fallen. Die herrschende Meinung[44] weist sie dem Versammlungsleiter zu. Soweit seine Entscheidungsbefugnis reiche, übe er die Ordnungsgewalt selbständig aus, sei also nicht verpflichtet, darüber eine Diskussion zu eröffnen oder gar einen Versammlungsbeschluß herbeizuführen. Nach anderer Ansicht[45] liegt die Letztentscheidung hingegen bei der Versammlung. Zwar sei der Versammlungsleiter insofern zuständig, als er aus eigener „Initiative", also ohne daß es eines vorausgehenden Versammlungsbeschlusses bedürfe, Ordnungsmaßnahmen ergreifen könne. Die Versammlung habe jedoch das Recht, die Entscheidung über Ordnungsmaßnahmen jederzeit an sich zu ziehen, mithin den Versammlungsleiter durch einen Geschäftsordnungsbeschluß zu bestimmten Maßnahmen zu verpflichten oder von ihm bereits getroffene Maßnahmen abzuändern oder aufzuheben. Das ergebe sich daraus, daß der Versammlungsleiter lediglich eine von der Versammlung abgeleitete Zuständigkeit habe, die Versammlung also gleichsam über ihm stehe.

Die zuletzt wiedergegebene Auffassung scheint auf den ersten Blick als „demokratischer" und deshalb gerade für Parteiversammlungen vorzugswürdig. Indes erweist sie sich bei näherer Betrachtung als nicht haltbar. Zwar steht die Ordnungsgewalt tatsächlich der Versammlung ab[46]. Durch die Wahl des Versammlungsleiters oder eine – ebenfalls in den Kompetenzbereich der Versammlung fallende – Satzungsbestimmung ist ihm die Ordnungsgewalt jedoch zur alleinigen Ausübung übertragen. Insoweit besteht wiederum eine Parallele zum Geschäftsordnungsrecht des Deutschen Bundestages. Danach ist Träger der Ordnungsgewalt nicht der Präsident, sondern das Plenum des Deutschen Bundestages; kraft Übertragung wird die Ordnungsgewalt allerdings durch den Präsidenten „in eige-

---

41 Vgl. *Hadding*, in: Soergel, BGB-K I, § 32 Rn.20; *Reichert*, HdbVereins- und Verbandsrechts, Rn. 954; *Sauter/Schweyer*, Der eingetragene Verein, Rn.180 a.E.; *K. Schmidt*, in: Scholz (Hrsg.), GmbHG-K II, § 48 Rn. 31.

42 Nicht für erforderlich, sondern bloß für geboten hält dies *Stöber*, HdbVereinsrecht, Rn. 482.

43 *Hüffer*, in: Hachenburg, GmbHG-K II, § 48 Rn. 35.

44 BGH 44, 245 [248]; *Eckardt*, in: Geßler/Hefermehl/Eckardt/Kropff, AktG-K II, Vorb. § 118 Rn. 42; *von Falkenhausen*, BB 1966, 337 [343]; *von Godin/Wilhelmi*, AktG-K I, § 119 Anm. 16; *K.-P. Martens*, WM 1981, 1010 [1012]; *Metz*, in: Lang/Weidmüller/Metz/Schaffland, GenG-K, § 43 Rn. 154, 156; *Obermüller/Werner/Winden*, Die Hauptversammlung der Aktiengesellschaft, D.VII., S. 93; *Reinicke*, Rechtsstellung, Rechte und Pflichten des Vorsitzenden einer Hauptversammlung, S. 23 ff.; *Semler*, in: MüHdbGesellschR IV, § 36 Rn. 38; *Stützle/Walgenbach*, ZHR 155 (1991), 516 [520]; *Zöllner*, in: ders. (Hrsg.), KöKo-AktG I, § 119 Rn. 92.

45 *Hüffer*, in: Hachenburg, GmbHG-K II, § 48 Rn. 31, 35; *K. Müller*, GenG-K III, § 43 Rn. 91, 99; *K. Schmidt*, in: Scholz (Hrsg.), GmbHG-K II, § 48 Rn. 34.

46 Anders *Steiner*, Die Hauptversammlung der Aktiengesellschaft, § 6 Rn. 9; *Stützle/Walgenbach*, ZHR 155 (1991), 516 [520].

ner Verantwortung und unabhängig" ausgeübt[47]. Zweck dieser Kompetenzzuweisung ist es, Zufallsentscheidungen je nach politischen Mehrheitsverhältnissen zu vermeiden und eine gerechte und kontinuierliche Handhabung der Ordnungsgewalt zu gewährleisten[48]. Gleiches gilt für die Kompetenzverteilung zwischen Versammlungsleiter und Verbandsversammlung. Für die Entscheidungsautonomie des Versammlungsleiters spricht überdies, daß nur so ein geordneter und zügiger Versammlungsablauf gewährleistet ist. Stünde die Letztentscheidung der Versammlung zu, würden zumindest die von einer Ordnungsmaßnahme des Versammlungsleiters betroffenen Versammlungsteilnehmer regelmäßig einen Antrag auf eine Entscheidung der Versammlung stellen. Ist bereits eine Störung der Versammlung eingetreten, wird es aber schwierig wenn nicht gar unmöglich sein, überhaupt eine Abstimmung durchzuführen[49]. Jedenfalls aber drohte der Versammlungsablauf zu blockieren, wenn nach Ordnungsmaßnahmen des Versammlungsleiters immer wieder abgestimmt werden müßte.

Eine andere Frage ist es, ob der Versammlungsleiter die ihm zukommenden Befugnisse punktuell auf die Versammlung delegieren kann. Die Frage wird im Verbandsrecht mehrheitlich bejaht[50], wobei jedoch die Meinungen darüber auseinandergehen, inwieweit eine Delegation sinnvoll ist. Was das angeht, wird einerseits vertreten, der Versammlungsleiter sei gut beraten, immer dann von der Möglichkeit der Delegation Gebrauch zu machen, wenn die zu entscheidende Frage eine besondere Bedeutung hat[51]. Andererseits heißt es, zur Wahrung seiner Autorität und damit im Interesse eines geordneten Versammlungsablaufs tue der Versammlungsleiter gut daran, seine Kompetenzen entschlossen wahrzunehmen und von einer Delegation abzusehen[52].

Richtigerweise wird man eine Delegation der Befugnisse des Versammlungsleiters auf die Versammlung indes als gänzlich unzulässig ansehen müssen[53]. Denn es besteht Einigkeit, daß der Versammlungsleiter im Falle der Delegation an das Votum der Versammlung gebunden wäre[54]. Es ist aber nicht sachgerecht, die Anwen-

---

47 BVerfGE 60, 374 [379].

48 *Bücker*, in: Schneider/Zeh, Parlamentsrecht und Parlamentspraxis, § 34 Rn. 3.

49 Vgl. *Kuhn*, WM 1966, 50 [58]; *Reinicke*, Rechtsstellung, Rechte und Pflichten des Vorsitzenden einer Hauptversammlung, S. 24.

50 *Eckardt*, in: Geßler/Hefermehl/Eckardt/Kropff, AktG-K II, Vorb. § 118 Rn. 44; *K.-P. Martens*, WM 1981, 1010 [1012]; *Max*, AG 1991, 77 [93 a.E.]; *Semler*, in: MüHdbGesellschR IV, § 36 Rn. 38; *Zöllner*, in: ders. (Hrsg.), KöKo-AktG I, § 119 Rn. 92, 94.

51 So *Steiner*, Die Hauptversammlung der Aktiengesellschaft, § 6 Rn. 9 a.E.; wohl auch *von Falkenhausen*, BB 1966, 337 [343].

52 *K.-P. Martens*, WM 1981, 1010 [1012]; *Max*, AG 1991, 77 [92 f.]; *Semler*, in: MüHdbGesellschR IV, § 36 Rn. 38; der Sache nach auch *Zöllner*, in: ders. (Hrsg.), KöKo-AktG I, § 119 Rn. 92.

53 So im Ergebnis auch *Kuhn*, WM 1966, 50 [58]; *Reinicke*, Rechtsstellung, Rechte und Pflichten des Vorsitzenden einer Hauptversammlung, S. 40; zumindest skeptisch BGH 44, 245 [249].

54 Vgl. *Steiner*, Die Hauptversammlung der Aktiengesellschaft, § 6 Rn. 9 a.E.; *K.-P. Martens*, WM 1981, 1010 [1012]; *Max*, AG 1991, 77 [92 a.E.]; *Zöllner*, in: ders. (Hrsg.), KöKo-AktG I, § 119 Rn.92; ferner *Eckardt*, in: Geßler/Hefermehl/Eckardt/Kropff, AktG-K II, Vorb. § 118 Rn. 45,

dung von Ordnungsmitteln der jeweiligen Versammlungsmehrheit anheim zu stellen. In diesem Fall wäre nämlich zu besorgen, daß sie ihre Entscheidungskompetenz zu Lasten der Minderheit mißbraucht, zumal sie anders als den Versammlungsleiter keine Neutralitätspflicht trifft[55].

(3) Verfahrensregeln für die Ausübung des Rechts auf Auskunft und Gehör

Im folgenden werden Verfahrensregeln für die Ausübung des Rechts auf Auskunft und Gehör in Versammlungen behandelt. Dabei werden vor allem solche Verfahrensregeln dargestellt, die stets Gültigkeit haben, nach denen sich folglich die politischen Parteien bei der Aufstellung eigener Verfahrensgestaltung sowie die Versammlungsleiter von Parteiversammlungen bei ihrer Amtsausübung richten müssen. Daneben wird aber auch auf Verfahrensregeln eingegangen, die zwar nicht allgemeingültig, jedoch zulässig sind und in der Praxis bewährt haben.

(a) Eröffnung der Aussprache

Grundlegende Bedingung für die demokratische Willensbildung einer Parteiversammlung ist, daß den Versammlungsteilnehmern zu jedem Verhandlungsgegenstand, der auf der Tagesordnung steht, die Möglichkeit zur Aussprache geboten wird. Entsprechend der in § 23 GeschOBT enthaltenen Regelung steht dem als Korrelat die Verpflichtung des Versammlungsleiters gegenüber, über den jeweils aufgerufenen Tagesordnungspunkt die Aussprache zu eröffnen[56]. Während der Ausspracheeröffnung in der Parlamentspraxis lediglich die Bedeutung zukommt, daß (erst) ab diesem Zeitpunkt das Rederecht geltend gemacht werden kann[57], dient sie bei Verbandsversammlungen darüber hinaus als Startzeichen für die nunmehr grundsätzlich bestehende Gelegenheit, mündlich Fragen zu stellen[58]. Dieser Unterschied hat damit zu tun, daß Parlamentsmitgliedern anders als Verbandsmitgliedern zur Verwirklichung ihres mündlichen Fragerechts eigens das Institut der Fragestunde[59] zur Verfügung steht.

---

der allerdings eine Bindung verneint, wenn die Entscheidung der Versammlung gegen das Gesetz oder die Satzung verstößt.

55 In diesem Sinne auch *Reinicke*, Rechtsstellung, Rechte und Pflichten des Vorsitzenden einer Hauptversammlung, S. 25.

56 Vgl. *K. Müller*, GenG-K III, § 43 Rn. 98, sowie im Anschluß an die Entscheidung des CDU-BPartG, NVwZ 1982, 159 f., *Stöber*, HdbVereinsrecht, Rn. 480. In der besagten Entscheidung heißt es allerdings mißverständlich, die jeweils aufgerufenen Tagesordnungspunkte seien „vor der Beschlußfassung" zur Diskussion zu stellen[aaO, 160]. Darauf, ob über den betreffenden Tagesordnungspunkt abgestimmt oder lediglich beraten werden soll, kommt es jedoch nicht an.

57 *Besch*, in: Schneider/Zeh (Hrsg.), Parlamentsrecht und Parlamentspraxis, § 33 Rn. 44; *Schreiner*, in: Schneider/Zeh (Hrsg.), Parlamentsrecht und Parlamentspraxis, § 18 Rn. 35.

58 Vgl. CDU-BPartG, NVwZ 1982, 159 [160].

59 Siehe zur Fragestunde im Bundestag *Roll*, in: Troßmann/Roll, GeschOBT-K, § 105 Rn. 8 ff.; *Schreiner*, in: Schneider/Zeh (Hrsg.), Parlamentsrecht und Parlamentspraxis, § 18 Rn. 44.

Die Pflicht zur Ausspracheeröffnung besteht insbesondere auch dann, wenn als Tagesordnungspunkt einer Parteiversammlung Wahlen vorgesehen sind. Dagegen kann nicht etwa ins Feld geführt werden, daß gemäß Art. 54 Abs. 1 S. 1 GG die Wahl des Bundespräsidenten sowie gemäß Art. 65 Abs. 1 GG die Wahl des Bundeskanzlers ohne Aussprache stattfindet[60]. Abgesehen davon, daß diese Verfassungsbestimmungen unter Demokratiegesichtspunkten ohnehin problematisch sind[61], handelt es sich bei ihnen um Ausnahmevorschriften, die auf innerparteiliche Wahlen nicht übertragbar sind. Sie zeigen gerade, daß der Grundgesetzgeber es für erforderlich gehalten hat, für einige eng umgrenzte Fälle eine Abweichung von dem allgemeinen Grundsatz anzuordnen, wonach auch vor Wahlen eine Aussprache stattfinden können muß[62].

Anzumerken ist noch, daß die Eröffnng der Aussprache nicht zur Disposition der Versammlung steht. Da dies einer unzulässigen Abbedingung des Individualrechts auf Auskunft und Gehör in Versammlungen gleichkäme, kann sonach auf die Ausspracheeröffnung nicht durch einen Mehrheitsbeschluß verzichtet werden[63]. Andererseits hat der einzelne Versammlungsteilnehmer selbstverständlich keinen Anspruch darauf, daß eine Aussprache im Sinne eines Meinungsaustausches stattfindet, daß also neben ihm auch noch andere Versammlungsteilnehmer von ihrem Rede- und Fragerecht Gebrauch machen[64].

(b) Wortmeldung und Worterteilung

Ein geordneter Versammlungsablauf setzt ferner voraus, daß auch nach Eröffnung der Aussprache kein Versammlungsteilnehmer, der etwas fragen oder reden will, das Wort ergreift, bevor ihm der Versammlungsleiter dazu das Wort erteilt[65]. Von dem Erfordernis vorheriger Worterteilung können – entsprechend parlamentarischer Praxis[66] – lediglich Zwischenrufe ausgenommen werden. Hingegen ist – ebenfalls entsprechend parlamentarischer Praxis[67] – für Zwischenfragen nicht nur eine Wortmeldung, sondern vor der Worterteilung auch das Einverständnis des Versammlungsteilnehmers, der gerade spricht, erforderlich[68].

---

60 So aber die Argumentation des Antragsgegners in dem der Entscheidung des CDU-BPartG, NVwZ 1982, 159 f., zugrunde liegenden Verfahren, vgl. aaO, [160].

61 Vgl. *Achterberg*, Parlamentsrecht, S. 513 Fn. 12.

62 So zutreffend CDU-BPartG, NVwZ 1982, 159 [160].

63 Vgl. *Stöber*, HdbVereinsrecht, Rn. 481. Gleiches gilt im Parlamentsrecht, siehe *Besch*, in: Schneider/Zeh (Hrsg.), Parlamentsrecht und Parlamentspraxis, § 33 Rn. 44.

64 Ebenso CDU-BPartG, NVwZ 1982, 159 [160], in bezug auf den Antrag eines Parteimitglieds auf Durchführung einer „Personaldebatte".

65 Vgl. *Reinicke*, Rechtsstellung, Rechte und Pflichten des Vorsitzenden einer Hauptversammlung, S. 89.

66 Dazu *Besch*, in: Schneider/Zeh (Hrsg.), Parlamentsrecht und Parlamentspraxis, § 33 Rn. 39.

67 Dazu *Achterberg*, Parlamentsrecht, S. 616.

68 Ebenso *Stöber*, HdbVereinsrecht, Rn. 482; ähnlich *Reichert*, HdbVereins- und Verbandsrechts, Rn. 1003 a.E.

Seinen Wunsch, etwas zu fragen oder zu sagen, hat der Versammlungsteilnehmer dem Versammlungsleiter durch eine Wortmeldung anzuzeigen[69]. Wann und in welcher Form die Wortmeldung zu erfolgen hat, kann durch die Satzung oder Geschäftsordnung festgelegt werden. Fehlt es an entsprechenden Regelungen, kann der Versammlungsleiter den Zeitpunkt und die Form bestimmen, sofern dies für einen geordneten Versammlungsablauf erforderlich ist[70].

(c) Reihenfolge der Fragesteller und Redner

Nach im Verbandsrecht herrschender Auffassung[71] kann der Versammlungsleiter kraft seiner Leitungskompetenz auch die Reihenfolge der Fragesteller und Redner festlegen, ist also nicht an die zeitliche Reihenfolge der Wortmeldungen gebunden[72]. Freilich darf er dabei nicht willkürlich vorgehen, sondern hat die Grundsätze der Verhandlungsökonomie sowie der Gleichbehandlung zu beachten[73].

Eine verhandlungsökonomische Versammlungsleitung kann etwa erfordern, solchen Versammlungsteilnehmern Vortritt zu gewähren, von denen zu erwarten ist, daß ihre Fragen oder Redebeiträge für die schnelle Erledigung und sachgemäße Gestaltung der Aussprache besonders nützlich sind[74]. Das setzt freilich voraus, daß der Versammlungsleiter ungefähr den Inhalt der Fragen und Redebeiträge voraussehen kann. Möglich ist das vor allem, wenn gemäß der Satzung, Geschäftsordnung oder aber der Anordnung des Versammlungsleiters schriftliche Wortmeldung unter Angabe des Gegenstands der Fragen und Redebeiträge vorgeschrieben ist. Ansonsten kann der Versammlungsleiter die Versammlungsteilnehmer, die sich zu Wort gemeldet haben, dahingehend befragen oder sich an ihrer Sachkenntnis und ihrem Interessengebiet orientieren.

Derweil gebietet der Gleichbehandlungsgrundsatz, daß auch Minderheiten angemessen zu Wort kommen können. Es wäre also nicht rechtens, oppositionelle Versammlungsteilnehmer erst gegen Ende der Aussprache zu Wort kommen zu

---

69 Vgl. *Reichert*, HdbVereins- und Verbandsrechts, Rn. 1003; *Sauter/Schweyer*, Der eingetragene Verein, Rn. 185; *Stöber*, HdbVereinsrecht, Rn. 481.

70 Vgl. *Sauter/Schweyer*, Der eingetragene Verein, Rn. 185; *Stöber*, HdbVereinsrecht, Rn. 481.

71 *Barz*, in: GroßK-AktG I/2 (3. Aufl.), § 119 Anm. 36; *K.-P. Martens*, Leitfaden für die Leitung der Hauptversammlung einer Aktiengesellschaft, S. 49; *Max*, AG 1991, 77 [85]; *Obermüller/Werner/Winden*, Die Hauptversammlung der Aktiengesellschaft, D.V., S. 85; *Reichert*, HdbVereins- und Verbandsrechts, Rn. 1003; *Sauter/Schweyer*, Der eingetragene Verein, Rn. 185; *Semler*, in: MüHdbGesellschR IV, § 36 Rn. 41; *Stützle/Walgenbach*, ZHR 155 (1991), 516 [528]. A.A. wohl *Stöber*, HdbVereinsrecht, Rn. 482.

72 Insofern besteht abermals Übereinstimmung mit dem parlamentarischen Geschäftsordnungsrecht, vgl. *Achterberg*, Parlamentsrecht, S. 617.

73 Vgl. *K.-P. Martens*, Leitfaden für die Leitung der Hauptversammlung einer Aktiengesellschaft, S. 49; *Steiner*, Die Hauptversammlung der Aktiengesellschaft, § 10 Rn. 2; *Stützle/Walgenbach*, ZHR 155 (1991), 516 [528].

74 Vgl. *Max*, AG 1991, 77 [85]; *Steiner*, Die Hauptversammlung der Aktiengesellschaft, § 10 Rn. 2.

lassen. Überhaupt sollte der Versammlungsleiter – ebenso wie der Bundestagspräsident, der hierzu in § 28 Abs. 1 S. 2 GeschOBT ausdrücklich angehalten wird – dafür Sorge tragen, daß sich die Aussprache in Form der „Rede und Gegenrede" vollzieht, mithin eine Blockbildung in Form abgestimmter, nachgeschalteter Wortmeldungen einer geschlossenen Meinungsgruppe verhindern[75]. Zudem verlangt das Gleichbehandlungsgebot, daß eine erneute Wortmeldung[76] eines Versammlungsteilnehmers grundsätzlich erst dann Berücksichtigung findet, wenn jeder der anderen Versammlungsteilnehmer, die etwas sagen oder fragen wollen, bereits einmal zum Zuge gekommen ist[77]. Ferner läßt es das Gleichbehandlungsgebot zu, daß Wortmeldungen zu einem Geschäftsordnungsantrag vorgezogen werden[78]. Diese Verfahrensweise, die parlamentarischer Praxis entspricht[79], ist sogar vielmehr ratsam, weil Geschäftsordnungsanträge helfen können, eine unnötige Diskussion zu ersparen[80].

(d) Platz der Fragesteller und Redner

Zusammen mit der Worterteilung kann der Versammlungsleiter auch bestimmen, von welchem Platz aus Fragesteller oder Redner zu sprechen haben[81]. Üblicherweise wird er sie für längere Wortbeiträge ans Rednerpult bitten, kurze Bemerkungen oder Fragen hingegen auch vom Sitzplatz aus oder einem dafür vorgesehenen Saalmikrophon zulassen[82]. Bei der Platzbestimmung muß der Versammlungsleiter wiederum dem Gleichbehandlungsgrundsatz Rechung tragen, so daß es etwa unzulässig wäre, wenn er einige der Versammlungsteilnehmer vom Rednerpult aus fragen und reden läßt, andere hingegen auf ein Saalmikrophon verweist, von wo aus sie von den anderen Versammlungsteilnehmern zwar ebensogut zu hören, aber schlechter zu sehen sind.

---

75 *K.-P. Martens*, Leitfaden für die Leitung der Hauptversammlung einer Aktiengesellschaft, S. 7.

76 Warum eine wiederholte Worterteilung grundsätzlich nicht in Betracht kommen soll, wie *Reichert*, HdbVereins- und Verbandsrechts, Rn. 1004, meint, ist nicht ersichtlich. Vielmehr ist sie grundsätzlich statthaft und nur ausnahmsweise, insbesondere wegen Zeitmangel ausgeschlossen.

77 Vgl. *K.-P. Martens*, Leitfaden für die Leitung der Hauptversammlung einer Aktiengesellschaft, S. 9, 50; *Max*, AG 1991, 77 [85].

78 Tendenziell anders hingegen *K.-P. Martens*, Leitfaden für die Leitung der Hauptversammlung einer Aktiengesellschaft, S. 51.

79 Siehe *Besch*, in: Schneider/Zeh (Hrsg.), Parlamentsrecht und Parlamentspraxis, § 33 Rn. 50.

80 Vgl. *Reinicke*, Rechtsstellung, Rechte und Pflichten des Vorsitzenden einer Hauptversammlung, S. 83. Die Bedenken von *K.-P. Martens*, Leitfaden für die Leitung der Hauptversammlung einer Aktiengesellschaft, S. 51, Versammlungsteilnehmer könnten durch ständige Verfahrensanträge den Versammlungsablauf obstruieren, sind unberechtigt, weil ein solches Verhalten als Verstoß gegen das Verbot mißbräuchlicher Rechtsausübung unzulässig ist, siehe dazu unten § 10 I 2 a) cc).

81 Vgl. *Reichert*, HdbVereins- und Verbandsrechts, Rn. 1003; *Stöber*, HdbVereinsrecht, Rn. 481.

82 *Stöber*, HdbVereinsrecht, Rn. 481.

(e) Sachlicher Bezug zum aufgerufenen Tagesordnungspunkt

Zur Gewährleistung einer effektiven Willensbildung der Versammlungen ist es weiter erforderlich, daß die Fragen und Redebeiträge der Versammlungsteilnehmer grundsätzlich[83] einen sachlichen Bezug zum jeweils aufgerufenen Tagesordnungspunkt aufweisen. Diese Anforderung an die Geltendmachung des Rechts auf Auskunft und Gehör in Versammlungen ist im Verbandsrecht allgemein anerkannt[84], für das individuelle Auskunftsrecht in Aktiengesellschaften in § 131 Abs. 1 S. 1 AktG sogar ausdrücklich geregelt.

Dazu, wann ein sachlicher Bezug zum aufgerufenen Tagesordnungspunkt gegeben ist, gilt das oben im Zusammenhang mit dem Inhalt des Rechts auf Auskunft und Gehör Gesagte entsprechend[85]. Somit genügt nicht irgendein Bezug zum jeweiligen Verhandlungsgegenstand, sondern nur ein solcher, der hinreichend konkret ist.

(f) Bemerkungen und Erklärungen

Von den Redebeiträgen im Rahmen der Aussprache zu einem Tagesordnungspunkt sind die sogenannten Bemerkungen und Erklärungen abzugrenzen. Diese lassen sich untergliedern in Bemerkungen zur Geschäftsordnung, persönliche Bemerkungen, Erklärungen zur Abstimmung sowie Erklärungen außerhalb der Tagesordnung.

(aa) Bemerkungen zur Geschäftsordnung

Ebenso wie bei Parlamentssitzungen[86] ist es bei Verbandsversammlungen üblich, daß der Versammlungsleiter auf Verlangen das Wort zur Geschäftsordnung erteilt[87]. Gegenstand solcher Bemerkungen zur Geschäftsordnung ist eine Meinungskundgabe zum Verhandlungsablauf. Zwar kann im Rahmen dieser Bemerkungen auch inhaltlich zu einem Tagesordnungspunkt der Versammlung Stellung genommen werden. Im Unterschied zu Redebeiträgen im Rahmen der Aussprache ist die Thematisierung eines Tagesordnungspunkts im Rahmen einer Bemerkung

---

83 Eine Ausnahme hiervon bilden die noch zu behandelnden (siehe dazu unten § 10 I 1 a) aa) (f)) Bemerkungen und Erklärungen.

84 Zum Auskunftsrecht vgl. *Ebenroth*, Das Auskunftsrecht des Aktionärs und seine Durchsetzung im Prozeß, S. 34; *K.-P. Martens*, WM 1981, 1010 [1019]; *Metz*, in: Lang/Weidmüller/Metz/Schaffland, GenG-K, § 43 Rn. 43; *K. Müller*, GenG-K III, § 43 Rn. 16; *Quack*, AG 1985, 145, 148; *Reichert*, HdbVereins- und Verbandsrechts, Rn. 885; *Reuter*, in: MüKo-BGB I, § 38 Rn. 37. Zum Rederecht siehe vor allem *K.-P. Martens*, WM 1981, 1010 [1017 f.]; *Quack*, AG 1985, 145 f.; *Reichert*, HdbVereins- und Verbandsrechts, Rn. 880; ferner *Butenschön*, BB 1958, 398; *K. Müller*, GenG-K II, § 43 Rn. 12; *Reinicke*, Rechtsstellung, Rechte und Pflichten des Vorsitzenden einer Hauptversammlung, S. 90.

85 § 9 I 2.

86 *Achterberg*, Parlamentsrecht, S. 620 f.

87 Vgl. *Reichert*, HdbVereins- und Verbandsrechts, Rn. 1004; *Stöber*, HdbVereinsrecht, Rn. 483.

zur Geschäftsordnung jedoch nur statthaft, soweit dies zur Erläuterung des Hintergrunds der Meinungskundgabe zum Verhandlungsablauf erforderlich ist[88].

(bb) Persönliche Bemerkungen

Im Verbandsrecht[89] wie im Parlamentsrecht[90] ist als Verfahrensgrundsatz anerkannt, daß der Versammlungsleiter grundsätzlich nach dem Schluß der Aussprache[91] Versammlungsteilnehmern auf Wunsch das Wort für persönliche Bemerkungen, auch Erklärungen zur Aussprache genannt[92], erteilt. Persönliche Bemerkungen sollen es dem einzelnen Versammlungsteilnehmer einerseits ermöglichen, im Rahmen der Aussprache gefallene Äußerungen anderer Versammlungsteilnehmer in Bezug auf seine Person zurückzuweisen sowie andererseits eigene Äußerungen richtig zu stellen[93]. Falls Äußerungen in Bezug auf die Person eines Versammlungsteilnehmers geeignet sind, das Verhandlungsklima zu belasten und damit den ungestörten Versammlungsablauf zu gefährden, kann es angebracht sein, ihm die Gelegenheit zur direkten Erwiderung zu geben, ihm also das Wort für eine persönliche Bemerkung noch während der Aussprache unter Zurückstellung anderer Wortmeldungen zu erteilen, so wie dies § 30 S. 2 GeschOBT für Bundestagssitzungen vorsieht[94]. In jedem Fall muß der Versammlungsteilnehmer dem Versammlungsleiter seinen Wunsch zu einer persönliche Bemerkung bei der Wortmeldung kenntlich machen, vgl. § 30 S. 3 GeschOBT.

(cc) Erklärungen zur Abstimmung

In einigen Parlamentsgeschäftsordnungen[95] ist vorgesehen, daß der Abgeordnete nach dem regulären Schluß der Aussprache[96] eine Erklärung zur abschließenden Abstimmung abgeben darf[97]. Dadurch soll ihm Gelegenheit gegeben werden, seine Entscheidung in der Sache kurz zu begründen[98]. Eine solche Erklärung zur Abstimmung kann auch in Verbandsversammlungen zulassen werden. Zu beachten ist allerdings, daß die Erklärung zur Abstimmung nicht zu einem (nachgeschobenen) Diskussionsbeitrag ausarten darf, wobei die Abgrenzung zwischen einer zulässigen

---

88 Vgl. *Achterberg*, Parlamentsrecht, S. 620.
89 Siehe *Reichert*, HdbVereins- und Verbandsrechts, Rn. 1004; *Stöber*, HdbVereinsrecht, Rn. 473, 484.
90 *Achterberg*, Parlamentsrecht, S. 621 ff.
91 Siehe dazu unten § 10 I 1 a) aa) (3) (g).
92 Siehe § 30 S. 1 GeschOBT.
93 *Achterberg*, Parlamentsrecht, S. 621 f.
94 Vgl. *Troßmann*, in: Troßmann/Roll, GeschOBT-K, § 30 Rn. 2.1.
95 Siehe *Achterberg*, Parlamentsrecht, S. 625.
96 Näheres zum „Schluß der Aussprache“ unten § 10 I 1 a) aa) (3) (g).
97 Gemeint ist eine Sachabstimmung, mit der die Beratung eines Gegenstandes abgeschlossen wird, vgl. *Achterberg*, Parlamentsrecht, S. 625.
98 *Troßmann*, GeschOBT-K, § 59 Rn. 1.

Entscheidungsbegründung und einem unzulässigen Debattenbeitrag freilich schwierig ist[99].

(dd) Erklärungen außerhalb der Tagesordnung

Zugelassen werden können in Verbandsversammlungen ferner tatsächliche oder persönliche Erklärungen außerhalb der Tagesordnung, wie sie – mit zum Teil abweichender Terminologie – in vielen Parlamentsgeschäftsordnungen[100] vorgesehen sind. Sie sollen es dem Versammlungsteilnehmer ermöglichen, der Versammlung von Vorgängen zu berichten, die außerhalb der Tagesordnung liegen, für die Versammlung aber gleichwohl von Interesse sind[101]. Bei Verbandsversammlungen kann für solche Erklärungen insbesondere ein Bedürfnis bestehen, wenn kein Tagesordnungspunkt „Verschiedenes" vorgesehen ist. Gegenstand von tatsächlichen oder persönlichen Erklärungen außerhalb der Tagesordnung können etwa Veröffentlichung in der Presse[102] sein, die den Verband oder den die Erklärung abgebenden Versammlungsteilnehmer angehen. Allerdings darf die Zulassung dieser Art von Erklärungen nicht zu einer Aushebelung der Tagesordnung führen. Sie sind daher nur insoweit für statthaft, wie dafür nach Erledigung der vorgesehenen Tagesordnung noch Zeit verbleibt.

(g) Regulärer Schluß der Aussprache

Ist die Liste der Fragesteller und Redner zu einem Tagesordnungspunkt erschöpft oder meldet sich niemand (mehr) zu Wort, so erklärt der Versammlungsleiter[103] die Aussprache für geschlossen[104]. Gleiches gilt nach Ablauf der zuvor

---

[99] Vgl. *Ritzel/Bücker/Schreiner*, Handbuch für die Parlamentarische Praxis, GeschOBT-K § 31 Anm.I 1 c.

[100] Vgl. *Achterberg*, Parlamentsrecht, S. 623 einer- und S. 624 andererseits.

[101] *Achterberg*, Parlamentsrecht, S. 623.

[102] Veröffentlichungen in der Presse waren im Bundestag lange Zeit der häufigste Gegenstand von tatsächlichen oder persönlichen Erklärungen außerhalb der Tagesordnung, vgl. *Troßmann*, GeschOBT-K, § 36 Rn. 2. Inzwischen sind darauf bezogene tatsächliche oder persönliche Erklärungen zwar unüblich geworden, aber nach wie vor zulässig, siehe *Achterberg*, Parlamentsrecht, S. 623.

[103] Die Zuständigkeit des Versammlungsleiters dafür ist – soweit ersichtlich – einhellige Meinung, vgl. *Barz*, in: GroßK-AktG I/2 (3. Aufl.), § 119 Anm. 43; *Baumbach/Hueck*, AktG-K, § 119 Rn. 13; *von Godin/Wilhelmi*, AktG-K I, § 119 Anm. 23; *K.-P. Martens*, WM 1981, 1010 [1014]; *Metz*, in: Lang/Weidmüller/Metz/Schaffland, GenG-K, § 43 Rn. 159; *K. Müller*, GenG-K III, § 43 Rn. 103; *Obermüller/Werner/Winden*, Die Hauptversammlung der Aktiengesellschaft, D.VII.10., S. 96; *Reichert*, HdbVereins- und Verbandsrechts, Rn. 1076; *Reinicke*, Rechtsstellung, Rechte und Pflichten des Vorsitzenden einer Hauptversammlung, S. 103; *Sauter/Schweyer*, Der eingetragene Verein, Rn. 193; *Semler*, in: MüHdbGesellschR IV, § 36 Rn. 45; *Zöllner*, in: ders. (Hrsg.), KöKo-AktG I, § 119 Rn. 69.

[104] Vgl. *Stöber*, HdbVereinsrecht, Rn. 485. Unter denselben Voraussetzungen erfolgt auch die Schließung von Parlamentssitzungen, siehe dazu *Achterberg*, Parlamentsrecht, S. 611.

festgelegten Gesamtdauer der Aussprache[105]. Insofern hat man es mit dem „regulären“[106] Schluß der Aussprache zu tun, der von dem noch zu behandelnden[107] „vorzeitigen“[108] Schluß der Aussprache zu unterscheiden ist. Allerdings ist die Konsequenz der Schließung der Aussprache beidemal dieselbe: mit ihr entfällt für die Versammlungsteilnehmer die Möglichkeit, zu dem betreffenden Tagesordnungspunkt in der Versammlung Fragen zu stellen und ihre Meinung kundzutun[109], es sei denn, die Aussprache wird ausnahmsweise[110] wieder eröffnet.

(4) Ordnungsmaßnahmen im Zusammenhang mit der Ausübung des Rechts auf Auskunft und Gehör

Die im folgenden zu behandelnden Ordnungsmaßnahmen im Zusammenhang mit der Ausübung des Rechts auf Auskunft und Gehör in Versammlungen lassen sich danach unterscheiden, ob sie sich an alle oder nur an bestimmte Versammlungsteilnehmer richten. Dementsprechend werden sie entweder generelle Ordnungsmaßnahmen oder individuelle Ordnungsmaßnahmen genannt.

(a) Generelle Ordnungsmaßnahmen

(aa) Festlegung der Gesamtdauer der Aussprache

Als generelle Ordnungsmaßnahme kommt zunächst die Festlegung der Gesamtdauer der Aussprache zu einem Tagesordnungspunkt in Betracht.

[1] Zulässigkeit

Gemäß § 35 Abs. 1 S. 1 GeschOBT kann der Bundestag auf Vorschlag des Ältestenrates die Dauer der Aussprache über einen Verhandlungsgegenstand festgelegen. Sinn dieser Maßnahme und zugleich Grund für ihre Zulässigkeit ist es, die knappe Zeit, die für Plenarsitzungen zur Verfügung steht, möglichst effektiv zu nutzen, indem Aussprachen zu bedeutsamen Themen zeitlich stärker gewichtet werden als solche über Routineangelegenheiten[111]. Aufgrund der gleichen Erwägungen ist es zulässig, daß auch Verbandsversammlungen die Gesamtdauer der Aussprache zu einzelnen Tagesordnungspunkten festlegen, wobei der Vorschlag für die Ergreifung der Maßnahme von dem die Tagesordnung aufstellenden Ver-

---

[105] Vgl. *Besch*, in: Schneider/Zeh (Hrsg.), Parlamentsrecht und Parlamentspraxis, § 33 Rn. 45. Näheres zur Festlegung der Gesamtdauer der Aussprache unter § 10 I 1 a) aa) (4) (a) (aa).

[106] *Besch*, in: Schneider/Zeh (Hrsg.), Parlamentsrecht und Parlamentspraxis, § 33 Rn. 45.

[107] Siehe dazu unter § 10 I 1 a) aa) (4) (a) (cc).

[108] *K.-P. Martens*, WM 1981, 1010 [1013].

[109] Vgl. *K. Müller*, GenG-K II, § 43 Rn. 12.

[110] Zu den Bedingungen dafür siehe *Barz*, in: GroßK-AktG I/2 (3. Aufl.), § 119 Anm. 36; *Semler*, in: MüHdbGesellschR IV, § 36 Rn. 42; *Stöber*, HdbVereinsrecht, Rn. 485; *Stützle/Walgenbach*, ZHR 155 (1991), 516 [536 f.]; *Zöllner*, in: ders. (Hrsg.), KöKo-AktG I, § 119 Rn. 55.

[111] *Demmler*, Der Abgeordnete im Parlament der Fraktionen, S. 475.

bandsorgan, in der Regel also vom Verbandsvorstand, auszugehen hat[112]. Denn auch für die Durchführung von Verbandsversammlungen und die Erledigung ihrer Tagesordnung steht nicht unbegrenzt Zeit zur Verfügung. Das ergibt sich daraus, daß auf der einen Seite Versammlungen an dem Tag oder den Tagen[113] abgewickelt werden müssen, auf den bzw. auf die sie einberufen worden sind[114]. Die äußerste Grenze kann, falls nicht ohnehin ein früherer Zeitpunkt bestimmt wurde, demnach nur das Ende, also 24 Uhr des (letzten) Einberufungstages sein[115]. Tatsächlich wird man Verbandsversammlungen in der Regel sogar früher als 24 Uhr enden lassen müssen, zumal da alle Versammlungsteilnehmer, wenn der dem Versammlungstag folgende Tag ein Arbeitstag ist, noch am selben Tage nach Hause zurückkehren und dazu nach Möglichkeit auch öffentliche Verkehrsmittel benutzen können sollten. Jedenfalls ist den Teilnehmern überörtlicher Versammlungen nicht ohne weiteres zuzumuten, sich vorsorglich um eine (weitere) Übernachtungsgelegenheit am Versammlungsort zu bemühen[116]. Auf der anderen Seite können Verbandsversammlungen weder beliebig oft noch beliebig lang einberufen werden, da ihre Teilnehmer die Verbandsarbeit ganz überwiegend ehrenamtlich leisten. Vor diesem Hintergrund hat man es, wie *Sauter/Schweyer*[117] in Bezug auf bürgerlich-rechtliche Vereine konstatiert, auch in politischen Parteien zumindest auf örtlicher und regionaler Ebene mit folgendem Problem zu tun: „Viele Mitgliederversammlungen leiden darunter, daß die Aussprache zu den ersten Punkten der Tagesordnung zu breit angelegt wird, was zur Folge hat, daß später angesetzte Angelegenheiten entweder überhaupt nicht mehr behandelt werden können oder in großer Zeitnot ‚durchgepeitscht' werden". Solcher Unausgewogenheit der Erledigung der Tagesordnung kann durch die Festlegung der Gesamtdauer der Aussprache zu den einzelnen Tagesordnungspunkten vorgebeugt werden.

[2] Verbindlichkeit

Allerdings wird im Parlamentsrecht die Ansicht vertreten, die Festlegung der Gesamtdauer der Aussprache habe keinen verbindlichen Charakter[118]. So könne

---

112 Soweit ersichtlich, wurde die Zulässigkeit dieser Ordnungsmaßnahme im Verbandsrecht bislang allerdings nicht erörtert.

113 Parteiversammlungen auf Bundesebene dauern im Unterschied zu denen auf unterer Gliederungsebene regelmäßig mehrere Tage, vgl. *Seifert*, Die politischen Parteien im Recht der Bundesrepublik Deutschland, S. 17.

114 Vgl. LG Stuttgart, NJW-RR 1994, 936 [938]; *Max*, AG 1991, 77 [90]; *Quack*, AG 1985, 145 [146]; *Trouet*, NJW 1986, 1302 [1306]; *Zöllner*, in: ders. (Hrsg.), KöKo-AktG I, § 119 Rn. 70. Speziell im Hinblick auf Parteiversammlungen *Seifert*, Die politischen Parteien im Recht der Bundesrepublik Deutschland, S. 236.

115 A.A. *K. Müller*, GenG-K II, § 43 Rn. 103, der meint, der Einberufungstag dürfe „nicht formal" berechnet werden.

116 So auch *Max*, AG 1991, 77 [90]; *Quack*, AG 1985, 145 [146 f.]; *Trouet*, NJW 1986, 1302 [1306 f.].

117 *Sauter/Schweyer*, Der eingetragene Verein, Rn. 186.

118 Vgl. *Abmeier*, Die parlamentarischen Befugnis des Abgeordneten des Deutschen Bundestages nach dem Grundgesetz, S. 155 ff.; *Demmler*, Der Abgeordnete im Parlament der Fraktionen, S. 476 ff.

das Parlament dem Abgeordneten die mit seinem verfassungsrechtlichen Status verbundene Redebefugnis nicht „entziehen“[119], was aber durch die Festlegung der Gesamtdauer der Aussprache bei den Abgeordneten geschehe, die deshalb nicht mehr zu Wort kämen. Falls auf die Aussprache eine Abstimmung folge, sei es ohnedies sinnlos, der Festlegung der Gesamtdauer der Aussprache Verbindlichkeit beizumessen, da die Abgeordneten in diesem Fall eine Erklärung zur Abstimmung abgeben könnten, zu der ihnen gemäß § 31 GeschOBT das Wort zwingend erteilt werden müsse[120]. Von daher handele es sich bei der Festlegung der Gesamtdauer der Aussprache um nichts weiter als eine „Empfehlung“[121], die weder den Bundestagspräsidenten noch redewillige Abgeordnete binde.

Wäre diese Argumentation stichhaltig, könnte auch der Festlegung der Gesamtdauer der Aussprache in Verbandsversammlungen bloß unverbindlicher Charakter zugesprochen werden, da das Rede- und Fragerecht ihrer Teilnehmer gleichfalls nicht zur Disposition der Versammlung steht[122]. Indes geht die Argumentation von falschen Prämissen aus: Zum einen ist es nicht richtig, daß mit der Festlegung der Gesamtdauer der Aussprache das Rederecht – bei Verbandsversammlungen auch das Fragerecht[123] – von Versammlungsteilnehmern potentiell *entzogen* wird. Vielmehr wird lediglich die Möglichkeit der *Ausübung* des Rechts auf Auskunft und Gehör *beschränkt*[124], wogegen es in seinem Bestand unangetastet bleibt. Daß die mit der Bestimmung eines zeitlichen Rahmens einhergehende Ausübungsbeschränkung dazu führen kann, daß nach Ablauf der festgelegten Zeit einzelne Versammlungsteilnehmer auf die Verwirklichung ihres Rechts auf Gehör – bei Verbandsversammlungen auch ihres Auskunftsrechts – zu einem Tagesordnungspunkt gänzlich verzichten müssen, steht dazu nicht in Widerspruch, ist dies doch unvermeidliche Folge eines Kapazitätsproblems. Unzutreffend ist aber auch die Behauptung, die verbindliche Festlegung der Gesamtdauer der Aussprache laufe leer, falls nach der Aussprache eine Abstimmung stattfinde, weil der Versammlungsteilnehmer seine gewünschte Meinungskundgabe dann eben im Rahmen einer Erklärung zur Abstimmung abgegeben könne. Denn sie läßt unberücksichtigt, daß – wie bereits aus-

---

119 *Demmler*, Der Abgeordnete im Parlament der Fraktionen, S. 476.

120 *Demmler*, Der Abgeordnete im Parlament der Fraktionen, S. 477, der insofern ungenau von einer „persönlichen Erklärung zur Abstimmung“ spricht, die es jedoch in der Geschäftsordnung des Bundestages nicht gibt. Vielmehr wird darin unterscheiden zwischen einer persönlichen Erklärung (§ 32) und einer Erklärung zur Abstimmung (§ 31).

121 *Abmeier*, Die parlamentarischen Befugnisse des Abgeordneten des Deutschen Bundestages nach dem Grundgesetz, S. 157; *Demmler*, Der Abgeordnete im Parlament der Fraktionen, S. 476.

122 Siehe oben § 7 II 3 a) cc) (2) bzw. § 7 II 3 b) bb). Zudem ist das Rede- und Fragerecht des Parteimitglieds ebenso wie das des Abgeordneten verfassungsrechtlich abgesichert, siehe dazu oben § 7 II 4 a) cc) bzw. § 7 II 4 b) bb).

123 Siehe dazu, daß im Unterschied zu Verbandsversammlungen im Rahmen der parlamentarischen Aussprache nur das Rederecht verwirklicht werden kann, oben § 10 I 1 a) aa) (3) (a).

124 Dem entsprechend wird denn auch in BVerfGE 10, 4 [13], von einer sich aufgrund der Festlegung der Gesamtdauer der Aussprache ergebenden „Beschränkung“ des Rederechts des Abgeordneten gesprochen, nicht aber von einem „Entzug“.

geführt[125] – mit einer Erklärung zur Abstimmung kein Diskussionsbeitrag nachgeliefert werden, sondern nur das eigene Abstimmungsverhalten begründet werden darf. Abgesehen davon gehört die Zulassung einer Erklärung zur Abstimmung bei Verbandsversammlungen nicht zu den allgemein anerkannten Verfahrensgrundsätzen, so daß sie nicht zwingend gewährt werden muß, sondern – vorbehaltlich der Festlegungen der Verbandssatzungs- oder Verbandsgeschäftsordnung – in das Ermessen des Versammlungsleiters gestellt ist. Folglich ist die Festlegung der Gesamtdauer der Aussprache verbindlich[126].

Die Verbindlichkeit der entsprechenden Ordnungsmaßnahme in Parteiversammlungen ist wegen des innerparteilichen Demokratiegebotes freilich nicht unbedenklich. Um der Vorgabe des Art. 21 Abs. 1 S. 3 GG Rechnung zu tragen, muß die Dauer der Aussprache denn auch so bemessen sein, daß unterschiedliche Auffassungen sachgemäß vorgetragen und kritische Fragen gestellt und beantwortet werden können[127]. Zudem ist die potentielle Folge der Maßnahme, daß einige Versammlungsteilnehmer ihr Recht auf Auskunft und Gehör zu dem betreffenden Tagesordnungspunkt nicht verwirklichen können, nur dann akzeptabel, wenn zuvor durch die Anordnung einer generellen Zeitbeschränkung für Fragen und Redebeiträge[128] sichergestellt wurde, daß möglichst viele Versammlungsteilnehmer mit ihrem Wunsch auf Auskunft und Gehör zum Zuge kommen, also nicht einige wenige auf Kosten vieler fragen und reden. Zeigt sich im Verlauf der Aussprache, daß die vorgesehene Zeit nicht ausreicht, um alle *wesentlichen* Gesichtspunkte des Verhandlungsgegenstandes zu erörtern, muß entweder, sofern es die zeitlichen Umstände der Versammlung erlauben, eine Verlängerung der Aussprache beschlossen werden oder aber der betreffende Tagesordnungspunkt ist zu vertragen, was bedeutet, daß die Aussprache darüber ein andermal fortgesetzt, sie also nur vorläufig geschlossen werden kann. Würde die Aussprache hingegen sofort endgültig geschlossen und danach ein Beschluß gefaßt, wäre dieser mangelhaft, da er ohne die Ordnungsmaßnahme möglicherweise anders ausgefallen wäre. Das alles ändert indes an der Verbindlichkeit der Festlegung der Gesamtdauer der Aussprache nichts, so daß der Versammlungsleiter die Aussprache nach Ablauf der dafür festgelegten Zeit (vorläufig) schließen muß[129].

---

[125] § 10 I 1 a) aa) (3) (f) (cc).

[126] So für das Parlamentsrecht auch BVerfGE 10, 4 [13, 14 f.]; *Achterberg*, Parlamentsrecht, S. 618 f.; *Besch*, in: Schneider/Zeh (Hrsg.), Parlamentsrecht und Parlamentspraxis, § 33 Rn. 45, 52; *Ritzel/Bücker/Schreiner*, Handbuch für die Parlamentarische Praxis, GeschOBT-K § 35 Anm. I 1 f.

[127] Vgl. *Strunk*, JZ 1978, 87 [88]: „Demokratische Willensbildung heißt, daß Beratungszeiten nicht zu kurz bemessen sein dürfen und auch Minderheiten genügend Möglichkeiten haben, zu Wort zu kommen". Der Sache nach ebenso *Wolfrum*, Die innerparteiliche demokratische Ordnung nach dem Parteiengesetz, S. 109.

[128] Siehe zu dieser Ordnungsmaßnahme unten § 10 I 1 a) aa) (4) (a) (bb).

[129] Vgl. *Besch*, in: Schneider/Zeh (Hrsg.), Parlamentsrecht und Parlamentspraxis, § 33 Rn. 45; anders - vor dem Hintergrund seiner Ansicht, die Festlegung der Gesamtdauer der Aussprache sei unverbindlich konsequent - *Demmler*, Der Abgeordnete im Parlament der Fraktionen, S. 476 f.

(bb) Generelle Redezeitbeschränkung

[1] Begriff

Die Möglichkeit, für alle Versammlungsteilnehmer die Redezeit auf eine bestimmte Höchstdauer zu begrenzen, ist im Verbandsrecht allgemein anerkannt; sie wird dort als „generelle", mitunter auch „allgemeine" Redezeitschränkung bezeichnet[130]. Auch in den Parlamentsgeschäftsordnungen ist eine solche Möglichkeit vorgesehen[131], wobei sie von Teilen des parlamentsrechtlichen Schrifttums „individuelle" Redezeitbegrenzung genannt wird[132]. Der Terminus „individuelle" Redezeitbeschränkung soll offenbar den Unterschied dieser Maßnahme zur Festlegung der Gesamtdauer der Aussprache, zur Verteilung der Redezeit auf die Parlamentsfraktionen sowie zur vorzeitigen Schließung der Aussprache verdeutlichen, mithin zu Maßnahmen, die nicht einzelne Abgeordnete, sondern eine Gruppe oder die Gesamtheit von ihnen betreffen. Indes soll hier der verbandsrechtlichen Bezeichnung gefolgt werden, zumal da der Begriff der „individuellen" Redezeitbeschränkung noch zur Kennzeichnung einer weiteren im Verbandsrecht anerkannten – dem Parlamentsrecht hingegen unbekannten – Ordnungsmaßnahme benötigt wird, mit der nicht die Redezeit – generell – für jeden Versammlungsteilnehmer, sondern die Redezeit – individuell – bestimmter Versammlungsteilnehmer beschränkt wird [133].

[2] Zweck

Eine generelle Redezeitbeschränkung dient dazu, möglichst viele Versammlungsteilnehmer zu Wort kommen zu lassen, wenn sich in Anbetracht der Zahl von Wortmeldungen und der vorab festgelegten Gesamtdauer der Aussprache ein

---

130 Vgl. speziell im Hinblick auf Parteiversammlungen CDU-BPartG, NVwZ 1982, 159 [160]; vgl. zum übrigen Verbandsrecht RGZ 36, 24 [26]; OLG Stuttgart, NJW-RR 1986, 1277; LG Stuttgart, NJW-RR 1994, 936 [937]; LG Frankfurt a.M., WM 1984, 502 [505]; *Barz*, in: GroßK-AktG I/2 (3. Aufl.), § 119 Anm. 30; *Butenschön*, BB 1958, 398; *Ebenroth*, Das Auskunftsrecht des Aktionärs und seine Durchsetzung im Prozeß, S. 26 ff.; *Eckardt*, in: Geßler/Hefermehl/Eckardt/ Kropff, AktG-K II, Vorb. § 118 Rn. 46; *Erman*, AG 1964, 101 [102]; *von Falkenhausen*, BB 1966, 337 [343]; *von Godin/Wilhelmi*, AktG-K I, § 119 Anm. 18; *Hadding*, in: Soergel, BGB-K I, § 32 Rn. 20; *K.-P. Martens*, WM 1981, 1010 [1013]; *ders.*, Leitfaden für die Leitung der Hauptversammlung einer Aktiengesellschaft, S. 36 ff; *Max*, AG 1991, 77 [90 f.]; *Metz*, in: Lang/Weidmüller/Metz/Schaffland, GenG-K, § 43 Rn. 40, 159; *K. Müller*, GenG-K III, § 43 Rn. 13; *Obermüller/Werner/Winden*, Die Hauptversammlung der Aktiengesellschaft, D.VII.2., S. 93 f.; *Quack*, AG 1985, 145 [146 f.]; *Reichert*, HdbVereins- und Verbandsrechts, Rn.960, 1007; *Reinicke*, Rechtsstellung, Rechte und Pflichten des Vorsitzenden einer Hauptversammlung, S. 92 ff.; *Sauter/Schweyer*, Der eingetragene Verein, Rn. 186; *K. Schmidt*, in: Scholz (Hrsg.), GmbHG-K II, § 48 Rn. 34; *Semler*, in: MüHdbGesellschR IV, § 36 Rn. 46; *Steiner*, Die Hauptversammlung der Aktiengesellschaft, § 10 Rn. 4; *Stöber*, HdbVereinsrecht, Rn. 473; *Stützle/Walgenbach*, ZHR 155 (1991), 516 [540 f.]; *Trouet*, NJW 1986, 1302 [1306]; *Zöllner*, in: ders. (Hrsg.), KöKo-AktG I, § 119 Rn. 84.

131 Vgl. *Achterberg*, Parlamentsrecht, S. 618 f.

132 *Abmeier*, Die parlamentarischen Befugnisse des Abgeordneten des Deutschen Bundestages nach dem Grundgesetz, S. 147; *Demmler*, Der Abgeordnete im Parlament der Fraktionen, S. 486.

133 Siehe dazu § 10 I 1 a) aa) (4) (b) (bb).

Kapazitätsproblem abzeichnet[134]. In diesem Fall muß eine generelle Redezeitbeschränkung angeordnet werden[135]. Dasselbe gilt aber auch dann, wenn zwar keine Gesamtdauer der Aussprache festgelegt wurde, diese wegen der Vielzahl der Redner jedoch ein solches Ausmaß anzunehmen droht, daß die sachgemäße Erledigung der weiteren Tagesordnung und zeitgerechte Beendigung der Versammlung in Gefahr gerät.

[3] Geltung für Fragen

Fraglich ist, inwieweit eine generelle Redezeitbeschränkung auch für das Stellen von Fragen gilt. Nach ganz herrschender Ansicht im Aktienrecht bleibt das Fragerecht der Versammlungsteilnehmer von einer generellen Redezeitbeschränkung unberührt[136]. Dieser Ansicht kann jedoch nur für den (Ausnahme-)Fall gefolgt werden, daß die Zeitbeschränkung ausdrücklich bloß für Meinungskundgaben im engeren Sinne, also für Redebeiträge, die nicht auf eine Beantwortung zielen, angeordnet wird. Grundsätzlich gilt eine generelle Redezeitbeschränkung hingegen auch für Fragen, zumal das Auskunftsrecht – im Aktienrecht[137] nicht anders als im übrigen Verbandsrecht – ebenso wie das Recht auf Gehör einschränkbar. Eine Zeitbegrenzung für das Stellen für Fragen kann dabei aus denselben tatsächlichen Gründen erforderlich sein wie für reine Meinungskundgaben. Zwar nimmt bei der Verwirklichung des Auskunftsrechts in Versammlungen regelmäßig weniger das Stellen von Fragen als vielmehr deren Beantwortung Zeit in Anspruch, wobei dem Fragesteller die Beantwortungszeit auf keinen Fall zugerechnet werden darf, weil er darauf keinen direkten Einfluß hat. Doch kann, wie es gerade in Aktionärsversammlungen immer wieder vorkommt[138], auch die Dauer von Fragen ausarten. Das liegt nicht zuletzt daran, daß die Grenzen zwischen einer Frage und einer Meinungskundgabe fließend sind, jedenfalls aber fließend gestaltet werden können, etwa, indem der Fragesteller zur Erläuterung seiner Fragen weit ausholt oder seine Meinungskundgabe in Frageform kleidet („Ist der Vorstand (nicht) auch der An-

---

[134] *K.-P. Martens*, Leitfaden für die Leitung der Hauptversammlung einer Aktiengesellschaft, S. 37, nennt als Rechtfertigung für eine generelle Redezeitbeschränkung ferner die „Straffung und Konzentration der argumentativen Auseinandersetzung". Skeptisch hierzu *Steiner*, Die Hauptversammlung der Aktiengesellschaft, § 10 Rn. 4.

[135] Siehe auch bereits oben § 10 I 1 a) aa) (4) (a) (aa) [2].

[136] *Eckardt*, in: Geßler/Hefermehl/Eckardt/Kropff, AktG-K II, Vorb. § 118 Rn. 46, § 131 Rn. 27; *K.-P. Martens*, Leitfaden für die Leitung der Hauptversammlung einer Aktiengesellschaft, S. 10, 38; *ders.*, WM 1981, 1010 [1019]; *Max*, AG 1991, 77 [91, 93]; *Quack*, AG 1985, 145 [146, 148]; *Semler*, in: MüHdbGesellschR IV, § 36 Rn. 46; *Steiner*, Die Hauptversammlung der Aktiengesellschaft, § 10 Rn. 4, § 11 Rn. 49; *Stützle/Walgenbach*, ZHR 155 (1991), 516 [541]. A.A. hingegen offenbar *Ebenroth*, Das Auskunftsrecht des Aktionärs und seine Durchsetzung im Prozeß, S. 26 ff., insb. 28, der die Maßnahme als Schranke des Auskunftsrechts behandelt. Im übrigen Verbandsrecht wurde das Problem indes - soweit ersichtlich - bislang nicht erörtert.

[137] Vgl. nur *Wohlleben*, Informationsrechte des Gesellschafters, S. 69, der allerdings Verfahrensregelungen, denen das Auskunftsrecht unterworfen wird, als Voraussetzungen desselben behandelt.

[138] Vgl. *Ebenroth*, Das Auskunftsrecht des Aktionärs und seine Durchsetzung im Prozeß, S. 28.

sicht, daß ... ?"; „Ist es nicht besser, wir ... ?")[139]. Daraus folgt, daß bei Zeitknappheit eine generelle Zeitbeschränkung auch für Fragen angeordnet werden können muß[140]. Wenn indes die Gegenansicht formuliert, die für die Fragestellung verwendete Zeit dürfe nicht auf die Redezeit angerechnet werden[141], ist dies insofern zu undifferenziert, als eine Zeitbeschränkung so bemessen sein muß, daß sowohl für Redebeiträge als – darüber hinaus – auch noch für das Stellen von Fragen genügend Zeit bleibt.

[4] Voraussetzungen

Wortmeldungen erfolgen bei Verbandsversammlungen für gewöhnlich frühestens zu Beginn der Versammlung, oftmals aber auch erst während der Aussprache zu einem bestimmten Tagesordnungspunkt. Somit zeichnet sich regtelmäßig auch erst dann ein Kapazitätsproblem ab, das eine generelle Zeitbeschränkung rechtfertigt. Fraglich ist indes, ob eine generelle Zeitbeschränkung auch schon im Vorfeld einer Versammlung zulässig ist.

Vorbild einer solchen in der Verbandssatzung oder -geschäftsordnung zu treffenden[142] Regelung könnte § 35 Abs. 1 S. 1 GeschOBT[143] sein, wonach Redner – vorbehaltlich einer abweichenden Vereinbarung des Ältestenrats oder eines abweichen Bundestagsbeschlusses – generell nicht länger als 15 Minuten sprechen dürfen.

Bei Verbandsversammlungen bestehen gegenüber der Einzwängung des Frage- und Rederechts in ein so starres Korsett erhebliche Bedenken. Die Einschränkung des Frage- und Rederechts durch eine generelle Zeitbeschränkung ist nur gerechtfertigt, soweit dies im Sinne des Gleichbehandlungsgebots der Versammlungsteilnehmer und der sach- und zeitgerechten Erledigung der Tagesordnung erforderlich ist[144]. Ob dies der Fall ist, läßt sich bei Verbandsversammlungen jedoch nicht vor

---

139 Vgl. LG Stuttgart, NJW-RR 1994, 936 [939]. Dieses Problem erkennen auch *K.-P. Martens*, Leitfaden für die Leitung der Hauptversammlung einer Aktiengesellschaft, S. 38, *Stützle/Walgenbach*, ZHR 155 (1991), 516 [541], sowie *Wohlleben*, Informationsrechte des Gesellschafters, S.72 Fn.84. Ihre Lösung, die Fragen (nur) in diesen Fällen wie Redebeiträge zu behandeln, ist allerdings praxisfern, denn es ist eben - entgegen *Wohlleben* - häufig gar nicht feststellbar, ob mit einer Frage „lediglich" eine Meinungskundgabe bezweckt ist und ihr deshalb ein „spezifisch informationsrechtlicher Gehalt" fehlt.

140 Speziell im Hinblick auf Parteiversammlungen geht davon wohl auch das CDU-BPartG, NVwZ 1982, 159 [160], aus, da es formuliert, die Redezeitbeschränkung dürfe „jedoch nicht so weit gehen, einen völligen Ausschluß des Rede- und Fragerechts aller Versammlungsteilnehmer herbeizuführen".

141 So ausdrücklich *Max*, AG 1991, 77 [91]; *Semler*, in: MüHdbGesellschR IV, § 36 Rn. 46; *Steiner*, Die Hauptversammlung der Aktiengesellschaft, § 10 Rn. 4.

142 Siehe *Reichert*, HdbVereins- und Verbandsrechts, Rn. 1007.

143 Die übrigen Parlamentsgeschäftsordnungen enthalten entsprechende Regelungen, vgl. *Achterberg*, Parlamentsrecht, S. 618.

144 Vgl. LG Stuttgart, NJW-RR 1994, 936 [938]. Dieser allgemeine verbandsrechtliche Grundsatz gilt wegen der verfassungsrechtlichen Absicherung des Rechts auf Auskunft und Gehör von Par-

deren Beginn erkennen, weil in Verbänden die Ausübung des Rechts auf Auskunft und Gehör in einer Versammlung nicht von einer Ankündigung im Vorfeld der Versammlung abhängig gemacht werden darf[145]. Darin liegt ein grundlegender Unterscheid zu Parlamentssitzungen, weil es dort Parlamentsfraktionen gibt, die bereits im Vorfeld der Parlamentssitzungen festlegen, welcher Abgeordnete für sie wie lang reden soll[146]. Deshalb wird man bei Verbandsversammlungen die Anordnung einer generellen Redezeitbeschränkung erst für zulässig halten können, wenn – in Anlehnung an den im Polizei- und Ordnungsrecht gebräuchlichen Gefahrenbegriff[147] – die Gleichbehandlung der Versammlungsteilnehmer und die Funktionsfähigkeit der Versammlung *konkret* gefährdet ist[148], nicht aber schon dann, wenn insofern bloß eine *abstrakte* Gefahr gegeben ist[149]. Unter einer konkreten Gefahr ist dabei eine in einem „einzelnen Fall" bestehende, mithin aus einem konkreten, nach Ort und Zeit bestimmten oder bestimmbaren Sachverhalt resultierende Gefahr[150], im vorliegenden Zusammenhang also die wegen der Vielzahl der vorliegenden Wortmeldungen zu einem Tagesordnungspunkt hinreichende Wahrscheinlichkeit[151] zu verstehen, daß ohne eine generelle Zeitbeschränkung für Fragen und Redebeiträge das Gleichbehandlungsgebot verletzt und/oder die Versammlung ihre Aufgaben nicht sachgemäß erledigen könnte. Demgegenüber rechtfertigt ein

---

teimitgliedern (siehe dazu § 7 II 5) erst recht für Parteiversammlungen. Ebenso BVerfGE 10, 4 [14 f.]; *Achterberg*, Parlamentsrecht, S. 619 Fn. 90; jeweils in bezug auf Redezeitbeschränkungen im Bundestag, aber ohne unter diesem Gesichtspunkt die Verfassungsmäßigkeit der Regelung des § 35 Abs. 1 S. 1 GeschOBT zu erörtern.

145 Siehe dazu oben § 8 III 2.

146 Vgl. *Demmler*, Der Abgeordnete im Parlament der Fraktionen, S. 478 f.; kritisch dazu *Abmeier*, Die parlamentarischen Befugnisse des Abgeordneten des Deutschen Bundestages nach dem Grundgesetz, S. 161 ff.

147 Diese Parallele zieht auch *Ebenroth*, Das Auskunftsrecht des Aktionärs und seine Durchsetzung im Prozeß, S. 28.

148 So der Sache nach auch die herrschende Meinung *von Falkenhausen*, BB 1966, 337 [343]; *K.-P. Martens*, Leitfaden für die Leitung der Hauptversammlung einer Aktiengesellschaft, S. 34; *ders.*, WM 1981, 1010 [1013]; *Max*, AG 1991, 77 [90]; *Obermüller/Werner/Winden*, Die Hauptversammlung der Aktiengesellschaft, D.VII.2., S. 93 („...unter diesen Umständen..."); *Quack*, AG 1985, 145 [146]; *Reinicke*, Rechtsstellung, Rechte und Pflichten des Vorsitzenden einer Hauptversammlung, S. 92 f.; *Steiner*, Die Hauptversammlung der Aktiengesellschaft, § 10 Rn. 4; *Stöber*, HdbVereinsrecht, Rn. 473; *Stützle/Walgenbach*, ZHR 155 (1991), 516 [540]; *Trouet*, NJW 1986, 1302 [1306]; wohl auch *Zöllner*, in: ders. (Hrsg.), KöKo-AktG I, § 119 Rn. 85.

149 A.A. *Barz*, in: GroßK-AktG I/2 (3. Aufl.), § 119 Anm. 30 („Einmal kann sie von vornherein angeordnet werden, weil zu viele Wortmeldungen zu erwarten sind ..."); *Butenschön*, BB 1958, 398; *Ebenroth*, Das Auskunftsrecht des Aktionärs und seine Durchsetzung im Prozeß, S. 28; *Reichert*, HdbVereins- und Verbandsrechts, Rn. 1007; *Semler*, in: MüHdbGesellschR IV, § 36 Rn. 46 („... ist mit einer großen Anzahl von Wortmeldungen zu rechnen..."); wohl auch RGZ 36, 24 [26]; *Sauter/Schweyer*, Der eingetragene Verein, Rn. 186 („... Anhaltspunkte dafür, daß mit zahlreichen Wortmeldungen zu rechnen ist ..."); *Stöber*, HdbVereinsrecht, Rn. 473 (S. 252: „Beschränkung der Redezeit von vornherein, ...").

150 Vgl. *Götz*, Allgemeines Polizei- und Ordnungsrecht, Rn. 144; *Knemeyer*, Polizei- und Ordnungsrecht, § 10 Rn. 87, S. 56.

151 Zur hinreichenden Wahrscheinlichkeit eines in absehbarer Zeit eintretenden Schadens als polizei- und ordnungsrechtliche Definition des Begriffs der Gefahr siehe *Götz*, Allgemeines Polizei- und Ordnungsrecht, § 7 Rn. 140.

gedachter, abstrakter Sachverhalt, bei dem mit dem Eintritt dieser Folge generell gerechnet werden muß[152], hier also die bei Aussprachen stets bestehende Gefahr, daß zu viele Fragesteller und Redner das Wort ergreifen werden, die in Rede stehende Ordnungsmaßnahme nicht.

Keine Bedenken bestehen indes, wenn in die Verbandssatzung oder Verbandsgeschäftsordnung eine Regelung aufgenommen wird, wonach Fragesteller und Redner in Versammlungen nicht länger als – zum Beispiel[153] – 15 Minuten sprechen *sollen* oder wenn der Versammlungsleiter zu Beginn der Versammlung oder der Aussprache zu einem bestimmten Tagesordnungspunkt an die Versammlungsteilnehmer appelliert, sie mögen sich kurz fassen[154], da derartige Soll-Regelungen bzw. Aufforderungen einerseits zur Straffung und Konzentration der Debatte beitragen können[155], andererseits keinen zwingenden Charakter haben.

[5] Zuständigkeit

Heftig umstritten ist im Verbandsrecht die Frage, wer für die Anordnung einer generellen Zeitbeschränkung zuständig ist. Während die überwiegender Meinung[156] den Versammlungsleiter für zuständig hält, sieht die Gegenansicht die Zuständigkeit dafür bei der Versammlung selbst[157]. Als Begründung führt die Gegenansicht

152 Vgl. zur entsprechenden Definition des Begriffs abstrakte Gefahr im Polizeirecht *Knemeyer*, Polizei- und Ordnungsrecht, § 10 Rn. 65.

153 Zum angemessenen Umfang einer generellen Redezeitbeschränkung siehe unten § 10 I 1 a) aa) (4) (a) (bb) [6].

154 Dazu LG Stuttgart, NJW-RR 1994, 936 [938]; *K.-P. Martens*, Leitfaden für die Leitung der Hauptversammlung einer Aktiengesellschaft, S.34; *Max*, AG 1991, 77 [90].

155 Vgl. *K.-P. Martens*, Leitfaden für die Leitung der Hauptversammlung einer Aktiengesellschaft, S. 37.

156 LG Stuttgart, NJW-RR 1994, 936 [937]; LG Frankfurt a.M., WM 1984, 502 [505]; *Barz*, in: GroßK-AktG I/2 (3. Aufl.), § 119 Anm. 30; *Hadding*, in: Soergel, BGB-K I, § 32 Rn. 20; *von Falkenhausen*, BB 1966, 337 [343]; *Obermüller/Werner/Winden*, Die Hauptversammlung der Aktiengesellschaft, D.VII., S. 93; *K.-P. Martens*, Leitfaden für die Leitung der Hauptversammlung einer Aktiengesellschaft, S. 38; *Quack*, AG 1985, 145 [146]; *Reinicke*, Rechtsstellung, Rechte und Pflichten des Vorsitzenden einer Hauptversammlung, S. 92; *Sauter/Schweyer*, Der eingetragene Verein, Rn. 186; *K. Schmidt*, in: Scholz (Hrsg.), GmbHG-K II, § 48 Rn. 34; *Semler*, in: MüHdbGesellschR IV, § 36 Rn. 46; *Steiner*, Die Hauptversammlung der Aktiengesellschaft, § 10 Rn. 4; *Stützle/Walgenbach*, ZHR 155 (1991), 516 [540]; *Trouet*, NJW 1986, 1302 [1306]; *Zöllner*, in: ders. (Hrsg.), KöKo-AktG I, § 119 Rn. 84. Differenzierend nach dem Grund für die generelle Redezeitbeschränkung *Ebenroth*, Das Auskunftsrecht des Aktionärs und seine Durchsetzung im Prozeß, S. 27 f. Indes kann nach *Hüffer*, in: Hachenburg, GmbHG-K II, § 48 Rn. 31, *Max*, AG 1991, 77 [91], *Metz*, in: Lang/Weidmüller/Metz/Schaffland, GenG-K, § 43 Rn. 159 und *K. Müller*, GenG-K III, § 43 Rn. 13 der Versammlungsleiter zwar eine generelle Redezeitbeschränkung anordnen, doch die Versammlung die Entscheidung darüber letztverbindlich an sich ziehen. Gegen eine solche Kompetenzverteilung bereits oben § 10 I 1 a) aa) (2) (b).

157 Speziell zu Parteiversammlungen CDU-BPartG, NVwZ 1982, 159 [160]; 1993, 1126 [1127]; vgl. ferner RGZ 36, 24 [26]; *Butenschön*, BB 1958, 398; *Eckardt*, in: Geßler/Hefermehl/Eckardt/Kropff, AktG-K II, Vorb. § 118 Rn. 46; *Erman*, AG 1964, 101 [102]; *von Godin/Wilhelmi*, AktG-K

ins Feld, eine generelle Zeitbeschränkung betreffe sämtliche Versammlungsteilnehmer, während der Versammlungsleiter nur zu Maßnahmen gegenüber einzelnen Versammlungsteilnehmern befugt sei[158]. Diese Begründung vermag jedoch nicht zu überzeugen. Ist es richtig, daß dem Versammlungsleiter alle Befugnisse zustehen, die er braucht, um die Versammlung mit ihrer Tagesordnung und der eventuell festgelegten Dauer für die Behandlung der einzelnen Tagesordnungspunkte ordnungsgemäß, das heißt insbesondere innerhalb der dafür zur Verfügung stehenden Zeit, abzuwickeln[159], so muß zu diesen Befugnisse insbesondere auch die Möglichkeit der Anordnung einer generellen Zeitbeschränkung gehören[160]. Daß eine solche Maßnahme nicht bloß einzelne, sondern alle Versammlungsteilnehmer trifft, steht dem nicht entgegen, gilt dies doch ebenso für sonstige, dem Versammlungsleiter unstreitig zustehende Ordnungsmaßnahmen, so etwa für die Anordnung der Unterbrechung der Versammlung[161]. Für die Zuständigkeit des Versammlungsleiters sprechen derweil auch praktische Erwägungen: er führt die Liste der Wortmeldungen und hat daher den besten Überblick, ob im Hinblick auf die zur Verfügung stehende Zeit eine generelle Zeitbeschränkung erforderlich ist[162]. Doch selbst wenn die Versammlungsteilnehmer darum wüßten, würden sie sich jedenfalls bei strittigen Themen schwerlich dazu durchringen können, ihr Frage- und Rederecht selbst zu beschränken[163].

[6] Umfang

Wie weit die Zeit für Fragen und Redebeiträge generell beschränkt werden darf, läßt sich nicht allgemein sagen. In keinem Fall darf die Zeit soweit verkürzt werden, daß es unmöglich wird, in einer der Sache angemessenen Weise Fragen zu stellen und einen Standpunkt darzulegen[164]. Von daher läßt sich die Zeit also auch bei noch so vielen Wortmeldungen nicht beliebig begrenzen. Überschreitet die erforderliche Mindestdauer von Fragen und Redebeiträgen die für die Aussprache

---

I, § 119 Anm. 18; *Reichert*, HdbVereins- und Verbandsrechts, Rn. 960; wohl auch *Stöber*, HdbVereinsrecht, Rn. 473.

[158] So vor allem *Eckardt*, in: Geßler/Hefermehl/Eckardt/Kropff, AktG-K II, Vorb. § 118 Rn. 46 (vgl. aber auch Rn. 36); *Erman*, AG 1964, 101 [102]. Indes bringt *Reichert*, HdbVereins- und Verbandsrechts, Rn. 1007, als Begründung vor, eine originäre Zuständigkeit des Versammlungsleiters könne deshalb nicht anerkannt werden, weil dieser dann „über" der Versammlung stünde, wogegen er nur ein Funktionär derselben sei. Gegen diese Argumentation oben § 10 I 1 a) aa) (2) (b).

[159] Dazu oben § 10 I 1 a) aa) (2) (b).

[160] So zu Recht *K.-P. Martens*, Leitfaden für die Leitung der Hauptversammlung einer Aktiengesellschaft, S. 38; *Sauter/Schweyer*, Der eingetragene Verein, Rn. 186.

[161] Siehe zu dieser Maßnahme § 10 I 1 a) aa) (4) (a) (dd) [1].

[162] Vgl. *Sauter/Schweyer*, Der eingetragene Verein, Rn. 186.

[163] In diesem Sinne auch *K.-P. Martens*, WM 1981, 1010 [1013 Fn. 23]. Das spricht insbesondere dagegen, die Frage einer generellen Zeitbeschränkung „zur Diskussion zu stellen", wie *Sauter/Schweyer*, Der eingetragene Verein, Rn. 186, meinen, zumal dies geeignet wäre, die Autorität des Versammlungsleiters zu untergraben.

[164] Vgl. *Barz*, in: GroßK-AktG I/2 (3. Aufl.), § 119 Anm. 30; *Ebenroth*, Das Auskunftsrecht des Aktionärs und seine Durchsetzung im Prozeß, S. 29; *Semler*, in: MüHdbGesellschR IV, § 36 Rn. 46.

zur Verfügung stehende Zeit, muß vielmehr, wenn nicht ohnehin eine Gesamtdauer der Aussprache festgelegt ist, mit den Ordnungsmitteln der vorzeitigen Schließung der Aussprache oder der Schließung der Wortmeldungsliste[165] gearbeitet und nötigenfalls die Aussprache ein andermal fortgesetzt werden[166].

Maßgebende Faktoren für den Umfang der generellen Zeitbeschränkung sind vor allem die Anzahl der Wortmeldungen sowie die Bedeutung und Schwierigkeit der zu behandelnden Angelegenheit[167]. Als Mindestzeit für einen Redebeitrag werden im Verbandsrecht vielfach 10 Minuten genannt, mit der Begründung, in kürzerer Zeit würden „viele Redner auch bei bestem Bemühen nicht in der Lage sein, ihren Standpunkt zu einer Sachfrage darzulegen"[168]. Dem kann in dieser Pauschalität nicht gefolgt werden. So sind durchaus Konstellationen denkbar, bei denen für sachgerechte Debattenbeiträge deutlich weniger Zeit genügt[169]. Das bestätigt ein Blick auf die Parlamentspraxis, wo in sogenannten „Kurzrunden" jeder Redner nur fünf Minuten Redezeit hat[170], auch wenn insofern berücksichtigt werden muß, daß Parlamentarier meist geübte Redner sind. Da das von Fragen in der Regel weit weniger Zeit kostet als das Kundtun und Begründen einer Meinung, wir im übrigen die Zeit für Fragen wesentlich enger begrenzt werden dürfen als für Redebeiträge[171], so daß es empfehlenswert sein kann, die generelle Zeitbeschränkung für Fragen und Redebeiträge getrennt anzuordnen. Als Richtwert der für Fragen mindestens zur Verfügung zu stellenden Zeit wird dabei ein Fünftel der Zeit für Redebeiträge gelten können.

Ergeht eine generelle Zeitbeschränkung, muß sie im Sinne des Gleichbehandlungsgebotes alle Versammlungsteilnehmer gleichermaßen treffen. An diesen allgemeinen verbandsrechtlichen Grundsatz sind die politischen Parteien wegen des innerparteilichen Demokratiegebotes des Art. 21 Abs. 1 S. 3 GG in besonderer

---

165 Näheres zu den Ordnungsmaßnahmen „vorzeitige Schließung der Aussprache" bzw. „Schließung der Wortmeldungsliste" unten § 10 I 1 a) aa) (4) (a) (cc).

166 Vgl. oben § 10 I 1 a) aa) (4) (a) (aa) [2].

167 Vgl. *Barz*, in: GroßK-AktG I/2 (3. Aufl.), § 119 Anm. 30; *Eckardt*, in: Geßler/Hefermehl/Eckardt/Kropff, AktG-K II, Vorb. § 118 Rn. 46; *Reinicke*, Rechtsstellung, Rechte und Pflichten des Vorsitzenden einer Hauptversammlung, S. 93; *Sauter/Schweyer*, Der eingetragene Verein, Rn. 186; *Stöber*, HdbVereinsrecht, Rn. 473 (S. 252).

168 *Semler*, in: MüHdbGesellschR IV, § 36 Rn. 46. Im Ergebnis ebenso *Barz*, in: GroßK-AktG I/2 (3. Aufl.), § 119 Anm. 30; *K.-P. Martens*, WM 1981, 1010 [1016], anders dann jedoch *ders.*, Leitfaden für die Leitung der Hauptversammlung einer Aktiengesellschaft, S. 37; *Obermüller/Werner/Winden*, Die Hauptversammlung der Aktiengesellschaft, D.VII.2., S. 93; *Reinicke*, Rechtsstellung, Rechte und Pflichten des Vorsitzenden einer Hauptversammlung, S. 93.

169 Vgl. OLG Stuttgart, NJW-RR 1986, 1277; LG Stuttgart, NJW-RR 1994, 936 [938]; *Max*, AG 1991, 77 [91]; *K.-P. Martens*, Leitfaden für die Leitung der Hauptversammlung einer Aktiengesellschaft, S. 37; *Reichert*, HdbVereins- und Verbandsrechts, Rn. 882; *Steiner*, Die Hauptversammlung der Aktiengesellschaft, § 10 Rn. 4; *Stützle/Walgenbach*, ZHR 155 (1991), 516 [540].

170 Siehe - in bezug auf die Praxis des Deutschen Bundestages - *Ritzel/Bücker/Schreiner*, Handbuch für die Parlamentarische Praxis, GeschOBT-K § 35 Anm. I. 1. d) bb); *Schreiner*, in: Schneider/Zeh (Hrsg.), Parlamentsrecht und Parlamentspraxis, § 18 Rn. 38.

171 So auch *Max*, AG 1991, 77 [90].

Weise gebunden[172]. Keinesfalls darf der Versammlungsleiter deshalb Vertretern einer bestimmten Meinungsgruppe mehr Zeit einräumen als anderen oder gar, wie es im Verbandsrecht vereinzelt vertreten wird[173], „repräsentative Wortführer" von der Zeitbeschränkung ausnehmen[174].

Andererseits steht das demokratische Gleichbehandlungsgebot nicht jeglichen Differenzierungen entgegen. Einmal sind sie zulässig, soweit danach unterschieden wird, welche Angelegenheiten die Fragen und Redebeiträge betreffen. Insofern kann beispielsweise die Zeit für Bemerkungen und Erklärungen[175] weiter beschränkt werden als die für Diskussionsbeiträge im Rahmen der Aussprache[176]. Zudem sind Differenzierungen statthaft, sofern sie mit der unterschiedlichen Funktion und Stellung der Versammlungsteilnehmer zu tun haben. Nicht zu beanstanden ist deshalb, wenn etwa Verbandsvorstandsmitgliedern und/oder bei innerparteilichen Wahlen Kandidaten[177] eine längere Redezeit gewährt wird als einfachen Parteimitgliedern.

Doch selbst dann, wenn Versammlungsteilnehmer im Verband dieselbe Stellung innehaben und ihre Fragen und Redebeiträge dieselbe Angelegenheit betreffen, müssen unter Umständen Ungleichheiten bei der dafür zur Verfügung stehenden Zeit in Kauf genommen werden. Das ist der Fall, wenn sich Wortmeldungen zu einem Tagesordnungspunkt erst während der Aussprache soweit häufen, daß sich die Anordnung einer – gegebenenfalls sukzessive zu verschärfenden[178] – generellen Zeitbeschränkung als erforderlich erweist. Denn die Folge davon ist, daß die ersten Fragesteller und Redner gar keiner bzw. die früheren einer weniger weit gehenden Zeitbeschränkung unterliegen als die späteren. Freilich wird dem Versammlungsleiter in solchen Situationen besondere Umsicht abverlangt. Einen Verstoß gegen das Gleichbehandlungsgebot würde es jedenfalls bedeuten, durch Manipulation des Zeitpunktes der Zeitbegrenzung für Fragen und Redebeiträgen bestimmten Versammlungsteilnehmern eine unbeschränkte oder weniger beschränkte Zeit für die Verwirklichung ihres Rechts auf Auskunft und Gehör einzuräumen[179]. So muß der

---

[172] Vgl. zur durch Art. 21 Abs. 1 S. 3 GG gebotenen strikten Anwendung des Gleichbehandlungsgrundsatzes oben unter § 7 II 5 a).

[173] *K.-P. Martens*, Leitfaden für die Leitung der Hauptversammlung einer Aktiengesellschaft, S. 34.

[174] So zu auch Recht *Steiner*, Die Hauptversammlung der Aktiengesellschaft, § 10 Rn. 4 a.E.

[175] Zu dieser speziellen Art von Redebeiträgen siehe oben § 10 I 1 a) aa) (3) (f).

[176] Vgl. *Max*, AG 1991, 77 [91], unter Hinweis darauf, daß auch im Bundestag die Redezeit zu Geschäftsordnungsfragen anders bemessen wird als die für Debattenbeiträge.

[177] Zur angemessenen Redezeit von Kandidaten bei innerparteilichen Wahlen zur Wahlbewerbernominierung siehe BVerfGE 89, 243 [259 f.]; CDU-BPartG, NVwZ 1993, 1126 [1127].

[178] Zur Zulässigkeit einer sukzessiven Zeitbeschränkung vgl. LG Stuttgart, NJW-RR 1994, 936 [938], allerdings mit der inakzeptablen Begründung, spätere Redebeiträge würden in aller Regel keine neuen Gesichtspunkte mehr aufzeigen; *Ebenroth*, Das Auskunftsrecht des Aktionärs und seine Durchsetzung im Prozeß, S. 29; *K.-P. Martens*, Leitfaden für die Leitung der Hauptversammlung einer Aktiengesellschaft, S. 37; *Max*, AG 1991, 77 [91]; *Reinicke*, Rechtsstellung, Rechte und Pflichten des Vorsitzenden einer Hauptversammlung, S. 93 f.; *Stöber*, HdbVereinsrecht, Rn. 473 (S. 252); *Stützle/Walgenbach*, ZHR 155 (1991), 516 [540].

[179] Vgl. *K. Müller*, GenG-K III, § 43 Rn. 13.

Versammlungsleiter eine generelle Zeitbeschränkung sofort anordnen, wenn die Anhäufung von Wortmeldungen sie erforderlich erscheinen lassen, und ihren Umfang überdies dem aktuellen Stand der Wortmeldungen fortlaufend anpassen[180].

(cc) Vorzeitige Schließung der Aussprache; Schließung der Wortmeldungsliste

[1] Zweck

Falls sich zu einem Tagesordnungspunkt sehr viele Fragesteller und Redner zu Wort melden und die Gesamtdauer der Aussprache nicht festgelegt ist, reicht die Anordnung einer generellen Zeitbeschränkung mitunter nicht aus, um zu verhindern, daß die Aussprache ausufert und die sachgemäße Erledigung der weiteren Tagesordnung oder die rechtzeitige Beendigung der Versammlung in Frage gestellt ist. In solchen Fällen hilft das der parlamentarischen Praxis[181] entlehnte Institut der – vorzeitigen[182] – Schließung der Aussprache weiter, dessen Anwendbarkeit im Verbandsrecht[183] im Prinzip außer Zweifel steht. Die Ergreifung dieser Maßnahme, bei der es sich gewissermaßen um das Gegenstück zur Festlegung der Gesamtdauer der Aussprache handelt[184], bedeutet, daß vorliegende Wortmeldungen nicht mehr berücksichtigt werden, also Versammlungsteilnehmer, die sich bereits zu

---

180 Der Sache nach ebenso LG Stuttgart, NJW-RR 1994, 936 [938]; *K.-P. Martens*, Leitfaden für die Leitung der Hauptversammlung einer Aktiengesellschaft, S.37; *ders.*, WM 1981, 1010 [1016]; *Max*, AG 1991, 77 [90]; *Sauter/Schweyer*, Der eingetragene Verein, Rn. 186. Mißverständlich ist es, wenn *K. Müller*, GenG-K III, § 43 Rn. 13, in diesem Zusammenhang meint, der Gleichbehandlungsgrundsatz sei nur für diejenigen Versammlungsteilnehmer zu beachten, die zeitlich nach der jeweiligen Anordnung der Zeitbeschränkung zu Wort kommen. Denn das Gleichbehandlungsgebot gilt stets, nur liegt eben kein Verstoß dagegen vor, wenn die Zahl der Wortmeldungen zunächst keine - oder keine so weit gehende - Zeitbeschränkung erforderte.

181 Siehe dazu *Achterberg*, Parlamentsrecht, S. 611 f.

182 Oft ist in diesem Zusammenhang allerdings bloß von „Schluß der Aussprache" bzw. „Schluß der Debatte" die Rede, vgl. etwa *Reichert*, HdbVereins- und Verbandsrechts, Rn. 1018. Insofern besteht aber die Gefahr der Verwechselung mit dem – regulären – Schluß der Aussprache, der dann anzuordnen ist, wenn keine Wortmeldungen mehr vorliegen oder die festgelegte Gesamtdauer der Aussprache abgelaufen ist, siehe dazu oben § 10 I 1 a) aa) (3) (g).

183 *Barz*, in: GroßK-AktG I/2 (3. Aufl.), § 119 Anm. 33; *Butenschön*, BB 1958, 398; *Eckardt*, in: Geßler/Hefermehl/Eckardt/Kropff, AktG-K II, Vorb. § 118 Rn. 49; *Erman*, AG 1964, 101 [102]; *von Godin/Wilhelmi*, AktG-K I, § 119 Anm. 18; *K.-P. Martens*, Leitfaden für die Leitung der Hauptversammlung einer Aktiengesellschaft, S. 42; *Max*, AG 1991, 77 [92]; *K. Müller*, GenG-K III, § 43 Rn. 15; *Obermüller/Werner/Winden*, Die Hauptversammlung der Aktiengesellschaft, D.VII.6., S. 9 f.; *Quack*, AG 1985, 145 [149]; *Reichert*, HdbVereins- und Verbandsrechts, Rn. 1018; *Reinicke*, Rechtsstellung, Rechte und Pflichten des Vorsitzenden einer Hauptversammlung, S. 97 f.; *Sauter/Schweyer*, Der eingetragene Verein, Rn. 189; *K. Schmidt*, in: Scholz (Hrsg.), GmbHG-K II, § 48 Rn. 34; *Semler*, in: MüHdbGesellschR IV, § 36 Rn. 46; *Steiner*, Die Hauptversammlung der Aktiengesellschaft, § 10 Rn. 11; *Stöber*, HdbVereinsrecht, Rn. 486; *Stützle/Walgenbach*, ZHR 155 (1991), 516 [540 f.]; *Trouet*, NJW 1986, 1302 [1307]; *Zöllner*, in: ders. (Hrsg.), KöKo-AktG I, § 119 Rn. 94.

184 Dementsprechend wird in BVerfGE 10, 4 [13], als Argument für die Zulässigkeit dieser Maßnahme die Zulässigkeit der anderen angeführt.

Wort gemeldet jedoch noch nicht gesprochen haben, nicht mehr zu Wort kommen[185]. Das gilt bei Verbandsversammlungen[186] nicht nur für Redner, sondern auch für Fragesteller[187], wogegen die abweichende Ansicht[188] verkennt, daß der Zweck der Maßnahme anderenfalls nicht immer erreicht werden kann[189].

Eine Spielart der vorzeitigen Schließung der Aussprache ist die Schließung der Wortmeldungsliste, die bedeutet, daß keine neuen Wortmeldungen mehr registriert werden, die vorgemerkten Versammlungsteilnehmer jedoch noch zu Wort kommen[190]. Sie muß nicht immer ein milderes Mittel als die vorzeitige Schließung der Aussprache sein. Im Gegenteil kann es durchaus vorkommen, daß bei der vorzeitigen Schließung der Aussprache mehr Versammlungsteilnehmer ihr Recht auf Auskunft und Gehör verwirklichen können als bei der Schließung der Wortmeldungsliste. Gilt es etwa im Hinblick auf die weitere Tagesordnung oder das Versammlungsende eine Aussprache gegen 20.00 Uhr zu beenden, dann wird bei einer an-

---

185 Vgl. *K.-P. Martens*, Leitfaden für die Leitung der Hauptversammlung einer Aktiengesellschaft, S. 42; *Max*, AG 1991, 77 [92]; *Steiner*, Die Hauptversammlung der Aktiengesellschaft, § 10 Rn. 11; *Semler*, in: MüHdbGesellschR IV, § 36 Rn. 46; verfehlt indes insoweit *K. Müller*, GenG-K II, § 43 Rn. 15, der meint, vorliegende Wortmeldungen dürften durch die Maßnahme nicht berührt werden; das gilt nur bei der Schließung der Wortmeldungsliste. Die Verbindlichkeit der Maßnahme wird übrigens im parlamentsrechtlichen Schrifttum auch von *Abmeier*, Die parlamentarischen Befugnisse des Abgeordneten des Deutschen Bundestages nach dem Grundgesetz, S. 154 f., sowie *Demmler*, Der Abgeordnete im Parlament der Fraktionen, S. 485 f., bejaht, was von ihrem Standpunkt aus inkonsequent ist, weil sie die Verbindlichkeit der Festlegung der Gesamtdauer einer Aussprache, die auf dasselbe hinausläuft, in Abrede stellen (siehe dazu oben § 10 I 1 a) aa) (4) (a) (aa) [2]).

186 Bei Parlamentssitzungen stellt sich das Problem so nicht, da dort in Aussprachen - abgesehen von rhetorischen - für Fragen kein Raum ist, vgl. dazu bereits oben § 10 I 1 a) aa) (3) (a).

187 Ebenso *K.-P. Martens*, Leitfaden für die Leitung der Hauptversammlung einer Aktiengesellschaft, S. 42; *Max*, AG 1991, 77 [92]; *Stützle/Walgenbach*, ZHR 155 (1991), 516 [541], jedoch nur, sofern es um die rechtzeitige Beendigung der Versammlung geht; *Trouet*, NJW 1986, 1302 [1307]; wohl auch *Ebenroth*, Das Auskunftsrecht des Aktionärs und seine Durchsetzung im Prozeß, S. 31, da er die Maßnahme als Schranke des Auskunftsrechts behandelt.

188 *Semler*, in: MüHdbGesellschR IV, § 37 Rn. 46; *Steiner*, Die Hauptversammlung der Aktiengesellschaft, § 10 Rn. 11.

189 Die Annahme von *Steiner*, Die Hauptversammlung der Aktiengesellschaft, § 10 Rn. 11, „das Fragerecht wird kaum soweit strapaziert werden können, daß es nicht aus Zeitmangel erfüllt werden kann", dürfte zu optimistisch sein.

190 Speziell zu Parteiversammlungen CDU-BPartG, NVwZ 1982, 59 [160]; vgl. ferner *K.-P. Martens*, Leitfaden für die Leitung der Hauptversammlung einer Aktiengesellschaft, S. 40; *Max*, AG 1991, 77 [92]; *Semler*, in: MüHdbGesellschR IV, § 36 Rn. 46; *Steiner*, Die Hauptversammlung der Aktiengesellschaft, § 10 Rn. 9; *Stöber*, HdbVereinsrecht, Rn. 473 (S. 253).
Ihrem Zweck nach muß auch diese Maßnahme für das Stellen von Fragen gelten, im Ergebnis ebenso - speziell zu Parteiversammlungen - CDU-BPartG, NVwZ 1982, 59 [160]. Zum übrigen Verbandsrecht vgl. *Max*, AG 1991, 77 [92], *Trouet*, NJW 1986, 1302 [1307], sowie - jedenfalls wenn es um die rechtzeitige Beendigung der Versammlung geht - *Stützle/Walgenbach*, ZHR 155 (1991), 516 [541]; a.A. jedoch *Semler*, in: MüHdbGesellschR IV, § 37 Rn. 46, und *Steiner*, Die Hauptversammlung der Aktiengesellschaft, § 10 Rn. 9, sowie - inkonsequent, weil hier verneinend, für die vorzeitige Schließung der Aussprache hingegen bejahend - *K.-P. Martens*, Leitfaden für die Leitung der Hauptversammlung einer Aktiengesellschaft, S. 40 f.

genommenen generellen Zeitbegrenzung von fünf Minuten die Schließung der Wortmeldungsliste um 19.30 Uhr erfolgen, wenn auf der Liste zu diesem Zeitpunkt noch sechs unerledigte Wortmeldungen verzeichnet sind. Nach der Schließung der Wortmeldungsliste kommen dann eben auch nur noch genau die sechs betreffenden Versammlungsteilnehmer zu Wort. Wird hingegen um 20.00 Uhr die vorzeitige Schließung der Aussprache angeordnet, kann es sein, daß in der halben Stunde zuvor mehr als jene sechs Versammlungsteilnehmer zu Wort kommen konnten, falls sie die ihnen nach der generellen Zeitbeschränkung zur Verfügung stehende Zeit nicht voll ausschöpften und somit noch Zeit für weitere Fragen und Redebeiträge übrig blieb.

[2] Voraussetzungen

Als Gegenstück zur Festlegung der Gesamtdauer der Aussprache unterliegen die vorzeitige Schließung der Aussprache sowie die Schließung der Wortmeldungsliste in Parteiversammlungen denselben Voraussetzungen. Vor allem kommen auch diese Maßnahmen nur zur sach- und zeitgerechten Abwicklung der Tagesordnung in Betracht[191], nicht hingegen etwa auch als Reaktion auf Filibustern von Versammlungsteilnehmern[192] oder auf in der Versammlung entstehende störende Unruhe[193]. In den letzten beiden Fällen sind andere Ordnungsmaßnahmen zu ergreifen: Sprechen einzelne Fragesteller und Redner bloß deshalb, um den weiteren Gang der Verhandlung aufzuhalten, mißbrauchen sie ihr Recht auf Auskunft und Gehör und können sich deshalb darauf nicht berufen[194]; ihnen muß daher das Wort entzogen werden[195]. Störender Unruhe in der Versammlung ist ebenfalls mit individuellen Ordnungsmaßnahmen[196] gegenüber den Störern oder notfalls durch Unterbrechung der Versammlung zu begegnen[197].

Im Hinblick auf die durch Art. 21 Abs. 1 S. 3 GG gebotene demokratische Willensbildung von Parteiversammlungen kann die vorzeitige Schließung der Aussprache oder Schließung der Wortmeldungsliste ferner nur dann als zulässig angesehen werden, wenn zuvor auch einer Minderheit oder Opposition die Möglichkeit eingeräumt wurde, mit ihrer abweichenden Ansicht zu Wort zu kommen[198]. Des weiteren setzen die vorzeitige Schließung der Aussprache oder Schließung der Wort-

---

[191] Prononciert *K.-P. Martens*, Leitfaden für die Leitung der Hauptversammlung einer Aktiengesellschaft, S. 42.

[192] So aber *Barz*, in: GroßK-AktG I/2 (3. Aufl.), § 119 Anm. 33.

[193] So *Erman*, AG 1964, 101 [102]. Ähnlich *Reichert*, HdbVereins- und Verbandsrechts, Rn. 1018, der meint, die vorzeitige Schließung der Aussprache diene dazu, „eine mehr oder weniger unkontrollierte Debatte, vor allem durch kurze Zwischenrufe für und gegen einen Antrag", zu beenden.

[194] Siehe dazu unten § 10 I 2 a) cc).

[195] Näheres zu dieser individuellen Ordnungsmaßnahme unten § 10 I 1 a) aa) (4) (b) (cc).

[196] Zu individuellen Ordnungsmaßnahmen siehe unter § 10 I 1 a) aa) (4) (b).

[197] Dazu unten unter § 10 I 1 a) aa) (4) (a) (dd) (1).

[198] Der Sache nach ebenso *Reinicke*, Rechtsstellung, Rechte und Pflichten des Vorsitzenden einer Hauptversammlung, S. 97; *Sauter/Schweyer*, Der eingetragene Verein, Rn. 189; *Stöber*, HdbVereinsrecht, Rn. 486; ferner *Barz*, in: GroßK-AktG I/2 (3. Aufl.), § 119 Anm. 33.

meldungsliste voraus, daß durch die vorherige Anordnung einer generellen Zeitbeschränkung für Fragen und Redebeiträge möglichst viele Versammlungsteilnehmer Gelegenheit erhalten haben, ihr Recht auf Auskunft und Gehör zu dem betreffenden Tagesordnungspunkt zu verwirklichen. Allerdings geht es zu weit, die Zulässigkeit der vorzeitigen Schließung der Aussprache oder Schließung der Wortmeldungsliste davon abhängig zu machen, daß der zur Aussprache stehende Tagesordnungspunkt „erschöpfend"[199] behandelt bzw. „ausdiskutiert"[200] wurde. Denn unter dieser Voraussetzung könnten die Maßnahmen gerade bei hitzigen Debatten, bei denen ihre Ergreifung am ehesten erforderlich wird, kaum jemals zur Anwendung gelangen.

Indes wird verbandsrechtlichen Schrifttum die Auffassung vertreten, der Versammlungsleiter habe die Versammlungsteilnehmer, die noch nicht zu Wort gekommen sind, dahingehend zu befragen, ob sie *wesentliche* neue Gesichtspunkte ansprechen wollen, also solche, die die Sache in einem anderen Licht erscheinen lassen; bei positiver Antwort sei die vorzeitige Schließung der Aussprache oder die Schließung der Wortmeldungsliste unzulässig[201]. Zwar ist eine solche Befragung in der Tat sinnvoll. Denn daß sie, wie zu Bedenken gegeben wird[202], fast ebenso viel Zeit in Anspruch nimmt, wie das Gewährenlassen der Fragesteller und Redner, ist nicht zwingend. Geht man davon aus, daß für einen angemessenen Redebeitrag in der Regel mindestens fünf Minuten gewährt werden müssen[203] und inklusive ihrer Beantwortung auch eine Frage häufig ähnlich viel Zeit kostet, so läßt sich durch geschickte Befragung des Versammlungsteilnehmers weitaus schneller klären, ob die noch nicht zu Wort gekommene Versammlungsteilnehmer noch wesentlich neue Gesichtspunkte in petto haben. Sofern dies der Fall ist, ist die vorzeitige Schließung der Aussprache oder Schließung der Wortmeldungsliste jedoch gleichwohl nicht unzulässig, zumal anderenfalls eine Versammlung möglicherweise nicht mehr an dem Tag, für den sie einberufen wurde, abgewickelt werden kann. Allerdings ist es unter diesen Umständen geboten, die Aussprache über den betreffenden Tagesordnungspunkt zu vertagen, mithin ein andermal fortzusetzen, so daß in diesem Fall die Aussprache über die betreffende Angelegenheit nicht endgültig beendet ist[204]. Insbesondere darf das in der zur Aussprache stehenden Angelegenheit kein Beschluß gefaßt werden, da diese erst entscheidungsreif ist, wenn dazu alle wesentlichen Aspekte thematisiert werden konnten[205].

---

199 *K. Müller*, GenG-K III, § 43 Rn. 15; *Obermüller/Werner/Winden*, Die Hauptversammlung der Aktiengesellschaft, D.VII.6., S. 94 f.

200 *Sauter/Schweyer*, Der eingetragene Verein, Rn. 189; *Stöber*, HdbVereinsrecht, Rn. 486.

201 Vgl. *Quack*, AG 1985, 145 [149]; *Reinicke*, Rechtsstellung, Rechte und Pflichten des Vorsitzenden einer Hauptversammlung, S. 98 a.E.; *Steiner*, Die Hauptversammlung der Aktiengesellschaft, § 10 Rn. 11; *Zöllner*, in: ders. (Hrsg.), KöKo-AktG I, § 119 Rn. 94.

202 *Quack*, AG 1985, 145 [149].

203 Zur angemessenen Dauer eines Redebeitrages siehe oben § 10 I 1 a) aa) (4) (a) (bb) (6).

204 So der Sache nach auch HbgVerfG, NVwZ 1993, 1083 [1086, unter B.I.2.3.3]; *Reichert*, HdbVereins- und Verbandsrechts, Rn. 1020.

205 Vgl. *K.-P. Martens*, WM 1981, 1010 [1013]; *Zöllner*, in: ders. (Hrsg.), KöKo-AktG I, § 119 Rn. 94.

[3] Zuständigkeit

Wer für die vorzeitige Schließung der Aussprache oder Schließung der Wortmeldungsliste zuständig ist, ist wie bei mit der generellen Redezeitbeschränkung[206] umstritten. So wie dort plädiert die herrschende Meinung auch hier für eine Zuständigkeit der Versammlungsleiters[207], die Gegenansicht für eine solche der Versammlung selbst[208]. Sofern überhaupt, wird die zuletzt genannte Ansicht damit begründet, die Schließung der Aussprache bzw. Schließung der Wortmeldungsliste führten zu einer „materiellen Beschränkung" der Rechte der Versammlungsteilnehmer[209]. Allerdings weichen einige Vertreter dieser Ansicht ihre Zuständigkeitsabgrenzung wieder auf, indem sie ausführen, der Versammlungsleiter dürfe einen Antrag auf vorzeitige Schließung der Aussprache oder Schließung der Wortmeldungsliste, selbst wenn er von der Versammlungsmehrheit unterstützt wird, nicht zur Abstimmung zulassen[210] bzw. einen entsprechenden Versammlungsbeschluß nicht beachten[211], wenn nach seiner Ansicht die zur Aussprache stehende Angelegenheit noch nicht ausreichend erörtert wurde.

Wie bei der Zuständigkeitsfrage im Zusammenhang mit der generellen Redezeitbeschränkung ist auch hier der herrschenden Meinung beizutreten. Da es Aufgabe des Versammlungsleiters ist, die Versammlung mit der ihm vorgegebenen Tagesordnung sach- und zeitgerecht abzuwickeln, muß er dazu nötigenfalls auch die vorzeitige Schließung der Aussprache oder die Schließung der Wortmeldungsliste anordnen können. Das Gegenargument der „materiellen Beschränkung" ist bereits im Ansatz verfehlt. Denn die Maßnahmen der vorzeitigen Schließung der Aussprа-

---

206 Siehe dazu oben § 10 I 1 a) aa) (4) (a) (bb) (5).

207 *Barz*, in: GroßK-AktG I/2 (3. Aufl.), § 119 Anm. 33; *K.-P. Martens*, Leitfaden für die Leitung der Hauptversammlung einer Aktiengesellschaft, S. 42 bzw. S. 40; *Obermüller/Werner/Winden*, Die Hauptversammlung der Aktiengesellschaft, D.VII.6., S. 94 f.; *Quack*, AG 1985, 145 [149]; *Reinicke*, Rechtsstellung, Rechte und Pflichten des Vorsitzenden einer Hauptversammlung, S. 97; *K. Schmidt*, in: Scholz (Hrsg.), GmbHG-K II, § 48 Rn. 34; *Semler*, in: MüHdbGesellschR IV, § 36 Rn. 46; *Steiner*, Die Hauptversammlung der Aktiengesellschaft, § 10 Rn. 12 bzw. Rn. 9; *Stützle/Walgenbach*, ZHR 155 (1991), 516 [540 f.]. Ferner *Zöllner*, in: ders. (Hrsg.), KöKo-AktG I, § 119 Rn. 94, der allerdings eine Delegation auf die Versammlung für möglich hält.

208 Speziell für Parteiversammlungen CDU-BPartG, NVwZ 1982, 159 [160]; für andere Verbandsversammlungen *Butenschön*, BB 1958, 398; *von Godin/Wilhelmi*, AktG-K I, § 119 Anm. 18; *Ebenroth*, Das Auskunftsrecht des Aktionärs und seine Durchsetzung im Prozeß, S. 32; *Eckardt*, in: Geßler/Hefermehl/Eckardt/Kropff, AktG-K II, Vorb. § 118 Rn. 49 f.; *von Godin/Wilhelmi*, AktG-K I, § 119 Anm. 18; *K. Müller*, GenG-K III, § 43 Rn. 15; *Sauter/Schweyer*, Der eingetragene Verein, Rn. 189; wohl auch *Stöber*, HdbVereinsrecht, Rn. 486. Zumindest von einer Letztentscheidungskompetenz der Versammlung gehen aus *Max*, AG 1991, 77 [92]; *Reichert*, HdbVereins- und Verbandsrechts, Rn. 1018; *Trouet*, NJW 1986, 1302 [1307]; der Tendenz nach so auch noch *K.-P. Martens*, WM 1981, 1010 [1013].

209 *Ebenroth*, Das Auskunftsrecht des Aktionärs und seine Durchsetzung im Prozeß, S. 32.

210 So *Butenschön*, BB 1958, 398; *Ebenroth*, Das Auskunftsrecht des Aktionärs und seine Durchsetzung im Prozeß, S. 32; *von Godin/Wilhelmi*, AktG-K I, § 119 Anm. 18; *K.-P. Martens*, WM 1981, 1010 [1013].

211 *Eckardt*, in: Geßler/Hefermehl/Eckardt/Kropff, AktG-K II, Vorb. § 118 Rn. 49; *Erman*, AG 1964, 101 [102].

che oder der Schließung der Wortmeldungsliste erfolgen nicht wegen des Inhalts von Fragen oder Redebeiträgen, sondern zur Gewährleistung eines ordnungsgemäßen Versammlungsablaufs, mithin aus formellen Gründen. Daß formelle Beschränkungen des Rechts auf Auskunft und Gehör zulässig sind, steht indes außer Frage. Derweil geht die Ansicht, die Versammlung sei für die vorzeitige Schließung der Aussprache und Schließung der Wortmeldungsliste zuständig, doch könne der Versammlungsleiter unter Umständen die Herbeiführung eines entsprechenden Beschlusses verhindern oder einen solchen ignorieren, praxisfern. Es ist nämlich nicht realistisch, daß sich ein Versammlungsleiter über den Mehrheitswillen der Versammlung hinwegsetzt. Ebenso unrealistisch ist es, daß bei der dann de facto der Versammlungsmehrheit zukommenden Entscheidung über die Ergreifung der Ordnungsmaßnahmen die Interessen einer – womöglich opponierenden – Minderheit berücksichtigt würden[212].

Sofern allerdings die vorzeitige Schließung der Aussprache oder Schließung der Wortmeldungsliste erfolgen muß, obwohl noch wesentliche Gesichtpunkte im Zusammenhang mit dem Tageordnungspunkt unerörtert sind, so daß eine Vertagung der Aussprache darüber erforderlich ist, ist für die Festlegung, wann die Aussprache fortgesetzt werden soll, nicht der Versammlungsleiter, sondern die Versammlung zuständig[213], so daß diese einen entsprechenden Beschluß fassen muß. Grund dafür ist, daß der Versammlungsleiter „die Versammlung mit der angegeben Tagesordnung sachlich zur Erledigung zu bringen" muß[214], das heißt, er muß die Tagesordnung so, wie sie von der Versammlung festgelegt wurde, abwickeln.

(dd) Unterbrechung, Vertagung und Abbruch der Versammlung

Durch die Ordnungsmaßnahmen Unterbrechung, Vertagung und Abbruch einer Versammlung wird der Versammlungsablauf (vorübergehend) gestoppt, obwohl nicht alle Tagesordnungspunkte erledigt sind. In dieser Zeit kann das Recht auf Auskunft und Gehör folglich nicht *in* der Versammlung verwirklicht werden.

---

[212] Das spricht auch dagegen, *Semler*, in: MüHdbGesellschR IV, § 36 Rn. 46, zu folgen, der zwar allein den Versammlungsleiter für zuständig hält, jedoch empfiehlt, daß dieser sich „angesichts des strittigen Meinungsstandes, aber auch aus verhandlungspsychologischen Gründen" vor der Anordnung der Maßnahmen der Zustimmung der Versammlung vergewissert.

[213] *Barz*, in: GroßK-AktG I/2 (3. Aufl.), § 119 Anm. 38; *Hadding*, in: Soergel, BGB-K I, § 32 Rn. 20; *K.-P. Martens*, WM 1981, 1010 [1013]; *Max*, AG 1991, 77 [91]; *K. Müller*, GenG-K II, § 43 Rn. 97; *Obermüller/Werner/Winden*, Die Hauptversammlung der Aktiengesellschaft, S. 91 f.; *Reinicke*, Rechtsstellung, Rechte und Pflichten des Vorsitzenden einer Hauptversammlung, S. 80 f.; *K. Schmidt*, in: Scholz (Hrsg.), GmbHG-K II, § 48 Rn. 35; *Stöber*, HdbVereinsrecht, Rn.473, 479; *Zöllner*, in: ders. (Hrsg.), KöKo-AktG I, § 119 Rn. 65. Dementsprechend ist bei Parlamentssitzungen die Vertagung eines Tagesordnungspunktes gleichfalls nicht Sache des Parlamentspräsidenten, sondern des Plenums, vgl. *Achterberg*, Parlamentsrecht, S. 609 f., 613 f.

[214] *Barz*, in: GroßK-AktG I/2 (3. Aufl.), § 119 Anm.38, in bezug auf Aktionärsversammlungen.

[1] Unterbrechung

Eine Unterbrechung der Versammlung bedeutet, daß ihre Abwicklung vor der vollständigen Erledigung der Tagesordnung in der Absicht ausgesetzt wird, sie noch innerhalb der Zeit, für die sie einberufen wurde, fortzusetzen. Ist eine Versammlung für einen bestimmten Tag einberufen, ist also keine Unterbrechung bis zum nächsten Tag möglich[215]. Eine Fortsetzung der Versammlung am nächsten Tag kommt in diesem Fall nur bei ihrer Vertagung[216] in Betracht. Eine Unterbrechung der Versammlung bis zu einem anderen Tag ist hingegen nur möglich, wenn sie von vornherein auch für diesen, mithin für mehr als einen Tag einberufen wurde[217].

Die möglichen Gründe für eine Versammlungsunterbrechung sind vielfältig. Sie kann einmal angezeigt sein, wenn die Versammlungsteilnehmer erschöpft sind, und wird in einem solchen Fall gemeinhin Pause genannt[218]. Zu bedenken ist dabei, daß sich die Gesamtdauer der Versammlung durch eine Pause nicht unerheblich verlängert, da eine Pause für gewöhnlich mindestens eine viertel Stunde dauert und viele Versammlungsteilnehmer währenddessen ihren Platz oder sogar den Versammlungsraum verlassen. Sie sollte daher nicht zu oft eingelegt werden; im allgemeinen wird den Versammlungsteilnehmern ein Verhandlungszeitraum von etwa vier Stunden ohne Pause zugemutet werden können[219]. Des weiteren kommt eine Versammlungsunterbrechung in Betracht, wenn ein Fragesteller oder Redner, dem das Wort entzogen worden ist[220], der Ordnungsmaßnahme jedoch nicht Folge leisten will, von Saalordnern vom Rednerpult entfernt werden muß[221] und/oder wenn sich in einer Debatte die Gemüter soweit erhitzt haben, daß ohne eine Versamm-

---

215 So wie hier *Reinicke*, Rechtsstellung, Rechte und Pflichten des Vorsitzenden einer Hauptversammlung, S. 101, *Zöllner*, in: ders. (Hrsg.), KöKo-AktG I, § 119 Rn. 70, sowie der Sache nach *Stöber*, HdbVereinsrecht, Rn. 473. A.A. *Barz*, in: GroßK-AktG I/2 (3. Aufl.), § 119 Anm. 43, § 124 Anm. 13, und *K. Schmidt*, in: Scholz (Hrsg.), GmbHG-K II, § 48 Rn. 35: „Ausnahmsweise (...) Fortsetzung am folgenden Tag...“; ferner *Reichert*, HdbVereins- und Verbandsrechts, Rn. 1021, sowie *Sauter/Schweyer*, Der eingetragene Verein, Rn. 190, die darauf abstellen, ob die unterbrochene und die fortgesetzte Versammlung nach natürlicher Betrachtungsweise noch als eine Einheit angesehen werden können.

216 Siehe zur Vertagung der Versammlung unten § 10 I 1 a) aa) (4) (a) (dd) [2].

217 Vgl. *Steiner*, Die Hauptversammlung der Aktiengesellschaft, § 1 Rn. 23; *Zöllner*, in: ders. (Hrsg.), KöKo-AktG I, § 119 Rn. 70.

218 Vgl. *Barz*, in: GroßK-AktG I/2 (3. Aufl.), § 119 Anm. 43; *Hadding*, in: Soergel, BGB-K I, § 32 Rn. 20; *Obermüller/Werner/Winden*, Die Hauptversammlung der Aktiengesellschaft, D.VII.8., S. 95; *Reichert*, HdbVereins- und Verbandsrechts, Rn. 1021; *Reinicke*, Rechtsstellung, Rechte und Pflichten des Vorsitzenden einer Hauptversammlung, S. 101; *Sauter/Schweyer*, Der eingetragene Verein, Rn. 190; *Stöber*, HdbVereinsrecht, Rn. 473 (S. 251).

219 Ebenso hinsichtlich Aktionärsversammlungen *Obermüller/Werner/Winden*, Die Hauptversammlung der Aktiengesellschaft, D.VII.8., S. 95.

220 Siehe zu dieser Ordnungsmaßnahme noch ausführlich unten § 10 I 1 a) aa) (4) (b) (cc).

221 Vgl. *Barz*, in: GroßK-AktG I/2 (3. Aufl.), § 119 Anm. 43; *Reinicke*, Rechtsstellung, Rechte und Pflichten des Vorsitzenden einer Hauptversammlung, S. 101.

lungsunterbrechung eine Eskalation des Streits zu besorgen ist[222] oder wenn bis der Vorstand über die Erteilung einer Auskunft beraten oder dazu zunächst Unterlagen einsehen muß[223].

Zuständig für die Anordnung einer Versammlungsunterbrechung ist nach richtiger Ansicht der Versammlungsleiter[224], da die Maßnahme der ordnungsgemäßen Abwicklung der festgelegten Tagesordnung dient. Ist – wie insbesondere bei einer Pause – eine längere Versammlungsunterbrechung vorgesehen, sollte der Versammlungsleiter bei ihrer Anordnung den Zeitpunkt der Fortsetzung bekanntgeben[225], damit sich die Versammlungsteilnehmer, die zwischenzeitlich ihren Platz oder den Versammlungsraum verlassen, darauf einrichten können.

[2] Vertagung

Im Unterschied zur Unterbrechung ist bei der Vertagung einer Versammlung mit der Erledigung der noch ausstehenden Tagesordnungspunkte erst nach[226] der Zeit, für die die Versammlung ursprünglich einberufen wurde, vorgesehen. Für die Vertagung muß es einen sachlichen Grund geben[227]. Ein solcher z.B. liegt vor, wenn sich erweist, daß mangels ausreichender Versammlungsteilnehmerzahl keine Beschlußfähigkeit[228] gegeben ist.

---

222 Vgl. *Hadding*, in: Soergel, BGB-K I, § 32 Rn. 20; *Sauter/Schweyer*, Der eingetragene Verein, Rn. 190; *Reichert*, HdbVereins- und Verbandsrechts, Rn. 1021; *Stöber*, HdbVereinsrecht, Rn. 473 (S. 251).

223 Vgl. *Obermüller/Werner/Winden*, Die Hauptversammlung der Aktiengesellschaft, D.VII.8., S. 95; *Reinicke*, Rechtsstellung, Rechte und Pflichten des Vorsitzenden einer Hauptversammlung, S. 101; *Stützle/Walgenbach*, ZHR 155 (1991), 516 [539].

224 So auch *Barz*, in: GroßK-AktG I/2 (3. Aufl.), § 119 Anm. 43; *Hadding*, in: Soergel, BGB-K I, § 32 Rn. 20; *Hüffer*, in: Hachenburg, GmbHG-K II, § 48 Rn. 31; *Reinicke*, Rechtsstellung, Rechte und Pflichten des Vorsitzenden einer Hauptversammlung, S. 102; *Semler*, in: MüHdbGesellschR IV, § 36 Rn. 45; *Stützle/Walgenbach*, ZHR 155 (1991), 516 [539]. Das entspricht auch parlamentarischer Praxis, der zufolge Parlamentssitzungen vom Parlamentspräsidenten unterbrochen werden, vgl. hinsichtlich Bundestagssitzungen § 40 GeschOBT. Für die Zuständigkeit der Versammlung sprechen sich hingegen aus *Sauter/Schweyer*, Der eingetragene Verein, Rn. 190; *K. Schmidt*, in: Scholz (Hrsg.), GmbHG-K II, § 48 Rn. 35; indifferent *Stöber*, HdbVereinsrecht, Rn. 473 (S. 251); zumindest für eine Letztentscheidungskompetenz der Versammlung *von Godin/Wilhelmi*, AktG-K I, § 119 Anm. 21; *Obermüller/Werner/Winden*, Die Hauptversammlung der Aktiengesellschaft, D.VII.8., S. 96; *Zöllner*, in: ders. (Hrsg.), KöKo-AktG I, § 119 Rn. 68. Zu den Argumenten gegen die Zuständigkeit bzw. Letztentscheidungskompetenz der Versammlung siehe oben § 10 I 1 a) aa) (4) (a) (bb) [5] sowie § 10 I 1 a) aa) (4) (a) (cc) [3].

225 Vgl. *Reichert*, HdbVereins- und Verbandsrechts, Rn. 1022.

226 Gründe, warum für die Fortsetzung der Versammlung nur ein „naher anderweitiger Termin", in Frage kommt, der etwa „ein oder zwei Wochen" später liegt, wie *Reichert*, HdbVereins- und Verbandsrechts, Rn. 1023 a.E., behauptet, oder nicht „auf ein anderes Wochenende" vertagt werden darf, wie *Stöber*, HdbVereinsrecht, Rn. 473, meint, sind nicht ersichtlich.

227 A.A. - soweit ersichtlich - nur *Stützle/Walgenbach*, ZHR 155 (1991), 516 [538].

228 Zur Beschlußfähigkeit, die je nach der Angelegenheit an eine verschieden hohe Versammlungsteilnehmerzahl geknüpft sein kann, vgl. *Reichert*, HdbVereins- und Verbandsrechts, Rn. 967 ff., 1027, sowie *Stöber*, HdbVereinsrecht, Rn. 475, 513.

Die Zuständigkeit für die Vertagung der Versammlung liegt bei der Versammlung, nicht beim Versammlungsleiter[229]. Der Grund dafür ist der gleiche, warum der Versammlungsleiter auch nicht einzelne Tagesordnungspunkte vertagen darf[230]: Er muß die Tagesordnung so, insbesondere zu der Zeit, wie sie ihm von der Versammlung vorgegeben ist, abwickeln[231].

[3] Abbruch

Ein Abbruch einer Versammlung liegt vor, wenn ihr Ende angeordnet wird, obwohl nicht alle Tagesordnungspunkte erledigt sind, ohne daß eine Fortsetzung beschlossen wird[232]. Ein Abbruch der Versammlung kommt einmal aus rechtlichen Gründen in Betracht, so etwa, wenn sich herausstellt, daß die Versammlung mangelhaft einberufen wurde oder nicht beschlußfähig ist[233], zum anderen aus tatsächlichen Gründen, etwa wenn sie wegen nicht behebbarer Ordnungsstörungen (anhaltender Tumult) oder technischer Pannen (kein Licht; Ausfall der Mikrofonanlage) undurchführbar geworden ist[234].

So wie die reguläre Schließung der Versammlung fällt auch deren vorzeitige Schließung in Form ihres Abbruchs in den Zuständigkeitsbereich des Versammlungsleiters[235], nicht in den der Versammlung[236]. Die Schließung einer Versamm-

---

229 Einhellige Meinung im Verbandsrecht, siehe *Hadding*, in: Soergel, BGB-K I, § 32 Rn. 20; *Hüffer*, in: Hachenburg, GmbHG-K II, § 48 Rn. 31; *K.-P. Martens*, WM 1981, 1010 [1013]; *Metz*, in: Lang/Weidmüller/Metz/Schaffland, GenG-K, § 43 Rn. 171; *Reichert*, HdbVereins- und Verbandsrechts, Rn. 1024; *Sauter/Schweyer*, Der eingetragene Verein, Rn. 195; *K. Schmidt*, in: Scholz (Hrsg.), GmbHG-K II, § 48 Rn. 35; *Semler*, in: MüHdbGesellschR IV, § 37 Rn. 45 a.E; *Stützle/Walgenbach*, ZHR 155 (1991), 516 [538]. Im Parlamentsrecht gilt Entsprechendes, vgl. *Achterberg*, Parlamentsrecht, S. 661 f.

230 Siehe dazu oben § 10 I 1 a) aa) (4) (a) (cc) [3].

231 So der Sache nach auch *K.-P. Martens*, WM 1981, 1010 [1013]; *Stützle/Walgenbach*, ZHR 155 (1991), 516 [538].

232 *Reichert*, HdbVereins- und Verbandsrechts, Rn. 1026.

233 Vgl. *Max*, AG 1991, 77 [93]; *K.-P. Martens*, Leitfaden für die Leitung der Hauptversammlung einer Aktiengesellschaft, S. 61; *K. Müller*, GenG-K III, § 43 Rn. 103; *Reinicke*, Rechtsstellung, Rechte und Pflichten des Vorsitzenden einer Hauptversammlung, S. 103; *Semler*, in: MüHdbGesellschR IV, § 36 Rn. 45; *Stützle/Walgenbach*, ZHR 155 (1991), 516 [539]; *Zöllner*, in: ders. (Hrsg.), KöKo-AktG I, § 119 Rn. 69.

234 Vgl. *Reichert*, HdbVereins- und Verbandsrechts, Rn. 1026; *Reinicke*, Rechtsstellung, Rechte und Pflichten des Vorsitzenden einer Hauptversammlung, S. 103; *Obermüller/Werner/Winden*, Die Hauptversammlung der Aktiengesellschaft, D.VII.10., S. 96.

235 *Erman*, AG 1964, 101 [102]; *Heinrichs*, in: Palandt, BGB-K, § 32 Rn. 5; *Max*, AG 1991, 77 [93 f.]; *Reinicke*, Rechtsstellung, Rechte und Pflichten des Vorsitzenden einer Hauptversammlung, S. 103; *Semler*, in: MüHdbGesellschR IV, § 36 Rn. 45; *Stützle/Walgenbach*, ZHR 155 (1991), 516 [539]; für den Fall, daß „eine ordnungsgemäße und sachliche Abwicklung der Tagesordnung unmöglich geworden ist", auch *Obermüller/Werner/Winden*, Die Hauptversammlung der Aktiengesellschaft, D.VII.10., S. 96.

236 So aber *Metz*, in: Lang/Weidmüller/Metz/Schaffland, GenG-K, § 43 Rn. 171; *Reichert*, HdbVereins- und Verbandsrechts, Rn. 1026; *Sauter/Schweyer*, Der eingetragene Verein, Rn. 195

lung hat zur Folge, daß – weil keine Versammlung, sondern nur noch eine „Zusammenkunft“[237] besteht – rechtswirksame Beschlüsse nicht mehr gefaßt werden können. Dabei müssen sich die Versammlungsteilnehmer darauf verlassen können, daß diese Rechtsfolge unabhängig davon eintritt, ob die Ordnungsmaßnahme zu recht oder zu unrecht erfolgt, so daß sie bei Verlassen des Versammlungsorts keine Gefahr laufen, daß in ihrer Abwesenheit noch Beschlüsse gefaßt werden[238]. Eine Fortsetzung der Versammlung trotz ihres Abbruchs wird man daher allenfalls dann als zulässig ansehen können, wenn der Versammlungsleiter die Versammlung offensichtlich („handgreiflich“[239]) willkürlich oder, zum Beispiel wegen zwischenzeitlich eingetretener Volltrunkenheit, in nicht mehr geschäftsfähigem Zustand abbricht[240]. In einem solchen Fall kann die Versammlung zur weiteren Behandlung der Tagesordnung einen neuen Versammlungsleiter wählen[241]. Allerdings muß sie dies unverzüglich nach dem Abbruch durch den bisherigen Versammlungsleiters tun, da anderenfalls eine neue, nicht ordnungsgemäß einberufene Versammlung vorliegt, deren Beschlüsse nichtig sind[242].

(b) Individuelle Ordnungsmaßnahmen

Individuelle Ordnungsmaßnahmen kommen in Betracht, wenn einzelne Versammlungsteilnehmer gegen die Versammlungsordnung verstoßen. Im Zusammenhang mit der Ausübung des Rechts auf Auskunft und Gehör kann gegen die Versammlungsordnung zum einen durch das Verhalten eines Fragestellers oder Redners (zum Beispiel bei lautem Schreien oder unangemessener Gestik) verstoßen werden, zum anderen aber auch durch den Inhalt einer Äußerung (insbesondere bei Beleidigungen)[243].

---

a.E.; *K. Schmidt*, in: Scholz (Hrsg.), GmbHG-K II, § 48 Rn. 35; indifferent *Stöber*, HdbVereinsrecht, Rn. 473.

237 *Reichert*, HdbVereins- und Verbandsrechts, Rn. 1076.

238 Vgl. *Barz*, in: GroßK-AktG I/2 (3. Aufl.), § 119 Anm. 43; *von Godin/Wilhelmi*, AktG-K I, § 131 Anm. 23; *Max*, AG 1991, 77 [93]; *Metz*, in: Lang/Weidmüller/Metz/Schaffland, GenG-K, § 43 Rn. 172; *K. Müller*, GenG-K III, § 43 Rn. 103; *Reichert*, HdbVereins- und Verbandsrechts, Rn. 1077; *Reinicke*, Rechtsstellung, Rechte und Pflichten des Vorsitzenden einer Hauptversammlung, S. 104.

239 Vgl. KG, OLGZ 1989, 51 [53].

240 *Reichert*, HdbVereins- und Verbandsrechts, Rn. 1078.

241 Ebenso *Barz*, in: GroßK-AktG I/2 (3. Aufl.), § 119 Anm. 43; *Baumbach/Hueck*, AktG-K, § 119 Rn. 13; *K.-P. Martens*, WM 1981, 1010 [1014]; *Max*, AG 1991, 77 [94]; *Metz*, in: Lang/Weidmüller/Metz/Schaffland, GenG-K, § 43 Rn. 172; *Obermüller/Werner/Winden*, Die Hauptversammlung der Aktiengesellschaft, D.VII.10., S. 96; *Reichert*, HdbVereins- und Verbandsrechts, Rn.1078 f.; *Reinicke*, Rechtsstellung, Rechte und Pflichten des Vorsitzenden einer Hauptversammlung, S. 104; *Zöllner*, in: ders. (Hrsg.), KöKo-AktG I, § 131 Rn. 69.

242 Vgl. *Reichert*, HdbVereins- und Verbandsrechts, Rn. 1079; *Stützle/Walgenbach*, ZHR 155 (1991), 516 [539 a.E.]; *Zöllner*, in: ders. (Hrsg.), KöKo-AktG I, § 119 Rn. 69.

243 Vgl. *Reichert*, HdbVereins- und Verbandsrechts, Rn. 1009.

(aa) Ordnungsruf; Sachruf

Der Ordnungsruf ist das mildeste Mittel, um dem Verstoß einzelner Versammlungsteilnehmer gegen die Versammlungsordnung zu begegnen[244]. Er hat sowohl eine repressive als auch und eine präventive Aufgabe: die repressive besteht in der Mißbilligung des Verstoßes gegen die Versammlungsordnung, die präventive in der Verhinderung weiterer Ordnungsverstöße[245].

Zuständig für die Erteilung des Ordnungsrufes ist unstreitig der Versammlungsleiter[246]. Er ist dabei nicht an eine bestimmte Form gebunden. So ist es etwa anders als im Bundestag[247] nicht erforderlich, daß er den Ordnungsruf unter Nennung des Namens des betreffenden Versammlungsteilnehmers erteilt, und zwar schon deshalb nicht, weil dem Versammlungsleiter von Verbandsversammlungen, deren personelle Zusammensetzung sich im Gegensatz zu der von Bundestagssitzungen für gewöhnlich von Mal zu Mal beträchtlich ändert, nicht abverlangt werden kann, die Namen aller Versammlungsteilnehmer zu kennen oder sofort herauszufinden. Mangels Formerfordernis muß der Ordnungsruf in Verbandsversammlungen auch nicht ausdrücklich den Ruf „zur Ordnung“ enthalten[248], sondern kann je nach seinem Anlaß auch als Bitte um Mäßigung, Ermahnung, Aufforderung oder dergleichen formuliert werden. Seinem Zweck entsprechend muß der Ordnungsruf allerdings so geäußert werden, daß sein der Adressat erkennen kann, daß er gemeint ist, daß es sich um eine Ordnungsmaßnahme handelt und worin der Grund dafür besteht.

Ein Spezialfall des Ordnungsrufs ist der Sachruf. Dieser erfolgt, wenn ein Fragesteller oder Redner inhaltlich nicht zum gerade aufgerufenen Tagesordnungspunkt, mithin nicht „zur Sache“ spricht[249]. Angebracht ist ein Sachruf folglich nur dann, wenn sich der Versammlungsteilnehmer abschweifend äußert, nicht indes wenn er bloß weitschweifig wird[250].

---

[244] Vgl. *Heinitz*, DJZ 1917, 196 [200]; *Hüffer*, in: Hachenburg, GmbHG-K II, § 48 Rn. 34 f.; *Reichert*, HdbVereins- und Verbandsrechts, Rn. 1009.

[245] Vgl. *Achterberg*, Parlamentsrecht, S.653, in bezug auf den parlamentarischen Ordnungsruf.

[246] Vgl. *Heinitz*, DJZ 1917, 196 [200]; *Hüffer*, in: Hachenburg, GmbHG-K II, § 48 Rn. 34 f.; *Reichert*, HdbVereins- und Verbandsrechts, Rn. 1009; *K. Schmidt*, in: Scholz (Hrsg.), GmbHG-K II, § 48 Rn. 34, wobei *Hüffer* und *K. Schmidt* allerdings die Letztentscheidungskompetenz wiederum der Versammlung zusprechen. Dagegen jedoch bereits oben § 10 I 1 a) aa) (2) (b).

[247] Siehe dazu *Achterberg*, Parlamentsrecht, S. 655; *Bücker*, in: Schneider/Zeh (Hrsg.), Parlamentsrecht und Parlamentspraxis, § 34 Rn. 24.

[248] Anderes gilt wiederum beim Ordnungsruf im Bundestag, vgl. *Achterberg*, Parlamentsrecht, S. 655.

[249] Vgl. *Reichert*, HdbVereins- und Verbandsrechts, Rn. 1008; der Sache nach auch *Hüffer*, in: Hachenburg, GmbHG-K II, § 48 Rn. 34. Zum Erfordernis des Sachbezugs von Fragen und Redebeiträgen zum gerade aufgerufenen Tagesordnungspunkt siehe oben § 10 I 1 a) aa) (3) (e).

[250] Ebenso zum parlamentarischen Sachruf *Achterberg*, Parlamentsrecht, S. 652; *Troßmann*, GeschOBT-K, § 40 Rn. 1; a.A. *Bücker*, in: Schneider/Zeh (Hrsg.), Parlamentsrecht und Parlamentspraxis, § 34 Rn. 17; *Ritzel/Bücker/Schreiner*, Handbuch für die Parlamentarische Praxis, GeschOBT-K § 36 Anm. 1 g).

Der Ordnungsruf bzw. Sachruf steht im Ermessen des Versammlungsleiters[251]. Bei schwerwiegenden Ordnungsverletzungen reduziert sich das Ermessen jedoch auf Null, so daß er erfolgen muß. Besonders wenn sich ein Redner in ehrverletzender Weise äußert[252], darf der Versammlungsleiter ihn also nicht tatenlos gewähren lassen.

(bb) Individuelle Redezeitbeschränkung

Ebenso wie die generelle Redezeitbeschränkung ist im Verbandsrecht als Ordnungsmaßnahme auch die individuelle Redezeitbeschränkung anerkannt, mit der die Redezeit bestimmter Versammlungsteilnehmer begrenzt wird, wobei für die Anordnung der individuellen Redezeitbeschränkung allgemein der Versammlungsleiter als zuständig angesehen wird[253]. Eine individuelle Redezeitbeschränkung ist vor allem dann geboten, wenn (noch) keine generelle Redezeitbeschränkung angeordnet wurde und die Rededauer eines Versammlungsteilnehmers die zeitgerechte Abwicklung der Versammlung gefährdet. Aus den bereits im Zusammenhang mit der generellen Redezeitbeschränkung genannten Gründen muß die individuelle Redezeitbeschränkung in einem solchen Fall auch für das Stellen für Fragen gelten[254], da auch durch deren Dauer die zeitgerechte Abwicklung der Versammlung gefährdet werden kann.

Eine individuelle Redezeitbeschränkung kann indes nicht nur bei zeitlichen Kapazitätsproblemen angeordnet werden, sondern auch dann, wenn ein Redner nicht zur Sache spricht[255], sich ständig wiederholt, weitschweifig äußert oder nur das

---

251 Entsprechendes gilt im Bundestag, vgl. *Achterberg*, Parlamentsrecht, S. 655; *Bücker*, in: Schneider/Zeh (Hrsg.), Parlamentsrecht und Parlamentspraxis, § 34 Rn. 23.

252 Zum allgemeinen Persönlichkeitsrecht als Schranke des Rechts auf Auskunft und Gehör siehe unten § 10 II 2 a).

253 Vgl. BGHZ 44, 245 [247, 248]; LG Stuttgart, NJW-RR 1994, 1994, 936 [937]; LG Frankfurt a.M., WM 1984, 502 [505]; *Barz*, in: GroßK-AktG I/2 (3. Aufl.), § 119 Anm. 30; *Butenschön*, BB 1958, 398; *Eckardt*, in: Geßler/Hefermehl/Eckardt/Kropff, AktG-K II, Vorb. § 118 Rn. 47 f.; *von Falkenhausen*, BB 1966, 337 [343]; *Hadding*, in: Soergel, BGB-K I, § 32 Rn. 20; *Heinrichs*, in: Palandt, BGB-K, § 32 Rn. 5; *K.-P. Martens*, Leitfaden für die Leitung der Hauptversammlung einer Aktiengesellschaft, S. 35; *Max*, AG 1991, 77 [93]; *Metz*, in: Lang/Weidmüller/Metz/ Schaffland, GenG-K, § 43 Rn. 159; *Quack*, AG 1985, 145 [147]; *Reinicke*, Rechtsstellung, Rechte und Pflichten des Vorsitzenden einer Hauptversammlung, S. 94; *Semler*, in: MüHdbGesellschR IV, § 36 Rn. 47; *Steiner*, Die Hauptversammlung der Aktiengesellschaft, § 10 Rn. 5; *Stöber*, HdbVereinsrecht, Rn. 473 (S. 252 f.); *Stützle/Walgenbach*, ZHR 155 (1991), 516 [541]; *Trouet*, NJW 1986, 1302 [1306]; *Zöllner*, in: ders. (Hrsg.), KöKo-AktG I, § 119 Rn. 85. Allerdinsg gehen *Hüffer*, in: Hachenburg, GmbHG-K II, § 48 Rn. 35, *K. Müller*, GenG-K III, § 43 Rn. 14, und *K. Schmidt*, in: Scholz (Hrsg.), GmbHG-K II, § 48 Rn. 34, wiederum von einer Letztentscheidungskompetenz der Versammlung aus. Dagegen jedoch bereits oben § 10 I 1 a) aa) (2) (b).

254 A.A. BGHZ 44, 245 [252]; LG Stuttgart, NJW-RR 1994, 936 [939]; *K.-P. Martens*, WM 1981, 1010 [1019]; *Max*, AG 1991, 77 [93]; *Stützle/Walgenbach*, ZHR 155 (1991), 516 [542].

255 Vgl. insoweit BGHZ 44, 245 [247f.]; *Barz*, in: GroßK-AktG I/2 (3. Aufl.), § 119 Anm. 30; *von Falkenhausen*, BB 1966, 337 [343]; *Max*, AG 1991, 77 [93]; *K. Müller*, GenG-K III, § 43 Rn. 14; *Reinicke*, Rechtsstellung, Rechte und Pflichten des Vorsitzenden einer Hauptversammlung, S. 94;

wiederholt, was schon gesagt worden ist[256]. Insofern ist jedoch zu bedenken, daß nicht jeder in der Lage ist, wortgewandt und zielgerichtet zu argumentieren[257]. Bei Wiederholungen muß zudem beachtet werden, daß ein und dasselbe Argument bei verschiedener Wortwahl unterschiedlich überzeugend sein kann[258]. Um das Recht auf Gehör nicht zu verletzen, ist in den genannten Fällen von einer individuellen Redezeitbeschränkung nur unter größter Zurückhaltung Gebrauch zu machen[259].

Da eine individuelle Redezeitbeschränkung gegenüber dem Ordnungsruf die belastendere Ordnungsmaßnahme darstellt, ist sie nach dem Grundsatz der Verhältnismäßigkeit zudem erst dann zulässig, wenn ein Ordnungsruf unter Androhung einer individuellen Redezeitbeschränkung keine Wirkung zeigt[260]. Wie weit die individuelle Redezeitbeschränkung dann gehen darf, hängt wie bei generellen Redezeitbeschränkung[261] von den Einzelfallumständen ab. Hier wird es insbesondere darauf ankommen, wieviel Zeit für die Behandlung des aufgerufenen Tagesordnungspunktes noch zur Verfügung steht und wie lange der Versammlungsteilnehmer zuvor bereits gesprochen hat[262].

(cc) Wortentzug

Verstößt ein Redner gegen die Ordnung der Versammlung, kann ihm unter Umständen auch das Wort entzogen werden[263]. Dasselbe gilt für Fragesteller, die sich

---

Semler, in: MüHdbGesellschR IV, § 36 Rn. 47; *Steiner*, Die Hauptversammlung der Aktiengesellschaft, § 10 Rn. 5; *Stöber*, HdbVereinsrecht, Rn.473 (S. 252 f.); *Stützle/Walgenbach*, ZHR 155 (1991), 516 [541]; *Trouet*, NJW 1986, 1302 [1306]; *Zöllner*, in: ders. (Hrsg.), KöKo-AktG I, § 119 Rn. 85.

256 *Hüffer*, in: Hachenburg, GmbHG-K II, § 48 Rn. 34; *Quack*, AG 1985, 145 [147].

257 Darauf weisen zu Recht hin *Eckardt*, in: Geßler/Hefermehl/Eckardt/Kropff, AktG-K II, Vorb. § 118 Rn. 47; *von Falkenhausen*, BB 1966, 337 [343]; *Reinicke*, Rechtsstellung, Rechte und Pflichten des Vorsitzenden einer Hauptversammlung, S. 94 hin.

258 In die gleiche Richtung argumentieren *Butenschön*, BB 1958, 398, und *Steiner*, Die Hauptversammlung der Aktiengesellschaft, § 10 Rn. 4, wogegen *Quack*, AG 1985, 145 [147], annimmt, wenn inhaltlich nichts neues vorgetragen werde, werde das Rederecht zur „Selbstdarstellung" mißbraucht.

259 In diesem Sinne auch *König*, Die Verfassungsbindung der politischen Parteien, S. 43.

260 Vgl. *Eckardt*, in: Geßler/Hefermehl/Eckardt/Kropff, AktG-K II, Vorb.§ 118 Rn. 47 a.E.; *K.-P. Martens*, Leitfaden für die Leitung der Hauptversammlung einer Aktiengesellschaft, S. 35; *Max*, AG 1991, 77 [93]; *Reinicke*, Rechtsstellung, Rechte und Pflichten des Vorsitzenden einer Hauptversammlung, S. 94; *Steiner*, Die Hauptversammlung der Aktiengesellschaft, § 10 Rn. 6.

261 Siehe oben § 10 I 1 a) aa) (4) [6].

262 Vgl. LG Frankfurt a.M., WM 1984, 502 [505]; *Quack*, AG 1985, 145 [147].

263 Vgl. BGHZ 44, 245 [252, 255]; LG Stuttgart, NJW-RR 1994, 936 [937]; LG Frankfurt a.M., WM 1984, 502 [505]; *Barz*, in: GroßK-AktG I/2 (3. Aufl.), § 119 Anm. 31; *Butenschön*, BB 1958, 398; *Ebenroth*, Das Auskunftsrecht des Aktionärs und seine Durchsetzung im Prozeß, S. 29 f.; *Eckardt*, in: Geßler/Hefermehl/Eckardt/Kropff, AktG-K II, Vorb. § 118 Rn. 47; *Erman*, AG 1964, 101 [102]; *von Godin/Wilhelmi*, AktG-K I, § 119 Anm.16 (S. 676); *Hadding*, in: Soergel, BGB-K I, § 32 Rn. 20; *Heinitz*, DJZ 1917, 196 [200]; *Hüffer*, in: Hachenburg, GmbHG-K II, § 48 Rn. 33 f.; *K.-P. Martens*, Leitfaden für die Leitung der Hauptversammlung einer Aktiengesellschaft, S. 35 f.; *ders.*, WM 1981, 1010 [1016]; *Max*, AG 1991, 77 [93]; *Müller*, GenG-K III, § 43

ordnungswidrig verhalten[264]; die Gegenmeinung[265] übersieht, daß anderenfalls keine geeignete Handhabe gegenüber Fragestellern bestünde, die ihr Auskunftsrecht nachhaltig in unsachlicher, beleidigender oder destruktiver Weise ausüben oder eine Redezeitbeschränkungen mißachten. Indes wäre in diesen Fällen ein sofortiger Saalverweis[266] des betreffenden Versammlungsteilnehmers mit der Folge, daß er alle seine Rechte in der Versammlung nicht mehr ausüben kann, unverhältnismäßig.

Zuständig für den Wortentzug ist nach heute im Verbandsrecht einhelliger Meinung der Versammlungsleiter. Wäre die Ordnungsmaßnahme entsprechend einer früher vertretenen Ansicht[267] der Versammlung vorbehalten, verfügte der Versammlungsleiter mit den in seinen Kompetenzbereich fallenden Ordnungsmaßnahmen bloß über ein „Schwert ohne Schneide"[268].

Da das Frage- und Rederecht durch den Wortentzug in ganz erheblicher Weise beschränkt[269] wird, ist die Ordnungsmaßnahme nur dann verhältnismäßig, wenn weniger einschneidende Maßnahmen die Einhaltung bzw. Wiederherstellung der Versammlungsordnung nicht zu gewährleisten vermögen. So wird bei Wiederholungen und weitschweifigen Ausführungen, die im Grenzbereich dessen liegen, was durch das Recht auf Auskunft und Gehör noch gedeckt ist, regelmäßig eine individuelle Redezeitbeschränkung genügen[270]. In jedem Fall aber muß dem Wortentzug

---

Rn. 12; *Obermüller/Werner/Winden*, Die Hauptversammlung der Aktiengesellschaft, D.VII.3., S. 94; *Reichert*, HdbVereins- und Verbandsrechts, Rn. 1008, 1009; *Reinicke*, Rechtsstellung, Rechte und Pflichten des Vorsitzenden einer Hauptversammlung, S. 95 f.; *Sauter/Schweyer*, Der eingetragene Verein, Rn. 187; *K. Schmidt*, in: Scholz (Hrsg.), GmbHG-K II, § 48 Rn. 34; *Semler*, in: MüHdbGesellschR IV, § 36 Rn. 47; *Steiner*, Die Hauptversammlung der Aktiengesellschaft, § 10 Rn. 7; *Stöber*, HdbVereinsrecht, Rn. 473 (S. 253), 481; *Stützle/Walgenbach*, ZHR 155 (1991), 516 [541]; *Zöllner*, in: ders. (Hrsg.), KöKo-AktG I, § 119 Rn. 86.

264 Prononciert *Zöllner*, in: ders. (Hrsg.), KöKo-AktG I, § 119 Rn. 87; *K.-P. Martens*, WM 1981, 1010 [1019], indifferent dann jedoch *ders.*, Leitfaden für die Leitung der Hauptversammlung einer Aktiengesellschaft, S. 36, wenn er einerseits ausführt, daß der Wortentzug nicht zum „Verlust des Auskunftsrechts" führt, aber andererseits feststellt, daß einem Versammlungsteilnehmer, der „seine Fragen mit beleidigenden oder auch nur sachwidrigen Äußerungen umschreibt", das Fragerecht versagt werden kann.

265 *Steiner*, Die Hauptversammlung der Aktiengesellschaft, § 10 Rn. 8; *Stützle/Walgenbach*, ZHR 155 (1991), 516 [542]; wohl auch LG Stuttgart, NJW-RR 1994, 936 [939].

266 Siehe zu dieser Ordnungsmaßnahme nachstehend § 10 I 1 a) aa) (4) (b) (dd).

267 Vgl. etwa *Heinitz*, DJZ 1917, 196 [200].

268 So zu Recht *Ebenroth*, Das Auskunftsrecht des Aktionärs und seine Durchsetzung im Prozeß, S. 30; *Reinicke*, Rechtsstellung, Rechte und Pflichten des Vorsitzenden einer Hauptversammlung, S. 96.

269 Ungenau ist es hingegen davon zu sprechen, das Frage- und Rederechts werde „entzogen", so *K.-P. Martens*, WM 1981, 1010 [1019]; *Zöllner*, in: ders. (Hrsg.), KöKo-AktG I, § 119 Rn. 87. Denn die Rechte selbst bleibe dem betroffenen Versammlungsteilnehmer erhalten, nur kann er sie nach dem Wortentzug einstweilen nicht weiter ausüben.

270 Siehe dazu oben § 10 I 1 a) aa) (4) (b) (bb).

ein Ordnungsruf vorausgehen[271]. Beispielhaft hierfür ist die Regelung in § 35 Abs. 3 GeschOBT, die lautet: „Überschreitet ein Mitglied des Bundestages seine Redezeit, so soll ihm der Präsident nach einmaliger Mahnung das Wort entziehen", sowie § 37 GeschOBT: „Ist ein Redner während der Rede dreimal zur Sache oder dreimal zur Ordnung gerufen und beim zweiten Male auf die Folgen eines dritten Rufes zur Sache oder zur Ordnung hingewiesen worden, so muß ihm der Präsident das Wort entziehen und darf es ihm in derselben Aussprache zum selben Verhandlungsgegenstand nicht wieder erteilen".

(dd) Saalverweis

Der Saalverweis ist die schärfste individuelle Ordnungsmaßnahme[272]. Durch sie verliert der betreffende Versammlungsteilnehmer sein Anwesenheitsrecht in der Versammlung und damit auch sein Teilnahmerecht[273]. Zwar wird im Verbands-

---

[271] Vgl. BGHZ 44, 245 [255]; LG Stuttgart, NJW-RR 1994, 936 [938]; LG Frankfurt a.M., WM 1984, 502 [505]; *Butenschön*, BB 1958, 398; *Eckardt*, in: Geßler/Hefermehl/Eckardt/Kropff, AktG-K II, Vorb. § 118 Rn. 47 a.E.; *K.-P. Martens*, Leitfaden für die Leitung der Hauptversammlung einer Aktiengesellschaft, S. 35 f.; *ders.*, WM 1981, 1010 [1016]; *Reichert*, HdbVereins- und Verbandsrechts, Rn. 1008, 1009; *Reinicke*, Rechtsstellung, Rechte und Pflichten des Vorsitzenden einer Hauptversammlung, S. 95; *Sauter/Schweyer*, Der eingetragene Verein, Rn. 187; *Steiner*, Die Hauptversammlung der Aktiengesellschaft, § 10 Rn. 7; *Stöber*, HdbVereinsrecht, Rn. 481. *Barz*, in: GroßK-AktG I/2 (3. Aufl.), § 119 Anm. 31, hält indes einen Wortentzug ohne vorausgehenden Ordnungsruf für zulässig, falls „eine so schwere Beleidigung oder Verleumdung erfolgt ist, daß im Sinne des ordnungsgemäßen Versammlungsablaufs eine sofortige scharfe Reaktion des Versammlungsleiters erforderlich ist; der Sache nach ebenso *Ebenroth*, Das Auskunftsrecht des Aktionärs und seine Durchsetzung im Prozeß, S. 29 f., *Hüffer*, in: Hachenburg, GmbHG-K II, § 48 Rn. 34, und *Stützle/Walgenbach*, ZHR 155 (1991), 516 [542]. Diese Ansicht ist zwar einerseits sympathisch. Andererseits wird dem Redner damit die Möglichkeit genommen, sich postwendend zu entschuldigen.

[272] Vgl. dazu BGHZ 44, 245 [248]; LG Stuttgart, NJW-RR 1994, 936 [937]; LG Frankfurt a.M., WM 1984, 502 [506]; *Barz*, in: GroßK-AktG I/2 (3. Aufl.), § 119 Anm. 32; *Ebenroth*, Das Auskunftsrecht des Aktionärs und seine Durchsetzung im Prozeß, S. 31; *Eckardt*, in: Geßler/Hefermehl/Eckardt/Kropff, AktG-K II, § 118 Rn. 45 ff.; *Erman*, AG 1964, 101 [102]; *von Falkenhausen*, BB 1966, 337 [343]; *von Godin/Wilhelmi*, AktG-K I, § 119 Anm. 16; *Hadding*, in: Soergel, BGB-K I, § 32 Rn. 20; *Heinrichs*, in: Palandt, BGB-K, § 32 Rn. 5; *K.-P. Martens*, WM 1981, 1010 [1011 f.]; *ders.*, Leitfaden für die Leitung der Hauptversammlung einer Aktiengesellschaft, S. 43; *Max*, AG 1991, 77 [93]; *Metz*, in: Lang/Weidmüller/Metz/Schaffland, GenG-K, § 43 Rn. 157; *K. Müller*, GenG-K III, § 43 Rn. 8 ff.; *Obermüller/Werner/Winden*, Die Hauptversammlung der Aktiengesellschaft, D.VII.5., S. 94; *Reichert*, HdbVereins- und Verbandsrechts, Rn. 1010 ff.; *Reinicke*, Rechtsstellung, Rechte und Pflichten des Vorsitzenden einer Hauptversammlung, S. 99 f.; *Sauter/Schweyer*, Der eingetragene Verein, Rn. 188; *K. Schmidt*, in: Scholz (Hrsg.), GmbHG-K II, § 48 Rn. 34; *Semler*, in: MüHdbGesellschR IV, § 36 Rn. 47; *Steiner*, Die Hauptversammlung der Aktiengesellschaft, § 10 Rn. 14 ff.; *Stöber*, HdbVereinsrecht, Rn. 473 (S. 253); *Stützle/Walgenbach*, ZHR 155 (1991), 516 [541]; *Zöllner*, in: ders. (Hrsg.), KöKo-AktG I, § 119 Rn. 88 ff.

[273] Im Ergebnis ebenso, wenngleich - bis auf *K. Müller*, GenG-K III, § 43 Rn. 8 - nicht zwischen dem Anwesenheitsrecht und dem Teilnahmerecht differenzierend, *Eckardt*, in: Geßler/Hefermehl/Eckardt/Kropff, AktG-K II, § 118 Rn. 45 ff.; *K.-P. Martens*, WM 1981, 1010

recht angenommen, der aus der Versammlung Ausgeschlossene könne die Ausübung seiner Rechte einem anderen, nicht ausgeschlossenen Versammlungsteilnehmer überlassen[274]. Das aber setzt voraus, daß es sich nicht um höchstpersönliche Rechte handelt, was jedoch beim Recht auf Auskunft und Gehör in politischen Parteien gerade der Fall ist[275].

Wie die anderen bereits behandelten Ordnungsmaßnahmen ist auch der Saalverweis Ausfluß der allgemeinen Ordnungsgewalt[276], nicht indes des Notwehrrechts[277]. Entscheidend ist demnach auch hier, ob ein Verstoß gegen die Versammlungsordnung vorliegt, nicht indes ob die tatbestandlichen Voraussetzungen eines gegenwärtigen rechtswidrigen Angriffs (vgl. § 32 Abs. 2 StGB) gegeben sind. Da Hüter der Versammlungsordnung der Versammlungsleiter ist[278], folgt daraus zugleich, daß dieser für den Saalverweis zuständig ist[279].

Als schärfste individuelle Ordnungsmaßnahme ist der Saalverweis „ultimo ratio“[280]. Er ist demnach nur zulässig, wenn keine anderen, weniger eingreifenden Ordnungsmaßnahmen in Betracht kommen. Das kann insbesondere der Fall sein bei renitenter Mißachtung von Anordnungen des Versammlungsleiters, fortgesetzten übermäßigen Zwischenrufen, sinnlosem Lärmen mittels Trillerpfeifen oder tät-

---

[1011]; *Reichert*, HdbVereins- und Verbandsrechts, Rn. 1014. Zur Abgrenzung des Anwesenheitsrecht vom Teilnahmerecht siehe oben § 7 II 3 b) aa).

274 *Barz*, in: GroßK-AktG I/2 (3. Aufl.), § 119 Anm. 32; *K.-P. Martens*, Leitfaden für die Leitung der Hauptversammlung einer Aktiengesellschaft, S. 43; *Metz*, in: Lang/Weidmüller/Metz/Schaffland, GenG-K, § 43 Rn. 157; *Obermüller/Werner/Winden*, Die Hauptversammlung der Aktiengesellschaft, D.VII.5., S. 94; *Reinicke*, Rechtsstellung, Rechte und Pflichten des Vorsitzenden einer Hauptversammlung, S. 100; *Sauter/Schweyer*, Der eingetragene Verein, Rn. 188 a.E.; *Steiner*, Die Hauptversammlung der Aktiengesellschaft, § 10 Rn. 14.

275 Siehe dazu oben § 8 I 1 b).

276 Vgl. BGHZ 44, 245 [251]; *Barz*, in: GroßK-AktG I/2 (3. Aufl.), § 119 Anm. 32; *Eckardt*, in: Geßler/Hefermehl/Eckardt/Kropff, AktG-K II, § 118 Rn. 46; *Sauter/Schweyer*, Der eingetragene Verein, Rn. 188; *Semler*, in: MüHdbGesellschR IV, § 36 Rn. 47; *Zöllner*, in: ders. (Hrsg.), KöKo-AktG I, § 119 Rn. 89; indifferent *Obermüller/Werner/Winden*, Die Hauptversammlung der Aktiengesellschaft, D.VII.5., S. 94.

277 So eine früher vertretene Ansicht, vgl. dazu *Bondi*, JW 1931, 2961 f.

278 Siehe dazu oben § 10 I 1 a) aa) (2).

279 So auch die heute einhellige Meinung im Verbandrecht. A.A., für die Zuständigkeit der Versammlung, noch Bondi, JW 1931, 2961 [2962]; *Heinitz*, DJZ 1917, 196 [201], sowie *Lehmann*, in: Düringer/Hachenburg, HGB-K III, § 259 Anm. 46 (Zustimmung der Versammlung erforderlich).

280 *Barz*, in: GroßK-AktG I/2 (3. Aufl.), § 119 Anm. 32; *Eckardt*, in: Geßler/ Hefermehl/Eckardt/Kropff, AktG-K II, § 118 Rn. 46; *Hüffer*, in: Hachenburg, GmbHG-K II, § 48 Rn. 34; *K.-P. Martens*, Leitfaden für die Leitung der Hauptversammlung einer Aktiengesellschaft, S. 43; *Reinicke*, Rechtsstellung, Rechte und Pflichten des Vorsitzenden einer Hauptversammlung, S. 99; *Stützle/Walgenbach*, ZHR 155 (1991), 516 [541].

lichen Angriffen und Rangeleien[281]. Indes kann bloßem Filibustern schon durch Wortentzug begegnet werden[282].

Gerade bei Rangeleien fällt es allerdings mitunter schwer festzustellen, von welchen Versammlungsteilnehmern sie ausgehen. Gleichwohl kann der Versammlungsleiter nicht kurzerhand alle daran beteiligten Versammlungsteilnehmer des Saales verweisen, sondern nur diejenigen, die für die Störung der Versammlungsordnung verantwortlich, also „Störer" sind. Was das angeht, können die im Polizei- und Ordnungsrecht entwickelten Grundsätze zur Verhaltensverantwortlichkeit herangezogen werden. Danach ist Störer, wer durch sein Verhalten eine Gefahr oder Störung unmittelbar verursacht, nicht hingegen derjenige, der als sogenannter „Veranlasser" die Gefahr oder Störung bloß mittelbar hervorruft[283]. Selbst verantwortlich ist der Veranlasser nur ausnahmsweise dann, wenn er das Verhalten desjenigen, der die Störung unmittelbar herbeiführt, objektiv bezweckt, mithin „Zweckveranlasser" ist[284].

Demzufolge kann grundsätzlich nur gegen den „Störer" vorgegangen werden, nicht indes auch gegen den, der „gestört" wird, mag dieser auch die Störung veranlaßt haben[285]. Wird also etwa ein innerparteilicher Querulant, der auf einer Parteiversammlung reden will, von anderen Versammlungsteilnehmern gewaltsam zurückgehalten, so daß eine Rangelei entsteht, kommt grundsätzlich nur diesen „Störern" gegenüber ein Saalverweis in Betracht, nicht jedoch auch gegenüber dem Querulanten als Veranlasser der Störung[286]. Sind die Störer dabei so zahlreich, daß sie nicht auf Anhieb persönlich auszumachen sind, muß die Versammlung unterbrochen und äußerstenfalls abgebrochen werden[287].

Die angemessene Dauer des Saalverweises bemißt sich nach dem Zweck der Maßnahme: Grundsätzlich darf der Saalverweis nur für die Zeit ausgesprochen werden, die zur Wiederherstellung und Aufrechterhaltung der Ordnung der Versammlung erforderlich ist. Hängt die Störung der Versammlungsordnung durch einen Versammlungsteilnehmer offenkundig mit der Thematik eines Verhandlungsgegenstands zusammen und ist gewiß, daß er sich bei anderen noch zu verhandelnden Tagesordnungspunkten ordnungsgemäß verhalten wird, so wird die

---

281 Vgl. BGHZ 44, 245 [251]; *K.-P. Martens*, WM 1981, 1010 [1011 f.]; *Sauter/Schweyer*, Der eingetragene Verein, Rn. 188; *Steiner*, Die Hauptversammlung der Aktiengesellschaft, § 10 Rn. 14.

282 Ebenfalls einen Saalverweis für gerechtfertigt halten in diesem Fall BGHZ 44, 245 [251], *Sauter/Schweyer*, Der eingetragene Verein, Rn. 188, *Steiner*, Die Hauptversammlung der Aktiengesellschaft, § 10 Rn. 14, und *K.-P. Martens*, WM 1981, 1010 [1011 f.].

283 *Götz*, Allgemeines Polizei- und Ordnungsrecht, § 9 Rn. 196, 210; *Knemeyer*, Polizei- und Ordnungsrecht, § 26 Rn. 325 ff., S. 168 ff.

284 *Götz*, Allgemeines Polizei- und Ordnungsrecht, § 9 Rn. 200; das übersieht *K. Müller*, GenG-K III, § 43 Rn. 8.

285 *Götz*, Allgemeines Polizei- und Ordnungsrecht, § 9 Rn. 200.

286 Der Sache nach ebenso *Stöber*, HdbVereinsrecht, Rn. 473 (S. 253 f.).

287 Vgl. entsprechend zu Ordnungsmaßnahme Saalverweisung im Bundestag *Ritzel/Bücker/Schreiner*, Handbuch für die Parlamentarische Praxis, GeschOBT-K § 38 Anm. I 1 c).

Dauer des Saalverweises entsprechend begrenzt werden müssen. Fraglich ist allerdings, ob eine solche Begrenzung schon dann geboten ist, wenn ein künftig ordnungsgemäßes Verhalten „anzunehmen ist“[288]. Dagegen spricht, daß dem Versammlungsleiter nicht zuzumuten ist, das künftige Verhalten des aus dem Saal verwiesenen Versammlungsteilnehmers zu prognostizieren, also darüber zu befinden, welche Themen auf ihn eine besondere Reizwirkung auslösen. Vielmehr ist es Sache des betreffenden Versammlungsteilnehmers, glaubhaft zu machen, daß eine Wiederholung seines Störverhaltens nicht mehr zu erwarten ist[289]. Die Erstreckung eines Saalverweises auf künftige Versammlungen, wie dies gemäß § 38 Abs.1 S. 2 und 3 GeschOBT möglich ist, dürfte indes allenfalls dann in Betracht kommen, wenn mit an Sicherheit grenzender Wahrscheinlichkeit davon auszugehen ist, daß der Versammlungsteilnehmer auch dort wieder den Versammlungsablauf nachhaltig stören wird, so insbesondere, wenn er dies bereits angekündigt hat[290].

bb) Parteieigene Regelungen der Versammlungsordnung

Die vorstehenden Ausführungen haben deutlich werden lassen, daß das bei der Ausübung des Rechts auf Auskunft und Gehör in Parteiversammlungen zu beachtende Ordnungsrecht in weiten Teilen vorgegeben ist. Das heißt allerdings nicht, daß parteieigene Regelungen dieer Materie überflüssig oder gar nachteilig sind[291]. Da gesetzliche Regelungen fehlen, sind entsprechende parteieigene Regelungen im Sinne der Rechtssicherheit und Rechtsklarheit vielmehr dringend angezeigt, insbesondere was die auch das Recht auf Auskunft und Gehör besonders einschränkenden Ordnungsmaßnahmen anbelangt[292].

Regelungen zum Versammlungsordnungsrecht können die Parteien in ihrer Satzung treffen. Der beste Ort dafür sind jedoch die Geschäftsordnungen[293]. Sie bie-

---

288 So *Eckardt*, in: Geßler/Hefermehl/Eckardt/Kropff, AktG-K II, § 118 Rn. 51.

289 Vgl. *K.-P. Martens*, WM 1981, 1010 [1012].

290 Einem Ausschluß von künftigen Versammlungen gänzlich ablehnend gegenüber stehen hingegen *Barz*, in: GroßK-AktG I/2 (3. Aufl.), § 119 Anm. 32, *K. Müller*, GenG-K III, § 43 Rn. 8, sowie *Obermüller/Werner/Winden*, Die Hauptversammlung der Aktiengesellschaft, D.VII.7., S. 95.

291 So aber in bezug auf die Frage, ob Aktiengesellschaften das Verfahrens- und Ordnungsrecht ihrer Hauptversammlungen durch Satzungsregelungen regeln sollten, *K.-P. Martens*, Leitfaden für die Leitung der Hauptversammlung einer Aktiengesellschaft, S. 11, sowie *Stützle/Walgenbach*, ZHR 155 (1991), 516 [542], die befürchten, daß solche verbandseigenen Regelungen einer flexiblen, den Bedürfnissen des Einzelfalls angepaßten Verhandlungsgestaltung zuwiderlaufen.

292 Der Sache nach ebenso *Max*, AG 1991, 77 [94]; hinsichtlich der Konkretisierung von Ordnungsmaßnahmen auch *Reinicke*, Rechtsstellung, Rechte und Pflichten des Vorsitzenden einer Hauptversammlung, S. 32, anders - wie die in der vorstehenden Fußnote zitierte Gegenansicht - jedoch hinsichtlich der Aufstellung von Regeln, die die Versammlungsleitung betreffen [S. 31].

293 A.A. *Reichert*, HdbVereins- und Verbandsrechts, Rn. 945, Rn. 1001, der meint, eine Beschränkung des Rederechts bedürfe einer Satzungsregelung, da sie in das Mitgliedschaftsrecht eingreife (Rn. 945). Andererseits hält er es für unbedenklich, den „verfahrensmäßigen Ablauf“ in einer Vereinsordnung zu regeln. Dabei übersieht er, daß auch mit Verfahrensregeln Beschränkungen des Rederechts und damit eines Mitgliedschaftsrechts einhergehen, so etwa mit der Regel, daß in einer Versammlung grundsätzlich nur zu dem gerade aufgerufenen Tagesordnungspunkt gespro-

ten nicht nur den Vorteil, die Satzung von Detailregelungen zu entlasten, sondern unterliegen auch nicht den erhöhten Anforderungen für den Erlaß und die Änderung von Satzungen[294]. Dabei ist zu erinnern, daß nach der hier vertretenen Auffassung[295] in Geschäftsordnungen auch solche Regelungen zulässig sind, die eine Beschränkung von Individualrechten wie dem auf Auskunft und Gehör bewirken, sofern die Beschränkung sachlich notwendig sind und den Kern der Rechte unberührt lassen.

b) Ausübung des Rechts auf Auskunft und Gehör außerhalb von Parteiversammlungen

Spezielle formelle Schranken für die Ausübung des Rechts auf Auskunft und Gehör außerhalb von Parteiversammlungen sind in den allgemeinen Rechtsquellen der inneren Parteienordnung weder ausdrücklich normiert, noch bestehen insofern allgemein anerkannte Grundsätze. Zwar sind in den Parlamentsgeschäftsordnungen Regelungen enthalten, wie Abgeordnete ihr Auskunfts- bzw. Informationsrecht außerhalb von Parlamentssitzungen verwirklichen können, nämlich mittels Fragen zur schriftlichen Beantwortung[296] sowie Einsicht in die Akten des Parlaments[297], wogegen eine Verwirklichung des Rechts auf Gehör außerhalb des Plenums nicht vorgesehen ist[298]. Doch sind diese Regelungen auf die spezifischen Organisationsstrukturen der Parlamente zugeschnitten und lassen sich deshalb nicht auf private Verbände übertragen.

Demzufolge sind die politischen Parteien bei der – hier erst recht dringend gebotenen – Aufstellung eigener Regeln über die Verwirklichung des Rechts auf Auskunft und Gehör außerhalb von Versammlungen relativ frei. Gegenstand solcher Regelungen können – gleich dem Inhalt der Versammlungsordnung[299] – zum

---

chen werden darf (siehe dazu oben § 10 I 1 a) aa) (3) (e)). In Rn. 1001 führt *Reichert* dann aus: „Soweit Rechte der Mitglieder beschränkt werden, die nicht mit Ordnungsgründen zusammenhängen, muß die entsprechende Regelung in einer Satzung enthalten sein. Dies gilt z. B. für eine Anordnung, daß die Versammlung keine weiteren Redner zu einem Beratungsgegenstand durch Mehrheitsbeschluß zulassen kann". Allerdings handelt es sich auch bei der damit gemeinten Schließung der Wortmeldungsliste (siehe dazu § 10 I 1 a) aa) (4) (a) (cc)) um eine Ordnungsmaßnahme, vgl. § 10 I 1 a) aa) (4) (a) (cc).

294 Dazu ausführlich oben § 6 I 2 b).

295 Dazu ausführlich oben § 6 I 2 b).

296 Vgl. zum Recht des Bundestagsabgeordneten auf Fragen zur schriftlichen Beantwortung *Roll*, in: Troßmann/Roll, GeschOBT-K, § 105 Rn. 46 ff.; *Schneider*, in: Schneider/Zeh (Hrsg.), Parlamentsrecht und Parlamentspraxis, § 18 Rn. 45.

297 Vgl. zum Akteneinsichtsrecht des Bundestagsabgeordneten *Abmeier*, Die parlamentarischen Befugnisse des Abgeordneten des Deutschen Bundestages nach dem Grundgesetz, S. 176; *Ritzel/Bücker/Schreiner*, Handbuch für die Parlamentarische Praxis, GeschOBT-K § 16 Anm. I ff.

298 Das gilt auch für Erklärungen zur Abstimmung, obwohl sie in schriftlicher Form möglich sind (vgl. für den Bundestag § 31 Abs. 1 S. 1 GeschOBT), da auch sie nur in der Bundestagssitzung abgegeben werden können, vgl. *Ritzel/Bücker/Schreiner*, Handbuch für die Parlamentarische Praxis, GeschOBT-K § 31 Anm. I 1 h).

299 Siehe dazu oben § 10 I 1 a) aa).

einen das Verfahren sowie zum anderen Ordnungsmaßnahmen zur Sicherstellung eines geordneten Geschäftsbetriebs bei der Ausübung des Rechts auf Auskunft und Gehör außerhalb von Parteiversammlungen sein. Zumal wegen seiner verfassungsrechtlichen Absicherung[300] des Rechts auf Auskunft und Gehör müssen die Verfahrensregeln und Ordnungsmaßnahmen allerdings in jedem Fall seinen Kern unangetastet lassen und sachlich gerechtfertigt sein. Sachlich gerechtfertigt sind sie, wenn sie der effektiven und gleichen Rechtsausübung oder der Eindämmung der Beeinträchtigungen des Geschäftsbetriebs dienen[301], die mit der Ausübung des Rechts auf Auskunft und Gehör außerhalb von Parteiversammlungen oftmals einhergehen.

Was das Verfahren der Ausübung des Rechts auf Auskunft und Gehör außerhalb von Parteiversammlungen angeht, können die Parteien etwa regeln, daß eine Einsichtnahme in Unterlagen oder die Nutzung von Kommunikationsmitteln in der Verbandsgeschäftsstelle grundsätzlich nur während der Geschäftszeiten erfolgen darf, so daß Verbandspersonal erforderlichenfalls Hilfestellung leisten kann. Dadurch wird nicht nur eine effektive Verwirklichung des Rechts auf Auskunft und Gehör, sondern auch ein störungsfreier Geschäftsbetrieb gewährleistet. Derweil kann als Ordnungsmaßnahme beispielsweise geregelt werden, daß Berechtigte von dem Gebrauch verbandsinterner Kommunikationsmittel vorübergehend ausgeschlossen werden, wenn sie sie nachweislich zweckwidrig genutzt haben. Wachsende Bedeutung für die Ausübung des Rechts auf Auskunft, vor allem aber des Rechts auf Gehör außerhalb von Parteiversammlungen erlangen die Internet- bzw. die – nur für Mitglieder zugänglichen – Intranet-Foren der Parteien. Trotz ihrer im Vergleich zu Parteiversammlungen wesentlich höheren Kapazität werden mit ihrer zunehmenden Nutzung auch hier Regeln immer wichtiger, um eine effektive und gleiche Rechtsausübung zu gewährleisten.

Aus denselben Gründen, die für parteieigene Regelungen des Verfahrens und von Ordnungsmaßnahmen bei der Ausübung des Rechts auf Auskunft und Gehör in Parteiversammlung sprechen[302], bietet sich als Ort für parteieigene Regelungen für die Ausübung des Rechts außerhalb von Parteiversammlungen ebenfalls die Geschäftsordnungen an.

2. Allgemeine formelle Schranken

Allgemeine formelle Schranken des Rechts auf Auskunft und Gehör in Verbänden, also solche Schranken, die weder speziell dieses Recht noch seinen Inhalt angehen, ergeben sich vorbehaltlich verbandsformbedingter Besonderheiten oder gesetzlicher Sonderregelungen, wie etwa §§ 726 ff. BGB, aus dem Allgemeinen Schuldrecht. Die grundsätzliche Geltung des Allgemeinen Schuldrechts in Verbän-

---

300 Siehe dazu oben § 7 II 4 a) cc) sowie § 7 II 4 b) bb).
301 Vgl. BGHZ 63, 14 [18]; *Metz*, in: Lang/Weidmüller/Metz/Schaffland, GenG-K, § 43 Rn. 49.
302 Siehe dazu oben § 10 I 1 a) bb).

den folgt aus der Gesetzessystematik des BGB sowie aus der Regelung der beiden Grundformen von Verbänden in den §§ 21 ff. und 705 ff. BGB[303]. Daß das Allgemeine Schuldrecht auch für das Recht auf Auskunft und Gehör in Verbänden von Bedeutung ist[304], ergibt sich derweil daraus, daß es sich bei den daraus erwachsenen Ansprüchen auf Information und Meinungskundgabegelegenheit um Schuldverhältnisse im Sinne des BGB handelt[305]. Schuldner dieses Schuldverhältnisses ist der zur Gewährung von Auskunft und Gehör verpflichtete Verband, Gläubiger der in ihm zu Auskunft und Gehör Berechtigte.

In politischen Parteien findet das Allgemeine Schuldrecht dabei grundsätzlich nicht nur in den Fällen Anwendung, in denen sich das Recht auf Auskunft und Gehör als vereinsrechtliches Mitgliedschaftsrecht besteht, sondern grundsätzlich auch dann, wenn es seine Grundlage in den wahlgesetzlichen Bestimmungen über die innerparteiliche Wahlbewerberaufstellung hat[306].

Als allgemeine formelle Schranke des Rechts auf Auskunft und Gehör wirkt sich das Allgemeine Schuldrecht insbesondere durch den in § 242 BGB verankerten Grundsatz von Treu und Glauben aus.

a) Unzulässige Rechtsausübung im Sinne des § 242 BGB

Gemäß § 242 BGB ist der Schuldner verpflichtet, die von ihm verlangte Leistung so zu bewirken, wie Treu und Glauben es mit Rücksicht auf die Verkehrssitte erfordern. Allerdings würde die bloß einseitige Betrachtung eines Schuldverhältnisses dem Grundgedanken von Treu und Glauben zuwiderlaufen, so daß § 242 BGB auch ein den Gläubiger bindendes Gebot der Rücksichtnahme auf Interessen des Schuldners entnommen wird[307]. Insofern kann der Grundsatz von Treu und Glauben anspruchsbegrenzende Wirkung haben. Das heißt freilich nicht, daß vor der Durchsetzung eines Anspruchs stets festgestellt werden muß, ob die Rechtsausübung im Sinne des Grundsatzes von Treu und Glauben „angemessen" ist, zumal dadurch das geltende Recht durch mehr oder weniger unbestimmte Billigkeitserwägungen aufgeweicht würde[308]. Vielmehr muß die korrigierende Funktion des

---

303 *Wohlleben*, Informationsrechte des Gesellschafters, S. 187.

304 Vgl. BGHZ 25, 115 [118 f.]; LG Frankfurt a.M., AG 1968, 24 [25]; *Grunewald*, ZHR 146 (1982), 211 [230 f., 235 f.]; *K. Müller*, GmbHR 1987, 87 [89 f., 90 f.]; *K. Schmidt*, in: Scholz (Hrsg.), GmbHG-K II, § 51a Rn. 34, 37; *Semler*, in: MüHdbGesellschR IV, § 37 Rn. 28, 29; *Steiner*, Die Hauptversammlung der Aktiengesellschaft, § 11 Rn. 17 ff., 47 ff.; *Tietze*, Die Informationsrechte des GmbH-Gesellschafters, S. 34 ff.; jeweils zum Informationsrecht. Die Geltung des Allgemeinen Schuldrechts für das Recht auf Gehör wurde bislang – soweit ersichtlich – weder in der Rechtsprechung noch in der Rechtswissenschaft erörtert.

305 Vgl. in bezug auf das individuelle Informationsrecht in Verbänden *Wohlleben*, Informationsrechte des Gesellschafters, S. 187.

306 Insofern gilt das oben unter § 8 II 2 sowie § 9 I 1 Gesagte entsprechend.

307 Siehe dazu *Teichmann*, in: Soergel, BGB-K II, § 242 Rn. 4.

308 Vgl. RGZ 86, 191 [194]; 131, 158 [177]; BGH, NJW 85, 2579 [2580]; *Heinrichs*, in: Palandt, BGB-K, § 242 Rn. 2; *Teichmann*, in: Soergel, BGB-K II, § 242 Rn. 7.

Grundsatzes von Treu und Glauben auf Ausnahmesituationen beschränkt bleiben. Diese Ausnahmesituationen haben im Sinne der Rechtssicherheit und Rechtsklarheit Konkretisierung in bestimmten Fallgruppen erfahren[309], wobei es trotz dieser Fallgruppenbildung erforderlich bleibt, eine den Umständen des Einzelfall Rechnung tragende Entscheidung darüber zu treffen, ob eine Rechtsausübung tatsächlich gemäß dem Grundsatz von Treu und Glauben rechtsmißbräuchlich und damit unzulässig ist[310].

Im folgenden sollen diejenigen anerkannten Fallgruppen des Rechtsmißbrauchs[311] behandelt werden, die als allgemeine formelle Schranke des Rechts auf Auskunft und Gehör in politischen Parteien in Betracht kommen.

aa) Unredlicher Erwerb der Rechtsposition

Die Ausübung eines Rechts ist in der Regel mißbräuchlich, wenn der Berechtigte es durch ein gesetzes-, sitten- oder vertragswidriges Verhalten erworben hat[312]. Dabei genügt objektiv unredliches Verhalten, Arglist oder Verschulden ist nicht erforderlich[313]. Voraussetzung für die Bejahung eines derart begründeten Rechtsmißbrauchs ist jedoch, daß das unredliche Verhalten für den Gläubiger Vorteile oder den Schuldner Nachteile gebracht hat, die bei redlichem Verhalten nicht entstanden wären[314].

Im vorliegenden Zusammenhang wäre von einem solchen Fall unzulässiger Rechtsausübung beispielsweise auszugehen, wenn ein Parteimitglied vorübergehend in eine andere, konkurrierende politische Partei wechselt[315], um mittels des ihm dann dort zustehenden mitgliedschaftlichen Auskunftsrechts Informationen auszuspionieren[316] oder mittels seines Rechts auf Gehör im Sinne seiner eigentlichen Partei zu agitieren[317].

---

309 Vgl. *Heinrichs*, in: Palandt, BGB-K, § 242 Rn. 2; *Teichmann*, in: Soergel, BGB-K II, § 242 Rn. 280.

310 Vgl. allgemein *Roth*, in: Müko-BGB II, § 242 Rn. 22, sowie speziell im Hinblick auf das individuelle Informationsrecht in Verbänden *von Bitter*, ZIP 1981, 825 [828 f.]; *Grunewald*, ZHR 146 (1982), 211 [230 f.]; *Lutter*, ZGR 1982, 1 [3].

311 Siehe dazu *Heinrichs*, in: Palandt, BGB-K, § 242 Rn. 42 ff.; *Roth*, in: Müko-BGB II, § 242 Rn. 338 ff.; *J. Schmidt*, in: Staudinger, BGB-K I, § 242 Rn. 621 ff.; *Teichmann*, in: Soergel, BGB-K II, § 242 Rn. 281 ff.

312 RGZ 167, 65 [76]; BGHZ 57, 108 [111]; *Heinrichs*, in: Palandt, BGB-K, § 242 Rn. 43; *J. Schmidt*, in: Staudinger, BGB-K I, § 242 Rn. 653 ff.; *Roth*, in: Müko-BGB II, § 242 Rn. 388 ff.

313 BGH, LM, Nr. 5 zu § 242 (Cd) BGB.

314 BGH, LM, Nr. 226 zu § 242 (Cd) BGB.

315 Die gleichzeitige Mitgliedschaft in einer anderen Partei wird von den Partein allgemein für unzulässig erklärt, vgl. nur § 4 Abs. 4 CDU-Bundessatzung; § 5 Abs. 5 CSU-Bundessatzung; § 6 Abs. 1 SPD-Bundessatzung; § 2 Abs. 3 FDP-Bundessatzung; § 3 Abs. 1 Bundessatzung BÜNDNIS 90/DIE GRÜNEN; Ziff. 2 Abs. 1 der PDS-Bundessatzung.

316 Verrät es die Informationen während seiner Mitgliedschaft in der konkurrierenden Partei, verstößt es damit zugleich gegen seine mit der Mitgliedschaft verbundene Treuepflicht, da diese un-

bb) Ungehörige Rechtsausübung

Die Geltendmachung eines Rechts kann ferner ihrer Modalität nach mißbräuchlich sein[318]. Beim Recht auf Auskunft und Gehör in politischen Parteien kann das etwa der Fall sein, wenn es in ungebührlicher Form[319] oder zur Unzeit[320] ausgeübt wird, so etwa, wenn ein Redner auf einer Parteiversammlung übermäßig laut schreit oder wenn in der Hochphase eines Wahlkampfes zur Vorbereitung einer erst in einigen Monaten stattfindenden Parteiversammlung Einsicht in Unterlagen verlangt wird, die dazu von Mitarbeitern der Geschäftsstelle erst mit einigem Aufwand herausgesucht und zusammengestellt werden müssen.

cc) Rechtsausübung ohne schutzwürdiges Interesse

Eine weitere anerkannte Fallgruppe des Rechtsmißbrauchs ist die Geltendmachung eines Rechts ohne schutzwürdiges Interesse[321].

Was das Auskunftsrecht anbelangt, hängt die Reichweite der beschränkenden Wirkung dieser Fallgruppe davon ab, ob man als Voraussetzung für die Entstehung eines Auskunftsanspruchs ein Informationsbedürfnis (Informationsinteresse) anerkennt oder nicht[322]. Die Auffassung, die dies verneint, muß, um zu sachgerechten Ergebnissen zu kommen, in wesentlich weiterem Umfang auf die Fallgruppe zurückgreifen, so insbesondere dann, wenn der Auskunftsberechtigte Informationen verlangt, die er schon hat oder auf die er im geforderten Umfang gar nicht angewiesen ist[323]. Insofern bedarf es nach der hier vertretenen Auffassung einer Korrektur durch den Grundsatz von Treu und Glauben nicht, weil es schon am Informationsinteresse fehlt[324].

Doch selbst wenn ein Informationsinteresse besteht, kann die Ausübung des Auskunftsrechts mißbräuchlich sein, nämlich wenn sich das Informationsinteresse als nicht schutzwürdig erweist. Dies ist insbesondere dann der Fall, wenn die Aus-

---

ter anderem zur Verschwiegenheit verpflichtet, vgl. dazu *Wohlleben*, Informationsrechte des Gesellschafters, S. 200.

317 Sind die entsprechenden Meinungskundgaben dazu angetan, die Geschlossenheit der Partei aufs Spiel zu setzen, sind sie im übrigen nicht nur formellrechtlich, sondern - wie später noch zu zeigen sein wird (siehe unten § 10 II 1 a) bb)) auch materiellrechtlich unzulässig.

318 Vgl. *Roth*, in: Müko-BGB II, § 242 Rn. 281.

319 Vgl. in bezug auf das Informationsrecht *Barz*, in: GroßK-AktG I/2 (3. Aufl.), § 131 Anm. 12; *Nitschke/Bartsch*, AG 1969, 95 [97].

320 Vgl. in bezug auf das Informationsrecht Hadding, in: Soergel, BGB-K IV, § 716 Rn. 11; *Ulmer*, in: MüKo-BGB V, § 716 Rn. 4.

321 *Heinrichs*, in: Palandt, BGB-K, § 242 Rn. 50 ff.; *Roth*, in: Müko-BGB II, § 242 Rn. 383 ff., 571 ff., 560 ff.; *Teichmann*, in: Soergel, BGB-K II, § 242 Rn. 291 ff.

322 Siehe zu dieser Frage oben unter § 8 II.

323 Vgl. *Wohlleben*, Informationsrechte des Gesellschafters, S. 204; der Sache nach ebenso *Grunewald*, ZHR 146 (1982), 211 [230 f.]; *Hüffer*, in: Hachenburg, GmbHG-K II, § 51a Rn. 61 ff.; *Lutter/Hommelhoff*, GmbHG-K, § 51a Rn. 28; *Roth*, in: Roth/Altmeppen, GmbHG-K, § 51a Rn. 32 f.

324 Vgl. *K. Schmidt*, in: Scholz (Hrsg.), GmbHG-K II, § 51a Rn. 37.

übung des durch ein Informationsinteresse gedeckten Auskunftsrechts bloß als Vorwand für die Verfolgung unlauterer Zwecke dient[325]. Geht es dem Auskunftsberechtigten also in Wahrheit[326] gar nicht um die erfragten Informationen, sondern etwa darum, mit seinen Fragen die Verbandsarbeit, insbesondere den Ablauf einer Parteiversammlung zu behindern[327] oder die Verbandsführung zu schikanieren[328], ist die Ausübung des Auskunftsrechts ungeachtet des – vorgeschobenen – Informationsinteresses unzulässig[329]. Dabei wird in solchen Fällen in der Regel neben dem Tatbestand des § 242 auch der des § 226 BGB erfüllt sein. Da beide Vorschriften zu demselben Ergebnis führen, besteht für eine genaue Abgrenzung jedoch praktisch kein Bedürfnis[330]. Dementsprechend werden im Verbandsrecht die Fälle der Ausübung des Auskunftsrechts ohne schutzwürdiges Interesse teils unter die erst-[331], teils unter die zweitgenannte[332] Vorschrift subsumiert.

Ebenso wie das Auskunftsrecht wird auch das Recht auf Gehör mißbraucht, wenn es zur Verfolgung unlauterer Zwecke ausgeübt wird[333]. Das kann etwa durch ständige Wortmeldungen auf Parteiversammlungen zur Kundgabe von Quisquilien sowie vor allem durch Filibustern geschehen.

In jedem Fall ist bei der Verweigerung von Auskunft und Gehör wegen mangelndem schutzwürdigem Interesse größte Zurückhaltung geboten. Ein Parteimitglied, das ständig lästige Fragen stellt und zu allem etwas sagen will, mißbraucht noch nicht sein Recht auf Auskunft und Gehör. Mißbräuchliches Verhalten liegt vielmehr erst dann vor, wenn die Rechtsausübung offensichtlich zweckwidrig erfolgt.

---

325 Vgl. *Heinrichs*, in: Palandt, BGB-K, § 242 Rn. 50; *Roth*, in: Müko-BGB II, § 242 Rn. 565.

326 Worum es dem Auskunftsberechtigten wirklich geht, ist in der Praxis freilich nicht immer leicht feststellbar, vgl. *Barz*, in: GroßK-AktG I/2 (3. Aufl.), § 131 Anm. 12. An der rechtlichen Beurteilung der zweckwidrigen Rechtsausübung ändert das jedoch nichts.

327 Siehe zu solchen Beispielen *Barz*, in: GroßK-AktG I/2 (3. Aufl.), § 131 Anm. 12; *Steiner*, Die Hauptversammlung der Aktiengesellschaft, § 11 Rn. 47.

328 Eine Schikane der Verbandsführung ist freilich nicht schon darin zu sehen, daß der Auskunftsberechtigte sein Fragerecht zur Verfolgung von den Interessen der Verbandsführung zuwiderlaufenden Zielen einsetzt, vgl. *Barz*, in: GroßK-AktG I/2 (3. Aufl.), § 131 Anm. 12; *Nitschke/Bartsch*, AG 1969, 95 [99]. In politischen Parteien ist insofern insbesondere zu beachten, daß gemäß dem innerparteilichen Demokratiegebot des Art. 21 Abs. 1 S. 3 GG eine Minderheit die Chance haben muß, zur Mehrheit zu werden.

329 Vgl. *Barz*, in: GroßK-AktG I/2 (3. Aufl.), § 131 Anm. 12; *Lutter*, ZGR 1982, 1 [3]; *K. Schmidt*, in: Scholz (Hrsg.), GmbHG-K II, § 51a Rn. 37; *Obermüller/Werner/Winden*, Die Hauptversammlung der Aktiengesellschaft, G.XVI., S. 183; *Wohlleben*, Informationsrechte des Gesellschafters, S. 203.

330 Vgl. *Heinrichs*, in: Palandt, BGB-K, § 226 Rn. 1, § 242 Rn. 20, 50; *Roth*, in: Müko-BGB II, § 242 Rn. 380.

331 So etwa *von Bitter*, ZIP 1981, 825 [828]; *K. Müller*, GenG-K III, § 43 Rn. 29; *Nitschke/Bartsch*, AG 1969, 95 [100]; *Ulmer*, in: MüKo-BGB V, § 716 Rn. 4.

332 So zum Beispiel RGZ, DR 1942, 279 [280]; BayOLG, GmbHR 1989, 201 [203]; *Barz*, in: GroßK-AktG I/2 (3. Aufl.), § 131 Anm. 12; *Möhring*, Die Kontrollrechte der Gesellschafter, in: Festschrift für Rittershausen, S. 357 [369].

333 Vgl. *Trouet*, NJW 1986, 1302 [1305 f.].

dd) Übermäßige Rechtsausübung

Die Ausübung eines Rechts kann ferner deshalb mißbräuchlich sein, weil sie sich angesichts der sich dadurch für den Verpflichteten ergebenden Belastung als unverhältnismäßig erweist[334].

Im vorliegenden Zusammenhang wird dieser Gedanke vor allem herangezogen, um die Erfüllung von individuellen Informationsansprüchen auf solche Gewährungsformen zu beschränken, die für den Verband am schonendsten sind[335]. Dem kann jedoch nicht gefolgt werden. Denn in welcher Form Informationen gewährt werden müssen, richtet sich nach der hier vertretenen Ansicht nicht nach dem Grundsatz von Treu und Glauben, sondern nach dem Informationsbedürfnis[336].

Das Prinzip der verhältnismäßigen Rechtsausübung wirkt sich allerdings in anderer Hinsicht als allgemeine formelle Schranke des Auskunftsrechts aus, nämlich dann, wenn der Auskunftsberechtigte in einer Versammlung zu einem bestimmten Tagesordnungspunkt unzählige Fragen stellt[337]. Weil in Versammlungen gestellte Fragen grundsätzlich auch während der Versammlung beantwortet werden müssen[338], kann das Problem entstehen, daß „Vielfrager"[339] die weitere Abwicklung der Tagesordnung blockieren und wegen der begrenzten Versammlungsdauer andere Versammlungsteilnehmer um die Ausübung ihres Frage- und Rederechts bringen[340]. Während „Vielrednern" mit Redezeitbeschränkungen begegnet werden kann[341], helfen solche Maßnahmen gegenüber Vielfragern nicht immer weiter. Denn ein halbwegs geschickter Redner kann innerhalb kürzester Zeit massenhaft Fragen stellen[342]. Erst recht nutzen Redezeitbeschränkungen nichts, wenn gemäß der Geschäftsordnung Fragen in Versammlungen auch schriftlich vorgebracht werden können[343]. In diesen Fällen kann die Beantwortung der Fragen jedoch verweigert werden, sofern die damit einhergehende Belastung des Verbands unverhältnismäßig ist.

---

334 *Roth*, in: Müko-BGB II, § 242 Rn. 546 ff. Siehe auch *Hubmann*, AcP 155 (1956), 85 [123 ff.].
335 Vgl. statt vieler *Wohlleben*, Informationsrechte des Gesellschafters, S. 131 ff., 205; *Hüffer*, in: Hachenburg, GmbHG-K II, § 51a Rn. 62, der insofern vom „Prinzip des schonendsten Mittels" spricht, was der Sache nach dem Verhältnismäßigkeitsprinzip entspricht.
336 Siehe dazu oben § 8 II sowie § 9 III 1 a) aa) (2) und § 9 III 1 b) aa).
337 Deutlich *K.-P. Martens*, Leitfaden für die Leitung der Hauptversammlung einer Aktiengesellschaft, S. 39; vgl. ferner OLG Frankfurt a.M., WM 1983, 1071 f.; *Hüffer*, AktG-K, § 131 Rn. 35.
338 Siehe oben § 9 III 2 a).
339 Vgl. zu dieser Bezeichnung *K.-P. Martens*, Leitfaden für die Leitung der Hauptversammlung einer Aktiengesellschaft, S. 10; *Steiner*, Die Hauptversammlung der Aktiengesellschaft, § 11 Rn. 49.
340 Dieses Problem ist vor allem aus Hauptversammlungen von Aktiengesellschaften bekannt, siehe beispielsweise OLG Frankfurt a.M., WM 1983, 1071 f.
341 Richtig erkannt vom CDU-BPartG, NVwZ 1982, 160 a.E.
342 Vgl. *Trouet*, NJW 1986, 1302 [1306].
343 Vgl. *K.-P. Martens*, WM 1981, 1010 [1019].

Problematisch ist insofern allerdings die im Aktienrecht verbreitete Auffassung, wonach das massierte Stellen von Fragen zur Folge hat, daß ihre Beantwortung insgesamt nicht mehr als zur Beurteilung der betreffenden Verbandsangelegenheit erforderlich einzustufen ist, auch wenn die Fragen für sich betrachtet jeweils durch ein Informationsinteresse gedeckt sind[344]. Entsprechend der aus dem Öffentlichen Recht bekannten[345] Unterteilung der Verhältnismäßigkeit in die drei Voraussetzungen Geeignetheit, Erforderlichkeit und Angemessenheit würde es also nach dieser Auffassung an der zweiten Voraussetzung der Verhältnismäßigkeit fehlen. Die Erforderlichkeit einer Auskunft zur Beurteilung einer Verbandsangelegenheit ist aber nichts anderes als das – in der aktiengesetzlichen Regelung des individuellen Informationsrechts (§ 131 Abs. 1 S. 1 AktG) sogar ausdrücklich normierte – Informationsbedürfnis, das bereits Voraussetzung für die Entstehung eines Auskunftsanspruchs ist[346]. Demnach würde also das Ergebnis der auf der Schrankenebene des Auskunftsrechts erfolgenden Mißbrauchsprüfung auf die Tatbestandsebene des Rechts zurückwirken[347].

Diese Auffassung vermag nicht zu überzeugen. So will nicht einleuchten, warum das Bedürfnis nach einer bestimmten Informations entfallen soll, wenn der Auskunftsberechtigte auch noch weitere Auskünfte benötigt. Mit anderen Worten: das Informationsbedürfnis als Voraussetzung eines Auskunftsanspruchs hebt auf die Qualität, nicht aber auf die Quantität der begehrten Information ab. Demzufolge kann das Informationsbedürfnis theoretisch unzählige Fragen rechtfertigen. Allein können sich infolge der exzessiven Geltendmachung des Auskunftsrechts für den Verband Belastungen ergeben, die im Vergleich zum Informationsbedürfnis des Auskunftsberechtigten nicht mehr angemessen sind[348]. Dementsprechend wird die Angemessenheit als dritte Voraussetzung der Verhältnismäßigkeit als Übermaßverbot beschrieben[349].

---

344 *Eckardt*, in: Geßler/Hefermehl/Eckardt/Kropff, AktG-K II, § 131 Rn. 40; *K.-P. Martens*, Leitfaden für die Leitung der Hauptversammlung einer Aktiengesellschaft, S. 8, 39; *Max*, AG 1991, 77 [93]; *Quack*, AG 1985, 145 [148]; *Trouet*, NJW 1986, 1302 [1306]; *Zöllner*, in: ders. (Hrsg.), Kö-Ko-AktG I, § 131 Rn. 44 a.E.

345 Siehe dazu statt aller *Jarass*, in: Jarass/Pieroth, GGK, Art. 20 Rn. 80 ff.

346 Siehe oben § 8 II.

347 Die Vermengung der verschiedenen Ebenen tritt denn auch bei *K.-P. Martens*, Leitfaden für die Leitung der Hauptversammlung einer Aktiengesellschaft, S. 8, deutlich zu Tage, wenn er konstatiert, eine Auskunftsverweigerung komme „nur dann in Betracht, wenn der Fragenkatalog wegen der Unzahl der damit geforderten Informationen ein rechtsmißbräuchliches Verhalten indiziert oder allgemein formuliert: wenn die verlangten Auskünfte zur sachgemäßen Beurteilung des konkreten Gegenstands der Tagesordnung nicht erforderlich sind".

348 Dementsprechend hat das OLG Frankfurt a.M., WM 1983, 1071 f., in einem Fall, in dem von den Fragen eines Aktionärs in einer Hauptversammlung „annähernd 5000 Einzelvorgänge und damit etwa 25000 Einzelangangaben erfaßt" wurden, keineswegs die Erforderlichkeit der entsprechenden Auskunft verneint, sondern ihre „Zumutbarkeit".

349 Vgl. für das Öffentliche Recht *Jarass*, in: Jarass/Pieroth, GGK, Art. 20 Rn. 61, sowie speziell im Hinblick auf die Ausübung des individuellen Informationsrechts in privaten Personenverbänden *Hüffer*, AktG-K, § 131 Rn. 35.

Wo die Grenze zwischen einer zulässigen und unzulässigen, weil übermäßigen Ausübung des Auskunftsrechts verläuft, kann freilich nicht abstrakt, sondern nur nach einer die konkreten Umstände des Einzelfalls berücksichtigenden Interessenabwägung festgestellt werden[350]. Angesichts des hohen Stellenwerts des Auskunftsrechts kann die Beantwortung von berechtigten Fragen jedenfalls nicht schon dann verweigert werden, wenn sich die Dauer der Versammlung dadurch in die Länge zieht oder andere Versammlungsteilnehmer ungeduldig werden[351]. Andererseits liegt eine übermäßige und damit mißbräuchliche Ausübung des Auskunftsrechts vor, wenn ein Vielfrager die Versammlung für seine Informationsbedürfnisse monopolisiert.

Wird vom Auskunftsrecht übermäßig Gebrauch gemacht, bedeutet das allerdings nicht, daß die gestellten Fragen insgesamt nicht mehr beantwortet werden müssen. Vielmehr reduziert sich der Auskunftsanspruch auf eine Auskunftserteilung in angemessenem Umfang[352]. Insofern bietet es sich an, dem Vielfrager zuvor Gelegenheit zu geben, seine Fragenliste unter Relevanzgesichtspunkten auszudünnen[353].

ee) Widersprüchliche Rechtsausübung

Die Ausübung eines Rechts kann des weiteren als „venire contra factum proprium“ gegen Grundsatz von Treu und Glauben verstoßen und damit unzulässig sein, also wegen widersprüchlichen Verhaltens unzulässig sein[354]. Zwar läßt die Rechtsordnung widersprüchliches Verhalten grundsätzlich zu. Doch kann die Rechtsausübung zum einen unzulässig sein, wenn durch das Verhalten des Berechtigten ein Vertrauenstatbestand entstanden ist, insbesondere dann, wenn der andere Teil im Hinblick darauf bestimmte Dispositionen getroffen hat[355]. Dabei muß der Vertrauenstatbestand nicht schuldhaft geschaffen worden sein[356], wohl aber ist als Zu-

---

350 Vgl. *K.-P. Martens*, Leitfaden für die Leitung der Hauptversammlung einer Aktiengesellschaft, S. 40; *Steiner*, Die Hauptversammlung der Aktiengesellschaft, § 11 Rn. 49.

351 Insbesondere darf dem Auskunftsberechtigten nicht angelastet werden, daß die Beantwortung viel Zeit verschlingt, weil der Verbandsvorstand unzureichend vorbereitet ist oder die für die Behandlung eines Tagesordnungspunkts veranschlagte Dauer zu kurz bemessen wurde. Gegebenenfalls muß in solchen Fällen eine Vertagung des Tagesordnungspunkts in Betracht gezogen werden.

352 Vgl.*Steiner*, Die Hauptversammlung der Aktiengesellschaft, § 11 Rn. 49.

353 Vgl. OLG Frankfurt a.M., WM 1983, 1071 f.; LG München, WM 1987, 185 [189]; *K.-P. Martens*, Leitfaden für die Leitung der Hauptversammlung einer Aktiengesellschaft, S. 39; *Max*, AG 1991, 77 [93]; *Quack*, AG 1985, 145 [148]; *Trouet*, NJW 1986, 1302 [1306].

354 Vgl. zu dieser Fallgruppe der unzulässigen Rechtsausübung im Sinne des „ 242 BGB *Alff*, in: RGRK-BGB II/1, § 242 Rn. 93 ff.; *Heinrichs*, in: Palandt, BGB-K, § 242 Rn. 55 ff.; *Roth*, in: Mü-ko-BGB II, § 242 Rn. 423 ff.; *J. Schmidt*, in: Staudinger, BGB-K I, § 242 Rn. 672 ff.; *Teichmann*, in: Soergel, BGB-K II, § 242 Rn. 312 ff.

355 Vgl. RGZ 107, 357 [363]; BGHZ 32, 273 [279]; NJW 1972, 940 [941]; BayOLGZ 71, 89, 101; LG Mainz, AG 1988, 169 [170 f.].

356 BGH, WM 1968, 875 [877]; *Heinrichs*, in: Palandt, BGB-K, § 242 Rn. 55.

rechnungsvoraussetzung zu fordern, daß seine Entstehung erkennbar war[357]. Zudem kann die Rechtsausübung unter Umständen auch ohne die Begründung eines besonderen Vertrauenstatbestands allein wegen sachlicher Unvereinbarkeit des früheren mit dem späteren Verhalten unzulässig sein[358].

Im vorliegenden Zusammenhang wäre an widersprüchliche Rechtsausübung beispielsweise zu denken, wenn ein Versammlungsteilnehmer – etwa im Rahmen einer Bemerkung zur Geschäftsordnung[359] – darauf dringt, die Erörterung eines Tagesordnungspunkts möglichst schnell zu beenden, sich dann aber, wenn die Aussprache gemäß seinem Vorschlag geschlossen werden soll, mit einem umfangreichen Fragenkatalog zu Wort meldet.

b) Verwirkung

Einen besonderen Anwendungsfall der soeben erörterten unzulässigen Rechtsausübung wegen widersprüchlichen Verhaltens stellt die Verwirkung eines Rechts dar[360].

Zur Verwirkung eines Rechts kommt es, wenn der Berechtigte durch sein Verhalten den Eindruck erweckt hat, er wolle sein Recht nicht (weiter) geltend machen, der Verpflichtete sich darauf einrichten durfte und auch eingerichtet hat und ihm deshalb die spätere Inanspruchnahme nicht mehr zugemutet werden kann[361]. Wie daraus folgt, kann der Einwand[362] der Verwirkung noch nicht allein deshalb erhoben werden, weil seit der ersten Gelegenheit zur Geltendmachung des Rechts bereits längere Zeit verstrichen ist[363]. Vielmehr bedarf es zusätzlich zu diesem zeitlichen Element der Feststellung besonderer Umstände, welche die verspätete Durchsetzung als im konkreten Einzelfall[364] illoyal[365] und die Erfüllung als gegenüber dem Schuldner unzumutbar erscheinen lassen[366].

---

357 *Roth*, in: Müko-BGB II, § 242 Rn. 427; im Grundsatz übereinstimmend, jedoch stärker differenzierend *Canaris*, Die Vertrauenshaftung im deutschen Privatrecht, S. 467 ff., 517 f.
358 *Roth*, in: Müko-BGB II, § 242 Rn. 322.
359 Siehe dazu oben § 10 I 1 a) aa) (3) (f) (aa).
360 *Heinrichs*, in: Palandt, BGB-K, § 242 Rn. 87; *Roth*, in: Müko-BGB II, § 242 Rn. 360; *Teichmann*, in: Soergel, BGB-K II, § 242 Rn. 332.
361 Vgl. BGHZ 25, 47 [52].
362 *Roth*, in: Müko-BGB II, § 242 Rn. 377.
363 Beachte jedoch die abweichende Dogmatik von *J. Schmidt*, in: Staudinger, BGB-K, § 242 Rn. 534 ff.
364 *Alff*, in: RGRK-BGB II/1, § 242 Rn. 137; *Roth*, in: Müko-BGB II, § 242 Rn. 469.
365 Vgl. BGHZ 25, 47 [52]; BGH, DB 1969, 302; BAGE 6, 165 [167]; BVerwGE 22, 190 [191], wo von einer „illoyalen Verspätung" gesprochen wird. Allerdings ist diese Bezeichung, wie *Teichmann*, in: Soergel, BGB-K II, § 242 Rn. 332, zu Recht moniert, ungenau, da nicht die Verspätung bei der Geltendmachung des Rechts als solche illoyal ist, sondern die im Widerspruch zum bisherigen Verhalten stehende Geltendmachung, so daß es genaugenommen „illoyal verspätete Geltendmachung" (*Roth*, in: Müko-BGB II, § 242 Rn. 464) heißen muß.
366 BGHZ 25, 47 [52] = JZ 1957, 626 mit zustimmender Anmerkung von *Hueck*.

Eine Verwirkung des Rechts auf Auskunft und Gehör wird im Verbandsrecht für den Fall diskutiert, daß eine Information oder Meinungskundgabegelegenheit zu solchen Sachverhalten verlangt wird, für die dem Verbandsleitungsorgan in der Vergangenheit bereits einmal Entlastung erteilt wurde[367]. Insofern geht es also um die Frage, ob die Entlastung beim Verbandsleitungsorgan ein Vertrauenstatbestand dahingehend entstehen lassen kann, daß die Richtigkeit seiner Geschäftsführung in solchen Verbandsangelegenheiten auch später nicht bezweifelt wird. Praktisch relevant wird diese Frage vor allem bei einer neuerlich anstehenden Entlastung[368].

Eine derartige Bindungswirkung von Entlastungsbeschlüssen ist abzulehnen. Durch die Entlastung sprechen die Verbandsmitglieder dem Verbandsleitungsorgan ihr verbindliches Einverständnis mit der Art und Weise seiner Geschäftsführung seit der vorangegangenen Entlastung aus. Zugleich verzichten sie darauf, das Verbandsleitungsorgan wegen einzelner in diese Zeitspanne fallender Vorgänge nachträglich zur Rechenschaft zu ziehen[369]. Würde man aber einem Entlastungsbeschluß überdies Bindungswirkung für die Zukunft zusprechen, drohte die Verbandspolitik in den betreffenden Angelegenheiten ein für allemal festgezurrt zu werden. Jedenfalls in politischen Parteien, die dem innerparteilichen Demokratiegebot des Art. 21 Abs. 1 S. 3 GG verpflichtet sind, wäre dies nicht akzeptabel. Denn danach muß der Minderheit die Chance verbleiben, zur Mehrheit zu werden. Konnte sie mit ihrer Meinung, die Entlastung zu verweigern, nicht durchdringen, kann zwar der einmal gefaßte Entlastungsbeschluß später nicht revidiert werden. Doch muß sie bei der nächsten anstehenden Entlastung wiederum die Möglichkeit haben, für eine Verweigerung der Entlastung einzutreten, so daß sich dafür diesmal möglicherweise eine Mehrheit findet[370]. Dies gilt um so mehr, als sich eine Entlastungsverweigerung zwar de iure nur rückwirkend auf das Handeln des Verbandsleitungsorgans seit der letzten Entlastung bezieht, de facto aber auch das Handeln des Verbandsleitungsorgans in der Zukunft bestimmt. Dieses Handeln muß aber von dem aktuellen Mehrheitswillen der Verbandsmitglieder getragen werden.

---

367 Vgl. OLG Düsseldorf, GmbHR 1991, 18 [19]; ZIP 1990, 1569; KG, GmbHR 1988, 221 [224]; *Ebenroth*, Das Auskunftsrecht des Aktionärs und seine Durchsetzung im Prozeß, S. 39 f.; *K.-P. Martens*, WM 1981, 1010 [1017 f.]; *K. Schmidt*, in: Scholz (Hrsg.), GmbHG-K II, § 51a Rn. 37; *Wohlleben*, Informationsrechte des Gesellschafters, S. 199. In bezug auf das Recht auf Gehör vgl. hingegen *K.-P. Martens*, WM 1981, 1010 [1017 f.].

368 Vgl. nur *Ebenroth*, Das Auskunftsrecht des Aktionärs und seine Durchsetzung im Prozeß, S. 40 f.; *K.-P. Martens*, WM 1981, 1010 [1017 f.].

369 BGHZ 24, 47 [54]; *Stöber*, HdbVereinsrecht, Rn. 315; *Reichert*, HdbVereins- und Verbandsrechts, Rn. 1536 ff.; je für die Entlastung des Vorstands eines bürgerlich-rechtlichen Vereins. Eine Ausnahme gilt für das Aktienrecht, wo im Unterschied zu den anderen Verbandsformen der Entlastung keine Präklusionswirkung zukommt, vgl. § 120 Abs. 2 S. 2 AktG sowie dazu *Hüffer*, AktG-K, § 131 Rn. 13.

370 A.A. wohl *Reichert*, HdbVereins- und Verbandsrechts, Rn. 1538, der meint, über die betreffenden Angelegenheiten dürfe zwar diskutiert, doch dürften sie grundsätzlich nicht erneut zur Begründung einer Entlastungsverweigerung herangezogen werden.

II. Materielle Schranken

Die materiellen Schranken des Rechts auf Auskunft und Gehör sind ebenso wie seine formellen Schranken danach zu unterscheiden, ob sie einen speziellen Bezug zu dem Recht aufweisen oder nicht.

1. Spezielle materielle Schranken

a) Verbandsinteresse

Eine spezielle materielle Schranke des Rechts auf Auskunft und Gehör bilden die Interessen des Verbands, in dem es ausgeübt wird.

aa) Als Schranke des Auskunftsrechts

Gemäß § 131 Abs. 3 S. 1 Nr. 1 AktG darf einem Aktionär die von ihm von der Aktiengesellschaft begehrte Auskunft verweigert werden, wenn ihre Erteilung geeignet ist, der Gesellschaft einen nicht unerheblichen Nachteil zuzufügen. In der Vorschrift ist der für alle Verbandsformen und damit auch für politische Parteien geltende Grundsatz normiert, daß dem individuellen Auskunfts- bzw. Informationsrecht[371] durch das Verbandsinteresse Grenzen gesetzt sind[372]. In politischen Parteien schränkt das Verbandsinteresse das Auskunftsrecht dabei nicht nur ein, wenn dieses als mitgliedschaftliches Recht besteht, sondern auch dann, wenn es in den wahlgesetzlichen Bestimmungen über die innerparteiliche Wahlbewerberaufstellung begründet ist[373].

Dem Wortlaut des § 131 Abs. 3 S. 1 Nr. 1 AktG entsprechend kommt es für das Eingreifen der durch das Verbandsinteresse gebildeten Schranke des Auskunftsrechts auf einen drohenden Nachteil für den Verband an. Es ist somit nicht der Schadensbegriff des BGB zugrunde zu legen; „Nachteil" bedeutet vielmehr jede Beeinträchtigung der Interessen des Verbands[374]. Demzufolge braucht der Nachteil nicht unbedingt finanzieller Natur zu sein. Auch eine Ansehensminderung des Verbands, eine Erschütterung des Vertrauens in ihn oder die Schwächung der

---

[371] Zur synonymen Verwendung der Begriffe Auskunfts- und Informationsrecht im Rahmen der der vorliegenden Untersuchung siehe oben § 2 I 1.

[372] Vgl. *Reichert*, HdbVereins- und Verbandsrechts, Rn. 887; *Reuter*, in: MüKo-BGB I, § 38 Rn. 37; *K. Schmidt*, Informationsrechte in Gesellschaften und Verbänden, S. 41 f, 57; *Wohlleben*, Informationsrechte des Gesellschafters, S. 167.

[373] Zu den unterschiedlichen Rechtsgrundlagen des Auskunftsrechts siehe oben § 7 II 5. Zur Begründung, warum der verbandsrechtliche Grundsatz auch bei der Ausübung des öffentlichrechtlichen, in den wahlgesetzlichen Bestimmungen über die Wahlbewerberaufstellung wurzelnden Auskunftsrechts zu beachten ist, gilt das oben unter § 8 II 2 sowie § 9 I 1 Gesagte entsprechend.

[374] Vgl. *Eckardt*, in: Geßler/Hefermehl/Eckardt/Kropff, AktG-K II, § 131 Rn. 89; *Hüffer*, AktG-K, § 131 Rn. 24.

Wettbewerbsposition stellen sich als Nachteil dar[375]. In politischen Parteien kann es daher beispielsweise gerechtfertigt sein, daß der Parteivorstand in einer Parteiversammlung Auskunft über ein kurzfristig anstehendes taktisches Wahlkampfmanöver verweigert, wenn zu besorgen ist, daß die Information auch an den politischen Gegner gelangt. Insofern ist zu bedenken, daß die Gefahr des Bekanntwerdens geheimhaltungswürdiger Informationen infolge einer an sich nur zu verbandsinternen Zwecken erfolgenden Auskunftserteilung in Großverbänden wie politischen Parteien wesentlich größer ist als in einem Verband mit nur einer Handvoll Mitgliedern wie zum Beispiel einer GmbH[376].

Für ein Auskunftsverweigerungsrecht wegen entgegenstehendem Verbandsinteresse genügt allerdings nicht jeder Nachteil, der dem Verband durch die Gewährung der begehrten Informationen entstehen kann, sondern nur ein „nicht unerheblicher" Nachteil, vgl. § 131 Abs. 3 S. 1 Nr. 1 AktG. § 112 Abs. 3 AktG 1937, der Vorläufer des geltenden § 131 Abs. 3 S. 1 Nr. 1 AktG, forderte noch, daß „überwiegende Belange" des Verbands gefährdet sind. Demzufolge bedurfte es zur Feststellung, ob ein entsprechender Auskunftsverweigerungsgrund vorliegt, einer Abwägung zwischen den Interessen des Informationsberechtigten einerseits und den Verbandsinteressen andererseits[377]. Die Änderung des Wortlauts der Vorschrift durch § 131 Abs. 3 S. 1 Nr. 1 AktG wird von der herrschenden Meinung dahingehend interpretiert, der Gesetzgeber habe die Unbestimmtheit der vormaligen Regelung durch einen objektiven Maßstab ersetzen wollen. Nunmehr sei allein auf die Interessen des Verband abzustellen, wogegen das Interesse des Informationsberechtigten für die Frage, ob die Auskunft verweigert werden dürfe, keine Rolle mehr spiele[378]. Berücksichtigt man indes nicht nur den Wortlaut des § 131 Abs. 3 S. 1 Nr. 1 AktG, sondern auch das hinter dieser Schutzklausel stehende Prinzip, wird deutlich, daß auch weiterhin eine Abwägung erforderlich ist. Dementsprechend hat der Gesetzgeber das Erfordernis der Abwägung auch nicht abgeschafft, sondern in die Vorschrift „tatbestandsmäßig eingebunden"[379]. Daher kommt es auch hier wieder entscheidend auf das Informationsbedürfnis[380] an: je wichtiger die begehrten Informationen für den Informationsberechtigten sind, desto größer muß der dem Verband durch ihre Gewährung drohende Nachteil sein,

---

375 Vgl. *Barz*, in: GroßK-AktG I/2 (3. Aufl.), § 131 Anm. 14; *Semler*, in: MüHdbGesellschR IV, § 37 Rn. 24.

376 Vgl. zu entsprechenden Überlegungen in bezug auf Aktiengesellschaften *Wohlleben*, Informationsrechte des Gesellschafters, S. 152.

377 Siehe *Teichmann/Koehler*, AktG-K, § 112 Anm. 3.

378 *Eckardt*, in: Geßler/Hefermehl/Eckardt/Kropff, AktG-K II, § 131 Rn. 10, 86; *von Godin/Wilhelmi*, AktG-K I, § 131 Anm. 8; *Ebenroth*, Das Auskunftsrecht des Aktionärs und seine Durchsetzung im Prozeß, S. 83; *Semler*, in: MüHdbGesellschR IV, § 37 Rn. 25; *Tietze*, Die Informationsrechte des GmbH-Gesellschafters, S. 95; *Wohlleben*, Informationsrechte des Gesellschafters, S. 150 ff.

379 *K. Schmidt*, Informationsrechte in Gesellschaften und Verbänden, S. 41. Der Sache nach ebenso *Barz*, in: GroßK-AktG I/2 (3. Aufl.), § 131 Anm. 14; *Baumbach/Hueck*, AktG-K, § 131 Rn. 13; *Zöllner*, in: ders. (Hrsg.), KöKo-AktG I, § 131 Rn. 34.

380 Siehe zum Informationsbedürfnis ausführlich oben unter § 8 II.

um das Tatbestandmerkmal „nicht unerheblich" zu erfüllen[381]. Dabei muß die Beurteilung, ob die Gewährung von Informationen tatsächlich geeignet ist, dem Verband einen nicht unerheblichen Nachteil zuzufügen, anhand eines objektiven Maßstabes erfolgen, so daß sie in vollem Umfang richterlicher Nachprüfung unterliegt[382]. Auf die Sicht des für die Informationsgewährung verantwortlichen Verbandsorgans[383] kommt es nicht an, insbesondere handelt es sich insofern nicht um dessen Ermessensentscheidung[384]. Auch müssen die Interessen des Verbands konkret gefährdet sein, um ein Auskunftsverweigerungsrecht zu begründen[385]. Steht also im Einzelfall fest, daß die Informationsgewährung dem Verband nicht zum Nachteil gereicht, muß sie erfolgen, selbst wenn die abstrakte Beurteilung zu dem Ergebnis führen sollte, daß sie „an sich" geeignet ist, dem Verband Nachteil zuzufügen[386].

Die Beweislast für das Vorliegen eines Auskunftsverweigerungsgrunds im Sinne des § 131 Abs. 3 S. 1 Nr. 1 AktG trifft den Verband[387]. Problematisch ist freilich, daß die Darlegung, die Gewährung der begehrten Information sei tatsächlich und im konkreten Einzelfall geeignet, dem Verband einen nicht unerheblichen Nachteil zuzufügen, ohne Offenlegung der betreffenden Information mitunter schwerlich möglich ist. Um hier den Verband davor zu bewahren, die Information preisgeben zu müssen, wird gelegentlich gefordert, dem Informationsberechtigen die Beweislast für den Nichteintritt von Nachteilen für den Verband aufzuerlegen, also die Beweislast umzukehren[388]. Damit würde das Auskunftsrecht jedoch vielfach leerlaufen[389]. Die Lösung kann denn auch nur darin bestehen, dem Verband zwar die Beweislast aufzubürden, dafür aber die Darlegung von Tatsachen genügen zu lassen, aus denen sich mit einiger Plausibilität die potentielle Schädlichkeit der Informationen für das Verbandsinteresse ergibt[390].

Neben der Gefahr, daß die Gewährung der begehrten Information dem Verband einen nicht unerheblichen Nachteil zufügt, enthält § 131 Abs. 3 S. 1 AktG im

---

381 Vgl. *Barz*, in: GroßK-AktG I/2 (3. Aufl.), § 131 Anm. 14; *Baumbach/Hueck*, AktG-K, § 131 Rn. 13.

382 OLG Düsseldorf, WM 1991, 2148 [2152]; *Eckardt*, in: Geßler/Hefermehl/ Eckardt/Kropff, AktG-K II, § 131 Rn. 85; *Hüffer*, AktG-K, § 131 Rn. 25.

383 Siehe dazu oben § 9 II 2.

384 So aber *von Godin/Wilhelmi*, AktG-K I, § 131 Anm. 11; wie hier dagegen *Barz*, in: GroßK-AktG I/2 (3. Aufl.), § 131 Anm. 13; *Eckardt*, in: Geßler/Hefermehl/Eckardt/Kropff, AktG-K II, § 131 Rn. 85; *Semler*, in: MüHdbGesellschR IV, § 37 Rn. 24; *Zöllner*, in: ders. (Hrsg.), KöKo-AktG I, § 131 Rn. 35.

385 *Barz*, in: GroßK-AktG I/2 (3. Aufl.), § 131 Anm. 14.

386 *Eckardt*, in: Geßler/Hefermehl/Eckardt/Kropff, AktG-K II, § 131 Rn. 84.

387 Vgl. *Semler*, in: MüHdbGesellschR IV, § 37 Rn. 24; *Zöllner*, in: ders. (Hrsg.), KöKo-AktG I, § 131 Rn. 36.

388 Vgl. LG Heilbronn, AG 1967, 81 [82]; *von Godin/Wilhelmi*, AktG-K I, § 131 Anm. 7, sowie § 132 Anm. 6.

389 Vgl. *Zöllner*, in: ders. (Hrsg.), KöKo-AktG I, § 131 Rn. 36.

390 Vgl. OLG Düsseldorf, WM 1991, 2148 [2152]; *Semler*, in: MüHdbGesellschR IV, § 37 Rn. 24; *Zöllner*, in: ders. (Hrsg.), KöKo-AktG I, § 131 Rn. 36.

übrigen noch weitere Auskunftsverweigerungstatbestände, die direkt oder indirekt ebenfalls dem Schutz der Verbandsinteressen dienen[391]. So können dem Mitglied gemäß den Bestimmungen des § 131 Abs. 1 S. 1 Nr. 2 bis 4 AktG Informationen über steuerrelevante Verhältnisse des Verbands vorenthalten werden[392]. Diese Bestimmungen lassen sich jedoch wegen rechtsformspezifischer Strukturunterschiede der Verbandsformen weder auf bürgerlich-rechtliche Vereine noch auf politische Parteien übertragen[393]. Weder gewöhnliche bürgerlich-rechtliche Vereine noch politische Parteien verfügen nämlich zwingend über einen Aufsichtsrat oder eine sonstige obligatorische Kontrollinstanz, weshalb bei ihnen anders als in Aktiengesellschaften eine Überprüfung des Vorstands durch die einzelnen Mitglieder in Bezug auf steuerrelevante Tatsachen möglich sein muß[394]. Aus den gleichen Gründen ebensowenig auf bürgerlich-rechtliche Vereine und politische Parteien übertragbar ist der Informationsverweigerungsgrund des § 131 Abs. 1 S. 2 Nr. 6 AktG, da er eine speziell auf Aktienbanken zugeschnittene Regelungen enthält.

Gültigkeit in bürgerlich-rechtlichen Vereinen im allgemeinen sowie in politischen Parteien im besonderen hat dagegen der Verweigerungsgrund des § 131 Abs. 1 S. 2 Nr. 5 AktG, wonach die Auskunft verweigert werden kann, wenn sich der Vorstand durch ihre Erteilung strafbar machen würde[395]. Allerdings handelt es sich bei diesem Verweigerungsgrund nach der oben vorgenommenen Schrankentypisierung[396] um eine allgemeine materielle Schranke des Auskunftsrechts[397], auf die erst an späterer Stelle eingegangen werden soll[398].

bb) Als Schranke des Rechts auf Gehör

Das Verbandsinteresse beschränkt auch das Recht auf Gehör. Dementsprechend darf ein auf das Recht auf Gehör gestütztes Begehren auf Meinungskundgabe zurückgewiesen werden, wenn diese geeignet ist, dem Verband einen nicht unerheblichen Nachteil zuzufügen[399]. Rechtssystematisch wirkt sich das Verbandsin-

---

391 Vgl. zur Zielrichtung der Auskunftsverweigerungstatbestände gemäß § 131 Abs. 3 S. 1 AktG *Semler*, in: MüHdbGesellschR IV, § 37 Rn. 22.

392 Vgl. im einzelnen den Gesetzeswortlaut sowie die Kommentierungen von *Barz*, in: GroßK-AktG I/2 (3. Aufl.), § 131 Anm. 15 bis 17; *Baumbach/Hueck*, AktG-K, § 131 Rn. 14 f.; *Eckardt*, in: Geßler/Hefermehl/Eckardt/Kropff, AktG-K II, § 131 Rn. 103 bis 120; *Zöllner*, in: ders. (Hrsg.), KöKo-AktG I, § 131 Rn. 37 bis 39.

393 *Reuter*, in: MüKo-BGB I, § 38 Rn. 37; *Wohlleben*, Informationsrechte des Gesellschafters, S. 168.

394 A.A. für „Großvereine und Vereinsverbände" *Reichert*, HdbVereins- und Verbandsrechts, Rn. 887.

395 Vgl. *Reuter*, in: MüKo-BGB I, § 38 Rn. 22; *Wohlleben*, Informationsrechte des Gesellschafters, S. 168.

396 Siehe oben § 10.

397 So auch *Wohlleben*, Informationsrechte des Gesellschafters, S. 184.

398 Siehe dazu unten § 10 II 2 b).

399 Das kann zum einen dergestalt erfolgen, daß den Berechtigten die Gelegenheit zur innerparteilichen Meinungskundgabe zu einer bestimmten Angelegenheit a priori vorenthalten wird, vgl. dazu *Seifert*, Die politischen Parteien im Recht der Bundesrepublik Deutschland, S. 217 Fn. 191,

teresse beim Recht auf Gehör allerdings anders als beim Auskunftsrecht nicht erst als Einschränkung, sondern bereits als inhaltliche Begrenzung aus[400].

Der für Parteiverbände gravierendste Nachteil, der durch eine auf das Recht auf Gehör gestützten Meinungskundgabe entstehen kann, ist die Beeinträchtigung ihrer inneren Geschlossenheit[401]. Als Grund für die Notwendigkeit der inneren Geschlossenheit der Parteien wurde ihre verfassungsrechtliche Aufgabe ausgemacht, Mittler zwischen Volks- und Staatswillensbildung zu sein und dabei gleichzeitig untereinander um die Gunst der Wähler zu konkurrieren[402]. Damit verträgt es sich nicht, wenn Mitglieder nachhaltig gegen die Beschlüsse, Programmatik und die sie vertretene Führung ihrer eigenen Partei agitieren, da es dieser dadurch unmöglich wird, sich in der politischen Auseinandersetzung mit anderen Parteien zu behaupten und ihre Ziele im Bereich der institutionalisierten Staatlichkeit umzusetzen[403]. Im Interesse ihrer Partei unterliegen Mitglieder deshalb bei ihren Meinungsäußerungen einer gewissen inneren Friedenspflicht und einem Mindestmaß nach außen zu beweisender Solidarität[404]. Meinungsäußerungen, die geeignet sind, die Geschlossenheit der Partei aufs Spiel zu setzen, sind somit durch das Recht auf Gehör nicht gedeckt.

Freilich ist die Grenzziehung zwischen unter diesem Gesichtspunkt zulässigen und nicht mehr zulässigen Meinungsäußerungen problematisch. Wie *Seifert*[405] zu Recht anmahnt, darf die zur Geschlossenheit notwendige Disziplin nicht überzogen werden. So können die Parteien bei aller Härte des politischen Wettbewerbs nicht bloß als Kampfverbände gesehen werden, in denen Geschlossenheit, Schlagkraft und Führbarkeit bedingungslos vor allem anderen rangieren. Vielmehr muß stets im Auge behalten werden, daß sie auch Stätten der geistigen Auseinandersetzung politisch denkender Menschen sind. Denn durch geschlossenes Auftreten allein können sie ihren Verfassungsauftrag nicht erfüllen. Vielmehr müssen sie zugleich offen sein für die im Volk vorhandenen verschiedenen Ansichten und Bestrebungen. Dementsprechend müssen jene Ansichten und Bestrebungen von

---

sowie *Strunk*, Meinungsfreiheit und Parteidisziplin, JZ 1978, 87 [89]. Das setzt freilich voraus, daß der Inhalt der Meinung bereits vor ihrer verbandsinternen Kundgabe bekannt ist, was beispielsweise dann möglich ist, wenn der Abdruck eines Artikels in einer Mitgliederzeitschrift verlangt wird. Zum anderen kann die Verweigerung aber auch die Fortsetzung einer bereits gewährten Meinungskundgabegelegenheit betreffen, so etwa, wenn einem Berechtigten in einer Verbandsversammlung das Wort erteilt wurde und sich während seiner Rede herausstellt, daß ihr Inhalt das Verbandsinteresse verletzt.

400 Siehe dazu oben § 9 I 3.

401 Zum Nachteil gereichen können politischen Parteien insbesondere auch ehrverletzende Meinungsäußerungen ihrer Mitglieder in bezug auf den politischen Gegner, wenn dadurch der Eindruck entsteht, sie entsprächen dem Umgangston in der Partei. Allerdings werfen solche Äußerungen meist nur einen schlechtes Bild auf das betreffende Mitglied selbst. Siehe zum Ehrenschutz als Grenze des Rechts auf Gehör unten § 10 II 2 a) cc).

402 Siehe dazu oben § 4 II.

403 Vgl. *Lengers*, Rechtsprobleme bei Parteiausschlüssen, S. 104.

404 *Seifert*, Die politischen Parteien im Recht der Bundesrepublik Deutschland, S. 214.

405 *Seifert*, Die politischen Parteien im Recht der Bundesrepublik Deutschland, S. 214 f.

den Mitgliedern grundsätzlich auch in die Parteien hineingetragen werden und Ausgangspunkt ihrer Willensbildung sein können. Dabei müssen die hierfür erforderlichen Freiheitsräume dem Umstand Rechnung tragen, daß sich in der Bundesrepublik ein Parteiwesen mit einer oligopolartigen Stellung der etablierten Parteien herausgebildet hat, in dem ein Ausweichen dissentierender Mitglieder auf andere Parteien weitgehend illusorisch geworden ist[406].

Vor diesem Hintergrund sind Meinungsäußerungen, die eine grundsätzliche Opposition zur eigenen Partei erkennen lassen, nicht mehr vom Recht auf Gehör gedeckt[407]. Das ist etwa der Fall, wenn das Grundsatzprogramm der eigenen Partei fortgesetzt herabgesetzt und das einer konkurrierenden Partei beworben wird[408]. Aus demselben Grund kann auch der Aufruf, bei öffentlichen Wahlen aufgestellten Wahlbewerbern der eigenen Partei oder dieser selbst die Stimme zu verweigern[409], nicht auf das Recht auf Gehör gestützt werden[410], ebensowenig wie Erklärungen, in denen die eigene Partei pauschal als politisch korrupt bezeichnet oder ihr die Verfassungstreue abgesprochen wird[411]. Die Grenzen der akzeptablen Meinungsvielfalt in politischen Parteien wurden auch in dem spektakulären Fall *Martin Hohmann* deutlich. Der damalige CDU-Bundestagsabgeordnete hatte in einer Rede am 3. Oktober 2003 gemäß den Feststellungen des CDU-Bundesparteigerichts „antisemtische Tendenzen entweder als eigene vertreten oder jedenfalls in Teilen seiner Zuhörerschaft in dem Sinne begünstigt, daß er Tatsachen für eine solche Bewertung" lieferte und dadurch gegen die Grundsätze gegen die Partei verstoßen, wor-

---

406 *Dux*, Meinungsfreiheit als innere Ordnung der politischen Parteien, DVBl. 1966, 553 [558]; *Seifert*, Die politischen Parteien im Recht der Bundesrepublik Deutschland, S. 215.

407 Vgl. *Bull*, RuP 1974, 79 [81]; *Risse*, Der Parteiausschluß, S. 130; *Zimmermann*, Rechtsstaatsprinzip und Parteigerichtsbarkeit, S. 143.

408 Vgl. *Lenz/Sasse*, JZ 1962, 233 [240]; *von Münch*, in: von Münch/Kunig, GG-K II (3. Aufl.), Art. 21 Rn. 57 (Stichwort Grundrechte der Mitglieder – S. 34); *Preuß*, in: AltK-GG II, Art. 21 Abs. 1, 3 Rn. 68; *Wolfrum*, Die innerparteiliche demokratische Ordnung nach dem Parteiengesetz, S. 141.

409 Solche „Nichtwahlaufrufe" sind keineswegs theoretisch. Für erhebliches Aufsehen sorgte etwa der Fall, als einige „pazifistische" Mitglieder der Partei BÜNDNIS 90/Die GRÜNEN einige Tage vor der Europawahl im Juni 1999 dazu aufriefen, ihrer Partei bei dieser Wahl die Gefolgschaft zu verweigern, weil im Mai 1999 ein Sonderparteitagsbeschluß gefaßt worden war, der den politischen Kurs des der Partei angehörenden Bundesaußenministers *Joschka Fischer* unterstützte und damit die seinerzeitige deutsche Beteiligung an den Militäreinsätzen in Jugoslawien gutgeheißen hatte, vgl. zu diesem Fall Frankfurter Allgemeine Zeitung vom 7. Juni 1999, S. 1 und 5. Einen weiteren Beispielsfall stellt die öffentliche Aussage des ehemaligen SPD-Bundesvorsitzenden Oskar Lafontaine dar, er werde bei der nächsten Wahl eine neue Linkspartei unterstützen, falls seine Partei ihren Kurs nicht ändere, vgl. dazu FAZ vom 7. August 2004, S. 1 und 2. Praktisch blieben die betreffenden Äußerungen jedoch in beiden Fällen ohne juristisches Nachspiel.

410 Vgl. *von Münch*, in: von Münch/Kunig, GG-K II (3. Aufl.), Art. 21 Rn. 57 (Stichwort Grundrechte der Mitglieder – S. 34); *Risse*, Der Parteiausschluß, S. 130; *Strunk*, Meinungsfreiheit und Parteidisziplin, JZ 1978, 87 [89]; *Wolfrum*, Die innerparteiliche demokratische Ordnung nach dem Parteiengesetz, S. 141.

411 *König*, Die Verfassungsbindung der politischen Parteien, S. 46; *Zimmermann*, Rechtsstaatsprinzip und Parteigerichtsbarkeit, S. 143.

aufhin er zunächst aus der Fraktion und dann auch aus der Partei ausgeschlossen wurde[412].

Andererseits wird man, um nicht einer Erstarrung der innerparteilichen Willensbildung Vorschub zu leisten, das Parteimitglied als berechtigt ansehen müssen, einzelne Punkte des Parteiprogramms oder einen bestimmten Parteibeschluß in Frage zu stellen[413]. Insbesondere muß sich das Parteimitglied mit einer kritischen Meinung zum Handeln der Parteiführung hören lassen können. Denn „wer einer Partei beitritt, identifiziert sich mit Programm und Führungstaktik des Verbandes nicht bedingungslos, sondern mit der Maßgabe, die Aktionspläne der Partei mitbestimmen zu können. Das Gebot der Parteidisziplin darf nicht dazu dienen, hierarchische Parteiautoritäten der innerparteilichen Kritik zu entziehen, um letztlich die 'Herrschaft der Gewählten über die Wähler' zu legitimieren"[414]. Dies gilt um so mehr, als die politische Praxis lehrt, daß Parteimitglieder mit Verweis auf das Geschlossenheitserfordernis allzu schnell mundtot gemacht werden[415].

Um zu verhindern, daß das Recht auf Gehör nur zu konformistischen Meinungsäußerungen genutzt werden kann, ist eine Verweigerung einer aufgrund des Rechts begehrten Meinungskundgabegelegenheit somit erst dann gerechtfertigt, wenn der deshalb dem Parteiverband drohende Nachteil erheblich ist[416]. So wie der Auskunftsverweigerungsrecht nach § 131 Abs. 3 S. 1 Nr. 1 AktG[417] ist die Erheblichkeit des Nachteils auch im vorliegenden Zusammenhang im Wege der Abwägung zu bestimmen, und zwar im Wege der Abwägung zwischen der demokratischen Befugnis, mittels des Rechts auf Gehör eine Meinung in den Parteiwillensbildungsprozeß einfließen zu lassen einerseits und den Parteiverbandsinteressen an Geschlossenheit andererseits. Abzustellen ist dabei auch hier auf die Umstände des konkreten Einzelfalls[418], anzulegen ein objektiver Maßstab, der die Erheblichkeitsfeststellung richterlicher Überprüfung zugänglich macht; die Darlegungs- und Be-

412 CDU-BPartG, NVwZ 2005, 480 [483 f.]. Vgl. zu einem ähnlich gelagerten Fall CDU-BPartG, NVwZ-RR 1999, 153 ff.

413 *Seifert*, Die politischen Parteien im Recht der Bundesrepublik Deutschland, S. 215: „Jedenfalls ist ein Parteiprogramm keine Bibel und auch ein grundsätzlicher Parteibeschluß kein unumstößliches Dogma".

414 *Lenz/Sasse*, JZ 1962, 233 [240].

415 Vgl. dazu *Schachtschneider*, Res publica res populi, 10. Teil, 4. Kap. IV., S. 1112, der hierzu zynisch bemerkt: „Harte Despoten enthaupten den Kritiker, sanfte entmündigen ihn, indem sie ihn ausschließen, nicht reden lassen, ihn nicht anhören und vor allem seine Rede der Öffentlichkeit vorenthalten - immerhin ein Fortschritt an Humanität, allein nur einer des Rechts, das dem Macciavellismus Grenzen zieht, nicht einer der Menschlichkeit illegitimer Herrscher".

416 So der Sache nach auch *König*, Die Verfassungsbindung der politischen Parteien, S. 46, dem zufolge Meinungsäußerungen von Parteimitglieder erst dann sanktioniert werden dürfen, wenn die darin liegende „Oppositionshaltung nach außen hinreichend deutlich in Erscheinung tritt". Ebenso *Bull*, RuP 1974, 79 [81]: „...wenn die Kritik einen besonders schweren Mangel an Solidarität erkennen läßt".

417 Siehe dazu oben § 10 II 1 a) aa).

418 Vgl. *Seifert*, Die politischen Parteien im Recht der Bundesrepublik Deutschland, S. 215.

weislast für das Vorliegen des Verweigerungsgrunds des drohenden erheblichen Nachteils trägt der sich darauf berufende Verband[419].

b) Vereinbarungen

Neben den Verbandsinteressen können sich spezielle materielle Schranken des Rechts auf Auskunft und Gehör in politischen Parteien auch aus Vereinbarungen des Berechtigten mit dem Verpflichteten (also dem Verband) sowie aus Vereinbarungen des Berechtigten oder des Verpflichteten mit Dritten ergeben. Für solche Vereinbarungen gilt wiederum das Allgemeine Schuldrecht[420]. Zu beachten ist freilich: Das Recht auf Auskunft und Gehör als solches steht in politischen Parteien nicht zur Disposition, zumal es zum subjektiv-rechtlichen Gehalt der Verfassungsgrundsätze innerparteilicher Demokratie gemäß Art. 21 Abs. 1 S. 3 GG sowie der Freiheit der Wahl gehört[421]. Zur Disposition stehen vielmehr allein die sich daraus ergebenen Ansprüche auf Information und Meinungskundgabegelegenheit.

aa) Vereinbarungen des Berechtigten mit dem Verband

Kann einerseits das Recht auf Auskunft und Gehör in politischen Parteien nicht abbedungen werden, besteht andererseits kein Zwang, es auszuüben. Von daher ist es dem Berechtigten unbenommen, im Rahmen einer Vereinbarung mit dem Verband auf die Geltendmachung seines Anspruchs auf Information und Meinungskundgabegelegenheit zu verzichten. Vereinbarungen dieser Art stellen schuldrechtlich ein „pactum de non petendo" dar[422]. Ein solches pactum de non petendo kommt hier insbesondere als eine das Recht auf Gehör beschränkende „Schweigevereinbarung" in Betracht, deren Ziel beispielsweise darin bestehen kann, eine die Sacharbeit blockierende Personaldiskussion zu beenden.

Vom pactum de non petendo zu unterscheiden sind die Fälle, in denen der Berechtigte auf eine bestimmte Information oder Meinungskundgabegelegenheit „verzichtet". Ein echter, einseitiger Verzicht gemäß § 306 ZPO ist lediglich von prozessualer Bedeutung, läßt die materielle Rechtslage also unberührt[423]. Ein materiellrechtlich wirkender Verzicht erfordert indes einen Erlaßvertrag im Sinne des § 397 Abs. 1 BGB[424], mithin eine zweiseitige Vereinbarung zwischen dem Berechtigten und dem Verpflichteten. Während ein pactum de non petendo zu einer Einrede gegenüber dem auf eine bestimmte Information oder Meinungskundgabegele-

---

419 Vgl. *Lenz/Sasse*, JZ 1962, 233 [241].

420 Vgl. dazu oben § 10 I 2 a).

421 Siehe oben § 7 II 4 a) cc) sowie § 7 II 4 b) bb).

422 Siehe zu dieser Art von Vereinbarungen RGZ 127, 126 [128f.]; 148, 257 [263]; *Heinrichs*, in: Palandt, BGB-K, § 397 Rn. 3; *Keller*, in: MüKo-BGB II, § 271 Rn. 18.

423 Eine Doppelnatur des Verzichts ist mit der herrschenden Meinung abzulehnen, vgl. *Hartmann*, in: Baumbach/Lauterbach/Albers/Hartmann, ZPO-K, Einf. §§ 306, 307 Rn. 2.

424 Vgl. RGZ 72, 168 [171]; 110, 409 [418]; 114, 155 [158]; BGH, NJW 1987, 3203; *Heinrichs*, in: Palandt, BGB-K, § 397 Rn. 1; *Schlüter*, in: MüKo-BGB II, § 397 Rn. 1.

genheit gerichteten Anspruch berechtigt, führt der Erlaßvertrag zum Erlöschen des entsprechenden Schuldverhältnisses[425]. Von einem Verzicht in Form eines Erlaßvertrages ist beispielsweise auszugehen, wenn sich ein Mitglied in einer Versammlung zu einem Tagesordnungspunkt zu Wort meldet, dann jedoch, wenn ihm gemäß der Geschäftsordnung das Wort erteilt wird, mit der Begründung abwinkt, sein Vorredner hätte bereits alles gesagt.

bb) Vereinbarungen des Berechtigten oder des Verbands mit Dritten

Vereinbarungen des Berechtigten mit einem Dritten können eine spezielle materielle Schranke des Rechts auf Auskunft und Gehör bewirken, wenn sie als pactum de non petendo zu Gunsten des verpflichteten Parteiverbandes im Sinne des § 328 BGB geschlossen werden[426]. Denn auch ein solches pactum berechtigt den verpflichteten Parteiverband zur Verweigerung der beanspruchten Information bzw. Meinungskundgabegelegenheit[427]. Allerdings dürfte dieser Fall in der Praxis kaum eine Rolle spielen. Derweil scheidet eine Vereinbarung des Berechtigten mit einem Dritten in Form eines Erlaßvertrages als spezielle materielle Schranke des Rechts auf Auskunft und Gehör schon aus rechtlichen Gründen aus, da ein Erlaß nach ganz herrschender Meinung nur zwischen dem Anspruchsberechtigten und Anspruchsverpflichteten vereinbart werden kann[428].

Rechtlich zulässig und praktisch relevant sind dagegen Vereinbarungen zwischen dem verpflichteten Parteiverband und Dritten des Inhalts, dem Berechtigten eine bestimmte Information oder Meinungskundgabegelegenheit zu verweigern. So ist etwa denkbar, daß der Vorstand einer Partei für die Zeit von Koalitionsverhandlungen mit einer anderen Partei Stillschweigen über den Verhandlungsverlauf vereinbart. Zwar scheidet eine unmittelbare Bindung der Parteimitglieder an eine solche Geheimhaltungsabrede aus: Sie selbst sind nicht Vertragspartei, weil dem Parteivorstand nur die Vertretung der Parteimitglieder als Gesamtheit, mithin des Verbands[429], nicht aber die Vertretung der einzelnen Parteimitglieder und ihrer Rechte zusteht[430]; ohne Vertragspartei zu sein, können die Parteimitglieder aber

---

425 *Heinrichs*, in: Palandt, BGB-K, § 397 Rn. 3.

426 Vgl. allgemein zu dieser Rechtsfigur RGZ 127, 126 [128 f.]; 148, 257 [262 f.]; BGH, BB 1956, 19; LAG Bremen, VersR 1961, 143 [144]; *Schlüter*, in: MüKo-BGB II, § 397 Rn. 9; *Heinrichs*, in: Palandt, BGB-K, Einf. vor § 328 Rn. 8.

427 Allgemein zum Leistungsverweigerungsrecht des durch das pactum de non petendo drittbegünstigten Anspruchsverpflichteten RGZ 127, 126 [129]; BGH, LM Nr. 19 zu § 134 und Nr. 15 zu § 328; OLG Düsseldorf, VersR 1956, 665 [666]; LAG Bremen, VersR 1961, 143 [144]; *von Feldmann*, in: MüKo-BGB II, § 397 Rn. 7.

428 *Heinrichs*, in: Palandt, BGB-K, Einf. vor § 328 Rn. 8, § 397 Rn. 3a; *Schlütr*, in: MüKo-BGB II, § 397 Rn. 9.

429 Vgl. § 11 Abs. 3 S. 2 PartG: „Er (*der Vorstand, Anm. d. Verf.*) , vertritt den Gebietsverband ...“. Allgemein zur Zuständigkeit des Parteivorstands *Seifert*, Die politischen Parteien im Recht der Bundesrepublik Deutschland, S. 243.

430 Vgl. *Wohlleben*, Informationsrechte des Gesellschafters, S. 193; a.A.wohl *K. Schmidt*, in: Scholz (Hrsg.), GmbHG-K II, § 51a Rn. 35.

nicht unmittelbar an die Geheimhaltungsabrede gebunden sein, weil sich jene anderenfalls als unzulässiger Vertrag zu Lasten Dritter[431] auswirken würde[432]. Doch kann die Geheimhaltungsabrede unter Umständen eine mittelbare Begrenzung des Rechts auf Auskunft und Gehör der Parteimitglieder bewirken, nämlich dann, wenn der Partei durch die Nichteinhaltung der Vereinbarung ein erheblicher Nachteil entstehen würde, so daß die begehrte Information und Meinungskundgabegelegenheit aus diesem Grund[433] verweigert werden kann[434]. Davon wäre im genannten Beispielsfall auszugehen, wenn bei einem Verstoß gegen die Geheimhaltungsabrede ein Scheitern der Koalitionsverhandlungen drohte.

c) Parteieigene Regelungen

Da es sich bei der Frage nach dem Gehalt des Rechts auf Auskunft und Gehör um eine verbandsrechtliche Grundentscheidung handelt, kommt als Ort für diesbezügliche parteieigene Reglungen nur die Verbandssatzung, nicht aber auch eine Nebenordnung in Betracht[435]. In politischen Parteien ist eine materielle Einschränkung des Rechts auf Auskunft und Gehör durch Satzungsregelungen indes wegen seiner verfassungsrechtlichen Absicherung[436] unzulässig. Insbesondere darf die Satzungsfestigkeit gegenüber materiellen Beschränkungen nicht dadurch umgangen werden, daß die Parteisatzung es dem Berechtigten verbietet, sein Recht auf Auskunft und Gehör im Zusammenhang mit bestimmten Themen auszuüben. Spezielle materielle Schranken des Rechts auf Auskunft und Gehör aufgrund von Satzungsrecht ergeben sich allerdings indirekt dadurch, daß in der Satzung der Verbandszweck festgelegt wird, der wiederum die das Recht auf Auskunft und Gehör begrenzenden Verbandsinteressen bestimmt[437].

d) Schrankenschranken

Die speziellen materiellen Schranken des Rechts auf Auskunft und Gehör unterliegen ihrerseits Schranken. Solche Schrankenschranken ergeben sich in politischen Parteien zum einen daraus, daß der Kern des durch die Verfassungsgrundsätze der

---

431 Dazu allgemein BGHZ 54, 145 [147]; 58, 216 [219]; 61, 359 [361]; 78, 369 [374 f.]; *Gottwald*, in: MüKo-BGB II, § 328 Rn. 171; *Heinrichs*, in: Palandt, BGB-K, Einf. vor § 328 Rn. 10.

432 Im Ergebnis ebenso hinsichtlich des Auskunftsrechts in Aktiengesellschaften *Barz*, in: GroßK-AktG I/2 (3. Aufl.), § 131 Anm. 13; *Eckardt*, in: Geßler/Hefermehl/Eckardt/Kropff, AktG-K II, § 131 Rn. 92, 98; *Zöllner*, in: ders. (Hrsg.), KöKo-AktG I, § 131 Rn. 34, 47.

433 Zu den Verbandsinteressen als Schranke des Rechts auf Auskunft und Gehör siehe oben § 10 II 1 a).

434 Ebenso im Hinblick auf die Begrenzung des Auskunftsrechts *Barz*, in: GroßK-AktG I/2 (3. Aufl.), § 131 Anm. 13; *Eckardt*, in: Geßler/Hefermehl/Eckardt/Kropff, AktG-K II, § 131 Rn. 92, 98; *K. Schmidt*, in: Scholz, GmbHG-K II, § 51a Rn. 35; *Wohlleben*, Informationsrechte des Gesellschafters, S. 194.

435 Vgl. oben § 6 I 2 b).

436 Siehe dazu oben § 7 II 4 a) cc) und § 7 II 4 b) bb).

437 Zu den Verbandsinteressen als Schranke des Rechts auf Auskunft und Gehör siehe oben § 10 II 1 a).

innerparteilicher Demokratie sowie der Freiheit der Wahl abgesicherten Rechts auf Auskunft und Gehör unangetastet bleiben muß[438], zum anderen aber auch aufgrund des Grundsatzes von Treu und Glauben im Sinne des § 242 BGB[439]. Praktisch bedeutsam sind diese Schrankenschranken insbesondere für zwischen dem Berechtigten und dem Verband geschlossene Vereinbarungen über die Nichtgeltendmachung des Anspruchs auf Auskunft und Gehör[440]. Wird durch ein derartiges pactum de non petendo die Erhebung von Ansprüche auf Information und Meinungskundgabegelegenheiten generell ausgeschlossen, kommt das einer unzulässigen Abbedingung des Rechts auf Auskunft und Gehör gleich. So kann ein solches pactum von vornherein nur dann Bestand haben, wenn es zeitlich und auf bestimmte Verbandsangelegenheiten begrenzt ist. Aber selbst dann ist eine darauf gestützte Verweigerung einer Information oder Meinungskundgabegelegenheit unzulässig, wenn sie sich angesichts der konkreten Einzelfallumstände als treuwidrig erweist. Das ist beispielsweise der Fall, wenn sich der den Verband vertretene Parteivorstand beim Abschluß einer Stillschweigevereinbarung mit Parteimitgliedern auf Verbandsinteressen beruft, es ihm in Wahrheit jedoch darum geht, eigenes Fehlverhalten zu vertuschen. Zwar kann auch die Aufdeckung von pflichtwidrigem Verhalten des Parteivorstands den Verbandsinteressen zum Nachteil gereichen, wenn dadurch das Vertrauen der Öffentlichkeit in den Verband erschüttert wird. Abgesehen davon, daß die Aufdeckung von Mißständen als Voraussetzung für deren Beseitigung dem Verband auch Vorteile bringt, was bei der im Wege der Abwägung mit den drohenden Nachteilen erfolgenden Feststellung berücksichtigt werden muß, ob durch die begehrte Auskunft oder Meinungskundgabegelegenheit überhaupt ein „erheblicher" Nachteil droht[441], wäre die Berufung des Parteivorstands auf die Stillschweigevereinbarung unter diesen Umständen jedoch jedenfalls rechtsmißbräuchlich[442].

2. Allgemeine materielle Schranken

a) Allgemeines Persönlichkeitsrecht

In politischen Parteien wird das Recht auf Auskunft und Gehör häufig mit dem Ziel ausgeübt, über bestimmte Personen Informationen zu erlangen bzw. eine

---

[438] Zur verfassungsrechtlichen Absicherung des Rechts auf Auskunft und Gehör in politischen Parteien siehe oben § 7 II 4 a) cc) und § 7 II 4 b) bb).

[439] Vgl. dazu ausführlich oben § 10 I 2 a) sowie § 10 I 2 b). Zur Begründung der grundsätzlichen Geltung der Vorschriften des Allgemeinen Schuldrechts des BGB auch für die aus dem Recht auf Auskunft und Gehör erwachsenen Ansprüche auf Information und Meinungskundgabegelegenheit siehe oben § 8 II 2 sowie § 9 I 1.

[440] Siehe zu derartigen Vereinbarungen als spezielle materielle Schranke des Rechts auf Auskunft und Gehör oben § 10 II 1 b).

[441] Siehe dazu oben § 10 II 1 a) aa) und § 10 II 1 a) bb).

[442] Der Sache nach ebenso BGHZ 86, 1 [18 f.]. Insofern hätte man es mit einem Verstoß des Parteivorstands gegen den Grundsatz von Treu und Glauben wegen unredlichen Erwerbs der mit der Stillschweigevereinbarung verbundenen Rechtsposition zu tun, vgl. zu dieser Fallgruppe unzulässiger Rechtsausübung im Sinne des § 242 BGB oben § 10 I 2 a) aa).

Meinung kundzutun. Was das Auskunftsrecht anbelangt, geht es dabei meist um Informationen bzw. Meinungskundgaben über Mitglieder der Partei, so beispielsweise, wenn Einsichtnahme in die Mitgliederliste verlangt wird oder in Parteiversammlungen vor innerparteilichen Wahlen persönliche Angelegenheiten von Kandidaten (Alter, Familienstand, Ausbildung, Beruf usw.) erfragt werden. Derweil betreffen auf das Recht auf Gehör gestützte Meinungskundgaben in gleicher Weise Mitglieder (etwa wenn in Parteiversammlungen vor innerparteilichen Wahlen die Befähigung von Kandidaten diskuitiert wird) wie Nichtmitglieder (so insbesondere bei Meinungskundgaben über Politiker konkurrierender Parteien).

Wie gesehen, sind personenbezogene Informationen und Meinungskundgaben vom Recht auf Auskunft und Gehör nur umfaßt, wenn sie zugleich einen konkreten Bezug zu den Belangen des durch das Recht verpflichteten Verbands aufweisen, da sie nur unter dieser Bedingung Verbandsangelegenheiten sind, auf die allein sich das Recht auf Auskunft und Gehör bezieht[443]. Ein solcher Bezug ist allerdings – wie in den vorgenannten Beispielen – vielfach gegeben. Inwieweit mit dem Recht auf Auskunft und Gehör eine personenbezogene Information bzw. Meinungskundgabegelegenheit beansprucht werden kann, hängt aber auch noch davon ab, ob das allgemeine Persönlichkeitsrecht der betreffenden Personen gewahrt bleibt. Folglich stellt das allgemeine Persönlichkeitsrecht eine praktisch besonders bedeutsame allgemeine materielle Schranke des Rechts auf Auskunft und Gehör dar und soll hier deshalb unter diesem Gesichtspunkt näherer Betrachtung unterzogen werden.

aa) Grundlegendes

Gegenstand des allgemeinen Persönlichkeitsrechts ist das Recht des einzelnen auf Achtung seiner individuellen Persönlichkeit[444]. Es besteht zum einen als in Art. 2 Abs. 1 in Verbindung mit Art. 1 Abs. 1 GG verankertes Grundrecht[445] und kommt insofern unmittelbar nur zwischen Privatrechtssubjekten und dem Staat zur Anwendung[446]. In der Rechtsprechung des BGH[447] sowie der herrschenden Zivilrechtsliteratur[448] ist das allgemeine Persönlichkeitsrecht aber auch als „sonstiges

---

443 Siehe oben § 9 I 1 und 2.

444 *Thomas*, in: Palandt, BGB-K, § 823 Rn. 177.

445 Vgl. *Dreier*, in: Dreier, GG-K I, Art. 2 Rn. 50 ff.; *Kunig*, in: von Münch/Kunig, GG-K I, Art. 2 Rn. 30 ff.; *Murswiek*, in: Sachs, GG-K, Art. 2 Rn. 59 ff.

446 Das gilt jedenfalls dann, wenn man mit der herrschenden Meinung eine unmittelbare Drittwirkung der Grundrechte verneint, vgl. dazu oben § 7 II 4 a) bb) (3) (b) (ee).

447 Explizit in BGHZ 24, 72 [77]; 26, 349 [354]; 27, 284 [286]; 30, 7 [11]; 50, 133 [143]; BGH, NJW 1984, 436.

448 Vgl. statt vieler *Fikentscher*, Schuldrecht, Rn. 1216; *Thomas*, in: Palandt, BGB-K, § 823 Rn. 177; *Medicus*, Schuldrecht II, Rn. 814; *Ricker*, NJW 1990, 2097 [2098]; *Schäfer*, in: Staudinger, BGB-K, § 823 Rn. 195; ablehnend dagegen vor allem *Larenz*, NJW 1955, 521 ff.; kritisch auch *Zeuner*, in: Soergel, BGB-K V/2, § 823 Rn. 72.

Recht“ im Sinne des § 823 Abs. 1 BGB anerkannt[449] und gilt damit auch im Privatrechtsverkehr, so unter anderem bei der Verwirklichung des Rechts auf Auskunft und Gehör in politischen Parteien.

Hinsichtlich der Schutzintensität des allgemeinen Persönlichkeitsrechts wird zwischen verschiedenen Sphären der Persönlichkeit unterschieden, nämlich zwischen der Individual-, Privat- und der Intimsphäre[450]. Den relativ geringsten Schutz genießt dabei die Individualsphäre, den stärksten die Intimsphäre[451]. Im Rahmen dieser Einteilung werden zur Individualsphäre die nach außen erkennbaren Beziehungen einer Person als Mitglied der sozialen Gemeinschaft zu ihrer Umwelt gezählt, zur Privatsphäre das dem öffentlichen Einblick entzogene Privatleben und zur Intimsphäre die innere Gedanken- und Gefühlswelt mit ihren äußeren Erscheinungsformen wie vertraulichen Briefen sowie die Angelegenheiten, für die ihrer Natur nach Anspruch auf Geheimhaltung besteht, etwa das Sexualleben und der Gesundheitszustand[452].

Ob ein Eingriff in eine der vorgenannten Persönlichkeitssphären hingenommen werden muß oder aber einen aus § 823 Abs. 1 in Verbindung mit § 1004 analog BGB resultierenden[453] Abwehranspruch auslöst, hängt davon ab, ob der Eingriff widerrechtlich ist[454]. Anders als bei den von § 823 Abs. 1 BGB geschützten Rechtsgütern Leben, Körper, Gesundheit, Freiheit und Eigentum hat hier die Regel, wonach die Tatbestandmäßigkeit des Eingriffs dessen Rechtswidrigkeit indiziert, keine Gültigkeit. Vielmehr bedarf die Rechtswidrigkeit der Persönlichkeitsbeeinträchtigung stets positiver Feststellung[455]. Das hängt damit zusammen, daß man es bei dem allgemeinen Persönlichkeitsrecht mit einem sogenannten[456] „Rahmenrecht“ ohne fest umrissenen Tatbestand zu tun hat. Ob eine Verletzung des allgemeinen Persönlichkeitsrechts vorliegt, läßt sich deshalb nur nach einer einzelfallorientierten Abwägung der vom Eingriff betroffenen Rechtsgüter auf der einen Seite mit den hinter dem Eingriff stehenden Interessen auf der anderen Seite feststellen[457].

Was das konkret für die Reichweite des Rechts auf Auskunft und Gehör in politischen Parteien bedeutet, soll hier exemplarisch anhand von zwei Ausprägungen

---

[449] Zur gleichwohl gebotenen Unterscheidung zwischen dem verfassungsrechtlichen und dem zivilrechtlichen Persönlichkeitsrecht vgl. *Jarass*, in: NJW 1989, 857 [858]).

[450] Vgl. zu dieser sogenannten „Sphärentheorie“, die sowohl für das zivilrechtliche als auch das verfassungsrechtlichen Persönlichkeitsrechts vertreten wird, *Geis*, JZ 1991, 112 f. m.w.N.

[451] Vgl. *Thomas*, in: Palandt, BGB-K, § 823 Rn. 178, 185.

[452] Vgl. dazu im einzelnen *Löffler/Ricker*, HdbPresserecht, 42. Kap. Rn. 6 ff.

[453] Siehe zu dieser Rechtsgrundlage des Abwehranspruchs BGHZ 91, 233 [239].

[454] *Thomas*, in: Palandt, BGB-K, § 823 Rn. 184.

[455] Vgl. *Schwerdtner*, in: MüKo-BGB I, § 12 Rn. 203.

[456] *Fikentscher*, Schuldrecht, Rn. 1216; *Medicus*, Schuldrecht II, Rn. 814; *Schwerdtner*, in: MüKo-BGB I, § 12 Rn. 188, 203.

[457] Vgl. BGHZ 13, 334 [338]; 24, 72 [80]; 45, 296 [307]; 50, 133 [143].

des allgemeinen Persönlichkeitsrechts[458] verdeutlicht werden, in denen es sich praktisch am häufigsten als Schranke des Rechts auf Auskunft und Gehör auswirkt, nämlich zum einen anhand des informationellen Selbstbestimmungsrechts als Schranke des Auskunftsrechts, zum anderen anhand des Ehrenschutzes als Schranke des Rechts auf Gehör.

bb) Das Recht auf informationelle Selbstbestimmung als Schranke des Auskunftsrechts

Aus dem grundrechtlichen allgemeinen Persönlichkeitsrecht gemäß Art. 2 Abs. 1 i.V.m. Art. 1 Abs. 1 GG hat das Bundesverfassungsgericht im Volkszählungsurteil vom 15.12.1983 das Recht auf informationelle Selbstbestimmung entwickelt[459]. Es reagierte damit auf die mit der automatischen Datenverarbeitung verbundenen Gefahren für die Persönlichkeit des einzelnen und stellte fest, die freie Entfaltung der Persönlichkeit setze „den Schutz des einzelnen gegen unbegrenzte Erhebung, Speicherung, Verwendung und Weitergabe seiner persönlichen Daten voraus. (...) Das Grundrecht gewährleistet insoweit die Befugnis des einzelnen, grundsätzlich selbst über die Preisgabe und Verwendung seiner persönlichen Daten zu bestimmen"[460]. Vor allem verdeutlichte das Bundesverfassungsgericht, daß das informationelle Selbstbestimmungsrecht nicht bloß den Schutz vor Möglichkeiten der automatischen Datenverarbeitung umfaßt. In Fortführung der bisherigen Konkretisierungen des allgemeinen Persönlichkeitsrechts – Schutz der Privatsphäre, Recht auf Gegendarstellung, auf Resozialisierung oder Schutz vor Selbstbezichtigung[461] – definierte es das informationelle Selbstbestimmungsrecht vielmehr ganz allgemein als die aus dem „Gedanken der Selbstbestimmung folgende Befugnis des einzelnen, grundsätzlich selbst zu entscheiden, wann und innerhalb welcher Grenzen persönliche Lebenssachverhalte offenbart werden"[462].

Somit ist das informationelle Selbstbestimmungsrecht als Zusammenfassung aller auf Informationen über die Persönlichkeit des einzelnen bezogene Aspekte des Persönlichkeitsschutzes zu verstehen[463]. Als Schutzgut des allgemeinen Persönlichkeitsrechts kommt das informationelle Selbstbestimmungsrecht über § 823 Abs. 1 BGB auch im Privatrechtsverkehr zur Geltung[464]. Insofern beschränkt es auch das Auskunftsrecht in politischen Parteien.

---

458 Siehe zu den verschiedenen Ausprägungen des allgemeinen Persönlichkeitsrechts *P. Schwerdtner*, in: MüKo-BGB I, § 12 Rn.215ff.; *Zeuner*, in: Soergel, BGB-K V/2, § 823 Rn. 75 ff.

459 BVerfGE 65, 1 ff.

460 BVerfGE 65, 1 [43].

461 Vgl. hierzu die in BVerfGE 65, 1 [42], genannten Entscheidungen.

462 BVerfGE 65, 1 [41 f.].

463 Vgl. *Kunig*, in: von Münch/Kunig, GG-K I, Art. 2 Rn. 38; *Pieroth/Schlink*, Staatsrecht II, Rn. 377.

464 Vgl. dazu nur BGH, NJW 1991, 1532 [1533]; BAG, NJW 1984, 2910 [2911]; *Larenz/Canaris*, Lehrbuch des Schuldrechts II/2, § 80 II.4; *P. Schwerdtner*, in: MüKo-BGB I, § 12 Rn. 189, 219; *Zeuner*, in: Soergel, BGB-K V/2, § 823 Rn. 100.

Allerdings ist das informationelle Selbstbestimmungsrecht seinerseits beschränkt. Denn der einzelne hat keine absolute, uneingeschränkte Herrschaft über seine Daten. Er entfaltet seine Persönlichkeit innerhalb der Gemeinschaft. In der Gemeinschaft aber stellt die Information, auch soweit sie personenbezogen ist, einen Teil der sozialen Realität dar, der nicht ausschließlich dem Betroffenen zugeordnet werden kann. Über die Spannungslage zwischen Individuum und Gemeinschaft ist deshalb unter Berücksichtigung der Gemeinschaftsbezogenheit und -gebundenheit der Person zu entscheiden. Folglich muß der Einzelne Beschränkungen seines Rechts auf informationelle Selbstbestimmung hinnehmen, wenn und soweit die Beschränkungen von hinreichenden Gründen der Gemeinschaftsbezogenheit und -gebundenheit getragen werden und bei einer Gesamtabwägung zwischen der Schwere des Eingriffs und dem Gewicht der ihn rechtfertigenden Gründe die Grenze des Zumutbaren gewahrt bleibt[465]. Wie weit das informationelle Selbstbestimmungsrecht im Einzelfall reicht, läßt sich daher grundsätzlich nur nach der oben bereits angesprochenen[466] Güter- und Interessenabwägung sagen.

(1) Datenschutzgesetzliche Bestimmungen als spezielle Regelungen des informationellen Selbstbestimmungsrechts

Was den Umgang mit personenbezogenen Daten[467] anbelangt, wurde die Güter- und Interessenabwägung bereits weitgehend vom Gesetzgeber im Rahmen der datenschutzgesetzlichen Bestimmungen als spezielle Normierungen des informationellen Selbstbestimmungsrechts vorgenommen. Insoweit erübrigt sich also eine einzelfallorientierte Güter- und Interessenabwägung[468].

Kodifikationen des Datenschutzrechts enthalten zum einen die Datenschutzgesetze der Länder, zum anderen das Bundesdatenschutzgesetz[469]. Zur Beantwortung der Frage, ob sich aus diesen Gesetzen Schranken für das Auskunftsrecht in politischen Parteien ergeben, ist zunächst zu klären, ob sie auf politische Parteien überhaupt Anwendung finden[470].

---

465 Vgl. BVerfGE 65, 1 [43 ff.]; 78, 77 [85 ff.]; BGH, NJW 1991, 1532 [1533].

466 § 10 II 2 a) aa).

467 Unter „personenbezogenen Daten" sind Einzelangaben über persönliche oder sachliche Verhältnisse einer bestimmten Person oder bestimmbaren natürlichen Person zu verstehen, vgl. *Damann*, in: Simitis (Hrsg.), BDSG-K, § 3 Rn. 3 ff.

468 Vgl. BGHZ 80, 311 [318 f.]; 91, 233 [238]; BAG, NJW 1984, 2910 [2911]; *P. Schwerdtner*, in: MüKo-BGB I, § 12 Rn. 190; *Zeuner*, in: Soergel, BGB-K V/2, § 823 Rn. 100.

469 Im übrigen gibt es eine zunehmende Zahl von - im vorliegenden Zusammenhang allerdings nicht relevanten - bereichsspezischen datenschutzgesetzlichen Regelungen außerhalb der Datenschutzgesetze, vgl. dazu *Gola/Schomerus*, BDSG-K, Einl. 8 f.

470 Indes geht es nicht an, die Frage nach der Anwendbarkeit datenschutzgesetzlicher Regelungen auf politische Parteien offen zu lassen und kurzerhand direkt auf das informationelle Selbstbestimmungsrecht abzustellen, wie es das CDU-BPartG, NVwZ 1993, 1127 f., bei der Beurteilung der Frage tat, ob Parteimitglieder ein Recht auf Einsichtnahme in die Parteimitgliederliste haben. Denn grundsätzlich sind die in den datenschutzgesetzlichen Regelungen zum Ausdruck kommenden abstrakten Wertungen des Datenschutzgesetzgebers zur Zulässigkeit des Umgangs mit Daten maßgebend. Für eine davon unabhängige Beurteilung anhand des informationellen Selbst-

(a) Landesdatenschutzgesetze

Die Datenschutzgesetze der Länder gelten für politische Parteien nicht. Denn diese Datenschutzgesetze adressieren allein öffentliche Stellen. Gemäß der Legaldefinition des Begriffs „öffentliche Stellen" in § 2 Abs. 2, Abs. 4 S. 2 BDSG, der die Legaldefinitionen jenes Begriffs in den Landesdatenschutzgesetzen inhaltlich entsprechen, zählen dazu in erster Linie Behörden, Organe der Rechtspflege und andere öffentlich-rechtlich organisierte Einrichtungen eines Landes, einer Gemeinde, eines Gemeindeverbandes und sonstiger der Aufsicht des Landes unterstehender juristischer Personen des öffentlichen Rechts sowie deren Vereinigungen ungeachtet ihrer Rechtform, § 2 Abs. 2 BDSG. Dabei sind nach § 2 Abs. 4 S. 2 BDSG auch nicht öffentliche Stellen als öffentliche anzusehen, wenn sie hoheitliche Aufgaben der öffentlichen Verwaltung wahrnehmen.

Wie bereits herausgearbeitet, sind politische Parteien hingegen weder staatliche bzw. kommunale Einrichtungen der genannten Art, noch üben sie Hoheitsgewalt aus[471]. Folglich sind sie keine öffentlichen Stellen, an die sich die Landesdatenschutzgesetze richten.

(b) Bundesdatenschutzgesetz

Anders als die Landesdatenschutzgesetze erfaßt das Bundesdatenschutzgesetz nicht öffentliche Stellen auch dann, wenn sie keiner öffentlichen Stelle angehören bzw. keine hoheitlichen Aufgaben wahrnehmen, § 1 Abs. 2 Nr. 3 BDSG. § 2 Abs. 4 S. 1 BDSG zählt zu den nicht öffentlichen Stellen natürliche und juristische Personen, Gesellschaften und andere Personenvereinigungen des privaten Rechts. Somit sind auch politische Parteien als rechtsfähige oder nicht rechtsfähige Vereine bürgerlichen Rechts[472] nicht öffentliche Stellen im Sinne des Bundesdatenschutzgesetzes[473].

Voraussetzung der Anwendung des Bundesdatenschutzgesetzes auf nicht öffentliche Stellen ist allerdings, daß sie personenbezogene Daten unter Einsatz von Datenverarbeitungsanlagen verarbeiten, nutzen oder dafür erheben oder die Daten in oder aus nicht automatisierten Dateien verarbeiten, nutzen oder dafür erheben, § 1 Abs. 2 Nr. 3 BDSG. Der manuelle Umgang mit Daten fällt bei nicht öffentlichen Stellen demzufolge nur dann unter das Bundesdatenschutzgesetz, wenn er unter Verwendung einer Datei erfolgt, also gemäß § 3 Abs. 2 S. 2 BDSG einer Sammlung personenbezogener Daten, die gleichartig aufgebaut und nach bestimmten Merkmalen zugänglich ist und ausgewertet werden kann. Politische Parteien

---

bestimmungsrechts ist daneben kein Raum, es sei denn, die datenschutzgesetzlichen Regelungen erweisen sich als lückenhaft oder verfassungswidrig.

471 Dazu ausführlich oben § 5 II 4.

472 Siehe zur Rechtsform der politischen Parteien § 6 I 1 b) cc) (1).

473 CDU-BPartG, NVwZ 1993, 1127; *Gola/Schomerus*, BDSG-K, § 2 Rn. 19; *Damann*, in: Simitis (Hrsg.), BDSG-K, § 2 Rn. 119, 130.

erfüllen die Anwendungsvoraussetzungen des § 1 Abs. 2 Nr. 3 BDSG in der Regel zumindest hinsichtlich ihrer Mitgliederdatei.

Hingegen ist die in § 1 Abs. 2 Nr. 3 BDSG a.F. für nicht öffentliche Stellen formulierte Anwendungsvoraussetzung, daß die Daten „geschäftsmäßig oder für berufliche oder gewerbliche Zwecke" verarbeitet oder genutzt werden, im Zuge der im Jahr 2001 erfolgten Novellierung des Bundesdatenschutzgesetzes weggefallen[474]. Zuvor bestehende Zweifel, ob ideell handelnde Personenvereinigungen des Privatrechts wie politische Parteien dem Bundesdatenschutzgesetz unterliegen[475], sind damit ausgeräumt[476]. Sofern nicht öffentliche Stellen Daten unter Einsatz einer EDV-Anlage oder in oder aus Dateien verarbeiten, nutzen oder dafür erheben, sind sie vom Anwendungsbereich des Bundesdatenschutzgesetzes heute nur noch dann ausgeklammert, wenn sie dabei ausschließlich für persönliche oder familiäre Tätigkeiten tätig werden, § 1 Abs. 2 Nr. 3 BDSG.

(aa) Reichweite der Geltung des Bundesdatenschutzgesetzes für politische Parteien

Der Grund dafür, warum der Umgang mit personenbezogenen Daten durch nicht öffentliche Stellen, die keiner öffentlichen Stelle angehören bzw. keine hoheitlichen Aufgaben wahrnehmen, nur im Bundesdatenschutzgesetz, nicht aber auch in den Landesdatenschutzgesetzen geregelt ist, liegt in der grundgesetzlichen Verteilung der Gesetzgebungskompetenzen. Zwar weist das Grundgesetz dem Bund für die Regelung des Datenschutzrechts nirgends ausdrücklich eine Gesetzgebungskompetenz zu. Seine Befugnis hierzu ergibt sich jedoch durch den Rückgriff auf Gesetzgebungszuständigkeiten für Bereiche, die für den Datenschutz von Bedeutung sind[477]. Was die Regelung des Datenschutzes bei nicht öffentlichen Stellen betrifft, wird diskutiert, ob die Kompetenz des Bundes aus Art. 74 Nr. 1, 11 und/oder 12 GG oder einer bereichsspezifischen Gesamtschau der übrigen Kompetenzen des Art. 74 GG folgt[478], ausnahmslos aber angenommen, daß eine konkurrierende Gesetzgebungskompetenz besteht, die der Bundesgesetzgeber wahrgenommen und damit die Bundesländer von der Regelung dieser Materie ausgeschlossen hat.

Allerdings kann diese Annahme für politische Parteien als nicht öffentliche Stellen im Sinne der Datenschutzgesetze nur eingeschränkt gefolgt werden. Eine konkurrierende Gesetzgebungskompetenz des Bundes für diese privaten Personenvereinigungen besteht nur, soweit sie dem bürgerlichen Vereinsrecht unterliegen (Art. 74 Nr. 1 GG). Für parteienspezifische Regelungen einschließlich solcher zum

---

[474] Vgl. dazu *Gola/Schomerus*, BDSG-K, § 1 Rn. 21; *Simitis*, in: Simitis (Hrsg.), BDSG-K, § 1 Rn. 146.
[475] Verneinend etwa *Büllesbach*, NJW 1991, 2593 [2596]; *Gola/Wronka*, RDV 1991, 165 [168].
[476] Siehe *Gola/Schomerus*, BDSG-K, § 2 Rn. 19; *Simitis*, in: Simitis (Hrsg.), BDSG-K, § 2 Rn. 119.
[477] Vgl. *Simitis*, in: Simitis (Hrsg.), BDSG-K, § 1 Rn. 6 f.
[478] Vgl. zu den verschiedenen Ansichten *H.-W. Arndt*, JuS 1988, 681 [682].

Datenschutz steht dem Bund hingegen sowohl gemäß Art. 21 Abs. 3 GG im allgemeinen sowie, was die Teilnahme der Parteien an den Bundestagswahlen (Art. 38 Abs. 3 GG) und Europawahlen anbelangt, im besonderen die ausschließliche Gesetzgebungskompetenz zu[479]. Gesetzliche Regelungen über die Beteiligung der politischen Parteien an öffentlichen Wahlen in den Ländern fallen dagegen in deren Kompetenzbereich[480]. Demzufolge ist auch die Regelung des Datenschutzes in diesem Zusammenhang Ländersache. In den Landesdatenschutzgesetzen sind solche Regelungen dazu allerdings nicht enthalten. Diese finden sich lediglich vereinzelt in anderen Fachgesetzen der Länder und betreffen spezielle, hier nicht weiter interessierende Einzelfragen wie etwa die Übermittlung personenbezogener Daten aus dem Melderegister an politische Parteien zu Wahlkampfzwecken und deren Umgang mit diesen Daten[481]. Im übrigen ist die Frage der Zulässigkeit des Umgangs der politischen Parteien mit Daten bei der Teilnahme an Landtags- und Kommunalwahlen deshalb unter Beachtung des informationellen Selbstbestimmungsrechts im Wege einer einzelfallbezogenen Güter- und Interessenabwägung zu beantworten[482].

(bb) Zulässigkeit des Umgangs mit personenbezogenen Daten bei der Erfüllung von Auskunftsansprüchen

Soweit das Bundesdatenschutzgesetz auf politische Parteien Anwendung findet, ist die hier interessierende Weitergabe personenbezogener Daten zur Erfüllung eines aus dem Auskunftsrecht erwachsenen Auskunftsanspruchs[483] nur zulässig, wenn derjenige, dessen Daten weitergegeben werden sollen, der sogenannte Betroffene[484], eingewilligt hat oder mangels spezieller Vorschriften das Bundesdatenschutzgesetz die Datenweitergabe erlaubt, vgl. § 4 Abs. 1 BDSG. Dabei muß die Einwilligung grundsätzlich schriftlich erteilt werden und der Betroffene zuvor auf den vorgesehenen Zweck der Verwendung seiner Daten hingewiesen worden sein, § 4a Abs. 1 S. 2 und 3 BDSG. Oftmals wird es an einer diesen Anforderungen entsprechenden ausdrücklichen Einwilligung für die zur Erfüllung eines Auskunftsanspruchs notwendigen Weitergabe von personenbezogenen Daten seitens des auskunftsverpflichteten Verbands[485] an das auskunftsberechtigte Mitglied oder Nichtmitglied fehlen, mitunter der Betroffene ihr sogar widersprechen[486]. Hier

---

479 Siehe dazu oben § 6 I 1 b) bb).

480 *Kunig*, in: von Münch/Kunig, GG-K III, Art. 70 Rn. 8 (Stichwort „Wahlrecht"); *Pieroth*, in: Jarass/Pieroth, GGK, Art. 70 Rn. 12.

481 Vgl. z.B. § 35 Abs. 1 NRWMeldeG.

482 Vgl. oben § 10 II 2 a) bb).

483 Zur Unterscheidung des Auskunftsrechts von dem daraus erwachsenen Auskunftsanspruch siehe oben § 8 II 1 c).

484 Siehe § 3 Abs. 1 BDSG.

485 Vgl. oben § 9 II 1.

486 So nimmt das CDU-Bundesparteigericht an, daß Teile der passiven Parteimitglieder nicht einverstanden sind, daß ihre Mitgliedschaft den übrigen Parteimitgliedern bekannt wird, siehe CDU-BPartG, NVwZ 1993, 1127.

kommt es dann darauf an, inwieweit das Bundesdatenschutzgesetz den Datenumgang unabhängig vom Willen des Betroffenen erlaubt.

Dies bestimmt sich nach § 28 BDSG, der die Zulässigkeit der Datenerhebung, -verarbeitung und -nutzung nicht öffentlicher Stellen für „eigene Zwecke" regelt, während ihr Datenumgang für fremde Zwecke Gegenstand der §§ 29, 30 BDSG ist. Fremden Zwecken dient der Umgang mit personenbezogenen Daten insbesondere bei Auskunfteien, Detekteien oder Adressenverlagen[487]. Bei politischen Parteien dient der Umgang mit personenbezogenen Daten nicht wie bei solchen nicht öffentlichen Stellen fremden, sondern eigenen Zwecken.

Bei der Beantwortung der Frage, inwieweit § 28 BDSG den Umgang mit personenbezogenen Daten zur Erfüllung eines aus dem Auskunftsrecht erwachsenen Auskunftsanspruchs ohne Einwilligung des Betroffenen zuläßt, ist zu unterscheiden, ob es entweder um die Weitergabe von Daten über Mitglieder des Parteiverbands sowie über für ihn als Wahlbewerber kandidierende und demzufolge ebenfalls auskunftsberechtigte Nichtmitglieder[488] geht oder aber um die Weitergabe von Daten von Nichtmitgliedern, die in keiner Beziehung zur Partei stehen.

[1] Auskunft über Daten von Mitgliedern und als Wahlbewerber der Partei kandidierenden Nichtmitgliedern

Verlangen auskunftsberechtigte Mitglieder oder Nichtmitglieder von einem Parteiverband die Weitergabe personenbezogener Daten, zielt das Auskunftsverlangen in der Regel auf Daten von Mitgliedern des Verbands bzw. von für diesen als Wahlbewerber kandidierenden Nichtmitgliedern, so insbesondere bei Begehren auf Einsichtnahme in die Mitglieder- bzw. Wahlbewerberliste. Erlangt der Auskunftssuchende Kenntnis dieser Daten, weiß er damit in jedem Fall um die Parteizugehörigkeit bzw. Parteipräferenz der Betroffenen. § 3 Abs. 9 BDSG definiert Angaben über die in der Parteimitgliedschaft bzw. Parteipräferenz zum Ausdruck kommende politische Meinung[489] ebenso wie Angaben über die rassische oder ethnische Herkunft, religiöse oder philosophischen Überzeugungen, Gewerkschaftszugehörigkeit, Gesundheit und Sexualleben als „besondere Arten personenbezogener Daten", auch „sensitive Daten" genannt[490].

Im Unterschied zu sonstigen personenbezogenen Daten knüpft § 28 BDSG in Abs. 6 bis 8 die Verwendung sensitiver Daten an besonders hohe Voraussetzungen. Wenn nicht eine Einwilligung des Betroffenen vorliegt, die den besonderen Anforderungen des § 4a Abs. 3 BDSG entspricht, ist die Verwendung sensitiver Daten danach nur in außergewöhnlichen Situationen zulässig, die es gerade wegen

---

[487] *Mallmann*, in: Simitis (Hrsg.), BDSG-K, § 29 Rn. 13 ff.
[488] Siehe dazu oben § 7 II 4 b) cc) (2) (b).
[489] Siehe *Simitis*, in: Simitis (Hrsg.), BDSG-K, § 3 Rn. 267 f.; *Weichert*, DuD 1994, 200 [202].
[490] Vgl. *Simitis*, in: Simitis (Hrsg.), BDSG-K, § 3 Rn. 257.

ihrer Besonderheit rechtfertigen, die Bedenken gegen jede Verwendung solcher Daten zurückzustellen[491].

Für politische, philosophische, religiöse oder gewerkschaftliche Organisationen würde die Bindung an die Anforderungen an § 28 Abs. 6 bis 8 BDSG allerdings eine kaum erträgliche Erschwerung bedeuten. Daher regelt § 28 Abs. 9 S. 1 BDSG, daß diese Organisationen, falls sie keinen Erwerbszweck verfolgen, sensitive Daten erheben, verarbeiten und nutzen dürfen, soweit dies für die Tätigkeit der Organisation erforderlich ist. Dies gilt nach § 28 Abs. 9 S. 2 BDSG jedoch zum einen nur für personenbezogene Daten ihrer Mitglieder oder von Personen, die im Zusammenhang mit deren Tätigkeitszweck regelmäßig Kontakte zu ihr unterhalten. Zu der letztgenannten Gruppe gehören insbesondere für die Partei als Wahlbewerber kandidierende Nichtmitglieder oder Förderer, die ihr regelmäßig ein Spende zuwenden[492]. Zum anderen gilt die Sondervorschrift des § 28 Abs. 9 BDSG gemäß Abs. 3 S. 3 BDSG nur für den internen Umgang mit personenbezogenen Daten. Auch diese Anwendungsvoraussetzung liegt bei der zur Erfüllung eines Auskunftsanspruchs erfolgenden Weitergabe personenbezogener Daten seitens des auskunftsverpflichteten Parteiverbands an das auskunftsberechtigte Mitglied oder Nichtmitglied vor.

Der Grund, warum der interne Umgang mit Daten dieser Personen grundsätzlich auch ohne ihre gesonderte Einwilligung akzeptabel ist, liegt in der vom Bundesverfassungsgericht bereits im Lebach-Urteil festgestellten Konsequenz, daß der Bürger, der freiwillig mit anderen Bürgern in Verbindung tritt und mit ihnen kommuniziert, gewisse „Einschränkungen seines ausschließlichen Bestimmungsrechts über seinen Privatbereich" hinnehmen muß[493]. Derjenige, der zu anderen Personen eine Beziehung aufnimmt, kann diese also nicht gleichzeitig von allen Informationen über sich ausschließen. Vielmehr setzen Beziehungen zwischen Bürgern in gewissem Umfang einen Austausch persönlicher Informationen voraus. Im Zusammenhang mit § 28 Abs. 9 BDSG dient der Umgang mit Daten der Bürger dabei der Erfüllung eines von ihnen gemeinsam verfolgten und mitbestimmten übergeordneten Zwecks, konkret bei politischen Parteien der von ihnen gemeinsam mit Gleichgesinnten gestalteten demokratischen Mitwirkung an der politischen Willensbildung des Volkes[494].

Durch die Zweckbestimmung der Beziehung der Bürger werden indes zugleich die Grenzen eines ohne ihre Einwilligung zulässigen Umgangs mit ihren Daten abgesteckt. Dementsprechend erlaubt § 28 Abs. 9 S. 1 BDSG den Datenumgang nur, „soweit dies für die Tätigkeit der Organisation erforderlich ist"[495]. Bei politi-

491 *Gola/Schomerus*, BDSG-K, § 28 Rn. 67; *Simitis*, in: Simitis (Hrsg.), BDSG-K, § 28 Rn. 325.
492 Vgl. *Simitis*, in: Simitis (Hrsg.), BDSG-K, § 28 Rn. 359.
493 BVerfG, DÖV 1973, 451.
494 *Gola/Schomerus*, BDSG-K, § 28 Rn. 7.
495 *Simitis*, in: Simitis (Hrsg.), BDSG-K, § 28 Rn. 358: die Aufgaben der Organisation sind zugleich der „Schlüssel" für ihren zulässigen Umgang mit personenbezogenen Daten.

schen Parteien bestimmt sich der Zweck der Organisation in erster Linie nach der Parteisatzung. Allerdings wird darin, wenn überhaupt, nur für wenige Fälle ausdrücklich geregelt sein, inwieweit personenbezogene Daten über andere Mitglieder des Parteiverbands bzw. für diesen als Wahlbewerber kandidierende Nichtmitglieder zur Erfüllung eines Auskunftsanspruchs weitergegeben werden dürfen[496]. Die anderen Rechtsquellen der inneren Parteienordnung[497], insbesondere auch das Parteiengesetz, sind zur Beantwortung dieser Frage sogar gänzlich unergiebig.

Daraus folgt: Zwar regelt das Bundesdatenschutzgesetz mit § 28 Abs. 9 den internen Umgang mit personenbezogenen Daten im Zusammenhang mit der zur Erfüllung eines innerparteilichen Auskunftsanspruchs erfolgenden Weitergabe von Daten über auskunftsberechigte Mitglieder und Nichtmitglieder und erklärt ihn für grundsätzlich zulässig. Die Frage, in welchem Umfang personenbezogene Daten dabei weitergegeben dürfen, läßt sich indes in der Regel nur im Wege einer die Umstände des Einzelfalls berücksichtigenden Güter- und Interessenabwägung beantworten[498]. Wie dabei vorzugehen ist, wird nachstehend behandelt[499].

[2] Auskunft über Daten von Nichtmitgliedern, die in keinem engeren Kontakt zur Partei stehen

Zuvor ist jedoch noch die Rechtslage in den Fällen zu beschreiben, in denen auskunftsberechtigte Mitglieder oder Nichtmitglieder von dem auskunftsverpflichteten Parteiverband die Weitergabe von Daten über Personen begehren, die weder Mitglied der Partei sind noch zu ihr regelmäßig Kontakt unterhalten, so etwa bei Auskunftsverlangen über Personen, die einmal an die Partei gespendet haben und als potenzielle Mitglieder in Betracht kommen oder die für die Partei eine Dienstleistung erbracht haben. In diesen Fällen greift die Sondervorschrift des § 28 Abs. 9 BDSG nicht[500]. Vielmehr beurteilt sich die Zulässigkeit der Weitergabe der Daten hier, je nachdem, ob es sich um „gewöhnliche" oder sensitive personenbezogene Daten handelt[501], nach § 28 Abs. 1 bis 5 bzw. 6 bis 8 BDSG.

Während für eine Weitergabe von sensitiven Daten grundsätzlich nur der Zulässigkeitstatbestand des § 28 Abs. 6 Nr. 1 BDSG in Frage kommt, der voraussetzt, daß der Betroffene die Daten selbst öffentlich gemacht hat, ist die Weitergabe bei sonstigen Daten gemäß § 28 Abs. 1 S. 1 BDSG statthaft, wenn sie (Nr. 1) der Zweckbestimmung eines Vertragsverhältnisses oder vertragsähnlichen Vertrauensverhältnisses mit dem Betroffenen dient oder (Nr. 2 und 3) zur Wahrung berech-

---

[496] Vgl. in diesem Zusammenhang auch *Weichert*, DuD 1994, 200 [201].
[497] Siehe dazu oben § 6 I.
[498] Vgl. *Weichert*, DuD 1994, 200 [201].
[499] Siehe unten § 10 II 2 a) bb) (2).
[500] Vgl. im Hinblick auf potenzielle Mitglieder *Simitis*, in: Simitis (Hrsg.), BDSG-K, § 28 Rn. 359.
[501] „Sensitiv" wären im zuvor genannten Beispielsfall die Daten über den Spender, zumal der Begriff der politischen Meinung, der personenbezogene Daten gemäß § 3 Abs. 9 BDSG als senstitiv qualifiziert, weit zu verstehen ist, vgl. *Simitis*, in: Simitis (Hrsg.), BDSG-K, § 3 Rn. 267 f.

tigter Interessen der verantwortlichen Stelle erforderlich ist oder die Daten allgemein zugänglich sind und jeweils das schutzwürdige Interesse des Betroffenen dem Umgang mit den Daten nicht entgegensteht. Dabei verlangt die Beantwortung der Frage, ob der Datenumgang der Zweckbestimmung eines Vertrags- bzw. vertragsähnlichen Vertrauensverhältnisses dient oder ob ihm ein schutzwürdiges Interesse des Betroffenen entgegensteht, letzlich abermals eine einzelfallorientierte Güter- und Interessenabwägung[502].

(2) Güter- und Interessenabwägung

Da sich sonach die Reichweite des informationellen Selbstbestimmungsrechts als Schranke des Auskunftsrechts selbst bei Eingreifen spezieller datenschutzgesetzlicher Bestimmungen praktisch nur durch eine Güter- und Interessenabwägung bestimmen läßt, ist aufzuzeigen, welche Gesichtspunkte dabei eine Rolle spielen. Insofern ist zwischen den Umständen auf Seiten des in seinem Persönlichkeitsrecht Betroffenen und denen auf Seiten des in das Persönlichkeitsrecht Eingreifenden zu unterscheiden[503].

Auf der Seite des Betroffenen kommt es vor allem darauf an, welche Sphäre seiner Persönlichkeit berührt ist[504]. Seine Intimsphäre genießt grundsätzlich absoluten Schutz[505], ist also einer öffentlichen Darstellung entzogen. Auch in der Privatsphäre bleibt es in der Regel dem Betroffenen vorbehalten, welcher Öffentlichkeit er sich in seiner Persönlichkeit darstellt[506]. Keinen so weit gehenden Schutz genießt hingegen die Individualsphäre, insbesondere die Betätigung im politischen und öffentlichen Leben[507]. Neben der tangierten Sphäre der Persönlichkeit sind auf seiten des Betroffenen ferner die Schwere des Eingriffs und dessen Folgen relevant sowie nicht zuletzt sein eigenes Verhalten[508].

Demgegenüber ist auf der Seite des Eingreifenden maßgeblich das Motiv und der Zweck des Eingriffs von Bedeutung. So muß zwischen dem erstrebten Zweck und der damit einhergehenden Persönlichkeitsbeeinträchtigung ein vertretbares Verhältnis bestehen[509]. Dabei kommt es insbesondere auf die Art und Weise des Eingriffs an, das heißt, der erstrebte Zweck muß auch zu Form, Art und Ausmaß des Angriffs in einem angemessenen Verhältnis stehen[510].

---

502 Vgl. *Gola/Schomerus*, BDSG-K, § 28 Rn. 15 f., 33 ff., 44.

503 Vgl. *Thomas*, in: Palandt, BGB-K, § 823 Rn. 185 ff.

504 Siehe zu den verschiedenen Sphären und ihrer Bedeutung oben § 10 II 2 a) aa).

505 BGH NJW 1988, 1984.

506 BGH NJW 1981, 1366.

507 BVerfGE 7, 198; BGH 45, 296; NJW-RR 1995, 301.

508 BVerfG, NJW 1961, 819; 1969, 227; BGHZ 45, 296 [309 f.].

509 BGHZ 31, 308 [313]; 36, 77 [82].

510 BGHZ 45, 296 [308].

Unter Berücksichtigung dieser Gesichtspunkte sollen nachfolgend zwei Konstellationen beurteilt werden, die, wie die eingangs beschriebenen Beispielsfälle 3 bzw. 1 belegen[511], im Zusammenhang mit dem Auskunftsrecht in politischen Parteien besonders konfliktträchtig sind, nämlich zum einen das Begehren von Parteimitgliedern auf Einsichtnahme in die Parteimitgliederliste sowie zum anderen das Begehren von Auskunft über persönliche Angelegenheiten von Kandidaten bei innerparteilichen Wahlen. Grundsätzlich können beide Begehren auf das Auskunftsrecht gestützt werden[512]. Auch ist die Einsichtnahme in die Parteimitgliederliste grundsätzlich mit dem Bundesdatenschutzgesetz vereinbar[513]. Inwieweit entsprechende Auskunftsansprüche durchgreifen, hängt indes letztlich von einer Güter- und Interessenabwägung ab.

(a) Beispiel: Einsichtnahme in die Mitgliederliste

(aa) Zu berücksichtigende Umstände auf Seiten der Betroffenen

Durch Einsichtnahme in die Mitgliederliste läßt sich in jedem Fall feststellen, welche Personen einem Parteiverband als Mitglied angehören. Darüber hinaus sind in der Liste regelmäßig die Adressen sowie mitunter auch Telefonnummer und E-Mail-Adresse der Mitglieder verzeichnet. Diese Daten sind sämtlich der Privatsphäre der Betroffenen zuzuordnen, nicht indes ihrer Individualsphäre, da die Daten in dieser Zusammenstellung, nämlich jeweils mit Bezug zur Parteimitgliedschaft der Betroffenen, der Öffentlichkeit nicht ohne weiteres erkennbar sind.

Wegen der Folgen des mit der Einsichtnahme in die Mitgliederliste verbundenen Eingriffs in das informationelle Selbstbestimmungsrecht wurde im Verlauf des in der CDU darüber ausgetragenen Rechtsstreits[514] zu Bedenken gegeben, daß ein Parteimitglied unter Umständen erhebliche berufliche Schwierigkeiten zu gewärtigen habe, wenn seine Parteimitgliedschaft bekannt wird. So könnten daraus etwa einem Beamten in seiner Laufbahn oder einem Unternehmer bei der Vergabe von öffentlichen Aufträgen Nachteile erwachsen[515]. Abgesehen davon, daß die Betroffenen in den Beispielsfällen durch Art. 3 Abs. 3 GG geschützt sind, wonach niemand wegen seiner politischen Anschauungen[516] benachteiligt werden darf, greifen diese Bedenken jedoch schon deshalb nicht durch, weil aufgrund des Auskunftsrechts stets nur Mitglieder derselben Partei sowie ihr besonders eng verbundene, für sie als Wahlbewerber kandidierende Nichtmitglieder Einsicht in die Mitglieder-

---

511 Siehe dazu oben § 1 I 3 bzw. § 1 I 1.
512 Siehe oben § 7 II 4 a) cc), § 7 II 4 b) bb).
513 Siehe vorstehend § 10 II 2 a) bb) (1) (b) (bb) [1].
514 Siehe dazu oben § 1 I 3.
515 Vgl. CDU-BPartG, NVwZ 1993, 1127 [1128]; in diesem Sinne auch OLG Hamburg, Beschluß vom. 20.01.1988 - 14 W8/89; kritisch dazu *Kressel*, Parteischiedsgerichtsbarkeit und Staatsgerichtsbarkeit, S. 73; *Stubbe-da Luz*, Parteiendiktatur, S. 159; *Wegner*, Für eine offene Demokratie, S. 34.
516 Zur politischen Anschauung im Sinne des Art. 3 Abs. 3 GG zählt insbesondere auch die Mitgliedschaft in einer Partei, vgl. *Dürig*, in: Maunz/Dürig, GG-K I, Art. 3 III Rn. 117.

liste nehmen können. Wegen ihrer gemeinsamen Parteimitgliedschaft und politischen Überzeugung werden Personen einander jedoch nicht benachteiligen, sondern eher begünstigen.

Allerdings wurde in diesem Zusammenhang als weiteres Argument gegen die Möglichkeit von Parteimitgliedern auf Einsichtnahme in die Mitgliederliste die Gefahr eines „Mißbrauchs" eingewandt: „Wechselt ein Mitglied die Partei, könnte es jeweils Mitgliederlisten seiner bisherigen Partei der neuen Partei als Mitgift überbringen. Gerade bei den großen Parteien könnte ohne weiteres eine einer Partei nahestehende Person zur Mitgliedschaft in einer konkurrierenden Partei veranlaßt werden, um dadurch in den Besitz der Mitgliederlisten der anderen Partei zu gelangen"[517]. Darum müsse der Zugriff auf die Mitgliederliste der Parteiführung vorbehalten bleiben, die besonderen Treuepflichten unterliege[518]. Auch dieses Argument stellt keinen rechtlich relevanten Einwand dar. Insofern ist zunächst festzustellen, daß Fälle von – im Parteijargon sogenannten – „U-Booten", also Mitgliedern, die ihre Partei zugunsten einer konkurrierenden Partei ausspionieren, in der politischen Wirklichkeit der Bundesrepublik praktisch keine Rolle spielen. Vor allem aber geht es nicht an, einfachen Parteimitgliedern ein Recht mit der Begründung des möglichen Mißbrauchs zu versagen, der Parteiführung hingegen das Recht dazu in dem Vertrauen darauf zuzugestehen, daß sie sich rechtstreu verhält[519]. Wäre bereits die Möglichkeit rechtswidrigen Verhaltens ein Argument gegen den Umgang mit personenbezogenen Daten, müßte dieser vielmehr generell für unzulässig erklärt werden.

Die rechtlich relevanten Folgen einer mit dem innerparteilichen Auskunftsrecht begründeten Einsichtnahme in die Mitgliederliste, die bei der Güter- und Interessenabwägung auf Seiten der Betroffenen zu berücksichtigen sind, bestehen somit schlicht darin, daß von ihrer Parteimitgliedschaft und Adresse unter Umständen andere, ihnen bislang nicht bekannte Mitglieder und als Wahlbewerber der Partei kandidierende Nichtmitglieder erfahren und daß diese deshalb mit ihnen – ebenso wie die Parteiführung – auch außerhalb von Parteiveranstaltungen Kontakt aufnehmen können.

Berücksichtigt man entsprechend der oben genannten, die Güter- und Interessenabwägung bestimmenden Grundsätze auf Seiten der durch die Einsichtnahme in die Mitgliederliste Betroffenen schließlich noch deren eigenes Verhalten, ergibt sich folgendes: Die Mitgliedschaft in einer Partei ist ihrem Wesen nach auf gemeinschaftliches politisches Handeln mit Gleichgesinnten gerichtet. Gemeinschaftliches

---

517 So die Argumentation des CDU-Landesverbands Hamburg, zitiert nach *Steffani*, Merkur 1993, 586 [595].

518 Vgl. dazu auch CDU-BPartG, NVwZ 1993, 1127 [1128].

519 Nicht akzeptabel ist insbesondere die Begründung des CDU-BPartG, NVwZ 1993, 1127 [1128 a.E.], einfachen Parteimitgliedern könne keine Einsicht in die Mitgliederliste gewährt werden, weil es ihnen im Unterschied zu Vorstandsmitgliedern an der „politischen Verantwortung" fehle.

Handeln von Personen bedingt aber, daß sie sich untereinander kennen und, soweit das noch nicht der Fall ist, kennenlernen und dazu miteinander Kontakt aufnehmen können. Der Umstand, daß die Mehrheit der Parteimitglieder sogenannte „stille" Mitglieder (im Parteijargon „Karteileichen") sind, die am Parteileben nicht teilnehmen und keinen Kontakt zu anderen Mitgliedern suchen, ändert daran nichts[520]. Die Annahme, „stille" Mitglieder würden sich deshalb nicht engagieren, weil sie ihre Parteimitgliedschaft anderen Mitgliedern der Partei gegenüber geheim halten wollen, ist lebensfern. Scheut eine Person als Parteimitglied entlarvt zu werden so sehr, daß von ihrer Parteimitgliedschaft noch nicht einmal andere Mitglieder der Partei erfahren sollen, wird sie realistischerweise erst gar nicht einer Partei bei-[521] bzw. wieder aus ihr austreten, und zwar auch dann, wenn sie die betreffende Partei an sich unterstützen möchte. Hierzu stehen ihr nämlich genügend andere Möglichkeiten zur Verfügung, insbesondere in Form von Spenden, zumal Spender nicht in jedem Fall genannt werden müssen[522]. In Wirklichkeit hat die mehrheitliche Inaktivität der Parteimitglieder denn auch ganz andere Gründe als der Wunsch nach innerparteilicher Anonymität, nämlich vor allem mangelnde Motivation wegen geringer innerparteilicher Mitwirkungsmöglichkeiten, bedingt durch ein Defizit an innerparteilicher Demokratie[523].

Demzufolge ist davon auszugehen, daß ein Parteimitglied, auch wenn es inaktiv ist, damit rechnet und grundsätzlich keine Einwände hat, daß andere Mitglieder der Partei sowie für diese als Wahlbewerber kandidierende Nichtmitglieder von seiner Mitgliedschaft erfahren und den Kontakt mit ihm suchen, sofern die Information und Kontaktaufnahme im Zusammenhang mit der gemeinschaftlichen Verfolgung des Parteizwecks steht und dazu erforderlich ist.

Daraus kann allerdings nicht zugleich darauf geschlossen werden, daß ein Parteimitglied ebensowenig Einwände hat, daß andere Mitglieder der Partei bzw. für diese als Wahlbewerber kandidierende Nichtmitglieder zugleich von seiner Privatadresse erfahren und darüber *außerhalb* von Parteiveranstaltungen mit ihnen (schriftlich, telefonisch oder durch einen Besuch) in Kontakt treten. So kann etwa besonders prominenten Parteimitgliedern daran gelegen sein, daß ihr Wohnort aus Sicherheitsgründen möglichst wenigen Personen bekannt wird. Darin liegt auch kein Widerspruch zu dem vorstehend Gesagten, denn auch bei Kenntnis der Parteimitgliedschaft einer Person läßt sich nicht ohne weiteres ihr Wohnort ermitteln, insbesondere dann nicht, wenn sie sich im öffentlichen Telefonverzeichnis nicht oder ohne Adresse eintragen lassen hat.

---

520 So aber CDU-BPartG, NVwZ 1993, 1127 [1128].

521 *Steffani*, Merkur 1993, 586 [590], bemerkt in diesem Zusammenhang: „Die beste Geheimhaltung wäre sicherlich der Verzicht auf einen Parteibeitritt".

522 Gemäß § 25 Abs. 3 PartG müssen Name und Anschrift des Spenders im Rechenschaftsbericht der begünstigten Partei erst dann verzeichnet werden, wenn der Gesamtwert der Spende in einem Kalenderjahr 10 000 Euro übersteigt.

523 Vgl. *Steffani*, Merkur 1993, 586 [590].

(bb) Zu berücksichtigende Umstände auf Seiten der Auskunftsberechtigten

Wird zur Erfüllung innerparteilicher Auskunftsansprüche Einsichtnahme in die Mitgliederliste begehrt, geht der drohende Eingriff in das informationelle Selbstbestimmungsrecht der darin verzeichneten Personen unmittelbar von dem Parteiverband als Anspruchsgegner des Auskunfstrechts aus[524]. Allerdings ist ein solcher Eingriff gerechtfertigt und somit nicht widerrechtlich, soweit sich der Parteiverband darauf berufen kann, zur Weitergabe der betreffenden Daten verpflichtet zu sein. Inwieweit eine solche Verpflichtung besteht, hängt von der Reichweite des die Verpflichtung begründenden Auskunftsanspruchs ab[525]. Ein Auskunftsanspruch auf Information über Mitgliederdaten kann wiederum nur insoweit bejaht werden, wie ein auf diese Daten bezogenes Informationsinteresse besteht und dieses größeres Gewicht hat als das informationelle Selbstbestimmungsrecht der in der Liste verzeichneten Mitglieder[526].

Daß aufgrund des Auskunftsrechts Einsichtnahme in die Parteimitgliederliste von vornherein nur dann verlangt werden kann, wenn ein dahingehendes Informationsinteresse bzw. Informationsbedürfnis besteht, bedarf hier keiner weiteren Begründung mehr, wurde doch bereits herausgearbeitet, daß ohne ein Informationsbedürfnis schon gar kein Auskunftsanspruch entsteht[527].

Ein Informationsbedürfnis nach Einsichtnahme in die Parteimitgliederliste kann viele Gründe haben. Als Beispiel wurde bereits angeführt, daß ein Mitglied aufgrund seines Rechts gemäß § 37 BGB eine außerordentliche Mitgliederversammlung einberufen will, jedoch, um das dazu notwendige Quorum zu erfüllen, auf Unterstützung anderer, ihm bislang unbekannter Mitglieder angewiesen ist, mit

---

524 Siehe dazu oben § 9 II 1.

525 Zu erinnern ist in diesem Zusammenhang, daß sich ein Recht einfacher Parteimitglieder auf Einsichtnahme in die Parteimitgliederliste nicht schon damit begründen läßt, auch die Parteiführung habe Zugriff auf die Liste. In diese Richtung argumentierten jedoch die Antragsteller im Rahmen des eingangs (siehe oben § 1 I 3) beschrieben, in der CDU geführten Rechtsstreits, vgl. *Wegner*, Für eine offene Demokratie, S. 33 f.: „Diese Situation (*gemeint ist die Weigerung der CDU-Parteiführung, einfachen Parteimitgliedern Einsichtnahme in die Parteimitgliederliste zu gewähren, Anm. d. Verf.*) erinnerte mich fatal an die von George Orwell in seinem Roman „Animal Farm" geschilderte Situation: ‚Alle Tiere sind gleich, aber einige sind gleicher'"; in diesem Sinne auch *Steffani*, Merkur 1993, 586 [591, 597], sowie *Stubbe-da Luz*, Parteiendiktatur, S. 158. Denn wie bereits festgestellt, ist eine Differenzierung zwischen der Parteiführung und den übrigen Parteimitgliedern unbeschadet des demokratischen Gleichbehandlungsgebotes, dem die politischen Parteien wegen Art. 21 Abs. 1 S. 3 GG unterliegen, grundsätzlich zulässig, vgl. dazu oben § 7 II 5 a).

526 In der Entscheidung des CDU-BPartG, NVwZ 1993, 1127 f., das die Frage des Einsichtnahmerechts in die Parteimitgliederliste wegen des informationellen Selbstbestimmungsrechts der in der Liste verzeichneten Liste Mitglieder verneint, fehlt eine Auseinandersetzung mit dem Informationsbedürfnis nach den Mitgliederdaten, so daß dort auch keine sachgerechte Güter- und Interessenabwägung stattfindet.

527 Siehe oben § 8 II 3.

denen es deshalb in Kontakt treten will[528]. Desgleichen kann ein Informationsbedürfnis nach Einsichtnahme in die Parteimitgliederliste bestehen, wenn ein Mitglied zur Kontaktaufnahme die Adressen der von ihm gewählten Delegierten einer Vertreterversammlung in Erfahrung bringen möchte, um ihnen Anregungen und Kritik für die nächste Vertreterversammlung mitteilen zu können[529].

Überhaupt müssen Mitglieder dem Wesen der Parteimitgliedschaft nach und wegen des innerparteilichen Demokratiegebots in der Lage sein, nicht nur in, sondern auch außerhalb von Parteiversammlungen miteinander zu kommunizieren, was, sofern sich nicht alle Parteimitglieder kennen, voraussetzt, daß durch Einsichtnahme in die Parteimitgliederliste festgestellt werden kann, welche Personen Mitglieder der Partei sind und über welche Adresse sie kontaktiert werden können[530]. Dabei wäre ein dahingehendes Informationsbedürfnis auch dann noch gegeben, wenn – was ohnehin allenfalls bei kleineren Verbänden praktikabel wäre – die Partei anböte, Nachrichten von kontaktsuchenden Parteimitgliedern an die übrigen Parteimitglieder zu verteilen, oder wenn die Möglichkeit bestünde, die übrigen Parteimitglieder (z.B. die Mitglieder des Ortsverbands) im Rahmen eines Intranets über anonymisierte Sammelverteiler per E-Mail zu erreichen. Denn auf diesem Wege wäre es den Kontaktsuchenden nicht möglich, festzustellen, welche individuellen Personen (neue) Mitglieder der Partei sind. Das aber ist im Hinblick darauf, daß das innerparteiliche Demokratiegebot des Art. 21 Abs. 1 S. 3 GG insbesondere eine Willensbildung „von unten" fordert[531], unerläßlich, damit Parteimitglieder außerhalb von Parteiversammlungen auch gezielt und vor allem vertraulich, also ohne Wissen anderer Mitglieder, kontaktiert werden können, so wie es der Parteiführung möglich ist[532].

---

528 Siehe oben § 8 IV 1 a) cc) (1). Siehe ferner *Klein*, in: Maunz/Dürig, GG-K III, Art. 21 Rn. 330; *Kressel*, Parteischiedsgerichtsbarkeit und Staatsgerichtsbarkeit, S. 73 f.; *Morlok*, in: Dreier, GG-K II, Art. 21 Rn. 113.

529 Aus diesem Grund ist im Genossenschaftsgesetz in § 43a Abs. 6 ausdrücklich ein Recht auf Einsichtnahme in die Vertreterliste geregelt, vgl. dazu *Metz*, in: Lang/Weidmüller/Metz/Schaffland, GenG-K, § 18 Rn. 10, § 43a Rn. 106, 108; *Meyer/Meulenbergh/Beuthien*, GenG-K, § 43a Rn. 15. Führt dementsprechend auch die Partei eine gesonderte Vertreterliste, wird dem Informationsbedürfnis des Mitglieds in dem hier in Rede stehenden Beispiel auch durch die Einsichtnahmegewährung bloß in diese Liste Genüge getan.

530 Ausführlich dazu oben § 8 IV 1 a) cc) (1).

531 Dazu oben § 7 II 4 a) aa) (1).

532 Anders als im Verlauf des in der CDU über ein Einsichtnahmerecht in die Parteimitgliederliste ausgetragenen Rechtsstreits vorgebracht, ist die Möglichkeit der Mitglieder, außerhalb von Parteiversammlungen zu kommunizieren, schon gar nicht durch eine Satzungsregelung gewährleistet, wonach „Anträge von Mitglieden für Ortmitgliederversammlungen (...) in einem vertretbaren Rahmen mit der Einladung verschickt werden (sollen), wenn sie von mindestens fünf Mitgliedern unterzeichnet sind und dem Ortvorsitzenden rechtzeitig vorliegen" (so § 12 Abs. 2 der Satzung des CDU-Landesverbands Hamburg, auf den das CDU-BPartG, NVwZ 1993, 1127, verweist). Zunächst betrifft eine solche Regelung nur Anträge für Ortsmitgliederversammlungen; Parteimitglieder müssen außerhalb von Parteiversammlungen aber auch über sonstige Parteiangelegenheiten kommunizieren können. Vor allem aber wäre wiederum ein Quorum zu erfüllen, was unter Umständen nur durch die Kontaktaufnahme mit bislang unbekannten, in der Parteimitgliederliste verzeichneten Parteimitgliedern möglich ist.

In jedem Fall unumgänglich ist die Einsichtnahme in die Parteimitgliederliste, wenn Parteimitglieder kontrollieren wollen, ob die Parteiführung die Liste richtig führt[533]. Die Richtigkeit der Parteimitgliederliste ist von weitreichender Bedeutung. Von der darin verzeichneten Mitgliederzahl eines Verbands hängt es etwa ab, wieviele Stimmen für einen Mehrheitsbeschluß des Verbands erforderlich sind oder, falls es sich um einen nachgeordneten Verband handelt, wieviele Mitglieder dieser in die Vertreterversammlungen entsenden darf[534]. So werden in der Praxis immer wieder Fälle bekannt, in denen die Parteiführung die Mitgliederzahl in ihrem Sinne unbemerkt manipulieren konnte, weil sie den einfachen Parteimitgliedern die Einsichtnahme in die Liste und deren Kontrolle verweigerte[535]. Besonders wichtig ist die Möglichkeit der Einsichtnahme in die Parteimitgliederliste aber auch bei innerparteilichen Wahlen zur Wahlbewerberaufstellung, damit die Parteimitglieder überprüfen können, daß an diesen Wahlen tatsächlich nur die in der betreffenden Parteiversammlung wahlberechtigten Parteimitglieder teilnehmen[536]. Daher haben die Einsichtnahme in die Mitgliederliste begehrenden einfachen Parteimitglieder im Verlauf des in der CDU darüber ausgetragenen Rechtsstreits zu Recht den Vergleich mit dem sich aus § 17 Abs. 1 BWahlG ergebenden Recht des Wählers auf Einsichtnahme in das Wählerverzeichnis gezogen[537], das ebenfalls der Kontrollmöglichkeit dient[538].

(cc) Abwägung; Zwischenergebnis

Sofern nach dem vorstehend Gesagten ein Informationsbedürfnis besteht, steht damit allerdings noch nicht fest, daß ein entsprechender innerparteilicher Informationsanspruch auch durchgreift. Vielmehr ist das nur insoweit der Fall, wie dem Informationsbedürfnis ein solches Gewicht beizumessen ist, daß das informationelle Selbstbestimmungsrecht der durch die Einsichtnahme Betroffenen dahinter zurückzutreten hat und deshalb das innerparteiliche Auskunftsrecht nicht beschränkt.

Bei der zur Klärung dieser Frage vorzunehmenden Güter- und Interessenabwägung ist vor allem zu bedenken, daß nicht nur das informationelle Selbstbestim-

---

533 Die Möglichkeit zur Kontrolle der Parteiführung ist grundlegende Voraussetzung für die durch Art. 21 Abs. 1 S. 3 GG gebotene (siehe dazu oben § 7 II 4 a) aa) (1)) „Parteimitgliederherrschaft".

534 Vgl. oben § 8 III 1 a) aa) (3) (d).

535 Ein spektakuläres Beispiel waren zuletzt die unter der Verantwortung der damaligen bayerischen Kultusministerin, Monika Hohlmeier, vorgenommenen Manipulationen des Mitgliederbestands des Müncher CSU-Bezirksverbands, siehe dazu insbesondere Frankfurter Allgemeine Zeitung vom 30. Juni 2004, S. 4, und 16. April 2005, S. 1, 2 und 5. Zu weiteren Fällen siehe *Stubbe-da Luz*, Parteiendiktatur, S. 123 ff.; Berliner Morgenpost vom 25. Februar 2004, S. 18; Hamburger Abendblatt vom 23. Februar 1998, S. 1 und 3.

536 Wie bereits festgestellt, kommt es dafür entscheidend auf den – aus der Parteimitgliederliste ersichtlichen - Wohnsitz der Parteimitglieder an, siehe oben § 8 III 1 b) aa) und bb).

537 Vgl. *Steffani*, Merkur 1993, 586 [590]; *Stubbe-da Luz*, Parteiendiktatur, S. 158.

538 Siehe dazu *Schreiber*, NVwZ 2002, 1 [4].

mungsrecht verfassungsrechtlich abgesichert ist[539], sondern auch das innerparteiliche Auskunftsrecht[540]. Ein genereller Vorrang der durch das informationelle Selbstbestimmungsrecht geschützten Interessen der durch die Einsichtnahme in die Liste Betroffenen gegenüber dem dahingehenden Informationsinteresse der innerparteilich Auskunftsberechtigten, von dem das CDU-Bundesparteigericht ausgeht[541], würde dieser Erkenntnis nicht gerecht. Umgekehrt verbietet es sich danach aber auch, die Mitgliederliste innerparteilich in jedem Fall vollständig zu veröffentlichen[542]. Letzteres ließe sich insbesondere nicht durch das Argument rechtfertigen, daß Parteimitglieder auch außerhalb von Parteiversammlungen miteinander in Kontakt treten und kommunizieren sowie die Richtigkeit der Parteimitgliederliste kontrollieren können müssen. Das aus diesen Gründen bestehende Informationsbedürfnis[543] reicht nämlich nur soweit, wie die Parteimitglieder im Rahmen der Parteiorganisation berechtigt sind, auf die Geschicke ihrer Partei Einfluß zu nehmen, also nur innerhalb der Organisationseinheit ihrer Partei, der sie angehören[544]. So hat etwa ein Mitglied des CDU-Kreisverbands Flensburg kein Recht, die Richtigkeit der Mitgliederliste des CDU-Kreisverbands Freiburg zu kontrollieren. Bei präziser Definition des Informationsbedürfnisses ist denn auch selbst bei großen Volksparteien das Konfliktpotential mit dem informationellen Selbstbestimmungsrecht, das von dem Begehren von Parteimitgliedern nach Einsichtnahme in die Parteimitglieder ausgeht, von vornherein begrenzt.

Soweit aber innerparteilich Auskunftsberechtigte ein entsprechendes Informationsbedürfnis haben, müssen sie die Mitgliederliste trotz des informationellen Selbstbestimmungsrechts der darin verzeichneten Parteimitglieder einsehen können. Dabei ist allerdings wie folgt zu differenzieren:

Was die aus der Mitgliederliste ablesbare Tatsache der Parteimitgliedschaft der darin verzeichneten Personen anbelangt, ist aus den oben genannten Gründen davon auszugehen, daß diese schon überhaupt kein Interesse an ihrer innerparteilichen Geheimhaltung haben[545]. Jedenfalls aber muß die innerparteiliche Wahrnehmung der Mitgliedschaft hingenommen werden. Daher kann ein Parteimitglied der Weitergabe dieses Datums an andere Parteimitglieder, die ein dahingehendes Informationsbedürfnis darlegen, auch nicht wirksam widersprechen[546]. Politische

---

539 Zur verfassungsrechtlichen Grundlage des informationellen Selbstbestimmungsrechts oben § 10 II 2 a) aa).

540 Siehe dazu oben § 7 II 4 a) cc) sowie § 7 II 4 b) bb).

541 CDU-BPartG, NVwZ 1993, 1127 f.; ausführlich dazu oben § 1 I 3.

542 Ebenso *Klein*, Maunz/Dürig, GG-K III, § 21 Rn. 330.

543 Siehe dazu vorstehend unter § 10 II 2 a) bb) (2) (a) (bb).

544 So im Ergebnis auch *Klein*, Maunz/Dürig, GG-K III, § 21 Rn. 330; *Morlok*, in: Dreier (Hrsg.), GG-K II, Art. 21 Rn. 113. Zur Gliederung der politischen Parteien siehe oben § 8 I 1 a) aa).

545 Siehe dazu § 10 II 2 a) bb) (2) (a) (aa).

546 Mit Hinweis darauf, mehrere seiner Mitglieder hätten „der Weitergabe ihrer Daten schriftlich oder in Gesprächen ausdrücklich widersprochen“, verweigerte indes der CDU-Landesverband Hamburg die Einsichtnahme in seine Mitgliederliste, vgl. dazu *Steffani*, Merkur 1993, 586 [595].

Parteien sind keine Geheimbünde[547]. Vielmehr sind sie zur innerparteilichen Demokratie und somit zur inneren Transparenz und Offenheit verpflichtet[548]. Wer damit nicht einverstanden ist, kann nicht Parteimitglied sein[549].

Aus diesen Gründen muß es Parteimitgliedern bei Bestehen eines entsprechenden Informationsbedürfnisses im Regelfall ebenso möglich sein, durch Einsichtnahme in die Parteimitgliederliste die Adresse anderer Parteimitglieder in Erfahrung zu bringen, um sie darüber außerhalb von Parteiversammlungen kontaktieren oder ihre Berechtigung der Teilnahme an innerparteilichen Wahlen zur Wahlbewerberaufstellung kontrollieren zu können[550]. Doch kann dies ausnahmsweise anders zu beurteilen sein, wenn besondere Gründe dafür vorliegen, daß von dem Wohnort eines Parteimitglieds möglichst wenige Personen wissen. Das wird vor allem in den Fällen zu bejahen sein, in denen eine Person im Melderegister mit einem Sperrvermerk geführt wird. Gemäß § 21 Abs. 5 MRRG kommt ein Sperrvermerk für Personen in Betracht, die das Vorliegen von Tatsachen glaubhaft machen, die die Annahme rechtfertigen, daß ihnen durch das Bekanntwerden ihrer Adresse eine Gefahr für Leben, Gesundheit, persönliche Freiheit oder ähnliche schutzwürdige Belange erwachsen kann. Für diese Fälle beschränkt § 17 Abs. 1 S. 4 BWahlG im übrigen auch das Recht des Wählers, den Wohnort der betreffenden Personen vor öffentlichen Wahlen durch Einsichtnahme in das Wählerverzeichnis in Erfahrung zu bringen[551]. Allerdings wird man im Sinne des innerparteilichen Demokratiegebots von Parteimitgliedern, bei denen solche besonderen Gründe die Geheimhaltung ihres Wohnorts erfordern, verlangen müssen, daß sie zur Eintragung in die Mitgliederliste eine alternative Adresse angeben (etwa ein Postfach oder eine E-Mail-Adresse), worüber andere Parteimitglieder mit ihnen außerhalb von Parteiversammlungen zumindest schriftlich in Kontakt treten können.

(b) Beispiel: Fragen zu persönlichen Angelegenheiten von Kandidaten bei innerparteilichen Wahlen

Bei innerparteilichen Wahlen fragen die Wahlberechtigten häufig nach persönlichen Angelegenheiten der Kandidaten. Meist betreffen die Fragen Alter, Familienstand, Beruf und persönlichen Werdegang der Kandidaten. Entsprechende Auskünfte werden von diesen regelmäßig bereitwillig erteilt. Problematisch sind hingegen Fälle, in denen Fragen tiefer in die Privat- oder gar in die Intimsphäre der Kandidaten eindringen. Sind etwa, was im Verbandsrecht gemeinhin bejaht wird[552],

---

547 Vgl. *Steffani*, Merkur 1993, 586 [595].
548 *Morlok*, in: Dreier, GG-K II, Art. 21 Rn. 112 ff.
549 *Klein*, Maunz/Dürig, GG-K III, § 21 Rn. 330.
550 Siehe zu diesen Gründen eines Informationsbedürfnisses auch oben § 10 II 2 a) bb) (2) (a) (bb).
551 Kritisch dazu *Kroppenstedt/Würzberger*, VerwArch. 1982, 311 [316].
552 Vgl. *Barz*, in: GroßK-AktG I/2 (3. Aufl.), § 131 Anm. 7; *Ebenroth*, Das Auskunftsrecht des Aktionärs und seine Durchsetzung im Prozeß, S. 112 f; *Eckardt*, in: Geßler/Hefermehl/Eckardt/Kropff, AktG-K II, § 131 Rn. 41; *K. Müller*, GenG-K II, § 43 Rn. 18; *Zöllner*, in: ders. (Hrsg.), KöKo-AktG I, § 131 Rn. 49.

Fragen nach Vorstrafen und Gesundheitszustand zulässig oder kann sogar Auskunft darüber verlangt werden, ob ein Kandidat seinem Ehepartner treu ist?

Hier ist zunächst zu erinnern, daß durch das Auskunftsrecht nicht bestimmte natürliche Personen verpflichtet sind, sondern der Verband, in dem es geltend gemacht wird[553]. Demzufolge obliegt die Beantwortung der unter Berufung auf das Auskunftsrecht gestellten Fragen nach persönlichen Angelegenheiten der Kandidaten nicht diesen selbst, sondern dem den Verband vertretenen Parteivorstand, also praktisch den den Parteivorstand bildenden Personen[554]. Je tiefer Fragen in die Privat- oder Intimsphäre eines Kandidaten eindringen, desto weniger wird der Parteivorstand jedoch zu ihrer Beantwortung in der Lage sein, zumal keine Pflicht der Kandidaten besteht, den Parteivorstand zur Beantwortung aller sie betreffenden Fragen in die Lage zu versetzen[555]. Sofern es aber dem Parteivorstand nicht möglich ist, an die zur Beantwortung von Fragen erforderlichen Informtionen zu gelangen, wird er von seiner Pflicht zur Auskunfterteilung frei, so daß der Auskunftsanspruch der Fragenden ins Leere geht[556]. Dies gilt insbesondere auch dann, wenn die den Parteivorstand bildenden Personen ihrerseits kandidieren, weil sie sich bei der Auskunftserteilung als Parteivorstandsmitglieder nicht ihr privates Wissen zurechnen lassen müssen. Insoweit ist also die Gefahr für das Persönlichkeitsrecht der Kandidaten, die von auf das Auskunftsrecht gestützten Fragen zu ihren persönlichen Angelegenheiten ausgeht, gering.

Allerdings ist es in der Praxis üblich, daß der Parteivorstand bei Fragen zu persönlichen Angelegenheiten der Kandidaten von der Möglichkeit Gebrauch macht, seine Verpflichtung zur Auskunfterteilung dadurch zu erfüllen, daß er die Kandidaten selbst antworten läßt[557]. Die persönliche Beantwortung entspricht nicht nur der Praktikabilität, sondern in der Regel auch dem ausdrücklichen Wunsch der Kandidaten, weil sie sich dadurch am ehesten ins beste Licht setzen können. Aus der persönlichen Beantwortung resultiert für sie indes schnell ein Dilemma. Denn zumindest dann, wenn sie ernsthafte Absichten haben, gewählt zu werden, ist es ihnen schwerlich möglich, die Beantwortung von Fragen zu ihren persönlichen Angelegenheiten zu verweigern, weil dadurch der Eindruck entstehen kann, sie hätten etwas zu verbergen. Um so wichtiger ist es deshalb aber zu prüfen, inwieweit das Persönlichkeitsrecht der Kandidaten dem Auskunftsrecht Schranken setzt. Denn jenseits der Grenzen des Auskunftsrechts dürfen darauf gestützte Fragen erst gar nicht zur Beantwortung zugelassen werden, so daß es nicht zu dem beschriebenen Dilemma kommt.

Die Prüfung der dem Auskunftsrecht durch das Persönlichkeitsrecht der Kandidaten gezogenen Grenzen ist freilich nur nötig, wenn geklärt ist, daß die erfragten

---

553 Siehe dazu oben § 9 II 1.

554 Vgl. oben § 9 II 2.

555 Vgl. in diesem Zusammenhang *Grunewald*, ZHR 146 (1982), 211 [214].

556 Siehe dazu noch unten § 10 II 2 c) bb).

557 Siehe dazu oben § 9 II 2.

persönlichen Angelegenheiten der Kandidaten überhaupt Gegenstand des Auskunftsrechts sein können. Wie bereits herausgearbeitet, ist dies nur insoweit der Fall, wie persönliche Angelegenheiten der Kandidaten einen hinreichend konkreten Bezug zu den Verbandsangelegenheiten aufweisen[558]. Ein solcher Bezug ist indes vielfach zu bejahen, insbesondere, wenn es um die Besetzung von Spitzenfunktionen geht, etwa die des Parteivorsitzenden und/oder Spitzenkandidaten einer Partei bei öffentlichen Wahlen. Denn in diesen Fällen hängt das Ansehen und der Erfolg der Partei gerade auch von den persönlichen Angelegenheiten und Umständen der betreffenden Personen ab. So setzt etwa ein aufreibender Wahlkampf voraus, daß der Spitzenkandidat bei guter Gesundheit ist. Derweil wird es in konservativen Parteien, die den Wert der Ehe betont, eine wichtige Rolle spielen, wie genau es der Spitzenkandidat mit der Treue zu seinem Ehepartner nimmt. Insoweit läßt sich auch ein Informationsbedürfnis der Mitglieder bejahen[559], und zwar angesichts der Bedeutung der Angelegenheit sogar ein besonders strakes Informationsbedürfnis. Ob ein Auskunftsanspruch durchgreift, hängt dann letztlich von der Abwägung des Informationsbedürfnisses mit dem Persönlichkeitsrecht der Kandidaten ab.

Grundsätzlich gilt dabei wiederum, daß kein genereller Vorrang des verfassungsrechtlich fundierten Persönlichkeitsrechts gegenüber den Informationsinteressen der innerparteilichen Auskunftsberechtigten besteht. Denn auch das innerparteiliche Auskunftsrecht ist verfassungsrechtlich abgesichert[560]. Insofern bestehen auch keine prinzipiellen Bedenken, wenn der Gebrauch des Auskunftsrechts bei innerparteilichen Wahlen auf ein „Kandidatenexamen" hinausläuft, bei dem unter anderem nach persönlichen Angelegenheiten gefragt wird[561]. Dabei hängt die Zulässigkeitsgrenze von Fragen nach persönlichen Angelegenheiten in erster Linie von der Schutzintensität der betroffenen Persönlichkeitsspähre des Kandidaten ab[562]: Je tiefer Fragen in die Persönlichkeit eines Kandidaten eindringen, desto gewichtiger muß das Informationsbedürfnis sein, um einen Auskunftsanspruch durchgreifen zu lassen. Auch spielt die Stellung der Kandidaten im öffentlichen Leben sowie das Amt, um das er sich bewirbt, eine Rolle: Kandidiert eine „absolute Person der Zeitgeschichte"[563] für ein herausragendes Führungsamt, beispielsweise ein Bundesvorsitzender einer großen Partei, der sich zur Wiederwahl stellt, muß der Persönlichkeitsschutz hinter das Informationsbedürfnis eher zurücktreten als bei Kandi-

558 Siehe oben § 9 I 2.

559 Vgl. zum Zusammenhang zwischen dem Informationsbedürfnis und dem Charakter des Auskunftsrechts als Hilfsrecht für das Wahlrecht oben § 8 II 2.

560 Siehe dazu oben § 7 II 4 a) cc) sowie § 7 II 4 b) bb).

561 Bedenken in diese Richtung äußert hingegen *Bull*, RuP 1974, 79 [81 f.].

562 Siehe dazu bereits oben § 10 II 2 a) aa).

563 Zu „absoluten Personen der Zeitgeschichte" gehören diejenigen Personen, die unabhäbgig von Einzelereignissen im öffentlichen Leben stehen, so insbesondere prominente Politiker, vgl. *Löffler/Ricker*, HdbPresserecht, 43. Kap. Rn. 13.

daten, die der Öffentlichkeit unbekannt sind und bloß ein Delegiertenamt anstreben[564].

Problematisch ist allerdings, daß sich, wie die vorstehend angeführten Beispiele haben deutlich werden lassen, bei innerparteilichen Wahlen von herausgehobenen Spitzenpositionen in Bezug auf Privat- und Intimangelegenheiten mitunter ein besonders großes Informationsbedürfnis bejahen läßt. Andererseits wäre es mit dem Persönlichkeitsrecht der Kandidaten unvereinbar, wenn sie sich deshalb ohne weiteres über ihre Privat- und Intimangelegenheiten ausfragen lassen müßten. Aus diesem Grund ist im Sinne des gebotenen Persönlichkeitsschutzes der Kandidaten davon auszugehen, daß Fragen zu deren Privat- und Intimangelegenheiten, auch wenn sie einen Bezug zu den Verbandsangelegenheiten aufweisen, nur ausnahmsweise bei Vorliegen besonderer Umstände zulässig sind, nämlich dann, wenn dazu ein konkreter, im Risiko- und Verantwortungsbereich der Kandidaten liegender Anlaß besteht. So wären etwa Fragen nach dem Gesundheitszustand eines Bewerbers um das Amt des Spitzenkandidaten der Partei bei öffentlichen Wahlen zulässig, wenn dieser wiederholt längere Zeit im Krankenhaus verweilt. Derweil können Nachfragen zum Liebesleben zulässig sein, wenn dieses Gegenstand seriöser Medienberichte ist und es deshalb Auswirkungen auf die Wahlchancen des Kandidaten haben kann, so etwa, wenn berichtet wird, ein Kandidat sei mit seinem Dienstwagen im Sperrbezirk zusammen mit einer Prostituierten erwischt worden[565]. Bloße Gerüchte reichen indes als Anlaß, berechtigterweise Fragen zum Privat- oder Intimleben zu stellen, nicht aus.

cc) Der Schutz der Ehre als Schranke des Rechts auf Gehör

Wird in politischen Parteien das Recht auf Gehör genutzt, um eine Meinung über eine Person zu äußern, dann häufig deshalb, um diese zu kritisieren. Das geschieht vor allem bei Auseinandersetzungen mit dem politischen Gegner, aber auch bei innerparteilichen Diskussionen, insbesondere bei innerparteilichen Personaldebatten. In solchen Fällen kommt es unweigerlich zu Kollisionen mit dem vom allgemeinen Persönlichkeitsrecht umfaßten Ehrenschutz der angegriffenen Person. Dabei findet das Recht auf Gehör dort seine Grenze, wo deren Ehre verletzt wird.

Um festzustellen, ob eine auf das Recht auf Gehör gestützte Meinungsäußerung über eine Person eine Ehrverletzung darstellt, bedarf es grundsätzlich wiederum einer die Einzelfallumstände berücksichtigenden Güter- und Interessenabwägung. Wichtige Orientierungshilfe für diese Güter- und Interessenabwägung sind die von der Rechtsprechung und Literatur erarbeiteten Grundsätze zur Lösung des Spannungsverhältnisses zwischen dem Schutz der Ehre einerseits und der Meinungsäu-

---

[564] Vgl. zu den ähnlichen Erwägungen im Presserecht beim Vergleich des öffentlichen Informationsinteresses mit dem Persönlichkeitsrecht der durch Presseberichte betroffenen Personen *Löffler/Ricker*, HdbPresserecht, 42. Kap. Rn. 10, 18.

[565] Vgl. zu einem solchen Fall Frankfurter Allgemeine Zeitung vom 12.12.1998, S. 6, vom 8.1.1999, S. 6, sowie vom 12.8.1999, S. 2.

ßerungsfreiheit gemäß Art. 5 Abs. 1 S. 1 Hs. 1 GG andererseits. Zwar hat das Recht auf Gehör in politischen Parteien nichts mit dem Grundrecht der Meinungsäußerungsfreiheit zu tun[566]. Die Parallele ist dennoch gerechtfertigt, weil sowohl das Recht auf Gehör in politischen Parteien wie auch das Grundrecht der Meinungsäußerungsfreiheit einen elementaren Bezug zum Demokratieprinzip aufweisen: auf der einen Seite geht es um die Verwirklichung innerparteilicher Demokratie im Sinne des Art. 21 Abs. 1 S. 3 GG, auf der anderen Seite um die Verwirklichung staatlicher Demokratie im Sinne des Art. 20 Abs. 1 GG. Gleichermaßen unabdingbare Voraussetzung für eine demokratische Willensbildung in politischen Parteien wie für eine demokratische Willensbildung im Staat ist es aber, den Meinungen der an den jeweiligen Willensbildungsprozessen beteiligten Individuen einen größtmöglichen Entfaltungsspielraum zu gewähren[567].

Generell ist für die Güter- und Interessenabwägung zur Ermittlung der sich aufgrund des Ehrenschutzes ergebenden Schranken des Rechts auf Gehör wiederum einerseits maßgebend, in welche Persönlichkeitssphäre des durch eine Äußerung Betroffenen eingegriffen wird, wie schwer der Eingriff und seine Folgen wiegen und wie sich der Betroffene verhält, sowie andererseits, zu welchem Zweck der Eingriff erfolgt und ob er verhältnismäßig ist[568]. Dabei genießt grundsätzlich weder das Recht auf Gehör in politischen Parteien noch das allgemeine Persönlichkeitsschutz in seiner Ausprägung des Ehrenschutzes Vorrang, da es sich jeweils um Verfassungswerte handelt[569]. Zu beachten ist bei der Güter- und Interessenabwägung zudem folgendes:

Ehrenrührige Tatsachenbehauptungen, die bewußt unwahr sind oder deren Unwahrheit bereits im Zeitpunkt der Äußerung feststeht, implizieren auf jeden Fall eine Ehrverletzung, weil ihnen ein „gegen Null tendierendes Gewicht" zuzumessen ist[570]. Insbesondere sind solche Äußerungen auch dann unstatthaft, wenn sie im kleinen Personenkreis erfolgen[571]; die Ausnahme bei Äußerungen im engsten Familien- und Freundeskreis[572] wird bei der Verwirklichung des Rechts auf Gehör in politischen Parteien praktisch nicht eingreifen.

Eine Rechtsverletzung durch ehrenrührige Tatsachenbehauptungen besteht überdies darin, daß dem Betroffenen mißbilligenswerte Äußerungen zugeschrieben werden, die er nicht von sich gegeben hat[573]. Das gilt nicht nur für „angedichtete" Äußerungen aus dem Privat- oder Intimbereich[574], sondern auch für angebliche

566 Siehe dazu oben § 7 II 4 a) bb) (5).
567 Vgl. oben § 7 II 4 a) aa) (1) sowie § 7 II 4 a) bb).
568 Sie dazu bereits oben § 10 II 2 a) bb) (2).
569 Siehe dazu oben § 7 II 4 a) cc) sowie § 7 II 4 b) bb).
570 *Schmidt-Jortzig*, in: Isensee/ P.Kirchhof (Hrsg.), HdbStR VI, § 141 Rn. 20; ebenso *Wendt*, in: von Münch/P. Kunig (Hrsg.), GG-K II, Art. 5 Rn. 10 a.E.
571 Vgl. BGHZ 89, 189 [203 f.].
572 Siehe dazu BGHZ 89, 189 [203 f.]; BGH, NJW 1993, 525 [526]
573 Vgl. *Löffler/Ricker*, HdbPresserecht, 42. Kap. Rn. 28; *Zeuner*, in Soergel, BGB-K V/2, § 823 Rn. 92.
574 Siehe dazu BVerfGE 34, 269 [282 f.].

öffentliche Äußerungen[575]. Hierzu zählt auch das falsche Zitieren. So ist es unzulässig, eine vertretbare Interpretation einer mehrdeutigen fremden Äußerung als Zitat auszugeben, ohne kenntlich zu machen, daß es sich um eine Interpretation handelt[576].

Demgegenüber liegt im Aufstellen und Verbreiten wahrer Tatsachenbehauptungen grundsätzlich keine Ehrverletzung. Dies kann jedoch ausnahmsweise anders zu beurteilen sein, wenn die entsprechenden Äußerungen die Privat- oder Intimsphäre betreffen und sich nicht durch ein berechtigtes Interesse der Öffentlichkeit rechtfertigen lassen, oder wenn sie einen Persönlichkeitsschaden anzurichten drohen, der außer Verhältnis zu dem Interesse an der Verbreitung der Wahrheit steht[577].

In vielen Fällen wird die Wahrheit oder Unwahrheit im Zeitpunkt einer Tatsachenbehauptung freilich ungewiß sein und sich erst als Ergebnis eines Diskussionsprozesses oder gar einer gerichtlichen Klärung herausstellen. Wäre aber nur die Äußerung unumstößlicher Wahrheiten risikofrei möglich, würde das zu einer erheblichen Erschwerung des demokratischen Kommunikationsprozesses führen. Um dies zu verhindern, werden demjenigen, der nachteilige Tatsachenbehauptungen über andere aufstellt, Sorgfaltspflichten auferlegt, bei deren Beachtung er auch in dem Fall keine Sanktionen gewärtigen muß, in dem sich später die Unwahrheit seiner Äußerungen erweist[578]. So geht bei „völlig haltlosen oder aus der Luft gegriffenen Behauptungen" prinzipiell das Persönlichkeitsrecht vor[579]. Im übrigen trägt der sich Äußernde die Darlegungslast, daß er die je nach Aufklärungsmöglichkeiten, Eingriffsintensität und Informationsinteresse der Öffentlichkeit unterschiedlich strengen Sorgfaltspflichten erfüllt hat[580]. Genügt er dieser Darlegungslast, ist seine Behauptung als wahr, die Äußerung also als rechtmäßig zu behandeln. Allerdings bleibt dem Betroffenen die Möglichkeit, die Unwahrheit der Äußerung zu beweisen. Gelingt ihm dies, so ist die Äußerung zwar nach wie vor als im Äußerungszeitpunkt rechtmäßig anzusehen, so daß insoweit kein Anspruch auf Widerruf oder Schadensersatz besteht. Nicht mehr rechtmäßig ist ab der Feststellung der Unwahrheit indes das Festhalten an der Äußerung. Besteht die Gefahr, daß die Äußerung dessen ungeachtet aufrecht erhalten bleibt, kann der Äußernde folglich zur Unterlassung verurteilt werden; wirkt die Beeinträchtigung des von der Äußerung Betroffenen fort, kann dieser eine Richtigstellung verlangen[581].

---

575 *Löffler/Ricker*, HdbPresserecht, 42. Kap. Rn. 28.

576 BVerfGE 54, 208 [221], gegen BGH, NJW 1978, 1797; Folgeentscheidung daraufhin BGH 1982, NJW 635; vgl. ferner *Löffler/Ricker*, HdbPresserecht, 42. Kap. Rn. 28; *Schwerdtner*, in: MüKo-BGB I, § 12 Rn. 269; *Zeuner*, in Soergel, BGB-K V/2, § 823 Rn. 77.

577 Vgl. BVerfG, NJW 1999, 1322 [1324]; BGH, NJW 1999, 2893 [2894]; *Schwerdtner*, in: MüKo-BGB I, § 12 Rn. 254; *Thomas*, in: Palandt, BGB-K, § 823 Rn. 189a.

578 Vgl. BGH, NJW 1966, 2010 [2011]; 1999, 1322 [1324]; zur verfassungsrechtlichen Zulässigkeit solcher Sorgfaltspflichten unter dem Gesichtspunkt der grundrechtlichen Meinungsfreiheit siehe BVerfGE 12, 113 [130].

579 BGH, NJW 1999, 1302 [1304].

580 Vgl. BGH, NJW 1974, 1710 [1710 f.]; NJW 1999, 1302 [1304].

581 Vgl. zum Ganzen BGH, NJW 1999, 1322 [1304 f.].

Problematisch ist ferner, daß bei Meinungsäußerungen nicht selten Tatsachen und Werturteile (Meinungen im engeren Sinne) vermengt sind, die vorstehend genannten Sorgfaltspflichten jedoch nur für Tatsachenbehauptungen gelten. Für die Einordnung solcher „gemischten Äußerungen“[582] kommt es darauf an, welcher Aussagegehalt nach dem Verständnis eines unbefangenen Durchschnittshörers oder -lesers überwiegt[583]. Das Verständnis muß sich dabei streng an den der Aussage immanenten Inhalt halten[584]. Ist hiernach festzustellen, daß der tatsächliche Gehalt einer Äußerung so substanzarm ist, daß er gegenüber den Elementen der Stellungnahme, des Dafürhaltens oder Meinens in den Hintergrund tritt, ist die Äußerung insgesamt als Werturteil zu begreifen[585]. Das gilt vor allem dann, wenn eine Trennung der wertenden und tatsächlichen Gehalte den Sinn der Äußerung aufhöbe oder verfälschte[586].

Ist eine Äußerung dagegen überwiegend durch den Bericht über tatsächliche Vorgänge geprägt und ruft sie bei dem Adressaten zugleich die Vorstellung der Beweisbarkeit hervor, so ist sie im ganzen als Tatsachenbehauptungen einzustufen. Dabei kann eine Tatsachenbehauptung auch in der Äußerung eines Verdachts, einer Vermutung, einer Möglichkeit oder im Aufwerfen einer Frage liegen[587]. Im Einzelfall ist die Abgrenzung freilich oft schwierig[588]. So soll etwa der Vorwurf, der Verbandsvorstand habe schlecht gewirtschaftet oder der Geschäftsführer „Unregelmäßigkeiten“ zu verantworten, ein abqualifizierendes Werturteil darstellen[589]. Dasselbe wird für die substanzarmen Pauschaläußerungen angenommen, jemand anderes diffamiere, fälsche, beleidige etc.[590]. Hingegen wird in der subjektiven Bewertung eines Vorgangs als illegal nicht mehr ein Werturteil, sondern eine Tatsachenbehauptung gesehen, falls durch die entsprechende Äußerung der Eindruck eines bestimmten feststehenden Sachverhalts vermittelt wird[591].

Derweil kommt Äußerungen, die als Werturteile zu qualifizieren sind, bei der Abwägung mit dem Ehrenschutz besonderes Gewicht zu, wenn sie einen Beitrag zum geistigen Meinungskampf in einer die Öffentlichkeit wesentlich berührenden Frage darstellen. Will der sich Äußernde an der politischen Willensbildung mitwir-

---

582 *Löffler/Ricker*, HdbPresserecht, 42. Kap. Rn. 23.

583 BGH, NJW 1961, 1913 [1914]; 1975, 1882 [1883]; OLG Hamburg, NJW-RR 1988, 737 f.; OLG München, AfP 1990, 303 [304]; *Löffler/Ricker*, HdbPresserecht, 42. Kap. Rn. 23; *Schwerdtner*, in: MüKo-BGB I, § 12 Rn. 255.

584 Vgl. BVerfGE 43, 130 [137]; OLG München, AfP 1984, 169 [170].

585 Vgl. BVerfGE 61, 1 [8 f.]; 85, 1 [15 f.]; BVerfG, NJW 1991, 2074 [2075]; 1993, 1845 f.; BGHZ 132, 13 [21]; BGH, NJW 1994, 124 [125 f.].

586 BVerfG 85, 1 [15f.]; BGH, NJW 1994, 124 [126].

587 Siehe *Löffler/Ricker*, HdbPresserecht, 42. Kap. Rn. 25; *Schwerdtner*, in: MüKo-BGB I, § 12 Rn. 256.

588 Vgl. *Schwerdtner*, in: MüKo-BGB I, § 12 Rn. 256.

589 Vgl. LG Oldenburg, GRUR 1984, 835, und *Reichert*, HdbVereins- und Verbandsrechts, Rn. 995 b, bzw. OLG Köln, NJW-RR 1995, 97.

590 Vgl. OLG München, AfP 1984, 169.

591 Siehe BGH, NJW 1982, 2246 [2247]; 1993, 930 [931].

ken, dann muß der Schutz individueller Interessen Dritter eher zurücktreten als bei der Verfolgung eigennütziger privater Ziele. Insoweit besteht also eine gewisse „Vermutung für die Zulässigkeit der freien Rede“[592].

So ist zwar in Rücksichtnahme auf die Person des Angegriffenen die Angemessenheit der sprachlichen Mittel zu verlangen, die insbesondere davon abhängt, welche Möglichkeiten der Gegenwehr für den Betroffenen bestehen[593]. Nicht erforderlich ist aber, daß stets nur das mildeste Mittel eingesetzt wird[594]. Werturteile, die zur politischen Meinungsbildung beitragen und andere Personen überzeugen wollen, müssen auch dann hingenommen werden, wenn sie in scharfer und abwertender Kritik bestehen, mit übersteigerter Polemik vorgetragen werden oder in ironischer Weise formuliert sind[595]. Dies gilt um so mehr, als sich der Zweck jeder in die politische Diskussion eingebrachten Meinung, Aufmerksamkeit zu erregen, oftmals nur durch eine besonders prononcierte Kundgabe erreichen läßt[596].

Dabei setzt die Zulässigkeit kritischer Werturteile keineswegs voraus, daß stets zugleich Tatsachen mitgeteilt werden, die eine kritische Überprüfung der Wertung ermöglichen[597]. Dies würde die demokratische Willensbildung zu weit einschränken. In der Diskussion ist es nämlich oft schon aus zeitlichen oder räumlichen Gründen gar nicht möglich, ein Werturteil mit Ausführungen zu verbinden, die Anspruch darauf erheben könnte, den nichtinformierten Hörer oder Leser über die Grundlagen, an denen die Wertung anknüpft, gehörig ins Bild zu setzen. Ein entsprechender Darlegungszwang würde die Vertretung eines Standpunktes von der Darstellbarkeit der „Bezugspunkte“ abhängig machen. Wer seine Meinung nur unvollkommen ausdrücken kann, wäre von der Diskussion weitgehend ausgeschlossen; wer geschickt zu formulieren versteht, könnte das Verlangen nach „Bezugspunkten“ erfüllen, ohne seiner kritischen Äußerung mehr Informationsgehalt geben zu müssen. Insgesamt würde die Diskussion auf den Austausch von beweismäßig nachprüfbaren Informationen verlagert, wogegen das subjektive Moment, das die Vielfalt der Standpunkte erst provoziert, in der Diskussion in den Hintergrund gedrängt wäre[598].

---

592 BVerfG 7, 198 [212]; 54, 129 [139]; 54, 208 [219]; 61, 1 [7, 12]; 66, 116 [150]; 68, 226 [232]; 85, 1 [16]; 93, 266 [294 ff.]; BGHZ 45, 296 [308]; BGH, NJW 1994, 124 [126]; *Löffler/Ricker*, HdbPresserecht, 42. Kap. Rn. 30; *Schwerdtner*, in: MüKo-BGB I, § 12 Rn. 265; *Thomas*, in: Palandt, BGB-K, § 823 Rn. 189 b; *Zeuner*, in Soergel, BGB-K V/2, § 823 Rn. 93.

593 Vgl. BGH, NJW 1978, 1797 [1798]; 1981, 2117 [2119]; *A. Zeuner*, in Soergel, BGB-K V/2, § 823 Rn. 93.

594 Siehe BGH, NJW 1974, 1762; ferner BGHZ 45, 296 [307]; *Schwerdtner*, in: MüKo-BGB I, § 12 Rn. 263; *Zeuner*, in Soergel, BGB-K V/2, § 823 Rn. 93.

595 BVerfGE 54, 129 [137 ff.]; 61, 1 [9 ff.]; BGHZ 45, 296 [306 ff.]; 91, 117 [121 ff.].

596 Vgl. BVerfGE 24, 278 [286].

597 Vgl. BVerfGE 42, 163 [171]; BGH, NJW 1974, 1762 [1763]; 1983, 1415; *Löffler/Ricker*, HdbPresserecht, 42. Kap. Rn. 31; *Schwerdtner*, in: MüKo-BGB I, § 12 Rn. 267; *Zeuner*, in Soergel, BGB-K V/2, § 823 Rn. 93.

598 Zu allem BGH, NJW 1974, 1762 [1763].

Hinzuweisen ist in diesem Zusammenhang schließlich auf den Grundsatz, daß derjenige, der sich am Prozeß der politischen Willensbildung durch kritische Äußerungen beteiligt, selbst Kritik hinnehmen muß. Dieses „Recht zum Gegenschlag“[599] steht dabei nicht nur demjenigen zu, der persönlich angegriffen wurde. Auch wer Kritik dadurch auf sich lenkt, daß er in der Öffentlichkeit zu Grundfragen des Gemeinschaftslebens betont Stellung nimmt, muß unter Umständen eine scharfe, übersteigerte Kritik an seiner Person durch Gegner dulden, die sich in ihrem entgegengesetzten Standpunkt angegriffen fühlen und seinen Standpunkt als unangemessen und anstößig empfinden[600]. Allerdings ist auch das Recht zum Gegenschlag kein Freibrief für polemische Ausfälle, die jedes Maß vermissen lassen[601]. Wenn sich sonach insbesondere Parteipolitiker harte Kritik gefallen lassen müssen, rechtfertigt es der politische Meinungskampf nicht, daß sie sich ehrverletzend äußern, und zwar auch dann nicht, wenn sich der Gegner einer solchen Sprache bedient[602]. Die Grenze von statthaften herabsetzenden zu unzulässigen ehrverletzenden Werturteilen ist jedenfalls überschritten, wenn sich Äußerungen als Angriff auf die Menschenwürde, als Formalbeleidigung oder als Schmähkritik darstellen. Davon ist auszugehen, wenn die persönliche Kränkung und Herabsetzung das sachliche Anliegen völlig in den Hintergrund drängen, wenn es also nicht mehr um die Auseinandersetzung in der Sache, sondern um die Diffamierung der Person jenseits von polemischer und übersteigerter Kritik geht[603].

b) Straf- und Ordnungswidrigkeitenrecht

Eine allgemeine materielle Schranke des Rechts auf Auskunft und Gehör bildet ferner das Straf- und Ordnungswidrigkeitenrecht.

aa) Als Schranke des Auskunftsrechts

Für das Auskunftsrecht bedeutet das, daß eine damit beanspruchte Information verweigert werden darf, wenn ihre Gewährung eine Straftat oder Ordnungswidrigkeit darstellen würde[604]. Diese Schranke des Auskunftsrechts gilt nicht zuletzt im Interesse der Einheit der Rechtsordnung und der materiellen Rechtsstaatlichkeit, wonach niemand zu einem strafbaren oder ordnungswidrigen Verhalten gezwungen werden darf[605]. Daher darf beispielsweise eine Auskunft verweigert werden,

---

599 BGH, NJW 1974, 1762 [1763]; vgl. dazu auch BVerfGE 12, 113 [125 f.]; 24, 278 [282 f.]; 42, 143 [153].

600 Vgl. BGHZ 45, 296 [308 ff.].

601 BGH, NJW 1974, 1762 [1763].

602 Vgl. *Schwerdtner*, in: MüKo-BGB I, § 12 Rn. 263 a.E.; relativierend für Politiker *ders.*, aaO, Rn. 268 a.E.

603 Vgl. dazu BVerfGE 42, 163 [171]; 61, 1 [12]; 66, 116 [151]; 82, 272 [283 f.]; 93, 266 [293 f.]; BGH, NJW 1999, 1322 [1324].

604 In § 131 Abs. 3 Satz 1 Ziff. 5 AktG, der gesetzlichen Regelung des individuellen Informationsrechts des Aktionärs, wurde dieser Grundsatz in bezug auf das Strafrecht ausdrücklich normiert.

605 Vgl. *Wohlleben*, Informationsrechte des Gesellschafters, S. 183 ff.

deren Erteilung eine nach § 203 StGB strafbare Verletzung von Privatgeheimnissen bedeutete[606].

Kein generelles Informationsverweigerungsrecht bildet hingegen der Umstand, daß der in dem Verband für die Informationsgewährung Verantwortliche Gefahr läuft, dadurch eine von ihm zuvor begangene Straftat aufzudecken[607]. Insbesondere folgt ein Informationsverweigerungsrecht in diesem Fall nicht aus dem im Strafprozeßrecht bekannten nemo-tenetur-Grundsatz, wonach niemand sich selbst zu belasten braucht[608]. Einmal gilt dieser Grundsatz selbst im Strafrecht nicht uneingeschränkt; in § 142 StGB beispielsweise wurde das private Feststellungs- und Beweissicherungsinteresse gegenüber dem Selbstbegünstigungsinteresse des Täters als vorrangig eingestuft[609]. Zudem geht es im Strafrecht um staatliche Sanktionen privaten Handelns, während sich bei der Verwirklichung des individuellen Informationsrechts in Verbänden Privatrechtssubjekte, nämlich der Berechtigte und der Verband, gegenüberstehen. So greift zwar der den nemo-tenetur-Grundsatz rechtfertigende Gedanke, daß es „anstößig und unnatürlich" ist, den Menschen als Waffe zur Zerstörung seiner eigenen Rechtsgüter zu beachten, auch im Privatrecht Platz[610]. Da das Privatrecht auf den Interessenausgleich gleichgeordneter Rechtssubjekte zielt, vermag er hier jedoch nicht einen allgemeinen Satz des Inhalts zu begründen, niemand brauche eine für ihn ungünstige Auskunft zu erteilen. Vielmehr ist die Frage, inwieweit ein Privatrechtssubjekt dem anderen gegenüber zu selbstbelastenden Auskünften verpflichtet ist, im Rahmen einer Interessenabwägung zu lösen. Sonach wird man eine Auskunftspflicht wider die eigenen Interessen jedenfalls dann zu bejahen haben, wenn der Auskunftsverpflichtete in Rechtspositionen des Auskunftsberechtigten eingegriffen hat, weil in diesen Fällen die berechtigten Interessen des Auskunftssuchenden überwiegen[611]. Dementsprechend wird etwa vom Beauftragten gemäß § 666 BGB eine vollständige Rechnungslegung auch dann verlangt, wenn seine Geschäftsbesorgung die Tatbestände des Betrugs (§ 263 StGB) und der Untreue (§ 266 StGB) erfüllt[612]. Auf das individuelle Informationsrecht in Verbänden bezogen bedeutet das: begeht der im Verband für die Informationsgewährung Verantwortliche eine Straftat, die die Verbandsbelange

606 In politischen Parteien, deren Funktionäre häufig zugleich Amtsträger sind, kommt insofern insbesondere der Straftatbestand des § 203 Abs. 2 Satz 1 Nr. 4 StGB in Betracht.

607 Vgl. *Barz*, in: GroßK-AktG I/2 (3. Aufl.), § 131 Anm. 19; *Eckardt*, in: Geßler/Hefermehl/Eckardt/Kropff, AktG-K II, § 131 Rn. 126; *Gersch/Herget/Marsch/Stützle*, GmbH-Reform, Rn. 323; *K. Müller*, GenG-K II, § 43 Rn. 32; *Wohlleben*, Informationsrechte des Gesellschafters, S. 183, 185.

608 Siehe dazu insbesondere die Bestimmungen der §§ 55 Abs. 1, 136 Abs. 1 S. 2, 163a Abs. 4 S. 2 und 243 Abs. 4 S. 1 StPO sowie als Parallele aus dem materiellen Strafrecht auch § 258 Abs. 5 StGB. Allgemein zu den Grundlagen des Prinzips *K. Rogall*, Der Beschuldigte, S. 104 ff.

609 Vgl. dazu sowie zur Verfassungsmäßigkeit der Vorschrift BVerfG, NW 1963, 1195; *G. Erdsiek*, NJW 1963, 632 [633 f.].

610 *Winkler von Mohrenfels*, Abgeleitete Informationspflichten im deutschen Zivilrecht, S. 52.

611 Vgl. dazu im Ganzen *Winkler von Mohrenfels*, Abgeleitete Informationspflichten im deutschen Zivilrecht, S. 51 f., 100 ff.

612 BGHZ 41, 318 [322 f.]; siehe auch BGHZ 109, 260 [268].

berührt, muß sein Interesse, die Auskunft zu verweigern, um sich nicht selbst zu bezichtigen, hinter dem berechtigten Informationsinteresse der einzelnen Informationsberechtigten zurücktreten.

bb) Als Schranke des Rechts auf Gehör

Für das Recht auf Gehör hat das Straf- und Ordnungswidrigkeitenrecht als Schranke zur Folge, daß kein Anspruch auf eine Meinungskundgabe besteht, die einen Straftatbestand erfüllt (insbesondere den der Beleidigung im Sinne der §§ 185 ff. StGB); insofern gibt es Überschneidungen mit der vorstehend behandelten allgemeinen materiellen Schranke des Rechts auf Auskunft und Gehör durch das allgemeine Persönlichkeitsrecht[613]) bzw. einen Ordnungswidrigkeitstatbestand darstellt (etwa in Gestalt des Aufrufs zur Begehung einer Ordnungswidrigkeit, vgl. § 116 OWiG).

Eine strafbare oder ordnungswidrige Handlung kann dabei nicht nur in der Meinungskundgabe selbst, sondern auch darin liegen, daß der Parteivorstand die Meinungskundgabe ermöglicht. Beispielsweise kann sich der Parteivorstand der Beihilfe zur Beleidigung strafbar machen, wenn er einen Beitrag mit ehrverletzendem Inhalt in der Mitgliederzeitschrift abdruckt oder auf der Internet-Homepage plaziert. Praktisch häufiger wird indes der Fall sein, daß der Leiter einer Parteiversammlung einen Teilnehmer sprechen läßt, der beleidigende Äußerungen macht. Inwieweit sich dadurch auch der Versammlungsleiter strafbar macht, hängt zunächst davon ab, ob sein Verhalten als ein Tun (fortgesetzte Gewährung einer Gelegenheit zur strafbaren Meinungskundgabe) oder ein Unterlassen (der Verhinderung weiterer Beleidigungen durch Ordnungsruf und Wortentziehung) zu werten ist.

Die Einordnung solchermaßen mehrdeutiger Verhaltensweisen hängt nach im Strafrecht herrschender Meinung davon ab, auf was bei ihnen der Schwerpunkt liegt[614]. Im in Rede stehenden Fall wird man den Schwerpunkt des vorwerfbaren Verhaltens im Unterlassen einer geeigneten Ordnungsmaßnahme sehen müssen. Unterlassen ist jedoch nur strafbar, wenn eine Pflicht zum Handeln bestand[615]. Eine solche Garantenpflicht des Versammlungsleiters ist im Beispielsfall zu bejahen, da es zu seiner Aufgabe gehört, bei einer Überschreitung der Grenzen des Rederechts einen Ordnungsruf zu erteilen und gegebenenfalls das Wort zu entziehen[616]. Damit stellt sich allerdings die weitere, streitig diskutierte[617] Frage, ob der einen

---

613 Siehe oben § 10 II 2 a).

614 Vgl. BGHSt 6, 46 [59]; 40, 257 [265 ff.]; OLG Karlsruhe, GA 1980, 429; *Cramer*, in: Schönke/Schröder, StGB-K, Vorb. §§ 13 ff. Rn. 158; *J. Wessels/W. Beulke*, Strafrecht AT, Rn. 700; zum Meinungsstand siehe *Kühl*, in: Lackner/Kühl, StGB-K, § 13 Rn. 3.

615 Vgl. BGH, NJW 1989, 914 [916]; wistra 93, 59; *Cramer*, in: Schönke/Schröder, StGB-K, § 27 Rn. 15; *Kühl*, in: Lackner/Kühl, StGB-K, § 27 Rn. 5.

616 Siehe dazu oben § 10 I 1 a) aa) (4) (b) (aa) und (cc).

617 Zum Meinungsstand siehe den Überblick bei *Sowada*, Jura 1986, 399 [401 ff.].

Begehungstäter nicht hindernde Garant als Unterlassungstäter oder „nur" als Gehilfe durch Unterlassen zu bestrafen ist. Die überwiegend vertretene Auffassung löst die Frage nach den zu Begehungsdelikten entwickelten Täterschaftskriterien[618]. Entscheidend ist danach entweder die innere subjektive Einstellung zum Gesamtgeschehen (so die subjektive Theorie) oder aber die Tatherrschaft als steuerndes „In-den-Händen-Halten" des „Ob" und des „Wie" der Tatausführung (so die Tatherrschaftslehre)[619]. Weil der Versammlungsleiter beleidigende Äußerungen eines Versammlungsteilnehmers regelmäßig nicht „als eigene Tat will"[620] und auf die konkrete Tatausführung der Beleidigung auch keinen beherrschenden Einfluß hat, kommt danach für ihn nur Strafbarkeit als Gehilfe in Betracht. Um hierfür belangt werden zu können, muß bei ihm der sogenannte „doppelten" Gehilfenvorsatz vorliegen[621], das heißt, sein – zumindest bedingter[622] – Vorsatz muß sich sowohl auf sein eigenes, die Fortsetzung der Beleidigung ermöglichendes Unterlassen als auch auf die Beleidigung selbst beziehen.

c) Unmöglichkeit

Da die aus dem Recht auf Auskunft und Gehör resultierenden Ansprüche auf Information und Meinungskundgabegelegenheit dem Allgemeinen Schuldrecht unterliegen[623], findet auf sie auch das in den §§ 275 ff. BGB normierte Leistungsstörungsrecht Anwendung[624]. Auch daraus können sich Schranken für das Recht auf Auskunft und Gehör ergeben. So kennt § 275 BGB drei Tatbestände, bei deren Vorliegen ein Leistungsanspruch ausgeschlossen sein kann: Erstens wird der Schuldner von seiner Leistungspflicht frei, wenn die Leistung für ihn oder jedermann unmöglich ist, § 275 Abs. 1 BGB. Zweitens ist der Schuldner berechtigt, die Leistung zu verweigern, wenn diese einen Aufwand erfordert, der in einem groben Mißverhältnis zu dem Leistungsinteresse des Gläubigers steht, § 275 Abs. 2 BGB. Und drittens steht dem Schuldner ein Leistungsverweigerungsrecht zu, wenn er die Leistung persönlich zu erbringen hat und sie ihm unter Abwägung des seiner Leistung entgegenstehenden Hindernisses mit dem Leistungsinteresse des Gläubigers nicht zugemutet werden kann, § 275 Abs. 3 BGB.

Gläubiger eines innerverbandlichen Anspruchs auf Information und Meinungskundgabegelegenheit ist der Berechtigte des Rechts auf Auskunft und Gehör,

---

618 Vgl. *Sowada*, Jura 1986, 399 [401 m.w.N.].

619 Zu den zur Abgrenzung zwischen Täterschaft und Teilnahme vertretenen Theorien siehe *Cramer*, in: Schönke/Schröder, StGB-K, Vorb. §§ 25 ff. Rn. 51 ff.; *Kühl*, in: Lackner/Kühl, StGB-K, Vor § 25 Rn. 4; *Wessels/Beulke*, Strafrecht AT, Rn. 511 ff.

620 Was nach der subjektiven Teilnahmelehre den Täter kennzeichnet, vgl. RGSt 2, 160 [163]; 3, 181 [182]; 35, 13; der Sache nach ebenso BGHSt 6, 226 [228]; 248 [249]; 8, 70 [73]; 28, 346 [348].

621 Vgl. *Cramer*, in: Schönke/Schröder, StGB-K, § 27 Rn. 19; *Kühl*, in: Lackner/Kühl, StGB-K, § 27 Rn. 7; *Wessels/Beulke*, Strafrecht AT, Rn. 584.

622 Siehe *Kühl*, in: Lackner/Kühl, StGB-K, § 27 Rn. 7.

623 Siehe oben § 10 I 2.

624 Vgl. in bezug auf Informationsansprüche in Verbänden *Wohlleben*, Informationsrechte des Gesellschafters, S. 187.

Schuldner der Parteiverband[625]. Dieser kann sich bei der Erfüllung auch Dritter bedienen[626]. Demzufolge handelt es sich bei der Erfüllung eines Anspruchs auf Information und Meinungskundgabegelegenheit nicht um eine persönliche Leistung im Sinne des § 275 Abs. 3 BGB, so daß der in dieser Vorschrift geregelte Leistungsbefreiungsgrund keine Schranke des Rechts auf Auskunft und Gehör in politischen Parteien darstellen kann. Schranken bilden indes die in § 275 Abs. 1 und 2 BGB geregelten Leistungsbefreiungstatbestände. Insofern sind Fälle der objektiven und der subjektiven Unmöglichkeit zu unterscheiden:

aa) Objektive Unmöglichkeit

Objektive Unmöglichkeit liegt vor, wenn die Leistung von niemandem, mithin weder vom Schuldner noch von einem Dritten erbracht werden kann[627].

Demnach ist eine Leistung objektiv unmöglich, wenn sie nach Naturgesetz oder nach dem Stand von Wissenschaft und Technik nicht erbracht werden kann[628]. Davon wäre im vorliegenden Zusammenhang beispielsweise auszugehen, wenn sich ein Auskunftsbegehren auf lang zurückliegende Vorgänge bezieht, die infolge einer unzureichenden Dokumentation nicht mehr rekonstruierbar sind, oder wenn Einsichtnahme in bestimmte Bücher und Schriften des Verbands verlangt wird, die vernichtet wurden[629].

Eine Leistung kann ferner durch Zeitablauf objektiv unmöglich werden. Das ist der Fall, wenn die Einhaltung der Leistungszeit aufgrund der gegebenen Umstände derart wesentlich ist, daß eine verspätete Leistung nicht mehr als Erfüllung angesehen werden kann[630]. Wird aufgrund des Rechts auf Auskunft und Gehör vor einer innerparteilichen Wahl eine Information bzw. Meinungskundgabegelegenheit über Kandidaten verlangt, ist die Erfüllung des Anspruchs nach der Wahl unmöglich, da sie dann nicht mehr zur Willensbildung in der betreffenden Angelegenheit beitragen kann.

Eine Leistung kann aber nicht nur aus tatsächlichen, sondern auch aus rechtlichen Gründen objektiv unmöglich sein, etwa wenn die Leistung einen Straftatbestand erfüllen würde[631]. Rechtlich unmöglich ist danach beispielsweise die Erfüllung eines Anspruchs auf Meinungskundgabegelegenheit in Form des Abdrucks

---

625 Siehe oben § 9 II.
626 Vgl. § 9 II 2.
627 *Emmerich*, in: MüKo-BGB II, § 275 Rn. 10.
628 *Heinrichs*, in: Palandt, BGB-K, § 275 Rn. 14.
629 Vgl. *K. Müller*, GmbHR 1987, 87 [90].
630 *Heinrichs*, in: Palandt, BGB-K, § 275 Rn. 15.
631 *Heinrichs*, in: Palandt, BGB-K, § 275 Rn. 16.

eines im Sinne der §§ 185 ff. StGB ehrverletzenden Artikels in einer Mitgliederzeitschrift[632].

Da unter der Leistung im Sinne des § 275 BGB nicht die Leistungshandlung, sondern der Leistungserfolg zu verstehen ist, kann Unmöglichkeit auch vorliegen, wenn die Leistungshandlung zwar weiterhin möglich ist, sie aber nicht mehr den Leistungserfolg herbeiführen kann[633]. Danach ist die Leistung unmöglich, wenn der Leistungserfolg ohne Zutun des Schuldners eintritt. Stellt zum Beispiel ein Parteimitglied in einer Parteiversammlung eine Frage, und wird ihm diese Frage von einem anderen in der Versammlung anwesenden Mitglied beantwortet, bevor sich der Parteivorstand dazu äußern konnte, so ist mit der Antwort der Zweck der Frage erreicht, wenn damit das Informationsbedürfnis des Fragenden befriedigt ist[634]. Das gleiche gilt, wenn der Leistungserfolg aus Gründen unmöglich wird, die in der Person des Gläubigers liegen. Läßt sich beispielsweise ein Parteimitglied in einer Parteiversammlung auf die Rednerliste setzen, dann ist es dem Parteiverband unmöglich, die begehrte Meinungskundgabegelegenheit zu gewähren, wenn das Mitglied in dem Zeitpunkt, in dem ihm gemäß der geschäftsordnungsmäßigen Reihenfolge der Redner das Wort erteilt werden soll, die Versammlung bereits verlassen hat.

bb) Subjektive Unmöglichkeit

Subjektive Unmöglichkeit ist gegeben, wenn der Schuldner zur Leistung außerstande ist, sie aber von einem anderen oder unter Mitwirkung eines anderen erbracht werden könnte[635]. Ebenso wie die objektive kann auch die subjektive Unmöglichkeit auf tatsächlichen sowie auf rechtlichen Gründen beruhen.

Im Zusammenhang mit dem Recht auf Auskunft und Gehör wird sich eine rechtlich begründete subjektive Unmöglichkeit meist unschwer feststellen lassen. Sie liegt beispielsweise vor, wenn Einsichtnahme in Unterlagen des Parteiverbands begehrt wird, die im Zuge eines Strafverfahrens gemäß § 94 StPO als Beweismittel beschlagnahmt wurden.

Problematischer ist hingegen die Feststellung einer tatsächlich begründeten subjektiven Unmöglichkeit der Erfüllung von Ansprüchen auf Information und Meinungskundgabegelegenheit. Hier wird es zumeist um den von § 275 Abs. 2 BGB erfaßten Fall gehen, in dem die vom Parteiverband geschuldete Leistung einen Aufwand erfordert, der in einem groben Mißverhältnis zu dem Leistungsinteresse des Berechtigten des Rechts auf Auskunft und Gehör steht. Wie gesehen, kann

---

632 Vgl. zum Strafrecht als allgemeine materielle Schranke des Rechts auf Auskunft und Gehör auch oben § 10 II 2 b).

633 Vgl. *Heinrichs*, in: Palandt, BGB-K, § 275 Rn. 18.

634 Zum Informationsbedürfnis als Voraussetzung für die Entstehung eines Auskunftsanspruchs siehe oben § 8 II.

635 Vgl. *Wiedemann*, in: Soergel, BGB-K II, § 275 Rn. 49 ff.

sich der Parteivorstand etwa bei in Parteiversammlungen gestellten Fragen nicht einfach auf Nichtwissen berufen, sondern muß in angemessenem Umfang personelle und sachliche Mittel bereithalten, um sich die zur Beantwortung der Fragen notwendigen Informationen zu beschaffen[636]. Ebensowenig kann der Parteiverband einen Anspruch auf Meinungskundgabegelegenheit in Form der Veröffentlichung eines Beitrags in einer Parteimitgliederzeitschrift kurzerhand mit dem Hinweis zurückweisen, der Abdruck sei zu teuer. Vielmehr muß er auch insofern alle zumutbaren Anstrengungen unternehmen, die Erfüllung des Anspruchs auf Meinungskundgabegelegenheit zu ermöglichen.

Fraglich ist indes, wie die Grenzen der Zumutbarkeit bestimmt werden. Im Hinblick auf Informationsansprüche wird im Verbandsrecht die Ansicht vertreten, über den für ihre Erfüllung zu betreibenden Aufwand entscheide die Mitgliedermehrheit: wenn diese den Aufwand nicht wolle, müsse das Informationsverlangen zurückgewiesen werden[637]. Diese Ansicht ist jedoch mit dem Individualrechtscharakter des Auskunftsrechts nicht vereinbar[638]. Tatsächlich kommen als Beurteilungsmaßstab für die Zumutbarkeit nur objektive Kriterien in Betracht[639]. Insofern müssen das Interesse des Berechtigten des Rechts auf Auskunft und Gehör an der Erfüllung seiner daraus erwachsenen Ansprüche auf Information und Meinungskundgabegelegenheit und die für den Verband durch ihre Erfüllung entstehende Belastung gegenüber gestellt und abgewogen werden. Nur wenn das berechtigte Interesse des Mitglieds an der Erlangung der begehrten Information bzw. Meinungskundgabegelegenheit außer Verhältnis zum Aufwand steht, kann der Verband die Erfüllung des Anspruchs auf Information und Meinungskundgabegelegenheit gemäß § 275 Abs. 2 BGB verweigern[640]. Dabei kommt es entscheidend auf die Einzelfallumstände an. Was für einen personell und finanziell gut ausgestatteten Parteiverband zumutbar ist, kann für einen kleinen Parteiverband unzumutbar sein.

d) Erfüllung

Eine allgemeine materielle Schranke des Rechts auf Auskunft und Gehör ergibt sich schließlich aus § 362 Abs. 1 BGB, wonach ein Schuldverhältnis erlischt, wenn die geschuldete Leistung an den Gläubiger bewirkt wird. Demzufolge können aus dem Recht auf Auskunft und Gehör erwachsene Ansprüche auf Information und Meinungskundgabegelegenheit nicht mehr geltend gemacht werden, wenn sie er-

---

636 Siehe oben § 9 III 2 a).

637 *Grunewald*, ZHR 146 (1982), 211 [221].

638 Im Ergebnis ebenso *Tietze*, Die Informationsrechte des GmbH-Gesellschafters, S. 44. Zum Individualrechtscharakter des Auskunftsrechts in Verbänden siehe oben § 7 II 3 a) cc) (2).

639 Vgl. *K. Schmidt*, in: Scholz (Hrsg.), GmbHG-K II, § 51a Rn. 34, in bezug auf das Informationsrecht des GmbH-Gesellschafters.

640 Im Ergebnis ebenso *K. Schmidt*, in: Scholz (Hrsg.), GmbHG-K II, § 51a Rn. 36, in bezug auf das Informationsrecht des GmbH-Gesellschafters.

füllt wurden[641]. Dabei ist unter Erfüllung im Sinne des § 362 BGB die Schuldtilgung durch Bewirken der geschuldeten Leistung und unter Leistung der Leistungserfolg – also nicht die Leistungshandlung – zu verstehen[642]. Ansprüche auf Information und Meinungskundgabegelegenheit sind demnach nicht schon erfüllt, wenn der verpflichtete Parteiverband Auskunft und Gehör gewährt, sondern erst dann, wenn die Information dem berechtigten Mitglied oder Nichtmitglied zugeht[643] bzw. es die Gelegenheit zur Meinungskundgabe ergreift. Sofern der Berechtigte des Rechts auf Auskunft und Gehör für das Ausbleiben des Leistungserfolgs verantwortlich ist, gerät er allerdings gemäß §§ 293 ff. BGB in Annahmeverzug.

Einzugehen ist in diesem Zusammenhang noch auf die im Verbandsrecht von *Wohlleben*[644] vertretene These, individuelle Informationsansprüche könnten bereits vor ihrer Geltendmachung erfüllt werden, nämlich indem die Leitungsorgane des Verbands Informationen im Wege ihrer kollektivrechtlichen Berichtspflicht[645] gewähren. Sofern man der hier vertretenen Lehre vom Informationsbedürfnis folgt[646], trifft das nicht zu. Sind Informationen bekannt, dann ist ein darauf gerichteter Informationsanspruch nicht etwa erfüllt, sondern gelangt mangels Informationsbedürfnis schon gar nicht zur Entstehung. Auf den Grund, warum die Informationen bekannt sind, wer sie gewährt hat oder woher sie bezogen wurden, kommt es dabei nicht an.

---

641 Vgl. im Hinblick auf das individuelle Informationsrecht in Verbänden *Wohlleben*, Informationsrechte des Gesellschafters, S. 188 ff.

642 BGHZ 12, 267 [268]; 87, 156 [162]; *Heinrichs*, in: Palandt, BGB-K, § 362 Rn. 1.

643 Vgl. *Wohlleben*, Informationsrechte des Gesellschafters, S. 189.

644 *Wohlleben*, Informationsrechte des Gesellschafters, S. 189.

645 Zur kollektivrechtlichen Berichtspflicht als Gegenstück des kollektiven Informationsrecht siehe oben § 7 II 3 a) aa).

646 Dazu oben § 8 II 3.

Dritter Teil
Rechtsfolgen und Rechtsschutz bei Verletzung des Rechts auf Auskunft und Gehör

§ 11 Rechtsfolgen

Wird eine aufgrund des Rechts auf Auskunft und Gehör begehrte Information bzw. Meinungskundgabegelegenheit nicht gewährt, obwohl die Voraussetzungen für die Ausübung des Rechts vorliegen, die begehrte Information und Meinungskundgabegelegenheit inhaltlich vom Recht auf Auskunft und Gehör gedeckt ist und auch innerhalb seiner Schranken liegt, stellt dies einen Rechtsverstoß vor, der weitere Rechtsfolgen nach sich ziehen kann.

I. Beschlüsse und Wahlen sind fehlerhaft

Falls im Zusammenhang mit der Angelegenheit, zu der aufgrund des Rechts auf Auskunft und Gehör eine Informtion oder Meinungskundgabemöglichkeit beansprucht, aber zu Unrecht nicht gewährt wurde, ein Beschluß gefaßt oder eine Wahl durchgeführt wird, ist der Beschluß oder die Wahl fehlerhaft zustandegekommen und damit selbst fehlerhaft[1]. Diese Fehlerhaftigkeit kann unter Umständen zur Folge haben, daß der Beschluß bzw. die Wahl unwirksam ist. Bei der rechtlichen Beurteilung der Frage, ob ein Verstoß gegen das Recht auf Auskunft und Gehör im konkreten Fall zur Unwirksamkeit eines Beschlusses oder einer Wahl führt, ist zwischen Beschlüssen und Wahlen für Parteiämter einerseits sowie Wahlen zur Wahlbewerberaufstellung andererseits zu unterscheiden.

1. Fehlerfolge bei Beschlüssen sowie bei Wahlen für Parteiämter

Die Frage der Wirksamkeit von fehlerhaften Beschlüssen sowie fehlerhaften Wahlen für Parteiämter ist vorrangig anhand des Parteiengesetzes zu beantworten. Da es hierzu jedoch keine Regelung enthält, ist nach dem eingangs herausgearbeiteten Verhältnis der Rechtsquellen der inneren Parteienordnung[2] das bürgerliche Vereinsrecht heranzuziehen.

Während das Aktiengesetz und Genossenschaftsgesetz zwischen nichtigen und bloß anfechtbaren Beschlüssen (einschließlich Wahlen) unterscheidet (siehe §§ 241 ff.; § 51 GenG), kennt das Vereinsrecht des BGB eine solche Unterscheidung nicht. Daraus folgert die herrschende Meinung, daß ein Vereinsbeschluß, der gegen ein Gesetz oder die Vereinssatzung verstößt oder unter Verstoß gegen ein Gesetz oder die Vereinssatzung zustandegekommen ist, grundsätzlich nichtig ist[3]. Zwar wurde im Rahmen des Gesetzgebungsverfahrens zum BGB eine den Vorschriften

---

[1] Vgl. zum fehlerhaften Zustandekommen als ein Grund für das Vorliegen eines Beschlußmangels, *Noack*, Fehlerhafte Beschlüsse in Gesellschaften und Vereinen, S. 33.
[2] Siehe dazu oben § 6 II.
[3] Vgl. im einzelnen *Reichert*, Hdb Vereins- und Verbandsrechts, Rn. 1135 ff., m.w.N.

des Aktienrechts entsprechende Regelung gefordert. Doch wurde die Forderung mit der Begründung, eine solche Regelung sei für bügerlich-rechtliche Vereine zu kompliziert, abgelehnt[4]. Demzufolge führen nach dem Vereinsrecht des BGB an sich auch geringfügige Verstöße gegen das Recht auf Auskunft und Gehör im Zusammenhang mit dem Zustandekommen eines Beschlusses zu seiner Nichtigkeit – ein in der Praxis schwer erträgliches Ergebnis[5].

Um diesem Ergebnis zu entgegen, schränkt die herrschende Meinung den Grundsatz der Nichtigkeit fehlerhafter Vereinsbeschlüsse einmal dadurch ein, daß sie für die Nichtigkeit die Kausalität des Gesetzes- bzw. Satzungsverstoßes für das Beschlußergebnis verlangt. Das aber entspricht im Prinzip der Regelung im Aktienrecht, wo eine Kausalität zwischen Fehler und Beschlußergebnis gerade nicht für die Nichtigkeit, sondern ausschließlich für die Anfechtungsgründe verlangt wird[6]. Zwar soll der Verein die Beweislast dafür haben, daß die Kausalität fehlt. Falls ein Mitglied jedoch – wie in vielen Fällen üblich – die Niederschrift über die Mitgliederversammlung genehmigt hat, kehrt sich die Beweislast zu seinen Ungunsten um[7]. Ferner unterscheidet die herrschende Meinung jenseits des aus materiellen Gründen unwirksamen Beschlusses (§§ 134, 138 BGB) zwischen der (schwerwiegenden) Verletzung von Vorschriften im Interesse an einer recht- und ordnungsgemäßen Willensbildung einerseits und der (weniger gewichtigen) Verletzung zum Schutz der einzelnen Mitglieder andererseits und nimmt nur im ersten Fall unheilbare Nichtigkeit, im zweiten hingegen Heilung infolge unterlassener alsbaldiger Rüge der Benachteiligten trotz Kenntnis des Mangels an[8]. Schließlich will die herrschende Meinung das Feststellungsurteil, das die Nichtigkeit eines Beschlusses dokumentiert, insofern einem Gestaltungs- (Anfechtungs-)Urteil angleichen, als sie in Durchbrechung der Lehre von der subjektiven Rechtskraft eines Feststellungsurteils zur Vermeidung unlösbarer Widersprüche eine inter-omnes-Wirkung befürwortet[9].

Die mit der herrschenden Meinung verbundenen Inkonsequenzen lassen sich vermeiden, wenn man auch für das bürgerliche Vereinsrecht eine – die Besonderheiten des Vereins berücksichtigende - Analogie zu den §§ 241 ff. AktG bejaht[10]. Das Argument des historischen Gesetzgebers gegen das Anfechtungserfordernis mangelhafter Vereinsbeschlüsse, eine Regelung wie im Aktienrecht sei für bürgerlich-rechtliche Vereine zu kompliziert, kann die herrschende Meinung nicht für sich ins Feld führen. Denn der Komplexitätsgrad der Rechtsfortbildungen der

4 Protokoll der Kommission für die zweite Lesung des Entwurfs des BGB, Bd. I, 1987, S. 536 ff.

5 Vgl. *Sauter/Schweyer*, Der eingetragene Verein, Rn. 212.

6 Vgl. *Zöllner*, in: ders. (Hrsg.), KöKo-AktG II, § 241 Rn. 93, § 243 Rn. 83 ff.

7 BGHZ 49, 209, 211.

8 *Reichert*, Hdb Vereins- und Verbandsrechts, Rn. 1135 ff.; *Sauter/Schweyer*, Der eingetragene Verein, Rn. 212 ff.

9 BGH, DB 1992, 1568 f.

10 Vgl. zu dieser Ansicht *K. Schmidt*, AG 1977, 243 [249 ff.]; *Reuter*, in: MüKo-BGB I, § 32 Rn. 56 ff. m.w.N.

herrschenden Meinung steht dem der aktienrechtlichen Regelungen in nichts nach, sondern übertrifft ihn eher noch[11]. Zudem ist die Annahme, rechtswidrige Beschlüsse seien nach allgemeinem bürgerlichen Rechts zwangsläufig nichtige Beschlüsse, in dieser Pauschalität unzutreffend. Ist ein Beschluß z.B. unter Verletzung des Rechts des Mitglieds auf gesetzes- und satzungsgemäße Behandlung[12] zustandegekommen, führt das zwar dazu, daß die Mitglieder die Beschlüsse nicht gegen sich gelten zu lassen brauchen und die Organmitglieder sie nicht umsetzen dürfen. Doch läuft sie nicht auf eine Nichtigkeit in dem Sinne hinaus, daß die Beschlüsse gegenüber jedermann als rechtlich nichtexistent anzusehen wären[13]. Schließlich spricht für das Bedürfnis einer Anfechtungsklage analog §§ 241 ff. AktG, daß nur ein Anfechtungsurteil einen fehlerhaften Beschluß rückwirkend beseitigen kann[14].

Entsprechend § 241 Nr. 3 AktG ist sonach davon auszugehen, daß grundsätzlich nur solche Vereinsbeschlüsse nichtig sind, deren Inhalt verbots- bzw. sittenwidrig ist, während Fehler beim Zustandekommen der Beschlüsse lediglich zu ihrer Anfechtbarkeit führen. Eine Ausnahme davon ist entsprechend § 241 Nr. 1 AktG nur in bezug auf zwei besonders wichtige Regeln für das fehlerfreie Zustandekommen von Beschlüssen geboten, nämlich in bezug auf die Einhaltung der Vorschriften über die Einberufung der Mitgliederversammlung durch die zuständige Stelle sowie der Ladung aller Mitglieder[15].

Demzufolge ist ein unter Verstoß gegen das Recht auf Auskunft und Gehör zustandegekommener Parteibeschluß bzw. eine entsprechend mangelhafte Wahl für Parteiämter nicht nichtig, sondern anfechtbar. Kommt es zur Anfechtung, ist für die gerichtliche Beurteilung der Wirksamkeit des Beschlusses bzw. der Wahl entscheidend, ob sich der Verstoß gegen das Recht auf Auskunft und Gehör nach einem objektiven Maßstab auf das Beschluß- bzw. Wahlergebnis in dem Sinne ausgewirkt hat, daß es ohne den Verstoß anders ausgefallen wäre[16], wobei der Partei der sichere Nachweis obliegt, daß der Fehler für das Beschluß- bzw. Wahlergebnis nicht ursächlich war[17].

Geringfügige Verstöße gegen das Recht auf Auskunft und Gehör beim Zustandekommen haben demnach regelmäßig keinen Einfluß auf die Wirksamkeit eines Beschlusses bzw. einer Wahl. Wird etwa ein Fragesteller oder Redner auf einer Parteiversammlung vom Versammlungsleiter zu Unrecht zur Ordnung oder zur Sache gerufen[18], ansonsten aber weiter nicht behindert, wird dieser Verstoß keine Konse-

---

11 *Reuter*, in: MüKo-BGB I, § 32 Rn. 56 ff. m.w.N.
12 Siehe zu diesem Recht *Reichert*, Hdb Vereins- und Verbandsrechts, Rn. 543 ff.
13 *Noack*, Fehlerhafte Beschlüsse in Gesellschaften und Vereinen, S. 49 ff.
14 *Reuter*, in: MüKo-BGB I, § 32 Rn. 58.
15 Vgl. *Reuter*, in: MüKo-BGB I, § 32 Rn. 63
16 Im Ergebnis ebenso *Reichert*, Hdb Vereins- und Verbandsrechts, Rn. 1181 ff., 1167, 2918 k; CDU-BPartG, NVwZ 1993, 1126.
17 BGHZ 106, 67 [69].
18 Siehe zu dieser Ordnungsmaßnahme oben § 10 I 1 a) aa) (4) (b) (aa).

quenzen für das Beschluß- bzw. Wahlergebnis haben. Das gleiche gilt, wenn einem Parteimitglied eine begehrte Information vom Parteivorstand rechtswidrig verweigert wird, sie ihm und den übrigen Versammlungsteilnehmern vor der Beschlußfassung zugeht, z.B weil ein drittes Parteimitglied sie weitergibt, oder wenn einem Parteimitglied das Wort zu einem Tagesordnungspunkt nicht gemäß der richtigen Rednerreihenfolge, aber noch vor der Beschlußfassung bzw. Wahl zu diesem Punkt erteilt wird. Kritisch für die Wirksamkeit eines Beschlusses bzw. einer Wahl sind hingegen substantielle Verstöße gegen das Recht auf Auskunft und Gehör, so insbesondere, wenn Fragen und Wortbeiträge zu einem Tagesordnungspunkt überhaupt nicht zugelassen werden oder die dafür zur Verfügung stehende Zeit zu weit eingeschränkt wird[19].

2. Fehlerfolge bei Wahlen zur Wahlbewerberaufstellung

Die Frage der Wirksamkeit innerparteilicher Wahlen, die der Wahlbewerberaufstellung und damit der Vorbereitung der öffentlichen Wahlen dienen, beurteilt sich wie die Wirksamkeit der öffentlichen Wahlen selbst nach öffentlichem Recht, nämlich nach Wahlrecht, insbesondere Wahlprüfungsrecht[20]. Im Ergebnis gilt allerdings (abgesehen davon, daß es keine absoluten Nichtkeitsgründe gibt[21]) im Prinzip das gleiche wie nach den oben dargestellten zivilrechtlichen Grundsätzen, das heißt nicht jede Rechtsverletzung im Verlauf des Wahlverfahrens führt zur Nichtigkeit der Wahl. Vielmehr ist die Frage der Fehlerfolge generell vom Grundsatz der Verhältnismäßigkeit bestimmt[22]. So ist für die Beurteilung von Wahlfehlern nach öffentlichem Wahlrecht einerseits der Grundsatz der richtigen Abbildung des Wählerwillens maßgebend[23]. Insofern geht es insbesondere um die Wahrung der Wahlfreiheit und Wahlgleichheit als konstitutive Elemente einer demokratischen Wahl[24]. Andererseits folgt aus dem Demokratiegebot auch der Grundsatz des Bestandsschutzes der Wahl[25]. Um beiden Prinzipien gerecht zu werden, sind in Rechtsprechung und Schrifttum eine Reihe von Abwägungskriterien entwickelt worden[26]. Im Vordergrund steht dabei der Grundsatz der Erheblichkeit bzw. Mandatsrelevanz. Danach muß „eine nach der allgemeinen Lebenserfahrung konkrete und nicht ganz fernliegende“ Möglichkeit bestehen, daß sich der Wahlfehler auf das Wahlergebnis ausgewirkt hat[27].

---

19 Vgl. CDU-BPartG, NVwZ 1982, 159 f.

20 Zur Geltung des Wahlrechts bei innerparteilichen Wahlen zur Wahlbewerberaufstellung siehe oben § 6 I 1 b) bb).

21 *Magiera*, in: Sachs (Hrsg.), GG-K, Art. 41 Rn. 16; *Pieroth*, in: Jarass/Pieroth, GG-K, Art. 41 Rn. 6.

22 *Pieroth*, in: Jarass/Pieroth, GG-K, Art. 41 Rn. 6.

23 Vgl. *Klein*, in: Maunz/Dürig, GG-K III, Art. 41 Rn. 106.

24 Vgl. BVerfGE 103, 111 [134].

25 Vgl. BVerfGE 89, 243 [253]; 103, 111 [134].

26 Siehe dazu im einzelnen *Klein*, in: Maunz/Dürig, GG-K III, Art. 41 Rn. 109 ff.

27 Vgl. BVerfGE 89, 291 [304].

Gemessen an diesen Maßstäben läßt ein geringfügiger Verstoß gegen das Recht auf Auskunft und Gehör im Verlauf des Wahlverfahrens die Wirksamkeit einer innerparteilichen Wahl zur Wahlbewerberaufstellung unberührt. Zu Beispielen für geringfügige Verstöße gilt das oben im Zusammenhang mit Parteibeschlüssen und Wahlen für Parteiämter Gesagte entsprechend[28]. Andererseits haben das Hamburger Verfassungsgericht sowie kurz darauf auch das Bundesverfassungsgericht klargestellt, daß bei einem substantiellen Verstoß gegen das Recht auf Auskunft und Gehör im Zuge der Wahlbewerberaufstellung einer Partei der demokratische Charakter der betreffenden innerparteilichen Wahl soweit verfäscht sein kann, daß nicht mehr vom Vorliegen einer demokratischen Wahl auszugehen, diese mithin unwirksam ist. Dies wiederum kann, soweit eine Mandatsrelevanz zu bejahen ist, Konsequenzen für die Wirksamkeit der anschließenden öffentlichen Wahl haben, da Wahlfehler nicht allein durch Wahlorgane, sondern auch durch Dritte, namentlich durch politische Parteien bei ihrer Wahlbewerberaufstellung begangen werden können[29]. In der Folge eines solch substantiellen Verstoßes gegen das Recht auf Auskunft und Gehör bei der Wahlbewerberaufstellung erklärte das Hamburger Verfassungsgericht die Wahl zur Hamburger Bürgerschaft vom 2. Juni 1991 mit Urteil vom 4. Mai 1993 insgesamt für ungültig[30].

Das Urteil des Hamburger Verfassungsgerichts ist in der Literatur zum Teil auf heftige Kritik gestoßen[31]. Gerügt wird, die Erwägungen des Gerichts zur Mandatsrelevanz seien zu spekulativ. Auch liege ein Denkfehler des Gerichts vor, wenn es davon ausgehe, es komme für die Mandatsrelevanz darauf an, wie das Volk in Kenntnis der fehlerhaften Bewerberaufstellung gewählt hätte. Entscheidend sei vielmehr, ob es bei unterstellter Fehlerlosigkeit des Wahlverlaufs zu einem anderen Ergebnis mit Auswirkungen auf die Sitzverteilung gekommen wäre. Denn es gelte den tatsächlichen (fehlerhaften) mit dem hypothetischen (fehlerfreien) Wahlverlauf zu vergleichen. Schließlich wird geltend gemacht, das Gericht habe, indem es die Wahl insgesamt für ungültig erklärte habe, den Status der rechtmäßig gewählten Mitglieder der Hamburgischen Bürgerschaft verkannt, deren Mandate nicht hätten angetastet werden dürfen.

Die Kritik mag berechtigt sein. Jedenfalls hat das Urteil des Hamburger Verfassungsgerichts im Zusammenhang mit der innerparteilichen Wahlbewerberaufstellung die Sensibilität bei der Beachtung demokratischer Prinzipien im allgemeinen sowie bei der Beachtung des Rechts auf Auskunft und Gehör im besonderen sichtlich erhöht.

---

[28] Siehe oben § 11 I 1.

[29] Vgl. HbgVerfG, NVwZ 1993, 1083 ff.; BVerfGE 89, 243 ff.. Ausführlich dazu oben unter § 1 I 1 und 2.

[30] Siehe oben § 1 I 1.

[31] Siehe insbesondere *Arndt*, NVwZ 1993, 1066 ff.; *Karpen*, BVBl. 1993, 1077 ff.; *T. Koch*, DVBl. 2000, 1097; *Kuhl/Unruh*, DVBl. 1994, 1391.

II. Schadensersatz

Wird gegen das Recht auf Auskunft und Gehör in politischen Parteien verstoßen, resultiert daraus für den Beeinträchtigten in der Regel kein Vermögensschaden, da die Willensbildung der Parteien, mit der das Recht in Zusammenhang steht, ideellen und nicht kommerziellen Zielen dient. Das kann ausnahmsweise, insbesondere im Zusammenhang mit falsch erteilten Auskünften, anders sein. So hat der BGH dem Mitglied eines Vereins zur Förderung der 30 m^2-Schärenkreuzer und ihrer Eigner deshalb einen Schadensersatz aus § 823 Abs. 1 BGB gegen den Verein und das verantwortliche Vorstandsmitglied zugesprochen, weil letzteres ihn durch falsche Auskünfte gegenüber den Veranstaltern einer Bodenseeregatta zu kostspieligen Umbauten an seinem Schiff genötigt hat. Dabei ließ es das Gericht dahinstehen, ob jede Beeinträchtigung eines Mitgliedschaftsrechts wie des Auskunftsrechts „zur Auslösung dieser Rechtsfolge geeignet ist oder ob dazu ein unmittelbar gegen den Bestand der Mitgliedschaft oder die in ihr verkörperten Rechte und Betätigungsmöglichkeiten gericheteter Eingriff von erheblichem Gewicht erforderlich ist". Zumindest soll der Anspruch aus § 823 Abs. 1 BGB dann bestehen, wenn die Beeinträchtigung die Mitgliedschaft „in ihrem Kern" trifft[32]. Demzufolge wäre beispielsweise ein Schadensersatzanspruch eines Parteimitglieds denkbar, dem wegen einer unrichtigen Auskunft erhebliche Kosten im Zusammenhang mit der Vorbereitung einer innerparteilichen Wahl entstanden sind.

---

32 BGH, NJW 1990, 2877 [2879 f.].

§ 12 Rechtsschutz

Der in seinem Recht auf Auskunft und Gehör Verletzte kann ein Interesse daran haben, die Rechtsverletzung feststellen oder den Parteiverband zur Gewährung (Leistung) der beanspruchten Information bzw. Meinungskundgabegelegenheit verpflichten zu lassen oder einen Beschluß oder eine Wahl in der betreffenden Angelegenheit anzufechten. Entsprechenden Rechtsschutz kann er dabei einerseits durch Parteigerichte sowie andererseits durch kommunale und staatliche Institutionen erlangen.

I. Durch Parteigerichte

Gemäß § 14 Abs. 1 PartG sind politische Parteien verpflichtet, zur Schlichtung und Entscheidung von parteiinternen Streitigkeiten der Gesamtpartei oder eines Gebietsverbands mit einzelnen Mitgliedern, also auch von Streitigkeiten über das Recht auf Auskunft und Gehör eines Parteimitglieds, Schiedsgerichte einzuführen[1]. Die Einzelheiten über den Aufbau, die Zuständigkeit und das Verfahren ergeben sich aus §§ 14, 10 Abs. 5 und 16 Abs. 3 PartG. Mit den Schiedsgerichten gewöhnlicher bürgerlich-rechtlicher Vereine haben die Parteischiedsgerichte gemeinsam, daß durch deren Streitschlichtung oder Streitentscheidung Rechtsstreitigkeiten vor dem staatlichen Richter vermieden werden sollen. Der Unterschied zwischen den beiden privaten Gerichtsbarkeiten besteht indes darin, daß die Parteischiedsgerichte – im Gegensatz zu den Hauptaufgaben der Vereinsschiedsgerichte – nicht in erster Linie der Ordnungsdurchsetzung dienen. Vielmehr sollen sie als Element demokratischer Ordnung (Art. 21 Abs. 1 S. 3 GG) die Mitwirkung der Parteimitglieder am Parteileben und dessen demokratische Struktur sichern, Gewährleistung schaffen gegen eine Verbandsmacht, gegen ein Übergewicht der Führungsorgane über die Mitglieder und einer Parteimehrheit über die Minderheit[2].

Umstritten ist, ob Parteigerichte sogenannte echte Schiedsgerichte im Sinne der §§ 1025 ZPO oder lediglich sogenannte unechte Schiedsgerichte im Sinne des Vereinsrechts, mithin Parteiorgane, sind[3]. Der Gesetzgeber hat die Einordnung der Schiedsgerichte bewußt offengelassen und damit den Parteien selbst anheimgestellt. Die Entscheidung ist allerdings von erheblicher Bedeutung. Echte Schiedsgerichte schließen den staatlichen Rechtsweg grundsätzlich aus (§§ 1066, 1032 Abs. 1 ZPO); ihre Entscheidungen stehen rechtskräftigen gerichtlichen Urteilen gleich (§§ 1066, 1055 ZPO) und können nur unter engen Voraussetzungen im Wege einer Anfechtungsklage durch die Zivilgerichte überprüft werden (§§ 1066, 1060 ZPO). Dagegen können die Entscheidungen der unechten Schiedsgerichte

---

1 Siehe dazu eingehend *Henke*, Das Recht der politischen Parteien, S. 102 ff.; *Kressel*, Parteischiedsgerichtsbarkeit und Staatsgerichtsbarkeit, 1998; *Seifert*, Die politischen Parteien im Recht der Bundesrepublik Deutschland, S. 250 ff.

2 Vgl. Bericht des BT-Innenausschusses, BT-Drucks. V 1918, S. 2.

3 Vgl. zu Einzelheiten dieser Unterscheidung m.w.N. *Reichert*, Hdb Vereins- und Verbandsrechts, Rn. 2530 ff., insbesondere Rn. 2534 ff.

wie die Beschlüsse anderer Parteiorgane gerichtlich grundsätzlich voll überprüft werden[4].

Gegen die Einstufung der Parteigerichte als echte Schiedsgerichte wird ins Feld geführt, sie handelten im Namen der Partei, die selbst am Streit beteiligt sei, und seien als Teil der Parteiorganisation damit letztlich Parteiorgane[5]. Daß das Parteiengesetz in § 8 Abs. 1, § 9 Abs. 1 S. 1, Abs. 2, § 13 S. 1 die Parteiorgane benennt und daß § 14 PartG nicht von einem Organ spricht, steht dem nicht entgegen[6]. Das Parteiengesetz zählt die Organe, die eine Partei bilden kann, nicht abschließend auf. Vielmehr kann die Parteisatzung weitere, die Willensbildung dienende Organe vorsehen[7]. Ein echtes Schiedsgericht kann ein Parteischiedsgericht demnach allenfalls dann sein, wenn seine satzungsrechtliche Ausgestaltung den Anforderungen der §§ 1025 ZPO entspricht und es kein Organ, sondern nur eine Einrichtung der Partei ist[8]. Diese Voraussetzungen für die Annahme eines echten Schiedsgerichts liegen in der Regel nicht vor. Allerdings kann zum Schutz der Parteiautonomie und zur Ermöglichung innerparteilicher Fehlerbeseitigung gleichwohl verlangt werden, daß staatliche Gerichte erst angerufen werden, wenn der innerparteiliche „Rechtsweg“ erschöpft ist[9].

II. Durch kommunale und staatliche Institutionen

1. Bei Streitigkeiten über das mitgliedschaftliche Recht auf Auskunft und Gehör

Jedenfalls dann, wenn die Parteigerichte keine echten Schiedsgerichte sind[10], wird Rechtsschutz in privatrechtlichen innerparteilichen Streitigkeiten auch durch die ordentlichen Gerichte gewährt (§ 13 GVG). Zu solchen privatrechtlichen innerparteilichen Streitigkeiten gehören, da es sich bei der Parteimitgliedschaft um ein privatrechtliches Rechtsverhältnis handelt[11], insbesondere Streitigkeiten über das mitgliedschaftliche Recht auf Auskunft und Gehör[12].

---

4 *Reichert*, Hdb Vereins- und Verbandsrechts, Rn. 2530 ff., insbesondere Rn. 2534.

5 Vgl. *Streinz*, in: von Mangoldt/Klein/Starck (Hrsg.), GG-K II, Art. 21 Abs. 1 Rn. 160 mw.N. im Einklang mit der inzwischen wohl herrschenden Meinung. Die Gerichte lassen die Frage allerdings häufig offen, wenn und weil es im konreten Fall nicht darauf ankommt, vgl. z.B. KG, NJW 1988, 3159; LG Bonn, NVwZ 1991, 1118.

6 So aber *Heimann*, Die Schiedsgerichtsbarkeit der politischen Parteien in der Bundesrepublik Deutschland, S. 71.

7 *Seifert*, Die politischen Parteien im Recht der Bundesrepublik Deutschland, S. 248.

8 *Reichert*, Hdb Vereins- und Verbandsrechts, Rn. 2530 ff., insbesondere Rn. 2534, 2935.

9 Vgl. *Henke*, in: Dolzer/Vogel/Graßhof (Hrsg.), BoKo-GG IV, Art. 21 Rn. 311, der zutreffend darauf hinweist, daß die staatliche Gerichtsbarkeit sofort angerufen werden kann, wenn sich der Rechtsschutz anderenfalls unzumutbar verzögert; *Klein*, in: Maunz/Dürig, GG-K III, Art. 21 Rn. 361; *Streinz*, in: von Mangoldt/Klein/Starck (Hrsg.), GG-K II, Art. 21 Abs. 1 Rn. 161 mw.N.

10 Siehe dazu vorstehend § 12 I.

11 Vgl. *Reichert*, Hdb Vereins- und Verbandsrechts, Rn. 2530 ff., insbesondere Rn. 2910.

12 Vgl. zum Recht auf Auskunft und Gehör als Mitgliedschaftsrecht oben § 7 II 5 a).

Bei der Überprüfung parteiinterner Vorgänge lassen die ordentlichen Gerichte allerdings mit Rücksicht auf die Parteiautonomie zu recht Zurückhaltung walten[13]. Der Erwerb und die Beibehaltung der Mitgliedschaft in Vereinen im allgemeinen und politischen Parteien im besonderen beruht auf Freiwilligkeit, so daß von den Parteimitgliedern ein gewisses Maß an Solidarität verlangt werden kann, das auch die Bereitschaft einschließt, sich im Streitfall grundsätzlich der Parteigerichtsbarkeit zu unterwerfen[14]. Daher ist es gerechtfertigt, wenn die ordentlichen Gerichte nur die Tatsachenbasis der Entscheidungen der Parteigerichte sowie die Einhaltung der einschlägigen Verfahrensvorschriften uneingeschränkt überprüfen und die Entscheidungen im übrigen nur anhand der Maßstäbe „grobe Unbilligkeit" und Willkür" korrigieren[15].

2. Bei Streitigkeiten über das Recht auf Auskunft und Gehör im Zusammenhang mit der Wahlbewerberaufstellung

Bei Streitgkeiten im Zusammenhang mit dem aus den wahlgesetzlichen Bestimmungen über die Wahlbewerberaufstellung resultierenden Recht auf Auskunft und Gehör[16] obliegt der Rechtsschutz dagegen nicht den ordentlichen Gerichten, sondern – je nach seiner einschlägigen rechtlichen Ausgestaltung – bei Kommunalwahlen Kommunalaufsichtsbehörden oder den jeweils gewählten Gremien und Verwaltungsgerichten[17] sowie bei Parlamentswahlen den jeweiligen Parlamenten und Verfassungs- bzw. Wahlprüfungsgerichten[18].

---

13 Kritisch *Kressel*, Parteischiedsgerichtsbarkeit und Staatsgerichtsbarkeit, 247 ff.

14 *Klein*, in: Maunz/Dürig, GG-K III, Art. 21 Rn. 362.

15 Vgl. etwa OLG Köln, NVwZ 1991, 1116, unter Berufung auf die Rechtsprechung des BGH, z.B. BGHZ 47, 381 [385]; 87, 337 [343]; 102, 265 [276 f.].

16 Siehe dazu oben § 7 II 5 b).

17 *Gern*, Deutsches Kommunalrecht, Rn. 338 ff.

18 Vgl. *Achterberg/Schulte*, in: von Mangoldt/Klein/Starck (Hrsg.), GG-K II, Art. 41 Abs. 1 Rn. 51 m.w.N.

Schlußbemerkungen

In politischen Parteien hat jedes Mitglied das Recht, sich über die Angelegenheiten der Partei zu informieren und darüber seine Meinung innerparteilich wahrnehmbar kundzutun, kurzum ein Recht auf Auskunft und Gehör. Man sollte meinen, daß diese Feststellung keinen Erkenntnisgewinn darstellt, geschweige denn eine eingehende Untersuchung voraussetzt, wo doch das Grundgesetz die politischen Parteien in Art. 21 Abs. 1 S. 3 ausdrücklich zu innerparteilicher Demokratie verpflichtet und die Möglichkeit zur Information und Meinungskundgabe gemeinhin als ein demokratisches Grundprinzip verstanden wird.

Indes zeigt die Praxis, daß das Bestehen und mehr noch der Umfang des Rechts des Parteimitglieds auf Auskunft und Gehör immer wieder in Frage steht. Denn machen Parteimitglieder von ihrem Recht auf Auskunft und Gehör Gebrauch, führt dies, wie die eingangs der Untersuchung geschilderten Beispielsfälle belegen, oft zu Streit mit der Parteiführung, inwieweit sie dazu überhaupt berechtigt sind. Aus Scheu vor Konflikten mit der Parteiführung verzichten aber viele Parteimitglieder darauf, zu den Angelegenheiten ihrer Partei Fragen zu stellen und ihre Meinung kundzutun, zumal wenn es um Kritik der Parteiführung geht. Die wenigen, die es trotzdem tun, fallen somit aus der Rolle und erscheinen deshalb schnell als Querulanten oder Schwätzer. Darin liegt ein wesentlicher Grund dafür, warum die Willensbildung der Parteien weitgehend Sache ihrer Führungsgremien ist, während die breite Masse der Parteimitglieder in kontinuierlicher Passivität verharrt.

Dabei hat man es heute mit der paradoxen Situation zu tun, daß Mitglieder in anderen privater Vereinigungen, denen die Verfassung keine binnendemokratische Ordnung vorschreibt, oftmals wesentlich stärker von ihrem Recht auf Auskunft und Gehör Gebrauch machen und dadurch auf die Geschicke der Vereinigung Einfluß nehmen als die Mitglieder in politischen Parteien. So sind insbesondere Hauptversammlungen großer Aktiengesellschaften regelmäßig Plattformen kontroverser Diskussionen, auf denen einzelne Kleinaktionäre das Handeln des Vorstands kritisch hinterfragen und es gerade auch unter gesellschaftspolitischen Gesichtspunkten bewerten. Dagegen erlebt man Parteitage meist bloß als gut inszenierte Machtdemonstrationen der Parteiführungen, die dort ihre Politik von der Parteibasis abnicken und sich von ihr huldigen lassen.

Nun wäre die Passivität der Mitglieder politischer Parteien bei der Ausübung ihres Rechts auf Auskunft und Gehör kein juristisches, sondern ein politikwissenschaftliches Thema, wenn die Grundlagen und Reichweite des Rechts klar geregelt wären oder sich zumindest unschwer bestimmen ließen. Dem ist jedoch nicht so. Während das Recht auf Auskunft und Gehör in anderen privaten Vereinigungen von der Rechtsprechung und Literatur bereits gründlich ausgeleuchtet und, was das Auskunftsrecht anbelangt, für Personen- und Kapitalgesellschaften auch gesetzlich geregelt wurde, liegt das Recht auf Auskunft und Gehör in politischen Parteien weitgehend im Dunkeln, zumal es im Parteiengesetz überhaupt nicht und in den

Parteiensatzungen allenfalls fragmentarisch geregelt ist. Derweil tragen die inzwischen in einigen Wahlgesetzen zu findenden isolierten Regelungen[1] des Rechts auf Gehör der Wahlbewerber der Parteien derzeit mehr zur Verwirrung als zur Klärung bei, weil die betreffenden Regelungen zu dem irrigen Schluß verleiten können, außerhalb ihres Tatbestands bestehe kein Recht auf Gehör und schon gar kein Auskunftsrecht. Auch sind, wie die vorliegende Untersuchung belegt, Grundlagen und Reichweite des Rechts auf Auskunft und Gehör schon wegen der Vielschichtigkeit der Rechtsquellen der inneren Parteienordnung keineswegs einfach auszumachen. Das alles führt bei der Rechtsausübung in der Praxis zu erheblicher Unsicherheit und damit eben oft zu Streit.

Vor diesem Hintergrund liegt es nahe, vom Gesetzgeber eine umfassende Regelung des Rechts auf Auskunft und Gehör zu fordern. Angesichts der heutzutage zu beklagenden Gesetzesflut ist allerdings eine besonders sorgfältige vorherige Prüfung geboten, inwieweit eine solche Gesetzesregelung wirklich nötig und sinnvoll ist. Gegen die gesetzliche Regelung des Rechts auf Auskunft und Gehör könnte eingewandt werden, daß mit § 6 Abs. 2 Nr. 3 PartG bereits eine gesetzliche Verpflichtung der politischen Parteien besteht, in ihren Parteisatzungen Mitgliederrechte zu regeln. Abgesehen davon, daß diese gesetzliche Verpflichtung mangels Kompetenz des Parteiengesetzgebers nicht für die Wahlbewerberaufstellung der Parteien gilt[2], hat die vorliegende Untersuchung jedoch gezeigt, daß es § 6 Abs. 2 Nr. 3 PartG nicht vermag, eine zureichende Regelung des Rechts auf Auskunft und Gehör in den Parteiensatzungen sicherzustellen, zumal da es in der Vorschrift nicht „die Rechte ihrer Mitglieder", sondern eben bloß „Rechte ihrer Mitglieder" heißt und sie somit keine Regelung aller Mitgliederrechte verlangt.

Andererseits ist das noch kein Grund, das Recht auf Auskunft und Gehör im Parteiengesetz sowie, was die Wahlbewerberaufstellung der Parteien anbelangt, in den Wahlgesetzen nun erschöpfend zu regeln. Vielmehr ist es ausreichend, im Sinne der Rechtssicherheit und -klarheit aber auch notwendig, im Parteiengesetz bzw. in den Wahlgesetzen die Grundzüge des Rechts zu normieren, wogegen die Regelung des „Näheren" dazu den Parteiensatzungen überlassen bleiben kann.

So notwendig eine Ergänzung des Parteiengesetzes bzw. der Wahlgesetze im vorstehend beschriebenen Sinne ist, bestünde jedoch die Gefahr, daß die Gesetzänderung – wie die Ergänzung einiger Wahlgesetze um das Recht auf Gehör der Wahlbewerber – wiederum Stückwerk bliebe. Erforderlich scheint denn auch eine umfassende Bestandsaufnahme, inwieweit ebenso wie bei anderen für die Partei-

---

1 Siehe oben § 7 II 2.

2 Siehe oben § 6 I 1 b) bb). Die Wahlgesetze schreiben den Parteien dagegen lediglich vor, in ihren Parteiensatzungen das „Nähere" zur Wahlbewerberaufstellung zu regeln (vgl. z.B. § 21 Abs. 5 BWahlG; die anderen Wahlgesetze enthalten entsprechende Bestimmungen). Da aber die Wahlgesetze zum Recht auf Auskunft und Gehör – bis auf die in einigen Wahlgesetzen enthaltenen Regelungen zum Recht der einzelnen Wahlbewerber auf Gehör – schweigen, gibt es insoweit auch nichts „Näheres" zu regeln.

willensbildung entscheidenden Rechten der Parteimitglieder sowie gegebenenfalls auch bei entsprechenden Rechten von Nichtmitgliedern eine (weitergehende) gesetzliche Normierung angezeigt ist. So ist zwar das Parteiengesetz in den vergangenen Jahren mehrfach geändert worden. Doch betrafen die Änderungen fast ausschließlich die Parteienfinanzierung[3]. Eine grundsätzliche Diskussion über gesetzliche Regelungen der für die Verwirklichung innerparteilicher Demokratie maßgeblichen Individualrechte steht indes bislang trotz des allgemein monierten Defizits innerparteilicher Demokratie aus.

Freilich wird die politische Willensbildung in politischen Parteien durch Gesetzes- und Satzungsregelungen allein nicht demokratisch. Wie im Staat lebt Demokratie auch in politischen Parteien vom Engagement der einzelnen zur Teilhabe an der politischen Willensbildung Berechtigten. Solches Engagement läßt sich aber ohne Widerspruch zum demokratischen Prinzip der Willensfreiheit durch Vorschriften nicht erzwingen. Doch kann die mit den Regelungen des Rechts auf Auskunft und Gehör verbundene Erhöhung der Rechtssicherheit und – klarheit dazu beitragen, Streitigkeiten bei der Rechtsausübung zu vermeiden und die Attraktivität der Rechtsausübung zu erhöhen. Sonach wäre durch Gesetzes- und ergänzende Satzungsregelungen des Rechts auf Auskunft und Gehör das Demokratiedefizit in politischen Parteien nicht behoben, wohl aber viel für die innerparteiliche Demokratie gewonnen. Die vorliegende Untersuchung mag für die konkrete Ausgestaltung der entsprechenden Gesetzes- und Satzungsregelungen dienlich sein.

[3] Siehe im einzelnen dazu *Klein*, in: Maunz/Dürig, GG-K III, Art. 21 Rn. 133 ff.

Zusammenfassung

1. In der Praxis führt das Verlangen von Parteimitgliedern, sich innerparteilich zu informieren und ihre Meinung kundzutun, nicht selten zu Streit. Ein häufiger Grund dafür ist, daß das Informations- und Meinungskundgabeverlangen von Parteimitgliedern den Interessen der Parteiführung zuwiderläuft. Besonders drastische **Beispiele für** solche **Konflikte** bietet die Geschichte der Hamburger CDU. Im spektakulärsten Fall erklärte das Hamburger Verfassungsgericht im Jahr 1993 eine ganze Parlamentswahl, nämlich die Wahl zur Hamburgischen Bürgerschaft vom 2. Juni 1991, für ungültig, weil es die seinerzeitige Führung der Hamburger CDU im Vorfeld der Wahl nicht zuließ, daß sich Parteimitglieder über die von ihr vorgeschlagenen Kandidaten informieren und über deren Geeignetheit diskutieren konnten (siehe dazu sowie zu weiteren Beispielen § 1 I der vorliegenden Untersuchung).

2. Freilich treten Konflikte der in Rede stehenden Art nicht nur in politischen Parteien auf, geschweige denn bloß in der Hamburger CDU. Vielmehr gibt es sie auch in anderen Personenzusammenschlüssen, so insbesondere in Aktiengesellschaften, wenn Aktionäre auf Hauptversammlungen Auskunft und Gehör begehren (§ 1 II). Dabei ist das mit dem in politischen Parteien zu beobachtenden Defizit an mitgliedschaftlichen Informations- und Meinungskundgabegechancen einhergehende Defizit an mitgliedschaftlichen Partizipationschancen **eine Ursache der sogenannten Parteienverdrossenheit**. Vor diesem Hintergrund ist es das Anliegen der vorliegenden Untersuchung festzustellen, inwieweit Parteimitglieder sowie darüber hinaus gegebenenfalls auch Nichtmitglieder berechtigt sind, sich innerparteilich zu informieren und ihre Meinung kundzutun (§ 1 III).

3. Die Untersuchung ist unter den Titel „Recht auf Auskunft und Gehör" gestellt. Dabei geht es allerdings nicht um ein einheitliches Recht sowohl auf Auskunft als auch Gehör. Vielmehr soll untersucht werden, inwieweit in politischen Parteien zum einen ein Recht auf Auskunft sowie zum anderen – gegebenenfalls unabhängig davon – ein Recht auf Gehör besteht (§ 2 I). Zudem werden die **Begriffe „Recht auf Auskunft" und „Recht auf Gehör"** weit verstanden. So werden unter der Bezeichnung „Recht auf Auskunft" alle rechtlichen Möglichkeiten des Parteimitglieds aber auch eines Nichtmitglieds untersucht werden, innerparteilich an Informationen zu gelangen, die ihnen nicht ohne weiteres zugänglich sind, also neben der Auskunft im engeren Sinne auch andere Wege der Informationserlangung wie etwa Einsichtnahme in Unterlagen (§ 2 I 1). Derweil steht der Begriff „Recht auf Gehör" für alle rechtlichen Möglichkeiten der Meinungskundgabe des Parteimitglieds sowie des Nichtmitglieds dergestalt, daß davon in der Partei Kenntnis genommen werden kann, sei es z.B. durch eine Rede auf einer Parteiversammlung oder den Abdruck eines Artikels in einer Parteizeitung (§ 2 I 2).

I. Grundlagen der Untersuchung

1. Gemäß Art. 21 Abs. 1 S. 1 GG haben die **politischen Parteien die verfassungsrechtliche Aufgabe**, an der politischen Willensbildung des Volkes mitzuwirken. Dies geschieht zum einen durch die Teilnahme an öffentlichen Wahlen. Hierzu erforschen die politischen Parteien die in der Gesellschaft vorhandenen Meinungen und Interessen, fassen sie zusammen, gleichen sie in sich aus, verdichten sie zu politischen Zielen und wählen Kandidaten (Wahlbewerber) aus, die sich der Durchsetzung dieser Ziele verschreiben (§ 4 I). Zum anderen wirken die Parteien außerhalb von öffentlichen Wahlen an der politischen Willensbildung des Volkes mit. Dabei ist ihre Tätigkeit nicht bloß eine passiv rezeptive, sondern auch eine aktiv gestaltende, da die Parteien auf den politischen Willensbildungsprozeß des Volkes auch durch eigenständige politische Impulse einwirken (§ 4 II 1). Insbesondere gehört zur verfassungsrechtlichen Aufgabe der politischen Parteien die Beeinflussung der Staatswillensbildung (§ 4 II 2). Schließlich haben die politischen Parteien die Aufgabe der Legitimationsbeschaffung der von ihnen beeinflußten Entscheidungen in den Parlamenten und Regierungen beim Volk (§ 4 II 3).

2. Diese Mittlerrolle der politischen Parteien zwischen Volk und Staat wirft die Frage auf, ob sie in der demokratischen Ordnung des Grundgesetzes dem gesellschaftlichen oder staatlichen Bereich zuzuordnen sind, also die Frage nach der **verfassungsrechtlichen Stellung der politischen Parteien** (§ 5); diese Frage läßt sich nicht von vorherein mit dem Hinweis als überholt abtun, beide Bereiche ließen sich unter den Bedingungen des Grundgesetzes praktisch nicht mehr unterscheiden (§ 5 I). Nach der von *Leibholzschen* Lehre vom Parteienstaat sind die politischen Parteien durch Art. 21 GG zu „Elementen des staatlichen Bereichs und der staatlichen Willensbildung gemacht worden“, ist also die Bundesrepublik im formaltypischen Sinne ein Parteienstaat (§ 5 I 1). Demgegenüber sieht *Hesse* Art. 21 GG gerade als Beleg für die außerstaatliche Verortung der politischen Parteien (§ 5 I 2). Die Rechtsprechung des Bundesverfassungsgerichts zur verfassungsrechtlichen Stellung der politischen Parteien stand anfangs im Zeichen der *Leibholzschen* Parteienstaatsdoktrin, schwenkte jedoch schon bald auf die Linie der Lehre *Hesses* um (§ 5 I 3). Dem folgt zu recht auch die heute ganz herrschende Meinung in der Literatur (§ 5 1 4).

3. Zu den **Rechtsquellen der inneren Parteienordnung** gehört vor allem das **Grundgesetz**. In **Art. 21 Abs. 1 S. 3** spricht es die innere Parteienordnung ausdrücklich an und bestimmt, daß sie demokratischen Grundsätzen entsprechen muß. Dabei handelt es sich um unmittelbar geltendes Recht (§ 6 I 1 a) aa)). Darüber hinaus wird die innere Parteienordnung durch die **Wahlrechtsgrundsätze** im Sinne der Art. 28 Abs. 1 S. 2 und 38 Abs. 1 S. 1 GG bestimmt. Sie gelten – als Ausprägung des Demokratiegebots der Art. 20 Abs. 1, 28 Abs. 1 S. 1 und 23 Abs. 1 S. 1 GG – sowohl bei der Teilnahme der politi-

schen Parteien an den öffentlichen Wahlen durch innerparteiliche Wahlen zur Wahlbewerberaufstellung als auch – als Ausprägung des Demokratiegebots des Art. 21 Abs. 1 S. 3 GG – bei sonstigen innerparteilichen Wahlen (§ 6 I 1 a) bb)).

4. Darüber hinaus finden sich mehrere Rechtsquellen der inneren Parteienordnung auf **einfachgesetzlicher Ebene**, nämlich erstens das Parteiengesetz, zweitens die Wahlgesetze des Bundes und der Länder sowie drittens das Vereinsrecht des BGB (§ 6 I 1 b)).

5. Das **Parteiengesetz** enthält in seinem Zweiten Abschnitt Regelungen zur inneren Parteienordnung (§ 6 I 1 b) aa)).

6. In den **Wahlgesetzen des Bundes**, also im Bundes- und Europawahlgesetz, sowie in den **Wahlgesetzen der Länder**, mithin in den Landes- und Kommunalwahlgesetzen finden sich Regelungen über die Wahlbewerberaufstellung der Parteien. Dem Schwerpunkt der Materie nach handelt es sich dabei nicht um eine Parteien-, sondern um eine Wahlgesetzgebungskompetenz. Diese steht dem Bund gemäß Art. 38 Abs. 3 GG nur im Zusammenhang mit Bundestagswahlen sowie im Zusammenhang mit den Wahlen der deutschen Abgeordneten zum Europäischen Parlament zu, im Zusammenhang mit den Landtags-, Kreis- und Kommunalwahlen dagegen gemäß Art. 28 Abs. 1 S. 2 GG sowie den entsprechenden Bestimmungen der Landesverfassungen den Ländern (§ 6 I 1 b) bb)).

7. Als in der Gesellschaft wurzelnde Vereinigungen unterliegen die politischen Parteien einschließlich ihrer inneren Ordnung ferner dem Privatrecht. Ihrem in der Verfassung veranlagten Wesen wird nur die Rechtsform des eingetragenen oder nicht eingetragenen Vereins bürgerlichen Rechts gerecht. Dabei ist heute allgemein anerkannt, daß entgegen § 54 S. 1 BGB das **Vereinsrecht der §§ 21 ff. BGB** auch auf nichtrechtsfähige Vereine Anwendung findet, soweit die betreffenden Vorschriften nicht gerade die Rechtsfähigkeit voraussetzen. Das gilt demnach – abgesehen von den sich aus den §§ 3 und 37 PartG ergebenden Besonderheiten – prinzipiell auch für die in der Rechtsform des nichteingetragenen Vereins organisierten politischen Parteien (§ 6 I 1 b) cc)).

8. Rechtsquelle der inneren Parteienordnung bilden schließlich die jeweiligen **Satzungen der politischen Parteien**, worin sie die ihre innere Ordnung betreffenden Grundentscheidungen wie insbesondere die hier interessierenden Rechte von Mitgliedern und Nichtmitgliedern regeln können (§ 6 I 2).

9. Das **Verhältnis der verschiedenen Stufen der Rechtsquellen der inneren Parteienordnung** ist dadurch gekennzeichnet, daß aus den im Rang jeweils

niedrigeren Rechtsquellen das speziellere Recht fließt, dieses jedoch mit dem Recht der höherrangigen Rechtsquellen vereinbar sein muß (§ 6 II).

II. Rechtsgrundlage des Rechts auf Auskunft und Gehör

1. In den **Parteisatzungen** als den speziellsten Rechtsquellen der inneren Parteienordnung ist ein Recht einzelner Mitglieder oder Nichtmitglieder auf innerparteiliche Information und Meinungskundgabe wenn überhaupt nur fragmentarisch geregelt. Soweit Regelungen bestehen, fallen sie zudem von Partei zu Partei völlig unterschiedlich aus (§ 7 I).

2. Das **Parteiengesetz** enthält überhaupt keine Regelung, die als Rechtsgrundlage in Betracht kommt. Insbesondere taugt § 15 Abs. 3 S. 1 PartG nicht als Rechtsgrundlage (§ 7 II 1).

3. Im BWahlG, EuWG sowie in einigen **Wahlgesetzen** der Bundesländer finden sich seit kurzem Vorschriften, die als Rechtsgrundlage für das Recht auf Gehör der Wahlbewerber in der sie wählenden Parteiversammlung dienen. Darüber, ob diese Personen auch ein Auskunftsrecht haben, und ob überdies Versammlungsteilnehmer, die nicht als Wahlbewerber kandidieren, im Zusammenhang mit der Wahlbewerberaufstellung ein Recht auf Auskunft und Gehör haben, schweigen sich die Wahlgesetze jedoch aus. Allerdings bieten die wahlgesetzlichen Bestimmungen des Bundes und der Länder auch ohne ausdrückliche Regelung insofern einen Ansatzpunkt zur Begründung eines innerparteilichen Rechts auf Auskunft und Gehör, als sie im Lichte der verfassungsrechtlichen Wahlrechtsgrundsätze auszulegen sind (§ 7 II 2).

4. Im **Vereinsrecht des BGB** ist das Recht auf Auskunft und Gehör nicht ausdrücklich geregelt. Nichtsdestotrotz ist im bürgerlichen Vereinsrecht ein Recht auf Auskunft und Gehör des Vereinsmitglieds allgemein anerkannt, nicht hingegen auch ein Recht auf Auskunft und Gehör des Nichtmitglieds (§ 7 II 3).

a. Was das **Auskunftsrecht** anbelangt, ist zwischen dem – im Rahmen der vorliegenden Untersuchung behandelten – individuellen Recht auf Information einerseits und dem kollektiven Informationsrecht andererseits zu unterscheiden. Dabei handelt es sich jeweils um qualitativ grundverschiedene Rechtsverhältnisse (§ 7 II 3 a) aa)). Das individuelle Auskunfts- bzw. Informationsrecht ist im bürgerlich-rechtlichen Verein ein mitgliedschaftliches Grundrecht (§ 7 II 3 a) bb) (3)); ob der Gesetzgeber es ausdrücklich regelt oder ungeregelt läßt, ist für sein Bestehen unerheblich. Innerhalb der Gruppe der Mitgliedschaftsrechte bildet es eine eigene Kategorie (§ 7 II 3 a) cc) (1)). Es ist – anders als das kollektive Informationsrecht – ein Individualrecht und kann daher von jedem einzelnen Mitglied unabhängig von einem Mehrheitsbeschluß des Verbands ausgeübt werden (§ 7 II 3 a) cc) (2)). Als unselbständiges Hilfsrecht dient es dem Mitglied dazu, andere Mitgliedschaftsrechte sachgerecht auszuüben (§ 7 II 3 a) cc) (3)). Dabei ist es ein eigennütziges Recht, das heißt, das Mitglied braucht bei der Rechtsausübung seine Interessen nicht hinter das Verbandsinteresse zurückzustellen (§ 7 II 3 a) cc) (4)).

b. Derweil handelt es sich beim **Recht auf Gehör** im bürgerlich-rechtlichen Verein um ein – vom Recht auf Teilnahme an Mitgliederversammlungen verschiedenes – Mitverwaltungsrecht, das dem Berechtigten dazu dient, seine Meinung verbandsintern kundzutun, dafür zu werben und so die Verbandsmeinungsbildung in seinem Sinne zu beeinflussen. Es ist allerdings kein mitgliedschaftliches Grundrecht, sondern steht nur denjenigen Mitgliedern zu, die aufgrund ihres Mitgliedschaftsstatus zur Mitverwaltung der Verbandsgeschicke befugt sind (§ 7 II 3 b) aa)). Wie das individuelle Informationsrecht ist es ein Individualrecht, das unabhängig vom Willen der Mitgliedermehrheit ausgeübt werden kann. Anders als das individuelle Informationsrecht ist das Recht auf Gehör hingegen nicht bloß ein Hilfsrecht, da es selbständig und unmittelbar der Verfolgung des Verbandszwecks dient. Von dem individuellen Informationsrecht unterscheidet sich das Recht auf Gehör ferner darin, daß es gemeinnütziger Natur ist, weshalb sich das Mitglied bei seiner Ausübung von den Verbandsinteressen leiten lassen muß (§ 7 II 3 b) bb)).

5. Auf der Ebene des **Grundgesetzes** kommen als Rechtsgrundlagen des Rechts auf Auskunft und Gehör sowohl das innerparteiliche Demokratiegebot als auch die Wahlrechtsgrundsätze in Betracht. Das ergibt sich, wenn man sich die Bedeutung vergegenwärtigt, die dem innerparteilichen Demokratiegebot bzw. den Wahlrechtsgrundsätzen zukommt.

a. Dem **innerparteilichen Demokratiegebot** des Art. 21 Abs. 1 S. 3 GG geht es in positiver Hinsicht um einen innerparteilich freien und offenen Willensbildungsprozeß, den jedes Parteimitglied entsprechend seiner Befähigung, Aktivität und Überzeugungskraft sowie entsprechend seiner innerparteilichen Stellung mitbestimmen kann (§ 7 II 4 a) aa) (1)). Derweil besteht der negative Gehalt des innerparteilichen Demokratiegebotes darin, innerparteilich demokratiewidrigen Zuständen und Entwicklungen Einhalt zu gebieten (§ 7 II 4 a) aa) (2)).

b. Angesichts des positiven Gehalts des Demokratiegebotes des Art. 21 Abs. 1 S. 3 GG, in politischen Parteien einen freien und offenen Meinungs- und Willensbildungsprozeß sicherzustellen, liegt es nahe, daraus auf die innerparteiliche Geltung der Grundrechte zu schließen, ist doch die Gewährleistung der Freiheit und Offenheit der politischen Willensbildung im Staat eine der wichtigsten Funktionen der Grundrechte, insbesondere der grundrechtlichen Meinungs- und Informationsfreiheit. Insofern stellt sich die **Frage, ob das Recht auf Auskunft und Gehör möglicherweise mit Art. 5 Abs. 1 S. 1 GG**

begründet werden kann. Die Frage wird in Teilen der Parteienrechtsliteratur bejaht (§ 7 II 4 a) bb)).

aa. Eine **unmittelbare Bindung der politischen Parteien an Art. 5 GG über Art. 1 Abs. 3 GG** ist zu verneinen, da sich jede Form der Einbindung der politischen Parteien in den Staatsbereich verbietet (§ 7 II 4 a) bb) (2)).

bb. Aber auch die verschiedenen **Theorien zur allgemeinen unmittelbaren Drittwirkung**, also zur allgemeinen unmittelbaren Geltung der Grundrechte im Privatrechtsverkehr, die im parteienrechtlichen Schrifttum insbesondere im Hinblick auf die grundrechtliche Meinungs- und Informationsfreiheit Anhänger gefunden haben (§ 7 II 4 a) bb) (3) (b) (aa) bis (cc)), sind abzulehnen. Insofern ist zunächst zu konstatieren, daß die Unterscheidung zwischen dem Staat und der Gesellschaft als Vorbedingung der Drittwirkung der Grundrechte trotz des grundgesetzlich abgesicherten Wirkens der politischen Parteien in beiden Bereichen nach wie vor ihre Berechtigung hat (§ 7 II 4 a) bb) (3) (a)). Gegen eine unmittelbare Geltung der Grundrechte im Privatrechtsverkehr spricht derweil die grammatikalische Auslegung des Art. 1 Abs. 3 GG sowie die genetische, systematische und teleologische Auslegung der Grundrechte selbst (§ 7 II 4 a) bb) (3) (b) (dd) [1] und [2]). Insbesondere kann die unmittelbare Drittwirkung weder mit einem Bedeutungswandel der Grundrechte oder der Schutzbedürftigkeit vor wirtschaftlicher oder sozialer Macht noch damit gerechtfertigt werden, daß es sich beim Privatrecht um staatlich gesetztes Recht handele und der Staat an die Grundrechte gebunden sei (§ 7 II 4 a) bb) (3) (b) (dd) [3] und [5]).

cc. Indes ist die herrschende Meinung in der Parteienrechtsliteratur der Ansicht, im Verhältnis Partei-Mitglied gelangten die Grundrechte mit demokratierelevantem Inhalt wie **Art. 5 Abs. 1 S. 1 GG über das innerparteilichen Demokratiegebots des Art. 21 Abs. 1 S. 3 GG zur Anwendung** (§ 7 II 4 a) bb) (4)). Auch diese Ansicht überzeugt jedoch nicht, da sie die fundamentalen Unterschiede im Verhältnis Bürger-Staat einerseits und Partei-Mitglied andererseits außer acht läßt. Zwar ist hier wie dort das Recht zur Meinungsäußerung und Information Grundvoraussetzung demokratischer Willensbildung (§ 7 II 4 a) bb) (3) (c) (aa)). Anders als der Bürger im Staat kann dem Mitglied aber nicht das Recht zugestanden werden, grundsätzlich zu jeder Zeit zu jedem beliebigen Thema jede beliebige Meinung zu vertreten, wie es Art. 5 Abs. 1 S.1 GG vorsieht. Vielmehr setzt das im Grundgesetz veranlagte Parteiensystem mehrerer untereinander konkurrierenden Parteien ein Mindestmaß an Geschlossenheit der einzelnen Parteien voraus, was wiederum bedingt, daß sich das Parteimitglied mit seinen Meinungsäußerungen grundsätzlich im Rahmen der „Parteimeinung" bewegt (§ 7 II 4 a) bb) (4) (c) (bb) [1]). Zudem vermittelt Art. 5 Abs. 1 S. 1 GG nur ein Abwehrrecht auf ungehinderte Meinungsäußerung bzw. Information, nicht jedoch ein Leistungsrecht auf Auskunft und Gehör (§ 7 II 4 a) bb) (4) (c) (bb) [2] und [3]). Im Verhältnis Bürger-Staat ist das genügend, weil hier vor allem durch die Parteien sowie die Medien sichergestellt ist, daß die Meinung jedes Bürgers auch außerhalb von Wahlen Eingang in die politische Willensbildung findet, und daß der Bürger die zur politischen Meinungsbildung nötigen Informationen erhält (§ 7 II 4 a) bb) (4) (c) (bb) [4]). In politischen Parteien fehlt es indes an Institutionen, die innerparteilich die Funktionen übernehmen, die im Staat den Parteien und Medien zukommt (§ 7 II 4 a) bb) (4) (c) (bb) [5]). Daraus folgt jedoch nicht etwa die Notwendigkeit, das Grundrecht der Informationsfreiheit bzw. das der Meinungsfreiheit in politischen Parteien über Art. 21 Abs. 1 S. 3 GG zu einem Leistungsrecht auf Auskunft und Gehör „aufzuwerten", zumal dadurch beide Grundrechte bis zur Unkenntlichkeit verfremdet würden. Solche dogmatischen Verbiegungen sind unnötig, da sich das innerparteiliche Recht auf Auskunft und Gehör auch ohne einen Rückgriff auf die grundrechtliche Meinungs- und Informationsfreiheit direkt aus dem innerparteilichen Demokratiegebot des Art. 21 Abs. 1 S. 3 GG ableiten läßt (§ 7 II 4 a) bb) (4) (c) (bb) [6]).

dd. So gehört zum **subjektiv-rechtlichen Gehalt der demokratischen Grundsätze im Sinne des Art. 21 Abs. 1 S. 3 GG** unbedingt ein **Recht des *Parteimitglieds* auf Auskunft und Gehör**. Nur mit einem parteimitgliedschaftlichen Recht auf Auskunft und Gehör ist sichergestellt, daß die Willensbildung innerhalb der Parteien ungehindert sowohl von „unten nach oben" als auch „von oben nach unten" verlaufen und infolgedessen auch eine wechselbezügliche Willensbildung zwischen dem Volk und den Staatsorganen stattfinden kann, und nur mit einem parteimitgliedschaftlichen Recht auf Auskunft und Gehör läßt sich die Ausbildung autoritärer, impermeabler Machtbastionen der Parteifunktionäre verhindern (§ 7 II 4 a) cc)).

ee. Demgegenüber läßt sich ein **Recht des *Nichtmitglieds* auf Auskunft und Gehör** dem innerparteilichen Demokratiegebot des Art. 21 Abs. 1 S. 3 GG nicht entnehmen. Vielmehr steht das Geschlossenheitserfordernis der Parteien, von dem auch Art. 21 Abs. 1 S. 3 GG ausgeht, einer Beeinflussung der Parteiwillensbildung mittels eines Rechts auf Auskunft und Gehör von Nichtmitgliedern entgegen (§ 7 II 4 a) dd)).

c. Was die **Wahlrechtsgrundsätze** als weitere mögliche Rechtgrundlage für das Recht auf Auskunft und Gehör in politischen Parteien anbelangt, kommen sie im Zusammenhang mit den innerparteilichen Wahlen zur Wahlbewerberaufstellung als Ausprägung des Demokratiegebots der Art. 20 Abs. 1 und 28 Abs. 1 S. 1 GG bzw. – bei Europawahlen – des Art. 23 Abs. 1 S. 1 GG zur Anwendung. Die durch sie den Wahlberechtigten vermittelten subjektiven Rechte sind folglich öffentlich-rechtlicher Natur. Dagegen gelten sie bei den sonstigen innerparteilichen Wahlen als Ausprägung des innerparteilichen Demokratiegebots des Art. 21 Abs. 1 S. 3 GG. Insofern sind die durch sie vermittelten subjektiven Rechte dem privaten Recht zuzuordnen (§ 7 II 4 b) aa)).

aa. Zum **subjektiv-rechtlichen Gehalt des Grundsatzes der Freiheit der Wahl** gehört bei innerparteilichen Wahlen in jedem Fall ein **Recht auf Auskunft und Gehör des wahlberechtigten *Parteimitglieds***, und zwar sowohl im Zusammenhang mit der Ausübung seines aktiven wie auch seines passiven Wahlrechts. Anderenfalls wäre wegen der unterschiedlichen Rahmenbedingungen im Vergleich zu öffentlichen Wahlen ein freier und offener Prozeß der Meinungsbildung nicht gewährleistet. Demzufolge müssen die Parteimitglieder bei innerparteilichen Wahlen die Möglichkeit haben, sich im Vorfeld der Stimmabgabe über die Geeignetheit der zur Wahl stehenden Personen für das zu besetzende Amt oder Mandat hinreichend zu unterrichten sowie zu diskutieren bzw. sich über die für ihre Kandidatur notwendigen Angelegenheiten zu informieren und sich als Kandidaten innerparteilich zu präsentieren (§ 7 II 4 b) bb)).

bb. Indes ist bei der Frage, inwieweit die Wahlrechtsgrundsätze auch **Nichtmitgliedern** in politischen Parteien ein subjektives Recht auf Auskunft und Gehör vermitteln, zu differenzieren. Bei innerparteilichen Wahlen, die nicht im Zusammenhang mit den öffentlichen Wahlen stehen, können sich aus den Wahlrechtsgrundsätzen für Nichtmitglieder keine subjektiven Rechte ergeben, da die Grundsätze insoweit als Ausprägung des innerparteilichen Demokratiegebotes des Art. 21 Abs. 1 S. 3 GG zur Anwendung gelangen, welches aber nur zugunsten von Parteimitgliedern gilt. Aber auch bei innerparteilichen Wahlen zur Wahlbewerberaufstellung, die der Verwirklichung der Volksherrschaft im Sinne des Art. 20 Abs. 1, 23 Abs. 1 S. 1 GG bzw. 28 Abs. 1 S. 1 GG dienen, vermitteln die Wahlrechtsgrundsätze grundsätzlich nur Parteimitgliedern subjektive Rechte. Etwas anderes gilt nur, wenn politische Parteien auch Nichtmitgliedern die Möglichkeit eröffnen, als Wahlbewerber zu kandidieren. In diesem Fall müssen die Parteien den betreffenden Nichtmitgliedern das gleiche Recht auf Auskunft und Gehör zugestehen wie parteiangehörigen Kandidaten (§ 7 II 4 b) cc)).

d. Eine **Gesamtschau der verschiedenen Rechtsgrundlagen des Rechts auf Auskunft und Gehör** ergibt folgendes Bild: Grundsätzlich besteht das Recht auf Auskunft und Gehör als vereinsrechtliches Mitgliedschaftsrecht und kommt somit nur Parteimitgliedern, nicht hingegen auch Nichtmitgliedern zugute. Durch das innerparteiliche Demokratiegebot des Art. 21 Abs. 1 S. 3 GG wird es verfassungsrechtlich bekräftigt und abgesichert. Bei innerparteilichen Wahlen zur Wahlbewerberaufstellung wird das bürgerliche Vereinsrecht als Rechtsgrundlage für das Recht auf Auskunft und Gehör durch die spezielleren Regelungen der Wahlgesetze verdrängt. In einigen dieser Wahlgesetze ist das Recht auf Auskunft und Gehör inzwischen partiell ausdrücklich geregelt. Im übrigen sind die wahlgesetzlichen Bestimmungen im Lichte der

Wahlrechtsgrundsätze zu interpretieren, die insofern als Ausprägung des Demokratiegebots der Art. 20 Abs. 1, 23 Abs. 1 S. 1 und 28 Abs. 1 S. 1 GG zur Anwendung kommen. Dabei gehört zum subjektiv-rechtlichen Gehalt des Grundsatzes der Freiheit der Wahl auch ein Recht auf Auskunft und Gehör der an der innerparteilichen Wahlbewerberaufstellung teilnehmenden Parteimitglieder, und zwar sowohl was ihr aktives als auch was ihr passives Wahlrecht anbelangt. Nichtmitgliedern steht ein Recht auf Auskunft und Gehör bei innerparteilichen Wahlen zur Wahlbewerberaufstellung indes nur zu, sofern ihnen von der betreffenden Partei die Möglichkeit eröffnet wird, bei ihrer innerparteilichen Wahlbewerberaufstellung zu kandidieren (§ 7 II 5).

III. Voraussetzungen des Rechts auf Auskunft und Gehör

1. Grundlegende Voraussetzung für die Ausübung des als Mitgliedschaftsrecht bestehenden Rechts auf Auskunft und Gehör ist die **Parteimitgliedschaft** (§ 8 I 1). Allerdings gibt es in politischen Parteien regelmäßig keine einheitliche Mitgliedschaft. Vielmehr sind sie meist in mehrere Organisationseinheiten untergliedert, wobei sich die Mitgliedschaft der einzelnen Parteimitglieder und somit auch ihr Recht auf Auskunft und Gehör auf jeweils verschiedene dieser Organisationseinheiten bezieht (§ 8 I 1 a)). Eine Möglichkeit Dritter, von dem mitgliedschaftlichen Recht auf Auskunft und Gehör Gebrauch zu machen, besteht nicht, da es sich dabei um ein höchstpersönliches Recht handelt (§ 8 I b)).

2. Voraussetzung für die Ausübung des in den wahlgesetzlichen Bestimmungen über die Wahlbewerberaufstellung begründeten Rechts auf Auskunft und Gehör ist derweil neben der Parteimitgliedschaft das **Wahlrecht bei den öffentlichen Wahlen**, in deren Vorfeld die Wahlbewerberaufstellung erfolgt (§ 8 I 2). Für die Frage, wo das Recht auf Auskunft und Gehör bei innerparteilichen Wahlen zur Wahlbewerberaufstellung besteht, kommt es somit darauf an, auf welches Gebiet sich das betreffende öffentliche Wahlrecht bezieht (§ 8 I 2 a)). Da dieses Recht höchstpersönlicher Natur ist, kann auch das damit verbundene Recht auf Auskunft und Gehör nur höchstpersönlich ausgeübt werden (§ 8 I 2 b)).

3. Voraussetzung dafür, daß das Parteimitglied mittels seines mitgliedschaftlichen Auskunftsrechts innerparteilich an Informationen gelangen kann, ist ferner das Bestehen eines entsprechenden **Informationsbedürfnisses**. Insofern ist nach der Lehre von *Karsten Schmidt* zwischen dem mitgliedschaftlichen Stammrecht auf Information einerseits und den daraus erwachsenen Informationsansprüchen andererseits zu unterscheiden. Während das Stammrecht auf Information ständig mit der Mitgliedschaft verknüpft ist und keiner Geltendmachung bedarf, ergeben sich daraus konkrete Informationsansprüche nur bei Vorliegen eines Informationsbedürfnisses bzw. Informationsinteresses (§ 8 II 1 a)). Das gleiche gilt im Prinzip auch für das in den wahlgesetzli-

chen Bestimmungen über die Wahlbewerberaufstellung begründete Auskunftsrecht (§ 8 II 2).

4. Besondere Voraussetzung für die **Ausübung des Rechts auf Auskunft und Gehör *in* Parteiversammlungen** ist das **Teilnahmerecht** an diesen Versammlungen (§ 8 III 1)). Insofern ist zwischen den allgemeinen Parteiversammlungen und den der Wahlbewerberaufstellung dienenden Parteiversammlungen zu unterscheiden:

a. Die **allgemeinen Parteiversammlungen** als Willensbildungsorgane der einzelnen Gebietsverbände der Parteien bestehen zum einen als **Mitgliederversammlungen**, wobei sich das Teilnahmerecht der Parteimitglieder – und somit auch ihre Möglichkeit, dort ihr Recht auf Auskunft und Gehör auszuüben – nur auf die Mitgliederversammlungen jener Verbandseinheiten ihrer Partei bezieht, deren Mitglied sie sind (§ 8 III 1 a)). Um der Forderung des Art. 21 Abs. 1 S. 3 GG nach einem Maximum an Einfluß und ständiger effektiver Entscheidung der Mitglieder genüge zu tun, besteht im Hinblick auf ihre Mitgliederzahl und gebietlichen Ausdehnung ab einer gewissen Größe der Parteiverbände die Notwendigkeit, die Mitgliederversammlungen durch **Vertreterversammlungen** zu ersetzen (§ 8 III 1 a) aa) (1)). Die Mitglieder der Vertreterversammlung vertreten die übrigen Mitglieder dabei nicht im zivilrechtlichen Sinne, sondern repräsentieren sie (§ 8 III 1 a) aa) (2)). Andererseits darf wegen des innerparteilichen Demokratiegebots die mit der Ersetzung der Mitgliederversammlung durch eine Vertreterversammlung einhergehende „Entrechtung" der nicht den Vertreterversammlungen angehörenden Parteimitglieder nicht zu weit gehen. Voraussetzung für die Ersetzung ist daher zunächst, daß – entgegen der zu niedrigen Hürde des § 8 Abs. 1 S. 4 PartG – ein Parteiverband über 1000 Mitglieder zählt oder sich über die Ortsebene hinaus erstreckt (§ 8 III 1 a) aa) (3) (a)). Darüber hinaus müssen die Vertreter – über die Anforderungen des § 15 Abs. 2 S. 1 PartG hinaus – in turnusmäßig stattfindenden allgemeinen, unmittelbaren, freien, gleichen und geheimen Wahlen gewählt werden (§ 8 III 1 a) aa) (3) (b)). Ferner müssen die Vertreterversammlungen aus mindestens 50 Mitgliedern bestehen (§ 8 III 1 a) aa) (3) (c)) und repräsentativ zusammengesetzt sein. Letzteres setzt voraus, daß die Zahl der Vertreter eines Gebietsverbandes – entgegen § 13 Abs. 1 S. 3 PartG – nur von der Zahl der vertretenen Mitglieder abhängig gemacht werden darf und der Vertreterversammlung – entgegen § 9 Abs. 2 PartG – keine „Ex-officio-Mitglieder", jedenfalls keine Mitglieder der Parteiführung angehören (§ 8 III 1 a) aa) (3) (d)). Zudem muß es den Parteimitgliedern – trotz § 8 Abs. 1 S. 4 PartG – zumindest auf der untersten Organisationsstufe der Partei möglich sein, ihre Mitgliedschaftsrechte in einer Mitgliederversammlung ausüben zu können (§ 8 III 1 a) aa) (4)).

b. Vor dem Hintergrund, daß sich die Möglichkeit der einfachen Parteimitglieder, von ihrem Recht auf Auskunft und Gehör in einer Parteiversammlung

Gebrauch zu machen, mangels Teilnahmerecht an Vertreterversammlungen meist auf die untere, lokale Ebene der Partei beschränkt, erhebt sich die Frage, inwieweit rechtliche Möglichkeiten bestehen, die mit der Einrichtung von Vertreterversammlungen einhergehende Relativierung des Rechts auf Auskunft und Gehör zu kompensieren (§ 8 III 1 a) bb).

aa. Als eine derartige Möglichkeit ist vor allem an eine Bindung der Vertreter an Weisungen der sie wählenden Parteimitglieder zu denken. Anders als in gewöhnlichen bürgerlich-rechtlichen Vereinen ist ein solches **imperatives Mandat** in politischen Parteien jedoch unzulässig. Zwar ist unklar, ob sich die Unzulässigkeit aus § 15 Abs. 3 S. 3 PartG ergibt. Jedenfalls aber ist ein imperatives Mandat mit dem innerparteilichen Demokratiegebot des Art. 21 Abs. 1 S. 3 GG unvereinbar (§ 8 III 1 a) bb) (1)).

bb. Eine gewisse Kompensation für ein fehlendes Teilnahmerecht an Vertreterversammlungen besteht indes darin, daß den nicht zu Vertretern gewählten Mitgliedern in politischen Parteien ein **Anwesenheitsrecht** in den Vertreterversammlungen der Verbände zuzugestehen ist, denen sie angehören (§ 8 III 1 a) bb) (2)).

c. Im Unterschied zu den allgemeinen Parteiversammlungen handelt es sich bei den **der Wahlbewerberaufstellung dienenden Parteiversammlungen** nicht um Organe der Partei und ihrer Gebietsverbände, sondern um Parteiversammlungen eigener Art (§ 8 III 1 b)).

aa. Grundsätzlich erfolgt die Aufstellung der Wahlbewerber der politischen Parteien in **Mitgliederversammlungen**, vgl. §§ 21 Abs. 1 S. 1 Alt. 1, 27 Abs. 5 BWahlG. Bei diesen Mitgliederversammlungen handelt es sich um Versammlungen der bei der betreffenden Wahl im Wahlgebiet wahlberechtigten Parteimitglieder. An welcher in ihrer Partei stattfindenden Mitgliederversammlungen zur Wahlbewerberaufstellung wahlberechtigte Parteimitglieder teilnahmeberechtigt sind und dort ihr Recht auf Auskunft und Gehör ausüben können, hängt deshalb von ihrem Hauptwohnsitz ab. Teilnahmeberechtigt an den betreffenden Mitgliederversammlungen sind überdies Nichtmitglieder, die durch teilnahmeberechtigte Parteimitglieder zur Kandidatur bei diesen innerparteilichen Wahlen vorgeschlagen wurden (§ 8 III 1 b) aa)).

bb. Anstatt in einer Mitgliederversammlung können die Parteien die Aufstellung ihrer Wahlbewerber auch in **allgemeinen oder besonderen Vertreterversammlungen** vornehmen, §§ 21 Abs. 1 S. 1 Alt. 2 und 3, 27 Abs. 5 BWahlG. Teilnahmeberechtigt an diesen Vertreterversammlungen sind nur Parteimitglieder, die ihrerseits die Voraussetzungen für die Teilnahme an den Mitgliederversammlungen erfüllen und überdies dort zu Vertretern gewählt wurden, sowie Nichtmitglieder, die durch teilnahmeberechtigte Parteimitglieder zur

Kandidatur bei diesen innerparteilichen Wahlen vorgeschlagen wurden (§ 8 III 1 b) bb)).

cc. Im Hinblick auf den Grund, die Zulässigkeit und die Voraussetzungen für die Ersetzung der Mitgliederversammlung zur Wahlbewerberaufstellung durch eine Vertreterversammlung gilt im Prinzip das im Zusammenhang mit den allgemeinen Parteiversammlungen Gesagte entsprechend (§ 8 III 1 b) cc)).

dd. Wie die Vertreter in den Vertreterversammlungen im Sinne des § 9 PartG sind auch die Vertreter in den Vertreterversammlungen zur Wahlbewerberaufstellung nicht an Weisungen ihrer Wähler gebunden. Die nicht zu Vertretern gewählten Parteimitglieder sind allerdings auch hier grundsätzlich berechtigt, in den Vertreterversammlungen anwesend zu sein (§ 8 III 1 b) dd)).

5. Zusätzlich zu den vorstehend genannten Voraussetzungen können die politischen Parteien **weitere, parteispezifische Voraussetzungen** für die Ausübung des Rechts auf Auskunft und Gehör in Parteiversammlungen festlegen, sofern der Kern des Rechts unangetastet bleibt (§ 8 III 2).

6. In politischen Parteien kann das **Recht auf Auskunft und Gehör**, gleich ob es als vereinsrechtliches Mitgliedschaftsrecht besteht oder in den wahlgesetzlichen Bestimmungen über die Wahlbewerberaufstellung begründet ist, grundsätzlich auch **außerhalb von Parteiversammlungen** ausgeübt werden (§ 8 IV 1 a) cc) bzw. 8 IV 1 b)). In welchem Umfang mittels des **Auskunftsrechts** außerhalb von Parteiversammlungen Informationen beansprucht werden können, hängt von dem Bestehen eines entsprechenden Informationsbedürfnisses ab. Ein solches Bedürfnis kann etwa bestehen, wenn ein Mitglied mit anderen, ihm unbekannten Mitgliedern im Vorfeld einer Parteiversammlung in Kontakt treten will, um eine Kandidatur vorzubereiten (§ 8 IV 1 a) cc) (1) bzw. 8 IV 1 b)). Die Möglichkeit, erforderlichenfalls auch außerhalb von Parteiversammlungen an Informationen gelangen zu können, ist insofern zugleich ein Gebot innerparteiliche Demokratiegebot des Art. 21 Abs. 1 S. 3 GG bzw. – im Zusammenhang mit der Wahlbewerberaufstellung – des Grundsatzes der Freiheit der Wahl. Aus demselben Grund muß in politischen Parteien zudem die Möglichkeit bestehen, außerhalb von Parteiversammlungen das **Recht auf Gehör** auszuüben, das heißt zur Meinungskundgabe die verbandsinternen Kommunikationsmittel, wie etwa die verbandseigene Mitgliederzeitschrift oder Telefonanlage, nutzen zu können. Dazu sind die vorhandenen Kapazitäten zwischen der Parteiführung und den sonstigen Parteimitgliedern gemäß den Anforderungen des innerparteilichen Demokratiegebotes angemessen aufzuteilen (§ 8 IV 1 a) cc) (2) bzw. 8 IV 1 b)). Dabei können die Parteien die Ausübung des Rechts auf Auskunft und Gehör außerhalb von Parteiversammlungen vom Vorliegen bestimmter Voraussetzungen abhängig machen (§ 8 IV 2).

IV. Inhalt des Rechts auf Auskunft und Gehör

1. **Thematischer Gegenstand** des Rechts auf Auskunft und Gehör sind die Angelegenheiten des Verbands, in dem es ausgeübt wird; dies gilt gleichermaßen für das mitgliedschaftliche und das in den wahlgesetzlichen Regelungen über die Wahlbewerberaufstellung begründete Recht auf Auskunft und Gehör. Folglich vermittelt das Auskunftsrecht einen Anspruch, sich über Verbandsangelegenheiten zu informieren, das Recht auf Gehör einen Anspruch, hierzu verbandsintern wahrnehmbar eine Meinung kundzutun (§ 9 I 1).

2. Dabei müssen die betreffenden Themen einen **hinreichend konkreten Bezug zu den Verbandsangelegenheiten** aufweisen. Insbesondere bei länger zurückliegenden oder die fernere Zukunft betreffenden Angelegenheiten kann die Feststellung, inwieweit ein solcher Bezug gegeben ist, schwierig sein. Letztlich kommt es hier auf die Einzelfallumstände an (§ 9 I 2).

3. Der **Inhalt des Rechts auf Gehör wird** zudem **durch die Verbandsinteressen konturiert**. Eine Meinungskundgabe, die dem Verbandsinteresse zuwiderläuft, fällt demzufolge bereits inhaltlich aus dem Gewährleistungsbereich des Rechts auf Gehör heraus (§ 9 I 3).

4. Bei der Beantwortung der Frage, von wem Auskunft und Gehör verlangt werden kann, ist zwischen dem durch das Recht auf Auskunft und Gehör Verpflichteten und dem für die Erfüllung der daraus erwachsenen Ansprüche Verantwortlichen zu unterscheiden. **Durch das Recht auf Auskunft und Gehör verpflichtet ist der Verband**, in dem es ausgeübt wird (§ 9 II 1). **Verantwortlich für die Erfüllung** der aus dem Recht auf Auskunft und Gehör erwachsenen **Ansprüche auf Information und Meinungskundgabegelegenheit** ist indes **der Verbandsvorstand**, falls es sich um einen nachgeordneten Verband handelt, der Vorstand desjenigen Gebietsverbands, von dem Auskunft und Gehör verlangt wird. Das bedeutet zum einen, daß die Gewährung von Auskunft und Gehör dem Willen des gesamten Vorstands entsprechen und erforderlichenfalls eine Mehrheitsentscheidung herbeigeführt werden muß. Zum anderen folgt aus der Verantwortlichkeit des Vorstands als Gesamtorgan, daß die Erfüllung des Informations- bzw. Meinungskundgabeanspruchs nicht von einem bestimmten Vorstandsmitglied verlangt werden kann, und zwar auch dann nicht, wenn sich das Informations- bzw. Meinungskundgabeverlangen auf die Tätigkeit eines Vorstandsmitglieds bezieht (§ 9 II 2).

5. In welcher **Form** eine Information oder Meinungskundgabegelegenheit verlangt werden kann, hängt davon ab, ob das Recht auf Auskunft und Gehör in oder außerhalb von Parteiversammlungen ausgeübt wird (§ 9 III 1).

a. Wird es *in* **Parteiversammlungen** ausgeübt, besteht nur ein Anspruch auf mündliche Auskunft bzw. ein Anspruch, dort zu reden. Grund dafür ist, daß Parteiversammlungen mündlich abgewickelt werden. Sofern sich einmal sein Informationsbedürfnis nicht durch mündliche Auskunft befriedigen lassen sollte, kann der Auskunftsberechtigte in der Parteiversammlung ausnahmsweise auch die Verlesung von Schriftstücken verlangen (§ 9 III 1 a)).

b. Wird das Recht auf Auskunft und Gehör hingegen **außerhalb von Parteiversammlungen** ausgeübt, gilt folgendes: Der aus dem **Auskunftsrecht** resultierende Informationsanspruch ist nicht auf eine bestimmte Informationsform begrenzt. In Betracht kommen hier daher grundsätzlich alle geeigneten Informationsformen, also sowohl die mündliche und schriftliche Auskunft als auch die Einsichtnahme in Schriftstücke. Maßgebend, in welcher Form die gewünschte Information begehrt werden kann, ist wiederum das Informationsbedürfnis des Auskunftsberechtigten (§ 9 III 1 b) aa)). Derweil hängt die Frage, in welcher Form das **Recht auf Gehör** außerhalb von Parteiversammlungen ausgeübt werden kann, von der Art der vorhandenen verbandsinternen Kommunikationsmittel ab. Da die Kapazitäten dieser Kommunikationsmittel meistens beschränkt sind, wie besonders bei Mitgliederzeitschriften deutlich wird, stellt sich die Frage, ob sich der Inhaber des Rechts auf Gehör eine (umfangreichere) Nutzung des betreffenden Kommunikationsmittels erkaufen kann, indem er die dem Verband dadurch entstehenden (Mehr-)Kosten übernimmt. Das ist zu verneinen, weil der Umfang der Nutzungsmöglichkeit wegen Art. 21 Abs. 1 S. 3 GG nicht von der finanziellen Leistungskraft abhängig gemacht werden darf (§ 9 III 1 b) bb)).

6. Die **materiellen Anforderungen** an eine aufgrund des Auskunftsrechts zu erteilende Information sowie an eine aufgrund des Rechts auf Gehör zu gewährende Meinungskundgabegelegenheiten sind verschieden (§ 9 III 2).

a. Das **Auskunftsrecht** vermittelt einen Anspruch auf eine Information, die den Grundsätzen einer gewissenhaften und getreuen Rechenschaft entspricht. Das bedeutet, daß die Information sachlich zutreffend und vollständig sein muß und so ein zusammenhängendes und der Wirklichkeit entsprechendes Bild ergibt. Wie sehr die Information in die Tiefe gehen muß, hängt wiederum vom Informationsbedürfnis des Auskunftsberechtigten ab (§ 9 III 2 a)).

b. Die materiellen Anforderungen an die **Gewährung von Gehör** lassen sich mit den vorstehend genannten materiellen Anforderungen an die aufgrund des Auskunftsrechts zu gewährende Information nicht vergleichen. Das liegt daran, daß der Verband auf den Inhalt der Meinungskundgabe keinen unmittelbaren Einfluß hat. Vielmehr ist es der Berechtigte, der den Inhalt seiner Meinungskundgabe bestimmt, während der Verband ihm hierzu bloß eine Gelegenheit bietet. Materielle Anforderungen bestehen hier allerdings insofern, als die Bereitstellung der Meinungskundgabegelegenheit seitens des Verbands unverzüglich erfolgen und, soweit vorher erkennbar, dem Inhalt der Meinungskundgabe entsprechen muß (§ 9 III 2 b)).

V. Schranken des Rechts auf Auskunft und Gehör

1. Dem Recht auf Auskunft und Gehör in politischen Parteien sind in zweifacher Hinsicht Grenzen gesetzt, nämlich zum einen durch Schranken, die mit dem Verfahren und der Art und Weise seiner Ausübung zu tun haben (formelle Schranken), sowie zum anderen durch Schranken, die seinen Inhalt angehen (materielle Schranken). Weisen die Schranken einen besonderen Bezug zum Recht auf Auskunft und Gehör auf, werden sie im Rahmen der vorliegenden Untersuchung **spezielle formelle bzw. spezielle materielle Schranken** genannt, im Unterschied zu den Schranken ohne einen solchen besonderen Bezug, die **allgemeine formelle bzw. allgemeine materielle Schranken** geheißen werden. Jenseits der Schranken des Rechts auf Auskunft und Gehör kann der Inhaber des Rechts keine Information und Meinungskundgabegelegenheit beanspruchen (§ 10).

2. Die **speziellen formellen Schranken** des Rechts auf Auskunft und Gehör unterscheiden sich danach, ob das Recht in oder außerhalb von Parteiversammlungen ausgeübt wird (§ 10 I 1).

a. Wird das Recht auf Auskunft und Gehör ***in* Parteiversammlungen** ausgeübt, ergeben sich spezielle formelle Schranken aus der **Versammlungsordnung** (§ 10 I 1 a) aa)). Zwar sucht man in den allgemeinen Rechtsquellen der inneren Parteienordnung nach einer ausdrücklich normierten Versammlungsordnung vergeblich. Doch gilt für die politischen Parteien zum einen grundsätzlich das für Verbandsversammlungen geltende Ordnungsrecht. Zum anderen lassen sich den Geschäftsordnungen der Parlamente allgemeingültige Grundsätze entnehmen, die auch auf Verbandsversammlungen übertragbar sind (§ 10 I 1 a) aa) (1)).

b. Sofern die Satzung oder Geschäftsordnung des betreffenden Parteiverbands nichts anderes ergibt, steht die **Versammlungsleitung** zunächst dem Vorsitzenden des Verbandsvorstandes zu. Die Versammlung kann in diesem Fall aber auch einen Versammlungsleiter wählen (§ 10 I 1 a) aa) (2) (a)).

c. Die **Aufgabe des Versammlungsleiters** besteht darin, für einen der Versammlungsordnung entsprechenden Ablauf der Versammlung zu sorgen. Hierzu stehen ihm Leitungs- und Ordnungsbefugnisse zu, die sich aus seiner Funktion ergeben. Dabei obliegt auch im Zusammenhang mit Ordnungsmaßnahmen ihm und nicht der Versammlung die Letztentscheidungskompetenz (§ 10 I 1 a) aa) (2) (b)).

d. Bei der Ausübung des Rechts auf Auskunft und Gehör in Versammlungen sind bestimmte **Verfahrensregeln** zu beachten (§ 10 I 1 a) aa) (3)). Insofern gilt folgendes:

aa. Zu jedem Verhandlungsgegenstand, der auf der Tagesordnung steht, insbesondere auch zu einer Wahl, hat der Versammlungsleiter die **Aussprache zu eröffnen**. Danach können die Versammlungsteilnehmer zu dem betreffenden Tagesordnungspunkt reden und Fragen stellen (§ 10 I 1 a) aa) (3) (a)).

bb. Allerdings dürfen die Versammlungsteilnehmer grundsätzlich auch nach Eröffnung der Aussprache erst dann das Wort ergreifen, nachdem ihnen der Versammlungsleiter dazu das **Wort erteilt** hat (§ 10 I 1 a) aa) (3) (b)).

cc. Der Versammlungsleiter legt kraft seiner Leitungskompetenz die **Reihenfolge der Fragesteller und Redner** sowie den **Ort**, von dem sie sprechen können (z.B. Rednerpult, Saalmikrophon), fest (§ 10 I 1 a) aa) (3) (c) und (d)).

dd. Fragen und Redebeiträge der Versammlungsteilnehmer müssen grundsätzlich einen **sachlichen Bezug zum jeweils aufgerufenen Tagesordnungspunkt** aufweisen (§ 10 I 1 a) aa) (3) (e)). Von den Redebeiträgen im Rahmen der Aussprache zu einem Tagesordnungspunkt sind die sogenannten Bemerkungen und Erklärungen abzugrenzen (§ 10 I 1 a) aa) (3) (f)).

ee. Ist die Liste der Fragesteller und Redner zu einem Tagesordnungspunkt erschöpft, meldet sich niemand (mehr) zu Wort oder ist die zuvor festgelegten Gesamtdauer der Aussprache abgelaufen, so erklärt der Versammlungsleiter die Aussprache für geschlossen (**regulärer Schluß der Aussprache**) (§ 10 I 1 a) aa) (3) (g)).

e. Neben den vorgenannten Verfahrensregeln hat sich die Ausübung des Rechts auf Auskunft und Gehör in Versammlungen nach den an alle oder an bestimmte Versammlungsteilnehmer adressierten, mithin den generellen oder individuellen **Ordnungsmaßnahmen** zu richten (§ 10 I 1 a) aa) (4)).

aa. Eine generelle Ordnungsmaßnahme ist die **Festlegung der Gesamtdauer der Aussprache zu einem Tagesordnungspunkt**. Sie ist verbindlich, wobei die Dauer der Aussprache wegen der Vorgabe des Art. 21 Abs. 1 S. 3 GG so bemessen sein muß, daß unterschiedliche Auffassungen sachgemäß vorgetragen und kritische Fragen gestellt und beantwortet werden können. Zudem ist die Ordnungsmaßnahme nur dann zulässig, wenn zuvor eine generelle Zeitbeschränkung für Fragen und Redebeiträge angeordnet wurde (§ 10 I 1 a) aa) (4) (a) (aa)).

bb. Eine **generelle Zeitbeschränkung für Fragen und Redebeiträge** kann als weitere Ordnungsmaßnahme angeordnet werden, wenn wegen der Vielzahl der vorliegenden Wortmeldungen zu einem Tagesordnungspunkt die hinreichende Wahrscheinlichkeit besteht, daß die Versammlung anderenfalls ihre Aufgaben nicht sachgemäß erledigen könnte. Zuständig für die Anordnung der generellen Zeitbeschränkung für Fragen und Redebeiträge ist der Versammlungsleiter. Maßgebende Faktoren für die letztlich von den Einzelfallumständen abhängige Zulässigkeit der generellen Zeitbeschränkung sind vor allem die Anzahl der Wortmeldungen sowie die Bedeutung und Schwierigkeit der zu behandelnden Angelegenheit (§ 10 I 1 a) aa) (4) (a) (bb)).

cc. Falls sich zu einem Tagesordnungspunkt sehr viele Fragesteller und Redner zu Wort melden und die Gesamtdauer der Aussprache nicht festgelegt ist, reicht die Anordnung einer generellen Zeitbeschränkung mitunter nicht aus, um zu verhindern, daß die Aussprache ausufert und die sachgemäße Erledigung der weiteren Tagesordnung oder die rechtzeitige Beendigung der Versammlung in Frage gestellt ist. In solchen Fällen hilft das der parlamentarischen Praxis entlehnte Institut der **vorzeitigen Schließung der Aussprache** weiter. Eine Spielart der vorzeitigen Schließung der Aussprache ist die Schließung der Wortmeldungsliste. Die Voraussetzungen sind jeweils dieselben wie für die Festlegung der Gesamtdauer der Aussprache, zuständig ist auch hier der Versammlungsleiter (§ 10 I 1 a) aa) (4) (a) (cc)).

dd. Generelle Ordnungsmaßnahmen sind ferner die **Unterbrechung, Vertagung und der Abbruch der Versammlung**, wodurch der Versammlungsablauf jeweils gestoppt wird, obwohl noch nicht alle Tagesordnungspunkte erledigt sind (§ 10 I 1 a) aa) (4) (a) (dd)).

f. Im Unterschied zu den generellen Ordnungsmaßnahmen kommen **individuelle Ordnungsmaßnahmen** in Betracht, wenn einzelne Versammlungsteilnehmer gegen die Versammlungsordnung verstoßen. Im Zusammenhang mit der Ausübung des Rechts auf Auskunft und Gehör kann gegen die Versammlungsordnung zum einen durch das Verhalten eines Fragestellers oder Redners, zum anderen aufgrund des Inhalts einer Äußerung verstoßen werden (§ 10 I 1 a) aa) (4) (b)).

aa. Die mildeste individuelle Ordnungsmaßnahme ist der **Ordnungsruf**. Zuständig dafür ist der Versammlungsleiter. Ein Spezialfall des Ordnungsrufs ist der Sachruf, der erfolgt, wenn ein Fragesteller oder Redner inhaltlich nicht zum gerade aufgerufenen Tagesordnungspunkt, mithin nicht „zur Sache" spricht (§ 10 I 1 a) aa) (4) (b) (aa)).

bb. In diesem Fall sowie dann, wenn noch keine generelle Redezeitbeschränkung angeordnet wurde und die Rededauer eines Versammlungsteilnehmers die zeitgerechte Abwicklung der Versammlung gefährdet, kann der Versammlungsleiter ferner eine **individuelle Redezeitbeschränkung** anordnen. Maßgebend dafür, wie weit die individuelle Redezeitbeschränkung gehen darf, wird insbesondere sein, wieviel Zeit für die Behandlung des aufgerufenen Tagesordnungspunktes noch zur Verfügung steht und wie lange der Versammlungsteilnehmer zuvor bereits gesprochen hat (§ 10 I 1 a) aa) (4) (b) (bb)).

cc. Verstößt ein Redner bzw. Fragesteller gegen die Ordnung der Versammlung, kann ihm, wenn mildere Ordnungsmittel nicht greifen, durch den Versammlungsleiter das **Wort entzogen** werden (§ 10 I 1 a) aa) (4) (b) (cc)).

dd. Die schärfste individuelle Ordnungsmaßnahme und deshalb „ultimo ratio" ist der **Saalverweis**. Durch ihn verliert der betreffende Versammlungsteilnehmer sein Anwesenheitsrecht in der Versammlung und damit auch sein Teilnahmerecht, so daß er dort auch sein Recht auf Auskunft und Gehör nicht mehr ausüben kann (§ 10 I 1 a) aa) (4) (b) (dd)).

g. Das bei der Ausübung des Rechts auf Auskunft und Gehör in Parteiversammlungen zu beachtende Ordnungsrecht ist sonach in weiten Teilen vorgegeben. Im Sinne der Rechtssicherheit und Rechtsklarheit sind aber **parteieigene Regelungen** der Materie dringend angezeigt. Der beste Ort für solche Regelungen sind die Geschäftsordnungen der Parteien (§ 10 I 1 a) bb)).

h. Indes sind spezielle formelle Schranken für die **Ausübung des Rechts auf Auskunft und Gehör *außerhalb* von Parteiversammlungen** in den allgemeinen Rechtsquellen der inneren Parteienordnung weder ausdrücklich normiert, noch bestehen insofern allgemein anerkannte Grundsätze. Die Aufstellung parteieigener Regeln zum Verfahren sowie zu Ordnungsmaßnahmen Gegenstand ist hier daher erst recht geboten (§ 10 I 1 b)).

3. **Allgemeine formelle Schranken** des Rechts auf Auskunft und Gehör ergeben sich aus dem Allgemeinen Schuldrecht des BGB. Von Bedeutung ist insofern **insbesondere** der in § 242 BGB verankerten **Grundsatz von Treu und Glauben** (§ 10 I 2 a)). Danach besteht kein Anspruch auf Auskunft und Gehör, wenn das dem Anspruch zugrundeliegende Recht unredlich erworben wurde oder in ungebührlicher Weise geltend gemacht wird (§ 10 I 2 a) aa) und bb)). Dasselbe gilt, wenn das Recht zu unlauteren Zwecken und damit ohne schutzwürdiges Interesse (§ 10 I 2 a) cc)) oder übermäßig (§ 10 I 2 a) dd)) oder widersprüchlich ausgeübt wird (§ 10 I 2 a) ee)). Darüber hinaus kann das Recht auf Auskunft und Gehör verwirkt werden (§ 10 I 2 b)).

4. Die **materiellen Schranken** des Rechts auf Auskunft und Gehör sind ebenso wie seine formellen Schranken danach zu unterscheiden, ob sie einen speziellen Bezug zu dem Recht aufweisen oder nicht (§ 10 II).

a. Eine **spezielle materielle Schranke** des Rechts auf Auskunft und Gehör bilden die **Interessen des Verbands**, in dem es ausgeübt wird (§ 10 II 1 a)). So darf die begehrte Auskunft bzw. Meinungskundgabegelegenheit verweigert werden, wenn dem Verband anderenfalls ein nicht unerheblicher Nachteil droht. Ein Nachteil bedeutet dabei jede Beeinträchtigung der Interessen des Verbands. Ob er erheblich ist, ist anhand eines objektiven Maßstabes zu beurteilen (§ 10 II 1 a)). Sonach kann es beispielsweise gerechtfertigt sein, daß der Parteivorstand Parteimitgliedern Auskunft über ein kurzfristig anstehendes taktisches Wahlkampfmanöver verweigert, wenn zu besorgen ist, daß Information auch an den politischen Gegner gelangt (§ 10 II 1 a) aa)). Derweil ist für politische Parteien der gravierendste Nachteil, der durch eine auf das Recht auf Gehör gestützten Meinungskundgabe entstehen kann, die Beeinträchtigung ihrer inneren Geschlossenheit. Insofern sind insbesondere Meinungsäußerungen eines Parteimitglieds, die eine grundsätzliche Opposition zur eigenen Partei erkennen lassen, nicht mehr vom Recht auf Gehör gedeckt (§ 10 II 1 a) bb).

b. Neben den Verbandsinteressen können sich spezielle materielle Schranken des Rechts auf Auskunft und Gehör in politischen Parteien auch aus **Vereinbarungen** des Berechtigten mit dem Verpflichteten (also dem Verband) sowie aus Vereinbarungen des Berechtigten oder des Verpflichteten mit Dritten ergeben (§ 10 II 1 b)).

c. Eine materielle Einschränkung des Rechts auf Auskunft und Gehör durch **eigene Regelungen ist politischen Parteien** zumal wegen der verfassungsrechtlichen Absicherung des Rechts verwehrt. Spezielle materielle Schranken des Rechts auf Auskunft und Gehör aufgrund parteieigener Regelungen können sich allerdings indirekt dadurch ergeben, daß in der Parteisatzung der Verbandszweck festgelegt wird, der wiederum die Verbandsinteressen bestimmt (§ 10 II 1 c)).

d. Die speziellen materiellen Schranken des Rechts auf Auskunft und Gehör unterliegen ihrerseits Schranken, also sogenannten **Schrankenschranken** (§ 10 II 1 d)).

5. Eine **allgemeine materielle Schranke** des Rechts auf Auskunft und Gehör bildet vor allem das allgemeine Persönlichkeitsrecht (§ 10 II 2 a)). Was das konkret bedeutet, läßt sich exemplarisch anhand von zwei Ausprägungen des allgemeinen Persönlichkeitsrechts verdeutlichen, in denen es sich praktisch am häufigsten als Schranke des Rechts auf Auskunft und Gehör auswirkt, nämlich zum einen anhand des informationellen Selbstbestimmungsrechts als Schranke des Auskunftsrechts (§ 10 II 2 a) bb)), zum anderen anhand des Ehrenschutzes als Schranke des Rechts auf Gehör (§ 10 II 2 a) cc)).

a. Das **informationelle Selbstbestimmungsrecht als Schranke des Auskunftsrechts** ist als Zusammenfassung aller auf Informationen über die Persönlichkeit des einzelnen bezogener Aspekte des Persönlichkeitsschutzes zu verstehen. Wie weit das informationelle Selbstbestimmungsrecht im Einzelfall reicht, ist grundsätzlich mittels einer einzelfallorientierten Güter- und Interessenabwägung festzustellen (§ 10 II 2 a) bb)).

aa. Was den Umgang mit personenbezogenen Daten anbelangt, wurde die Güter- und Interessenabwägung allerdings weitgehend vom Gesetzgeber im Rahmen der **datenschutzgesetzlichen Bestimmungen** als spezielle Normierungen des informationellen Selbstbestimmungsrechts vorgenommen (§ 10 II 2 a) bb) (1)).

bb. Einschlägig ist für die politischen Parteien grundsätzlich das Bundesdatenschutzgesetz (§ 10 II 2 a) bb) (1) (a)). Hinsichtlich der Beteiligung der politischen Parteien an öffentlichen Wahlen liegt die **Gesetzgebungskompetenz für die Regelung des Datenschutzes** jedoch bei den Ländern. Allerdings enthalten die Landesdatenschutzgesetze keine im vorliegenden Zusammenhang relevanten Regelungen, so daß insoweit für die Feststellung der Zulässigkeit des Umgangs der politischen Parteien mit Daten eine einzelfallbezogene Güter- und Interessenabwägung erforderlich ist (§ 10 II 2 a) bb) (1) (b) (aa)).

cc. Soweit das **Bundesdatenschutzgesetz** auf politische Parteien Anwendung findet, bestimmt sich die Zulässigkeit des Umgangs der politischen Parteien mit Daten nach § 28 BDSG. Insofern ist zu unterscheiden, ob es entweder um die Weitergabe von Daten über Mitglieder des Parteiverbands sowie über für ihn als Wahlbewerber kandidierende und demzufolge ebenfalls auskunftsberechtigte Nichtmitglieder geht oder aber um die Weitergabe von Daten von Nichtmitgliedern, die in keiner Beziehung zur Partei stehen (§ 10 II 2 a) bb) (1) (b) (bb)). Im ersten Fall beurteilt sich die Zulässigkeit des Umgangs mit Daten nach § 28 Abs. 9 S. 1 BDSG, im zweiten Fall nach § 28 Abs. 1 bis 5 oder 6 bis 8 BDSG. Trotz der ausdifferenzierten Regelungen im Bundesdatenschutzgesetz kommt man letztlich auch hier nicht um eine einzelfallbezogene Interessen- und Güterabwägung herum (§ 10 II 2 a) bb) (1) (b) (bb) [1] und [2]).

dd. In zwei Konstellationen, die im Zusammenhang mit dem Auskunftsrecht in politischen Parteien besonders konfliktträchtig sind, führt die **Güter- und Interessenabwägung** zu folgenden Ergebnissen:

(1) Soweit ein Informationsbedürfnis nach **Einsichtnahme in die Mitgliederliste** besteht, müssen die darin Verzeichneten die innerparteiliche Wahrnehmung ihrer Mitgliedschaft hinnehmen. Grundsätzlich ebenso hinnehmen müssen sie, daß durch die Einsichtnahme ihre Privatadresse bekannt wird und die Auskunftsberechtigten mit ihnen darüber außerhalb von Parteiversammlungen in Kontakt treten. Das kann ausnahmsweise anders zu beurteilen sein, wenn ein in der Mitgliederliste verzeichnete Person, etwa aus Sicherheitsgründen, ein besonderes Interesse an der Geheimhaltung seiner Privatad-

resse hat. In diesem Fall muß die betreffende Person allerdings zur Eintragung in die Mitgliederliste eine alternative Adresse angeben (etwa ein Postfach oder eine E-Mail-Adresse), worüber andere Parteimitglieder mit ihr außerhalb von Parteiversammlungen zumindest schriftlich in Kontakt treten können (§ 10 II 2 a) bb) (2) (a) (cc)).

(2) Bei auf das Auskunftsrecht gestützten **Fragen nach persönlichen Angelegenheiten von Kandidaten** bei innerparteilichen Wahlen ist zunächst zu prüfen, ob überhaupt ein hinreichend konkreter Bezug zu den Verbandsangelegenheiten besteht. Im Zusammenhang mit der Besetzung von Spitzenpositionen wird das häufig zu bejahen sein. Im übrigen hängt die Zulässigkeitsgrenze von Fragen nach persönlichen Angelegenheiten von der Schutzintensität der betroffenen Persönlichkeitssphäre des Kandidaten ab: Je tiefer Fragen in die Persönlichkeit eines Kandidaten eindringen, desto gewichtiger muß das Informationsbedürfnis sein, um einen Auskunftsanspruch durchgreifen zu lassen. Dabei kommt es u.a. darauf an, welche Stellung der Kandidaten im öffentlichen Leben einnimmt und um welches Amt er sich bewirbt. Fragen zu Privat- und Intimangelegenheiten der Kandidaten sind nur ausnahmsweise bei Vorliegen besonderer Umstände zulässig, nämlich dann, wenn dazu ein konkreter, im Risiko- und Verantwortungsbereich der Kandidaten liegender Anlaß besteht (§ 10 II 2 a) bb) (2) (b)).

b. Wird das **Recht auf Gehör** zu einer Meinungsäußerung über Dritte ausgeübt, **findet es seine Grenze im Schutz der Ehre** der betreffenden Personen (§ 10 II 2 a) cc)). Um festzustellen, ob eine auf das Recht auf Gehör gestützte Meinungsäußerung über eine Person eine Ehrverletzung darstellt, bedarf es grundsätzlich ebenfalls einer die Einzelfallumstände berücksichtigenden Güter- und Interessenabwägung. Wichtige Orientierungshilfe für diese Güter- und Interessenabwägung sind die von der Rechtsprechung und Literatur erarbeiteten Grundsätze zur Lösung des Spannungsverhältnisses zwischen dem Schutz der Ehre einerseits und der Meinungsäußerungsfreiheit gemäß Art. 5 Abs. 1 S. 1 Hs. 1 GG andererseits (§ 10 II 2 a) cc)).

6. Eine allgemeine materielle Schranke des Rechts auf Auskunft und Gehör bildet ferner das **Straf- und Ordnungswidrigkeitenrecht** (§ 10 II 2 b)).

a. Für das **Auskunftsrecht** bedeutet das, daß eine damit beanspruchte Information verweigert werden darf, wenn ihre Gewährung eine Straftat oder Ordnungswidrigkeit darstellen würde. Kein generelles Informationsverweigerungsrecht bildet hingegen der Umstand, daß der in dem Verband für die Informationsgewährung Verantwortliche Gefahr läuft, dadurch eine von ihm zuvor begangene Straftat aufzudecken (§ 10 II 2 b) aa)).

b. Für das **Recht auf Gehör** hat das Straf- und Ordnungswidrigkeitenrecht als Schranke zur Folge, daß kein Anspruch auf eine Meinungskundgabe besteht, die einen Straftatbestand erfüllt bzw. einen Ordnungswidrigkeitentatbestand darstellt. Eine strafbare oder ordnungswidrige Handlung kann dabei nicht nur in der Meinungskundgabe selbst, sondern auch darin liegen, daß der Parteivorstand die Meinungskundgabe ermöglicht (§ 10 II 2 b) bb)).

7. Allgemeine materielle Schranken des Rechts auf Auskunft und Gehör können sich auch aus dem in §§ 275 ff. BGB normierten **Leistungsstörungsrecht** ergeben. So kann die Erfüllung des Anspruchs auf Auskunft und Gehör aus tatsächlichen oder rechtlichen Gründen objektiv oder subjektiv unmöglich sein (§ 10 II 2 c)).

8. Schließlich können aus dem Recht auf Auskunft und Gehör resultierende Ansprüche auf Information und Meinungskundgabegelegenheit nicht mehr geltend gemacht werden, wenn sie erfüllt wurden (§ 10 II 2 d)).

VI. Rechtsfolgen und Rechtsschutz bei Verletzung des Rechts auf Auskunft und Gehör

1. Wird eine aufgrund des Rechts auf Auskunft und Gehör begehrte Information bzw. Meinungskundgabegelegenheit zu Unrecht nicht gewährt, stellt dies einen Rechtsverstoß vor, der weitere Rechtsfolgen nach sich ziehen kann.

a. Falls im Zusammenhang mit der Angelegenheit, zu der eine Information oder Meinungskundgabemöglichkeit zu Unrecht nicht gewährt wurde, ein Beschluß gefaßt oder eine Wahl durchgeführt wird, ist der Beschluß oder die Wahl fehlerhaft zustandegekommen und damit selbst fehlerhaft. Diese Fehlerhaftighaftigkeit kann unter Umständen ihrerseits zur Folge haben, daß der **Beschluß bzw. die Wahl unwirksam** ist (§ 11 I).

aa. Die Beantwortung der Frage der Wirksamkeit von fehlerhaften Beschlüssen sowie fehlerhaften Wahlen für Parteiämter ist mangels einer Regelung im Parteiengesetz und Vereinrecht des BGB in analoger Anwendung der §§ 241 ff. AktG vorzunehmen (§ 11 I 1). Danach führen nur substantielle Verstöße gegen das Recht auf Auskunft und Gehör, die sich auf das Beschluß- bzw. Wahlergebnis ausgewirkt haben, zur Nichtigkeit.

bb. Die Frage der Wirksamkeit von fehlerhaften Wahlen zur Wahlbewerberaufstellng beurteilt sich hingegen nach dem Wahlprüfungsrecht. Im Ergebnis kommt es auch hier darauf an, ob sich der Verstoß gegen das Recht auf Auskunft und Gehör auf das Wahlergebnis ausgewirkt hat (§ 11 I 2).

b. Ein Verstoß gegen das Recht auf Auskunft und Gehör kann unter Umständen zu einem **Schadensersatzanspruch** des in seinem Recht verletzten führen (§ 11 II).

2. **Rechtsschutz** bei einem Verstoß gegen das Recht auf Auskunft und Gehör gewähren einerseits die Parteigerichte sowie andererseits kommunale und staatliche Institutionen (§ 12).

Literaturverzeichnis

Abendroth, Wolfgang: Innerparteiliche und verbandliche Demokratie als Voraussetzung der politischen Demokratie, PVS 5 (1964), S. 308 ff.

- Zum Begriff des demokratischen und sozialen Rechtsstaats im Grundgesetz der Bundesrepublik Deutschland, in: Festschrift für Ludwig Bergstraesser, Düsseldorf 1954, S. 279 ff.

Abmeier, Klaus: Die parlamentarischen Befugnisse des Abgeordneten des Deutschen Bundestages nach dem Grundgesetz, Berlin 1984.

Achterberg, Norbert: Allgemeines Verwaltungsrecht, 2. Auflage, Heidelberg 1986.

- Parlamentsrecht, Tübingen 1984.

- Zur Rechtsnatur Parlamentarischer Rügen – BVerfGE 60, 374, JuS 1983, S. 840ff.

Anschütz, Gerhard/*Thoma*, Richard (Hrsg.): Handbuch des deutschen Staatsrechts, Erster Band, Tübingen 1930.

Arndt, Claus: Ungültigerklärung der Wahl zur Hamburgischen Bürgerschaft, NVwZ 1993, S.1066 ff.

Arndt, Hans-Wolfgang: Zur Einführung: Datenschutzrecht, JuS 1988, S. 681 ff.

Arnim von, Hans Herbert: Die finanziellen Privilegien von Ministern in Deutschland, Wiesbaden 1992.

- Die Partei, der Abgeordnete und das Geld, Mainz 1991

- Entmündigen die Parteien das Volk? Parteienherrschaft und Volkssouveränität, APuZ 1990 B 21, S. 25 ff.

- Ist die Kritik an den politischen Parteien gerechtfertigt? APuZ 1993 B 11, S. 14 ff

- Politische Parteien, DÖV 1985, S. 593 ff.

- Staatslehre der Bundesrepublik Deutschland, München 1984.

Auernhammer, Herbert: Bundesdatenschutzgesetz Kommentar, 3. Auflage, Köln u.a. 1993.

Bachof, Otto: Teilrechtsfähige Verbände des öffentlichen Rechts, Die Rechtsnatur der Technischen Ausschüsse des § 24 GewO; AöR 83 (1958), S. 208 ff.

Badura, Peter: Die parlamentarische Demokratie, in: *Isensee*/ *Kirchhof* (Hrsg.), HdbStR II, § 25, S. 953 ff.

- Staatsrecht, 2. Auflage, München 2002.

Barz, Carl Hans: Grenzen des Auskunftsrechts des Aktionärs, BB 1957, S. 1253 ff.

Baumbach, Adolf/ *Hopt*, Klaus J.: Handelsgesetzbuch, 30. Auflage, München 2000.

Baumbach, Adolf/ *Hueck*, Alfred: Gesetz betreffend die Gesellschaft mit beschränkter Haftung, 17. Auflage, München 2000.

Baumbach, Adolf/ *Lauterbach*, Wolfgang/ *Albers*, Jan/ *Hartmann*, Peter: Zivilprozessordnung mit Gerichtsverfassungsgesetz und anderen Nebengesetzten, 59. Auflage, München 2001.

Becker, Bernd: Wozu denn überhaupt Parteimitglieder? Zum Für und Wider verstärkter parteiinterner Partizipationsmöglichkeiten. ZParl 27 (1996), S. 712 ff.

Benda, Ernst/*Maihofer*, Werner/ *Vogel*, Hans-Jochen (Hrsg.): Handbuch des Verfassungsrechts der Bundesrepublik Deutschland, 2. Auflage, Berlin u.a. 1994.

Bergmann, Lutz/*Möhrle*, Roland/*Herb*, Armin: Datenschutzrecht Kommentar, Loseblattsammlung, 27. Ergänzungslieferung Stand November 2002, Band 1 und 2; Stuttgart, München u.a. 2002.

Bericht der Parteienrechtskommission: Rechtliche Ordnung des Parteiwesens. Bericht der vom Bundesminister des Innern eingesetzten Parteienrechtskommission, Frankfurt a.M 1957

Bethke, Herbert: Zur Problematik von Grundrechtskollisionen, München 1977.

Bettermann, Karl-August/ *Nipperdey*, Hans Carl: Die Grundrechte, Handbuch der Theorie und Praxis der Grundrechte, Band IV 2, Berlin 1962.

Bettermann, Karl-August/*Nipperdey*, Hans Carl/*Scheuner*, Ulrich: Die Grundrechte, Handbuch der Theorie und Praxis der Grundrechte, Band III/1, Berlin 1958.

Beuthien, Volker: Genossenschaftsrecht, Kurzkommentar, 14. Auflage, München 2004.

Bitter, Christian von: Das Informationsrecht der GmbH-Gesellschafter in §§ 51a, 51b GmbHG, ZIP 1981, S. 825ff.

Blank, Joseph-Theodor: Die innerparteiliche Willensbildung nach dem Grundgesetz, ihre Ausgestaltung im Parteiengesetz und ihre Berücksichtigung in den Parteienstatuten, DVBl. 1976, S. 564.

Bleckmann, Albert: Neue Aspekte der Drittwirkung der Grundrechte, DVBl. 1988, S. 938 ff.

- Staatsrecht II, 4. Auflage; Köln u.a. 1997.

Böckenförde, Ernst- Wolfgang: Die Bedeutung der Unterscheidung von Staat und Gesellschaft im demokratischen Sozialstaat der Gegenwart, in: Festgabe für Wolfgang Hefermehl zum 65. Geburtstag, Stuttgart u.a. 1972, S. 11 ff.

- Grundrechtsgeltung gegenüber Trägern gesellschaftlicher Macht, in: Posser, Diether/Wassermann, Rudolf (Hrsg.): Freiheit in der sozialen Demokratie, 4. Rechtspolitischer Kongress der SPD vom 6. bis 8. Juni in Düsseldorf, Karlsruhe 1975, S. 77 ff.

Boettcher, Enno/ *Högner*, Reinhard: Bundeswahlgesetz, Bundeswahlordnung, Handkommentar, 13. Auflage, München 1994.

Bondi, Felix: Anmerkungen zum Urteil RG, JW 1931, 2961, in: JW 1931, S. 2961.

Bracher, Karl Dietrich: Staatsbegriff und Demokratie in Deutschland, PVS 1968, S. 2 ff.

Braun, Walter: Mitwirkung Minderjähriger bei Vereinsbeschlüssen, NJW 1962, S. 92 ff.

Brecher, Fritz: Grundrechte im Betrieb, in: Festschrift für Nipperdey zum 70. Geburtstag II, München und Berlin 1965, S.29 ff.

Breithaupt, Walter: Das Parteiengesetz vom 24. Juli 1967, JZ 1976, S. 561 ff.

Brinkmann, Karl (Hrsg.): Grundrechtskommentar zum Grundgesetz, Loseblattsammlung, 2. Ergänzungslieferung, Stand Oktober 1969, Bonn 1969.

Brodmann, Erich: Aktienrecht Kommentar, Berlin, Leipzig, 1928.

Bull, Hans-Peter: Leitsätze zur innerparteilichen Demokratie, RuP 1974, S. 79 ff.

Büllesbach, Alfred: Das neue Bundesdatenschutzgesetz, NJW 1991, 2593.

Bunte, Hermann-Josef: Informationsrechte in der GmbH und im GmbHG-Konzern, Frankfurt a. M. 1976.

Burhoff, Detlef: Vereinsrecht, Ein Leitfaden für Vereine und ihre Mitglieder, 5. Auflage, Herne, Berlin 2002

Buntenschön: Die Beschränkung der Redezeit der Aktionäre in der Hauptversammlung der Aktiengesellschaft durch deren Vorsitzer, BB 1958, S. 398.

Canaris, Claus-Wilhelm: Die Vertrauenshaftung im deutschen Privatrecht, München 1971.

- Grundrechte und Privatrecht, AcP 184 (1984), S. 201ff.

Cohen, James Hillson: Political Candidate Nominations, JöR NF 18 (1969), S. 491.

Comes, Heinrich: Der Ausschluß von Stimmrecht in der öffentlichen Handelsgesellschaft, DB 1974, S. 2189 ff.

Darmstaedter, F.: Die Geltung der Grundrechte heute, BB 1957, S. 1 ff.

Decker, Frank: Die Hamburger STATT Partei; Ursprünge und Entwicklung einer bürgerlichen Wählerbewegung, JfP 4 (1994) S. 249ff.

- STATT Reform Protest PARTEI, Aufstieg und Fall der Hamburger STATT Partei, ZParl 27 (1996), S. 229 ff.

Demmler, Wolfgang: Der Abgeordnete im Parlament der Fraktionen, Berlin 1994.

Deuss, Peter: Das Auskunftsrecht des Aktionärs in der Hauptversammlung der Aktiengesellschaft nach § 112 AktG und als Problem der Aktienrechtsreform, München, Berlin 1962.

Doehring, Karl: Das Staatsrecht der Bundesrepublik Deutschland, 3. Auflage, Frankfurt a.M. 1984.

Dolzer, Rudolf/*Vogel*, Klaus/*Graßhof*, Karin (Hrsg.): Bonner Kommentar zum Grundgesetz, Band I, Einleitung- Art. 5, Loseblattsammlung, Stand 114. Lieferung, Dezember 2004, Heidelberg 2004.

- Bonner Kommentar zum Grundgesetz, Band IV, Art. 20-37, Loseblattsammlung, Stand 114. Lieferung, Dezember 2004, Heidelberg 2004.

- Bonner Kommentar zum Grundgesetz, Band V, Art. 38-49, Loseblattsammlung, Stand 114. Lieferung, Dezember 2004, Heidelberg 2004.

Dörr, Erwin/*Schmidt*, Dietmar: Neues Bundesdatenschutzgesetz- Handkommentar, 2. Auflage, Köln 1992.

Dreier, Horst (Hrsg.): Grundgesetz Kommentar, Band I, Artikel 1-19, 2. Auflage, Tübingen 2004

- Grundgesetz Kommentar, Band II, Artikel 20-82, Tübingen 1998.

Drewes, Klaus: Die Generalversammlung der Aktiengesellschaft, Berlin 1933.

Dürig, Günter: Das Eigentum als Menschenrecht, ZgesStW 109 (1953), S. 326.

- Der Grundrechtssatz von der Menschenwürde, AöR 81 (1956) S. 117ff.

- Grundrechte und Zivilrechtssprechung in: Festschrift zum 75. Geburtstag von Hans Nawiasky, München 1956, S. 157 ff.

- Verfassung und Verwaltung im Wohlfahrtsstaat, JZ 1953, S. 193 ff.

Düringer, A./*Hachenburg*, Max: Das Handelsgesetzbuch vom 10. Mai 1897, III. Band, 5. Lieferung, 3. Auflage; Mannheim, Berlin, Leipzig 1933.

Dux, Günter: Meinungsfreiheit als innere Ordnung der politischen Parteien, DVBl. 1966, S. 553.

Ebenroth, Carsten Thomas: Das Auskunftsrecht des Aktionärs und seine Durchsetzung im Prozeß unter besonderer Berücksichtigung des Rechts der verbundenen Unternehmen, Bielefeld 1970.

- Die Kontrollrechte der GmbH-Gesellschafter, Eine methodologische Studie zur GmbH-Reform, Bielefeld 1971.

Eckhold- Schmidt, Fridel: Legitimation durch Begründung, Berlin 1974.

Edenfeld, Stefan: Die Rechtsbeziehungen des bürgerlich rechtlichen Vereins zu seinen Nichtmitgliedern, Berlin 1996.

Ehmke, Horst: „Staat" und „Gesellschaft" als verfassungsrechtliches Problem, in: Festgabe für Rudolf Smend, Tübingen 1962, S. 23ff.

- Wirtschaft und Verfassung, Karlsruhe 1961.

Ehrhart, Christof/ *Sandschneider*, Eberhard: Politikverdrossenheit: Kritische Anmerkungen zur Empirie, Wahrnehmung und Interpretation abnehmender politischer Partizipation, ZParl 25 (1994), 441 ff.

Enneccerus, Ludwig/ *Nipperdey*, Hans-Carl : Lehrbuch des Bürgerlichen Rechts, Allgemeiner Teil des Bürgerlichen Rechts, Erster Band, Erster Halbband, 15. Auflage, Tübingen 1959.

Erichsen, Hans-Uwe: Die Drittwirkung der Grundrechte, Jura 1996, S. 527 ff.

- Die Wahlrechtsgrundsätze des Grundgesetzes, Jura 1983, S. 635 ff.

Erdsiek, Gerhard: Zur Schweigepflicht des Arztes nach dem Tode des Patienten. 2. Verfassungswidrigkeit des § 142 StGB? NJW 1963, 632 ff.

Erman, Walter: Einige Fragen zur Hauptversammlung der Aktiengesellschaft, AG 1964, S. 101 ff.

Falkenhausen, Kurt H. von: Die nächste Hauptversammlung, BB 1966, S. 337 ff.

Feist, Ursula/ *Hoffmann*, Hans-Jürgen: Die Hamburger Bürgerschaftswahl vom 19. September 1993: Rundumschlag auf die Etablierten, ZParl 25 (1994) S. 217 ff.

Fikentscher, Wolfgang: Schuldrecht, 9. Auflage, Berlin New York 1997.

Fischer, Robert: Die Grenzen bei der Ausübung gesellschaftlicher Mitgliedschaftsrechte, NJW 1954, S. 777 ff.

Flume, Werner: Allgemeiner Teil des Bürgerlichen Rechts, Band I/1: Die Personengesellschaft, Berlin, Heidelberg, New York 1977.

- Allgemeiner Teil des Bürgerlichen Rechts, Band I/2: Die juristische Person, Berlin, Heidelberg, New York 1983.

Forsthoff, Ernst: Der Staat in der Industriegesellschaft. Dargestellt am Beispiel der Bundesrepublik Deutschland, München 1971.

-Zur verfassungsrechtlichen Stellung und inneren Ordnung der Parteien, DRZ 1950. S. 313 ff.

- Zur Verfassungsrechtlichen Stellung und inneren Ordnung der Parteien, in: *Forsthoff*, Ernst/*Löwenstein*, Karl/*Matz*, Werner: Die politischen Parteien im Verfassungsrecht, Tübingen 1950, S. 5 ff.

Gaiser, Wolfgang/*Gille*, Martina/*Krüger*, Winfried/*de Rijke*, Johann: Politikverdrossenheit in Ost und West? Einstellungen von Jugendlichen und jungen Erwachsenen, APuZ 2000, B 19-20, S. 12 ff.

Gallwas, Hans- Ulrich: Das Grundrecht der Versammlungsfreiheit, Art 8 GG – Eine Problemskizze zur Einführung, JA 1986, S. 484 ff.

Galperin, Hans: Gleicher Lohn für Männer und Frauen, JZ 1956, S. 105 ff.

Gamilscheg, Franz: Die Grundrechte im Arbeitsrecht, AcP 164 (1964), S. 385 ff.

Gaumitz, Wolfgang: Hildegard Hamm-Brücher wird 70: Kämpferin gegen Parteiräson und Fraktionszwang, in: Das Parlament vom 10. Mai 1991, S. 14.

Gehrig, Norbert: Parlament – Regierung – Opposition, München 1969.

Geßler, Ernst/*Hefermehl*, Wolfgang/*Eckardt*, Ulrich/*Kropff*, Bruno: Aktiengesetz, Kommentar, Band II, §§ 76-147, München 1974.

Geis, Max– Emanuel: Der Kernbereich des Persönlichkeitsrechts – Ein Plädoyer für die Sphärentheorie, JZ 1991, 112 ff.

Gern, Alfons, Deutsches Kommunalrecht, 2. Auflage, Baden-Baden 1997.

Gersch, Hartmut/*Herget*, Rudolf/*Marsch*, Reinhard/*Stützle*, Rudolf: GmbH- Reform 1980, Erläuterung mit praktischen Hinweisen, Stuttgart/Wiesbaden 1980.

Giese, Friedrich: Parteien als Staatsorgane, AöR 80 (1955/56), S. 377 ff.

Gluchowski, Peter/*Hoffmann*, Jürgen: Aufstieg und schneller Fall einer Protestpartei, Sankt Augustin 1994.

Godin, Hans/*Wilhelmi*, Hans: Aktiengesetz, Kommentar, Band I: §§ 1-178, 4. Auflage, Berlin, New York 1971.

Gola, Peter/*Schomerus*, Rudolf: Bundesdatenschutzgesetz, Kommentar, 8. Auflage, München 2005.

- Bundesdatenschutzgesetz Kommentar, 6. Auflage, München 1997, (zitiert: Gola/Schomerus, 6. Aufl.)

Gola, Peter/*Wronka*, Georg: Das neue BDSG und der Arbeitnehmerdatenschutz, RDV 1991, 165 [168].

Götz, Volkmar: Allgemeines Polizei- und Ordnungsrecht, 13. Auflage, Göttingen 2001.

Grabitz, Eberhard/ *Meyer*, Thomas U.: Europawahlgesetz, Kommentar, Bonn 1979.

Greven, Michael Thomas: Parteien und politische Herrschaft, Meisenheim am Glan 1977.

- Parteimitglieder, Ein empirischer Essay über das politische Alltagsbewusstsein in Parteien, Opladen 1987.

Grimm, Dieter, Politische Parteien, in: Benda/Maihofer/Vogel (Hrsg.), HdbVerfR, § 14, S. 599 ff.

Groß, Rolf: Zum Auskunftsanspruch der Presse gegenüber Behörden, RiA 1993, S. 14 ff.

Großkommentar zum Aktiengesetz: Erster Band, Zweiter Halbband, §§ 76-147, 3. Auflage, Berlin, New York 1973.

- Zweiter Band, §§ 148-178, 3. Auflage, Berlin 1970.

Großkommentar zum Handelsgesetzbuch: Begründet von Hermann Staub, weitergeführt von Mitgliedern des Reichsgerichts, Zweiter Band, 1. Halbband, §§ 105- 144, 3. Auflage; Berlin, New York 1973.

Grunewald, Barbara: Auskunftserteilung und Haftung des Vorstandes im bürgerlich-rechtlichen Verein, ZIP 1989, S. 962.

- Einsichts- und Auskunftsrecht des GmbH Gesellschafters nach neuem Recht, ZHR 146 (1982); S. 211 ff.

- Gesellschaftsrecht, 5. Auflage, Tübingen 2002.

- Vereinsordnungen, Praktische Bedeutung und Kontrolle, ZHR 152 (1988), S. 242 ff.

Günday, Metin: Parteiwesen in der Bundesrepublik Deutschland und in der Türkei, Heidelberg 1972.

Habersack, Mathias: Die Mitgliedschaft- subjektives und „sonstiges" Recht, Tübingen 1996.

Häberle, Peter: Grundrechte im Leistungsstaat, VVDStRL 30 (1972), S. 43 ff.

- Unmittelbare staatliche Parteienfinanzierung unter dem Grundgesetz, JuS 1967, S. 64 ff.

Hachenburg, Max (Hrsg.): Gesetz betreffend die Gesellschaften mit beschränkter Haftung (GmbHG), Großkommentar, Zweiter Band §§ 13-52, 7. Auflage, Berlin, New York 1979 (zitiert: *Bearbeiter in:* Hachenburg, GmbHG-K, 7. Aufl.)

- Gesetz betreffend die Gesellschaften mit beschränkter Haftung (GmbHG), Großkommentar, Zweiter Band §§ 35-52, 8. Auflage Berlin, New York 1997.

Hager, Johannes: Grundrechte im Privatrecht, JZ 1994, S. 373 ff.

Hahn, Dietmar: Innerparteiliche Demokratie, Köln 1973.

Hamann, Andreas/Lenz, Helmut: Das Grundgesetz für die Bundesrepublik Deutschland, 3. Auflage 1970.

Hamelbeck, Bernhard: Mitwirkung Minderjähriger bei Vereinsbeschlüssen; NJW 1962, S. 722 ff.

Harms, Angelika: Die Gesetzgebungszuständigkeit des Bundes aus Art. 21 Abs. 3 GG in Abgrenzung zum Zuständigkeitsbereich der Länder, Frankfurt am Main 1986.

Hasenritter, Karl-Heinrich: Parteiordnungsverfahren; Heidelberg, Hamburg 1981. Anmerkung zum Urteil des BGH vom 2.7.1979 – II ZR 206/77 (Köln), NJW 1980, S. 444 ff.

Haungs, Peter: Parteiendemokratie in der Bundesrepublik Deutschland, Berlin 1980.

Heimann, Norbert: Die Schiedsgerichtsbarkeit der politischen Parteien in der Bundesrepublik Deutschland; Bonn, Bad Godesberg 1977.

Heinitz, Ernst: Die Rechte des Vorsitzenden und des einzelnen Aktionärs in der Generalversammlung der Aktionäre, DJZ 1917, S. 196 ff.

Heinz, Ursula E.: Organisation innerparteilicher Willensbildung. Satzungen und innerparteiliche Demokratie; Frankfurt am Main 1987.

Henke, Wilhelm: Anmerkung zum Urteil des BGH vom 29.06.1987 – II ZR 295/86, JZ 1987, S. 1080 ff.

- Das Recht der politischen Parteien, 2. Auflage; Göttingen 1972.

- Die Parteien und der Ämterstaat, NVwZ 1985, S. 616 ff.

- Wider die Politisierung der Justiz, DRiZ 1974, S. 173 ff.

Henkel, Joachim: Die Auswahl der Parlamentsbewerber; Berlin, New York 1976.

Hennis, Wilhelm: Die Missverstandene Demokratie; Freiburg 1973.

Hesse, Konrad: Bemerkungen zur heutigen Problematik und Tragweite der Unterscheidung von Staat und Gesellschaft, DÖV 1975, S. 437 ff.

- Die Verfassungsrechtliche Stellung politischer Parteien im modernen Staat, VVDStRL 17 (1959), S. 11 ff.

- Bedeutung der Grundrechte, in: Benda/Maihofer/Vogel (Hrsg.), HdbVerfR, § 5, S. 127 ff.

- Grundzüge des Verfassungsrechts der Bundesrepublik Deutschland, 20. Auflage; Heidelberg 1995.

Hodenberg, Phillipp Freiherr von: Das Bekenntnis des deutschen Volkes zu den Menschenrechten des Art.1 Abs. 2 GG; Baden Baden 1997.

Horrwitz, Hugo: Das Recht der Generalversammlungen der Aktiengesellschaften und Kommanditgesellschaften auf Aktien; Berlin 1918.

- Das Recht der Aktionärs auf Auskunft in der Generalversammlung, JW 1916, S. 887 ff.

Hoyer, Norbert Thomas: Innerparteiliche Demokratie und die Aufgabe der Mitgliederzeitschrift von Parteien: Grundsätzliche Überlegungen sowie eine vergleichende Untersuchung der Mitgliederzeitschriften von CDU und SPD, Bonn 1976.

Hubmann, Heinrich: Grundsätze der Interessenabwägung, AcP 155 (1956), S. 85 ff.

Hübner, Emil: Partizipation im Parteienstaat, Bürgerbeteiligung in Parteien und Wahlen; München 1976.

Hueck, Götz: Bote – Stellvertreter im Willen – Stellvertreter in der Erklärung, AcP 52 (1952/53), S. 432 ff.

Hüffer, Uwe: Aktiengesetz, 4. Auflage; München 1999.

Immenga, Ulrich: Die Minderheitsrechte des Kommanditisten, ZGR 1974, S. 385 ff.

- Die personalisierte Kapitalgesellschaft; Bad Homburg v.d.H. 1970.

Immerfall, Stefan: Der Präsident und die (anderen) Praktiker, die Professoren und die (anderen) Publizisten zur Krise der politischen Parteien, ZParl 25 (1994), 310 ff.

- Strukturwandel und Strukturschwächen der deutschen Mitgliederparteien, APuZ 1998, B 1-2, S. 3 ff.

Ipsen, Jörn: Kandidatenaufstellung, innerparteiliche Demokratie und Wahlprüfungsrecht, Anmerkung zum Urteil des Hamburgischen Verfassungsgerichts vom 4. Mai 1993 – HVerfG 3/93, ZParl 25 (1994), S. 235 ff.

- Staatsrecht II – Grundrechte, 5. Auflage, Neuwied 2002.

Isensee, Josef: Subsidiaritätsprinzip und Verfassungsrecht. Eine Studie über das Regulativ des Verhältnisses von Staat und Gesellschaft, Berlin 1968.

Isensee, Josef/*Kirchhof*, Paul (Hrsg.): Handbuch des Staatsrechts der Bundesrepublik Deutschland, Band II, 2. Auflage, Heidelberg 1998.

- Handbuch des Staatsrechts der Bundesrepublik Deutschland, Band II, 3. Auflage, Heidelberg 2004.

- Handbuch des Staatsrechts der Bundesrepublik Deutschland, Band IV, 2. Auflage, Heidelberg 1999.

- Handbuch des Staatsrechts der Bundesrepublik Deutschland, Band V, 2. Auflage, Heidelberg 2000.

- Handbuch des Staatsrechts der Bundesrepublik Deutschland, Band VI, 2. Auflage, Heidelberg 2001.

Jakobs, Horst Heinrich/ *Schubert*, Werner (Hrsg.): Die Beratungen des Bürgerlichen Gesetzbuches in systematischer Zusammenstellung der unveröffentlichten Quellen, Allgemeiner Teil §§ 1-240, 2. Teilband, Berlin, New York 1985.

Jarass, Hans D./ *Pieroth*, Bodo: Das allgemeine Persönlichkeitsrecht im Grundgesetz, NJW 1989, 857 ff.

- Grundgesetz für die Bundesrepublik Deutschland, 7. Auflage, München 2004.

- Nachrichtensperre und Grundgesetz – Öffentlichkeit als Verfassungsdirektive, AfP 1979, S. 228 ff.

Jellinek, Georg: System der subjektiven öffentlichen Rechte, Neudruck der 2. Auflage, Tübingen 1919, Aalen 1964.

Kaack, Heino: Geschichte und Struktur des deutschen Parteiensystems, Opladen 1971.

Kafka, Gustav E.: Die Verfassungsrechtliche Stellung der politischen Parteien, VVDStRL 17 (1959), S. 53 ff.

Kaiser, Joseph H.: Die Repräsentation organisierter Interessen, 2. Auflage, Berlin 1978.

Kaiser, Lorenz: Einführung von begrenzt offenen Listen für die Abgabe der Zweitstimme bei der Bundestagswahl, Frankfurt am Main u.a. 1982.

Karpen, Ulrich: Anmerkung zum HVerfG Urteil vom 4.5.1993 – HVerfG 3/93, DVBl. 1993, 1077.

- Die Unterscheidung von Staat und Gesellschaft als Bedingung der rechtsstaatlichen Freiheit, JA 1986, S. 299 ff.

Katholnigg, Oskar: Auskunftsrecht des Aktionärs und „strafbare Handlung“ im Referenten-Entwurf eines Aktiengesetzes, AG 1959, S. 304 ff.

Kaufmann, Erich: Zur Problematik des Volkswillens, Heft 17, Beiträge zum ausländischen öffentlichen Recht und Völkerrecht, Berlin, Leipzig 1931.

Kerssenbrock, Trutz Graf: Rechtspolitische Forderungen an die innere Ordnung der politischen Parteien, ZRP 1989, S. 337 ff.

Kießling, Andreas: Politische Kultur und Parteien in Deutschland. Sind die Parteien reformierbar? APuZ 2001, B 10, S. 29 ff.

Kirchberger, Wolfgang: Die Nebenordnungen im Vereins- und Verbandrecht. Eine rechtstatsächliche und rechtsdogmatische Untersuchung zum inneren Vereinsrecht, Marburg 1981.

Klein, Eckart: Grundrechtliche Schutzpflicht des Staates, NJW 1989, S. 1633 ff.

Klein, Hans H.: Gefährdungen des Prinzips der Gewaltenteilung in der Bundesrepublik Deutschland, APuZ 1974, B 50, S. 3 ff.

Knemeyer, Franz-Ludwig: Polizei- und Ordnungsrecht, 9. Auflage, München 2002.

Knöpfle, Franz: Der Zugang zu den politischen Parteien, Der Staat 9 (1970), S. 321 ff.

- Parteien und Gemeinwohl, Der Staat 16 (1977); S. 393 ff.

Koch, Hans-Joachim/*Rüßmann*, Helmut: Juristische Begründungslehre, München 1982.

Koch, Thorsten: „Bestandsschutz" für Parlamente? – Überlegungen zur Wahlfehlerfolgenlehre, DVBl. 2000, S. 1093 ff.

König, Georg: Die Verfassungsbindung der politischen Parteien, Berlin 1993.

Köppler, Rudolf: Die Mitwirkung bei der politischen Willensbildung des Volkes als Vorrecht der Parteien, München 1974.

Köttgen, Arnold: Parteibegriff und Gemeindewahlrecht, DVBl. 1958, S. 593 ff.

Kohler, Stefan: Mitgliedschaftliche Regelungen in Vereinsordnungen, Heidelberg 1992.

Krater, J.: „Das nähere regelt ein Bundesgesetz", in: DVBl. 1952, S. 431 ff.

Krebs, Walter: Freiheitsschutz durch Grundrechte, Jura 1988, S. 617 ff.

Kressel, Dietrich: Parteischiedsgerichtsbarkeit und Staatsgerichtsbarkeit, Berlin 1998.

Krieger, Kai: Das Recht des Bürgers auf behördliche Auskunft, Berlin 1972.

Krockow, Christian Graf von: Staatsideologie oder demokratisches Bewusstsein – Die deutsche Alternative, PVS 1965, S. 118 ff.

Kroppenstedt, Franz/ Würzberger, Paul B.: Organisatorische und rechtliche Probleme bei Bundestagswahlen, VerwArch 1982, S. 311 ff.

Krüger, Herbert: Staatliche Gesetzgebung und nichtstaatliche Rechtssetzung, RdA 1957, S. 201 ff.

Krüger, Hildegard: Grenzen der Zumutbarkeit aus Gewissensgründen im Arbeitsrecht, RdA 1954, S. 365 ff.

Kübler, Friedrich: Gesellschaftsrecht. Die privatrechtlichen Ordnungsstrukturen und Regelungsprobleme von Verbänden und Unternehmen, 5. Auflage, Heidelberg 1999.

Küchenhoff, Erich: Kandidatenaufstellung und Wahlberechtigung; Zum Begriff „Wahlberechtigte Mitglieder der Partei im Wahlkreis" in §§ 22 I und 28 V i.V.m. § 22 I Bundeswahlgesetz und in entsprechenden Landeswahlgesetzen, in: Festschrift für Hans Ulrich Scupin zum 70. Geburtstag, Berlin 1973.

Kuhl, Thomas/ *Unruh*, Peter, Materielles Wahlprüfungsrecht und Kandidatenaufstellung, DVBl. 1994, S. 1391 ff.

Kuhn, Georg: Die Rechtsprechung auf dem Gebiet des Aktienrechts, WM 1966, S. 50 ff.

Kunig, Philip: Parteien, in: *Isensee*/ *Kirchhof* (Hrsg.), HdbStR II (2. Aufl.), § 33, S. 103 ff.

- Politische Parteien im Grundgesetz, Jura 1991, S. 247 ff.

Lang, Heinrich: Subjektiver Rechtschutz im Wahlprüfungsverfahren, Berlin 1997.

Lang, Johann/ *Weidmüller*, Ludwig/ *Metz*, Egon/ *Schaffland*, Hans-Jürgen: Genossenschaftsgesetz Kommentar, 33. Auflage, Berlin, New York 1997.

Lackner, Karl/ Kühl, Kristian: Strafgesetzbuch mit Erläuterungen, 24. Auflage, München 2001.

Larenz, Karl: Das „allgemeine Persönlichkeitsrecht" im Recht der unerlaubten Handlung, NJZ 1955, S. 521 ff.

- Lehrbuch des Schuldrechts, Zweiter Band, Besonderer Teil, 12. Auflage, München 1981.

Larenz, Karl/ *Canaris*, Claus- Wilhelm: Lehrbuch des Schuldrechts, Zweiter Band, Besonderer Teil, 2. Halbband, 13. Auflage, München 1994.

Lehmbruch, Gerhard: Parteienwettbewerb im Bundesstaat, Stuttgart u.a. 1976.

Leibholz, Gerhard: Der Strukturwandel der modernen Demokratie. Vortrag gehalten in der juristischen Studiengesellschaft in Karlsruhe am 30. April 1952, Karlsruhe 1952.

- Die Repräsentation in der Demokratie, Berlin, New York 1973.

- Parteienstaat und repräsentative Demokratie, DVBl. 1951, S. 1 ff.

- Strukturprobleme in der modernen Demokratie, 3. Auflage, Karlsruhe 1967.

- Verfassungsrechtliche Stellung und innere Ordnung der Parteien. Ausführung und Anwendung der Art. 21 und Art. 38 I 2 des Grundgesetzes in: Verhandlungen des 38. Deutschen Juristentages in Frankfurt am Main 1950, Teil C – Staatsrechtliche Abteilung, Sitzung vom 15. September 1950, Tübingen 1951, S. 2 ff.

- Volk und Partei im deutschen Verfassungsrecht, DVBl. 1950, S. 194 ff.

Leibholz, Gerhard/*Rinck*, Hans- Justus/*Hesselberger*, Dieter: Grundgesetz für die Bundesrepublik Deutschland, Kommentar an Hand der Rechtsprechung des Bundesverfassungsgerichts, Band II, 7. Auflage, Köln 1993, Loseblattsammlung, Stand: 40 Ergänzungslieferung Okt. 2002.

Leisner, Walter: Grundrechte und Privatrecht, München 1960.

Lengers, Elmar: Rechtsprobleme bei Parteiausschlüssen, Bochum 1973.

Lenz, Christofer: Das Grundgesetz und die Verteilung der Sitze im Europäischen Parlament, NJW 1996, S. 1328.

Lenz, Helmut/ *Sasse*, Christoph: Parteiausschlüsse und Demokratiegebot, JZ 1962, S. 233 ff.

Lepke, Achim: Zum Recht des Vereinsmitgliedes auf Auskunft außerhalb der Mitgliederversammlung, NJW 1966, S. 2099 ff.

Lipphardt, Hans-Rudolf: Die Gleichheit der politischen Parteien vor der öffentlichen Gewalt, Berlin 1975.

Löffler, Martin: Der Informationsanspruch der Presse und des Rundfunks, NJW 1964, S. 2277 ff.

Löffler, Martin/ *Ricker*, Reinhart: Handbuch des Presserechts, 4. Auflage, München 2000.

Lohbeck, Eckhart: Die Vereinsordnungen, MDR 1972, S. 381 ff.

Lohmar, Ulrich: Innerparteiliche Demokratie – Eine Untersuchung der Verfassungswirklichkeit politischer Parteien in der Bundesrepublik Deutschland, Stuttgart 1968.

Lukes, Rudolf: Der Satzungsinhalt beim eingetragenen Verein und die Abgrenzung zu sonstigen Vereinsregelungen, NJW 1972, S. 121 ff.

Luthmann, Walter: Die innere Ordnung der Parteien nach dem Grundgesetz und ihre Ausführung nach dem Parteiengesetz, Köln 1961.

- Rechtsstellung der Mitglieder von politischen Parteien, DVBl. 1962, S. 166 ff.

Lutter, Marcus: Zum Informationsrecht des Gesellschafters nach neuem GmbH Recht, ZGR 1982, S. 1 ff.

Lutter, Marcus/*Hommelhoff*, Peter: GmbH-Gesetz Kommentar, 15. Auflage, Köln 2000.

Märkle, Rudi W.: Der Verein im Zivil- und Steuerrecht, 10. Auflage, Stuttgart , München u.a. 2000.

Mager, Ute: Die Kontrolle der innerparteilichen Kandidatenaufstellung im Wahlprüfungsverfahren, DÖV 1995, S. 9 ff.

Magiera, Siegfried: Der Rechtsanspruch auf Parteibeitritt, DÖV 1973, S. 761.

- Vorwahlen und demokratische Kandidatenaufstellung im modernen Parteienstaat, JöR NF 22 (1971), S. 621 ff.

Mallmann, W.: Menschenwürde und „gute Sitten", JZ 1951, S. 27 ff.

Mangoldt von, Hermann/*Klein*, Friedrich/*Starck*, Christian: Das Bonner Grundgesetz, Band I, Präambel und Artikel 1-19, 4. Auflage, München 1999.

- Das Bonner Grundgesetz, Band II, Artikel 20-78, 4. Auflage, München 2000.

Marschall, Stefan: Parteien und Internet – Auf dem Weg zu internet-basierten Mitgliederparteien, APuZ 2001, B 10, S. 38 ff.

Martens, Klaus-Peter: Die Leitungskompetenzen einer Aktiengesellschaft, AG 1981, S. 1010 ff.

- Leitfaden für die Leitung der Hauptversammlung einer Aktiengesellschaft, Köln 1992.

Martens, Wolfgang: Öffentlich als Rechtsbegriff, Bad Homburg v.d.H. u.a 1969.

Mauersberger, Axel: Die Freiheit der Parteien, 1. Auflage, Baden Baden 1994.

Maunz, Theodor/*Dürig*, Günter: Grundgesetz, Kommentar I, Art. 1-11, Loseblattausgabe, Stand: 43. Lieferung, Februar 2004, München 2004.

- Grundgesetz, Kommentar II, Art.12-20, Loseblattausgabe, Stand: 43. Lieferung, Februar 2004, München 2004.

- Grundgesetz, Kommentar II, Art. 12a-37; Loseblattausgabe, Stand: 32. Lieferung, Oktober 1996 (zitiert mit dem Zusatz: Stand Okt. 1996), München 1996.

- Grundgesetz, Kommentar III, Art. 20a-53, Loseblattausgabe, Stand: 43. Lieferung, Februar 2004, München 2004.

- Grundgesetz, Kommentar IV, Art. 53a-88, Loseblattausgabe, Stand: 43. Lieferung, Februar 2004, München 2004.

Maurer, Hartmut: Allgemeines Verwaltungsrecht, 13. Auflage, München 2000.

- Die Rechtsstellung der politischen Parteien, JuS 19991, S. 881 ff.

Max, Dietrich H.: Die Leitung der Hauptversammlung, AG 1991, S. 77 ff.

Medicus, Dieter: Schuldrecht II, Besonderer Teil, 11. Auflage, München 2003.

Meier, Christian: Entstehung des Begriffs „Demokratie", Frankfurt am Main 1970.

Menger, Christian, Friedrich: Zur verfassungsrechtlichen Stellung der deutschen politischen Parteien, AöR 78 (1952/53), S. 149 ff.

Menzel, Eberhard: Staatliche Parteifinanzierung und moderner Parteienstaat, DÖV 1966, S. 585 ff.

Meyer, Hans, Demokratische Wahl und Wahlsystem, in: Isensee/Kirchhof (Hrsg.), HdbStR II (2. Aufl.), § 37, S. 249.

Merten, Heike: Parteinahe Stiftungen im Parteienrecht, Baden Baden 1999.

Michels, Robert: Zur Soziologie des Parteiwesens in der modernen Demokratie, Neudruck der 2. Auflage, Stuttgart 1925.

Möhring, Philipp: Die Kontrollrechte der Gesellschafter, in: Festschrift für Heinrich Rittershausen, Stuttgart 1968, S. 357 ff.

Müller, Klaus: Kommentar zum Gesetz betreffend die Erwerbs- und Wirtschaftsgenossenschaften, Erster Band, §§ 1-33, Bielefeld 1991.

- Kommentar zum Gesetz betreffend die Erwerbs- und Wirtschaftsgenossenschaften, Zweiter Band, §§ 33-42, Bielefeld 1996.

- Kommentar zum Gesetz betreffend die Erwerbs- und Wirtschaftsgenossenschaften, Dritter Band, §§ 43-64c, Bielefeld 1998.

- Kommentar zum Gesetz betreffend die Erwerbs- und Wirtschaftsgenossenschaften, Vierter Band, §§ 64c-164, Bielefeld 2000.

- Schranken des Informationsrechts nach § 51a GmbHG, GmbHR 1987, S. 87 ff.

Müller, Ute: Die demokratische Willensbildung in den politischen Parteien, Mainz 1967.

- Die innere Ordnung der Parteien muss demokratischen Grundsätzen entsprechen (Art.21 Abs. 1 S.3 GG) – Eine Untersuchung zum Problem der innerparteilichen Willensbildung., Mainz 1966.

Müller, Martin/ *Börsting*, Katrin: Kandidatenaufstellung und innerparteiliche Willensbildung am Beispiel der Hamburger CDU, in: *Hartmann*, Jürgen/*Thaysen*, Uwe (Hrsg.): Pluralismus und Parlamentarismus in Theorie und Praxis; Winfried Steffani zum 65. Geburtstag, Opladen 1992, S.135 ff.

Müller-Erzbach, Rudolf: Das private Recht der Mitgliedschaft als Prüfstein eines kausalen Rechtsdenkens, Weimar 1948.

Münch von, Ingo: Anmerkung zum Beschluß vom BVerfG vom 5.5.1965 – 2 BvL 4/63, Verfassungsrecht, Namensrecht, öffentliche Entschädigung, JZ 1965, S. 527 ff.

- Das eigenwillige Parteimitglied, JuS 1964, S. 68 ff.

- Freie Meinungsäußerung und besonderes Gewaltverhältnis, Frankfurt am Main 1957.

- Grundbegriffe des Staatsrechts I, 4. Auflage, Stuttgart u.a. 2000.

- Kinderwahlrecht, NJW 1995, S. 3165 ff.

- Staatsrecht, Band 1, 6. Auflage, Stuttgart u.a. 2000.

Münch von, Ingo/*Coderch*, Pablo, Salvador/*Ferrer i Riba*, Josep: Zur Drittwirkung der Grundrechte, Frankfurt am Main u.a 1998.

Münch von, Ingo/*Kunig*, Philip (Hrsg.): Grundgesetz-Kommentar, Band 1 (Art. 1-19), 5. Auflage, München 2000.

- Grundgesetz Kommentar, Band 2 (Art. 20 bis 69), 5. Auflage, München 2001.

- Grundgesetz Kommentar, Band 3 (Art. 70-164), 3. Auflage, München 1996.

Münchener Kommentar zum Bürgerlichen Gesetzbuch: *Rebmann*, Kurt/*Säcker*, Franz-Jürgen (Hrsg. u.a): Band 1, Allgemeiner Teil (§§ 1- 240), 4. Auflage, München 2001.

- Band 1, Allgemeiner Teil (§§ 1-240), 3. Auflage, München 1993, (zitiert: *Bearbeiter* in: MüKo BGB I (3. Aufl.)).

- Band 2, Schuldrecht, Allgemeiner Teil (§§ 241-432), 4. Auflage, München 2001.

- Band 5, Schuldrecht, Besonderer Teil III (§§ 705-853), 3. Auflage, München 1997

Mussgnung, Reinhard: Die staatliche Finanzierung von Wahlkämpfen, NJW 1966, S. 1686.

Mutius von, Albert: Die Vereinigungsfreiheit gemäß Art.9 Abs.1 Grundgesetz, Jura 1984, S.193 ff.

Nass, Klaus Otto: Die verfassungsrechtlichen Wahlrechtsgrundsätze bei der Aufstellung von Parteikandidaten für die Bundestagswahlen, in: Festschrift für Werner Weber, Berlin 1974, S. 311 ff.

Netter, Oskar: Die aktienrechtliche Auskunftspflicht, Berlin 1928.

Neuburger, August: Das Auskunftsrecht des Aktionärs, BB 1957, S. 1045 ff.

Neumann, Franz L./*Nipperdey*, Hans Carl/*Scheuner*, Ulrich: Die Grundrechte, Handbuch der Theorie und Praxis der Grundrechte II, Berlin 1954.

Niedermayer, Oskar: Entwicklung und Sozialstruktur der Parteimitgliedschaft im ersten Jahrzehnt nach der Vereinigung, ZParl 2001, S. 434.

Nikklisch, Franz: Der verbandrechtliche Aufnahmezwang und die Inhaltskontrolle satzungsmäßiger Aufnahmevoraussetzungen, JZ 1976, S. 105 ff.

Nipperdey, Hans Carl: Boykott und freie Meinungsäußerung, DVBl. 1958, S. 445 ff.

- Das Arbeitsrecht im Grundgesetz, RdA 1949, S, 214 ff.

- Gleicher Lohn der Frau für gleiche Leistung – Ein Beitrag zur Auslegung der Grundrechte, RdA 1950, S. 121 ff.

- Gleicher Lohn der Frau für gleiche Leistung, Köln 1951.

- Grundrechte und Privatrecht, Krefeld 1961.

Nitschke, Manfred/*Bartsch*, Hans-Jürgen: Über Bedeutung und Umfang des Auskunftsrechts, insbesondere im Zusammenhang mit Entlastungsbeschlüssen, AG 1969, S. 95 ff.

Noack, Ulrich: Fehlerhafte Beschlüsse in Gesellschaften und Vereinen, Köln 1989.

Obermayer, Klaus: Staatsrechtslehrertagung 1958, AöR 84, (1959), S. 94 ff.

Obermüller, Walter: Die Diskussion in der Hauptversammlung der Aktiengesellschaft, DB 1962, S. 827.

Obermüller, Walter/*Werner*, Winfried/*Winden*, Kurt: Die Hauptversammlung der Aktiengesellschaft, 3. Auflage, Düsseldorf 1967.

- Leitfaden für die Hauptversammlung der Aktiengesellschaft, 2. Auflage, Düsseldorf 1964.

Oebbecke, Janbernd: Quotierung auf Landeslisten, JZ 1988, S. 176 ff.

Oldiges, Martin: Neue Aspekte der Grundrechtsgestaltung im Privatrecht, in: Festschrift für Karl-Heinrich Friauf, Heidelberg 1996, S. 281 ff.

Ostrogorskij, Moisej: La démocratie et l`organisation des parties politiques, Paris 1903.

Palandt: Bürgerliches Gesetzbuch, Kommentar, 62. Auflage, München 2003.

Paulick, Heinz/*Blaurock*, Uwe: Handbuch der stillen Gesellschaft, 5. Auflage, Köln 1998.

Peters, Hans: Zur Kandidatenaufstellung für freie demokratische Wahlen in: Festschrift zum 75. Geburtstag von Hans Nawiasky, München 1956, S. 314 ff.

Pieroth, Bodo/*Schlink*, Bernhard: Staatsrecht II, Grundrechte, 20. Auflage, Heidelberg 2004.

Pleyer, Klemens/ *Schaudwet*, Manfred: Die Verlesung von Urkunden als Gegenstand des Auskunftsanspruchs, GmbHR 1967, S. 250 ff.

Quack, Karlheinz: Beschränkungen der Redezeit und des Auskunftsrechts des Aktionärs, AG 1985, S. 145 ff.

Rabus, Güther: Die innere Ordnung der politischen Parteien im gegenwärtigen deutschen Staatsrecht, AöR 78 (1952/53), S. 163 ff.

Randelzhofer, Albrecht: Probleme des Parteienrechts, JZ 1969, S. 533 ff.

Rattinger, Hans: Abkehr von der Parteien? Dimensionen der Parteiverdrossenheit, APuZ 1993, B 11, S. 24 ff.

Reichsgerichts-Kommentar zum Bürgerlichen Gesetzbuch: Herausgegeben von Mitgliedern des Bundesgerichtshofes, Band I (§§ 1-240), 12. Auflage, Berlin, New York 1982.

- Band II , 1.Teil (§ 242), 12. Auflage, Berlin, New York; 1976.

Reichel, Marc: Das demokratische Offenheitsprinzip und seine Anwendung im Recht der politischen Parteien, Berlin 1996.

Reichert, Bernhard: Handbuch des Vereins- und Verbandsrechts, 9. Auflage, Neuwied u.a. 2003.

Reuter, Dieter: Die Verfassung des Vereins gemäß § 25 BGB, ZHR 148 (1984), S. 523 ff.

Ricker, Reinhart: Rechte und Pflichten der Medien unter Berücksichtigung des Rechtsschutzes des einzelnen, NJW 1990, S. 2097.

Rieger, Günter: „Parteiverdrossenheit" und „Parteikritik" in der Bundesrepublik Deutschland, ZParl 25 (1994), S. 459 ff.

Risse, Johannes: Der Parteiausschluß; Berlin 1985.

Ritzel, Heinrich G./ *Bücker*, Joseph/ *Schreiner*, Hermann J.: Handbuch für die parlamentarische Praxis mit Kommentar zur Geschäftsordnung des Deutschen Bundestages, Stand 1999, Neuwied und Kriftel 1999.

Roellecke, Gerd: Das Gesetz über die politischen Parteien und das bürgerliche Recht, DRiZ 1968, S. 117 ff.

- Der Minderheitenschutz im Verbandsrecht, Königstein/ Taunus 1981.

- Ravensburger Demokratie, NJW 1996, S. 2773.

Rogall, Klaus: Der Beschuldigte als Beweismittel gegen sich selbst. Ein Beitrag zur Geltung des Satzes „ Nemo tenetur se ipsum prodere" im Strafprozeß, Berlin 1977.

Roth, Günter H./ Altmeppen, Holger: Gesetz betreffend die Gesellschaften mit beschränkter Haftung, 3. Auflage, München 1997.

Rupp, Hans Heinrich: Die Unterscheidung von Staat und Gesellschaft, in: *Isensee/Kirchhof* (Hrsg.), HdbStR II (2. Aufl.), § 31, S. 879 ff.

- Wahlrechtsgleichheit bei der Verteilung der Sitze im Europäischen Parlament auf die Mitgliedsstaaten, NJW 1995, S. 2210.

Sachs, Michael (Hrsg.): Grundgesetz Kommentar, 3. Auflage, München 2003.

Säcker, Franz Jürgen: Probleme der Repräsentation von Großvereinen, Überlegungen zum Urteil des OLG Frankfurt vom 19. Dezember 1984 zu gewerkschaftlichen Delegiertenversammlungen, München 1986.

Sasse, Christoph: Koalitionsvereinbarungen und Grundgesetz, JZ 1961, S. 719 ff.

Schachtschneider, Karl A.: Res publica res populi, Berlin 1994.

Schaffland, Hans Jürgen: Novellierung des Genossenschaftsgesetzes, NJW 1994, S. 503 ff.

Scheuner, Ulrich: Die Parteien und die Auswahl der politischen Leitung im demokratischen Staat, DÖV 1958, S. 641 ff.

- Parteiengesetz und Verfassungsrecht, DÖV 1968, S. 88 ff.

- Der Staat und die intermediären Kräfte, Zeitschrift für evangelische Ethik 1 (1975), S. 30 ff.

Schilling, Wolfgang: Anmerkungen zum Urteil des BGH vom 15.10.1954, JZ 1955, S. 49 ff.

- Grundlagen eines GmbH Konzernrechts, in: Festschrift für Hefermehl zum 70. Geburtstag, München 1976, S. 383 ff.

Schlegelberger, Franz/*Quassowski*, Leo/*Herbig*, Gustav/*Geßler*, Ernst/*Hefermehl*, Wolfgang: Aktiengesetz Kommentar, 3. Auflage, Berlin 1939.

Schmid, Gerhard: Politische Parteien, Verfassung und Gesetz, Basel u. Frankfurt am Main, 1981.

Schmidt, Karsten: Gesellschaftsrecht, 4. Auflage, Köln u.a. 2002.

- Informationsrechte in Gesellschaften und Verbänden, Heidelberg 1984.

- Fehlerhafte Beschlüsse in Gesellschaften und Vereinen, AG 1977, S. 243 ff.

Schmidt, Uwe: Die Mitgliedschaft in Verbänden, Frankfurt, Bern u.a. 1989.

Schmidt-Bleibtreu, Bruno/*Klein*, Franz: Kommentar zum Grundgesetz, 10. Auflage, München 2004.

Schmidt-Hieber, Wener/ Kiesswetter, Ekkehart: Parteigeist und politischer Geist in der Justiz, NJW 1992, S. 1790.

Schmidt-Jortzig, Edzard, Meinungs- und Informationsfreiheit, in: *Isensee*/ *Kirchhof* (Hrsg.), HdbStR VI, § 141, S. 635 ff.

- Parteienrechtsordnung im Wandel, DVBl. 1983, S. 773 ff.

- Bürgerschaftliches Aufbegehren. Zur verfassungsrechtlichen und verfassungstheoretischen Einordnung von Bürgerinitiativen in der Bundesrepublik, APuZ 1979, B 38-79, S. 3 ff.

Schmitt, Carl: Verfassungslehre, Berlin 1954.

Schneider, Hans-Peter/ *Zeh*, Wolfgang (Hrsg.): Parlamentsrecht und Parlamentspraxis in der Bundesrepublik Deutschland, Berlin, New York 1989.

Schneider, Jochen: Handbuch des EDV- Rechts, 2. Auflage, Köln 1997.

Schneider, Uwe: Unentgeltliche Zuwendungen durch Unternehmen, AG 1983, S. 205 ff.

Scholz, Franz: Kommentar zum GmbH- Gesetz II (§§ 45-87), 9. Auflage, Köln 2002.

Schönke, Adolf/ *Schröder*, Horst (Hrsg.): Strafgesetzbuch, Kommentar, 26. Auflage, München 2001.

Schreiber, Wolfgang: Handbuch des Wahlrechts zum Deutschen Bundestag, Kommentar zum Bundeswahlgesetz, 7. Auflage, Köln, Berlin u.a. 2002.

Schröer Schallenberg, Sabine: Informationsansprüche der Presse gegenüber Behörden, Berlin 1987.

Schubert, Rolf/*Steder*, Karl-Heinz: Genossenschaftshandbuch, Kommentar zum Genossenschaftsgesetz, den steuerlichen und wettbewerbsrechtlichen Regelungen sowie Sammlung einschlägiger Rechtsvorschriften, Band II, Berlin 1973, Loseblattsammlung, Stand 46. Ergänzungslieferung, Februar 2001.

Schwabe, Jürgen: Probleme der Grundrechtsdogmatik, 2. unveränderte Auflage 1997.

- Anmerkung zum Beschluß der BverfG vom 17.2.81 – 2 BvR 384/78 – Zur Frage gewerkschaftlicher Zutrittsrechte zu kirchlichen Einrichtungen, DÖV 1981, S. 796 ff.

- Anmerkung zum Urteil des BVerfG vom 24.07.71 – BvR 435/ 68, DVBl. 1971, S. 689 ff.

- Bundesverfassungsgericht und „Drittwirkung" der Grundrechte, AöR 100 (1975), 443 ff.

- „Drittwirkung" und kein Ende, NJW 1973, S. 229 ff.

- Grenzen des Notwehrrechts, NJW 1974, S. 670 ff.

- Grundrechte und Privatrecht, AcP 185 (1985), S. 1 ff.

Seifert, Karl-Heinz: Bundeswahlrecht Kommentar, 3. Auflage, München 1976.

- Die politischen Parteien im Recht der Bundesrepublik Deutschland, Köln u.a 1975.

- Zur Rechtsstellung der politischen Parteien, DÖV 1965, S. 1 ff.

Simitis, Spiros/*Damann*, Ulrich/*Geiger*, Hansjörg/*Mallmann*, Otto/*Walz*, Stefan: Kommentar zum Bundesdatenschutzgesetz, 4. Auflage, Loseblattsammlung Stand Mai 1999, Baden Baden 1992.

Simson von, Werner: Das demokratische Prinzip im Grundgesetz, VVDStRL 29 (1971), S. 3 ff.

Smend, Rudolf: Das Recht der freien Meinungsäußerung, VVDStRL 4 (1928), S. 44 ff.

- Zum Problem des Öffentlichen und der Öffentlichkeit in: Gedächtnisschrift für Walter Jellinek, München 1955.

Soergel, Hans Theodor (Hrsg.): Bürgerliches Gesetzbuch, Band 1, Allgemeiner Teil 1 (§§ 1-103), 13. Auflage, Stuttgart, Berlin , Köln 2000.

- Band 1, Allgemeiner Teil (§§ 1-240), 11. Auflage, Stuttgart, Berlin, Köln, Mainz, 1978, (zitiert: *Bearbeiter*, in: Soergel BGB-K I (11. Aufl.))

- Band 2, Schuldrecht 1 (§§ 241-432), 12. Auflage, Stuttgart, Berlin, Köln 1990.

- Band 4, Schuldrecht III (§§ 705-853), 11. Auflage, Stuttgart, Berlin, Köln 1985.

- Band 5/2, Schuldrecht IV/2 (§§823-853), 12. Auflage, Stuttgart, Berlin, Köln 1998.

Sowada, Christoph: Täterschaft und Teilnahme beim Unterlassungsdelikt, Jura 1986, S. 399 ff.

Sponeck von, Henning: Private Adreßdateien und neues BDSG, CR 1991, S. 534.

Starck, Christian: Die Grundrechte des Grundgesetzes. Zugleich ein Beitrag zu den Grenzen der Verfassungsauslegung, JuS 1981, S. 237 ff.

Staub, Hermann (Hrsg.): Kommentar zum Handelsgesetzbuch, Erster Band, 7. Auflage, Berlin 1900, (zitiert: *Bearbeiter* in: Staub, HGB-K I (7. Aufl.))

- Erster Band, 8. Auflage, Berlin 1906, (zitiert: *Bearbeiter* in: Staub, HGB-K I 8.Aufl.))

- Erster Band, 9. Auflage, Berlin 1912, (zitiert: *Bearbeiter* in: Staub, HGB-K I 9. Aufl.))

- Zweiter Band, 14. Auflage, Berlin und Leipzig 1933 (zitiert: *Bearbeiter* in: Staub HBG-K II)

Staudinger von, Julius (Begr.): Kommentar zum Bürgerlichen Gesetzbuch mit Einführungsgesetzen und Nebengesetzen, Erstes Buch, Allgemeiner Teil, §§ 21-103, 13. Bearbeitung, Berlin 1995.

- Erstes Buch, Allgemeiner Teil, §§ 164-240, Neubearbeitung 2001, Berlin 2001.

- Erstes Buch, Allgemeiner Teil, §§ 90-240, 12. Auflage, Berlin 1980, (zitiert: *Bearbeiter* in Staudinger BGB K (12.Aufl.))

- Zweites Buch, Recht der Schuldverhältnisse, §§ 241-243, 13. Bearbeitung, Berlin 1995.

- Zweites Buch, Recht der Schuldverhältnisse, §§ 255-314, Neubearbeitung 2001, Berlin 2001

- Zweites Buch, Recht der Schuldverhältnisse, §§ 652-740, 12. Bearbeitung, Berlin 1991.

- Zweites Buch, Recht der Schuldverhältnisse, §§ 823-832, 12. Bearbeitung, Berlin 1986.

Steffani, Winfried: Gewaltenteilung und Parteien im Wandel, Wiesbaden 1997.

- Parteimitgliedschaft als Geheimsache?, Merkur 1993, S. 585 ff.

Stein, Ekkehart: Staatsrecht, 18. Auflage, Tübingen 2002.

Steindorff, Ernst: Persönlichkeitsschutz im Zivilrecht, Heidelberg 1983.

Steiner, Klaus: Die Hauptversammlung der Aktiengesellschaft, München 1995.

Stern, Klaus: Das Staatsrecht der Bundesrepublik Deutschland, Band I, Grundbegriffe und Grundlagen des Staatsrechts, Strukturprinzipien der Verfassung, 2. Auflage, München 1984.

Stöber, Kurt: Handbuch zum Vereinsrecht, 7. Auflage 1997.

Stöss, Richard: Parteikritik und Parteiverdrossenheit, APuZ 1999, B 21, S. 15 ff.

Stoklossa, Uwe: Der Zugang zu den politischen Parteien im Spannungsfeld zwischen Vereinsautonomie und Parteienstaat, 1. Auflage, Baden Baden 1989.

Stolleis, Michael: Parteienstaatlichkeit – Krisensymptome des demokratischen Verfassungsstaats, VVDStRL 44 (1986) S. 7 ff.

Strunk, Peter: Meinungsfreiheit und Parteiendisziplin, JZ 1978, S. 87 ff.

Stubbe-da Luz, Helmut: Parteiendiktatur. Die Lüge von der „innerparteilichen Demokratie“, Frankfurt am Main, Berlin 1994.

Stubbe-da Luz, Helmut/ *Wegner*, Markus: Demokratie, Offenheit und Transparenz der Parteien: Elf Leitsätze für eine Novellierung des Parteiengesetzes, ZParl.1993, S. 189 ff.

Stuby, Gerhard: Die Macht des Abgeordneten und die innerparteiliche Demokratie, Der Staat (1969), S. 303 ff.

Stützle, Rudolf/ *Walgenbach*, Joachim: Leitung der Hauptversammlung und Mitspracherecht der Aktionäre in Fragen der Versammlungsleitung, ZHR 155 (1991), S. 516 ff.

Teichmann, Arndt: Gestaltungsfreiheit in Gesellschaftsverträgen, München 1970.

Teichmann, Robert/ *Koehler*, Walter: Aktiengesetz, Gesetz über Aktiengesellschaften und Kommanditgesellschaften auf Aktien vom 30. Januar 1937, mit Einführungsgesetz, Durchführungsverordnungen und dem D-Mark Bilanzgesetz, 3. Auflage, Heidelberg 1950.

Tietze, Jörg: Die Informationsrechte des GmbH-Gesellschafters, Köln 1985.

Trautmann, Helmut: Innerparteiliche Demokratie im Parteienstaat, Berlin 1975.

Triepel, Heinrich: Die Staatsverfassung und die politischen Parteien, Berlin 1928.

Troßmann, Hans: Parlamentsrecht des Deutschen Bundestages, Kommentar zur Geschäftsordnung des Deutschen Bundestages unter Berücksichtigung des Verfassungsrechts, München 1977.

Troßmann, Hans/ Roll, Hans- Achim: Parlamentsrecht des Deutschen Bundestages, unter Berücksichtigung des Verfassungsrechts, Ergänzungsband, München 1981.

Trouet, Klaus: Die Hauptversammlung – Organ der Aktiengesellschaft oder Forum der Aktionäre?, NJW 1986, S. 1302 ff.

Tsatsos, Dimitris Th.: Ein Recht auf innerparteiliche Opposition ? Ein Beitrag zur Auslegung der Art.20 II und 21 GG in Festschrift für Hermann Mosler, Berlin u.a. 1983, S. 1000 ff.

Tsatsos, Dimitris Th./ *Morlok*, Martin: Parteienrecht, Heidelberg 1982.

Tsatsos, Dimitris Th./ *Schmidt*, Hans-Rüdiger/ *Steffen*, Peter: Zur Demokratisierung des Parteienstaates, ZRP 1993, S. 95 ff.

Umbach, Dieter/ *Clemens*, Thomas: Grundgesetz, Mitarbeiterkommentar und Handbuch, Band I, Heidelberg 2002

Versteyl, Ludger-Anselm: Der Bundestagspräsident und die parlamentarische Disziplinargewalt, NJW 1983, S. 379 ff.

Vieregge von, Henning: Parteistiftungen, Baden Baden 1977.

Vierhaus, Hans-Peter: Die Identifizierung von Staat und Parteien – eine moderne Form der Parteiendiktatur?, ZRP 1991, S. 468 ff.

Vogt, Dieter: Die Drittwirkung der Grundrechte und Grundrechtsbestimmungen des Bonner Grundgesetzes, Münster 1960.

Wassermann, Rudolf (Hrsg.): Reihe Alternativkommentare; Kommentare zum Grundgesetz für die Bundesrepublik Deutschland, Band I, Loseblattsammlung, 3. Auflage, 2. Aufbaulieferung August 2002, Neuwied 2002.

- Band II, Losblattsammlung, 3. Auflage, 2. Aufbaulieferung August 2002, Neuwied 2002.

- Band I, 2. Auflage, Neuwied 1989, (zitiert: *Bearbeiter* in: AK-GG I (2.Aufl.)).

Wegner, Markus E.: Für eine offene Demokratie. Ein Mann kämpft gegen die „Polit-Mafia" und für die Erneuerung des Gemeinwesens, München 1994.

Weizsäcker von, Richard: Im Gespräch mit Gunter Hofmann und Werner A. Perger, Frankfurt am Main 1992.

Wessels, Johannes / *Beulke*, Werner: Strafrecht, Allgemeiner Teil, 32. Auflage, Heidelberg 2002.

Wieacker, Franz: Vertragsbruch aus Gewissensnot, JZ 1954, S. 466 ff.

Wiedemann, Herbert: Die Übertragung und Vererbung von Mitgliedschaftsrechten bei Handelsgesellschaften, München, Berlin 1965.

- Gesellschaftsrecht, Band I, München 1980.

Wiegandt, Manfred H.: Norm und Wirklichkeit, Baden Baden 1995.

Wietschel, Wiebke: Der Parteibegriff, Baden Baden 1996.

Willms, Günther: Zur Problematik eines Parteiengesetzes, JZ 1958, S. 265 ff.

Winkler von Mohrenfels, Peter: Abgeleitete Informationspflichten im deutschen Zivilrecht, Berlin 1986.

Wischenbart, Maresa: Informationsbedarf und Informationsrecht im Gesellschaftsrecht unter vergleichender Berücksichtigung des österreichischen Rechts, Frankfurt am Main u.a. 1986.

Wohlgemuth, Hans H.: Datenschutzrecht. Die Rechtslage nach dem am 1.6.1991 in Kraft getretenen neuen Bundesdatenschutzgesetz, 2. Auflage, Neuwied, Kriftel, Berlin 1993.

- Neuere Enzwicklungen im Arbeitnehmerdatenschutz – unter besonderer Berücksichtigung des neuen BDSG, BB 1992, S. 281 ff.

Wohleben, Hermann-Peter: Informationsrechte des Gesellschafters, Köln u.a. 1989.

Wolany, Josef: Rechte und Pflichten des Gesellschafters einer GmbH, Köln 1964.

Wolff, Hans J. / *Bachof*, Otto / *Stober*, Rolf: Verwaltungsrecht Band 2, 6. Auflage, München 2000.

Wolfrum, Rüdiger: Die innerparteiliche demokratische Ordnung nach dem Parteiengesetz, Berlin 1974

- Die Bewertung innerparteilicher Vorgänge bei der Zulassung von Partei-Wahlvorschlägen zu Landtags- und Bundestagswahlen, ZParl 6 (1975), S. 323 ff.

Würdinger, Hans: Aktien- und Konzernrecht, 3. Auflage, Karlsruhe 1973.

Zimmermann, Norbert: Rechtsstaatsprinzip und Parteigerichtsbarkeit, Frankfurt am Main u.a. 1979.

Zippelius, Reinhold: Politikverdrossenheit, ZRP 1993, S. 241 ff.

Zöllner, Wolfgang (Hrsg.): Kölner Kommentar zum Aktiengesetz, Band 1 (§§ 1-147 AktG), Köln u.a. 1985

- Band 2 (§§ 148 - 290 AktG), Köln u.a. 1985

Zwirner, Henning: Die Rechtsprechung des BVerfG zur Parteienfinanzierung, AöR 1993 (1968), S. 81 f

VERFASSUNGS- UND VERWALTUNGSRECHT UNTER DEM GRUNDGESETZ

Band 1 Jürgen W. Hidien: Die positive Konkretisierung der öffentlichen Zweckbindung kommunaler Wirtschaftsunternehmen. Zugleich ein Beitrag zu Inhalt und Grenzen der unternehmenswirtschaftlichen Betätigung der Kommunen. 1985.

Band 2 Eckhard Schmidtke: Verfassungsrechtliche Anforderungen an die kassen(zahn-)ärztliche Vergütung unter Berücksichtigung der Kostendämpfungsgesetzgebung des Bundes. 1986.

Band 3 Hans-Michael Wolffgang: Interkommunales Zusammenwirken durch Einbeziehung kreisangehöriger Gemeinden in den Vollzug von Kreisaufgaben. 1987.

Band 4 Friedrich D. Bacmeister: Die Reform des deutschen Kommunalverfassungsrechts durch die britische Besatzungsmacht. Wiedereinführung einer demokratischen Stadtverfassung in Lüneburg 1945 und die Neufassung der Deutschen Gemeindeordnung 1946. 1988.

Band 5 Birgit Spießhofer: Der Störer im allgemeinen und im Sonderpolizeirecht. 1989.

Band 6 Wolfgang Richter: Gentechnologie als Regelungsgegenstand des technischen Sicherheitsrechts. Rechtliche Steuerung unter Bedingungen der Ungewißheit. 1989.

Band 7 Peter Engel: Das schleswig-holsteinische Amt bei Erledigung der Selbstverwaltungsangelegenheiten der amtsangehörigen Gemeinden. 1990.

Band 8 Josef Christ: Raumordnungsziele und Zulässigkeit privater Vorhaben. Bindungswirkung nach der Raumordnungsklausel des § 35 Abs. 3 Satz 3 BauGB. 1990.

Band 9 Helmut Albert: Das Grundrecht auf Leben als Schranke für aufenthaltsbeendende Maßnahmen. 1990.

Band 10 Stephan Dewald: Die privatrechtliche Stiftung als Instrument zur Wahrnehmung öffentlicher Zwecke. 1990.

Band 11 Dimitris Triantafyllou: Haftungsrechtliche Probleme der Staatsaufsicht in der Wirtschaft. Für die Geldwirtschaft dargestellt unter Einbeziehung rechtsvergleichender Befunde. 1991.

Band 12 Wolfgang Buschmann: Kooperationspflichten im Versammlungsrecht. Unter besonderer Berücksichtigung sogenannter Großdemonstrationen. 1990.

Band 13 Armin Teschner: Die Amtshaftung der Gemeinden nach rechtswidrigen Beschlüssen ihrer Kollegialorgane. 1990.

Band 14 Biner Kurt Wenkholm Bähr: Verfassungsmäßigkeit des Einsatzes der Bundeswehr im Rahmen der Vereinten Nationen. 1994.

Band 15 Just Georg Ilgner: Die Rechtsordnung des deutschen Seelotswesens. Eine überkommen ständische Organisation eines staatlich gebundenen Berufs. 1993.

Band 16 Nicola Krekeler: Die Genehmigung gentechnischer Anlagen und Arbeiten nach dem GenTG unter Berücksichtigung europarechtlicher Vorgaben. 1994.

Band 17 Jan van Dyk: Kommunale Elektrizitätsversorgung in den fünf neuen Bundesländern. 1994.

Band 18 David Hawkes: Der Faktor Mensch im Gentechnikrecht. Eine Untersuchung zu den Grenzen probabilistisch geprägter Rechtsbegriffe im Umweltrecht. 1995.

Band 19 Iwan Chotjewitz: Die Organisationsgewalt nach den Verfassungen der deutschen Bundesländer. 1995.

Band 20 Christoph Sieger: Die maßgebende Sach- und Rechtslage für die Beurteilung der Rechtswidrigkeit des Verwaltungsaktes im verwaltungsgerichtlichen Anfechtungsprozeß. 1995.

Band 21 Lars-Hendrik Schröder: Das verwaltungsrechtlich organisatorische Verhältnis der strafverfolgenden Polizei zur Staatsanwaltschaft. 1996.

Band 22 Hans-Peter Donoth: Die Bundesländer in der Europäischen Union. Die bundesstaatliche Ordnung in der Bundesrepublik Deutschland bei der Verwirklichung der Europäischen Union - eine Analyse unter besonderer Berücksichtigung des neugefaßten Art. 23 GG. 1996.

Band 23 Philipp v. Hugo: Die Vorgaben des Eckwertes Nr. 1 der Gemeinsamen Erklärung der beiden deutschen Regierungen vom 15.06.1990 für die Enteignungen in den Jahren 1945-1949. Die Gestaltung der gesamtdeutschen Eigentumsordnung durch ein informelles Regierungsabkommen. 1997.

Band 24 Tilman Giesen: Die Vorbereitung der Grundgesetzänderungen nach der deutschen Wiedervereinigung. Zur Rechtmäßigkeit von Organisation und Verfahren der Gemeinsamen Verfassungskommission. 1997.

Band 25 Conrad Friedrich Rumpf: Richterliches Sozialengagement und Befangenheit. Zugleich eine Stellungnahme für die Befangenheitsablehnung von Amts wegen. 1997.

Band 26 Kathrin Misera-Lang: Dogmatische Grundlagen der Einschränkbarkeit vorbehaltloser Freiheitsgrundrechte. 1999.

Band 27 Bettina Böhm: Öffentlich-private Partnerschaften in der kommunalen Stadtentwicklung. Öffentlich-rechtliche Vorgaben und gesellschaftsrechtliche Gestaltungen. 1999.

Band 28 Bernd Köster: Die Privatisierung des Bauleitplanverfahrens und der Einsatz von Mediation in den Beteiligungsverfahren. 2002.

Band 29 Angelika Leppin: Rechtsprobleme bei der Umstrukturierung deutscher Bahnhöfe vor dem Hintergrund der gemeindlichen Planungshoheit, des Fachplanungsrechts sowie des öffentlichen Sachenrechts. 2003.

Band 30 Anke Brenne: Soziale Grundrechte in den Landesverfassungen. 2003.

Band 31 Birgit Tischer: Das System der informationellen Befugnisse der Polizei. 2004.

Band 32 Judith Reuter: Verfassungsrechtliche Grundlagen des bürgerschaftlichen Engagements. 2005.

Band 33 Gero von Daniels: Das Recht auf Auskunft und Gehör in politischen Parteien. Ein Beitrag zur innerparteilichen Demokratie. 2007.

www.peterlang.de

FSC
www.fsc.org
MIX
Papier | Fördert gute Waldnutzung
FSC® C083411

Kolibri 360 GmbH
Ferdinand-Jühlke-Straße 7
99095 Erfurt, Deutschland
produktsicherheit@kolibri360.de

Druck:
CPI Druckdienstleistungen GmbH
im Auftrag der
Kolibri 360 GmbH
Ferdinand-Jühlke-Str. 7
99095 Erfurt